国家社会科学基金项目
项目批准号：08XZS002　项目结项号：20131188
赤峰学院察哈尔文化研究院系列项目
内蒙古察哈尔文化研究会系列项目

中国蒙古学文库

察哈尔万户研究

宝音初古拉 著

辽宁民族出版社

图书在版编目（CIP）数据

察哈尔万户研究 / 宝音初古拉著. —沈阳：辽宁民族出版社，2019.10
（中国蒙古学文库）
ISBN 978-7-5497-2099-6

Ⅰ. ①察… Ⅱ. ①宝… Ⅲ. ①察哈尔—地方史—研究 Ⅳ. ①K928.6

中国版本图书馆CIP数据核字（2019）第209210号

察哈尔万户研究
CHAHA'ER WANHU YANJIU

出版发行者：辽宁民族出版社
地　　　址：沈阳市和平区十一纬路25号　邮编：110003
印　刷　者：辽宁新华印务有限公司
幅 面 尺 寸：145mm×210mm
印　　　张：17
字　　　数：470千字
插　　　页：8
印　　　数：1-1000
出 版 时 间：2019年10月第1版
印 刷 时 间：2019年10月第1次印刷
责 任 编 辑：白兰英
封 面 设 计：杜　江
责 任 校 对：王　荷

标准书号：ISBN 978-7-5497-2099-6
定　　价：75.00元

网　　址：www.lnmzcbs.com　邮购热线：024-23284335
淘宝网店：http://lnmz2013.taobao.com
如有印装质量问题，请与出版社联系调换　联系电话：024-23284340

中国蒙古学文库

布赫

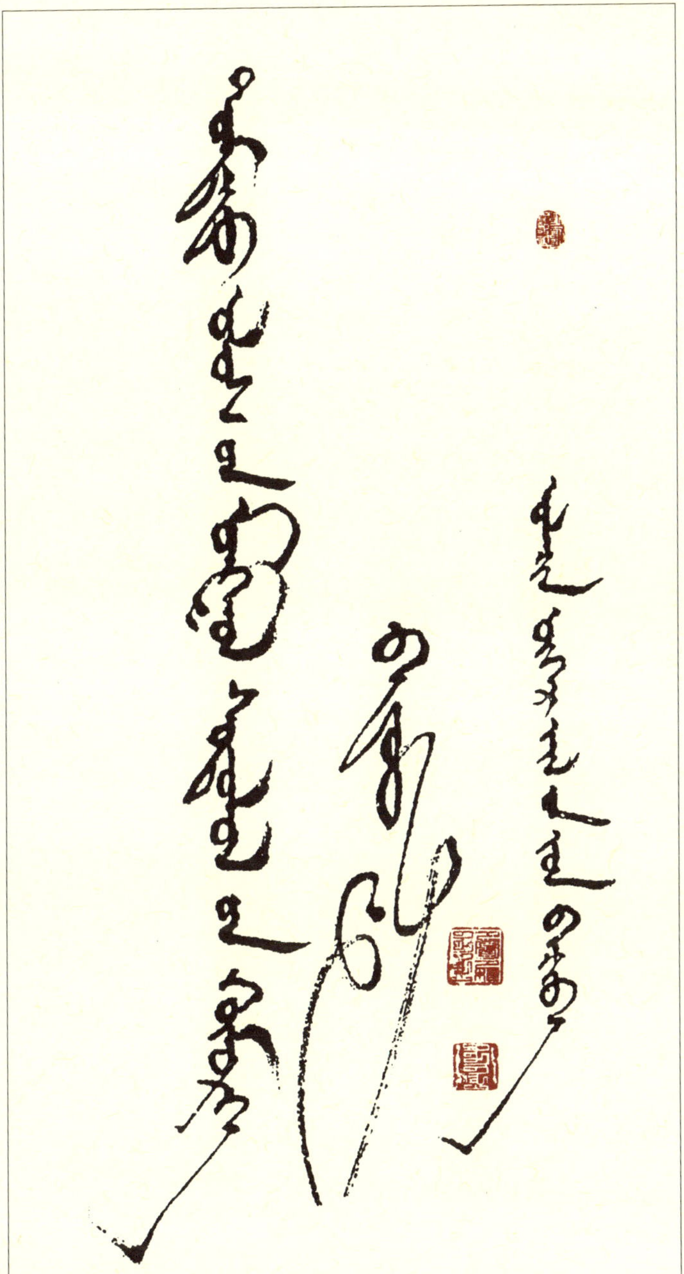

编写与出版《中国蒙古学文库》领导小组与编委会

《中国蒙古学文库》续版总序

《中国蒙古学文库》（以下简称《文库》）是在我国改革开放新的历史时期，在解放思想、实事求是思想路线指引下，在文化适应经济社会的发展而不断繁荣的客观要求下应运而生的。《文库》自筹备到出版以来走过了艰苦立业、敢为人先、追求一流、不断创新的12年。到2009年9月，已经正式出版了百部书，并以此向新中国六十华诞献礼。同时召开了“百部纪念会”，出版了《百部纪念册》，可以说《文库》编委会完成了一个阶段的工作。

《文库》是一套比较全面系统地反映蒙古学研究成果的系列丛书。它的编辑出版开辟了学术著作出版的新途径，成为蒙古学研究成果跨世纪的丰碑，在国内外引起广泛的关注，产生了良好的反响，将成为繁荣发展蒙古文化方面具有一定知名度的、品位较高的文化名牌。随着全面建成小康社会、构建和谐社会的步伐不断加快，为增强各民族间平等、团结、和谐互助关系，满足各族人民日益增长的物质和文化生活需要，促进内蒙古自治区文化大区的建设，为推进蒙古学研究事业的发展，提升文化软实力，突出民族特色，充分发挥文化优势和社会人才资源优势，传承和弘扬蒙古民族的优秀文化，很有必要继续编辑出版蒙古学方面的学术著作。

为此，《文库》领导小组向中共内蒙古自治区党委和政府呈报了《中国蒙古学文库》续版百部书的申请报告。自治区党委和政府的领导高度重视，全力支持，批准了申请报告，决定《中国蒙古学文库》继续出版。这是值得庆贺的好事，是自治区学术界的一件喜事，是贯彻落实科学发展观、为文化建设所做的一件实事，是继续推动蒙古学研究繁荣发展的重大举措，这标志着《中国蒙古学文库》的工作进入了一个新阶段，对我们是个极大的鼓舞和鞭策，使我们深深体会到党的民族政策的英明正确，并使我们看到党和政府情系民生，执政为民，在推进经济社会又好又快发展中，繁荣文化建设事业的良好形象。

蒙古民族在历史卜彰显了游牧文明的优越性，成为游牧文化的集大成者，在人类历史上创造了辉煌的奇迹，造就了世界新的格局，展示了走向统一、走向开放、走向文明发展的总趋势，留下了珍贵的文化遗产，产生了许多重大的、至今还值得深思和研究的问题。从而形成了独具特色、充满生机、内涵丰富、博大精深的蒙古文化，形成了国际性、综合性的“蒙古学”。“蒙古学”就是以蒙古文化为研究对象的科学。其内容是研究蒙古族在形成和发展中创造的一切文化成果的传承和繁荣发展规律，是研究在漫长的历史进程中各民族之间相互交流、互助和谐、共同进步的过程和经验。

蒙古学是国际性的，世界上很多国家和地区都在研究，因此，我们的研究及其成果必须旗帜鲜明地突出中国特色。最根本的是以马克思列宁主义、毛泽东思想、邓小平理论、“三个代表”重要思想、科学发展观和习近平新时代中国特色社会主义思想为指导，高举中国特色社会主义伟大旗帜，坚持社会主义核心价值体系，贯彻执行党的民族政策和“双百”方针。这是中国蒙古学的一大特色和优势所在，是我们以往研究和创新所取得丰硕成果的根本原因，也是《文库》今后在编辑出版工作中必须坚持的基本原则。

在马克思主义普遍真理的指导下，遵照中国特色社会主义理论体系，如何认识和改造蒙古传统文化，如何借鉴吸纳其他民族的文化，是我们面临的艰巨任务。在这里必须坚持马克思主义与蒙古文化的实际相结合，充分体现马克思主义中国化、时代化、大众化的趋势，继续解放思想，坚持实事求是，运用马克思主义的立场、观点和方法，着力研究和传承蒙古族传统文化，进而改造传统文化，推陈出新，适应中国特色社会主义事业发展的需要，寻求现代化的路标； 着力研究各民族文化交流的经验和趋势，探索、巩固和发展各民族间的平等团结、互助和谐关系的新思路和有效途径；着力研究和总结建设中国特色社会主义实践中的新鲜经验和现实问题，全面提高民族的整体素质，为党和政府的决策提供智力支持和精神动力。

蒙古学是综合性科学，涵盖面广，内容丰富而全面。《文库》致力于编辑出版蒙古学方面的学术性研究成果。特别注重专题研究、系列研究、历史人物研究、哲学及社会思想史研究。这些内容的研究以及编辑出版，是《文库》的中心课题，是它的显著特点和优势。资料汇编、论文集、辞书、名词术语汇编、回忆录、个人选集或全集、杂记、传记、多卷本著作、文艺小说等不属于《文库》编辑出版范围。

《文库》优先选择以下著作：(1) 带有抢救性的著作；(2) 学术方面的国家课题、省部级课题的最终成果；(3) 以博士论文为基础充实修改的著作；(4) 新兴学科、薄弱学科、交叉学科、边缘学科的著作；(5) 理论研究，创立体系的著作。先出版用蒙古文或汉文撰写的一种版本，今后根据实际需要，选择一些有利于各民族文化交流，具有共同性使用内容的，具有较高学术价值和实用价值的著作，翻译成另一种文字出版。

出版的著作要有鲜明特色，弘扬创新精神，体现精品意识。一切从蒙古族历史文化的实际出发，挖掘好、研究好、保存好、维护好、发扬好蒙古文化的固有特色，充分彰显蒙古文化的风格和气派。同时积极汲取世界先进文化，达到二者的有机结合，从而充分体现蒙古文化的世界性、民族性和地域性特点。鼓励大胆的创造，发扬自主创新精神。创造性是蒙古文化固有的特点和发展的内在活力。《世界征服者史》作者志费尼曾指出，成吉思汗有关征服他国的方略，消灭敌军，擢升部属等措施，是“凭自己的脑子创造出来的”，“全是他自己领悟的结果，才智的结晶”。

《文库》以原创性、系统性和突破性作为编辑出版的基本要求。突出原创性，就是要求出版创新的、新颖的和具有较高学术价值的著作。注重系统性，就是要求出版学科建设中的系列著作，在某个学科方面具有权威性成果，为学科的理论研究和创立体系起到奠基性作用的著作。强调突破性，则要求出版从研究的领域、资料、观点、方法等某一方面超越前人的成果，具有开拓性的、填补历史空白的著作。

质量是编辑出版的生命。精益求精，精心组织，高标准、严要求，以极端负责的精神，保证出书的质量。为此严格执行“编委责任制”“三审制”，把好“三个关”。书稿由总编辑根据书稿内容和编委的特长确定该书稿的责任编委，责任编委对书稿负责到底。编委会执行“三审制”，由两名专家审稿，编委会集体讨论，总编辑审阅定稿。出版社也要执行“三审制”，责任编辑初审，编辑室主任复审，总编辑终审。编委会和出版社共同把好政治思想、学术水平、文字技术三个关。

续版的百部书必须抓住重点，努力做到实证研究和理论研究并举，以理论研究为主；研究历史客体和研究主体思想并举，以主体思想的研究为主；系列研究和体系研究并举，以体系研究为主；历史问题的研究和现实问题的研究并举，以研究现实问题为主。突出重点才会显示《文库》的出版特色和优势，开创蒙古学繁荣发展的新局面，也标志着蒙古学的研究转入理论研究、创立体系的新阶段。这是在蒙古文化的发展史上具有重大意义的转变，是蒙古学研究中出现的实质性飞跃。

“一个民族想要站在科学的最高峰，就一刻也不能没有理论思维。”这是恩格斯在一百多年前说的至理名言。这里说的“科学”当然包括哲学、自然科学、社会科学和思维科学。“理论思维”即哲学思维。我们提出的振兴中华，实现“四化”，其目标就是让中国各民族都要在中国共产党的领导之下，“站在科学的最高峰”，把我国建成富强、民主、文明、和谐的社会主义国家。为此必须重视“理论思维”，必须强调理论思维的学习和锻炼。蒙古文化虽然经历了盛衰变迁，但始终绵延不绝，这就足以证明，它必然有其优秀传统，有很多的优点和特点。但长期以来，我们在吸收外来文化，并把它融合、消化，变为自己的文化，进而形成蒙古化方面下的功夫还不够；蒙古文化具有独立性，但系统性尚未形成，各学科的形成和发展也很不平衡；文化理论的研究和创新，各学科理论体系的形成和完善严重滞后。这也足以证明，蒙古文化也有其不可忽视的缺陷。这里除有政治、经济等诸多原因外，与文化研究方面长期以来忽视或轻视理论思维的地位和作用，忽略蒙古民族思想史和历史人物思想的研究，忽略哲学及社会思想史的研究，也有直接关系，以致严重影响了蒙古文化的全面发展和繁荣，影响了各学科的理论研究和体系创立的历史进程和水平。

思想是文化的核心，哲学是文化的思想基础，是文化的精华部分，是文明的“活的灵魂”，这是被人类文化史研究证明了的普遍真理。理论研究和创新、创立体系是一个民族文化繁荣发展的标志，是一个民族文化走向成熟、进入文化自觉境界的表征，也是不断深入研究、开拓创新的必然结果。只有理论研究、理论创新，各学科创立并逐步完善各自的体系，才能使民族文化得到全面协调可持续发展；才能充分彰显民族文化，在开放中仍然能够保存和弘扬的优秀成果，突出独具的特色和优势，使民族文化在有条件的流变中做到有选择地包容外来文化，并把二者有机地结合起来；才能形成充满生机的开放性体系，找到与时俱进、蓬勃发展的活力；才能使民族文化随着时代的步伐不断地创新，从而满足人民日益增长的需要。因此，文化研究中理论研究、理论创新、体系创立是非常重要的，是不可或缺的层次或阶段。智慧凝聚经验，思想闪耀光辉，理论显现魅力，真理揭示规律。《文库》续版的百部书要紧紧抓住这个主题，充分利用新世纪赋予的难得的良好机遇，使蒙古文化焕发出强大的生机和活力。在这方面要有新的作为，要有新的建树和创新，以弥补蒙古学研究中的历史性缺憾或薄弱环节。把蒙古学研究推进到新的发展阶段，这是我们的事业，我们的希望，我们的目标，也是我们应尽的职责和责无旁贷的历史使命。

《中国蒙古学文库》的原版“总论”是由《文库》总编辑，内蒙古社会科学院蒙古史著名学者、研究员留金锁先生执笔，编委会讨论通过的。“总论”概括地论述了蒙古文化发展的历史演变，叙述了研究蒙古文化的过程和取得的标志性成果，总结了以往的经验，明确提出了今后的研究方向，在编辑出版“百部书”的过程中起到了重大的宣传和指导作用。随着形势的发展，研究的深入，续版的百部书中将原版的“总论”和“序”重新修改，增加新的内容和要求，称之为“续版总序”。续版在封面设计、装帧等方面都做了一些调整和改进，以崭新的面貌问世，给人以耳目一新的感觉，将会引起作者和读者的兴趣和关注。

续版百部书，在组织机构方面取消了《文库》的顾问。对领导小组成员、总编辑和编委成员都做了一些适当的调整。原有的同志多位是离退休的领导、专家、学者。他们参与了《文库》的一系列具体工作，工作中任劳任怨，淡泊名利，不计报酬，默默耕耘，倾注了无数心血，做出了重大贡献。我们不会忘记，历史也不会忘记。他们的睿智、业绩和奉献精神，随着时间的流逝，将会永驻在《文库》的字里行间，记载于蒙古学研究的史册中。

在我国，研究蒙古文化由来已久，而且资料文献甚丰，成果累累。但是将蒙古学真正作为一门科学，进行全面而系统的研究是中华人民共和国成立以后才开展的。尤其是改革开放以来，蒙古学的研究方兴未艾，全面推进，著述颇丰，成为哲学社会科学百花园中一朵绚丽的奇葩。我们编辑出版《中国蒙古学文库》续版的百部书，在继承以往成果的基础上，将在更高层次上整体推进蒙古文化的繁荣发展，使其成为反映时代特征、适应实践的发展、满足人们日益增长的文化生活需要、令广大人民群众喜闻乐见的崭新的蒙古文化。自治区领导的这一决策和编委会的一系列有关举措，对加快内蒙古自治区的文化建设，促进国际蒙古学向纵深发展，推进中国特色社会主义建设的伟大事业，必将发挥应有的作用。其意义是重大的，也是深远的。

我们深知，《中国蒙古学文库》是繁荣图书出版事业的创新之举，是传承文明、繁荣学术、继往开来的薪火工程，是功在当代、惠泽后人、流芳百世的宏伟事业。我们要认真总结以往经验，在新的起点上继续发扬优良作风，再创新的业绩。编委会要以新的姿态，振作精神，全力以赴，齐心协力，埋头苦干，认真审阅，精心修改，力求编辑出版精品力作。我们的工作是艰巨复杂而光荣的，任重而道远的。由于我们才智的局限，以及理论基础、学术水平和编辑能力等方面的原因，可能会出现一些问题，存在一些缺点，恳请作者和读者及时赐教。

《中国蒙古学文库》编委会

2010年3月

目　录

导 论

一、选题及其意义

“察哈尔”的前身是成吉思汗四大汗斡耳朵的直属臣仆群体之一，隶属于成吉思汗四大汗斡耳朵的这一组织，享有“豁勒首千户”（γool-un terigün mingγatu）的美誉，是名副其实的成吉思汗御前第一千户。该千户仅有的八个百户是分别从属于以四大汗斡耳朵主妇孛儿帖旭真为首的成吉思汗四大皇后役使的私属人群。虽名为第一千户，但他们未曾列入成吉思汗中央万户军（怯薛军）的正规序列，是从事成吉思汗私人家业的怯怜口（ger-ün köküd）。

成吉思汗西征凯旋后，将自己所属的大蒙古国腹地也可兀路思（亦称兀鲁黑兀路思）分封给其幼子拖雷管辖，又将豁勒首千户赏赐给其儿媳，即拖雷正妻唆鲁禾帖尼别乞（也作唆鲁和帖尼别乞）所有。宗主和地位的更迭，使他们显然不便再持续享有“豁勒首千户”之誉，遂被定名为“察哈尔”。

“察哈尔”之名由古代蒙古贵族的侍从、跟班的别称“察哈”（čiq-a）演变而来，“察哈尔”则含有侍从群体之意，为拖雷所属兀鲁黑兀路思（宗主国）汗廷私属臣仆群体的专有名词，北元中期随着察哈尔万户的形成，泛指蒙古可汗斡耳朵的直属世俗集团，即察哈尔本部。

察哈尔作为拖雷所属兀路思主妇所受封的特殊“领户”，

于蒙哥汗二年，唆鲁禾帖尼别乞去世后被拖雷领地的汗位继承者，拖雷幼子阿里不哥家族所有。察哈尔在大元时期，为被忽必烈可汗命名为“别乞大营盘”的阿里不哥家族汗斡耳朵服务，仍然归阿里不哥家族汗廷女主人支配和管辖。

北元初期，蒙古社会动荡，自1388年阿里不哥后裔也速迭儿弑脱古思帖木儿汗后，阿里不哥家族从忽必烈家族手中夺取蒙古可汗大位长达40年之久，史称“瓦剌称雄”。从此，蒙古社会进入所谓的内讧时期，即“蒙古历史黑暗时代”。蒙古历史的黑暗时代有三种特征：一是史料记载模糊不清、颠三倒四；二是内讧导致蒙古社会混乱不堪；三是该时期历史疑点诸多，学者们的观点不一，梳不清，理还乱。因此，被史学家们称为“蒙古历史黑暗时代”。

直到瓦剌脱欢太师统一蒙古，欲霸蒙古而不成，遂变通策略，将自己的女婿——忽必烈家族出身的脱脱不花岱宗汗推上蒙古可汗宝座。这使拖雷—阿里不哥家族在漠北延续200年的拖雷汗国统治轰然倒塌，斡亦剌异姓贵族脱欢太师改旗易帜，给予其传统的宗主阿里不哥家族毁灭性的打击。拖雷—阿里不哥家族对漠北中西部地区、西北森林诸部以及察哈尔人整整两个世纪的统治至此终结，脱欢太师尽数掠夺了阿里不哥家族汗斡耳朵的一切财产和仆人等，将其交与脱脱不花岱宗汗和自己的女儿，察哈尔人遂从原来的阿里不哥家族汗斡耳朵仆人演变成忽必烈家族汗廷斡耳朵的仆人。

脱脱不花汗时期，脱欢太师的异常举动促使察哈尔万户能够形成其雏形。此后，以归属脱脱不花岱宗汗斡耳朵的瓦剌可汗后妃私人属民察哈尔与林木中百姓诸部部分人口为基础，以拖雷家族其他传统“领户”各部以及东蒙古（鞑靼）汗廷元朝皇室直属机构残余为成员的庞大的察哈尔万户群体才逐渐形成规模。新组建的这些部落群以“察哈尔”为名，统称“察哈尔万户”，并且以北元可汗直属万户的全新面貌出现在历史舞台上。

15世纪以后，察哈尔万户的历史对整体的蒙古历史发展产生了深远影响，尤其在北元中后期和清初蒙古历史变革的过程中，他们一直处于举足轻重的地位。在北元后期，察哈尔万户作为蒙古游牧政权的核心力量，与蒙古其他诸部落产生了错综复杂的主仆关系。

明朝建立之初，在中国历史上就已重现了第二个南北朝的格局。北部的元朝统治政权依然存在，他们虽退居蒙古草原，但仍以中国正统皇朝自居，有明一代，蒙古北元王朝和中原明朝自始至终并存着。后期崛起的爱新国[1]，其生存和发展命运以及与明朝的对峙，不得不完全依赖于与北元政权的联盟，而其关键在于蒙古王朝的核心察哈尔万户，因此察哈尔万户成为中国这一历史阶段的焦点。

在当时统一全国的斗争旋涡中，以察哈尔万户为代表的北元蒙古游牧政权与明朝、爱新国是决定中国未来命运的三大政治势力。察哈尔万户对明朝军事上的威胁和经济上的消耗，对爱新国的消极对抗以及对蒙古内部采取的强硬措施，都直接或间接地加速了全国统一的历史进程。

总之，在明末清初的中国历史研究中，察哈尔万户历史研究占有十分重要的学术地位。明朝时期，出现了中国历史上的

① 爱新国（1616—1634），努尔哈赤于1616年登大位，称汗，建立爱新国（参阅《满文老档》上册44页；《清太祖实录》天命元年丙辰正月条）。爱新国，满语称“aisin gurun”，意为“金国”。蒙古人又称“yeke altan ulus”，意为“大金国”（参阅《十七世纪蒙古文文书档案》第七件档，第21页）或“Ĵürčid ulus”，意为“女真国”“诸申国”（《旧满洲档》所载林丹汗致努尔哈赤的信中称“mukei ilan tumen jušen i ejen kundulen genggiyen han”，参阅《十七世纪蒙古文文书档案》第四十七件档的“Ĵürčid-ün ejen”，意为“女真之主”）。直到1634年皇太极改元为崇德，改国号为“清”之前，均用此国号。后人为区别于辽、金之“大金国”而惯称“后金”。在学术著述中应该称“爱新国”，以体现其历史本貌。引自乌云毕力格《喀喇沁万户研究》第一章注释。

第二个南北朝。17世纪上半叶，随着爱新国的建立，中国版图上又重现了三足鼎立的现象。察哈尔万户作为北元游牧政权的政治核心、最强悍的蒙古铁骑军团、大元可汗的正统后裔、北元可汗的直属部落群体，与明朝和后金在政治、经济、军事上的关系非常复杂，对当时中国历史发展产生了巨大的影响力。因此，对明、清时期的察哈尔万户历史进行深入系统的研究，对中国历史和民族历史具有不可或缺的价值。

清朝初期，在已归附清朝的漠南蒙古诸部中，察哈尔万户的残部以蒙古林丹汗遗孤所属的“察哈尔国”的身份独存，具有极其特殊的社会地位，仍然保存着强大的战斗力，是隐藏着最不稳定因素的特殊群体。清朝政府能否成功控制察哈尔蒙古，进而达到震慑全蒙古、稳固其对漠南蒙古诸部落统治的关键，在于是否能驯服察哈尔各部。因此，察哈尔便成为清朝满族统治阶级殷勤拉拢和周密防范、谨慎利用、逐步削弱的重点对象。

清朝初期的察哈尔八旗兵是清朝八旗兵的重要组成部分，史称“外八旗察哈尔蒙古”，在最早的满文史乘中称作“公主兵”，这支察哈尔兵是山海关之役的主力军。顺治五年（1648）的满文史料中，再现了当时已成为完整的察哈尔八旗兵的规模，他们是追随满洲八旗兵攻打内地明朝军队的中坚力量。康熙十五年（1676），察哈尔兵哗变时已经形成了整编左右翼各四旗的察哈尔八旗兵，是清朝八旗兵中镇守汉地的主要兵种。

清朝康熙初年的察哈尔事变和察哈尔八旗兵哗变，造成了异地驻牧及察哈尔游牧八旗四群的定局。从而使清朝统治者对察哈尔人采取的统治政策得以落实，大批察哈尔人被迫移居其他蒙古部落，对换其他厄鲁特、巴尔虎、科尔沁等蒙古部人口编入察哈尔八旗。清代西迁新疆地区的首批察哈尔人就是其中的典型案例，如此改编导致察哈尔八旗的正统察哈尔人数不及总人口的一半，史称“掺沙子”。

清朝皇家牧场的大部分牧民是由察哈尔人组成的。他们为建设家园，开发和保卫祖国边疆付出了巨大的代价，谱写了壮丽的历史篇章。客观如实地展现清代察哈尔八旗的历史活动，传承他们辉煌灿烂的民族文化，对于正确处理各少数民族地区的民族关系和“建设亮丽内蒙古，共圆伟大中国梦”，打造祖国北疆亮丽风景线具有重要的现实意义。

察哈尔万户作为蒙古游牧政权的政治实体，从登上蒙古高原的大舞台那天起，就注定是北元中后期历史中的主要角色。察哈尔万户起步之荣耀、过程之辉煌、终结之壮烈，在蒙古诸部落发展历史中独树一帜。它是蒙古社会自始至终公认的北元王朝的政治中心，蒙古可汗正统后裔直接统领的最强悍的集团军，是北元中后期蒙古可汗至高无上的权力的象征。因此，察哈尔万户研究课题在蒙古史研究领域中占有核心地位和主要比重是无可厚非的。

明清时期的蒙古史研究领域中，察哈尔蒙古历史的研究很早就引起了国内外几代学者的高度关注，学者们一直把它当作这一时期蒙古历史研究的一个突破口和重点研究领域来进行探讨，并取得了一些成绩。

但是，从真正意义上说，对察哈尔蒙古历史进行整体或系统性研究的成果尚未出现，某些关键领域的研究仍然很薄弱，专题研究察哈尔蒙古历史的成果极少。另外，过去的研究成果对各种第一手文字档案史料的利用严重不足，也未能充分注意到蒙汉文史料的互补性，因为对察哈尔蒙古历史缺乏整体了解，所以仍存在各种缺憾。

因此，在前人研究的基础上，在察哈尔历史的重点领域进行系统研究，具有填补历史空白的意义。近几年，明清时期官私史料的整理出版日益丰富，各种文字档案的公开出版和查阅方式的便利化为该课题的深入研究提供了必要条件；相关学科所取得的重大研究成果也为察哈尔万户历史研究提供了诸多便利，成为此项研究能够取得一定进展的必要基础。

针对上述情况，笔者利用近20年来搜集的有关资料，经过仔细研读和整理，并在前人研究的基础上，拟对察哈尔万户历史做一较为系统的论述，并对察哈尔万户历史的诸多学术盲点进行重点研讨。

二、研究概况

在蒙古史研究领域里，对察哈尔历史的研究是一个薄弱环节。尤其在国内蒙古史学界，对察哈尔蒙古历史做过探讨的学者为数不多。从研究概况来讲，国际蒙古史学界有两个研究察哈尔历史的中心，一个是在日本，研究者包括以和田清、冈田英弘、萩原淳平、森川哲雄等人为代表的部分日本学者。另外一个是在中国，研究者包括以达力扎布 、薄音湖、曹永年、宝音德力根、乌云毕力格、齐木德道尔吉、沙·东希格、潘小平、宝音初古拉等人为代表的部分学者。其他国家除个别学者外，很少有人涉足这一研究领域。

在日本学者中，和田清是最早关注察哈尔蒙古历史的史学家。1959年由东洋文库出版了他的满蒙研究姊妹篇之一——《东亚史研究·蒙古篇》，震撼了当时蒙古史学界，颇受学界推崇。此作由17篇论文组成，其中第6篇为《察哈尔部的变迁》①，是专题研究明代察哈尔蒙古历史变迁的力作。和田清首次比较系统地研究了明代察哈尔的历史，揭开了察哈尔部历史的神秘面纱。尤其是他对历史、地理和部落人物的考证，在当时学界里堪称一绝，当是创举。和田清利用的汉文史料多达180余种，但因受时代条件所限，未能充分利用蒙古文史料，尤其没有条件利用遗留性历史档案史料，也无相关学科的研究

① ［日］和田清：《东亚史研究·蒙古篇》，东洋文库，1959年，第521—656页；原载《东洋学报》第41卷，第1—2号，昭和三十三年，1958年6—9月。

成果可供参考，致使其研究成果有不少欠缺。例如察哈尔迁徙辽东前的“察哈尔的根据地”“察哈尔东迁说”“察哈尔的西迁原因”等问题，现在看来都存在不少失误。

与和田清同时出版明代蒙古史研究著作的另一位大家是美国学者亨利·赛瑞斯（Henry Serruys）。他以研究明代蒙古史而著名，从1959年起陆续出版了《明代汉—蒙关系》系列研究三卷本。他在《萧大亨〈北虏风俗〉研究及其法译本》《达延汗后裔谱系表》等论著中对蒙古历史人物的精密考证与和田清齐名。他的一些研究成果为察哈尔历史文化的研究提供了诸多便利条件。他是最早注意到“好陈察哈尔”的学者，但是他未能对此进行深入研究，所以有必要重新探讨。

在日本，对明代蒙古史进行深入研究的学者还有冈田英弘和萩原淳平等人。PIAC金奖获得者冈田英弘先生在护雅夫、神田信夫主编的《北亚史（新版）》（山川出版社于1981年出版）中担任第四、第五章蒙古史部分的撰写工作，其中第五章专门论述了从1368年元朝退居沙漠，到1771年土尔扈特回归祖国为止的蒙古历史，他首次将“北元时代”的蒙古历史纳入世界通史之中。冈田英弘是最早研究察哈尔蒙古起源和形成过程的学者[①]。他的《达延汗六万户起源》《北元奉祀圣母玛利亚考》《察哈尔蒙古部溯源》《也失哈屯的察哈尔陵》等论著都是探讨察哈尔蒙古起源的经典之作。他首次提出“也失哈屯指拖雷之妻唆鲁和帖尼别乞，成吉思汗赞赏她的孝心而给予了这个称号并赐予八鄂托克察哈尔”的观点，从而肯定了《黄金史》

① ［日］冈田英弘：《达延汗六万户起源》，原载《榎博士还历纪念东洋史论丛》，日本山川出版社，1975年，第127—137页；《北元奉祀圣母玛利亚考》，台湾政治大学边政研究所年报1，1970年；《也失哈屯的察哈尔陵》，载《阿尔泰文明概览》第3期，《印第安那大学乌拉尔·阿尔泰丛书》第145辑，1990年，第176—186页；《察哈尔蒙古部溯源》，载《蒙古学研究会集刊》纪念杭锦专号，XIV卷，1991年，第155—179页。

的记载。

萩原淳平于1980年出版了《明代蒙古史研究》一书，此书得到若松宽“为明代蒙古史研究开辟了新的前景”的高度评价。他确实提出了很多新颖的学术观点，尤其对林丹汗的评价比较切合实际，值得参考。

自符拉基米尔佐夫之后，对14—17世纪蒙古社会制度史进行正面研究的论著很少。森川哲雄受符拉基米尔佐夫的影响，潜心研究北元社会制度史，发表了一系列优秀论文①。他对蒙古鄂托克、蒙古万户、蒙古汗和赛特关系的研究都充分利用了蒙古文史料，打破了日本学者历来以汉文史料为主研究蒙古历史的传统，代表着日本第二代蒙古史学家的转变。他的察哈尔八鄂托克和布尔尼亲王之乱的研究成果②进一步推进了日本学界对察哈尔的研究。

我国学者研究明代蒙古历史起步较晚。中华人民共和国成立前，有关研究察哈尔的论文只有几篇：

扬寔：《明代察哈尔沿革考》（《禹贡》4卷4期，1935年）；

张耀庚：《明代之边患》（《新亚西亚》9卷4期，1935年）；

芗鱼译：《明代察哈尔沿革考》（《新蒙古》3卷3期，1935年）；

《明季满洲蚕食蒙古方略纪要》（《蒙古旬刊》110期，1936年）；

纪霭士：《察哈尔与绥远》（《文化建设月刊社》1937年、《察哈尔绥远历史沿革考录》第1—62页，远方出版社，2010年6月）；

涉及清代察哈尔历史的论文仅有以下几篇：

征夫：《清代蒙古之兵制》（《新蒙古》2卷 5—6期，1934年）；

---

①［日］森川哲雄著，白玉双译：《蒙古诸部族与蒙古文献研究》（西域历史语言研究丛书·蒙古学编卷3），内蒙古人民出版社，2014年。

②［日］森川哲雄：《察哈尔八鄂托克及其分封》，载《东洋学报》第81卷1—2合刊号，1976年；《察哈尔布尔尼亲王之乱》，载《东洋学报》第64卷第1—2号，1983年。

梁辅丞：《察哈尔风俗考察记》（《中央时事周报》4卷2、4、6、8期，1934年、1935年）；

关震华：《清代蒙古之军制》（《蒙藏月刊》4卷1期，1935年）；

孟森：《八旗制度考实》（《史语所集刊》6卷3期，1936年）；

杨实：《近三百年来开发察哈尔部八旗及各牧厂沿革》（《大公报史地周刊》40期，1935年）；

察蒙特署：《察哈尔蒙旗暨各县概况》（《中国边疆》3卷1—4期，1944年）；

吴云鹏：《蒙古政教名词释义》（《中国边疆》1卷2期，1942年）。

中华人民共和国成立后至1979年，以《内蒙古历史概要》为代表的5种专史都有明代蒙古史和清代蒙古史的章节，其中或多或少涉及了察哈尔万户历史。

自从1979年中国蒙古史学会成立以来，国内史学界开始对察哈尔历史进行具体研究，并挖掘和整理相关史料，获得了较大的成绩。具体包括薄音湖：《关于察哈尔史的若干问题》《明代蒙古汉籍史料汇编》（117辑，与王雄合编）；曹永年：《蒙古民族通史》第3卷有关察哈尔历史的章节及《嘉靖初蒙古察哈尔部的牧地问题》；达力扎布：《明代漠南蒙古历史研究》《清代察哈尔设旗问题考略》《清代察哈尔设旗问题续考》《清代察哈尔八旗考》《清代察哈尔札萨克旗考》《有关察哈尔札萨克旗的四件满文题本》《清初满蒙文档案记载中的八旗察哈尔》；张永江：《清代藩部研究》《蒙古民族通史》第4卷有关察哈尔历史的章节；宝音德力根：《十五世纪前后蒙古政局部落诸问题研究》的第二章《察罕儿》《好陈察哈尔、察哈尔五大营、八鄂托克察哈尔——17世纪前察哈尔历史研究》以及他所主编的大型档案汇编《蒙古堂档》；乌云毕力格：《从17世纪前半叶蒙古文和满文遗留性史料看内蒙古历史的若干问题（1）“昭之战”》《从17世纪前半叶蒙古文和满文遗留性史料看内蒙古历史的若干问题（2）“敖木林之战与喀喇沁——爱新国联盟”》《蒙古民族通史》第4卷有关章节、《明朝兵部档案中有关林丹汗与察哈尔的史料》和《喀喇沁万户研究》一书中有关察哈尔的章节；金海：《浅论察哈尔部落》以及《日本占领时期内蒙古历史研究》一书中的有关察哈尔近代史的章节；王雄：《察哈尔西迁的有关问题》；齐木德道尔吉：《腾机思事件》《清朝初期的上都及察哈尔地区》以及他所主编的《清代蒙古志》《清内秘书院蒙古文档案汇编》；潘小平主编：《察哈尔史》；宝音初古拉：《明清时期察哈尔历史若干问题研究》（国家社科基金规划项目）、《好陈察哈尔研究》（内蒙古高校科学研究重点项目）、《察哈尔脱卜察安》（新闻出版署“十二五”规划重点出版图书项目）、《察哈尔八旗研究》（国家规划项目）、《敖汉奈曼部落史研究》（国家规划项目）、《释读“察哈尔”》《察哈尔历史研究概述》《林丹汗八大斡耳朵与察哈尔本部》《察哈尔蒙古研究》（内蒙古大学博士学位论文）等。这些研究成果把我国察哈尔历史研究推向国际领先水平。

综观前人研究成果，有必要在以下方面对察哈尔历史做进一步的深入研究。

察哈尔万户的历史研究中，首先涉及的是“察哈尔”名称的由来及其起源问题。对于察哈尔蒙古的名称由来，曾有很多学者对此进行过探讨，但未曾得出令人满意的结论。据笔者粗略统计，关于“察哈尔”一词的解释多达20余种，而对“察哈尔”一词词源方面的研究也存在若干种不同观点。其中值得一提的是伯希和所提出的观点，其考证精深，有较大的学术影响力，并得到了大部分学者的认同。此外，具有影响力的还有兰斯铁的观点。霍渥斯、齐木柯夫斯基等人也曾提出自己的不同观点。纵观前人对“察哈尔”一词的研究，存在着研究角度过于狭窄，或者仅仅停留在表层，而个别学者的研究又脱离蒙古历史实际，过于复杂化的问题。总之，学界对蒙古社会历史上出现的几种“察哈尔”的历史现象未能做到整体比较研究，也未能从察哈尔部的隶属关系和职能入手，并结合零散的历史记载进行综合分析研究。

学界对察哈尔部的起源问题历来有争论，概括起来，有两种传统观点。一种观点认为是从怯薛军演变而来的；另一种观点则认为察哈尔是北元中期才形成的。冈田英弘、薄音湖、宝音德力根等学者分别在20世纪80年代和90年代发表专题论文，突破这一传统观点，并一次次把此项研究推向新的水准。其中冈田英弘、薄音湖、宝音初古拉认为察哈尔的起源要早于北元；而赛瑞斯、宝音德力根认为浩齐特就是“好陈察哈尔”。对察哈尔的起源问题，前人学者中冈田英弘有所建树，他敏锐地发现有“察哈尔汗私属鄂托克”[①]，并把它列入察哈尔八鄂托克之内。可惜的是，他没有把“察哈尔汗私属鄂托克”和“好陈察哈尔”联系到一起，因此，未能进一步展开研究。察哈尔的起源问题研究仍处于初级阶段，至今未被学界发现的“好陈察哈尔”是正宗的察哈尔人，是最原始的察哈尔群体。只有在研究好“好陈察哈尔”的基础上，才有可能解决察哈尔的起源问题。笔者力图在这方面取得一些研究进展。

对于察哈尔万户的形成和变迁过程，近几年吸引了一些学者的关注。宝音德力根撰写《好陈察罕儿、五鄂脱克察哈尔、八鄂脱克察哈尔》一文，对17世纪以前的察哈尔蒙古的形成和变迁过程做了新颖的研究，视角独特，论据充分，填补了察哈尔研究领域中的若干空白。基于此，对17世纪以后察哈尔历史的变迁，还需要做补充研究，同时需要对察哈尔万户的核心“好陈察哈尔”做新的探讨，对察哈尔万户的形成过程，需要

① ［日］冈田英弘：《察哈尔蒙古的起源》，载《蒙古学资料与情报》，1992年第3期。

从宏观角度去分析和归纳，揭示其每一个阶段的特点。

从达延汗到达赉逊汗时期有关察哈尔部的各种历史记载来看，比较模糊且彼此抵牾。这一阶段的研究成果相对比较丰富，但在绝大部分研究领域，学界未能形成共识。

达赉逊汗时期的察哈尔万户历史研究也是一个空白点。例如，达赉逊汗时期的察哈尔万户的变迁、察哈尔内部结构的变化、察哈尔万户与右翼的关系、察哈尔万户率领左翼万户控制和兼并朵颜三卫的具体过程等问题都是无人涉足的研究领域，需要更换角度去观察这段历史，争取再现察哈尔部中后期的历史面貌。

对蒙古左翼山阳集团（察哈尔万户、科尔沁万户、五鄂托克喀尔喀万户）的核心察哈尔万户的历史，突出两个重点来论述。一个是土蛮汗时期的察哈尔万户历史，另一个是林丹汗时期的察哈尔万户历史。

土蛮汗时期的察哈尔万户的历史记载，在蒙古文史料中过于简略，在汉文史料记载中，有《万历武功录》第10卷《土蛮列传》等诸多史料和档案。但其史料过于琐碎而混乱，张冠李戴的现象比比皆是，而且仅限于记载土蛮汗与明朝的关系。学界对这一段历史没有做深入研究，其成果也只有孟凡云的《〈万历武功录〉研究》（中央民族大学博士学位论文）和蒙古国学者伊什扎木茨的《图门札萨克图汗的政教思想》等两三篇论文而已。所以土蛮汗的生平业绩和土蛮汗时期察哈尔历史状况的研究还是一个学术空白点。其实在达延汗的后裔中，土蛮汗是最强悍的蒙古可汗，并且他在位期间察哈尔万户才得以最终定型，并进入最强盛时期。尽管受史料限制，但笔者将利用现有的史料，描述土蛮汗时期的察哈尔历史画卷，为学界今后对这一领域进行深入研究充当探路者。

林丹汗时期的察哈尔万户历史是一个学术热点。从事这方面研究的学者较多，论著也不少，然而有争论的问题和历史模糊点更多。在这方面做出突出贡献的学者有萩原淳平。他在著作《林丹汗的生平及其时代》中对林丹汗的生平业绩做了深入的探讨，并提出了独特的见解。达力扎布、乌云毕力格、王雄、希都日古等学者分别对林丹汗西迁的历史过程做了深入细致的研究，解决了许多疑难问题。在前人研究的基础上，笔者以自己所搜集到的各种史料和地方档案以及《明朝兵部档中有关林丹汗与察哈尔的史料》《十七世纪蒙古文文书档案》《清内秘书院蒙古文档案》《清内阁蒙古堂档》《理藩院满蒙文题本》等珍贵档案史料为基础，对林丹汗时期的察哈尔万户历史做全新的观察。尤其对林丹汗时期的察哈尔万户的变迁及察哈尔本部的扩张情况提出全新的学术观点。

清初的察哈尔蒙古历史也可分为两个阶段。第一阶段，从察哈尔部归附爱新国到布尔尼事变被镇压。第二阶段为宣府、张家口边外的游牧察哈尔八旗历史，也就是变成总管八旗后的历史。第一阶段的史料近年来得到相当好的开发，为我们的研究提供了便利条件。在此研究领域中，达力扎布领先耕耘，其《清初察哈尔设旗问题考略》等系列研究论文得到国内外同人的认可。察哈尔蒙古变成清朝皇家直属军队和皇家私人牧群以后的历史研究尚未展开。这方面的研究成果，除了加·奥其尔巴特、吐娜的《新疆察哈尔蒙古历史与文化》和博尔塔拉州地志办的《新疆察哈尔蒙古西迁简史》等著作中专门研究了新疆察哈尔历史以外，还有达力扎布的《清代察哈尔八旗考》、蔡家艺的《新疆察哈尔营、厄鲁特营概述》等极少数研究著作。因为八旗察哈尔历史这一研究课题过于庞大，笔者已在所主持的“察哈尔八旗研究”项目中进行过深入探讨，本文中简单介绍察哈尔游牧八旗及四群的历史。

三、史料概况与研究方法

笔者在收集和研读有关察哈尔蒙古史料的过程中，对于察哈尔历史文化有关史料的性质和内容有了大致了解。针对传统史料记载中的各种特点，比如汉文史料中察哈尔历史的记载过于琐碎及内容单一，蒙古文史料记载中的内容又过于简略，满文史料中的记载又被删改，以及某些事实被人为扭曲等史料问题，笔者十分重视原始档案的收集和利用，并积极采用有效方法，扩大史料来源。例如在对比中寻找资料，在联系中寻找资料，从国外史书和工具书中寻找资料，以尽量全面地收集相关史料，集腋成裘。

研究察哈尔历史方面，满、蒙古、汉、外文史料同样重要，各类档案史料更是必不可少。因为察哈尔万户历史研究范围涉及元、明、清三朝，其时间跨度较大，所涉及的史料数目、种类相对繁杂。为简便起见，首先介绍一些基本史料的概要。

《明实录》和《清实录》是研究明清时期蒙古历史的最基本的官修史籍。《明实录》有台湾历史语言研究所1961年、1983年影印本（外加《崇祯实录》及《崇祯长编》和部分皇帝宝训）。这里应该特别提出给研究者们带来福音的《明代满蒙史料〈明实录抄〉》。该书从长达3108卷的《明实录》中，把有关蒙古历史的记载检索出来，编为10卷本的《蒙古篇》和1卷本的《蒙古篇项目总索引》，为研究当时明蒙关系史提供了很大的便利条件。《清实录》中《太祖实录》（满文《清太祖武皇帝实录》、汉文《清太祖武皇帝实录》）、《太宗实录》《世祖实录》《圣祖实录》《世宗实录》《高宗实录》是重要的史料。庆幸的是，恩师齐木德道尔吉先生主编的《清朝太祖太宗世祖朝实录蒙古史史料抄》《清朝圣祖朝实录蒙古史史料抄》《清朝世宗朝实录蒙古史史料抄》等五朝实录史料抄的正式出版，为研究者利用《清实录》提供了诸多方便条件。私人著述中，谈迁的《国榷》、蒋良骥的《六朝东华录》和王先谦的《十一朝东华录》是弥补明清实录缺陷的重要史料。

《明史》和《清史稿》又是研究明清两朝时期蒙古史的重要正史。二者史料丰富、编排得当，体例完整，尤其《明史·鞑靼传》《清史稿·地理志二十八》对研究察哈尔历史有重要参考价值。因为《明史》和《清史稿》所引用的主要史料如《实录》《会典》等典籍依然存世，大部分资料今天还不难找到，其史料价值相对降低了。国史馆校注的《清史稿校注》共16册（台湾商务印书馆发行），是目前《清史稿》最好的版本。

明朝最大的隐患是与其对峙的北元政权。所谓“北边为上，东北边次之，西番和苗蛮又次之，内地反贼又次之”，乃明朝政府始终坚持的国防政策。因此，从洪武初年到崇祯末年，明朝的重点防御对象始终是北边蒙古。为了加强从辽东到固原“九边”防御和打击“北虏”入侵，明朝文臣武将为朝廷献计献策，留下了翔实记载蒙古情况的诸多历史文献。当然还有数量可观的私人笔记不可忽视。嘉靖年间，郑晓的《皇明四夷考》《皇明北虏考》（《吾学编》第69卷），魏焕的《皇明九边考》、许论的《九边图论》就是其中的代表性史料。还有万历年间严从简的《殊域周咨录》、瞿九思的《万历武功录》、焦竑的《国朝献征录》（卷120里收录王世贞《北虏始末志》）、叶向高的《四夷考》，这些都是研究察哈尔历史的重要史料。此外《北平图书馆善本丛书》所收录的《三云筹俎录》《筹辽硕画》《行边纪闻》《皇明象胥录》等都是万历年间成书，记载“北虏”历史的第一手史料。天启元年（1621）茅元仪所撰的《武备志》卷204—208中记载了蒙古地区诸酋长的驻牧地和世袭情况。崇祯元年（1628）方孔炤所撰的《全边略纪》、十一年王在晋所撰的《三朝辽事实录》等也都是必不可少的珍贵史料。另外诸如《译语》《北虏风俗》《登坛必究》等为数不少的重要史料也不能忽视。总之，明代汉文史料汗牛充栋，薄音湖、王雄编辑点校的《明代蒙古汉籍史料汇编》（117辑、第12辑）对学界来说，确实“功德无量”，《汇编》所收录的史料，其中绝大部分文献都涉及察哈尔历史。

清朝初期有关察哈尔历史的官修史料有《平定察哈尔方略》。从康熙朝开始，清朝皇帝都要在重大军事行动以后，为自己歌功颂德、宣扬武功，设立临时方略馆，“纪其始末，纂辑成书”，称《方略》或《纪略》。清代方略有20余种，《平定察哈尔方略》就是康熙时镇压布尔尼亲王叛乱以后形成的史籍。清代著名官修史料《钦定八旗通志》，虽然对察哈尔八旗鲜有记载，但还是留下了比较完整的镶白旗蒙古都统所属察哈尔参领下七个佐领的建制记载和从察哈尔归附清廷后，被编入八旗蒙古的大臣传等史料。这些都为我们的深入研究提供了难得的线索和依据。

《蒙古回部王公表传》《大清一统志》《清会典事例》都记有珍贵的察哈尔蒙古史料。清代私人著述中，只有谷应泰的《明史纪事本末》、祁韵士的《皇朝藩部要略》(《清朝藩部要略稿本》)、魏源的《圣武记》、福格的《听雨丛谈》、昭梿的《啸亭杂录》、管葛山人彭孙贻的《山中见闻录》等少数著作记载了察哈尔的历史片段。清代察哈尔地区的方志有《畿辅通志》《宣化府志》《口北三厅志》，还有《义县县志》《绥远城驻防志》等志书。

民国时期宋哲元监修的《察哈尔通志》和绥远通志馆编《绥远通志稿》中简要介绍了察哈尔的历史沿革、官制、内属十二蒙古旗群建制等情况。虽然是晚期史籍，但保留了一些清代的珍贵史料。

蒙古文史料是研究蒙古历史的首要史料。各种蒙古文史书有各自的特色和优点，也有各自的缺点和不足。进一步挖掘蒙古文史料，考证其各种记载的来龙去脉，认真推敲其内涵，引用时与汉文史料做对比，相互印证和补充，才能充分发挥其史料价值。

《十善福经白史》的成书年代尚有争论。海西希和留金锁等学者认为成书于元代。日本井上治则认为该书是于1577—1586年间由呼图克台彻辰黄台吉所著。其最珍贵之处在于保存了大量职官资料，为北元职官制度研究提供了第一手资料，到目前为止，尚无人加以研究和利用。

《诸汗源流之简明黄金史》（《黄金史纲》）作者佚名，是17世纪初的作品。从内容上分析，很显然后人在传抄过程中随意增加了一些新内容。此书成书较早，简明扼要，是被以后的大部分蒙古文史籍所遵循和推崇的纲领性著作。所以，在通常情况下，某些有必要溯本求源的蒙古文史料必须与之核对，才能确定其真实性，明确其史料来源。

在编写《古代诸汗源流政教著作之概要〈黄金史〉》（罗卜藏丹津《黄金史》）时，“以固什·罗卜藏丹津闻名的僧人沙沙提那达罗，以大量编年体史料为基础，潜心记录杰出神圣的转世者诸汗起源史”，利用了《蒙古秘史》等珍贵史料。其史料价值，后期出现的其他蒙古文史书无法与之比拟。例如此书中所记载的关于察哈尔的起源与唆鲁禾帖尼别乞的传说，在其他史书中从未见到，而该传说的真实性在《俺答汗传》中得到印证。其中还隐藏着很多今天我们不知其名的失传史料，所以，不能任意否定其史料的真实性。尤其是16世纪下半叶和17世纪上半叶的史料，因与著者所生活年代最近或为其亲身经历，乃耳闻目睹之史实，应加以重视。该书与《蒙古秘史》的差异，或许是与所利用的手抄本有关，或许是误读所致。

《俺答汗传》是以蒙古文诗体押头韵四行诗为基本形式写成的，所以细节的描述比其他蒙古文史书少，具有高度概括、命中要点、记载准确等特点。利用该史料时须认真揣摩，以理解和掌握字里行间所隐藏的历史信息。

《古蒙古诸汗源流大黄史》（《大黄史》）最明显的特点就是利用了蒙古家谱。有关蒙古封建主传宗接代的记载，比任何蒙古文史料的记载都要详细和准确。所以海西希以《蒙古家族及寺院历史编纂学》(《蒙古史文献资料》第1卷)为名，于1959年在威斯巴登出版。

《蒙古源流》与乾隆帝有缘，被译成满文、汉文，又由武英殿刊行，并编入《四库全书》。从此，它在诸多蒙古文史料中占据了独一无二的优势，被译成多种外文，成为用民族文字书写的史籍中流传最广、知名度最高的代表作。北元历史开始吸引外国史学家的注意，进而吸引他们从事蒙古史研究，其中《蒙古源流》功不可没。霍渥斯、波格齐洛夫、原田淑人等人在19世纪末开始研究蒙古北元史时，都不约而同地参考了《蒙古源流》，这足以说明《蒙古源流》对他们的吸引力有多大。作者萨囊彻辰虽然尽量回避记载右翼三万户的首领们——他的祖先的一些反叛行为，但有些记载却准确得惊人。如记载满都海彻辰哈屯祭祀也失哈屯白室的史料价值方面，其他蒙古文史书与《蒙古源流》是无法比拟的。本来《黄金史纲》《黄金史》对这一历史事件的原始记载是十分准确的。但是《大黄史》等以后的诸多史书，都把满都海彻辰哈屯对也失哈屯灵帐的誓词误记成满都海对成吉思汗八白室的誓词。众所周知，萨囊彻辰主要引用的七种史料中就有《大黄史》，能够把该史料的谬误考证出来，表明该史家治史的严谨态度。所以《蒙古源流》中除了阔端即位等极个别史料记载有误以外，大部分历史信息是可信的。

《金轮千辐》的内容比其他蒙古文史书更为丰富。此书的一个突出特点是，记载了其他书中没有记载的有关北元时期蒙古诸部落重新组合后的成分。例如：察哈尔八鄂托克名称及其左右翼和山阴、山阳之分；喀尔喀五部的名称；乌珠穆沁部的新成员名称；翁牛特部的新成员喀喇彻哩克；巴林部新成员弘吉剌（也作弘吉剌惕）部，等等。可见《金轮千辐》是诸多蒙古文史书中具有研究性特点的突出作品。难能可贵的是，其中有些记载在蒙古史研究中逐渐得到肯定。如五鄂托克喀尔喀已被证实，关于喀喇彻哩克的记载也得到有关档案的印证。作者提到在“诸多经传史中抄录要点”，只可惜书中除了《阿萨拉克齐史》和《元史》以外，未明确指出其他所引用的书目。除已出版的蒙古文史料以外，还有很多未出版的手抄本。如笔者从阜新蒙古族自治县发现的《清朝时期蒙古各部历史沿革》是一本比较完整的清代蒙古史手抄本史料。此外17—18世纪依然延续了蒙古古代文史不分家的传统，现在被认为是文学作品的很多著作中保存着大量蒙古历史史料和信息，这也是值得注意的史料范畴。如蒙古人民共和国的学者策·达木丁苏荣编的《蒙古古代文学精品一百篇》就是其中之一。

档案资料是历史研究的第一手史料，也是本文所引用的新史料。留传至今的明清两朝各类原始档案，数量可观，范围较广。明朝276年间，中央和地方形成了丰富的档案资料。但是历经岁月和变乱，散失了不少档案，所剩为数不多（第一历史档案馆存3600件、辽宁省档案馆存580余件、台湾中央研究院存6000余件）。现存历朝档案中，以天启、崇祯两朝档案居多。经半个世纪的整理，迄今已陆续出版的有中央研究院历史语言研究所编的《明清史料》（甲至癸共10编，100册，收录8200件明清档案，其中甲编和丙编为顺治朝18个年份档，乙编和丁编为明朝边情档，辛编为天启、崇祯两朝档）、金毓黻编的《明清内阁大库史料》（第1辑上、下册）、第一历史档案馆和辽宁省历史档案馆合编的《中国明朝档案总汇》101册。其中“兵部题行档”占多数，绝大部分为天启、崇祯两朝档案。“兵部题行档”有兵部题稿、题行稿、行稿和兵科抄出的题稿、题行稿、行稿、塘报等多个种类。据乌云毕力格的初步统计，第一历史档案馆和中央研究院两处所藏的“明档”中，直接与蒙古有关的文书有250件左右（北京160余件、台湾80余件）。乌云毕力格慷慨提供给笔者的《明朝兵部档案中有关林丹汗与察哈尔的史料》，是他本人与日本学者二木博史共同主持的《17世纪前半期南蒙古政治史研究》课题中，他个人所承担的项目内容之一。他相当全面地收集了“兵部题档”中的察哈尔和林丹汗史料，在作品注释中利用有关史料考证了档案的内容，其学术价值更高。与察哈尔历史有关的“明档”还有辽宁大学历史系编的《明代辽东残档选编》（清初史料丛刊第5种）。该档案的“军务”部分保留了一些万历年间明蒙双方在辽东边境发生冲突的记载。其部分内容与《明朝辽东档汇编》内容重复。

清代档案是历朝档案中保留得最完整的档案。相关的文种档案有满文、蒙古文、汉文档案。随着爱新国与蒙古交往日益加深，满文和蒙古文书信往来也逐年增多。1599年，女真在蒙古文基础上创制了满文，也就是所谓的老满文（无圈点满文）。由此开始了称作“ejehe dangse”的满文档册记载。满文最原始的档案为《满文木牌》（组件收藏在沈阳故宫博物院，后移到中国第一历史档案馆），是在小块木板上书写的文书，所谓满文档册“档子”的名称，即来源于此（杨宾：《柳边纪略》）。现存28件，其内容主要为阿济格率领满蒙军队在北京周围与明军作战的战报。该档同“纸写档案”（104件）已被《盛京满文清军战报》收录（中国第一历史档案馆在《清代档案史料丛编》第14辑中汉译出版）。《旧满洲档》原名《无圈点字档》（tongki fuka akū hergen-i dangse），是现存最原始、最珍贵的记载太祖、太宗两朝历史的编年体史料长编，共40册。1931年从内阁大库中发现了37册，1935年又发现了3册。1969年台北故宫博物院公开出版时命名为《旧满洲档》，分成10册，影印出版。《满文老档》来源于《旧满洲档》。乾隆三十九年至四十三年（1774—1778）间将《旧满洲档》抄写成7部，用旧满文照写抄录三部，再用新满文音写四部，分别收藏在北京内阁大库、上书房和沈阳崇谟阁。1905年日本学者内藤虎次郎发现崇谟阁收藏的《有圈点字档》后，翻拍带回日本。满文老档研究会将其转写成拉丁文并用日文翻译，以《满文老档》命名，于1959—1962年间，由东洋文库出版。《满文老档》是乾隆年间对《旧满洲档》进行大量修改后，用有圈点新满文重写的抄本，其史料价值远不如《旧满洲档》。被统称为《蒙文老档》的清内阁全宗档案中的蒙古文档案由清内秘书院档案、蒙古堂档中的蒙古文档案、内阁留存蒙古文折件和内阁留存理藩院档组成。这些档案中，已出版的有李保文编的《十七世纪蒙古文文书档案》、齐木德道尔吉先生等主编的《清内秘书院蒙古文档案汇编》7辑、宝音德力根等主编的《清内阁蒙古堂档》22卷、乌云毕力格等主编的《清前期理藩院满蒙古文题本》23辑。《十七世纪蒙古文文书档案》共收集111件原档，《清内秘书院蒙古文档案汇编》中收录了2000多件档案，其内容涵盖了崇德元年（1636）到康熙九年（1670）的历史事实。《清内阁堂档》共113册，13000多页。其内容正好衔接《清内秘书院蒙古文档案汇编》的内容，涉及康熙十年至乾隆初年的事情。另外2010年出版的《清朝前期理藩院满蒙文题本》中也有相关的资料。地方档案中也有比较珍贵的资料。如赤峰档案馆藏卷宗1，卷号为103的档案，对笔者的论文有重要参考价值。现已译成汉文的满文档案有《清初内国史院满文档案译编》（上、中、下册），其满文原件被中国第一历史档案馆所收藏。共1985件，是由天聪七年至九年（1633—1635）和崇德二年至八年档册形成的入关前档案，缺天聪六年和崇德六年档册。所记载的内容距离事件发生的时间很近，史料来源最直接，很少修饰，记事详尽。可以补充《清实录》《东华录》记载的不足。《盛京刑部原档》（崇德三年至四年）中也有部分察哈尔历史的记载。本文以传统史料学批判为研究基础。史学研究不仅要求有丰富的史料，而且还要求这些史料必须正确，符合事实。史料中误记、曲笔等现象相当普遍，所以正确引用史料和鉴别史料，正其讹误，是史学工作者应具备的首要素养。

中国古代把学问划分为三大类：即义理、考据和辞章。其中的考据又称考证，就是指鉴别史籍和史料的真伪、优劣，对古文字的训诂、正误，对历史人物、时间、地点、事物和事件的考辨等方法的学问。历史研究要求史实正确，用词得当，否则著述内容就会出现偏差。要使史实正确，用词得当，就离不开考据。在实践中争取做到搞清史料的确切含义，尊重史料的客观性；所引用的史料要核对原文，尽可能引用第一手史料和利用好的版本；要广泛占有史料，去粗取精，去伪存真；运用本证、旁证、反证、理证等多种方法来鉴别史料。本文重点利用蒙古文史料。除已出版的17世纪、18世纪成书的蒙古文编年体史书以外，本文大量运用蒙古文档案。被称为“近代直接史料的大本营”的清朝内秘书院及内阁档案中的蒙古文档案是近几年新开发的史料，其史料价值极高。这些“遗留性”（原始）史料是前人从未用过的直接史料。察哈尔文化历史研究将大量运用这些第一手史料，本着忠实于原文的态度，把原文转写成拉丁文，供学者们监督和参考。

四、研究重点与内容结构

《察哈尔万户研究》的主要内容由以下六大研究板块组成。

第一大板块的内容是对好陈察哈尔人渊源的若干问题的研究。

第一，释读“察哈尔”之名称。对古今中外的各种史料及前人研究进行梳理，认同“察哈尔”这一名词源于波斯语的“柘羯”（Čakar）一词的观点，认为该词通过粟特语进入阿尔泰语系，被蒙古人引用。但是，进入蒙古语的“察哈尔”（Čaqar）已经失去其原来波斯语的“战士”之意，成为专指蒙古部落首领身边贴身服侍的小人物“察哈”（Čiq-a）的专有名词。后来该词的词义在蒙古语中又不断发生变化，如该词另外还有“渺小”“孩儿”“跟班”等多重含义。

第二，对察哈尔人的由来问题进行探讨。利用各类史料依据，首次提出好陈察哈尔人源于成吉思汗时代，是从成吉思汗御前第一千户——“豁勒首千户”转变而来的新观点。好陈察哈尔的前身实属成吉思汗四大斡耳朵的汗廷仆人——具有特殊身份的蒙古汗廷私属人群“怯怜口”。

第三，关于“豁勒首千户”如何转变成“察哈尔”的研究。成吉思汗临终前将自己的所有财产，包括四大斡耳朵及领地（禹儿惕）、直属军队等悉数交付于幼子拖雷继承。拖雷所继承的军队和人员中有一群神秘而特殊的“千人群体”。这个“千人群体”就是成吉思汗赐予拖雷之妻唆鲁禾帖尼别乞的“豁勒首千户”。因为，“豁勒首千户”原来由成吉思汗的大皇后月伦旭真管领，转到拖雷手中，依然归属拖雷正妻唆鲁禾帖尼别乞管领。“豁勒首千户”虽号称成吉思汗御前第一千户，实则只有八百户，蒙古文史书中的惯用称呼“八鄂托克察哈尔”之名就来源于此。拖雷所继承的“兀鲁黑兀路思”（Uruγ ulus）位于大蒙古国的腹地，是蒙古人的摇篮，享有其他蒙古西道诸王和东道诸王所属各“兀路思”的宗主国地位。因此，拖雷所属“兀鲁黑兀路思”（宗主国）当时亦被称作“也可兀路思”（大国），拖雷的尊称“也可那颜”便来源于此，意为“宗族之长”（Uruγ-un noyan），拖雷的另一个尊称是“兀鲁黑那颜”（族长），也来源于此。

第四，察哈尔人的归属和成分。“豁勒首千户”成为唆鲁禾帖尼别乞斡耳朵仆人以后，不能再沿用昔日成吉思汗时代的“御前首千户”之名，他们的名称遂被改为“察哈尔”。“察哈”（čiq-a）指单人或个体的察哈尔人，当时的蒙古贵族往往把贴身的某个个体跟班称作“察哈”。而“察哈尔”（Čiqar ~ Čaqar）是指唆鲁禾帖尼别乞从成吉思汗那里继承的这一特殊群体的专有名称。他们成为拖雷所属“兀鲁黑兀路思”斡耳朵的仆人后，另有一些附加成分也融入其中，那就是唆鲁禾帖尼别乞嫁给拖雷时，从娘家陪嫁而来的“媵哲”人群，察哈尔人中为数不少的景教徒——“也里可温人”乃是这群“媵哲”的后裔。从此，“察哈尔”成为唆鲁禾帖尼别乞至阿里不哥后裔汗廷的仆人群体的专有名称。其影响深远，后来伏尔加河流域的土尔扈特汗国的汗廷仆人群体也以“察哈尔”命名。

第五，察哈尔人所属的“兀鲁黑兀路思”。察哈尔人所属的兀路思在史书里被称作“兀鲁黑兀路思”。蒙古语“兀鲁黑”（uruγ）汉译为“家族”（血亲）。按照古代蒙古人的传统，幼子有权继承父亲的家产。因此，幼了自然会成为家族的族长。拖雷作为成吉思汗家族之族长（uruγ-un noyan），他的所属兀路思被当时的蒙古人称作“兀鲁黑兀路思”或“也可兀路思”。正因为察哈尔人归属兀鲁黑兀路思，后来在阿里不哥和旭烈兀的领地分别出现了察哈尔人的后裔，即所谓的“阿富汗察哈尔”等分支。

第六，阿里不哥家族管辖的察哈尔人。唆鲁禾帖尼别乞去世前，将拖雷兀路思的大部分财产、斡耳朵、领地及军队按照传统遗留给拖雷的幼子阿里不哥。实则阿里不哥汗成为拖雷兀路思的主人（蒙哥汗委派忽必烈管领汉地、旭烈兀管领波斯、阿里不哥管领兀鲁黑兀路思）。兀鲁黑兀路思斡耳朵的直属察哈尔人自然绝大部分归属阿里不哥的斡耳朵。阿里不哥汗与忽必烈汗兄弟二人争夺蒙古可汗之位的斗争结束以后，忽必烈按照蒙古传统，为阿里不哥的四个儿子分封了兀鲁黑兀路思的领地。阿里不哥长子在忽必烈与西道诸王的斗争中始终站在忽必烈的对立面。忽必烈可汗为了加强对阿里不哥家族势力的控制，对兀鲁黑兀路思实际占有的领土，即阿尔泰山以东、杭爱山以西的草原游牧部落地带和吉利吉思、谦谦州等林木中百姓的森林地区施行军事管制，派兵驻防并设立军事机构，将该地区的行政划归“别乞大营盘”，隶属兵部。但是有元一代，阿里不哥家族始终保持着自己的势力，逐渐成为漠北的第一大实力派。随着阿里不哥家族的兴旺，别乞斡耳朵所属的察哈尔人自然也发展壮大。这是正宗察哈尔人的由来，正宗察哈尔人即史乘中记载的“好陈察哈尔”。

第二大板块的内容是对察哈尔万户形成过程中产生的若干问题的研究。

察哈尔万户的形成始于脱脱不花岱宗可汗时期。北元初的妥懽帖睦尔等三位可汗急于恢复蒙古在中原地区的统治，与明朝进行长达20年的拉锯战。其结果是蒙古军队损失了将近100万人，蒙古可汗的势力锐减，皇权旁落，造成北元初期蒙古社会动荡，蒙古统一体四分五裂的混乱局面。1388年，脱古思帖木儿可汗在漠北土剌河岸被阿里不哥家族的首领也速迭儿弑杀。从此，拥有漠北和西北瓦剌各部宗主地位的阿里不哥家族夺取了忽必烈家族的蒙古可汗大位，他们以强大的瓦剌等异姓贵族的势力为后盾，操控北元政权长达近40年之久。也速迭儿汗之后的恩克卓里克图汗，其汗位继承者额勒伯克汗、坤帖木儿汗、德勒伯克汗、斡亦剌台汗都出身于阿里不哥汗家族。至1425年斡亦剌台汗去世，瓦剌部脱欢太师拥立自己的女婿——忽必烈家族出身的脱脱不花岱宗汗登上蒙古汗位为止。此乃北元上半期鞑靼（东蒙古）和瓦剌（西蒙古）纷争的根本原因。在此期间，察哈尔人作为阿里不哥家族可汗斡耳朵的传统仆人，为阿里不哥家族的汗廷主妇们服务，并逐渐具备登上历史舞台的机会，崭露头角。

脱欢太师对阿里不哥家族的遗弃，说明瓦剌异姓贵族自身势力的强大，也说明当时蒙古社会厌恶鞑靼和瓦剌两个蒙古集团的贵族长期割据和纷争的战乱局面，从而对忽必烈黄金家族的正统可汗充满期盼。脱欢太师将阿里不哥家族汗廷的所属部众交付于脱脱不花岱宗汗和自己的女儿，察哈尔人从此归属忽必烈家族的皇室所有。与察哈尔人同时归属脱脱不花汗的还有直属阿里不哥家族汗廷的阿喇克绰特部、鞑靼部、克穆齐古惕部、帖良固惕部、昔步慎部、卜尔报（蒙古化的吉尔吉斯人，卫拉特蒙古人称吉尔吉斯人为布鲁特人）、五路、明安等，统称为“敖汉奈曼”诸部落。这些部落后来均成为察哈尔万户左翼的中坚力量。作为忽必烈家族的旧部属，东蒙古鞑靼各部诸酋自然也欢迎忽必烈家族出身的脱脱不花汗的统治。不久，东蒙古的阿台汗（属窝阔台汗家族出身）被脱脱不花汗打败并杀死，脱脱不花汗成为东蒙古鞑靼部的汗位继承人。从此，东蒙古汗廷的直属部众，即被称为“浩齐特”的七大部落群也归属于忽必烈家族出身的脱脱不花可汗，成为察哈尔万户的右翼。在蒙古文史书中，后来成为察哈尔万户主要成员的东蒙古敖汉、奈曼、克什克腾等部落的首领等关键人物，从此时开始出现在脱脱不花可汗的身边。因此，笔者首次提出了脱脱不花汗时期察哈尔万户的雏形已经开始形成的观点，并加以论证。

察哈尔万户基本成形的时间，始于满都海彻辰哈屯时期。满都海彻辰哈屯先后扶持满都鲁可汗和达延可汗。满都鲁可汗的超常发挥和达延汗宏业的成功，都离不开满都海彻辰哈屯这位伟大女性的辅佐。满都鲁可汗与强大的科尔沁万户形成联盟，对逐渐蔓延的其他东道诸王的势力加以控制，同时逐步强化了直属察哈尔万户的势力。又通过对蒙古右翼的孛罗忽济弄及乩加斯兰太师势力的有力打击，使察哈尔万户日渐强盛。其间将强大的右翼所属五路部（兀鲁特）并入察哈尔万户之中。据蒙古文献记载，后来成为察哈尔万户主要成员的乌珠穆沁、苏尼特等部，此时也接连登场，这些部落的首领和头面人物经常出现在达延汗的身边。至此，察哈尔万户初具规模，成为蒙古各群体中的核心力量。此外，在满都海哈屯亲自率兵出征西北兀良哈时，在她的身边已经出现喀尔喀左翼的部分部落，可见察哈尔万户的外围势力此时也已开始形成。

察哈尔万户势力的进一步扩大，始于达延可汗之孙卜赤可汗时期。卜赤可汗利用察哈尔万户所属各部的势力，从漠北率兵南下，用武力逼迫其叔父巴尔思博罗特济弄禅让蒙古可汗大位，并第一次以统治全蒙古的姿态在成吉思汗白室前举行了盛大的登基仪式。他继承达延可汗统一蒙古的大业，联合右翼三万户蒙古各部，征服了漠北的顽固势力兀良哈万户诸部，最终将兀良哈万户的所属各部并入察哈尔万户和喀尔喀万户之中。从此增加了察哈尔万户的又一外围势力，即喀尔喀右翼（俗称喀尔喀七鄂托克）势力。喀尔喀之名虽然源于左翼喀尔喀诸部之驻牧地喀尔喀河，但是，喀尔喀左右二部作为蒙古可汗直属部落察哈尔万户的左右翼，其“屏障”的寓意是不可否认的。所以，作为左翼喀尔喀的部落群居于察哈尔万户的左侧，而右翼喀尔喀的七个部落群驻牧地则位于察哈尔万户领地的右侧，左右翼喀尔喀万户并不是传统观点上的“万户”整体部群。卜赤可汗与兀良哈万户进行长达20年的战争，最终将察哈尔万户的势力扩大到他理想中的程度，使蒙古大汗重振雄风。以好陈察哈尔为核心的察哈尔万户部落群的形成过程和发展轨迹应该如此。

第三大板块的内容是对察哈尔万户变迁过程中的若干问题研究。

达赉逊汗时期察哈尔万户的南迁问题。随着蒙古可汗昔日威风的复苏和右翼三万户势力的强盛，北元蒙古贵族对中原地区的觊觎日渐明显。达赉逊汗亲自统率漠北的察哈尔万户、喀尔喀左翼、科尔沁万户兵分三路南下，直奔明朝蓟辽边外。

达赉逊汗率兵南下后，逐渐吞并了所谓的山阳万户（ölge tümen），亦称乌济业特万户的兀良哈三卫（uriyangqai-in γurban ui），实现了统一蒙古的大业。从明初开始，朵颜三卫号称山阳万户，与明朝的关系十分密切，一直处于独立状态。达赉逊汗南下后，把主要精力集中在将朵颜三卫兀良哈并入左翼三万户之事，并未急于南下侵扰明边。左翼三万户将驻牧于明边的兀良哈三卫瓜分，使南下的各万户势力得到扩张。在23支驻牧于辽河中上游及西拉木伦河流域、老哈河流域的朵颜卫中，有19支被察哈尔万户吞并，其余朵颜卫人投奔俺答汗；驻牧于归流河、洮儿河、绰尔河流域的泰宁卫被喀尔喀左翼吞并；驻牧于松嫩草原的福余卫则被科尔沁万户合并。南下漠南之初，达赉逊可汗利用已被他彻底控制的朵颜三卫与明朝通贡。只是明朝于嘉靖三十年（1551）罢马市而引来左翼三万户连续三年大举进犯明边，使得明朝的蓟辽噩梦从此开始。

土蛮汗在辽东边外的崛起，证明此时察哈尔万户已进入鼎盛时期。据相关史料记载，当时土蛮汗直属察哈尔本部（即好陈察哈尔）的铁骑达到50000人；阿喇克绰特部控弦之士25000人；帖良固惕部5000人；乌珠穆沁部30000人；苏尼特部8000人；敖汉奈曼部10000余人；兀鲁特部满10000人；浩齐特和克石旦二部保守估计足有15000人马。土蛮汗利用暂短的时间将辽东边外的女真等通古斯部族收入自己麾下，便大举进攻明朝的蓟、辽边境，使明朝辽东边防陷入混乱不堪的状态，几乎无力抵抗蒙古大军的进犯。

土蛮汗对蒙古内部采取的一系列巩固统一的举措，也证明察哈尔万户此时的势力已经无人能敌。他将蒙古各万户的头面人物聚集在自己周围，设立了中央札萨克机构，实现了整个蒙古各万户政令的统一。又指令土默特万户的俺答汗将西藏的喇嘛教黄帽派引入蒙古，争取建立统一的民族意识形态体系。颁布土蛮汗大扎撒，维护蒙古社会的秩序等。土蛮汗时期的察哈尔万户已经成为蒙古各部名副其实的政治、军事、经济的核心，进入鼎盛时期。

第四大板块的内容是北元、明、爱新国三足鼎立时期，关于察哈尔万户历史的若干问题研究。

林丹汗在蒙古左翼的失利与察哈尔本部的扩充。建州女真的兴起使辽东边外的局势发生了重大转折。随着社会环境的重大变化，林丹汗继位之初，蒙古内部也开始裂变。蒙古各部封建主凝聚力逐渐下降，甚至察哈尔万户内部也出现间隙，蒙古社会中，长期存在的各类社会矛盾和隐患日渐激化。林丹汗少年继承蒙古可汗大位，直到他20岁开始亲政的时候，蒙古各部的分裂状况已经达到无可挽回的地步。血气方刚的林丹汗，对蒙古左翼万户内部采取过于简单的强硬手段，此举使蒙古各部封建主们感到不安，反而加快了蒙古分裂局势的进一步恶化。察哈尔万户内部开始出现分裂迹象，并不断发生逃亡事件，其中不愿跟随外族的部分察哈尔万户部落首领，开始以各种理由逐渐北迁，躲避林丹汗的锋芒。部分部落首领暗中与邻近的女真部贵族取得联系，试图解决当下的经济困境和所面临的政治危机。林丹汗采取的外交政策也出现了严重的失误。对女真势力的过于轻视和对明朝采取的贪婪政策，这些都是导致他后来在蒙古各部中被孤立，在辽东边外与女真贵族的角逐中失败的主要原因。

林丹汗首先迫于经济压力，对明朝采取了军事措施，并获得了一些小利。但是，他的这一举动最终导致女真与蒙古的利益冲突。万历四十三年（1615），林丹汗率领十万大军大举进犯明边境，迫使明朝“复虎墩兔市赏”。明朝给予林丹汗的广宁市赏引来了努尔哈赤与林丹汗之间的仇恨。努尔哈赤首先对内喀尔喀五部下手，采取了软硬兼施的蚕食政策；另一方面尽力拉拢科尔沁万户贵族，使蒙古万户之间产生间隙，君臣之间互相猜忌，给林丹汗设置错综复杂的内部矛盾。同时瓦解察哈尔万户本身，使它发生裂变。在努尔哈赤的精心操纵下，蒙古各部台吉背信弃义，背叛林丹汗投奔女真的现象日渐严重，导致林丹汗方寸大乱，对蒙古左翼各万户采取了过激手段——出兵科尔沁万户，奥巴被迫与爱新国建立军事联盟，用武力吞并五部喀尔喀及察哈尔万户所属部落的残余。他的这一举动虽然扩充了可汗直属的察哈尔本部，但是，其结果是自毁屏障，致使昔日的察哈尔万户也荡然无存。内喀尔喀五部归附爱新国，使其失去了屏障，察哈尔本部尽管强大无比，但在没有任何外援的情况下，若与爱新国和科尔沁万户等满蒙联军对抗，却毫无胜算。面临如此困境的林丹汗，只能选择战略转移这一条路。

第五大板块的内容是清初察哈尔本部历史的若干问题研究。

林丹汗率察哈尔本部西征蒙古右翼三万户。林丹汗在辽东与努尔哈赤的角逐中失利，率领察哈尔本部西征蒙古右翼。在右翼曾遭到抵抗，但是很快控制了右翼三万户，这足以证明此时察哈尔本部势力的强悍。控制蒙古右翼三万户以后，林丹汗曾率部北征漠北。明朝也发现利用林丹汗的蒙古军队抵制女真的计划难以实现，因此，立即停止了给予他的市赏。陷入经济困境的林丹汗率领直属察哈尔本部远征青藏高原，在青海大草滩突然病逝。

察哈尔本部归附爱新国。林丹汗的突然病故使蒙古诸部群龙无首，察哈尔本部更是乱成一团。皇太极毫不费力地将林丹汗的察哈尔本部尽数收入囊中。

第六大板块的内容是关于清代察哈尔游牧八旗历史的若干问题的研究。

林丹汗去世后，察哈尔本部部众以林丹汗各大斡耳朵为单位，分别归附爱新国后，爱新国方面对新归附的察哈尔部众采取分散安置的措施，将察哈尔本部近一半以上的兵丁安插到蒙古八旗和满八旗之中，以此来充实满蒙八旗的兵力。但是，为了安抚蒙古各部王公台吉和考虑到爱新国自身兵力的不足，仍保留了察哈尔本部核心兵力中军万户、中央万户的整体全貌，设置察哈尔札萨克旗，将察哈尔中央万户和中军万户的人马分别设置为察哈尔左翼四旗和察哈尔右翼四旗，统称为外八旗察哈尔，隶属于察哈尔札萨克旗。此乃固伦额驸和硕亲王额哲孔果尔所属察哈尔九旗，即“察哈尔国”[①]。

① 齐木德道尔吉主编：《清内秘书院蒙古文档案汇编》第3辑，内蒙古人民出版社，2003年，第387页。

额哲去世后，因固伦公主称制“察哈尔国”长达八年，执掌察哈尔九旗内外事务。除察哈尔札萨克旗外，所属外八旗的察哈尔兵以“公主兵”著称，在灭明的决胜战役山海关之役中建立了赫赫战功，成为清朝统治者不可或缺的八旗兵之一。

察哈尔八旗，在顺治朝初期档案中被称作“外八旗察哈尔”。额哲之弟固伦额驸和硕亲王阿布鼐及额驸和硕亲王布尔尼父子先后袭爵，历任察哈尔札萨克和硕亲王。阿布鼐父子对清廷的统治怀有不满情绪，因而阿布鼐被清朝拘禁于沈阳。布尔尼袭爵后，表面上对清廷百般顺从，暗地里联络外藩蒙古各札萨克旗王公，时刻准备着起事。因札萨克旗内部出现叛徒向清廷告密而仓促起义，最终遭到清朝大军和蒙古札萨克旗官兵的残酷镇压。

布尔尼事件以后，清廷撤销察哈尔札萨克旗建制，设置察哈尔总管游牧八旗，俗称察哈尔八旗，以清朝内八旗兵的建制模式来进行管理。将察哈尔八旗从义州边外迁到宣府、大同边外驻牧。为防范和削弱察哈尔的力量，将参与叛乱的察哈尔人分散到各处，将新归附的厄鲁特、巴尔虎等人口大量安插在察哈尔八旗内，编为佐领。因而，有一半人口为察哈尔人，有一半来自蒙古其他部落人口组成的察哈尔游牧八旗逐渐形成。其间又分离一部分察哈尔人派往伊犁驻防，与厄鲁特人等合编为“伊犁察哈尔八旗”，俗称“察哈尔营”。

察哈尔八旗历史研究是蒙古史研究的重要组成部分，尤其在察哈尔历史研究领域中所占比重很大。察哈尔总管游牧八旗在漠南蒙古地区创造了辉煌的草原文化。

察哈尔八旗蒙古人为巩固祖国边疆和建设边疆做出过重大贡献，在近代历史上，为保卫祖国的领土流血牺牲，付出过巨大的代价。他们的这些光辉历史必须在中国历史上留下重重的一笔，这是我们史学工作者不可推卸的责任。

第一章　好陈察哈尔

关于察哈尔的由来问题，目前学界持有两种学术观点。第一种观点认为“察哈尔源于成吉思汗时代”，另一种观点则认为“察哈尔形成于北元中期”。笔者赞同第一种观点。

“察哈尔”这一名称，世人既熟悉又陌生。熟悉的一面是察哈尔对中国历史发展的影响力非一般蒙古部落所能比拟。陌生的一面在于包括业内人士在内的多数人对察哈尔的历史认识含混不清，尤其对察哈尔的早期历史一无所知。

目前察哈尔历史文化研究领域里，存在的学术盲点问题有以下几点：

1. 对“好陈察哈尔”没有一个明确的历史概念，对早期察哈尔历史的来龙去脉没有清晰的认识；

2. 好陈察哈尔与察哈尔万户之间的关系问题模糊不清，多数学者总是把正统察哈尔人与察哈尔万户混为一谈；

3. “豁勒首千户”与好陈察哈尔人的关系没有得到合理的解释，甚至将好陈察哈尔当作大蒙古国的怯薛军万户；

4. “拖雷兀路思”与察哈尔人的关系、阿里不哥家族与察哈尔人的隶属关系、“别乞大营盘”与察哈尔历史研究至今无人涉猎；

5. 察哈尔人为何祭祀唆鲁禾帖尼别乞、元代“别乞大营盘”所属察哈尔人的状况又如何等诸多细节问题有待解决；

6. 历来归属阿里不哥家族的察哈尔人又如何瞬间变更为忽

必烈家族等察哈尔历史的诸多关键问题，至今仍是无人问津的处女地。此外，近年来大家所关心的阿富汗察哈尔人、土尔扈特汗国察哈尔人的来历问题也会在本章中得到答案。

旧察哈尔人，即“好陈察哈尔”，并非北元中期的新生产物，它在大蒙古国时期就已存在。本章将引用多方面史料对此做一个较全面的考证。没有早期好陈察哈尔的发展历程，北元中期形成的察哈尔万户的历史则无从谈起。

好陈察哈尔源于大蒙古国成吉思汗四大斡耳朵的“豁勒首千户”，起初它很渺小，名不见经传，但是，历史记载中仍保留了不少痕迹。在元代史料中以“别乞大营盘”的形式偶尔出现，经过漫长岁月的发展，到北元中期，才以蒙古最强悍的部落群体的形象活跃在蒙古历史舞台上，从此开始了他们可歌可泣的历史。

第一节　释读“察哈尔”

“察哈尔”之名称由来已久。其词源与词义，学界众说纷纭，并无定论。为了便于论述，先介绍有关“察哈尔”的史乘记载，再对前人研究进行述评，最后阐述笔者的拙见。

具有参考价值的史乘记载有以下几种：

A. 第一种是蒙古文史料记载。

据蒙古文史料记载，“察哈尔”这一名称最早出现在成吉思汗建立大蒙古国初期。成吉思汗于1211年对金朝发动战争前，遣往金朝递交檄文的使臣是他的亲信，名叫“察哈尔—阔者”。其具体记载：“成吉思汗于是派一名察哈尔—阔者的官员为使者，往见阿勒坦汗。”[1]另外还有成吉思汗将以“察哈尔”命名的部分所属人众赐封给其儿媳唆鲁禾帖尼别乞的历史传说[2]。再有从成吉思汗去世以来传承已久，一直在成吉思汗八白室里珍藏的《成吉思汗祭词》中就有“传授给儿媳的……您的好陈察哈尔（旧察哈尔）万户”等颂词[3]。唆鲁禾帖尼别乞去世以后，成吉思汗赐给她的这些察哈尔人尊奉他们的首位女主人为“也失哈屯”“别乞太后”，由察哈尔人专门设置灵寝祭奠，并在察哈尔部落里专设祭祀地点和专门的祭祀官，这样的信息在诸多蒙古文史料中均有记载[4]，察哈尔人祭祀唆鲁禾帖尼别乞的史料本身就能够印证上述“传说”和“祭词”的真实性。正常情况下，随着一种新生事物的诞生，它的专有名称就会立刻出现。以上几种史料说明，察哈尔在大蒙古国建国初期就已经出现。

① 阿巴拉嘎兹著，策登道尔吉译：《蒙古诸王朝史纲》（sečelegčid-ün čiγulγan-u namaγ-a——mongγol qaγad-un türü-yin tobčiyan），内蒙古文化出版社，1999年，第93页。阿巴拉嘎兹著，罗贤佑译：《突厥世袭》，中华书局，2005年，第88页。扎八儿在《元史》中有传，据《长春真人西游记》记载，他曾奉成吉思汗之命前去邀请长春道士邱处机。

② 罗卜藏丹津著，乔吉校注：《黄金史》，内蒙古人民出版社，1999年修订版，第486页。

③ 成吉思汗八白室祭词《金册》，成吉思汗八白室所藏。

④《俺答汗传》，第42—43页；《黄金史纲》，第101—103页；《黄金史》，第646—648页；《蒙古源流》，第350页。但是从《黄史》开始，对前人的记载发生了严重误解，将也失哈屯灵寝误认为八白室来记载，直到萨囊彻辰的《蒙古源流》才把这种讹误纠正过来。因为萨囊彻辰作为鄂尔多斯人更加了解事实，即也失哈屯并非孛儿帖旭真，更不是月伦旭真，此时月伦旭真的灵寝由山阳万户乌济业特部（“兀者”）人来守护，俺答汗时期才并入八白室。其实也失哈屯本身就是虔诚的景教徒，她所领的原始察哈尔也跟着他们的主人皈依景教，被外界蒙古人称作也里可温（Erkigüd），这在林丹汗以后的察哈尔中也留有烙印。后来清末民初的察哈尔八旗中基督教的影响和鄂尔多斯察哈尔信仰景教等都与此有关系。所以祭祀方式也有所不同，这在蒙古文史料中也有据可查。

《俺答汗传》(1607)、《黄金史纲》[1](1627)、《黄金史》[2](1655)等蒙古文史书中记载察哈尔早期历史时，都以蒙古文字"Čaqar"和"Čaγar"来书写。除以上两种书写形式外，在蒙古文史书中，仅在清内秘书院蒙古文档案中出现一处，书写形式为"Čaqara"[3]。此外，在记录林丹汗1628年事迹的一封清初蒙古文书信中，出现了与最早汉文文献"好城察罕儿"(好陈察罕儿)相吻合的"qaγučin Čaqar"这一名称[4]。另外，满文史书中一般以"cahar"或"caharai"(i=的)的形式书写。这说明察哈尔这群人从形成到清初一直毫无变化地沿用"察哈尔"(Čaqar)这一名称。

B. 第二种是汉文史料记载。

最早出现"察哈尔"一词的汉文史料是明代的《皇明九边考》(嘉靖二十年刻本，1541年)、《皇明北虏考》(刊于嘉靖三十一年，1552年)。在上述同期史乘中都以纯蒙古语"好陈察罕儿"和"好城察罕儿"的音译形式出现，均为"qaγučin Čaqar"(原有的察哈尔或旧察哈尔)的地道蒙古语。这为我们的研究提供了最珍贵的线索。同时在《明实录》[5]中以"察罕儿"的形式加以记载。此后在明、清两朝文人史乘的记录中，"察哈尔"以"插汉"(《明史》《国榷》)、"插汉儿"(《明史》

① 留金锁校注：《蒙古黄金史纲》，内蒙古人民出版社，1999年，第92页。

② 乔吉校注：《黄金史》，内蒙古人民出版社，1999年，第635页。

③ 齐木德道尔吉等主编：《清内秘书院蒙古文档案汇编》第7辑，内蒙古人民出版社，2003年，第251页（第一历史档案馆藏号：00088；汇编新编号：15—86号)。

④ 李保文编辑、整理、转写：《十七世纪蒙古文文书档案》(1600—1650)档册上编第49件，中国历史档案馆，内蒙古少儿出版社，1997年，第143页。

⑤《明实录》，嘉靖二十五年十月癸巳条，台湾历史语言研究所1983年影印本。

《万历武功录》)、“叉罕”(《登坛必究》[1])、“叉罕儿”(《登坛必究》)、“擦汗儿”(《武备志》)、察罕儿(《蓟门考》[2])、“察赫尔”(《阿富汗新志》)等多种汉译形式频繁出现。从“历史本证法”的角度来讲，被明代中期史书记载的“好陈察哈尔”这一名称的本身，就能够说明察哈尔在很早以前就已存在，并不是明代中期才形成的产物。“好陈察哈尔”这一名称的出现与明中期形成的“察哈尔万户”有关联，为了区别原始或正宗的察哈尔人与察哈尔万户内的其他蒙古部落，而特意将原始察哈尔人称作“好陈察哈尔”。

C. 第三种是其他文种的史料记载。

一、乞瓦汗国著名可汗，术赤后裔阿巴拉嘎兹巴图鲁汗于1664年所著突厥文著作《突厥世袭》(也称《蒙古诸王朝史纲》)中第一次提到“察哈尔”这一名称，而且他所提到的是最早以察哈尔命名的人。

二、1768—1774年间，彼得·西蒙·帕拉斯受沙俄女皇叶卡捷林娜的委托，对伏尔加河流域的土尔扈特汗国进行社会调查，在他的《蒙古历史资料汇编》中，曾提到在土尔扈特汗廷周围居住的另一种察哈尔人时，留下以下记载：“离王公牙帐不远处是王公以及王公夫人之圉师的毡房，王公的圉师居于王公帐幕之侧，王公夫人的圉师(据说“圉师”就是突厥语“Qolbid”——见《黄史》注释)居于夫人帐幕之侧。……僧侣的住所与王宅相距甚远，……在王公牙帐四周的住宅区的南半部，通常居住着担任随从任务的僧侣，这一地区称‘扎依克’。世俗随从的毡房与僧侣随从的并无二致，但他们居住的

① 王鸣鹤撰：《登坛必究》卷23《胡名》，载《中国兵书集成》，解放军出版社、辽沈书社合作出版，1990年。

② 米万春撰：《蓟门考》之东虏考，载《皇明世法录》第57卷，台湾学生局，1965年影印本。

地区称作‘察哈尔’。”[①]这里帕拉斯所记载的察哈尔，是指土尔扈特蒙古汗廷周围居住的世俗人口聚落群，他们贴近汗廷斡耳朵居住。可见当时的土尔扈特汗王仍然模仿瓦剌汗廷（四卫拉特汗廷）的模式，把自己汗廷所属的世俗人众命名为“察哈尔”，但是土尔扈特汗廷周围的察哈尔并不是正统意义上的察哈尔人。

三、法国传教士古伯察于1844年9月路过察哈尔正蓝旗，在他的《鞑靼西藏游记》中简要介绍了察哈尔八旗的情况，并把“察哈尔”一词根据自己的道听途说解释成蒙古语的“属地”（qariyatu γaǰar）或“边界地”（ǰaq-a neyileǰü bayiγ-a γaǰar）[②]，古伯察的此种观点明显来源于汉文史料的记载。

四、光绪三十三年（1907）刊刻的《阿富汗新志》载：阿富汗国“其在西部各地者名曰察赫尔艾马克（“察赫尔艾马克”意为“察哈尔部落”——引者）。此名实兼有黑硕拉人、扎姆歇特人、塔曼尼人、非鲁时火人在内。……彼辈皆纯一之蒙古人。从未与他种人相混。语言风俗悉仍蒙古人之旧”[③]。另有《阿富汗史》载：“在兴都库什山以南，巴米安与赫拉特河谷之间的山区一带，其居民显然是蒙古种，他们的祖先据信是由于成吉思汗肆意破坏，致使此地空无人居时才占领了这些地区的……他们许多人过去常被征募到印度陆军工兵团……”[④]这些阿富汗察哈尔人的来龙去脉亦成了学界琢磨不透的难题。其实，这部分察哈尔人就是旭烈兀汗西征后，他的正妻忽堆哈屯临时借住唆鲁禾帖尼别乞斡耳朵时，所分得的部

① ［德］P.S.帕拉斯著，邵建东、刘迎胜译：《内陆亚洲厄鲁特历史资料》（原名《蒙古历史资料汇编》），云南人民出版社，2002年，第220页。

② ［法］古伯察著，阿·图门等译：《蒙古见闻录》（《鞑靼西藏游记》），内蒙古人民出版社，2003年，第66页。

③《阿富汗新志》之《民种》，学部图书局印行，光绪三十三年（1907）。

④ ［英］珀西·赛克斯：《阿富汗史》第1卷上册，商务印书馆，1972年，第26页。

分察哈尔人的后裔，是伊儿汗国遗留的蒙古人后裔。笔者将在后文专题研究阿富汗察哈尔人的由来。

五、藏文《三世达赖喇嘛传》载："此后，在一次近万人的集会上……洪台吉用蒙古语演说，由固始巴克什担任翻译：'我们从来就是强有力的，因为祖先出自恰噶尔天神（čaqar tegri）之族，曾经征服了汉地、西藏和霍尔，并与萨迦教主结成了福田与施主的关系，使佛法得以弘扬……'"[①]鄂尔多斯部洪台吉所说的"恰噶尔天神"显然是蒙古萨满教所供奉的九十九尊天神（腾格里）之一的察哈尔腾格里，是一尊护法神。

D. 第四种是方志类史料的记载。

在各种方志类史料中，关于察哈尔名称来源的记载有很多，其中具有代表性的有：

认为"察哈尔"之名来源于地名的，以《大清一统志》《察哈尔通志》为代表：

嘉靖年间，布希（按：指卜赤汗）驻牧察哈尔之地，因以名部，后徙帐于辽东边外[②]。

主张"察哈尔"之名来源于蒙古语"白色"的，以《蒙兀儿史记》为代表：

蒙古谓白曰察罕，……今之察哈尔，明史之插汉，皆取此义名部[③]。

坚持"察哈尔"为"边界"之义的以《绥远通志稿》为代表：

察哈尔本蒙古语，汉译为边界之意……若蒙语全称则应作

---

① 五世达赖喇嘛著，陈庆英、马连龙编译：《三世达赖喇嘛索南嘉措传》（汉译本），中国边疆史地丛刊，西藏卷，全国图书馆文献缩微复制中心，1992年，第173页。

②《大清一统志》第549卷，四部丛刊本。宋哲元监修：《察哈尔通志》第1卷，历史沿革中有关察哈尔名称来由抄录一统志只字不误，文海出版社。

③ 屠寄撰：《蒙兀儿史记》卷214，世界书局影印本，民国二十七年（1938）。

恰哈勒，蒙古文则又应译作甲哈勒，今译为察哈尔。盖以喀尔喀语音为准焉[①]。

但是据《西陲要略》记载，“守边界之人曰扎哈沁”[②]，在蒙古语中，扎哈沁与察哈尔是截然不同的两个概念。

《察哈尔通志》则认为：

察哈尔为蒙古语译音。明代有元后裔屯驻长城外一带，因名部。此察哈尔之名所由始[③]。

察哈尔依蒙古语译为白海。旧传，在今张北县东北百余里之一湖泊。元初始为部族之名，有清藩服蒙古辟此为八旗牧场，又设口北三厅，乃统名为察哈尔[④]。

上述诸多汉文史料关于察哈尔之名由来的记载大同小异，其中来源于地名之说占主流，这些记载的谬误，显然是作者不懂察哈尔历史由来所致。

将以上所列史料记载归纳起来，有以下几个特点。

1. 各类史料中有关察哈尔起源的记载时间差距较大。

蒙古文史料和外文史料的记载都偏向于察哈尔形成于成吉思汗时代的观点，而汉文史料的记载则倾向于明代才出现察哈尔的观点。汉文史料记载的察哈尔形成时间比蒙古文史书记载的整整晚了300余年。这种史乘记载的差距，导致后来学者对察哈尔形成时间上的争议，尤其未曾利用过蒙古文史料的史学家往往将明代察哈尔万户的形成时间误解成察哈尔人的起源时间，其实察哈尔的形成和察哈尔万户的形成是截然不同的两个概念。

---

① 绥远通志馆：《绥远通志稿》下，《察哈尔右翼四旗》，内蒙古人民出版社，2007年。

② 祁韵士撰：《西陲要略》卷4《厄鲁特旧俗纪闻》，筠渌山房道光十七年（1837）刻本。参见蒙古国阿·敖其尔《关于蒙古国札哈沁人的行政建制、姓氏和起源》，载《蒙古史研究》第4辑，内蒙古大学出版社，1993年。

③ 宋哲元监修：《察哈尔通志》第25卷，官职，文海出版社。

④ 宋哲元监修：《察哈尔通志》第25卷，文海出版社，第25页。

2. 有关察哈尔的各类史料记载内容繁杂，鱼目混珠，真假难分。

蒙古文史料所记载的是早期原始察哈尔，即好陈察哈尔；汉文史料所记载的是北元中期蒙古部落社会重新整合后形成的中期察哈尔，即察哈尔万户部落群；外文史料所介绍的是伏尔加河畔土尔扈特汗廷察哈尔；方志类外国史所介绍的内容更是远在天边的兴都库什山以南的阿富汗国察哈尔部落和巴基斯坦察哈尔部落。这就是学者们研究察哈尔历史时无从着手的史料谜团。

3. 对“察哈尔”词义解释方面的史乘记载也五花八门。

察哈尔之名来源于地名说：《大清一统志》《察哈尔通志》；察哈尔之名来源于蒙古语白色“čaγan”说：《蒙兀儿史记》；察哈尔之名来源于蒙古语边界“J̌aq-a”说：《绥远通志稿》；察哈尔之词义为“属地”或“边界地”说：《鞑靼西藏旅行记》；察哈尔为王公（确切地说为汗廷——引者）的世俗随从之说：《蒙古历史资料汇编》；察哈尔之名来源于白海“čaγan naγur”说：《察哈尔通志》。

以上所列史料本身的记载说法不一，各持己见，为后人的研究带来了谜题，从而出现种种猜测，造成了目前众说纷纭的局面。

前人依据上述各种史料记载，对“察哈尔”的词源和词义进行了种种猜测和探讨，也取得了一些进展。从宏观角度纵览前辈学者之研究成果，似乎存在因研究角度过于狭窄，研究深度浅显而出现的疏漏和欠缺。

“察哈尔”一词词源研究方面，有该词源于波斯语说、梵语说、粟特语说、突厥语说、中古蒙古语说等诸多观点。

20世纪70年代，蒙古国学者铁木尔策仁提出：“察哈尔之名称，该词来源于波斯语，可能通过粟特语融入突厥和蒙古语。一开始专指汗王宫廷为察哈尔，后逐渐转义命名汗王卫士、随从为察哈尔，最后成为可汗亲信和担负护卫军任务的部落群体的专有名词。”[①]他是专门研究蒙古语词汇的语言学家，虽然在自己的著作中没有明确指出其历史依据，但不难看出，依据伯希和等人的研究成果，再结合蒙古历史事实，得出了以上结论。

提到伯希和，可以说他为合理地解释“察哈尔”一词煞费苦心，在他的研究论文中，充分展示了这位杰出的历史语言学家高超的语言学功底和广博的知识及精湛的考证本领。他敏锐地提到 “察哈尔”一词来源于波斯、突厥语之“赭羯”。

据笔者查找相关资料后发现，“赭羯”一词在史料记载中有“赭羯”“柘羯”“者羯”等几种不同的写法。大约在646年(贞观二十年)，“赭羯”首次被《大唐西域记》所记载。630年(贞观四年)，东突厥汗国败亡，“其部落或走薛延陀，或走西域，而来降者甚众，酋豪首领来降者皆拜将军，布列朝廷，五品以上百余人，殆与朝士相半，惟柘羯不至，诏使招慰之”[②]。这里所说的“柘羯”就是依附突厥的昭武九姓（粟特人）组成的军队。百余年后，唐玄宗末年的安禄山叛乱，被唐人称为“乃者羯胡乱常，京阙失守，天未悔祸，群凶尚扇”[③]，开元二年（714），唐玄宗镇压史思明叛乱时，唐朝采取“以夷治夷”的策略，雇佣了西域“柘羯军”。被认为是“隋唐时期以‘昭武九姓’名称出现的粟特民族”[④]就是唐代经常出现的“者羯胡”。安禄山、史思明俱粟特人。“开元以后，后突厥汗国衰落，遂又有一批粟特人前来归唐。安禄山就是在

---

① [蒙古] Ж·铁木尔策仁:《蒙古语词汇研究》，乌兰巴托，1974年。

② 杜佑撰:《通典》卷197《突厥上》，中华书局，1988年。

③ 赵莹监修:《旧唐书》肃宗纪，中华书局，1975年。

④ 臣海涛:《来自文明十字路口的民族——唐代入华粟特人研究》，南开大学博士学位论文，2001年，第23页。

开元四年（716），由其继父安延偃从突厥‘携以归唐’。”[①] 以上史料说明唐初粟特人并不向往唐朝，随着东突厥的败亡，虽然突厥“酋豪首领来降”，但是“惟柘羯不至”，说明当时归属东突厥的大部分柘羯（昭武九姓）则远走西域。

7世纪中亚的“飒秣建国”（Samarkand——引者）之“赭羯”[②]和“安国”[③]之“柘羯”，是汉文古籍中“察哈尔”名称最早出现的渊源。但不能把13世纪时开始出现的蒙古社会察哈尔与我们现在所探讨的“柘羯”等同看待，只能从词源方面去查询和探讨。《新唐书》云：“康者，一曰萨末鞬，亦曰飒秣建，元魏所谓悉斤者。其南距史百五十里，西北距西曹百余里，东南属米百里，北中曹五十里。在那密水南，大城三十，小堡三百。君姓温，本月氏人。始居祁连北昭武城，为突厥所破，稍南依葱岭，即有其地。枝庶分王，曰安，曰曹，曰石，曰米，曰何，曰火寻，曰戊地，曰史，世谓‘九姓’，皆氏昭武。土沃宜禾，出善马，兵强诸国。人嗜酒，好歌舞于道。”[④]“安者，一曰布豁，又曰捕喝，元魏谓忸蜜者。东北至东安，西南至毕，皆百里所。西濒乌浒河，治阿滥谧城，即康居小君长罽王故地。大城四十，小堡千余。募勇健者为柘羯。柘羯，犹中国言战士也。武德时，遣使入朝。贞观初，献方物，太宗厚慰

---

① 臣海涛：《来自文明十字路口的民族——唐代入华粟特人研究》，南开大学博士学位论文，2001年，第51页。

② 唐玄奘撰，姚世珍注释：《大唐西域记》卷1《飒秣建国》，中央民族学院科研处内部版，1984年，书中认为Samarkand 的音译，隋唐以前的史书中称之为康居或称康国；《元史》称之为寻思干；《明史》谓之萨马尔罕，指今乌兹别克国之撒马尔汗城。唐玄奘路过此国，云：“周六七百里……大都城周二十余里，……机巧之伎，特工诸国……其王豪勇，邻国承命。兵马强盛，多使赭羯。赭羯之人，其性勇烈，视死如归，战无前敌。”可谓赞不绝口。

③［法］沙畹著，冯承钧译：《西突厥史料》，中华书局，1958年，第127页。

④ 宋祁、欧阳修撰：《新唐书》卷221下，《西域传》，中华书局，1975年。

其使曰：‘西突厥已降，商旅可行矣。’诸胡大悦。”[①] 以上是中国史料所记载的“柘羯”和“昭武九姓”。

伯希和认为：“我想，我们是否可以想到另一个词源，那就是波斯语čakar（仆人）。该字进入印度，在印度它与nökör连接起来（nökar本身亦来自波斯，但它是一蒙古字nökör［那可儿］，即‘朋友’‘同伴’，1206年的一则尚未发表的题铭向我们证明，该字至少在13世纪初已经在女真语中存在过；参阅玉尔：Hobson－jhobson，Chackur与 Nokur。此外，察哈尔人还是粟特（Sogdien）诸王卫队的卫士（参阅沙畹：《西突厥文物》第137页、第147页、第313页）。另一方面，759年讨伐史思明时，唐朝政府求援于外国军队，特别组成一支伊朗雇佣兵，人称‘柘羯军’（Čakar）。这一波斯字Čakar‘王子周围的士兵’‘仆人’也会进入蒙语，蒙语中Čakhar（察哈尔）在词义与词形两方面都与之相应，这毫无奇怪之处。”[②]

伯希和的推测很正确，薄音湖曾考证过这方面：“其读音依照《广韵》是：柘，之夜切、章母、祃韵、开口三等、去声、在假摄，拟音为tçia；羯，居竭切、见母、月韵、开口三等、入声、在山摄，拟音为kiet；隋唐时代，常以t收声的入声字来译写别族语言以r结尾的音节，因此羯所表示的实际发音应是kier。”[③]我们认为察哈尔这一词确实来源于粟特语，至少这一词在隋唐时期河中地区粟特语中的基本含义是“战士”，

① 宋祁、欧阳修撰：《新唐书》卷221下，《西域传》；沙畹著，冯承钧译《西突厥史料》，中华书局，1958年，第127页。“安国，一曰布豁（Boukhara），又曰捕喝，……康居小君长罽王故地，大城四十，小堡千余，募勇健者为柘羯。柘羯，犹中国言战士也。”就是中亚Buqarar，王者为赵武氏（粟特人）。康国为《大唐西域记》中的飒秣建国，由此可见，安国是比飒秣建国稍晚建立的城郭国。

② ［法］伯希和著，耿升译：《卡尔梅克史评注》，中华书局，1994年，第69页。

③ 薄音湖：《关于察哈尔史的若干问题》，载《蒙古史研究》第5辑，内蒙古大学出版社，1997年。

唐朝人曾借用该词命名昭武九姓所属的粟特人。

但是也有一些截然不同的观点：据和田清引霍渥斯（Howorth）的说法："察哈尔一名，是指上都河以西，归化城土默特以东，长城北边一带的地方，是地名而非部族名。明代把这个地区称作察汗或插汉。这个词的蒙古语形式是Tsakhar 或Chakhar。"①"据齐木柯夫斯基《旅行记》引克拉普罗特的说法，说'Tchakhar在蒙古语里有接邻的意思'，因为察哈尔部靠近长城驻牧。"②上述两种观点都因为偏信汉籍记载而出现对察哈尔一词的误读，他们很明显把"Čaqar"读作"J̌aqar"（边界或临边）了。

日本学者和田清对霍渥斯的这一观点予以纠正。他说，"在明人记录里作插汉、插汉儿，或察汗儿，这都是不完全的汉译，不如察哈尔（Chakhar）正确。……这些（指霍渥斯等人的谬误——引者）都是由于今察哈尔地方位于宣化大同边外而来的谬说。察哈尔原本是部族名而非地名"③。兰斯铁认为，"察哈尔（čakhar）指王子周围的小人物、仆人"④。兰斯铁所下的定义在上述前人学者的各种观点中准确性比较高，是较为贴切的一种解释。

国内对察哈尔名称之研究进行得较晚。1980年，赛西雅勒初步汇总各种史料记载，但是他得出了"察哈尔为蒙古皇帝一部分护卫军和部落民众组成，是可汗的嫡系部队"⑤这一并不

① [日] 和田清：《东亚史研究·蒙古篇》，东洋文库，1959年，第487页。

② [英] 霍渥斯：《蒙古史》第1卷，北京温殿阁书庄中华民国二十五年（1936）影印本，第385页。

③ [日] 和田清：《论达延汗》，载《东亚史研究·蒙古篇》，东洋文库，1959年。

④ [芬兰] 兰斯铁：《蒙语书面语比较语音学》，引自《卡尔梅克史评注》。

⑤ 赛西雅勒：《察哈尔概况》，《蒙古语文》1980年第3期，第6—8页。

恰当的结论。那达米德曾在《蒙古语文》上发表短篇论文探讨察哈尔名称之研究方法[①]。这些著作代表着国内对察哈尔名称研究的初级阶段水平。1992年胡日勒巴特尔在《察哈尔与其名称探源》[②]一文中提出察哈尔一名是蒙古语“čaq-a+ür-e=čaqar”的观点。1995年乌察拉图在《论察哈尔》[③]一文中认为，察哈尔含义是数字之“四”，是拖雷的分封。关于察哈尔一词，乔吉、乌力吉图二位先生也曾经各自探讨过自己的观点[④]。这些观点各具特色，但都属于一种推测。

亦邻真、那达米德二位先生曾经认为蒙古语“察哈”与“察哈尔”一词有某种联系。

“察哈”一词在中古蒙古语中是“孩儿”的昵称。《蒙古秘史》第68节中“察哈米讷蒙力克”（čaq-a mini münggelig）其旁译为“孩儿（čaq-a）、我的（mini）、人名（münggelig）”，第167节中“察哈颜可兀边”（čaq-a-iyan küü-ben）其旁译为“孩儿自的儿子自的”。显然“察哈”一词含有“孩儿”之意。此外从金帐汗国领土上所得的《蒙古白桦文书》中的《母子对歌》中，多处出现母亲昵称自己孩儿为“察哈”的内容。“altaqan γurγuldai čaq-a-inu，eke elbür eke duriyan，qariγu daγuu daγular-a kürbe”[⑤]（词大意是：锦鸡般动听歌喉的孩儿，为其慈祥母亲，回应对歌）。喀尔喀现代蒙古语中仍然用“čaq-a ulaγan”来形容婴儿。《元史》中也出现“察哈”这一词。

① 《蒙古语文》，1980年第2期，第55页。

② 《内蒙古社会科学》（蒙古文版）1992年第2期，第90—95页。

③ 《内蒙古大学学报》（哲学社会科学蒙古文版）1995年第1期，第17—27页。

④ 乔吉先生主张察哈尔之名在元亡后才出现。参见乔吉校注《黄金史》，内蒙古人民出版社，1999年，第487页。另外乌力吉图先生认同“圉师”和“仆人”的观点，参阅乌力吉图校注《大黄史》，内蒙古人民出版社，1983年，第231页。

⑤ 策·达木丁苏荣编：《蒙古古代文学精品一百篇》，内蒙古人民出版社，1979年，第80页。

"忙哥撒儿，察哈扎剌儿氏……忙哥撒儿事睿宗，恭谨过其父。"[①]韩儒林先生认为察哈扎剌儿是扎剌儿部的分支札惕[②]。笔者认为此处的察哈并不是扎剌儿部的定语，而是对忙哥撒儿的察哈尔身份下的定语。因为《忙哥撒儿传》载：忙哥撒儿"从我皇考，经营四方。迨事皇妣及朕兄弟，亦罔有过咎"[③]。这里被元世祖评价的察哈忙哥撒儿，很明显像当年察哈蒙力克服侍也速该巴图鲁一样服侍拖雷，具有察哈尔人的身份。而且据《史集》记载，忙哥撒儿是成吉思汗分封给幼子拖雷的八个千户长之一，是兀鲁黑兀路思扎剌儿部的千户长。所以"察哈"在中古蒙古语中除"孩儿"之义外，还有可汗对自己身边贴身随从和仆人的昵称，也就是具有察哈尔身份者对其个体的称呼。换言之，某个个体察哈尔人被称作"察哈"，而诸多察哈尔人或整个察哈尔群体被称作"察哈尔"（Qiq-a-nar=čaqar）。

"察哈尔"这一词在古代蒙古族英雄史诗《江格尔》中频繁出现。《江格尔》中著名英雄洪格尔，在他敌对者的府邸周围总会出现以"库里野""察哈尔"命名的部众。而他的这些对手都是独立体（国家和部落）的首领形象。英雄洪格尔有一匹烈性的青花马，"由皇帝的诸殿下、达官的诸公子、察哈尔的诸子弟一起上手，才能稳住这匹骏马"。这里我们从句子的排比形式上也不难看出，所谓察哈尔，就是社会底层平民的代表。在《江格尔》中，描述英雄洪格尔为营救被敌人俘虏当作人质的恋人，乔装改扮成小乞丐混进敌营，与"察哈尔的诸子弟、库里野的小沙弥"混在一起侦察敌情，最终营救出被敌人流放，折磨得"以库里野、察哈尔之间孤立的破帐房为栖身之

---

① 宋濂等撰：《元史》卷124《忙哥撒儿传》，中华书局，1976年。

② 韩儒林：《读〈史集·部族志〉札记》，载《穹庐集》，扎剌儿条，河北教育出版社，2000年，第316页。

③ 宋濂等撰：《元史》卷124《忙哥撒儿传》，中华书局，1976年。

地，以库里野、察哈尔两处的野狗啃过的骨头为食”[①]的心爱的美丽姑娘。从中我们不难发现，在可汗宫廷周边，世俗阶层（察哈尔）和僧侣阶层（库里野）并存，而且他们都是社会底层身份的人。还有《江格尔》中描述众英雄袭击敌营的时候，总是从库里野、察哈尔两个营盘之间的空地直接冲进敌营中心。可见库里野和察哈尔两个大营是分开驻扎，是汗廷周围的僧俗两大聚落群。

帕拉斯在《蒙古历史资料汇编》里所提到的僧侣居住区“扎依克”与《江格尔》的“库里野”相对应。所谓的“库里野”，就是喇嘛聚居地“库伦”。这一命名传统一直延续到清代，所谓“大库伦”（乌兰巴托的前身）和“小库伦”（内蒙古库伦旗政府所在地，库伦镇的前身）都是因喇嘛和寺庙积聚而得名。

帕拉斯对土尔扈特汗宫廷周围居民的记载与《江格尔》对汗廷周围居民的描述不谋而合。这更加明确了《蒙古历史资料汇编》里所阐述的汗廷周围总有“一大批上等人和普通人随从”，其中普通人随从就是察哈尔。有帕拉斯的记载，再有《江格尔》描写生动的文学语言的佐证，我们可以初步确定“察哈尔”就是指汗廷周围居住的世俗平民以及他们居住区域的统称。可以肯定帕拉斯的记载是真实的，是切合实际的。

“察哈尔”这一词来源于粟特语，不过融入蒙古语后，该词的基本含义发生了巨大变化。这与蒙古历史，尤其是大蒙古国汗廷的机构设置有直接联系。成吉思汗逝世之前，按照蒙古古老传统，把他的直属军队“十万零一千人”以遗产的形式传给他的幼子斡赤斤那颜拖雷。其中个别单列的“一千人”就是附属于四大斡耳朵的世俗家仆——成吉思汗的御前第一千

① 宝音贺喜格收集整理：《江格尔》，内蒙古人民出版社，1982年，第777页。

户——“豁勒首千户”。成吉思汗把它当作永久的纪念赐给拖雷之妻唆鲁禾帖尼别乞来管领。成吉思汗专门留给儿媳唆鲁禾帖尼别乞的这些四大斡耳朵家仆——“豁勒首千户”在“拖雷兀路思”时代演变成“好陈察哈尔”。成吉思汗周围知名度较高的，具有察哈尔身份的人有蒙力克、札八儿火者、忙哥撒儿之祖父搠阿。《元史》载：“继太祖嗣位，年尚幼，所部多叛亡，搠阿独不去。”[①]其中的札八儿火者之札八儿是《元史》的写法，其实此人就是《突厥世袭》所提到的察哈尔火者。《元史》载：“札八儿火者，赛夷人。赛夷，西域部之族长也，因以为氏。火者，其官称也。”此人为成吉思汗鞍前马后效忠一生，曾经使金，为蒙古军攻克中都立下汗马功劳，得到成吉思汗的高度评价。“朕之所以至此者，札八儿之功为多。”[②]《突厥世袭》也载：“成吉思汗于是派一个名叫察哈尔—阔者的官员为使者，往见阿勒坦汗。”[③]可见两处记载里出现的是同一个人。

中古蒙古语中的“察哈尔”这一词，明显不是原来波斯语的“战士”之义，也不是原突厥语的“孩儿”，而是转变成“汗廷仆人”的专有名词。究其原因，成吉思汗在攻打乃蛮时组建的专门护卫军，就是后来怯薛军的前身。因为有了怯薛军的专门护卫机构，可汗斡耳朵的世俗家人失去了昔日的护卫职能，变成真正的专职家仆。成吉思汗组建的“豁勒首千户”（成吉思汗御前第一千户）虽然未被列入正规怯薛军序列，但其社会地位很高，其待遇甚至高于怯薛军。成吉思汗去世后，遵从成吉思汗的遗嘱，昔日的成吉思汗“豁勒首千户”全体成员及他们所服务的成吉思汗四大斡耳朵归属唆鲁禾帖尼别乞所有，开始侍奉继承成吉思汗而执掌大蒙古国军政大权的拖雷那

① 宋濂等撰：《元史》卷124《忙哥撒儿传》，中华书局，1976年。

② 宋濂等撰：《元史》卷120《札八儿传》，中华书局，1976年。

③［西瓦汗国］阿布尔-哈齐-把阿秃儿汗撰，罗贤佑译：《突厥世袭》，中华书局，2005年，第88页。

颜斡耳朵。不久窝阔台继汗位，窝阔台汗照旧认可成吉思汗的遗嘱，承认唆鲁禾帖尼别乞对“豁勒首千户”的所有权。但是，在成吉思汗“豁勒首千户”之名不宜继续沿用的情况下，引用了“察哈尔”这一比较贴近他们身份和职责的统称。从此，蒙古社会中形成了独特的察哈尔人群体，并且从唆鲁禾帖尼别乞开始，一直作为“拖雷兀路思”汗廷主妇的分封，在阿里不哥汗后裔汗廷中代代传承下来。

“察哈尔”一词在蒙古语中也含有”渺小”或“不起眼”之意。例如：蒙古人把劣质草原或不毛之地称作“aqar čaqar γaǰar”[①]。语言习惯上总是把“čaqar”一词与“aqar”一词复合运用，“aqar”一词在蒙古语中的含义是“qonin aqar”（春天剪羊毛后长出的短小绵羊毛，也称剪掉的第二茬羊毛），所以，在鄂尔多斯部遗留下来的察哈尔人被其他察哈尔人辱骂为“驴察哈尔”（eljigen čaqar）时，他们以“好陈察哈尔——山羊毛”（qaγučin čaqar——imaγan čaqar）一词来还击，至今有些蒙古人贬低察哈尔人时仍用以往的“山羊察哈尔”（imaγan čaqar）的绰号来辱骂对方[②]。这恰恰从另一个角度说明宫廷侍从人员这一低微的真实身份。

第二节　探究察哈尔起源

关于察哈尔蒙古起源的直接史料甚少，流传至今的唯一史料也是后人记录下来的口传史料。但是，我们绝不能忽视这一口传史料，因为“过去的现实又反映在荒诞的神话形式中”[③]。

---

①《和鄂尔勒克史》，《汗腾格里》季刊1983年第3期。

②《中亚研究》杂志（Zentralasiatische Studien）卷17，威斯巴登，1984年。

③ 马克思编：《摩尔根〈古代社会〉一书摘要》，人民出版社，1965年，第173页。

口传史料不能全信，但也不应任意否认。司马迁亦曾“网罗天下放失旧闻，考之行事，稽其成败兴坏之理，凡百三十篇”[①]。可见口传史料可以弥补文字史料之空白和欠缺。

察哈尔起源问题历来是个谜团。《黄金史》给我们留下了有关察哈尔由来之唯一直接史料。但是，该史料自从被札奇斯钦先生断言此乃“后人的臆作”[②]之后，多年来几乎无人问津。就连冈田英弘也避而不谈，宁可反复论证察哈尔崇拜和祭祀其女祖先唆鲁禾帖尼别乞的史实，来委婉地否定札奇斯钦的观点。直至20世纪90年代末，薄音湖教授直截了当地指出“察哈尔一名恐非《黄金史》作者的‘臆作’，它可能在成吉思汗时代即已存在，其来源或可远溯至唐代”[③]。在国内史学界里，他首次对札奇斯钦的“断言”提出质疑，并由此进行了初步的探讨。过去，虽然国内外部分学者对察哈尔的源流进行了不同深度的探讨，但是，都未能触及它的根本。要探究察哈尔的起源，我们只能从现有的史料入手，再利用在相关史料记载中遗留下来的蛛丝马迹，顺藤摸瓜。

察哈尔起源方面，最直接的史料是蒙古文的《黄金史》第250节里所记载的关于察哈尔源流的“传说”。将其原文记载用拉丁文转写如下：

Boγda ejen-ü bey-e berke čilegergeǰü basa Toloi eǰen čilege boluγsan-dur，belgečin iröčin：“ene qoyaγula-yin nigen-inü sayin bolbasu nigen-inü maγu bui” kemegsen-dür，Toloi eǰen-ü qatun Čoqor beki tngri-dür öčig öčirön：“qan eǰen ü gei bolbasu qamuγ ulus bilbesün bolunam-i-a.Toloi eǰen ügei

① 班固撰：《汉书·司马迁传》，点校本，中华书局，1983年。

② 札奇斯钦译注：《〈蒙古黄金史〉译注》，台湾联经出版事业公司，1978年，第108页。

③ 薄音湖：《关于察哈尔史的若干问题》，载《蒙古史研究》第5辑，1997年，第198—218页。

bolbasu bi γaγčaγar bilbesün bolqu bui-i-a”kemen J̌albaribai. tere ǰalbariγsan-iyar Toloi eJ̌en burqan bolba. boγda eJ̌en-ü čilegen degegši boloγsan-dur tere sedkil-e-inü kündüleJ̌ü öberün nökör-i ülü sedkin ečige-yi kündüleJ̌ü. yeke törö-yi sedkigsen-ü tula. boγda eJ̌en："bi čimai-yi beri geJ̌ü büü kelesü. beki tayiqu gesü，šiü geJ̌ü büü keley-e，sutai tayiqu kemey-e”geJ̌ü čola öggüged naiman otuγ Čaqar tümen-i songγuJ̌u ögčü soyurqa-ba. Kereyid-ün ong qaγan-u degü J̌iγ-a gembüyin ökin Čaqur beki ene bülüge.[①]

我们引用札奇斯钦先生对该史料的经典翻译如下：

成吉思可汗、拖雷皆病。卜者说，一人痊愈，另一人必死。于是拖雷的妻子，客列亦惕王汗之弟，札哈敢不（Jakha Gembo）的女儿，拙忽儿·别乞（Chakhur-Beki），祷祝于天，说："宁愿拖雷死，我自己守寡，也不愿可汗死，叫全国成为孤儿。"后来拖雷果然死了，可汗痊愈。因此可汗嘉赏其儿媳的贤德，除封赐"别乞"[②]的名号之外，又把察哈尔八族万户封赐给她[③]。

《黄金史》的作者罗卜藏丹津所记载的"传说"来源我们无从考证，只能说他原汁原味地记载了当时蒙古民间曾经广为流传的这一传说。作者虽然声称自己撰写《黄金史》时"以大量编年体史料为基础"，但是书中并未提到参考书目。不过作者能够利用现如今已绝版的蒙古文《蒙古秘史》来推测，其史

---

① 罗卜藏丹津：《黄金史》，蒙古国立中央图书馆影印本，乌兰巴托，1990年，第114（b）页。

② 原文为"Beki Taiqu"（别乞太后）。"别乞"为原有的称号，是蒙古部"公主"的称号，而成吉思汗为儿媳封这种元朝和北元时期已故皇帝的皇后和皇妃的"太后"称号，似乎不大可能。但册封为"sutai qatun"（贤惠夫人）的可能性较大。

③ 札奇斯钦译注：《〈蒙古黄金史〉译注》，台湾联经出版事业公司，1978年，第108页。

料来源绝对不是一般史家可比拟的。

札奇斯钦先生之所以否定该传说的真实性，理由有三：1. 传说中拖雷死亡的时间有误；2. 传说讹误唆鲁禾帖尼别乞的姓名为拙忽儿·别乞；3. 札奇斯钦认为察哈尔起源应该在元亡之后①。

我们从历史唯物主义的角度，实事求是地具体问题具体分析，这样才有助于我们的进一步深入研究。从《黄金史》所引用的《蒙古秘史》全部内容来分析，罗卜藏丹津很显然没有看到《蒙古秘史》的续卷部分。也就是说，他未能利用《蒙古秘史》第265节以后的部分。拖雷死亡事件就在《蒙古秘史》的272节。所以他无法考证拖雷去世的准确时间，这是其一。从《黄金史》转引的内容中不难发现，缺少《蒙古秘史》第177—208节的内容，而这段内容记载的是成吉思汗征服克烈部和乃蛮部的精彩片段，《黄金史》恰恰未能引用。所以，我们可以断定罗卜藏丹津所利用的《蒙古秘史》抄本是一部残本。而被他弄错的唆鲁禾帖尼别乞之名就出现在没有被他引用的第186节中。所以罗卜藏丹津无从考究她的姓名，这是其二。札奇斯钦先生否定该“传说”的理由之三，“察哈尔一名起源远在元亡之后”是他的一家之言。尚未定论的个人学术观点不能当作否定史料的依据。因为上述种种原因，《黄金史》把蒙古民间流传已久、张冠李戴的“察哈尔源流传说”完整地保留了下来。

为肯定该传说的真实性，我们有必要对该“传说”略加分析。

第一，首先要肯定，“传说”中没有虚拟的人物，都是同时代的历史人物。这是我们肯定该传说有历史真实依据的前提

① 札奇斯钦译注：《〈蒙古黄金史〉译注》，“札奇斯钦按”，台湾联经出版事业公司，1978年，第108页。

条件。

传说中的“Boγda eǰen”，是指元太祖圣武皇帝成吉思汗，在传说里出现的拖雷的夫人“舍弃自己丈夫而为父的健康祈祷”等词语能够证明这一点。

“Toloi eǰen”即拖雷，不过这里所出现的“eǰen”是蒙古“可汗”或“皇帝”的称号，拖雷执政时期开始拥有“也可那颜”的称号，这个称号应该与此事有关。不过有些史料则显示，拖雷在成吉思汗健在时已经拥有了“eJen”这一称号。《史集》载：1225年秋天，成吉思汗发兵征讨西夏的途中，欲将追随他身边的窝阔台的两个儿子阔端和贵由打发回去时，他们向祖父请求赏赐，成吉思汗说：我什么也没有，所有的东西都是大禹儿惕和一家之主拖雷的，一切由他做主吧！拖雷汗取了一些衣物给了他们。可见成吉思汗此时已经把蒙古大本营（也可兀路思）——蒙古汗国腹地交给拖雷全权掌管，所以，称他为“一家之主”（uruγ-u noyan），即兀鲁黑那颜，意为家族之长。

“Čoqor beki”是《蒙古秘史》的165节里出现的“察兀儿别乞”，《亲征录》《元史》称作“抄儿-伯姬”，《史集》称作“抄儿别吉”，是克烈部首领王汗的女儿。“传说”中虽然把唆鲁禾帖尼别乞误称抄为儿别吉，但是她的确切身份却没有讹误，她是抄儿别吉的叔伯姐妹，王汗之弟札哈敢不之女，“别乞”是对蒙古各部汗王女儿的尊称，为“公主”之意[①]。

第二，传说中的故事情节与历史事实相符。拖雷死亡时间在“传说”中虽有讹误，但是，拖雷为重病在身的蒙古窝阔台可汗祈祷，自愿替代其皇兄而亡，这是不可否认的史实。《元史》载：“五月，太宗不豫。六月，疾甚，拖雷祷于天地，请以身代之，又取巫觋祓除衅涤之水饮焉。居数日，太宗疾愈，

① 陈元靓撰：《事林广记续集》卷8《蒙古译语·人事门》，江苏人民出版社，2011年。

拖雷从之北还，至阿剌合的思之地，遇疾而薨，寿四十有□。”[①]这是肯定该“传说”所描述的基本故事情节与历史事实相符的基础。

第三，传说中的“beki tayiqu”（别乞太后）确实是唆鲁禾帖尼别乞的尊号。《元史》载，元惠宗至元元年“三月丙申，中书省臣言：甘肃甘州路十字寺奉安世祖皇帝母别吉太后于内，请定祭礼。从之”[②]。这里“世祖皇帝母别吉太后”指的就是元世祖忽必烈可汗之生母唆鲁禾帖尼别乞。可见“传说”中，女主人公的名字虽然与史实中的唆鲁禾帖尼别乞的名字有别，但是把她的尊号保留得如此完整。这在一定程度上足以弥补察哈尔源流这一美丽传说的一些瑕疵。

总之，在漫长的历史长河中，一些口传史料在其流传过程中有所扭曲是不可避免的。因此“传说”中拖雷的死亡时间以及其夫人唆鲁禾帖尼别乞名字的讹误不足为怪，最重要的是，该传说的基本因素都符合史实，从以上“因素分析法”的结果来看， 该“传说”的历史真实性是可以完全肯定的。

在肯定第一个直接史料的基础上，我们再探讨涉及察哈尔起源的核心问题——成吉思汗把察哈尔赏赐给其儿媳唆鲁禾帖尼别乞的棘手问题。

在除传说本身以外，没有其他直接史料的情况下，我们用若干个旁证来证明此事。

旁证1：成吉思汗留给幼子拖雷的遗产中，有一个被史家特意提到的“一千人”。成吉思汗生前把大蒙古国腹地——大禹儿惕（大营盘）赐封给其第四子拖雷，拖雷的“兀鲁黑那颜”称号即来源于此。“拖雷汗基本上常在父亲身边，成吉思汗总是就所有的事、各种重大事件和他商议，称他为那可儿。

---

① 宋濂等撰：《元史》卷115《列传二・睿宗》，中华书局，1976年。
② 宋濂等撰：《元史》卷38《本纪・顺帝一》，中华书局，1976年。

成吉思汗的禹儿惕（指牧场——引者）、大帐［财产］、帑藏［家室］、异密、那可儿、近卫军和直属军队，都在他的统辖之下。因为自古以来，蒙古人和突厥人都有这样一种习俗：还在活着之时，就把自己年长的儿子们分出去，给予他们［财产］、［牲畜］和［羊群］，其余的东西则归幼子所有，并且他被称为'斡惕赤斤'，即与火和灶有关系的一个儿子，以表示他是家屋的根本。……成吉思汗也曾有意把合罕尊号和帝位传给他，让他做大位的继承者，但是［后来］他说：'由你来担任掌管我的禹儿惕、大帐、军队和帑藏的职务对你更好一些，……'凡是他没有分配的军队，就全部处在拖雷汗的统辖之下。"[①]这就说明成吉思汗去世前把属于他个人的一切都交给了拖雷继承，而他自己处于一无所有的境地，正如他自称的那样，"我什么也没有，所有的东西都是大禹儿惕和一家之主拖雷的，一切由他做主吧"。这里自然包括归属于成吉思汗四大斡耳朵的"豁勒首千户"。

关于"豁勒首千户"被拖雷继承的根据，《史集》有如下记载："隶属于豁勒（豁勒首千户——引者）、巴仑合儿及准合儿，即隶属于中军及二翼，由也可那颜继承的部分，为十万一千人。"[②]在这里我们要特别注意除十万以外的"一千人"。这"一千人"属于上述史料中提到的"豁勒"成员，就是成吉思汗的御前千户——"豁勒首千户"。"豁勒首千户"是最原始的察哈尔人。也就是"传说"中成吉思汗赐给儿媳唆鲁禾帖尼别乞的"八鄂托克察哈尔"。关于"豁勒首千户"的演变历史，笔者将在后文做专题研究，这里从简。

旁证2：从古到今，历代察哈尔人对"也失哈屯"的传统

① ［波斯］拉施特主编，余大均、周建奇译：《史集》第2卷，商务印书馆，1985年，第196—197页。

② ［波斯］拉施特主编，余大均、周建奇译：《史集》第1卷第2分册，商务印书馆，1985年，第363页。

祭祀与虔诚的崇拜，也是证明察哈尔人出身及其由来的有力依据。

在大蒙古国历史上有资格获得“也失哈屯”殊荣的人，唯有成吉思汗之母月伦旭真、成吉思汗大皇后孛儿帖旭真、拖雷正妻唆鲁禾帖尼别乞三位女性而已。从各种记载来看，上述三位伟大女性的祭祀点和负责祭祀的蒙古部落各不相同，这为我们的考证提供了有力的史料依据。

月伦旭真的祭祀历来由元代的兀者翁古惕部人承担[①]，即后来明代的朵颜三卫之一——乌济业特人（富余卫）[②]来完成。

月伦旭真在大蒙古国史上拥有至高无上的地位。据《蒙古秘史》记载，成吉思汗分封黄金家族时，“母亲和幼弟斡赤斤分给一万户属民，母亲嫌少而未曾表态”[③]。由于这个原因，后来成吉思汗又为母亲分封单独的“领户”。关于此事，虽然在《蒙古秘史》里没有明确记载，但在其他史料中得到了印证。

《成吉思汗祭词》中写道：“征战于山阳处，收服了兀者翁古惕部，亲自护送其母月伦旭真管领该部落。”[④]

《史集》记载，“分给成吉思汗的母亲月伦-额克的军队为三千人”，“成吉思汗将跟随他母亲一起来的那些豁罗剌思部及

① 珠荣嘎校注：《俺答汗传》第50—51页载：“erten-eče qari dayisun boluγsan üǰiyed ulus-un engke čing sang terigütei noyad-inu uruγ-iyar-iyan, erkin ögelen qatun-u ordu geri abču ölge tümen, erke-dür-inü oroǰu über-ün albatu bolun iregsen učir teyimü büluge.”［蒙古］策·达木丁苏荣编：《蒙古古代文学精品一百篇》第250页载《成吉思汗赞歌（祭词）》：“ölge γaǰar-a ayalan yabuǰu üčügüd ongγud-i erke-dür-iyen oruγulun yabuǰu ögelen üǰin eke yügen eǰelegülün ilegegsen ölǰei-tü törögsen činggis qaγan.”看来携带月伦夫人灵寝归附右翼者就是乌济业特部的贵族无疑。

② 茅元仪：《武备志》卷227，载《四库全书存目丛书》，齐鲁书社，1995年。

③《元朝秘史》第242节，四部丛刊本。

④ 策·达木丁苏荣：《蒙古古代文学精品百篇》第1册，成吉思汗陵所藏《金册》之《成吉思汗祭词》，蒙古人民出版社，1979年，第250页。

斡勒忽讷部异密及三千军队分给了她”。[①]

以上史料记载说明成吉思汗迎合母亲的意愿，单独为她分封属民和封地——禹儿惕，而他母亲就在自己所属的部落和禹儿惕所在地——兴安岭以南的山阳地区去世，被兀者翁古惕部落世代祭祀。此事在《俺答汗传》中得到证实：

“久为外敌的兀者惕（乌济业特）兀路思，以其昂克丞相等诸诺延家族，携带月伦夫人的白室灵帐，山阳万户自己俯首称臣来归。”[②]

上述兀者惕兀路思为朵颜三卫成员，该史料记载了在察哈尔万户南下占领西拉木伦河流域和老哈河流域时，驻牧于此地的部分朵颜卫成员携带月伦夫人的灵帐，投奔蒙古右翼三万户首领俺答汗的经过。兀者惕兀路思就是乌济业特部。其由来应该与被成吉思汗征服的山阳“兀者翁古惕部”有联系，尤其负责祭祀月伦夫人的这部分人的来历与原来就归属于月伦旭真的“豁罗剌思部及斡勒忽讷部异密”有直接的关系。“乌济业特”之名称在蒙古文史书中被写作“öčiyed”，但是口语中往往被读作“öje:d”。这证明他们的名称由来与月伦旭真（öǰen）有一些联系。该名称可以理解为“守护旭真夫人灵寝的人”的总称为“öǰe:d”。“乌济业特”是“öǰen”的复数，含有“附属于旭真的部落”或“守护旭真灵寝的人群”之义。

总之，从成吉思汗时代开始，至察哈尔万户南下控制朵颜三卫为止，月伦旭真的灵寝的所在地一直在辽东边外，兴安岭以南地区的兀良哈三卫之地（元代的斡赤斤兀路思）。所以，我们可以确定察哈尔人所祭祀的“也失哈屯”并非月伦旭真。

而月伦旭真的灵寝被乌济业特人带到蒙古右翼以后，其祭

① ［波斯］拉施特主编，余大均、周建奇译：《史集》第1卷第2分册，商务印书馆，1985年，第380页。

② 珠荣嘎校注：《俺答汗传》，民族出版社，1984年，第50页。

祀与成吉思汗白室的祭祀从未分开过，其祭祀一直在成吉思汗灵寝处进行，元代由分管漠北地区汗斡耳朵的晋王负责（斡亦剌惕人守护），北元中期由吉囊直属的鄂尔多斯部人负责祭祀。1544年，俺答汗征伐乌梁海万户时，又发现乌梁海万户处也有祭祀成吉思汗的白室，就委托乌梁海人芒海蛇进负责管理[①]。孛儿帖旭真并无单独的“也失哈屯灵寝”祭祀点。至今鄂尔多斯市伊金霍洛旗八白室之内的第一白室，仍然是专门负责祭奠成吉思汗与孛儿帖旭真的共同祭祀点。所以，也可以排除孛儿帖旭真是察哈尔人所祭祀的“也失哈屯”这一假设。

现在就剩下唆鲁禾帖尼别乞的问题了。《黄金史》载，“拖雷汗之也失称号的夫人”，“也失哈屯十月怀胎在哈喇和林城生下了忽必烈可汗，阿里不哥汗双胞胎”[②]。可见蒙古人历来把唆鲁禾帖尼别乞尊称为“也失哈屯”。此外《传说》中提到，成吉思汗曾赐给唆鲁禾帖尼别乞“苏泰”称号，可见“苏泰哈屯”称号也是她的尊称。

也失哈屯是指唆鲁禾帖尼别乞无疑。史书记载察哈尔人自古就有祭祀“也失哈屯”或“苏泰哈屯”的传统。这个传统应该是唆鲁禾帖尼别乞去世后就开始了。

唆鲁禾帖尼别乞于蒙哥汗二年去世。

《元史》载：宪宗“二年壬子春正月，幸失灰之地，遣乞都不花攻末来吉儿都怯寨。皇太后崩”[③]。

《史集》载：“她（指唆鲁禾帖尼别乞——引者）遵循此道而行，直到伊斯兰教历649年12月［公元1252年2月14日至3

① 珠荣嘎校注：《俺答汗传》，民族出版社，1984年，第51页。

② 罗卜藏丹津著，乔吉校注：《黄金史》，内蒙古人民出版社，1999年，第485页。

③ 宋濂等撰：《元史》卷3《本纪三》宪宗二年条，中华书局，1976年。

月13日］去世为止。”[①]

用上述两种记载基本能够推断唆鲁禾帖尼别乞于1252年2月末或3月初去世。

也失哈屯唆鲁禾帖尼别乞去世后如何安葬，史料中留下了一条线索。据《史集》载：“成吉思汗的伟大禁地不答（不劣）温都儿。唆鲁禾帖尼别乞和一切其他宗王，除忽必烈合罕而外，也都葬在该处。”关于“不答（不劣）温都儿”，我们目前没有实际的史料考证，不过可以肯定的是，此地就在不儿罕合勒敦山（肯特山）的某一处。蒙哥汗从宪宗二年（1252）三月初开始，已经着手安排祭天及太祖、睿宗配享相关事宜。此事肯定与蒙哥汗母后唆鲁禾帖尼别乞去世有直接关系。《元史》载：“宪宗二年三月五日，命东平万户严忠济立局，制冠冕、法服、钟磬、笋虡、仪物肄习。”母后刚去世才几天，就着手准备礼乐之事不合乎常理，肯定事出有因。果然“五月十三日，召太常礼乐人赴日月山。八月七日，学士魏祥卿、徐世隆，郎中姚枢等，以乐工李明昌、许政、吴德、段楫、寇忠、杜延年、赵德等五十余人，见于行宫。帝问制作礼乐之始，世隆对曰：‘尧、舜之世，礼乐兴焉。’时明昌等各执钟、磬、笛、箫、篪、埙、巢笙，于帝前奏之，曲终，复合奏之，凡三终。十一日，始用登歌乐祀昊天上帝于日月山。祭毕，命驿送乐工还东平”[②]。

宪宗二年八月八日祭天与赴青海湖东湟源县日月山的主要目的，就是让元太祖（皇后孛儿帖旭真）及皇考皇妣（睿宗皇帝与皇后唆鲁禾帖尼别乞）配享。《元史》载：“宪宗祭天日月山，追崇所生与太祖并配。”[③]因此，“宪宗即位之二年秋八月

---

①［波斯］拉施特主编，余大均、周建奇译：《史集》第2卷，商务印书馆，1985年，第236页。

② 宋濂等撰：《元史》卷68《志第十九·礼乐二》，中华书局，1976年。

③ 宋濂等撰：《元史》卷72《志第二十三·祭祀一》，中华书局，1976年。

八日，始以冕服拜天于日月山。其十二日，又用孔氏子孙元措言，合祭昊天后土，始大合乐作牌位，以太祖、睿宗配享”。[①]至元十二年（1275），忽必烈可汗把蒙哥汗所设日月山神主位迁到太庙设祭时的整个过程，在《元史》里记载得比较详尽。“太祝兼奉礼郎申屠致远言：‘窃见木主既成，又有金牌位，其日月山神主及中统初中书设祭神主，安奉无所。’博士议曰：‘合存祏室栗主，旧置神主牌位，俱可随时埋瘗，不致神有二归。’太常少卿以闻，制曰：‘其与张仲谦诸老臣议行之。’十三年九月丙申，荐佛事于太庙，命即佛事处便大祭。己亥，享于太庙，加荐羊鹿野豕。是岁，改作金主，太祖主题曰‘成吉思皇帝’，睿宗题曰‘太上皇也可那颜’，皇后皆题名讳。”[②]可见当时蒙哥汗所设日月山神位中，的确有睿宗皇后唆鲁禾帖尼别乞的神位。总之，蒙哥汗和忽必烈为其母后唆鲁禾帖尼别乞所设神位，此前有三处。一处在日月山（甘肃黄中县境内），设于宪宗二年（1252）八月八日。一处在中书省境内，设于元中统元年（1260）。一处在大都太庙第三室（后改为第六室）内。至此合三为一。

但是，上述太庙祭祀情况，并不能否定察哈尔部在自己部落的家庙里供奉女祖先唆鲁禾帖尼别乞的史实。因为，唆鲁禾帖尼别乞是虔诚的基督教徒（也里可温），察哈尔人受这位女主人的影响，在他们中间有很多也里可温教徒[③]。他们按照自己的宗教礼仪对自己的女祖先进行专门的祭祀活动，这一传统一直保留到近代。

---

① 宋濂等撰：《元史》卷72《志第二十三·祭祀一》，中华书局，1976年。

② 宋濂等撰：《元史》卷74《志第二十五·祭祀三》，中华书局，1976年。

③ 关于察哈尔人中的也里可温教徒，1634年被林丹汗之子额哲隐藏在鄂尔多斯部落里的察哈尔人中有很多，一直到清朝中期，他们仍然坚持基督教礼仪。参见额尔克斯庆：《察干寿力德和他的追随者》，内蒙古文化出版社，2005年，第37—47页。

《甘州志》卷二载："初世祖定甘州，太后在军中。后没，世祖使于十字寺祀之。至是岁久，祀事不肃，故议定之。"

《元史·文宗本纪》又载，天历元年（1328）九月"命高昌僧作佛事于延春阁。又命也里可温于显懿庄圣皇后神御殿作佛事"。

《元史》载，顺帝至元元年（1335）三月癸未朔，丙申"中书省臣言：甘肃甘州路十字寺奉安世祖皇帝母别吉太后于内，请定祭礼。从之"①。

可见从元世祖忽必烈开始，整个元代甘州路十字寺一直是以基督教教义祭祀唆鲁禾帖尼别乞的祭祀点。元甘州路为元代甘肃行省治所，是河西走廊的腹地。"十字寺"为元代基督教堂的统称。当时的"甘州十字寺"就是元代察哈尔人祭祀其女祖先唆鲁禾帖尼别乞的基督教堂。这一传统在北元时期仍然存在。

蒙古文史料普遍记载了满都海哈屯隆重祭祀唆鲁禾帖尼别乞灵帐白室的一次活动，并向她求子的誓词。其中《黄金史纲》和《黄金史》的相关记载是最早且准确的记载。《蒙古源流》将《大黄史》以来的若干蒙古文史书中对于此事存在的讹误给予了更正。因为，萨囊彻辰本人作为鄂尔多斯的黄金家族成员，对成吉思汗八白室和位于伊金霍洛旗"也失哈屯霍洛"的演变历史应当了如指掌。所以他很果断地纠正了历史记载中流传很久的讹误，在其《蒙古源流》中，把满都海哈屯祭祀也失哈屯灵寝之事，重新与《黄金史纲》和《黄金史》的记载统一起来。其大意如下：哈撒儿后裔火儿慎的兀捏孛罗王向满都海哈屯求婚。恰巧此时忽必烈黄金家族的独苗，幼小的把秃猛可被人送到她身边。为此，满都海哈屯左右为难，问身边亲信，最后采纳了只罕阿噶的意见，决定辅佐黄金家族嫡系把秃

① 宋濂等撰：《元史》卷38《本纪三十八·顺帝一》，至元元年三月癸未朔，中华书局，1976年。

猛可。就在那个庚寅年，［满都海·彻辰哈屯］牵着七岁的把秃猛可的手，把他领回［家］来，令阿喇克绰特人酿造了专用的祭祀酒，令管领白室的官员“ger-ün noyan”（指唆鲁禾帖尼别乞白室的总管——引者）[①]蒙根·亦剌忽（menggin Iraγu）[②]主持祭祀仪式，（满都海）走近唆鲁禾帖尼别乞白室所在位置（按：向来有禁止女性靠近或进入唆鲁禾帖尼别乞的灵帐白室的传统和习俗），向也失哈屯宣誓。决心誓死保护皇家利益，保证黄金家族子孙满堂，光宗耀族。从此兀捏孛罗王也收回了自己的非分之想。察哈尔万户当时确实存有也失哈屯灵寝白室的记载不止这些。据《蒙古源流》载，把秃猛可“庚虎儿年，为了祝福他统治大元兀路思民众而命名为达延汗，在也失哈屯跟前即大位”[③]。另外在《俺答汗传》中，描述1538年察哈尔万户等蒙古左翼万户与蒙古右翼三万户联盟，共同镇压兀良哈万户叛乱的情景时写道：“右翼三万户携带额真的白室（指成吉思汗白室——引者），默尔根吉囊、俺答二人驻扎杭爱山阳，（卜赤汗）左翼万户携带着也失哈屯白室（指唆鲁禾帖尼别乞灵帐白室——引者）驻扎杭爱山阴，诸兀路思于狗年在此秣马厉兵。”[④]这里所说的右翼蒙古三万户所带去的额真白室，

① “ger-ün noyan”，领帐总管并非指皇室宫帐总管。蒙古文史料中“ger-ün noyan”通常为负责八白室、也失哈屯灵寝、月伦旭真灵寝之祭祀人员。达延汗第二子兀鲁思孛罗特到右翼三万户祭祀八白室时，与太师、知院发生冲突，他的生命受到威胁的危机关头，管领八白室的“ger-ün noyad”说“我们为你而死”，把吉囊藏在白室之内，为保护他而壮烈牺牲。

② 蒙根并非人名，是为祭祀官中的职务。史料中曾出现两个人。一为蒙根·亦剌忽“Mangkan Iraγu”（满都海祭祀也失哈屯神灵时的祭祀官），另一个为《俺答汗传》（第70节）中俺答汗选派莽海锡格晋“Mangkai šigejin”为成陵新总管，笔者认为“Mangkan”与“Mangkai”不会这么碰巧，是灵寝祭祀官的古代称呼的两种书写形式。

③ 萨囊彻辰：《蒙古源流》，内蒙古人民出版社，1981年，第352页。

④ 珠荣嘎译注：《俺答汗传》，民族出版社，1984年。珠荣嘎先生认为“也失哈屯为博迪汗之母后察罕章太后”，见第42页注释①，误，在此处能与八白室并列的只有也失哈屯斡耳朵灵寝。

当然是指成吉思汗白室，而左翼蒙古万户所带的“也失哈屯”是指察哈尔人负责祭祀的唆鲁禾帖尼别乞的灵帐。这足以证明察哈尔部历来祭奠其先祖也失哈屯的史实。

近年来，内蒙古社会科学院学者胡日查毕力格先生在对鄂尔多斯地区进行田野调查的过程中，发现和积累了不少珍贵的信息资料。他在调查过程中发现，在伊金霍洛旗伊金霍洛苏木沙布日台嘎查，曾有一处叫“也失哈屯霍洛”（Eši qatun-u qoruγ-a）的地方。“也失哈屯霍洛”，即也失哈屯灵帐的原座台是高二尺、长宽各三米左右的砖台，上置也失哈屯的斡耳朵灵帐（白室）。当时守护“也失哈屯霍洛”白室的值勤人员名单，至今仍保留得完好无损。由值勤人员不分昼夜守护该白室，禁止闲散人员入内。此处一直是蒙古民众求子拜神的地方。祭奠时，妻子不得入内，丈夫在祭奠官（“ger-ün noy-an”）的带领下进入灵帐内进行祭奠，女人在外边离“也失哈屯霍洛”较远的地方跪拜祈祷。这与上述满都海哈屯的祭祀仪式完全相同[①]。也失哈屯白室灵寝在林丹汗以后如何从察哈尔转移到鄂尔多斯，后来又如何合并到八白室的经过，跟随它而来的察哈尔人后裔，负责祭奠大蒙古国白纛之察哈尔人家族出身的额尔克斯庆先生做过详细的考证和论述[②]。他在其著述中还详细论述了前来鄂尔多斯的察哈尔人中有大量的基督徒（也里可温教徒），在当时喇嘛教横行的社会环境下，这些被社会当作异教徒的察哈尔人如何被歧视，受到侮辱。但是这群察哈尔人始终对也失哈屯忠心不二，坚持他们的信念，秘密宣传教义。看来察哈尔人崇信基督教与也失哈屯生前皈依景教是密切相关的，而且原察哈尔人从唆鲁禾帖尼别乞那里传承的这一信

① 那·胡日查：《也失哈屯崇拜及其祭祀仪式》，《内蒙古社会科学》（蒙古文版）1992年第1期，第91页。

② 额尔克斯庆：《察干苏力德和他的跟随者》，内蒙古文化出版社，2005年。

念一直坚定地保留到清朝中期，可见在察哈尔人心目中，这位也失哈屯——他们的女祖先所拥有的尊贵地位是独一无二的。

旁证3：原始察哈尔人是唆鲁禾帖尼别乞的仆人。成吉思汗之子拖雷执政，监国两年零两个月，是一位便名副其实的无冕之王，最后让位于其兄窝阔台可汗，不久便为他而死。作为拖雷的遗孀，大蒙古国宪宗蒙哥可汗、伊利汗国旭烈兀可汗、元世祖忽必烈可汗、兀鲁黑兀路思的阿里不哥可汗等四个可汗的亲生母亲，只有唆鲁禾帖尼别乞有资格享有“别乞太后”或“苏泰哈屯”的封号，在蒙古国女性当中，也只有她和月伦旭真夫人一样有资格分得属于自己的一份“份子”和领地“禹儿惕”。窝阔台汗在拖雷去世后，将拖雷家族的领地以及军队全权交给唆鲁禾帖尼别乞负责管领。《史集》对此有记载，窝阔台汗：“吩咐把拖雷的兀路思的事务和他的军队的整顿交给他的正妻，世界上最聪明的妇女唼鲁儿忽黑塔尼别吉（即唆鲁禾帖尼别乞）去管，让他的儿子们和军队都服从她。”[①]当时蒙古人为区别东道诸王各兀路思和西道诸王各兀路思，将成吉思汗的蒙古大本营称作“兀鲁黑兀路思”（宗主国），成吉思汗生前把“兀鲁黑兀路思”和自己的直属军队十万零一千人全部赐给拖雷，因此拖雷被称为“兀鲁黑那颜”。蒙古人把成吉思汗的大禹儿惕称作“也可阿兀鲁”（老营地之意），因拖雷继承成吉思汗蒙古本土的大禹儿惕，又被蒙古人尊称为“也可那颜”，此乃拖雷“兀鲁黑那颜”或“也可那颜”尊号之由来。这是成吉思汗时代占据蒙古本土的“拖雷兀路思”，窝阔台汗、贵由汗时期被任命监国的人正是拖雷正妻唆鲁禾帖尼别乞。史学家不愿承认的“拖雷兀路思”，却是史实。

拖雷兀路思的领土西至阿尔泰山，东至兴安岭的广阔蒙古

① ［波斯］拉施特主编，余大均、周建奇译：《史集》第2卷，商务印书馆，1985年，第235页。

草原腹地，而唆鲁禾帖尼别乞则有自己的私人禹儿惕。她的禹儿惕在拖雷兀路思的西部——杭爱山附近。据《史集》记载："他（阿里不哥）的夏营地在阿勒泰（伯劳舍本译作兀里阿速秃），冬营地则在帖客和乞儿吉思。其间三日途程。唆儿忽黑塔尼-别吉（即唆鲁禾帖别乞）曾在该处。"[①]可见唆鲁禾帖尼别乞生前一直在杭爱山附近以乌里雅苏台为中心的地方生活，此地原属克烈部领土[②]。唆鲁禾帖尼别乞有意选定其父辈王汗、札哈敢不昔日的国土作为自己的禹儿惕，也许还包含着她对娘家人的思念之意。唆鲁禾帖尼别乞去世后，她在杭爱山附近的禹儿惕被其幼子阿里不哥汗继承。《史集》记载，"唆儿忽黑塔尼-别吉的禹儿惕被交给了阿里不哥"。[③]阿里不哥兵败后向其兄忽必烈汗投降时，就是从自己的禹儿惕启程踏上前往燕京的路途。《史集》载："叛乱的火焰熄灭之后，阿里不哥去见自己的兄长忽必烈合罕，踏上了乞求饶恕的道路。他把自己所有的妻子全都带上，而把自己的四个儿子，玉不忽儿、灭里-帖木儿、乃剌忽-不花和探马赤留在自己的禹儿惕中。他（阿里不哥）的夏营地在阿勒泰（伯劳舍本译作兀里阿速秃，即乌里雅苏台），冬营地则在帖客和乞儿吉思（按：吉利吉思之地）。其间三日途程。唆儿忽黑塔尼-别吉曾在该处。"[④]而阿里不哥的第二个妻子、第三个妻子和一名妾就居住在唆鲁禾帖尼别乞原来的宫殿中。据《史集》记载："阿里不哥妻子中一个

①［波斯］拉施特主编，余大均、周建奇译：《史集》第2卷，商务印书馆，1985年，第365页。

②［波斯］拉施特主编，余大均、周建奇译：《史集》第2卷，商务印书馆，1985年，第365页。参见注释③说明，伯劳舍本中把"阿勒泰"译作"兀里阿速秃"。

③［波斯］拉施特主编，余大均、周建奇译：《史集》第2卷，商务印书馆，1985年，第367页。

④［波斯］拉施特主编，余大均、周建奇译：《史集》第2卷，商务印书馆，1985年，第365页。

是乃蛮部古出古儿氏族的忽秃黑塔哈敦。……她居于唆儿忽黑塔尼-别吉的禹儿惕和住所内，……第三个妻子是弘吉剌惕部落的忽都鲁哈敦。她也住在唆儿忽黑塔尼-别吉的禹儿惕内，她没有子女。他有一个妾，名叫亦剌兀-灰，……还有一个妾，……曾在忽秃黑塔哈敦的帐殿中。和她生有一个儿子，名叫探马赤。”[①]可见阿里不哥汗的主帐殿是他母亲留给他的宫殿。而阿里不哥去世后，忽必烈可汗曾把母亲所留下的这一帐殿赐封给阿里不哥的幼子探马赤。但是，不久又令探马赤携妻子前来元大都，在忽必烈可汗身边供职。《史集》记载：“而对于探马赤，他则给予了忽秃黑塔哈敦的禹儿惕，还未能相会，忽秃黑塔就去世了。他继她之后聘取了也儿-贴斤，然而在他带着这个妻子去到合罕处后，该禹儿惕就空下来了。”阿里不哥汗虽然以幼子身份继承其母亲的领地和斡耳朵，阿里不哥去世后，忽必烈可汗又把该斡耳朵封赐给了阿里不哥的幼子探马赤。但是没过多久，他就将其母亲唆鲁禾帖尼别乞的斡耳朵闲置了。按照成吉思汗大扎撒，他的分封是不能随意改动的，因此，忽必烈也不敢明目张胆地抢夺阿里不哥家族的财产和领地。因此，将该斡耳朵称作“别乞大营盘”，管辖阿里不哥生前的所有领地，直辖兵部管理，但是，该斡耳朵的实际所有者是阿里不哥的长子玉不忽儿家族的定王。据《元史》记载：“随路诸色民匠打捕鹰房等户都总管府，……掌别吉大营盘事及管领大都路打捕鹰房等户。至元三十年置。延祐四年，升正三品。管领本位下打捕鹰房民匠等户都总管府，……掌别吉大营盘（即别乞大营盘）城池阿哈探马儿一应差发、薛彻干定王位下事。泰定元年始置。”[②]至元三十一年（1294），元将土土

① ［波斯］拉施特主编，余大均、周建奇译：《史集》第2卷，商务印书馆，1985年，第366页。

② 宋濂等撰：《元史》卷85《志第三十五·百官一》，中华书局，1976年。

哈进军吉利吉思，尽收森林兀良哈等五部之众。同年，忽必烈可汗置随路诸色民匠打捕鹰房等户都总管府，掌别乞大营盘等事，隶属兵部。后来元朝泰定帝也孙铁木儿可汗命定王玉不忽儿之子薛彻干承袭定王爵位，同时在谦谦州设置管领本位下打捕鹰房民匠等户都总管府，负责管理西北别乞大营盘事宜及吉利吉思地方定王位下事宜。

对此，我们给出的一种解释是：成吉思汗临终前，按照幼子继承父亲遗产的蒙古古老传统，把自己的十万军队留给拖雷，而把自己的四大斡耳朵及四斡耳朵所属的御前首千户（实际数字为八百户）留给拖雷之妻唆鲁禾帖尼来掌管，以此作为永久纪念。后来唆鲁禾帖尼别乞移居其西北的封地乌里雅苏台，成吉思汗生前赐给她的御前首千户也跟随她的拖雷兀路思主斡耳朵来到乌里雅苏台驻牧。她去世以后，御前首千户归属阿里不哥家族所有。忽必烈汗为了防范阿里不哥家族势力，设置“别乞大营盘”的地方建制，设立专门的管理机构，隶属于兵部。在成吉思汗时代，御前首千户虽然有千户的整编，但是实际上只有八百户。这部分人就是“好陈察哈尔”——是最原始的八鄂托克察哈尔人。整个元代，他们在西北乌里雅苏台驻牧，守护着唆鲁禾帖尼别乞的灵寝和帐殿，远离战火，从而得到迅速发展和壮大的机会。

第三节　察哈尔源流——“豁勒首千户”

好陈察哈尔人源于成吉思汗的御前第一千户，即“豁勒首千户”。成吉思汗生前为第四子分封时，分封给儿媳唆鲁禾帖尼别乞的“份子”是直属其四大斡耳朵的“豁勒首千户”。笔者在本节中重点探讨察哈尔人的源流——“豁勒首千户”。

据《史集》记载：“隶属于豁勒、巴仑合儿及准合儿，即隶属于中军及二翼，由也可那颜继承的部分，为十万一千人。”[①]这里出现的“也可那颜”[②]就是拖雷。成吉思汗去世以后由拖雷监国，因为他未曾经过黄金家族宗亲和大臣的选举，只是暂时的代理可汗，因此被称作“也可那颜”。后来窝阔台继承蒙古汗位，拖雷作为成吉思汗蒙古腹地大营盘的继承者，仍被尊称为“也可那颜”。《史集》载：“他的称号为也可那颜和兀鲁黑那颜，即大异密；他以这两个名字为世人所周知。”[③]

“豁勒”是蒙古语，有“中心”之意，这里指的是“豁勒首千户”。“巴仑合儿”和“准合儿”是直属于成吉思汗的右翼和左翼军队，由右翼三十八个千户和左翼六十二个千户组成的一百个千户，总计十万户，即《九边考》中提到的“把郎阿儿”和“召阿儿”，指右翼和左翼军队。据《史集》记载：成吉思汗赐给幼子拖雷的右翼军由三万八千人组成。也就是说，拖雷所继承的成吉思汗右翼军队有以下三十八个千户组成：阿鲁剌惕博尔术那颜直属千户；许兀慎博尔忽千户；忙忽惕者台那颜千户；斡勒忽讷惕轻吉牙带那颜千户；晃豁坛脱栾扯尔必千户；晃忽坛速客秃扯尔必千户；札剌亦儿巴剌那颜千户；札剌亦儿阿儿孩哈撒儿那颜千户；速勒都思脱斡里勒那颜千户；速勒都思宿敦那颜千户；塔塔尔失乞忽秃忽那颜千户；朵儿边亦速合千户；巴邻忙豁勒秃儿坚千户；斡亦剌惕部（四个千户）；巴邻豁儿赤那颜千户（万户）；巴鲁剌思巴鲁罕合勒札千户；斡勒忽讷惕泰出驸马千户；合答儿斤木忽儿忽兰千户；兀良合惕也孙秃阿塔儿乞千户；雪你惕（也作“雪尼惕”）部哈丹千户；晃忽坛蒙力克千户；汪古惕部（四个千户）；古乞那颜乞颜千

① ［波斯］拉施特主编，余大均、周建奇译：《史集》第1卷第2分册，商务印书馆，1997年，第363页。

② 宋濂等撰：《元史》卷74《志第二十五·祭祀三》，中华书局，1976年。

③ ［波斯］拉施主编，余大均、周建奇译：《史集》第2卷《拖雷传》，商务印书馆，1997年，第190页。

户。左翼由六十二个千户组成：札剌亦儿木华黎国王千户；兀良合惕也速不花那颜千户；兀鲁惕怯台那颜等（四个千户）；亦乞剌思孛秃驸马（九个千户）；塔塔尔部也可扯连千户；弘吉剌惕部（五个千户）；巴邻纳牙那颜（三个千户）；晃忽坛速秃那颜千户；札剌亦儿也速儿千户；巴牙兀惕翁古儿那颜千户；札剌亦儿兀孩兄弟的千户；兀良合惕速别台那颜千户；阿鲁剌惕朵豁勒忽扯尔必千户；兀良合惕兀答赤千户；弘吉剌惕失窟驸马（四个千户）；巴邻兀客儿-合勒札兄弟千户；雪你惕部斡格列扯尔必千户；雪你惕帖木迭儿那颜千户；札剌亦儿带孙那颜千户；札只剌惕豁沙忽勒兄弟二人（三千户）；忙忽惕蒙可-合勒札千户；哈喇契丹兀也尔元帅（万户）；女真秃花元帅（万户）[①]。

成吉思汗在世时，把自己直属的一百个千户和自己的大禹儿惕作为遗产留给其幼子拖雷。其中十万以外单列的"一千人"，无疑就是成吉思汗的四大斡耳朵直属——"豁勒"人员。

"豁勒"是成吉思汗生前的御前第一千户，但不是怯薛军的序列成员，而是成吉思汗四大斡耳朵的私属人群——怯怜口。《史集》载："豁勒为成吉思汗的御前千户，共一千人。由他的四大斡耳朵的全部侍臣与隶属于那些斡耳朵的人们组成。当时曾做如下规定：御前千户尽管是最主要的一个千户，但是，[人数]不得超过千人。成吉思汗的这个千户的异密是一个唐兀惕部人，名叫察罕。成吉思汗在他十一岁时，将他收为义子，加以抚育，并把他称作五儿。成吉思汗从这个千户中取得车帐、粮食、绳索等物，[凡应缴给]成吉思汗的东西他就毫不偏袒地[向这个千户]索取。"[②]成吉思汗临终前把"豁勒

①[波斯]拉施特主编，余大均、周建奇译：《史集》第1卷第2分册，商务印书馆，1985年，第365—375页。

②[波斯]拉施特主编，余大均、周建奇译：《史集》第1卷第2分册，商务印书馆，1985年，第363页。

首千户”赏赐给儿媳唆鲁禾帖尼别乞，因此在窝阔台可汗和蒙哥可汗时期，看护成吉思汗四大斡耳朵的职责被新增设的“四斡耳朵怯怜口千户”[①]的另一种新机构的人取而代之。

“豁勒首千户”的内部结构如下：

成吉思汗的第一百户：最初由上述察罕那颜管辖。他到乞台去后，由不劣那颜管辖。

燕-帖木儿宝儿赤百户：燕-帖木儿，雪你惕部人，成吉思汗的弟弟，隶属于孛儿帖旭真斡耳朵。

余剌乞保兀儿赤百户：余剌乞，朵儿边部人，是此邦［伊朗］孛罗-阿合的祖父，他是孛儿帖旭真斡耳朵里的大异密之一。

兀勒带豁儿赤百户：兀勒带豁儿赤，札剌亦儿部人，是管四斡耳朵的长官。

额勒别客儿保兀儿赤百户：额勒别客儿，克列亦惕分部阿勒巴惕部人，隶属于孛儿帖旭真斡耳朵。

者蔑勒-火札百户：者蔑勒-火札，蔑儿乞惕部人，忽兰哈敦的弟弟。

也速仑（指也遂——引者）哈屯的儿子大轻吉牙带百户。

塔塔儿（即塔塔尔）部人也孙-秃阿百户：也孙-秃阿是四怯薛的牧马长，隶属于孛儿帖旭真斡耳朵。

……百户：待查明后，再行补叙。[②]

拉施特具体列出了上述八个百户。第九和第十百户他未能确定。这里明显存在着一种可能性。就是成吉思汗斡耳朵之“豁勒首千户”只有上述八个百户组成，第九和第十百户根本不存在。因为，成吉思汗近臣不忍心御前第一千户残缺不全，

① 宋濂撰：《元史》卷120《列传第七》，中华书局，1976年。

②［波斯］拉施特主编，余大均、周建奇译：《史集》第1卷第2分册，商务印书馆，1985年，第363—364页。

曾多次奏请补全豁勒千户，而成吉思汗御定：御前千户尽管是最主要的一个千户，但是［人数］不得超过千人。这种情况一直延续到成吉思汗临终前把该千户遗留给拖雷之妻为止。所以才在“传说”中留下了“将八个鄂托克察哈尔万户赐给她”（naiman otuɣ Čaqar tümen-i songɣuǰu ögčü soyurqaba）的记载。这才是蒙古文史书中的“八鄂托克好陈察哈尔”名称之由来。

除十万军队以外，成吉思汗赐给拖雷的另一个一千户就是上述“豁勒首千户”。因为拉施特在其《史集》中曾提到：“除这些军队外成吉思汗将拨给诸人的全部其余军队，连同自己的斡耳朵、禹儿惕（营盘、牧地——引者）都赐给了号称也可那颜的幼子拖雷汗，全部归他管辖。他死后，按照习惯，这些异密们为他的正妃唆儿忽黑塔帖尼别吉（即唆鲁禾帖尼别乞），他的儿子蒙哥罕、忽必烈-合罕、旭烈兀汗及阿里-不哥效忠。”[①]

另外，“豁勒首千户”的职责在《蒙古秘史》中留下了比较详尽的记载，这恰恰与《史集》中关于豁勒千户的记载相吻合。“成吉思汗又说：我斡耳朵之扯儿宾（女官员——引者）和女仆、怯怜口、放骆驼的、放牛的都要委派宿卫（这里指从宿卫中选派百户长——引者）知料他们，管理斡耳朵之车帐。旗纛、战鼓、兵器等俱由为首的宿卫保管着，日用器皿也要为首的宿卫管理。我们的饮食等也要管领的宿卫负责。肉食等也要宿卫负责煮熟。如果朕的饮食等耗费或短缺，要追究领头宿卫的责任。”[②]据《蒙古秘史》记载，成吉思汗建国之初，管领这个“豁勒首千户”的人是朵歹扯儿必。成吉思汗曾经下达命令，在斡耳朵搬迁时，朵歹扯儿必负责知料斡耳朵之怯怜口等

① ［波斯］拉施特主编，余大均、周建奇译：《史集》第1卷第2分册，商务印书馆，1985年，第380页。

②《元朝秘史》，四部丛刊三编本，第232节。

跟随在斡耳朵后边。“斡耳朵怯怜口、牧马人、放羊人、放骆驼人、放牛人等由管帐殿的朵歹扯儿必全权管领着。（迁徙时）由朵歹扯儿必率领他们，在斡耳朵后边跟随着，吃着斡耳朵吃剩的食物，清理着留下的垃圾前行。”①“豁勒首千户”的上述职责与《成吉思汗大祭祀颂词》（金册）中的“察哈尔万户颂词”所提到的察哈尔人的职责如出一辙。

“öndegen čaγan-i-činu beleddün qadaγalasan. öljei-tü

宫 帐 你每的 备造 料理行了的 吉祥

naiman otoγ qaγučin čaqar tümen－činü.”②

八 鄂托克 好陈察哈尔万户 你每的

应该说明的是，这里的“Öndegen čaγan”并不是指传统意义上的成吉思汗八白室神灵白马的专有名词，而是用蒙古文学修辞方法来表达“洁白的汗廷”（蒙古语“öndegen čahan ger”）。察哈尔万户颂词的大意是“备造和管理你那洁白汗廷的吉祥八鄂托克察哈尔”。可见察哈尔万户颂词中的职责与《蒙古秘史》和《史集》中“豁勒首千户”的职责是相吻合的。

从《史集》有关成吉思汗“豁勒首千户”的记载中，我们不难发现，该千户的第一百户为“豁勒首千户”千户长的直属百户，第四和第八百户分别是掌管四斡耳朵的长官和掌管四怯薛牧马的长官的直属百户。其余五个百户分别隶属四大斡耳朵，而整个“豁勒首千户”的所有权和管领权则在四大斡耳朵的大斡耳朵之主孛儿帖旭真手里。所以，成吉思汗这个豁勒首千户归属拖雷之后，按照它的传统管理模式，应该是由拖雷正妻唆鲁禾帖尼别乞来管领该千户。更何况拖雷去世之后，遵照窝阔台可汗的“吩咐把他［拖雷］的兀路思的事务和他的军队

① 《元朝秘史》，四部丛刊三编本，第232节。

② ［蒙古］策·达木丁苏荣编：《蒙古古代文学精品一百篇》，内蒙古人民出版社，1979年，第277页。

的整顿交给他的正妻，世界上最聪明的妇女唆鲁儿忽黑塔尼别吉去管，让他的儿子们和军队都服从她”[①]。拖雷去世之后，唆鲁禾帖尼别乞遵照窝阔台可汗之命全权监管拖雷兀路思的全部禹儿惕及军队事务，已归属拖雷家族的“豁勒首千户”更不会例外了。

如前所述，唆鲁禾帖尼别乞生前有自己的专属斡耳朵和禹儿惕。其位置在杭爱山附近，夏营地在乌里雅苏台。隶属于她的“豁勒首千户”——原始察哈尔人也跟随他们的这位女主人从肯特山迁徙到杭爱山的禹儿惕，为其女主人夏营地的斡耳朵服务。她去世后，由她的幼子阿里不哥继承了禹儿惕和斡耳朵[②]。阿里不哥去世后，忽必烈可汗把他的禹儿惕和斡耳朵分给阿里不哥的四个儿子时，准备把唆鲁禾帖尼别乞的原斡耳朵分封给阿里不哥的幼子探马赤，但在探马赤尚未到该斡耳朵之前，居住在该斡耳朵的阿里不哥的夫人忽秃黑塔哈屯已经去世[③]。而不久探马赤前往忽必烈可汗身边当差，忽秃黑塔哈屯的斡耳朵和禹儿惕空了下来。至元三十年（1293），忽必烈可汗整顿谦谦州政务时，顺便将唆鲁禾帖尼别乞的禹儿惕和斡耳朵以“别乞大营盘”之名纳入兵部系统管理，但是该斡耳朵的所有者仍是阿里不哥家族的定王玉不忽儿。

随着唆鲁禾帖尼别乞斡耳朵和禹儿惕的不断易主，守护斡耳朵的“豁勒首千户”——原始察哈尔人的命运也有所改变。尽管我们找不出有关这方面的整体记载，但是从个体的察哈尔人成员的具体经历中能够体会到这一点。成吉思汗塔塔尔部出

---

① [波斯] 拉施特主编，余大均、周建奇译：《史集》第2卷，商务印书馆，1985年，第367页。

② [波斯] 拉施特主编，余大均、周建奇译：《史集》第2卷，商务印书馆，1985年，第367页。

③ [波斯] 拉施特主编，余大均、周建奇译：《史集》第2卷，商务印书馆，1985年，第369页。

身的两位夫人也遂哈屯和也速干哈屯是亲姊妹。也遂哈屯的斡耳朵是成吉思汗的第三大斡耳朵，在她的斡耳朵里，曾经有豁勒首千户的两名宝儿赤。一个叫忽里，另一个叫合剌-蒙格秃-兀赫，两人是亲兄弟。随着“豁勒首千户”归属拖雷家族，忽里自然隶属拖雷斡耳朵的主人唆鲁禾帖尼别乞。拖雷去世后，拖雷的一个儿子岁格都的斡耳朵需要服侍人手，唆鲁禾帖尼别乞把忽里分派过去时，他很不情愿，质问唆鲁禾帖尼别乞：“你们怎么把我给了这样的一个人，你亲生的儿子才是我应该服侍的人。”[①]这个细节性的史料，更加肯定了察哈尔源于豁勒首千户的问题。第一，原属四大斡耳朵的“豁勒首千户”确实归属了唆鲁禾帖尼别乞，不然唆鲁禾帖尼别乞不可能支配昔日服务也遂哈屯斡耳朵的厨师。第二，从该史料内容中不难发现，成吉思汗所赐的原四斡耳朵所属“豁勒首千户”的成员只认可唆鲁禾帖尼别乞为他们的宗主，就连拖雷庶出的儿子，他们都不认可，可见察哈尔人与其新女主人之间的从属关系，与成吉思汗时代他们隶属于四大斡耳朵时的情况十分相似。

不劣那颜，他是唐兀惕人，十三岁时被蒙古兵俘虏，在成吉思汗斡耳朵里放羊，因聪慧过人，深得成吉思汗的喜爱，被带到大斡耳朵，给孛儿帖旭真当厨子。不久他当上了豁勒首千户的百户长，后来豁勒首千户的千户长察罕调离后，由他担任千户长职务。据《史集》载：“他是孛儿帖旭真大斡耳朵的大异密，兼管其他三个斡耳朵。……［不劣］便逐渐腾达，当上了百夫长。后来，他又当上了［成吉思汗］直属千户的长官。在窝阔台合罕时，当乞台国被完全征服后，将那个地区以及在那个国家的军队，完全交给了他。”[②]自从窝阔台可汗把他派到

① ［波斯］拉施特主编，余大均、周建奇译：《史集》第1卷第1分册，商务印书馆，1985年，第177页。

② ［波斯］拉施特主编，余大均、周建奇译：《史集》第1卷第1分册，商务印书馆，1985年，第238页。

中原任职后，史书中再未出现担任豁勒首千户首领一职的人。这恰巧证明成吉思汗自从把隶属四斡耳朵的千户移交给拖雷家族后，所谓的“豁勒首千户”就不复存在，因为它已经转变成察哈尔了。正如在《成吉思汗颂词》中对察哈尔部的称赞：

“čabčiqu iledün-ü- činü ir boluγsan.（利剑之锋刃）čarγi duγulγa-yin-činu tala boluγsan.（头盔之表面）begter quyaγ-un öngge boluγsan.（甲胄之表层）berke čerig-ün iregül boluγsan.（ 困惑之时的援兵）yeke beri-degen eǰelegülün öggügsen.（赐给也可儿媳的领户）öndegen čaγan-i-činu beleddün qadaγalaγsan.（备造和管理你那洁白汗廷的）ölǰei-tü naiman otoγ qaγučin čaqar tümen－činü.（吉祥八鄂托克好陈察哈尔万户）。”[①] 这里所说的“yeke beri”（也可儿媳），指的就是唆鲁禾帖尼别乞，因为拖雷享有“也可那颜”的尊称，而她享有“也可儿媳”的尊号。

豁勒首千户另外七个百户长，是在成吉思汗四大斡耳朵里当差的人，而且都是早期的百户长。正常情况下，这些人都能够官运亨通，前途无量。但是在所有相关史料中，均找不到他们的下落，这说明他们的身份变化，造成了他们一生死心塌地地为唆鲁禾帖尼别乞斡耳朵服务的结果。

第四节　兀鲁黑兀路思与好陈察哈尔

一、“兀鲁黑兀路思”

学界除大蒙古国的“四大汗国”外，从未提及“拖雷兀路

① ［蒙古］策・达木丁苏荣编：《蒙古古代文学精品一百篇》，内蒙古人民出版社，1979年，第276页。

思”。拖雷的三位兄长各有自己的领地和兀路思，难道拖雷没有自己的兀路思吗？究其原因，主要是拖雷在世时，他除了是拖雷兀路思的汗以外，更是大蒙古国的监国，充当成吉思汗黄金家族族长的角色。因为这个缘故，后世的史家只关注拖雷监国之事，而忽略了拖雷的另一个身份，即“兀鲁黑兀路思”的“兀鲁黑那颜”身份。窝阔台可汗即位后，把汗国的政治中心临时设在大蒙古国的腹地，即设在拖雷兀路思境内，为以后侵吞拖雷兀路思的中心地带打下了基础。拖雷去世后，窝阔台汗对拖雷兀路思领土的蚕食日渐严重，拖雷的遗孀唆鲁禾帖尼别乞虽然得到窝阔台汗的许可，执掌拖雷兀路思的事务，但是她很难与大权在握的窝阔台汗家族抗衡。她只好放弃拖雷兀路思的东部地区，为躲避窝阔台汗的锋芒，把自己的斡耳朵迁到杭爱山附近，以此来控制拖雷汗国领土的西部，从杭爱山至阿尔泰山的草原地带及北部森林诸部落地带、谦谦州及吉利吉思地区。上述史料能够证明拖雷兀路思确实存在，以及在拖雷汗去世后，由唆鲁禾帖尼别乞监国的事实。拖雷兀路思在窝阔台汗时期与大蒙古国中央政权同在一个区域内并存，被中央政权的太阳般的光环遮住（换言之，“灯下黑”），为了在危机的狭缝中生存，唆鲁禾帖尼别乞采取了极为低调的处世策略，使外界很难注意到它的存在，或者很容易被人忽视，但是仍有一些学者注意到拖雷兀路思的存在。

《世界征服者史》记载：“成吉思汗时期，国土变得十分广阔，他就赐给每人一份驻地，他们称之为禹儿惕。……从海押立和花剌子模地区，伸延到撒哈辛及不里阿耳的边境，向那个方向尽鞑靼马蹄所及之地，他赐与长子术赤。察合台受封的领域，从畏兀儿地起，至撒马耳干和不花剌止，他的居住地在阿里麻里境内的忽牙思。皇太子窝阔台的都城，当其父统治时期，是他在叶密立和霍博地区的禹儿惕，……拖雷的领地与之邻近，这个地方确实是他们帝国的中心，犹如圆中心一样。”① 据巴托尔德的分析：“也儿的石河上游流域也包括在窝阔台的禹儿惕以内。”②《史集》的一些内容印证了志费尼关于成吉思汗四子各自封地的准确记载。窝阔台继承汗位时，“初春来临之时，全体宗王和异密们，便从各方各隅来到老营和大斡耳朵。术赤的儿子们斡儿答、拔都、昔班、别儿哥、别儿哥彻儿、不花帖木儿从钦察来到；察合台和所有的子孙们从海押立来到；窝阔台合罕及其子孙们从叶密立和忽巴黑（和布克赛尔——引者）来到；……称号为也可那颜或兀鲁黑那颜，即自己的家室和主营之长的拖雷汗，则早已在那里了”③。这里所说的“自己的家室和主营之长的拖雷汗”就是指拖雷既是拖雷兀路思的主人，又是大蒙古国中央的临时执政官。从上述情况，我们可以断定拖雷兀路思的主要领地为成吉思汗生前所拥有的直属辖地——从阿尔泰山至兴安岭的漠北草原。当然，成吉思汗生前分封诸弟的封地不属于拖雷兀路思。正如多桑所说：“成吉思汗以其诸斡耳朵，其最贵重之衣物，御用之马匹，其大部分军队，直言之，其所统治的诸部落，悉付拖雷。”④也就是《史集》所说的：“成吉思汗的禹儿惕、大帐、帑藏、异密、那可儿、近卫军和直属军队，都在他（拖雷——引者）的统辖之下。”⑤因此，拖雷在世时，拖雷兀路思在成吉思汗四子的封国中，无论从领土、军队、财富、政治势力等各

①［伊朗］志费尼著，何高济译，翁杜建校订：《世界征服者史》上册，内蒙古人民出版社，1980年，第46页。

②［苏联］巴托尔德著，张锡彤、张广达译：《蒙古人入侵时期的突厥斯坦》下册，上海古籍出版社，2007年，第447页。

③［波斯］拉施特主编，余大均、周建奇译：《史集》第2卷，商务印书馆，1985年出版，第28—29页。

④［瑞典］多桑著，冯承钧：《多桑蒙古史》，上海书店出版社，2006年，第179页。

⑤［波斯］拉施特主编，余大均、周建奇译：《史集》第2卷，商务印书馆，1985年，第196页。

方面俱列在首位。这也是成吉思汗生前为自己最疼爱的幼子拖雷精心设计的美好蓝图。据《史集》载："成吉思汗曾有意把合罕尊号和帝位传给他，让他做大位的继承者，但是，他说：'由你来担任掌管我的禹儿惕、大帐、军队、帑藏的职务，对你更好一些，你也可以更安心一些，因为，你将拥有许多军队，你的儿子们将比其他宗王们更为独立和强大。'"①可见成吉思汗赐给拖雷的分封最为优厚，拖雷兀路思比其三位兄长的兀路思更加广阔、富裕、强大。

拖雷继承了大蒙古国宗主国的领土和军队、部落、财产，掌管成吉思汗的大斡耳朵，自然行使宗主国的权力，成为名正言顺的族长。

正如窝阔台汗所说："大弟拖雷汗，比我更配授予大权和担当这件事，因为，按照蒙古人的规矩和习俗，幼子乃是家中之长，幼子代替父亲并掌管他的营地和家室，而兀鲁黑那颜乃是大汗斡耳朵的幼子，我怎能在他活着时，并当着他的面登上合罕之位呢？"②拖雷的"兀鲁黑那颜"（uruγ-un noyan）称号，就是他在成吉思汗去世后代行宗主国权力，作为成吉思汗宗族的族长而取得的尊号。而他的"也可那颜"（yeke noy-an）称号则与他所受封的拖雷兀路思有关。因为拖雷兀路思是由成吉思汗亲自掌管的大蒙古国宗主国演变而来的，是大蒙古国的本土，是成吉思汗的大营地。因此，当时人们按照传统，把拖雷兀路思称作"也可兀路思"（意为宗主国或大营地），他的封建主拖雷自然被称作"也可那颜"，而他的正妻唆鲁禾帖尼别乞则被拖雷的兄长们尊称为"也可儿媳"（yeke beri）。这并非博伊尔所说的"为了在拖雷逝世后不再直呼其名，故予以

① [波斯] 拉施特主编，余大均、周建奇译：《史集》第2卷，商务印书馆，1985年，第197页。

② [波斯] 拉施特主编，余大均、周建奇译：《史集》第2卷，商务印书馆，1985年，第29—30页。

‘大那颜’称号”[①]。一般情况下，史料中“拖雷兀路思”总是以“兀鲁黑兀路思”（宗主国）或“也可兀路思”（大国）的名称出现，其原因就在于此。

拖雷汗在监国两年期间的情况如何，没有具体的史料记载，无从考证。但是，他行使大汗权力的同时，也亲自打理自己兀路思的事务，这是不可否认的事实。从此时起，原附属于成吉思汗四大斡耳朵的“豁勒首千户”成为隶属于拖雷兀路思主斡耳朵的察哈尔人，而这部分最原始的正统察哈尔人和他们的后裔在蒙汉文史书中始终被称作“好陈察哈尔”。

二、好陈察哈尔

“好陈察罕儿”（Qaγučin Čaqar）是地道的蒙古语，它有“原有的察哈尔”或“旧察哈尔”的含义，也有“纯正的察哈尔”或“正宗察哈尔”的含义。汉文文献虽然没有明确记载察哈尔的源流和形成过程，但明代汉文典籍中出现的“好陈察哈尔”一词，本身就能证明所说的好陈察哈尔并不是所记录的时代——明朝时期形成的群体，它原本就存在，这意味着它源远流长。而在明朝时期形成的察哈尔万户（部落群体）中，“好陈察哈尔”这一群体很早以前就已经拥有“察哈尔”之名称，是察哈尔万户的核心成分，是察哈尔万户能够形成的根基。北元时期形成的蒙古可汗直属察哈尔万户中融入了很多其他蒙古部落，它们以好陈察哈尔的名义被统称为“察哈尔”或“察哈尔万户”。从这些察哈尔万户的其他蒙古部落当中，为辨别最原始或正宗的察哈尔人，人们给他们冠上“好陈察哈尔”的名称，以此来识别真正的察哈尔人。

我们从一些汉文史料的记载中不难发现，察哈尔万户中，

① ［苏联］巴托尔德著，张锡彤、张广达译：《蒙古人入侵时期的突厥斯坦》下册，上海古籍出版社，2007年，第438页。

"好陈察哈尔"仍然保留着其独立的个体组织形式。从卜赤汗时期察哈尔万户的组成结构中，隐约感觉到大蒙古国建国初期的组织结构，几乎能看到右翼、左翼、中央三大部分的建制。我们不妨先看史料，然后再加以分析。

"好陈察哈尔"这一名称最早出现在明代汉文典籍《皇明九边考》和《皇明北虏考》中。

"北虏亦克罕一部常驻牧此边，兵约五万，为营者五，曰好城察罕儿，曰克失旦，曰卜尔报，东营曰阿儿，西营曰把郎阿儿，入寇无常。近年虏在套中，以三关为出入之路。"①

"众立卜赤，称亦克罕。亦克罕大营五，曰好陈察罕儿，曰召阿儿，曰把郎阿儿，曰克失旦，曰卜尔报，可五万人，卜赤居中屯牧，五营环卫之。"②

上述两种史料是同时代的记载。第一个史料中出现的"北虏亦克罕"在第二个史料中得到答案，他就是北元达延汗之孙卜赤汗（bodi alaγ）。

"为营者五"指卜赤汗直属察哈尔万户部落群由五个各自独立的营盘组成。其中"好陈察罕儿、克失旦、卜尔报"为蒙古皇帝汗廷直属中央机构。"好陈察哈尔"就是蒙古可汗各斡耳朵的直属仆人，是直接归属各斡耳朵主人——后妃们所支配的"怯怜口"（Ger-ün Keküked）。"克失旦"（Kešigten）是蒙古可汗的直属怯薛军，是由部分职业军人组成的蒙古可汗御林军队。"卜尔报"（Borboγ）目前还是个学术难题，笔者初步认定卜尔报即由吉利吉思人等诸多森林部落组成的蒙古可汗直属卫队。总之，上述好陈察罕儿、克失旦、卜尔报是蒙古可汗直属的中央三大机构，这是毫无疑问的。所谓"把郎阿儿、召阿

① 魏焕撰：《皇明九边考》卷6《三关镇·边夷考》，国立北平图书馆善本丛书第1集。

② 郑晓撰：《皇明北虏考》，正德间条，录入《续修四库全书》之《吾学编》本，上海古籍出版社，2002年版。

儿”（baraγun γar，ǰegün γar）的右翼、左翼，是在察哈尔万户统称下两个分散的群体，各有自己的名称，是由蒙古若干个部落组成的察哈尔左右两翼群体。

“好城察罕儿”或“好陈察罕儿”，就是我们将要提出的蒙古文档案中出现的“好陈察哈尔”（qaγučin čaqar）。

蒙古文史料中出现的有关“好陈察哈尔”的记载，其时间跨度较大。上限可追溯到大蒙古国时期，而其下限在清初。

笔者在上一节引用的蒙古文《成吉思汗大祭词》[①]中有一段六万户的赞歌，其中首次出现“好陈察哈尔”这一名词：

čabčiqu iledün-ü-činü ir boluγsan. čarγI duγulγa-yin- činu tala boluγsan begter quyaγ-un öngge boluγsan berke čerig-ün iregül boluγsan yeke beri-degen eǰelegülün öggьgsen öndegen čaγan-i-činu beleddün qadaγalaγsan. ölǰei-tü naiman otoγ qaγučin čaqar tümen-činu.

汉译：

利剑之锋刃、头盔之表面、甲胄之表层、困惑之时的援兵，赐给也可（大）儿媳的领户、备造和管理您洁白帐殿的吉祥八鄂托克好陈察哈尔万户。

清朝入关前的一份蒙古文档案中，“好陈察哈尔”之名再现。为保留档案史料的原貌，用拉丁文转写如下：

oom suwasdi šiddam

baγ-a darqan-u baiqundai čükügür

čaγan lam- a sereng qung tayiǰi maγu kitad kegüken ede bosču irebe. Čaqar-un qaγan baraγun γurban-du mordaǰu tobtulǰi

Qaγan aqai Buyan aqai qoyari küriyeleǰü abuγsan-du Qaγan aqai. Buyan aqai qoyar küriyelegsen čerig-i naiman ǰaγun kümün

① ［蒙古］策·达木丁苏荣编：《蒙古古代文学精品一百篇》，内蒙古人民出版社，1979年，第276页。

alalduǰi tuγulǰu γarču. Gegen qaγan-u köke qota-du
oroγsan-du tegün-ü qoyina ača basa nekeǰü aba talbiγsan-du.
Onbu-yin kegüked Buyan aqai-yi basa küriyeleǰü abuγsan
aǰuγu. tere küriyen-eče Buyan aqai .Čorǰi-yin Sengkerǰei-yi
daγariǰu γarqui daγan nigen（+noyan）kümün-i alaǰu mür de-
ger-e-yi
čerig-iyen čabčiǰu γarba genem. Onbu-yin qoyar kegüked-inü
oruǰu. nigen kegüken dutaγaǰu γarba genem.gegen qaγan-u
Köke qota-yi abču qoyar mingγan čerig tabiǰu iregsen-i.
Tegün-ü čiγanača čaγlaši（+ügei）olan čerig-üd ireǰü
Düriǰü qarin köke qota-yi buliyaǰu abuba genem.
Čaqar-un čerig-ün qoyiγur baraγun qoyina-ača Tübei-yin γur-
ban otug ulus tobtulǰu abču ečibe genem. J̌egün
urida-ača γurban mingγan adugu abču ulus tobtulǰu
ečibe genem. basa tegün-eče über-e tabunong-ud-i alaǰu
abaqanar-i abču ečibe genem. γurban mingγan aduγun-u
qoyina-ača qaγan mordaǰu daruγdaǰu sayid-iyan alaγdaǰu
qariǰu irebe genem.Tüba tabunong-ud-un qoyina-ača
mordaǰu Qaračin-u Bandi taiǰi-yi bariǰu irebe genem.
yeke ulus oruγsan（+ügei）. Buyan aqai .Qaγan aqai .Onbu-
yin go:l qoriy-a oruba genem. arban qošiγun-du düčiged ger
Kürbe genem. Buyan aqai-yin ger-teča abuγsan bičig-tü
uridu Sečen qaγan. Naγun-u abaγ-a.Qoyitu abaγ-a.Qalq-a
Baraγun γurban edür sara bolǰiǰu morday-a gegsen bičig-i
üǰeǰü. keǰiy-e geǰi mendü amur ügei geǰi yabunam genem.
dotur-un čaqar Boro qotan-ača ürgülǰi bui genem.
ene iregsen noyad-un üge Qoyitu qalq-a Očir ölögei-dü
šiqaǰu kürčü irebe geǰi. mengdegürenem genem.ene
mengdegüregsen-dür.ene noγon deger-e

Sečen qaγan-tai .ta kelelčeǰü mordasai. ene noγon deger-e

ese mordaqula. ügei bolusa küčütei bolqu ügei bolusa kümü n-dü abtaqu. ulus alalduqu dür（dur-a?）

ügei genem.ulus ǰüg bügüde-eče dayisun bolba geǰü

ogorčilaǰu Qaγučin čaqar-ča bolba. Qalqa.

Kešigten. tani čerig. mani čerig ireküle oruǰu öggüy-e

geǰi yabunam genem. man-dur egüber sonusdaγsan ene.

nada basa kele boi-i-a. ①

汉译：

愿吉祥。巴噶达尔汉之白珲歹楚胡儿、察罕喇嘛、塞棱洪台吉、毛祁他特等诸子逃来。据称察哈尔汗征伐右翼三万，围困汗阿海、卜言阿海。他们拼命厮杀，有八百人突破重围。他们逃奔格根汗呼和浩特时，又狩猎般地被追杀。后卜言阿海又被鄂木布之子围困了。卜言阿海突出重围后，又袭击绰尔济之子桑哈儿寨部，杀了一位那颜后追击其溃散之兵。鄂木布两子参战，一子败逃。一时占领格根汗呼和浩特，派遣两千兵守护，但又来了无数察哈尔兵前来攻打，又抢占了呼和浩特。察哈尔兵之后，又土巴之三鄂托克人从西北方向来袭击，大获全胜。从东南方向又来（察哈尔——引者）兵，抢掠三千匹马而去。又有一次杀戮塔布囊们，俘获阿巴嘎们而去。为夺回三千匹马，汗（按：喀喇沁汗）率兵前去，打了败仗，损失一员大臣，无功而返。土巴又追杀塔布囊们，俘虏了喀喇沁部班第台吉。大国（按：喀喇沁大营）未参战。卜言阿海、汗阿海、鄂木布之大营参战。十旗各分四十来户。从卜言阿海家里搜到的信中得知，以前天聪汗、嫩阿巴垓、北阿巴垓、喀尔喀右翼三

① 李保文编辑整理转写：《十七世纪蒙古文文书档案》（1600—1650），第一篇第49件档册，内蒙古少儿出版社，1997年，第145—146页。

万等约定日期，要讨伐（察哈尔——引者），认为随时都有危险。内察哈尔从博罗和屯处以西连绵驻牧。逃来的那颜们又说："北喀尔喀已出征，兵临鄂齐尔兀鲁黑地方。察哈尔很是慌张。趁此慌张，利用草青之际，最好与天聪汗商定，共伐（按：察哈尔）。若失去机会，要么（按：察哈尔）变得更强大，要么被他人（按：北喀尔喀）吞并。国人（按：察哈尔人）不愿意征战。认为四面皆敌，很是恼火。好陈察哈尔在内，喀尔喀、克什克腾等都说若你军（按：爱新国军）、我军（按：科尔沁部）前往，（按：他们）准备前来投奔。我处得到的消息就这些。你处还有其他消息吗？"

以上是汉文史料和蒙古文档案中所出现的关于"好陈察哈尔"的所有记载。

"好陈察哈尔"这一名称很早以前已经吸引国内外学者的关注并就此发表过各自的观点。其中比较有代表性的是早期美国史学家亨利·赛瑞斯的观点。赛瑞斯提出的观点是：好城察罕尔，其他汉文史籍中作"好陈"。其蒙古文原文一定是Qaučin Caqar，即"旧察罕尔"。这个词表示类似"基础"之意的事物，或是表示自明初以来一直构成大汗直接控制下诸部落中的主要部落或集团的"察哈尔"部。人们可以将这个词与"旧蒙古""旧兀路思"这样的名称做比较。"旧土尔扈特"一词是最近出现的，但词义稍有不同。"旧、新巴尔虎"之名也是现代的，突厥斯坦的"察哈尔新昂吉"一词也是如此。"好城察罕尔"这个词自然一般表示构成左翼——简单称作"察哈尔"——第一万户的察哈尔集团，他们被描述如下："察哈尔万户，是劈剑的利刃；是鸣如响锣般的头盔的半侧。"在鄂尔多斯也有一个察哈尔氏族，对于他们的绰号"驴察哈尔"，他们以"旧察哈尔——羊毛！"作为回答。在鄂尔多斯，被伊金霍洛地区的人们吟诵的一首祈祷词，以几乎与以上那首诗文相同的词句提到"好城察罕尔"，它们被称为"八鄂托克好城察哈尔万户”，即“旧察哈尔的八个集团”。萨囊彻辰提到更大的察哈尔集团中的几个部落：“察哈尔八鄂托克克什克腾；察哈尔之敖汉奈曼；察哈尔之浩齐特。”在清代，“好城察哈尔”诸部落和氏族被重新编进“察哈尔八旗”和锡林郭勒盟的十旗中。其中的两个旗被称为左翼和右翼“浩齐特”（复数形式），这是“好城察罕尔”最后的纪念物[①]。宝音德力根也对此发表过自己的观点，他认为好陈察哈尔与浩齐特有某种联系[②]。

笔者在拙著《察哈尔蒙古历史研究》[③]一文中曾对“好陈察哈尔”这一历史概念进行了初步探讨。认为史料记载中的“好陈察哈尔”分前后两个阶段。《皇明九边考》所提到的“好陈察哈尔”是从唆鲁禾帖尼别乞手里传下来的“旧察哈尔”。而爱新国时期的蒙古文档案中出现过的“好陈察哈尔”，是经过林丹汗扩编（吞并内喀尔喀及察哈尔万户部分成员）以后的察哈尔本部。在爱新国与科尔沁部往来的文书档案中出现的这个“好陈察哈尔”，是直属林丹汗八大后妃斡耳朵之察哈尔本部。林丹汗去世以后，察哈尔归附后金的过程在史料档案中有比较详细的记载。从各类记载中搜索，我们发现林丹汗八位太后为囊囊太后、郭勒土蛮太后、苏泰太后、窦土蛮太后、苏巴海太后，还有不知其名的管领阿喇克绰特万户的太后、俄尔哲依图福晋、伯奇福晋等八人。与其配套的是管理八大斡耳朵察哈尔部众的八大宰桑。林丹汗的后妃分别管领林丹汗察哈尔本部的阿纥土蛮、高尔土蛮、汉（汗）土蛮、窦土蛮、中军科诺特土蛮、阿喇克绰特土蛮等察哈尔本部的六个万户[④]。

---

①《中亚研究》杂志（Zentralasiatische Studien）卷17，威斯巴登，1984年。

② 宝音德力根：《15世纪前后蒙古政局部落诸问题研究》，内蒙古大学博士学位论文，1997年，第65页。

③ 宝音初古拉：《察哈尔蒙古历史研究——以十七世纪察哈尔本部历史为中心》，内蒙古大学博士学位论文，2006年，第21页。

④ 宝音初古拉：《察哈尔六万户考》，《内蒙古大学学报》（蒙古文版）2006年第5期。

首先必须肯定赛瑞斯对“好陈察哈尔”有过敏锐的察觉。他把“好陈察哈尔”理解为“旧察哈尔”是正确的。但是，把察哈尔本部（旧察哈尔）与察哈尔万户的附属部落浩齐特混为一谈是错误的，显然他对察哈尔的整体历史了解得不够深。所以，笔者在这里有必要费一些笔墨来细说好陈察哈尔的来龙去脉。

《皇明九边考》和《皇明北虏考》所记载的是卜赤汗时期察哈尔万户的整体结构情况。可见当时察哈尔万户的轮廓已经形成。在可汗身边的察哈尔万户中有“好陈察哈尔”“克失旦”“卜尔报”等独立营盘，此外还有“召阿儿”“把郎阿儿”的左右翼军队，构成了察哈尔万户。其中“好陈察哈尔”是卜赤汗斡耳朵的直属臣仆。“克失旦”是怯薛军，即卜赤汗的近卫军。笔者认为卜尔报是蒙古可汗身边的吉利吉思等森林部落组成的卫队（类似于元朝时期的钦察卫、阿苏卫、康里卫等五卫亲军）。“把郎阿儿”（右翼）和“召阿儿”（左翼）则是附属于察哈尔万户的蒙古其他部落的军队。他们虽然被统称为察哈尔万户，但是，其中正统的察哈尔只有一个，那就是“好陈察哈尔”——察哈尔本部。

拖雷兀路思时期，好陈察哈尔一直是唆鲁禾帖尼别乞斡耳朵的臣仆，他们的职责和过去服务于成吉思汗四大斡耳朵时并无两样，只不过改换了主人和名称而已。成吉思汗时期，他们位居蒙古百余千户的第一把交椅，被称作“豁勒首千户”或“成吉思汗御前第一千户”，其名称很响亮。转到拖雷名下以后，他们变成服务于拖雷斡耳朵的直属臣仆，其身份的转变使得他们不能再用“首千户”这一名称，而改用更贴近他们的身份和职责的名称“察哈尔”。

成吉思汗把他们转交给拖雷斡耳朵的时候，“豁勒首千户”的建制为八百户[①]。这可能是蒙古文史书中的习惯称呼“八鄂托克察哈尔”的真正由来吧。过去大部分学者被蒙古文史书的“八鄂托克察哈尔”所困，想方设法凑齐察哈尔万户的八鄂托克察哈尔蒙古部落，却把正宗的察哈尔本部（好陈察哈尔）完全忽略了[②]。实际上，后来组成察哈尔万户所属的其他蒙古部落不止八个。

八百户察哈尔归属到拖雷斡耳朵以后，自然与唆鲁禾帖尼别乞斡耳朵原有的仆人群体合二为一，察哈尔人从而增加了新的成分。例如原服务于唆鲁禾帖尼别乞斡耳朵的二百户克烈亦惕人（属于唆鲁禾帖尼别乞嫁给拖雷时，其父亲给女儿的随嫁媵哲）自然融入察哈尔人当中。这就是最原始的察哈尔人，即所谓的拖雷兀路思“好陈察哈尔”。在唆鲁禾帖尼别乞和阿里不哥时代，察哈尔人作为拖雷汗国斡耳朵的侍从人员，其身份很普通。当时偌大的拖雷兀路思都被埋没或忽视，更何况是服务于其斡耳朵的普通家仆，更没有机会在史籍中露脸。这是他们在元代名不见经传的原因之所在。

但是，此时的察哈尔也在悄悄地发生着变化。蒙哥汗登大位以后，拖雷家族时来运转，得到了复兴的机会。蒙哥汗在其即位大典的忽里勒台上做出决定，任命御弟忽必烈为漠南军政长官，委任御弟旭烈兀为波斯地区军政长官，而对其幼弟阿里不哥却没有做出具体的任命。蒙哥汗二年（1252）唆鲁禾帖尼别乞去世后，阿里不哥才遵照蒙哥汗旨令继承了其父母的斡耳朵和禹儿惕，成为拖雷汗国的汗王。至此拖雷和唆鲁禾帖尼别乞所生的四个儿子各有所得，奔赴各自的领地，去开创自己的一片天地。

---

①［波斯］拉施特主编，余大均、周建奇译：《史集》第1卷第2分册，商务印书馆，1985年，第363、364页。

②［日］森川哲雄：《察哈尔八鄂托克及其分封》，载《东洋学报》第81卷1—2合刊号，1976年。

按照蒙古人的传统，父母的家产，其子嗣或多或少人人有份。阿里不哥作为拖雷正妻所生的幼子，像他父亲当年继承成吉思汗家产一样分到了绝大部分的家业，但不是全部。种种迹象表明，唆鲁禾帖尼别乞临终前，为自己的四个儿子也分封了家产，其中包括自己斡耳朵的侍从——察哈尔。

从后来的察哈尔人分布情况来分析，当时别乞太后把自己的斡耳朵和察哈尔人全部留给幼子阿里不哥继承。但有一个特例，旭烈兀的大夫人忽推哈屯在旭烈兀西征时没有跟随大军前往，而是带着两个儿子留在唆鲁禾帖尼别乞斡耳朵中暂住几年，服侍其婆婆，从而在唆鲁禾帖尼别乞分配资产时有机会分得一杯羹。

三、好陈察哈尔的分支

今日的阿富汗国有一部分伊利汗国遗留下来的察哈尔蒙古部落。这是我们考证察哈尔人在唆鲁禾帖尼别乞时代已经存在的又一个有力的旁证。

按照蒙古惯例，唆鲁禾帖尼别乞去世后，由她的四个儿子继承其父母的家产。“全部军队由也可那颜作为遗产传给他的儿子：蒙哥合罕、忽必烈合罕、旭烈兀汗和阿里不哥。”[①]旭烈兀西征时，蒙哥汗又以蒙古传统，从拖雷兀路思军队及其他诸王的军队中抽调出一部分人拨给旭烈兀，并从拖雷家族的所属平民中剥离部分人口分给旭烈兀当作他的媵哲。

据《史集》载：“他［蒙哥合罕］与大家商量后，派自己的兄弟旭烈兀汗去彻底征服西方领地，……还从隶属于也可那颜的氏族及其他诸王的所有其余部队中，从每个十户中不减少军队的基本成员，拨出两个不在数的人，全部给旭烈兀汗做媵

① ［波斯］拉施特主编，余大均、周建奇译：《史集》第1卷第2分册，商务印书馆，1985年，第382页。

哲。让他向那些领地进兵，在那些领地上定居下来，当他将那些地方占领后，国土和军队就归他及诸子所有。”[①]

唆鲁禾帖尼别乞生前有自己的斡耳朵和禹儿惕。其位置在阿尔泰附近，夏营地在乌里雅苏台。她去世后，由她的幼子阿里不哥继承了禹儿惕和斡耳朵[②]。另外旭烈兀之妻忽推哈屯迁往伊儿汗国前，也曾居住在这里。她迁往伊儿汗国时，把旭烈兀的两个儿子出木哈儿、塔剌海留在了唆鲁禾帖尼别乞的禹儿惕之内。后来又让阿里不哥之子玉不忽儿之妻斡兀立-帖斤哈屯居于此禹儿惕。再后来玉不忽儿之子兀儿剌居住在该禹儿惕[③]。忽推哈屯因为西道诸王叛乱而迟迟不能前往伊儿汗国，等到她到达伊儿汗国时，其丈夫旭烈兀已经去世。对此《史集》载："阿八哈汗向呼罗珊进发……传来消息说：旭烈兀汗的奥鲁来了。他出去迎接，在乞牙不忒扎马附近，忽推哈敦（即忽推哈屯）和两个儿子……阿八哈汗的母亲亦孙真哈敦都来了。事情是这样的，当旭烈兀汗向伊朗疾驰进军时，他将自己的辎重、家属队（奥鲁）留在蒙哥合罕处。当阿里不哥内讧时护送辎重、家属队的是术不忽儿……辎重停留在了那些边区。旭烈兀汗于1264年派遣阿八台那颜去要回术不忽儿和辎重、家属队。1268年2月7日将辎重、家属队送到。而忽推哈敦在巴答哈伤听说旭烈兀汗去世的消息以后，把眼睛哭瞎了。”[④]旭烈兀西征时把弘吉剌氏忽推哈屯等家属和奥鲁留在母亲的斡耳朵里，自己率兵西征。等到他想把家属接回去的时

① ［波斯］拉施特主编，余大均、周建奇译：《史集》第1卷第2分册，商务印书馆，1985年，第383页。

② ［波斯］拉施特主编，余大均、周建奇译：《史集》第2卷，商务印书馆，1985年，第367页。

③ ［波斯］拉施特主编，余大均、周建奇译：《史集》第2卷，商务印书馆，1985年，第366—368页。

④ ［波斯］拉施特主编，余大均、周建奇译：《史集》第3卷，商务印书馆，1985年，第107页。

候，忽必烈和阿里不哥之间发生了汗位之争，后又发生了阿里不哥和察合台汗国阿鲁忽之争，因战乱而途中受阻。等到忽推哈屯率领旭烈兀的家属队抵达时，旭烈兀已经去世。后来在阿富汗出现的察哈尔人应该是担负护送旭烈兀家属队以及途中为服侍忽推哈屯等人的唆鲁禾帖尼别乞斡耳朵的部分察哈尔人的后裔。目前依据史料情况，只能给出这种推测。

如今遗留在阿富汗的“察赫尔艾马克”（Čaqar ayimaγ）也许就是旭烈兀分得的察哈尔之后裔，其名称仍保留着纯蒙古语“察哈尔部落”之称呼，“此名称实兼有黑硕拉人、扎姆歇特人、塔曼尼人、非鲁时火人在内。……彼辈皆纯一之蒙古人，从未与他种人相混，语言风俗悉仍蒙古人之旧。从不为四旁之风气所移”[①]。把原始风貌保留得如此完备，与其他伊斯兰化的蒙古部落截然不同，是否与原始察哈尔人所崇信的景教（也里可温教“Erkigud Šašin”）同伊斯兰教格格不入有关，只可惜《阿富汗志》和《阿富汗新志》以及珀西·赛克斯（Percy Sykes）的《阿富汗史》中均无此方面记载，珀西·赛克斯只说：“哈扎腊人（即黑硕拉人，疑为察哈尔的音变——引者），其居民显然是蒙古种，他们的祖先据信是由于成吉思汗肆意破坏，致使此地空无人居时才占领了这些地区的。……他们是什叶派的成员，因而受到狂热的阿富汗人的蔑视和压迫。”这是出自一位英国殖民主义政治家、学者之手的20世纪初的阿富汗察哈尔人概况。显然此时他们已皈依伊斯兰教什叶派了。

至于伏尔加河流域的土尔扈特汗廷的察哈尔是否与阿里不哥有关，没有史料依据，笔者不敢妄加推测。这里只能做出一种解释，那就是土尔扈特贵族在伏尔加河流域建立其独立王朝以后，他们效仿先祖蒙古瓦剌游牧汗廷的建制，设置和保留了汗斡耳朵仆人察哈尔人的建制和机构。对帕拉斯亲眼目睹并且

---

①《阿富汗新志》，学部图书局印行，光绪三十三年（1907）秋，第12页。

留下详细记载的土尔扈特汗国察哈尔人群，目前只能给予这种比较合理的解释。

第五节 “别乞大营盘”与察哈尔

如前所述，唆鲁禾帖尼别乞和好陈察哈尔人有千丝万缕的关系。那么成吉思汗豁勒首千户演变为唆鲁禾帖尼别乞的份子以后，他们又有何变化，除了豁勒首千户的成员以外，原始察哈尔人群中又融入了哪些成分呢？

据《元史》的记载，元朝时期的蒙古人尊称唆鲁禾帖尼别乞为“别吉太后”[①]。所谓凡事眼见为实最为可靠，普兰诺·加宾尼是在唆鲁禾帖尼别乞生活年代，去往大蒙古国的罗马教廷的使者。据他的记载：“成吉思汗第四个儿子的儿子如下：一个叫蒙哥，他的母亲是唆鲁禾帖尼，在鞑靼人中，除皇帝的母亲外，这个贵妇是最有声望的，而且除拔都外，她比任何人都有权力。”[②]那么被普兰诺·加宾尼记下的这位具有崇高地位，拥有极大权力的唆鲁禾帖尼别乞，到底是一个什么样的女人呢？相关的中国史料记载过于简略，而波斯文史料对她的记载比较详尽。

唆鲁禾帖尼别乞出生在克烈部汗廷家族，是王汗之弟札哈敢不的第三个女儿[③]，因此享有“别乞”（公主）尊号。关于“别乞”或“别吉”称号，西方学者曾经有过争论[④]。他们认为

---

① 宋濂撰：《元史》卷38《本纪顺帝一》，中华书局，1976年。

② ［英］道森编，吕浦译，周良霄注：《出使蒙古记》，中国社会科学出版社，1983年，第26页。

③ ［波斯］拉施特主编，余大均、周建奇译：《史集》第1卷第1分册，商务印书馆，1985年，第215页。

④ ［苏］符拉基米尔佐夫：《蒙古称号“别乞”与“别吉”》，《苏联科学院报告》（乙种）第9号，列宁格勒，1930年。

"这个称号原来是首领兼巫师的称号";"别吉是作为称号加在公主上"。但是值得注意的是，并非所有公主都有"别乞"称号，例如成吉思汗五位公主中，有两位享有别吉称号。札哈敢不的四个女儿中，有两个公主享有"别乞"称号，这是否与宗教信仰有关系，有待考证。因为唆鲁禾帖尼别乞和其姐姐亦必合别乞都是虔诚的聂斯脱里教徒，她们之所以拥有"别乞"称号，也许与此有关。

唆鲁禾帖尼别乞嫁给拖雷，为他养育了四个儿子：长子蒙哥、次子忽必烈、三子旭烈兀、末子阿里不哥。她作为拖雷正妻，夫妻二人感情很深。据《史集》记载："相当于伊斯兰教历622年的塔乞忽亦勒，即鸡年，［1225年］秋天，成吉思汗发兵征讨又名唐兀惕的合申地区。他命令察合台留在斡耳朵后方的二翼军队中；术赤死了，窝阔台跟在父亲身边，拖雷由于唆儿忽黑帖尼别吉（即唆鲁禾帖尼别乞）失明，落后了几天，后来才来到了成吉思汗处。"[①]在重大军事行动时，历来与父亲形影不离的拖雷为其妻子眼疾之事，宁可脱离军队，留下来陪伴妻子几天，夫妻二人感情之深，从此事中可见一斑。

唆鲁禾帖尼别乞年轻守寡，拖雷于1233年去世时，她还不到三十五岁。据《元史》记载："世祖在潜邸，国祯以医征至翰海，留守掌医药。庄圣太后有疾，国祯治之，刻期而愈，乃张晏赐坐。太后时年五十三，遂以白金铤如年数赐之。"[②]此事大约发生在窝阔台汗末年或蒙哥汗元年。依照上述时间推算，唆鲁禾帖尼别乞的生活年代应该是在1198—1252年间。

拖雷的离奇死亡给拖雷家族所属"兀鲁黑兀路思"或"也可兀路思"带来了意想不到的厄运和危机。窝阔台可汗对蒙古

① ［波斯］拉施特主编，余大均、周建奇译：《史集》第1卷第2分册，商务印书馆，1985年，第317页。

② 宋濂撰：《元史》第168卷《列传第五十五·许国祯传》，中华书局，1976年。

腹地的“兀鲁黑兀路思”（也可兀路思）展开了蚕食和剥夺行动。唆鲁禾帖尼别乞必须面对这一严酷的事实，为保护自己家族的利益，她必须与强大的蒙古大可汗周旋。

成吉思汗生前，除分封东道诸王几个弟弟的领地以外，他的直属禹儿惕都留给了拖雷。因为是成吉思汗的直属禹儿惕，也是蒙古国起源地，所以被称作“也可兀路思”或“兀鲁黑兀路思”。从成吉思汗生前给四个儿子分封的国家来看，术赤的封国为钦察草原，察合台的封地为两河流域和南疆，窝阔台的领地为叶密立的草原，而拖雷的封地则为成吉思汗的直属领地——阿尔泰山以东地区。

窝阔台可汗在拖雷在世时未曾侵占他的封地，只是临时驻扎在成吉思汗的大斡耳朵。拖雷去世后，窝阔台汗对兀鲁黑兀路思的蚕食行动慢慢展开。他首先将蒙古部落的发源地肯特山三河源头及鄂尔浑河谷地区从拖雷家族手中夺了过来。《蒙古秘史》记载：“斡歌歹既将金国穷绝了，名其主为小厮，掠其金帛头畜人口而归。于汴京、北平等处立探马赤以镇守之，遂凯旋哈喇和林。”[①]大蒙古国灭金朝是1234年，上述情况当在拖雷去世的第二年发生。

他首先在鄂尔浑河谷兴建哈喇和林都城，霸占兀鲁黑兀路思的鄂尔浑河禹儿惕，继而又从拖雷家族所属份子里掠夺四千户分给自己的儿子阔端。窝阔台掠夺拖雷家族领地和军队的一系列行为最终引起拖雷昔日亲信大臣和某些宗室的反对。《史集》载：“隶属于唆儿忽黑塔尼别吉及皇子们的成吉思汗大异密，即被成吉思汗呼为五儿的塔塔儿人失乞忽秃忽、速勒都思人宿敦那颜、忙忽惕人者台那颜、札剌亦儿人忙哥撒儿豁儿赤、别速惕人不塔臣豁儿赤、巴牙兀惕人忽必来豁儿赤、晃豁坛人也速儿豁儿赤等千夫长一齐向唆儿忽黑塔尼别吉、蒙哥合

① 《元朝秘史》，四部丛刊本，第273节。

罕及其诸弟禀道：速勒都思和雪尼惕部军队是我们的。如今窝阔台合罕却将它给了自己的儿子阔端。成吉思汗既将这部分［军队］分给我们的斡耳朵，我们为什么要违背他的命令将它交给［别人］呢？我们想对窝阔台合罕面奏此事，听他说些什么！”[①]此外，窝阔台汗的过分行为也遭到宗室王公大臣的抵触，某些宗室王公甚至拒绝参加窝阔台汗召集的议事忽里勒台。据《元史》记载：“太祖六年夏五月，帝在达兰达葩之地，大会诸王百僚，谕条令曰：‘凡当会不赴而私宴者，斩。’”[②]窝阔台汗的汗廷威信遇到如此严峻的挑战，为缓解矛盾并顺利达到目的，他想出一个解决方案。他想让唆鲁禾帖尼别乞嫁给自己的长子贵由。《史集》载：“窝阔台合罕也要把唆儿忽黑帖尼别吉嫁给自己的儿子贵由汗，并曾怀着这良好的意向派遣……为使者。”[③]

如此步步紧逼的局势和危机使唆鲁禾帖尼别乞一开始有些招架不住，她对窝阔台汗感到失望。《史集》载：“拖雷汗死后，他的儿子们和母亲，照旧在窝阔台合罕身边。有一次，唆儿忽黑帖尼别吉要求合罕，将他的一个商人给她，合罕对此吝啬。唆儿忽黑帖尼别吉哭了起来，说道：‘我心爱的为谁做了牺牲？他为谁死了？’”[④]从此，她认识到自己家族的利益和儿子们的安危不能光靠可汗的施舍，而要靠自己的努力，并变得日渐坚强起来。她心里明白，保护好自己的方法不是硬拼，更不能得罪拥有绝对权力的可汗，只能妥协并用自己的智慧来保护家族的基本利益。她首先对可汗和群臣之间的矛盾进行调

① ［波斯］拉施特主编，余大均、周建奇译：《史集》第1卷第2分册，商务印书馆，1985年，第381页。

② 宋濂撰：《元史》第2卷《本纪二》，太宗六年条，中华书局，1976年。

③ ［波斯］拉施特主编，余大均、周建奇译：《史集》第2卷，商务印书馆，1985年，第204页。

④ ［波斯］拉施特主编，余大均、周建奇译：《史集》第2卷，商务印书馆，1985年，第203页。

节，尽力去保护窝阔台可汗的威望和脸面。《史集》载：她对窝阔台汗表示不满的大臣说："'你们的话是公正的，但是，军队和我们，同样全都是合罕的，他知道他在做什么，我们要服从他的命令。'当唆儿忽黑帖尼别吉如此说了，异密们不作声了，任何人听到这番话都会赞同的。"[①]她不断地用聪慧和睿智解决所遇到的难题。例如：接到窝阔台汗命令她嫁给贵由的谕旨后，并未明确拒绝，而是回答道："怎么能违背诏命呢？但我有一个愿望：要抚养这些孩子，把他们带到成年和自立之时，竭力使他们受到良好教养，彼此不分开，不离弃，从他们同心同德中得到好处。"[②]她以如此巧妙而客气的方式委婉地拒绝了可汗的诏令，又保住了可汗的脸面。唆鲁禾帖尼别乞的微妙周旋最终赢得了可汗的信任，依照蒙古人寡妻监国的传统，窝阔台汗命唆鲁禾帖尼别乞全权管理拖雷兀路思的一切事务。

但是随着窝阔台汗家族权势日盛，已完全掌控了拖雷兀路思在肯特山以东的整个东部地区。接踵而来的危机使唆鲁禾帖尼别乞寝食难安，她果断地放弃了拖雷家族在蒙古东部腹地领地的所有权，将自己的斡耳朵从哈喇和林西迁到兀鲁黑兀路思禹儿惕的西部，以便躲避窝阔台汗家族的锋芒。从此拖雷家族的禹儿惕收缩到杭爱山以西、阿尔泰山以东的地区。为防止窝阔台汗家族势力的再次渗透，她将自己的斡耳朵设置在杭爱山的乌里雅苏台，以示杭爱山为其禹儿惕的东界。

豁勒首千户的原领地为肯特山至杭爱山之间的草原[③]。至此他们跟随唆鲁禾帖尼别乞西迁，以杭爱山为中心区域，驻牧

---

①［波斯］拉施特主编，余大均、周建奇译：《史集》第2卷，商务印书馆，1985年，第205页。

②［波斯］拉施特主编，余大均、周建奇译：《史集》第2卷，商务印书馆，1985年，第204页。

③［瑞典］多桑著，佐口透译注：《多桑蒙古帝国史》第2册，东京，1968年，第56—61页。

于唆鲁禾帖尼别乞的斡耳朵周围。她在这里有了属于自己的真正王国，悉心照料着拖雷家族，培养自己的孩子们长大成人，同时广交以拔都汗为首的宗室诸王，形成自己的势力联盟，就连窝阔台家族的阔端那颜也成为她的心腹。《史集》载："唆儿忽黑帖尼别乞由于自己的谨慎，没让阔端在取得速勒都思部落军队之事上受到妨碍，所以阔端与他们保持友好，当窝阔台合罕家族向蒙哥合罕争夺合罕之位，并想用阴谋诡计对付他时，阔端与蒙哥合罕结成了同盟，并给了他援助。"[①]

经过唆鲁禾帖尼别乞的苦心经营和养精蓄锐，拖雷家族的势力逐渐恢复。在贵由汗初年普兰诺·加宾尼出使蒙古时，如文章开头所说的那样，拖雷家族已经是从懦弱的孤儿寡母变成既有声望又有权力的实力派了。依靠家族的这种势力，另外利用多年发展的联盟外援，唆鲁禾帖尼别乞最终打败窝阔台家族，于1251年成功把自己的长子蒙哥推上了大蒙古国汗位。

蒙哥汗即位后，办理的第一件大事就是给窝阔台汗家族予以打击，恢复拖雷家族兀鲁黑兀路思的禹儿惕，占领更广阔的领地。至此唆鲁禾帖尼别乞虽已是风烛残年，但最终还是达到了目的。她晚年身体状况不好，甚至双目失明，于宪宗二年初在自己的斡耳朵与世长辞。

临终前，她将自己所属的杭爱山斡耳朵及禹儿惕作为遗产留给幼子阿里不哥继承。《路布鲁克东游记》载："他（指蒙哥汗——引者）把名叫阿里不哥的最小同母弟留在身边。阿里不哥拥有他们的母亲（她是一个基督教徒）的斡耳朵。"[②]

那么阿里不哥所继承的唆鲁禾帖尼别乞斡耳朵的位置怎么确定呢？日本学者松田孝一曾写过一篇《拖雷家族之杭爱山领

---

①［波斯］拉施特主编，余大均、周建奇译：《史集》第2卷，商务印书馆，1985年版，第206页。

② 道森编，吕浦译，周良霄注：《出使蒙古记》，中国社会科学出版社，1989年，第20页。

地》，在该文中，他试图证明杭爱山为拖雷家族驻牧地。但是，他用来证明唆鲁禾帖尼别乞斡耳朵在杭爱山中的史料，有些问题。为便于分析该史料，我们不妨将他所引用的史料抄录下来：

“河南平，归寓太原。世祖在潜邸，国祯以医征至翰海，留守掌医药。庄圣太后有疾，国祯治之，刻期而愈，乃张晏赐坐。太后时年五十三，遂以白金铤如年数赐之。”

这是《元史》卷168关于《许国祯传》的史料。史料来源无误，只是松田孝一将史料中“国祯以医征至翰海”的“瀚海”误认为是“杭爱山”。瀚海指沙漠戈壁滩。这里泛指蒙古地方。元代称如今的“杭爱山”为“杭海山”。例如：《元史》卷128载：“二十六年，从皇孙晋王征海都。抵杭海岭，敌先据险，诸军失利，惟土土哈以其军直前鏖战，翼晋王而出。”[①]可见他所引用的史料“瀚海”不是指杭爱山。证明唆鲁禾帖尼别乞斡耳朵在杭爱山的史料不多。一为《史集》的记载：“他（阿里不哥）的夏营地在阿勒泰（伯劳舍本译作兀里阿速秃），冬营地则在帖客和乞儿吉思。其间三日途程。唆儿忽黑塔尼-别吉曾在该处。”[②]另一个是《元史》的记载：“随路诸色民匠打捕鹰房等户都总管府，秩从三品。达鲁花赤一员，总管一员，同知一员，经历一员，知事一员，提控案牍兼照磨一员，令史六人，译史一人，知印通事一人，奏差二人，掌别吉大营盘事及管领大都路打捕鹰房等户。至元三十年置。延祐四年，升正三品。”这是至元三十年（1293）土土哈领兵平定谦谦州森林五部之后元朝廷所设置的机构，兼管别乞大营盘。《元史》载，土土哈“二十九年秋，略地金山，获海都之户三千余，还至和林。有诏进取乞里吉思。三十年春，师次欠河，冰

① 宋濂撰：《元史》卷128《土土哈传》，中华书局，1976年。

②［波斯］拉施特主编，余大均、周建奇译：《史集》第2卷，商务印书馆，1985年，第365页。

行数日，始至其境，尽收其五部之众，屯兵守之”。这是土土哈在谦河（欠河）等地征讨森林百姓的情境。谦河（kem γool）是叶尼塞河上游，属于拖雷兀鲁黑（也可）兀路思辖地，因此，谭其骧的《中国历史地图集》（元明时期）的岭北行省地图中把叶尼塞河流域划归“别乞大营盘辖地”是正确的。土土哈征服森林部落后，部分森林兀良哈人迁至朵颜温都儿山，元朝在谦谦州设置随路诸色民匠打捕鹰房等户都总管府，隶属兵部，该机构兼管别乞大营盘。后来在察哈尔万户的成员中出现垦济古惕（kemǰigüd—kemčüd，意为来自谦河的人们）人也不为怪，就是从谦河流域被编入察哈尔部的人员。总之，从上述史料分析，确定乌里雅苏台之地为唆鲁禾帖尼别乞斡耳朵驻牧地是比较可靠的。

唆鲁禾帖尼别乞斡耳朵所属人员除成吉思汗赐予她的豁勒首千户之外，还有什么其他成分呢？我们首先应该想到的是她嫁给拖雷之时从娘家带来的媵哲。虽然史料对她的媵哲没有具体记载，但是，可根据其姐姐亦必合别乞的媵哲（inǰis）数目，推测唆鲁禾帖尼别乞所领克烈部媵哲的大概人数。察哈尔人当中有一部分也里可温氏，其来源直接与唆鲁禾帖尼别乞有关。也里可温，蒙古人称景教为也里可温教。成吉思汗灭克烈部以后，娶王汗之弟札哈敢不之女亦必合别乞为妻，令其妹唆鲁禾帖尼别乞嫁给幼子拖雷为妻。克烈部皈依景教，这是大家所熟知的，唆鲁禾帖尼别乞姊妹二人均为景教徒。《蒙古秘史》载：“遂将夫人亦必合赐予主儿扯歹。成吉思汗对亦巴哈说：‘我不是嫌你无性行，亦不曾说你身体不洁。’……再对亦巴哈说：‘你父札哈敢不当初教厨子阿失黑帖木儿等引二百人，与你作从嫁有来。’”①从这里我们可以推测出唆鲁禾帖尼随身所带来的仆人“injis”的大概数额也应该不低于亦必合别

① 《元朝秘史》，第208节，四部丛刊本。

乞所带仆人的数额。这些人当然是原始景教徒，后被称作也里可温。后来的察哈尔八旗和遗留在鄂尔多斯的察哈尔人（守护也失哈屯白室和守护九斿白旗的察哈尔人）当中，虔诚的基督教徒也里可温（Erkikъd）很有可能就是这些人的后裔。

总之，上述豁勒首千户成员、从克烈部随嫁的媵哲，还有部分谦谦州的人组成了唆鲁禾帖尼别乞斡耳朵的所属人员。这些人就是早期的察哈尔人，即“好陈察哈尔”。

第二章 察哈尔万户的形成

相对而言，察哈尔万户研究在察哈尔历史研究领域内属于热点研究课题。但是，察哈尔万户的历史研究中仍然存在很多学术盲点。例如：察哈尔万户是怎样形成的，具体形成过程又是怎样的，察哈尔万户的形成过程中都有哪些蒙古部落参与，又有哪些部落在何种情况下离开察哈尔万户等诸多关键问题亟待解决。

本章将详细论述阿里不哥家族的汗廷从属人员“好陈察哈尔”演变成忽必烈黄金家族汗廷成员的经过；察哈尔万户在何种历史背景下形成；脱脱不花岱宗汗时期察哈尔万户形成其雏形的过程；在岱宗汗时期，察哈尔万户的主要成员——好陈察哈尔、阿喇克绰特部、卜尔报（吉利吉思）、鞑靼部、垦济古惕部、帖良固惕部、昔步慎部以及东蒙古汗廷的直属部落浩齐特、乌珠穆沁、敖汉奈曼、克失旦等部在何种情况下如何被整合成察哈尔万户群体；蒙古右翼的主要成员五路部在何种情况下被察哈尔吞并等诸多问题，并进行考证。

满都海彻辰哈屯执政时期是察哈尔万户形成的关键时期。满都海哈屯为了凝聚来源和成分极其复杂的察哈尔万户的力量，采取了极其高明的手段，隆重祭祀了唆鲁禾帖尼别乞的灵寝神位，通过祭祀察哈尔万户诸多成员共同的女祖先，将来自阿里不哥家族和忽必烈家族的旧部融合成一体，并依靠新兴的察哈尔万户力量打败瓦剌万户，重新树立蒙古可汗的雄威。

达延汗时期，察哈尔万户已形成规模，最终成为蒙古各万户的核心。通过探讨达延汗、巴尔速博罗特、卜赤汗、达赉逊汗时期察哈尔万户所属各主要成员的分封，揭示传统和习惯上的“八鄂托克察哈尔万户”不止是由8个部落组成，而是在察哈尔万户的形成过程中，至少有近20个蒙古部落融入察哈尔万户当中。“好陈察哈尔”是察哈尔万户的核心，是蒙古可汗斡耳朵的直属群体，他们才是真正意义上的察哈尔人。而各自分别归属于自己的台吉，并拥有自己专有部落名称的其他部落是察哈尔万户的所属成员，他们虽然被冠以“察哈尔”之名，但是他们并非正统意义上的察哈尔人。

察哈尔万户作为蒙古可汗的直属万户，北元游牧政权的核心，它与蒙古其他万户有所不同。“喀尔喀万户”是察哈尔万户的左右护翼，它并不是真正意义上的蒙古万户整体，是察哈尔万户外围的军事力量。喀尔喀万户的左翼和右翼群体从其形成时期开始，到北元王朝灭亡为止，一直充当察哈尔万户外围的防护角色。

本章主要对以上问题进行逐一探讨。

第一节　脱脱不花汗与察哈尔万户

多数蒙古史学家往往把“好陈察哈尔”与“察哈尔万户”混为一谈，这是察哈尔历史研究领域里存在的一大误区，也是令后世研究察哈尔历史的学者迷失方向、无从着手的根源。蒙古文和汉文文献虽然对“好陈察哈尔”的记载只有寥寥几笔，但给我们指明了研究方向，相对来说，察哈尔万户的历史记载比较多一些，所以，这方面的研究容易展开。

笔者在第一章中利用各类史料的记载论述了好陈察哈尔人的原始性和独立性。接下来我们通过对察哈尔万户的形成进行探讨，进一步展现好陈察哈尔与察哈尔万户其他部落的区别。

任何事物的形成都有它的起因和过程。察哈尔万户的形成也是如此。此事应从北元初期的历史谈起。

1370年，元惠宗在漠南应昌府病逝以后，其子爱猷识理达腊即位。随着应昌府被明军攻陷，爱猷识理达腊汗撤回位于漠北鄂尔浑河谷的大蒙古国旧都哈喇和林城。跟随他而来的还有漠南元上都、应昌府等处忽必烈家族直属的蒙古各部及庞大的元朝中央机构。这显然给历来盘踞在漠北的阿里不哥的后裔诸王带来了危机，忽必烈和阿里不哥两大家族之间的利益冲突在百年之后不得不再次上演。

自从元惠宗妥懽贴睦尔于1368年撤出元大都起，至1388年北元脱古思帖木儿汗被阿里不哥的后裔也速迭儿弑杀为止，明朝与北元政权双方进行了长达二十年的拉锯战。其间蒙古三代可汗在与明朝的角逐中连遭失败，使自己所掌控的将近100万人的兵力[①]几乎消耗殆尽，其势力日渐衰落，从而造成北元初期蒙古社会动荡，皇权旁落，蒙古统一体四分五裂的混乱局面。正是这种局面给察哈尔人提供了大显身手的机会。

洪武二十一年（1388），明将蓝玉率军出塞，在捕鱼儿海（呼伦贝尔之贝尔湖）附近袭击并摧毁了北元汗廷，俘获军民七万余人[②]。脱古思帖木儿汗仓皇出逃，在漠北土剌河附近遭到也速迭儿所率兵马的拦截，最终被也速迭儿弑杀。也速迭儿是阿里不哥汗的后裔，是阿里不哥家族诸王的首领。据蒙古文史料记载，他是为了报昔日忽必烈汗夺其祖先阿里不哥汗位之仇。但是，真实情况恐怕并非如此简单。漠南蒙古各部的大批量北迁以及不断涌入漠北草原地带使阿里不哥家族的领地被诸

① 元朝汗廷撤出大都时期所掌握的兵力有云南梁王的兵力，约30万人；辽东纳哈出的兵力，约20万人；河南王扩廓帖木儿统领的元朝西北兵力也不低于30万；元朝皇帝直属兵力也有10余万。

②《明太祖实录》，洪武二十一年四月乙卯、癸酉条。

多蒙古部侵占并日渐缩小。历来不睦的这两个家族，利益冲突逐步升级，各类矛盾愈演愈烈，最终达到了白热化的程度，导致阿里不哥家族趁机夺去了忽必烈家族的皇位。

也速迭儿汗于1388年登上蒙古大汗之位，在位四年，1391年卒。其子恩克即位，在位四年，其继承者仍为阿里不哥家族的额勒伯克汗[①]。因为蒙古文史料记载中显然没有把额勒伯克汗看作正统的蒙古可汗，把他描述成一位典型的昏君。接下来在阿里不哥家族直属的瓦剌等部落首领的扶持下，登上蒙古汗位的坤帖木儿汗、德勒伯克汗、斡亦剌台汗，均为阿里不哥汗的后裔，阿里不哥家族对北元蒙古的统治将近持续40年之久，直到1425年斡亦剌台汗去世为止[②]。

那么阿里不哥的后裔依靠何种力量从忽必烈家族的手中夺取汗位，并把汗位维持了如此之久呢?

我们不妨先对阿里不哥家族势力加以分析。

不可否认的事实是，在他们背后有强大的瓦剌部等军事势力做他们家族的坚强后盾。此外阿里不哥家族也有自己的资本，那就是昔日唆鲁禾帖尼别乞给阿里不哥留下的丰厚家底——察哈尔人及其他所属部落的军队。忽必烈虽然打败其弟阿里不哥汗，夺去了蒙古大汗之位。但是，他是不敢轻易霸占阿里不哥家族的禹儿惕（领地）和领户的。因此，其弟阿里不哥去世后，忽必烈汗犹豫再三，最终还是把阿里不哥的领地和斡耳朵分别交付给阿里不哥的诸子，并为了严格防范和掌控阿里不哥家族的势力，专门设立了隶属于兵部的管理机构“别乞

① 关于额勒伯克汗的出身问题，学界有争论，冈田英弘认为他是阿里不哥的后裔，本田实信、薄音湖、宝音德力根等认为他是忽必烈汗的后裔。笔者依据诸多蒙古文史书对额勒伯克汗的贬低和大写特写其昏庸等情况加以分析，也认同冈田英弘的观点。

② 宝音德力根：《好陈察哈尔、五鄂托克察哈尔、八鄂托克察哈尔万户》，《内蒙古大学学报》（蒙古文版）1998年第3期。

大营盘"，进行严格控制。

据《史集》载："在阿里不哥去世后，他的妻子们都回到自己的禹儿惕去了。过了三年，合罕下令：让阿里不哥的儿子们来和我会面吧。"① 因为此前阿里不哥向忽必烈投降时，只带领他的妻妾，把自己的四个儿子留在了自己的领地。"叛乱的火焰熄灭之后，阿里不哥去见自己的兄长忽必烈合罕，踏上了乞求饶恕的道路。他把自己所有的妻子都带上，而把自己的四个儿子，玉不忽儿、灭里-帖木儿、乃剌忽-不花、探马赤留在了自己的禹儿惕中。"②忽必烈汗此次召见他的四位侄子之后，把他们的父亲阿里不哥过去的禹儿惕和斡耳朵分别分封给他们。《史集》的记载中，其具体地理位置不是很清楚。但是能够领略到从远到近、从西到东，从长子到幼子的分封次序。

据《元史》记载，阿里不哥的长子玉不忽儿被封为定王，其封地在叶尼塞河流域——元代的谦谦州一带，而其幼子探马赤则分得唆鲁禾帖尼别乞杭爱山附近的斡耳朵。所以，阿里不哥的子孙基本上保留了他们父亲的领地和领户。忽必烈汗为了笼络这些侄儿，甚至把伊儿汗国的创始人旭烈兀所分的阿尔泰山附近的领地也分给了阿里不哥的子嗣。据《史集》载：拖雷有一位弘吉剌惕部出身的巴颜哈屯，后来她的斡耳朵和禹儿惕被旭烈兀继承，由他的夫人忽推哈屯掌管此斡耳朵和营地。后来忽推哈屯去伊儿汗国的时候，把旭烈兀的两个儿子术木忽儿和塔剌海留在了该营地。旭烈兀家族的人员陆续迁往伊儿汗国，该营地因与伊儿汗国距离遥远而无人居住。因此，忽必烈汗把旭烈兀在拖雷汗国内分得的土地分封给了阿里不哥的长子玉不忽儿，此地由玉不忽儿的一位妻子斡兀立-帖斤哈

① ［波斯］拉施特主编，余大均、周建奇译：《史集》第2卷，商务印书馆，1985年，第365页。

② ［波斯］拉施特主编，余大均、周建奇译：《史集》第2卷，商务印书馆，1985年，第366页。

屯掌管[1]。

元初，因为窝阔台汗国诸王海都等人的进犯，忽必烈汗不得不对阿里不哥家族采取笼络政策，使他们的势力得以保留。他们虽然在元朝管理机构和军队的严密监控之下，但这恰恰为他们提供了保护伞。有元一代，一是他们所占据的地域偏远，二是他们与元朝和西道诸王之间微妙而复杂的关系，并未受到来自外部势力的致命打击。他们在西道诸王和元朝之间的斗争中见风使舵，采取自保的措施，因而元朝灭亡时，他们成为漠北各部之中实力保存最完好的一个宗王家族。

阿里不哥去世后，玉不忽儿以长子的身份成为这个家族的首领。玉不忽儿在《元史》中被称作药木忽儿。"大德三年正月，被封为定远王、赐金涂银印龟纽"，"大德九年二月，定远王药木忽儿改封威定王，换赐金印驼纽，至大元年六月威定王药木忽儿晋封定王，赐金印"[2]。

忽必烈与阿里不哥之争刚刚结束，窝阔台汗国海都起事，漠北又陷入混乱状态。忽必烈派皇四子北平王那木罕镇守漠北，率领漠北的阿里不哥家族的兵力、蒙哥汗家族的兵力进驻中亚阿力麻里地区，抵御海都等西道诸王兵力的进犯。玉不忽儿与几个兄弟率领自己的军队跟随那木罕出征。其间发生蒙哥之子昔里吉的叛乱，昔里吉发动兵变，劫持了那木罕和丞相安童，并分别送到金帐汗国和窝阔台汗国扣押起来。后来叛军发生内讧，昔里吉被迫归降忽必烈，而蒙哥汗之孙撒里蛮也惨败，携妻来归忽必烈汗。玉不忽儿虽然参与了此次叛乱，但是他始终保持独立状态，注意保存实力。最终随着昔里吉和撒里蛮的接连挫败，他坐收渔翁之利，将蒙哥汗家族的兵力俱纳入

---

① ［波斯］拉施特主编，余大均、周建奇译：《史集》第2卷，商务印书馆，1985年，第367—368页。

② 宋濂撰：《元史·诸王表》卷180，中华书局，1976年。

自己麾下，成为此次叛乱中的最大赢家。据《史集》载：“玉不忽儿夺取了昔里吉和撒里蛮的斡耳朵，依附于火你赤的领地。”[①]火你赤是术赤后王，玉不忽儿得到他的庇护而驻牧于金帐汗国，静观事态的变化，等待有利时机。至元二十六年（1289）、二十七年，玉不忽儿进军漠北，一度占领哈喇和林并将其父阿里不哥所有的领地置于自己掌控之下。至元三十年，元将土土哈率兵进入谦谦州与吉利吉思，与阿里不哥诸子玉不忽儿等激战并收服了吉利吉思五部，此役玉不忽儿失利。玉不忽儿企图借助海都等西道诸王的势力，恢复阿里不哥兀路思的希望最终破灭了。在此困境中，他利用元成宗登基的绝好机会表达自己愿意归顺朝廷之意，受到元成宗的欢迎，并在晋王甘麻剌的陪同下进京觐见元成宗，他的一切罪行被赦免，且被封为定远王，获准回到漠北治理自己的领地和军队。从《元史》的记载分析，从和林到吉利吉思的广大区域，玉不忽儿仍享有领地主权。如：大德元年四月“给药木忽儿所部和林屯田种”。可见玉不忽儿的部分部民驻牧地在哈喇和林附近。此后玉不忽儿之子薛彻干袭定王爵，薛彻干之子察里台于泰定四年（1327）袭定王爵位。此后《元史》中见不到关于定王的详细记载。可见整个元代，阿里不哥家族一直保留着漠北的领地和势力。这为北元初期阿里不哥家族在漠北重新崛起并给忽必烈家族带来致命一击奠定了基础。

另外，拖雷兀路思的禹儿惕迤北覆盖谦谦州和吉利吉思地区。唆鲁禾帖尼别乞去世后，阿里不哥继承了她的禹儿惕和斡耳朵。至元三十年，土土哈打败玉不忽儿并占领吉利吉思地区之后，元朝在此地设置了军政机构，严控该地区各部军事力量。但是该地区草原各部落和森林诸部的宗主权仍然归属于阿

---

①［波斯］拉施特主编，余大均、周建奇译：《史集》第2卷，商务印书馆，1985年，第317页。

里不哥家族所有。所以阿里不哥家族在该地区诸部落拥有宗主地位。从阿里不哥时代开始，这些森林部落为他们的宗主冲锋陷阵，赴汤蹈火，视死如归。例如：阿里不哥和忽必烈之间的战争中，斡亦剌惕部为阿里不哥而战，曾经付出过巨大的牺牲。《史集》载：在昔木勒土脑儿战役中，"在火札·孛勒答黑山旁析门台湖畔交战，他们击溃了阿里不哥的军队，杀死了很多斡亦剌惕部人"[①]。阿里不哥以谦谦州和吉利吉思为根据地，以其所属部落的兵力与忽必烈决战，使他所属的斡亦剌惕等森林部落受到重创。但是他能够战胜忽必烈汗镇守哈喇和林的移相哥所率领的10万大军，并跨越大漠进入漠南，在昔木勒土脑儿与忽必烈的大军决战，紧接着率兵西征并打败察合台汗国阿鲁台的军队，说明阿里不哥所属各部落的兵力是相当强悍的。

阿里不哥的后裔正是利用这一股力量，从1388年起抢夺了忽必烈家族的蒙古汗位，同时将自己家族的直属力量察哈尔人和瓦剌人等引入北元王朝的政治旋涡中来。

阿里不哥家族的复兴给察哈尔人的发展壮大提供了前所未有的机遇。同时为他们家族的支持者斡亦剌惕部（瓦剌）等各部与东蒙古（鞑靼）各部的角逐埋下了祸根。总而言之，阿里不哥家族的直接势力——察哈尔在这40年的时间里发展成为一支强悍的力量。

阿里不哥后裔虽然掠夺了忽必烈家族的蒙古汗位，但是受到蒙古正统思想的阻挠，很难得到更多蒙古部落的支持。随着他们的支持者瓦剌部新兴贵族势力的形成和强盛，瓦剌内部也产生了分裂，继而瓦剌各部的头目逐步替代了阿里不哥家族后王对该部的统治地位，阿里不哥家族可汗逐渐成为瓦剌贵族手

① [波斯] 拉施特主编，余大均、周建奇译：《史集》第2卷，商务印书馆，1985年，第301页。

中的傀儡，阿里不哥家族可汗地位摇摇欲坠。

瓦剌首领脱欢的崛起，使鞑靼与瓦剌东西蒙古的整体情况都发生了巨大变化。脱欢是瓦剌三巨头之一马哈木之子。1415年，在东蒙古阿鲁台太师与瓦剌马哈木之间的战争中，瓦剌惨败，顺宁王马哈木阵亡，其子脱欢被阿鲁台太师俘虏。在被东蒙古监禁的日子里，脱欢全面了解到东蒙古的内情，这对他以后彻底打败东蒙古有决定性的意义。1423年，东蒙古阿鲁台遭到明军的进攻，脱欢趁机出兵东蒙古，大败阿鲁台，“掠其人口马驼牛羊殆尽，部落溃散无所”[①]，呼伦贝尔、克鲁伦河地区俱被瓦剌占领。在以后的两年里，脱欢铲除了自己在瓦剌集团中的竞争对手——忠于阿里不哥家族宗主的贤义王太平及安乐王把秃孛罗，从而独霸瓦剌四部。对此《明史》载：脱欢“内杀其贤义、安乐两王，尽有其众”[②]。1434年灭东蒙古阿鲁台太师，1438年又灭阿台汗，脱欢终于实现了统一蒙古的暂短霸业。

自从脱欢独霸蒙古后，就已经怀有称帝的野心。这方面蒙古文史书和汉文典籍均有记载。《黄金史纲》载：“即已篡夺蒙古的权力，脱欢太师便掌握了大统。拜谒了主上的八室，表示了‘来取汗位’的意图。朝拜之后，做了可汗。脱欢太师蒙受了主上的恩惠和陶醉，却酒后狂言：你若是福荫圣上，我便是福荫皇后的后裔。撞到了八室的金柱子，正要转身出去，脱欢太师口鼻流血，搂抱着马的鬃颈，‘这是什么缘故？’抬眼一看，只见主上装满撒带的鹫翎箭冒着鲜血，众目睽睽之下尚在颤动着。脱欢太师说：雄的圣上显了威灵，雌的福荫之裔的脱欢太师我生命结束了。”[③]

但是，东蒙古方面只认可忽必烈黄金家族的正统，而瓦剌

---

①《明太宗实录》，永乐二十一年九月癸巳。

② 张廷玉监修：《明史·瓦剌传》，中华书局，1974年。

③ 朱凤、贾敬颜译：《汉译蒙古黄金史纲》，内蒙古人民出版社，1985年，第58页。

集团贵族中的一部分人也是如此。另一部分瓦剌人则认可瓦剌的宗主阿里不哥家族出身的可汗。如瓦剌的格呼努惕贵族集团历来支持阿里不哥家族，成为他们汗位的忠诚的支持者，据符拉尔基米佐夫考证，他们是蒙古化的吉利吉思人[①]。这些都是脱欢无法跨越的绊脚石，是他实现蒙古可汗梦想的障碍。

于是他从大局考虑，把自己的女婿，忽必烈家族出身的脱脱不花推上了蒙古大汗的宝座，把阿里不哥家族汗廷斡耳朵的一切财产及仆人等交付于自己的女儿，自己则充任把持蒙古朝政的太师一职。

脱脱不花以傀儡可汗的形式，于1434年登上蒙古可汗之位。但是他拥有东西蒙古贵族公认的蒙古正统大可汗的合法身份，继承了东蒙古阿台汗和西蒙古斡亦剌台汗的遗产。从此，阿里不哥系的直属领户转变成忽必烈家族的领户，阿里不哥家族至此彻底退出了蒙古政治舞台。

脱脱不花岱宗汗在西蒙古作为斡亦剌台汗的继承人，除了从阿里不哥家族的手中接受了包括汗斡耳朵及汗廷所属察哈尔人以外，至少还有阿喇克绰特部、鞑靼部、垦济古惕、帖良固惕部、昔步慎部的部众归他所有。因为自从脱脱不花汗在位时期开始，这些过去以阿里不哥家族为宗主的谦谦州及吉利吉思等地居住的森林部落的影子经常出现在忽必烈汗黄金家族出身的蒙古可汗身边。

据《史集》载：昂可剌沐涟河和谦河的汇流处是阿喇黑臣等部的居住地。而昂可剌沐涟河下游则是塔塔儿、朵儿边、撒勒只温、哈塔斤诸部的居住地[②]。唆鲁禾帖尼别乞曾经委派三

---

①［苏联］符拉尔基米佐夫：《蒙古社会制度史》（汉文版），中国社会科学出版社，1980年，第204页。参见《卫拉特蒙古通史》第4卷第7章，笔者撰写的章节《黑龙江厄鲁特蒙古》。

②［波斯］拉施特主编，余大均、周建奇译：《史集》卷1第1分册，商务印书馆，1985年，第165页。

名官员率领一千人的队伍前往此地开过银矿[①]，可见此地属于她的领地范围之内，而这些部落显然是拖雷家族的所属部落无疑。昱济古惕部的部众是谦谦州人，居住在克穆齐克河沿岸，因而以河为名。帖良固惕部、昔步慎部都是吉利吉思地方居住的森林部落，过去也是阿里不哥家族的所属部落，也先太师的谋士，瓦剌著名的阿卜杜拉彻辰就是帖良固惕部的贵族[②]。五路部之斡哥台太保，在《蒙古源流》中也被称作"槐因之子"，同时也称作"瓦剌豁勒千户的斡哥台太保"[③]，可见五路部也是从瓦剌分离的蒙古部落。而五路部出身的斡哥台太保很有可能是瓦剌部阿里不哥家族汗廷的"豁勒首千户"的成员，他虽然战功显赫，但受到也先的歧视和排挤，最终也投奔了东蒙古。

在瓦剌登基后没多久，随着脱脱不花汗移居东蒙古，上述这些部落都聚到了他的身边。阿喇克绰特部就是居住在昂可剌河与谦河流域的阿喇黑臣部。他们当中的某些头人可能因为更换新主子和移居东蒙古，有些不习惯，仍然处于摇摆不定的状态。脱脱不花汗来东蒙古不久，阿喇克绰特部的一个头人率部离开脱脱不花汗，投奔可汗之弟阿八丁王（aγbarǰin ǰinong阿噶巴尔津济弄），从而引起了可汗和阿八丁王之间的矛盾冲突[④]。《黄金史》载："名叫察罕的阿喇克绰特人，逃离可汗投奔了阿八丁王，汗派人催促交回此人。遭到济弄的拒绝。"[⑤]蒙古文史料虽然以单个逃人的形式描述此事，但是能够导致东蒙古两大巨头之间的矛盾，从其结果来分析，阿喇克绰特的察罕的叛逃事件肯定不是一两个逃人的事件，很有可能涉及整个阿

① ［波斯］拉施特主编，余大均、周建奇译：《史集》卷1第1分册，商务印书馆，1985年，第165—166页。

② 萨囊彻辰：《蒙古源流》，内蒙古人民出版社，1980年，第306页。

③ 萨囊彻辰：《蒙古源流》，内蒙古人民出版社，1980年，第328页。

④ 萨囊彻辰：《蒙古源流》，内蒙古人民出版社，1980年，第309页。

⑤ 罗卜藏丹津著，乔吉校注：《黄金史》，内蒙古人民出版社，1999年，第604页。

喇克绰特部的归属问题。在蒙古文史书中，垦济古惕人在东蒙古可汗身边出现的时间，也是在脱脱不花去世后不久。脱脱不花汗的长子莫伦汗被毛里孩（别里古台后裔）拥立时，护送他到毛里孩处的大臣中就有垦济古惕部的人。《黄金史》载："由垦济古惕部塔噶特儿太保、郭尔罗惕部的忽布齐儿木剌台二人负责将莫伦汗护送到毛里孩所属部落地界，把他交给前来接迎的人员。"[①]从垦济古惕部出身的塔噶特儿具有很高的"太保"职衔来看，他是脱脱不花汗的大臣无疑，而且是负责培养和教育莫伦汗的顾命大臣。可见脱脱不花时期，垦济古惕部的势力很大。而卜尔报部也是在此时出现在东蒙古可汗身边的。不久莫伦汗与毛里孩发生冲突，东蒙古发生内讧。面对毛里孩大军的强大攻势，保护莫伦汗，冒死冲锋的是卜尔报部人。混战中，莫伦汗被杀，卜尔报部首领被毛里孩军俘虏。《黄金史》载："毛里孩王率领三百人设埋伏，派其蒙古札尔忽赤等三位弟弟领兵进攻莫伦汗军队，莫伦汗被俘虏，于狗年被毛里孩弑杀。卜尔报（borboγ）部之巴颜兀鲁莫克儿也被俘虏。大家提议阵前斩首。（毛里孩称）为莫伦汗拼死一搏，冒死冲锋的只有此人。为可汗充当先锋的英雄，难道不能为我们当先锋吗？说完赦免其死罪，释放了他。兀鲁莫克儿用他的匕首挖掘墓坑安葬了莫伦汗。"[②]后来此人在达延汗平定右翼三万户的战斗中立了奇功，对右翼三万户的决定性胜利起到了关键性作用[③]。卜尔报部的来历目前仍是学术界的一个盲点。但是，东蒙古人对卜尔报的情况不甚了解，对他的英雄气概刮目相看，可见卜

① 罗卜藏丹津著，乔吉校注：《黄金史》，内蒙古人民出版社，1980年，第627页。

② 罗卜藏丹津著，乔吉校注：《黄金史》，内蒙古人民出版社，1980年，第627—628页。

③ 罗卜藏丹津著，乔吉校注：《黄金史》，内蒙古人民出版社，1980年，第663页。

尔报人应该来自森林部落，很有可能是吉利吉思人的一支。因为瓦剌人称吉利吉思人为博尔惕（borod），他们是由阿里不哥家族冬营地汗廷的侍卫或仆人转变而来的。一直到卜赤汗时期，卜尔报与克失旦、好陈察哈尔一同以察哈尔万户中央机构的形式存在。还有一个察哈尔豁勒必惕（qulbida）鄂托克，在脱脱不花汗被害后不久就出现在宗室家庭里。当时，阿八丁王与其汗兄分裂后投奔瓦剌，阿八丁王之子哈剌苦出台吉的遗孀在娘家也先处产下一子（即孛罗忽济弄），也先要谋害他的外孙，幸亏哈剌苦出台吉家里的女仆察哈尔豁勒必惕（qolbida）鄂托克沃堆用自己生下的女婴来欺骗也先所派来的杀手，才免遭毒手[①]。据学者考证，"豁勒必惕（qulbida）鄂托克"是突厥语的"qolaboγ"，意为圉人[②]。可见"豁勒必惕鄂托克"是察哈尔人当中负责养马的人和宗室人员的跟班。说明在脱脱不花汗时期，好陈察哈尔人已经是汗廷和宗室的随从人员，为斡耳朵服务。虽然"豁勒必惕（qolbid）鄂托克"在瓦剌部出现，但是当时的情况是也先打败东蒙古后，很多东蒙古的皇室被他俘虏，被带回瓦剌。而且史料中明确记载"豁勒必惕（qolbid）鄂托克"之女仆人沃堆是哈剌苦出台吉家里的女佣人。

这里需要对豁勒必惕（qolbid ~ qolbiγ）鄂托克和卜尔报（borod—borbaγ）名称的演变做一个简要的说明。蒙古文史书中出现的"qolbid"在突厥语中的名称为"qolbiγ"。而蒙古文史书中出现的"borboγ"和卫拉特方言中的"borod"（吉利吉思），似乎有一种语音上的变化。如果这种推测成立，"布鲁特"和"卜尔报"则是同一个吉利吉思部落的两个变异名称。

脱脱不花汗作为忽必烈汗黄金家族出身的汗位继承者，当

① 朱风、贾敬颜译：《汉译蒙古黄金史纲》，内蒙古人民出版社，1985年，第186、76页。

② 乌力吉图校勘，巴·巴根校订：《大黄史》，民族出版社，1983年，第243页。

然受到东蒙古封建主的欢迎。昔日东蒙古阿鲁台太师的部属很快就成为脱脱不花汗的心腹和大臣。这成为脱脱不花汗能在脱欢死后的短暂时间里，以东蒙古为基础，同瓦剌也先势力抗衡，同时在整个蒙古树立自己威望的资本。当然此时东蒙古阿台汗旧部早已归他所有。据蒙古文史书记载，后来成为察哈尔万户成员的部分蒙古部落在脱脱不花汗时期已经在他身边出现。《黄金史》载："岱宗汗登基。即位后，岱宗汗和阿噶巴尔津济弄二人与瓦剌部约定在明干哈剌的地方会盟，瓦剌人比约定时间提前来到会盟地点明干哈剌地方。也先太师、阿卜杜拉彻辰、萨杜拉为首的瓦剌诸首领前往汗和济弄处会面后，阿拉克帖木儿、阿卜别尔乞大统、脱欢胡木齐、罗布希等太师趁着夜晚，将参会的汗等一千余人使用萨满法术（札德）'ǰad bariqu'乘风运送到会盟地点，运送途中使东蒙古的人马严重受冻。汗和济弄通过此次会盟顺利与瓦剌万户达成协议。但是，敖汉部萨达克勤彻辰迟到，未能赶上会盟，他从汗处打听到前来参加会盟的瓦剌首领太师等人的姓名后，向汗提出建议：这是天赐良机，我们应该把这些人趁机彻底消灭，然后攻打他们的军队。汗和济弄斥责他乱弹琴，没有采纳他的建议。"[①]从这里我们可以发现两个问题：一是在岱宗汗脱脱不花回到东蒙古之后，在一段时间内，东西蒙古和平共处，有大一统的迹象。二是此时敖汉人已经在蒙古可汗身边，而且能够向可汗奏请如此尖锐的问题，肯定是他的近臣。在一些蒙古文史书的记载中，察哈尔万户成员的"奈曼""五路"（兀鲁特部）之名也开始出现。《蒙古源流》记载：在脱脱不花汗身边扶持的大臣中有"奈曼部之伊纳克赫勒跟班"[②]、"五路部之槐因之

① 罗卜藏丹津著，乔吉校注：《黄金史》，内蒙古人民出版社，1980年，第603页。

② 萨囊彻辰：《蒙古源流》，内蒙古人民出版社，1980年，第318页。

子斡哥台巴图鲁”[①]、“五路部之斡罗赤希古锡”[②]。上述部落均为从瓦剌带来的部落。

察哈尔自从脱脱不花汗在瓦剌即位开始，从阿里不哥家族的直属人群转变为忽必烈黄金家族可汗的直属人群。因为察哈尔过去是阿里不哥家族出身的蒙古可汗直属部众的核心，和他们一起归属脱脱不花汗的原属于斡亦剌台汗的瓦剌其他部众也被泛称为察哈尔。他们是脱脱不花汗所拥有的第一份直属力量。以后无论是来自何方，只要是脱脱不花汗的直属部族，都被统称为察哈尔。这是察哈尔集团——察哈尔万户形成的初期情况。随着蒙古可汗直属察哈尔集团的日益聚集，已经不好分辨原来的正宗察哈尔群体，因此人们给原始的察哈尔人冠上“好陈察哈尔”之名，以此来辨别原察哈尔人与察哈尔集团的新成员。

总之，察哈尔人是于脱脱不花汗时期从阿里不哥家族转到忽必烈家族的。和他们一起归属脱脱不花汗的，还有原属于阿里不哥家族的当时以瓦剌之名统称的部分蒙古部落——阿喇克绰特部、五路部、卜尔报（吉利吉思）、鞑靼部、禾默乞惕部、帖良固惕部、昔步慎部、敖汉奈曼等。这些部和察哈尔一并归属蒙古脱脱不花岱宗汗，因此被外界统称为察哈尔。这是察哈尔集团开始形成的雏形。

① 答里麻著，乔吉校注：《金轮千辐》，内蒙古人民出版社，1987年，第124页。

② 萨囊彻辰：《蒙古源流》，内蒙古人民出版社，1980年，第328页；乌力吉图校勘，巴·巴根校订：《大黄史》，民族出版社，1983年，第113页。斡罗赤希古锡即汉文典籍记载的阿罗出，有时也称小石（sikösi），是少师的意思，是与太师对应的职衔。

第二节 察哈尔万户的成形

宝音德力根认为，“作为强大的部落集团，察罕儿万户是在满都鲁时代形成的。冈田英弘曾根据察罕儿万户供奉唆鲁禾帖尼灵位及满都海、达延汗共领察哈尔万户的史实推测，察罕儿万户原属满都鲁统领”[①]。上述两位学者的观点虽然没有考虑到察哈尔万户的形成过程，更没有观察到阿里不哥家族部民参与察哈尔万户的细节，和其他学者一样，只是从达延汗分封察哈尔万户所属蒙古部落的角度去探讨该问题，但是从察哈尔万户的完整体系基本形成的角度来讲，他们二人的观点是正确的。

首先要明确的问题是察哈尔万户与“好陈察哈尔”的关系问题。察哈尔万户是以旧察哈尔（指好陈察哈尔）的名称命名的，以好陈察哈尔为基础逐渐建立起来的。察哈尔万户所属部落各有自己的专有名称，它是蒙古可汗直属的部落集群。如上所述，察哈尔万户的形成时间应该是从脱脱不花汗登基开始，经过北元几代可汗的经营，至达延汗时期，其体系才基本成形。据蒙古文史书的记载，满都鲁汗在位时，其健康情况欠佳，北元汗廷的大部分政务由满都海哈屯代行。而其继承者达延汗登基时年岁尚幼，仍由满都海哈屯执政。因此，将北元这一段时期的历史称作满都海哈屯时期察哈尔万户基本成形的历史较为准确。

察哈尔万户的组成成分十分复杂。有元朝中央直属机构的残余人员和元朝宗室家族的直属领户，有岱宗汗从阿台汗手中

① 宝音德力根：《十五世纪前后蒙古政局部落诸问题研究》，内蒙古大学博士论文，1997年，第61页。

夺取的东蒙古（鞑靼）可汗直属部落，还有他即位时从瓦剌继承的西蒙古皇室阿里不哥后裔的直属部落人众。

我们从后世的蒙古文史书的记载中找到了所谓的“察哈尔八鄂托克”和拖雷家族最原始的所属部落的一些痕迹。

关于“察哈尔八鄂托克”，蒙古文史料存有不同的记载：

“八鄂托克察哈尔：阿喇克绰特和克失旦、敖汉奈曼、塔塔儿四部为山阳四鄂托克，乌珠穆沁、浩齐特、垦济古惕‘Kemǰigüd’、喀尔喀这四鄂托克。”①

“察哈尔万户者：敖汉、奈曼、苏尼特、乌珠穆沁为山阳之左四鄂托克；珠亦特、卜尔特（即卜尔报——引者）、阿喇克、阿喇克绰特为山阴之西四鄂托克。”②

关于拖雷从成吉思汗那里分得的直属“领户”，在《史集》中有如下记载：“隶属于唆儿忽黑塔尼别吉及皇子们的成吉思汗大异密，即被成吉思汗呼为五儿的塔塔儿人失乞忽秃忽、速勒都思人宿敦那颜、忙忽惕人者台那颜、札剌亦儿人忙哥撒儿豁儿赤、别速惕人不塔臣豁儿赤、巴牙兀惕人忽必来豁儿赤、晃豁坛人也速儿豁儿赤等千夫长一齐向唆儿忽黑塔尼别吉、蒙哥合罕及其诸弟禀道：速勒都思和雪尼惕部军队是我们的。如今窝阔台合罕却将它给了自己的儿子阔端。成吉思汗既将这部分［军队］分给我们的斡耳朵，我们为什么要违背他的命令将它交给［别人］呢？我们想对窝阔台合罕面奏此事，听他说些什么！”③

从上述《史集》的记载中，我们可以归纳出：1. 塔塔儿；

① 官布札布著，乔吉校注：《恒河之流》，内蒙古人民出版社，1980年，第171页。

② 答里麻著，乔吉校注：《金轮千辐》，内蒙古人民出版社，1987年，第308页。

③［波斯］拉施特主编，余大均、周建奇译：《史集》第1卷第2分册，商务印书馆，1985年，第381页。

2. 速勒都思；3. 忙忽惕；4. 札剌亦儿；5. 别速惕；6. 巴牙兀惕；7. 晃豁坛；8. 雪尼惕等八个千户为拖雷的直属领户。

其中“雪尼惕”为蒙古文史书提到的“八鄂托克察哈尔”之中的“苏尼特”[①]。此外在“八鄂托克察哈尔”中也列有“塔塔儿”部[②]。据《史集》记载，“塔塔儿千户”也是拖雷的领户。这种情况最起码能够说明后来形成的察哈尔万户与拖雷家族的“领户”有一定的关系。日本学者志茂硕敏利用《史集》《瓦撒夫史》《完者都史》《也里史》《选史》《赛卜月外思史》《史集续编》等书籍深入研究伊儿汗国的蒙古人[③]，从他所列的关于伊儿汗国的资料中，都能找到上述八个部落出身的大臣。伊儿汗国的札剌亦儿是一个蒙古大部落，众所周知，伊儿汗国后来被札剌亦儿汗国取代。这说明上述八个千户后来由唆鲁禾帖尼别乞分给了拖雷与她的四个儿子及其他子嗣。其来源自然是旭烈兀西征时，其兄蒙哥可汗为他分封的他们父亲也可那颜之领户的部分属民。

另外以上所列的蒙古文史书的记载中未曾出现好陈察哈尔之名称。连常列在八鄂托克察哈尔之中的克失旦也只出现过一次，卜尔特（“borod”即卜尔报[④]）出现过一次，浩齐特出现过一次。这说明好陈察哈尔并不直接列在蒙古文史书所谓的“察哈尔八鄂托克”之内。第一，其渊源不同。作为拖雷家族之“领户”，这八个部落是拖雷从成吉思汗处受封的，是有自己部落首领的相对独立的蒙古部落，而“好陈察哈尔”是赏赐给唆

---

① 齐木德道尔吉：《腾机思事件》，载《明清档案与蒙古史研究》第2辑，2002年，第107页。

② 官布札布著，乔吉校注：《恒河之流》，内蒙古人民出版社，1980年，第171页。

③ ［日］志茂硕敏：《伊儿汗国的蒙古人》，载《东洋史研究》第42卷第4号。

④ 亨利·赛瑞斯：《16世纪初的蒙古部落及氏族名称》，卜尔报条，载《中亚杂志》卷17，威斯巴登，1984年。

鲁禾帖尼别乞的成吉思汗四大斡耳朵的"豁勒首千户"，是隶属成吉思汗斡耳朵的"媵哲"或"怯怜口"。第二，其性质也大不同。"八鄂托克察哈尔"（即察哈尔万户所属各部落）部落人口是有户籍的兵丁，是有义务承担国家各种赋税和兵役的大蒙古国平民，而好陈察哈尔是没有户籍的汗廷私属人群，是为皇室斡耳朵服务的仆人群体。第三，其所有权和管理体制亦截然不同。"八鄂托克察哈尔"各部为黄金家族之达延汗子孙所分得的"领户"，各大小台吉是他们的直接宗主和管领者，一般以其宗主为组织单位。《皇明九边考》载："太师即华所谓大将也。有纪律，志不在抢掠，后废太师，以那颜领之。那颜即华所谓小官也，而差遣日繁。唯台吉领者得免差遣，是以诸部落乐为台吉所领。台吉即华所谓宗室也。凡台吉在孕，即争以为主，而供给其母，生及奉归本营，故今之部落多领于台吉。"[①]而好陈察哈尔则是从唆鲁禾帖尼别乞以来专门为汗廷斡耳朵后妃服务的人员，转到阿里不哥及其子嗣手中，除以看护和管理"别乞大营盘"为职外，还服务于阿里不哥汗及其后王斡耳朵。从也速迭儿汗夺取蒙古汗位开始，他们才转变成阿里不哥家族出身的几代可汗斡耳朵的守护者和杂役人员。从脱脱不花汗开始，他们的所有者为忽必烈黄金家族之最高统治者，他们隶属于可汗各斡耳朵之主人——后妃。好陈察哈尔与黄金家族之诸台吉毫无关系，其管理层，多数来自于非黄金家族的平民。察哈尔人中得到后妃信赖的人被委任为宰桑，成为察哈尔的管理人员。察哈尔自从归属唆鲁禾帖尼别乞以来，虽然主人几经变更，但始终以汗斡耳朵为组织单位，以其所有者斡耳朵主人——后妃为中心，形成各自的群体。据《山中闻见录》载："［林丹汗］徙帐压宣、云迤北，拥有八娘子各统部落，首

① 魏焕撰：《皇明九边考》卷1《番夷总考》，国立北平图书馆善本丛书，民国二十五年（1936）版。

领曰宰生。”[①]可见好陈察哈尔自孛儿帖旭真夫人手中转到唆鲁禾帖尼别乞斡耳朵之后，一直到林丹汗八大太后为止，他们一直是从属于蒙古可汗后妃斡耳朵的世俗人群。

察哈尔万户和鄂尔多斯万户名称之由来有点相似。鄂尔多斯名称来源于成吉思汗四大斡耳朵及其守护者[②]，但白室并没有受到影响，一直保留着其原貌。同样察哈尔也并没有因被察哈尔万户大集团借用其名称而改变其自身的性质、组织和职业。

关于察哈尔万户的形成过程，史料中没有明确记载。经过北元初期蒙古社会动荡，皇权旁落，蒙古统一体四分五裂，直到北元中期蒙古部落重新组合的过程中，以皇帝后妃私人属民的名称命名的庞大的察哈尔部落集群才逐渐形成，并且以北元皇帝直属万户的面貌出现在历史舞台上。其来源如上所述，与拖雷所属领户有关系，但是不能把它等同看待。

赛瑞斯、和田清、冈田英弘、森川哲雄等诸多学者已经对达延汗察哈尔万户各部分封的问题研究得很透彻，在此无须赘述。

在这里我们首先要解决的问题是“好陈察哈尔”与浩齐特部的关系问题。赛瑞斯和宝音德力根先生都认为“好陈察哈尔”和“浩齐特”有关[③]。笔者认为“好陈察哈尔”和“浩齐特”是截然不同的两个群体，他们并没有直接的联系。据有关史料记载，大蒙古国时期就有“可陈”的部落。“察合台汗国的四大蒙古支撑部落为哲莱尔（ǰalayir）、巴尔拉斯（Baru-

---

① 彭孙贻：《山中见闻录》之三《西人志》，辽宁省图书馆影印本。

② 关于鄂尔多斯名称来源也有争论，一说“ordos”指套南地区的总称。额尔克斯庆所著的《察干苏力德和它的跟随者》（第33页）一书中认为：“鄂尔多斯指黄河河套南部区域为名而叫鄂尔多斯，北套为阿尔多斯，黄河以西为西套，黄河以东为东套。”但是，多数学者的见解是鄂尔多斯之名来源于成吉思汗斡耳朵的守护者。

③ 宝音德力根：《十五世纪前后蒙古政局部落诸问题研究》，内蒙古大学博士论文，1997年6月，第64页。

las)、阿尔拉特（arulad）、可陈（qaγučin）”[①]，巴托尔德的拉丁文标音为口语化的“qaučin”。说明“浩齐特”是“可陈”的复数。另外后来在察哈尔万户中，“好陈察哈尔”和“浩齐特”是分别单独存在的。林丹汗率领部分察哈尔西征右翼三万户时，其主力是“好陈察哈尔”。仍有“好陈察哈尔”之名在蒙古文档案中出现，而此时的察哈尔万户所属的浩齐特部已经脱离林丹汗，远在漠北游牧。“好陈察哈尔”是原始的察哈尔人群体，它归属于林丹汗诸“太后”的斡耳朵，是察哈尔万户的可汗本部。“浩齐特部”和察哈尔万户的其他所属部落一样归属于各自的宗主台吉，各有自己专门的称呼。在察哈尔万户中，除察哈尔本部（好陈察哈尔群体）以外，包括浩齐特在内的其他蒙古部落实质上并不是真正意义上的察哈尔人。

满都海哈屯时代的察哈尔万户的规模到底有多大，依靠目前我们能够掌握的史料，仍无法确定。不过从满都鲁汗时期的一些惊人的大举动来推测，当时的察哈尔万户势力已经在六个万户中居于首位了。

从岱宗汗被害至满都鲁汗继位的二十五年（1451—1475）[②]间，东蒙古的社会和政治状况十分混乱。趁着忽必烈家族元裔势力的一蹶不振，元朝东道诸王后裔的势力接连兴起，而非成吉思汗家族后裔的异姓贵族势力也不甘示弱，与成吉思汗四位弟弟角逐是这段历史的主流。其间别勒古台的后裔毛里孩王（黄苓王）的势力开始强大，异姓贵族哈喇嗔部的孛来太师（汉文典籍中也称淮王）则把持着蒙古中央朝政，蒙古

① ［苏联］威廉·巴托尔德：《中亚突厥史十二讲》，中国社会科学出版社，1984年，第222页。

② 蒙古文史书的纪年法过于混乱，而汉文典籍的纪年准确度较高。岱宗汗与也先决战的时间，据《明英宗实录》记载，是景泰二年（1451）十二月二十八日，岱宗汗败北后不久被沙布丹弑杀，至于满都鲁汗继位时间，《明宪宗实录》成化十五年（1479）五月庚午条详细记载了乩加思兰拥立满都鲁汗登位之事为成化十一年（1475）。

高原东到朵颜三卫，西到河套，俱在他们的掌控之下。他们先后分别拥立岱宗汗之子莫伦和马可古儿吉思为北元的傀儡可汗，最终二人争雄而发生内讧，其结果为孛来被毛里孩所杀。满都鲁则趁机以报弑莫伦汗之仇为名兴兵，成化五年（1469），他与科尔沁万户首领齐王[①]联手大败毛里孩，将其部分部众收服，毛里孩之子斡赤来带领残部向西逃往河套，投靠乜克力部乩加思兰太师。

满都鲁在此后的几年，以为马可古儿吉思汗报仇之名，征服了哈赤温后裔多罗土默特之首领癞台吉，收服了其部众。

满都鲁利用近十年的时间把东道诸王的全部势力控制在自己的手中，并成功与控制河套一带的乩加思兰建立了联盟关系，以元裔黄金家族的身份，于1475年登上了空缺十年之久的蒙古汗位。满都鲁汗纳乩加思兰的女儿为第二哈屯，乩加思兰娶满都鲁和满都海哈屯所生的长女为妻，双方的联姻赢得了乩加思兰的支持。他拥立满都鲁汗登大位，而满都鲁汗封他为太师作为回报，赋予其权力。满都鲁汗为了巩固对蒙古右翼的统治并限制乩加思兰的权力，也为了达到对蒙古右翼分而治之的目的，从右翼找到了自己的代理人并按照蒙古传统封他为济弄，此人就是孛罗忽济弄。满都鲁汗所走的这一步棋，对后来孛罗忽济弄之子把秃猛可达延汗统一蒙古所起到的作用是不可估量的。

孛罗忽济弄能成为右翼济弄，除上述主观原因之外，还有很多客观原因。一是他的身份。巴彦猛克孛罗忽济弄出身高贵，是岱宗汗脱脱不花胞弟阿噶巴尔津济弄（汉文典籍中称作阿八丁王）之子哈剌苦出台吉的独生子，瓦剌也先太师的外孙。在当时的传统意识中，黄金家族至高无上，他的高贵身份

---

① 据宝音德力根考证，该“齐王”为科尔沁万户兀捏孛罗王之兄孛罗乃，关于他在童年被瓦剌俘虏之事，蒙古文史书中有很详尽的记载。

占有得天独厚的优势。二是他在右翼的根基。孛罗忽济弄在他父亲的亲信伊纳克赫勒的帮助下，在五路部的槐因之子斡哥台巴图鲁等四人的舍身解救下，从瓦剌部逃出，途中得到蒙古右翼五路部首领斡罗赤希古锡（斡罗赤少师）的接纳和保护，少师把自己的女儿嫁给了他。其中应该含有巴彦猛克的祖父阿噶巴尔津济弄和父亲哈剌苦出台吉在蒙古右翼的社会影响及家族地位的因素。有了如此强大的依靠以后，孛罗忽与其祖父满都鲁取得了联系，并在他的岳父和五路部斡哥台巴图鲁等人的护送下去觐见满都鲁汗，认祖归宗。三是血缘。满都鲁汗没有可继承汗位的子嗣（满都海哈屯生有二女），而岱宗汗所生三子俱死于非命。黄金家族高贵的血脉唯独留下巴彦猛克这么一根独苗。因此，见到自己家族的子嗣，满都鲁汗格外兴奋，当即确认他为皇储[①]。基于上述原因，满都鲁汗将掌管蒙古右翼的重任交给他，封他为济弄。对此，《明实录》中的记载“成化六年初，孛罗忽等作筏渡河，与斡罗赤等并二为一”，描述的可能就是孛罗忽见到他祖父满都鲁汗后，返回河套五路部时的情景。

孛罗忽济弄急于扩大自己在蒙古右翼的势力，首先掌握了五路部的控制权。此举自然与他的岳父发生冲突。他借用癿加思兰太师的势力打败了五路部首领斡罗赤少师，达到了自己的目的。对此，《明实录》载：“今癿加思兰等又收并阿罗出部下残寇。”[②]阿罗出就是指五路部的首领斡罗赤少师。从此，察哈尔万户的又一个重要成员五路部（兀鲁特部）归属了蒙古皇室。

孛罗忽济弄的年轻气盛、锋芒毕露以及在蒙古右翼的势力扩张引来了东蒙古满都鲁汗的猜忌。这当然与把持蒙古政务的

① 萨囊彻辰：《蒙古源流》，第340页；罗卜藏丹津著，乔吉校注：《黄金史》，第635—636页；答里麻著，乔吉校注：《金轮千辐》，第124页。

②《明宪宗实录》，成化七年十月丁酉条。

乩加思兰太师的利益也发生了冲突。最终，满都鲁汗和乩加思兰二人合谋袭击了孛罗忽济弄[①]，吞并了他的部属。

但是，乩加思兰对右翼的专权不久便引来杀身之祸。史书中记载满都鲁汗的龙体欠佳，晚年更是如此。这使独揽大权的太师乩加思兰的野心更加膨胀。据《明实录》记载：成化十四年（1478）“虏中相猜。乩加思兰以女妻满都鲁，欲代为汗，恐众不服，又欲杀满都鲁，而立斡赤来为可汗。满都鲁知之，索斡赤来，乩加思兰匿不与，遂相仇杀。十五年满都鲁杀乩加思兰，并其众”[②]。而杀死乩加思兰太师的不是别人，正是他的族弟亦思马因。作为酬劳，满都鲁汗把他封为太师。但是，在蒙古右翼，亦思马因太师的背后另有他人操控政务，此人是满都海哈屯在右翼的代理人脱罗干知院。

满都鲁汗的一生还是有颇多建树的。对内，他抑制东道诸王势力的极度扩张和蔓延，把他们重新纳入黄金家族麾下，成为皇家的忠诚追随者和保护者；对外，他在北元历史上第一次向异姓贵族发起进攻，打压他们的势力，重新树立了皇家的威望。此外，他树立了以察哈尔万户为中心的蒙古左翼的核心地位，确立了蒙古右翼的从属地位。通过对成吉思汗诸弟（东道诸王）后裔诸部和右翼的征服战役，使自己的直属万户——察哈尔万户的实力不断得到提升，他在位时，察哈尔万户已初具规模。

蒙古文史书对满都鲁汗的记载仅有寥寥几笔。蒙古文史书中所记载的年轻时候的满都鲁汗是比较懦弱和胆怯的。为躲避战乱，无论是其汗兄脱脱不花与瓦剌争战时，还是他的两个侄子落入政治旋涡任人宰割时，他都未曾出面参与其中，而是养

---

①《明宪宗实录》，成化十二年十二月戊戌条；罗卜藏丹津著，乔吉校注：《黄金史》，第638页。

② 郑晓：《皇明北虏考》；薄音湖、王雄编辑点校：《明代蒙古汉籍史料汇编》第1辑收录版，内蒙古大学出版，2006年，第208页。

精蓄锐，等待时机。事后才以报仇的名义联合科尔沁万户，将其他东道诸王各个击破，最终控制了蒙古左翼。再用联姻手段争取到蒙古右翼贵族的支持，顺利登上了汗位。蒙古文史书中都记述了满都鲁汗因常年身体欠佳，未曾与乩加思兰太师之女大鼻子哈屯同房之事。这使人难以相信他一生的业绩是由他自己来完成的。笔者在困惑之余，自然想到了他的大哈屯满都海彻辰——这位蒙古族历史上的伟大女性。

满都海彻辰哈屯出身于土默特部恩古惕鄂托克，其父是绰罗思拜帖木儿丞相。他的职衔很高，但他是否在满都鲁汗朝廷任职，无据可查。

满都海生有二女，是满都鲁汗能够与蒙古右翼建立联盟的最大的资本。如前所述，他的长女博啰克沁公主嫁给了乩加思兰太师，其次女伊锡克公主嫁给了满官嗔——土默特的火筛塔布囊。火筛的父亲是上文提到的满都海哈屯在右翼的代理人脱罗干知院，是满都海哈屯娘家部落的人。而蒙古右翼此时的太师则是乩加思兰太师（有学者认为此名是“别乞阿尔斯兰”的误写）的族弟亦思马因。孛罗忽济弄与锡吉尔太后生有一子，即把秃猛可达延汗。孛罗忽济弄被杀后，他的遗孀锡吉尔太后被乩加思兰太师霸占，乩加思兰被杀后，她又被亦思马因太师纳为妻，而且感情还特别好，此事在蒙古文史书中俱有明确记载[①]。因此，亦思马因太师实为达延汗的继父。满都海彻辰哈屯能够辅佐幼小的达延汗登上蒙古汗位，与右翼的这些势力不无关系。因为此事，蒙古左右翼达成了暂时的和解。

满都鲁汗去世后，蒙古汗位空虚，使满都海哈屯这位蒙古实际上的执政者陷入了左右两难之境地。历来与她有感情基础的科尔沁部的乌讷孛罗特王此时前来向她求婚。因为此前蒙古左翼中，科尔沁万户一直是察哈尔万户的忠实盟友，满都鲁之

① 萨囊彻辰：《蒙古源流》，内蒙古人民出版社，1980年，第355页。

所以能够控制成吉思汗诸弟后裔的其他万户，震慑东蒙古，归功于乌讷孛罗特王与满都海哈屯之间这份很深的情分。此事给满都海哈屯带来无法逾越的困境，她自己无法决定，征求她身边的亲信和大臣的意见，甚至她有时候为此事变得有点歇斯底里[①]。考虑再三后，她最终从自己直属的察哈尔万户的利益出发，舍弃了自己个人感情，决定拥立年仅七岁的把秃猛可为达延汗，使觊觎汗位的其他蒙古封建主收回了野心。为了在蒙古各部的封建主心目中树立达延汗的正统可汗形象，也为了突出她自己对忽必烈家族做出的贡献能与唆鲁禾帖尼别乞媲美，尤其是为了得到察哈尔万户的拥戴，她举办了一次在蒙古历史上空前盛大的祭祀唆鲁禾帖尼别乞的活动。她在为拥立达延汗而从蒙古各部落应邀前来的诸封建主的聚会上，首次用国祭的方式亲自祭祀唆鲁禾帖尼别乞的灵寝神位，她以发毒誓的方式表明她对黄金家族的忠心不二。同时赢得了向来以唆鲁禾帖尼别乞为女祖先的好陈察哈尔人和察哈尔其他部落成员对自己宗主地位的认可。

也失哈屯的灵寝原来安置在阿里不哥家族的领地——别乞大营盘之内好陈察哈尔人的驻牧地。自从脱脱不花岱宗汗将阿里不哥家族包括好陈察哈尔在内的所属部落人口归为己有，他的统治中心也从瓦剌转移到东蒙古。负责祭祀唆鲁禾帖尼别乞的好陈察哈尔人把也失哈屯的陵寝带到了东蒙古，设置在汗廷内。从此，也失哈屯灵寝逐渐演变成察哈尔万户最重要的祭祀对象。

关于满都海彻辰哈屯祭祀也失哈屯陵寝的活动，相关蒙古文史书中都有记载。但是各种蒙古文史书对此事的记载出入很大。根据笔者的研究，较早成书的《黄金史纲》《黄金史》对此事的记载比较准确，而此后的史料记载因为对上述两种史料

① 罗卜藏丹津著，乔吉校注：《黄金史》，内蒙古人民出版社，1980年，第644页。

的误读，将祭祀活动误读成对成吉思汗白室的祭祀。随着时间的推移，蒙古文史书中的这种偏差越来越大，一直到清代，《蒙古源流》的作者萨囊彻辰才将这种错误更正。

蒙古文史书对满都海哈屯祭祀活动的记载情况对照表如下：

书　名	祭祀对象	祭祀地点	具体记载
《俺答汗传》	不详	不详	第43页曾具体提到过也失哈屯白室
《黄金史纲》	也失哈屯	也失哈屯白室	
《黄金史》	也失哈屯	也失哈屯白室	第648页具体提到也失哈屯白室
《大黄史》	也失哈屯	成吉思汗白室	第116页具体提到也失哈屯白室
《阿萨拉克齐史》	成吉思汗	成吉思汗白室	未曾提到也失哈屯和也失哈屯白室
《金轮千辐》	成吉思汗	成吉思汗白室	未曾提到也失哈屯及其白室
《蒙古源流》	也失哈屯	也失哈屯白室	第350页明确记载了祭祀也失哈屯白室

归纳上述蒙古文史书的各类记载，我们可以得出以下结论：

按照蒙古文史书的成书年代来看，离满都海彻辰哈屯生活的年代越近，关于满都海哈屯祭祀也失哈屯白室的记载越清晰。如上述《俺答汗传》属于流传至今的蒙古文史书中较早成书的蒙古历史著作。只可惜，该书的作者以诗歌的形式为俺答汗歌功颂德，对俺答汗以前的蒙古历史的记载过于简略，没有提到满都海哈屯的具体祭祀活动。但是，俺答汗与其兄率领蒙古右翼三万户携带成吉思汗八白室进入漠北，在杭爱山南麓安营扎寨，而卜赤汗亲率察哈尔万户等蒙古左翼万户，携带也失哈屯白室在杭爱山北麓驻扎，两军联合向兀良哈万户发动进攻前的准备情况描写得很具体。《黄金史纲》《黄金史》成书时间较早，大部分记载可信度很高，深得蒙古史学家的信赖。两种史料对满都海彻辰哈屯和也失哈屯八白室的祭祀活动记载得很清晰，祭祀地点在也失哈屯白室前，祭祀对象是也失哈屯。而《黄金史》里曾有一处明确记载了“也失哈屯就是忽必烈和阿里不哥的生母唆鲁禾帖尼别乞”[①]。从《大黄史》开始，蒙古史家对满都海彻辰哈屯祭祀也失哈屯白室的记载就变得有些模糊了，甚至将当时分别位于蒙古左翼和右翼的两个白室混为一谈。而《阿萨拉克齐史》和《金轮千辐》等成书年代较晚的史书，将蒙古历史上发生的这一大事几乎忘得一干二净，张冠李戴，把也失哈屯和也失哈屯的白室彻底从历史记载中抹掉，把达延汗继承汗位的地点及满都海哈屯祭祀也失哈屯白室的地方都改写成右翼的成吉思汗八白室了。还好，萨囊彻辰作为鄂尔多斯部落黄金家族出身的人负责祭祀“成吉思汗八白室”，对这件事还是有基本的了解的，因此，他撰写《蒙古源流》时，纠正了蒙古文史书中误传很久的讹误，这是他对蒙古史研究做出的一大贡献。

察哈尔万户主祭也失哈屯白室的这一举动，从满都海哈屯时代起，形成了一种传统。此事从达延汗之孙卜赤汗领兵征伐兀良哈万户的叛乱时，仍携带着也失哈屯白室的记载中可见一斑。林丹汗时期，从蒙古左翼率领其察哈尔本部西征蒙古右翼三万户时，将也失哈屯白室带到蒙古右翼。林丹汗病故后，其子额哲孔果尔归附爱新国前，把自己的千余户察哈尔人安插到

① 罗卜藏丹津著，乔吉校注：《黄金史》，内蒙古人民出版社，1980年，第485页。

鄂尔多斯部隐藏起来，其中就有汗廷直属好陈察哈尔的部分人员。“初九日。以鄂尔多斯济农（也作济弄）处携来察哈尔人，补各旗之人员缺少者：正白旗得巴郎伊特格尔图下男丁160名；镶白旗得伯奇寨桑下男丁160名；正蓝旗得吴纳噶下男丁151名；镶蓝旗得托托果杜拉噶下男丁150名；镶红旗得古穆格依扎萨古尔下男丁161名。”①虽然皇太极从察哈尔的户籍中察觉到此事，并派人要回隐藏在鄂尔多斯的部分察哈尔人，但是包括察哈尔人所祭祀的也失哈屯白室、蒙古大汗的九斿白纛以及负责祭祀和看护的人员等都遗留在鄂尔多斯部。我们在上文中已经利用胡日查毕力格、额尔克彻辰二位学者的田野调查材料对此事进行过研究，这里不再赘述。

可见，满都海彻辰哈屯对也失哈屯白室进行祭祀的这一举动，对形成察哈尔万户的凝聚力起到决定性作用，对后世的影响也极大。当时的察哈尔万户的来源很复杂，既包括来自瓦剌万户阿里不哥家族汗廷的各部，又包括东蒙古汗廷的旧部，还有从蒙古右翼三万户兼并而来的部落。因此，用这些部落共同崇拜的拖雷家族女祖先的祭祀来凝聚大家的力量，是满都海彻辰哈屯的英明创举。

满都海彻辰哈屯在达延汗成年以前，与满都鲁汗在位时一样，仍由她继续主政蒙古汗廷政务，按照她制定的方针，努力强化察哈尔万户的势力。

据蒙古文史料记载，达延汗继位后，满都海彻辰哈屯所采取的第一个举动是征服瓦剌。先派遣步兵、牛兵，三天后她亲率骑兵，带着幼小的达延汗出征，由克什克腾（怯薛军）兵马

① 《清初内国史院满文档案译编》，光明日报社出版社，1989年，第193页。

充当前锋，在特斯布尔都[①]的地方打败瓦剌兵，给他们制定若干条扎撒后凯旋。此次战役在汉文典籍中没有具体记载，满都海彻辰哈屯利用蒙古左翼与右翼暂时保持和谐之际，动用东蒙古的全部兵力征服了瓦剌万户（据笔者的调查，至今土尔扈特人仍保留着当年满都海彻辰哈屯给他们制定的日常生活规矩。例如：在蒙古包里聚餐时，土尔扈特人的坐姿仍然是双膝跪地；吃羊肉时，只准一人拿刀切割羊肉给大家分发肉食，其余人不得碰刀等，在今日的新疆土尔扈特人日常生活中，这仍是人人遵循的重要习俗）。从史料记载来看，此次战役发生在蒙古国乌布萨淖尔湖附近，似乎与后来的兀良哈万户地界相邻，战役的结果是大获全胜[②]。但是后来的几年间，满都海与瓦剌部之间仍发生零星的战争，还险些导致满都海哈屯早产[③]。这些零星战争的记载很有可能指的是兀良哈万户与察哈尔万户之间的初期摩擦，满都海哈屯的察哈尔万户军队在战争中失利时，还曾得到喀尔喀万户左翼的增援。因为在战争中，满都海哈屯因落马而受伤时，救她撤出战场的人中就有弘吉剌部等喀尔喀左翼万户成员[④]。可见察哈尔万户外围的“屏障”（喀尔喀）势力此时也开始形成。

喀尔喀万户和察哈尔万户之间的关系历来很微妙。喀尔喀万户的左翼是正统意义上的喀尔喀部。巴林部、扎鲁特部、弘吉剌部，即所谓的“罕哈部营三”[⑤]驻牧于喀尔喀河流域，因

---

① 乌云毕力格认为指流入蒙古国乌布萨淖尔湖的特斯河和波尔河之间的地方。参见乌云毕力格：《阿萨喇克其史研究》，中央民族大学出版社，2009年，第114页。

② 罗卜藏丹津著，乔吉校注：《黄金史》，内蒙古人民出版社，1980年，第643页；答里麻著，乔吉校注：《金轮千辐》，1987年，第127页。

③ 萨囊彻辰：《蒙古源流》，内蒙古人民出版社，1980年，第353页。

④ 萨囊彻辰：《蒙古源流》，内蒙古人民出版社，1980年，第353页。

⑤ 郑晓撰：《皇明北虏考》，载《明代蒙古汉籍史料汇编》第1辑，第211页。

此得名。在达赉逊汗时期，上述的喀尔喀三部与察哈尔万户南下，喀尔喀三部吞并泰宁卫后增加了伯腰特、乌济业特二部，才最终形成了内喀尔喀五部。而喀尔喀万户的右翼则在卜赤汗征服兀良哈万户叛乱后，才形成真正意义上的部落群体。达延汗时期，右翼喀尔喀万户尚未成形，不过它的部分部落已经驻牧于察哈尔万户的右翼，以杭爱山作为防线，是达延汗防范兀良哈和瓦剌部进犯的“屏障”（蒙古语叫喀尔喀“qalq-a”）。《达延汗六万户赞》中记载：“据守杭爱山，防护外敌入侵的屏障，保护生命安全的保障，我的喀尔喀万户。”[①]这是针对达延汗时期的喀尔喀右翼部落的职责的赞颂。卜赤汗时期受到兀良哈万户袭击的“库里叶兀路思”[②]就是指后来成为喀尔喀万户右翼的基础蒙古部落。蒙古文史书中有时把喀尔喀的十二鄂托克整体命名为“山野里的十二库里叶喀尔喀”[③]（aqalaγ-un arban qoyar küriy-e qalq-a）。这里“库里叶”的第一层意思是大概由十二部群组成；第二层意思是察哈尔万户的外围护卫兵营，驻守各个战略要塞，防御敌者入侵的防线。喀尔喀万户的右翼，是在卜赤汗通过20年的战争彻底征服兀良哈万户的基础上，将部分兀良哈万户的所属部落与喀尔喀右翼的基础部分整合到一起，才形成的部落群体。因此，在喀尔喀右翼的成分里还有直接以“兀良哈”命名的部落。《阿萨喇克其史》载：格哷森札“他成为喀尔喀七和硕之主的缘由如下：……给了［长子］阿什海以兀讷格特、札剌亦儿。给了那颜泰以卜速忒、额

---

①［蒙古］策·达木丁苏荣编：《蒙古古代文学一百篇》，内蒙古人民出版社，1979年，第635页。

② 对此处的“库里叶”，薄音湖认为是“一圈子百姓”；珠荣嘎认为和库里叶山或库里叶鄂托克有关；宝音德力根认为是库里叶山和古涟勒古有某种联系。参阅宝音德力根：《十五世纪前后蒙古政局部落诸问题研究》，内蒙古大学博士论文，1997年，第104页。

③ 答里麻著，乔吉校注：《金轮千辐》，内蒙古人民出版社，1987年，第192页。

尔济根。给了诺诺和以克噜特、郭尔罗斯。给了阿敏以和啰、库里叶、绰琥尔。给了达崃以库克亦特、合答斤。给了德勒登以唐古特、撒儿塔兀勒。给了萨木就一个兀良哈”[①]。上述部落中的札剌亦儿部肯定是在达延汗时期就驻防杭爱山一带的喀尔喀右翼的基础部落之一。《阿萨拉克其史》载：“早先，喀尔喀部赤那思氏名叫乌都孛罗特的人来到答延合罕处，请求说：‘如今，由札剌亦儿的西古其讷尔统辖喀尔喀部。请派一个儿子去做［喀尔喀］主人。”[②]从该史料中，我们发现两个问题。第一，当时喀尔喀右翼的基础部分是由木华黎的后裔，具有“首臣”[③]［sigejin（xigejin—xe：jin）］[④]称号的札剌亦儿部的异姓贵族们掌控的。第二，当时蒙古左翼的大部分部落已经被完全置于黄金家族台吉的控制下，因此，喀尔喀右翼的部落也急切地希望由蒙古可汗家族出身的台吉来当家做主，以便得到察哈尔万户的保护。

总之，喀尔喀万户与其他蒙古万户有所不同。他们对察哈尔万户的依赖性比其他任何蒙古万户都要强烈。喀尔喀万户的形成与察哈尔万户外围势力的建立不无关系。喀尔喀左翼的形成时间在达延汗登位之初，而喀尔喀右翼的形成时间较晚。它们都是以察哈尔万户外围势力的角色出现。与其他万户相比，

①《阿萨拉克其史》，民族出版社，1984年，第119页。乌云毕力格：《阿萨喇克其史研究》，中央民族大学出版社，2009年，附件《阿萨喇克其史》蒙古文版本影印，第295页。

②《阿萨喇克其史》，民族出版社，1984年3月版，第117页。转引乌云毕力格《阿萨喇克其史研究》译文，第127页。

③ 元代因木华黎后裔皆任丞相一职，北元时期其后裔被蒙古社会尊称为“首臣”，蒙古文写法为“sigejin”，读法为“xe:jin”。

④ 西格津：sigejin（xigejin），对该词，有学者的解释是“舍人”（巴·音宝：《蒙古历史某些名称的释读》），但是，据《十善白史》等史书的记载及其蒙古社会地位来看，应该是从汉语的“大臣”或“首臣”演变而来的音译名词，意思为部落首领，不过具有这个称呼的人似乎都是元朝大臣的后裔。蒙古历史的名词中，与此相关的名词还有西古领格（sigülengge），源于“首领”的音译。

喀尔喀万户是察哈尔万户的左右翼护翼，是察哈尔万户的附属万户。喀尔喀万户不是我们传统观念上的一个整体部群。其左翼和右翼以各自的封建主台吉为单位独立存在，喀尔喀左翼驻牧地位于察哈尔万户的左侧喀尔喀河流域，是察哈尔万户的左翼“屏障”，而喀尔喀右翼则驻牧于杭爱山以西，是策应察哈尔万户的右翼力量，是真正意义上的“喀尔喀”（护盾或屏障），是蒙古可汗分别设置在自己直属察哈尔万户左右翼的两大军事集团。

第三节　察哈尔万户的结构

察哈尔万户各部历史的研究历来有争议，过去学界过于笃信蒙古文史书中提到的“察哈尔八鄂托克”的传统记载，简单地将它理解成察哈尔万户的八个鄂托克，因而走了不少弯路。其实组成察哈尔万户的成员与察哈尔八鄂托克没有直接的关系，更何况察哈尔万户的部落成员何止八个鄂托克。

一、察哈尔万户各部的分封及其变迁

达延汗分封诸子的史料是解开初期察哈尔万户内部结构的一把金钥匙。

关于达延汗分封诸子的史料主要有：

《达延汗后裔世袭表》笺注中列有达延汗十一子[①]。

《武备志》卷206，《镇戍山西》条所引《职方考》：“弘治间，有小王子，因瓦剌西徙，与土鲁番相仇杀，势渐强，其子歹颜罕亦称小王子，有子十一人。”[②]

① 赛瑞斯著，余大钧译：《达延汗后裔世袭表》，笺注，表一，载《蒙古史研究参考资料》总第41·42辑，内蒙古大学蒙古史研究室编，1981年。

② 王雄等编辑点校：《明代蒙古汉籍史料汇编》第2辑，第536页。

蒙古文史书的记载与之吻合。《俺答汗传》的作者为了突出蒙古右翼先祖，记载达延汗十一子时，除了右翼祖先巴尔速孛罗特（也作巴尔速博罗特、巴尔苏博罗特）用原名记载外，其他大部分人名都改用其别号："把秃猛可达延汗子息繁衍，生彼等十一位皇子：其长子图鲁拜呼，其弟乌鲁斯白呼，其弟巴尔苏博罗特，其弟阿尔苏巴拉特，其弟乌德巴拉特，其弟讷勒博兀喇，其弟那勒博兀喇，其弟格根孟克，其弟察克孟克，其弟格勒森吉，其弟乌巴伞吉等诸子是也。乌鲁斯白呼、乌德巴拉特、讷勒博兀喇、格根孟克、格勒森吉、乌巴伞吉等，安然占据左翼万户而居，世代相传的左翼万户孛儿只斤家族，由此六人分衍而成。"[①]众所周知，在目前存世的蒙古文史书中，《俺答汗传》成书时间较早（16世纪末，17世纪初），作者生活的时代又离所述年代最近，所记之事可信度较高。该书的记载与其他蒙古文史书的记载之所以不同，在于对其右翼祖先巴尔速孛罗特的同胞弟兄有深刻的了解，甚至搬上来他们的别号、昵称，故弄玄虚，试图以此来达到突出巴尔速孛罗特的目的。该史料对蒙古左翼六位封建主的记载非常准确。我们可以用其他蒙古文史料记载来加以印证。《蒙古源流》载："阿赤赖孛罗特坐镇察罕儿八鄂托克的克失旦；格呼孛罗特坐镇察罕儿的敖汉、奈曼；纳儿孛罗特坐镇察哈儿的浩齐特。"[②]这是达延汗尚在世时将其第六子、第七子、第八子分封为察哈尔万户所属部落封建主的记载。从这里不难发现，达延汗在位时，察哈尔万户的雏形是以克失旦为统称的察哈尔万户中央部分，以浩齐特为统称的察哈尔万户右翼部分，以"敖汉奈曼"为统称的察哈尔万户左翼部分的极其简易的结构。换言之，达延汗时期的察哈尔万户是由以克什克腾命名的中央部分，以浩齐特命名的右

① 珠荣嘎译：《俺答汗传》，内蒙古人民出版社，1991年，第15—17页。
② 萨囊彻辰：《蒙古源流》，内蒙古人民出版社，1981年，第389页。

翼部分，以敖汉奈曼命名的左翼部分这三大部分组成的。

《俺答汗传》提到的受封于蒙古左翼的六兄弟中，乌鲁斯白呼为达延汗次子乌鲁斯孛罗特[①]，他在达延汗平定蒙古右翼前被达延汗派往右翼的鄂尔多斯部，被右翼异姓贵族杀害，此时他的子嗣尚幼，未得到分封；乌德巴拉特[②]为受封克失旦之第六子阿赤赖孛罗特；讷勒博兀喇为受封五鄂托克罕哈之纳勒出孛罗特；格根孟克[③]应该是指受封察哈尔的敖汉、奈曼之格呼孛罗特；格勒森吉就是受封喀尔喀右翼七鄂托克罕哈之幼子格呼森札；乌巴伞古[④]为后受封察哈尔塔塔儿之成台吉。奇怪的是，《俺答汗传》中没有提到浩齐特之封建主纳儿孛罗。这是有原因的。达延汗在世时，对其正室满都海夫人所生之幼子那勒博兀喇（那力不赖“Nalbuγura”）十分溺爱，犹如成吉思汗疼爱其幼子拖雷那颜。据《蒙古源流》记载，满都海彻辰哈屯接连生了三胎双胞胎和一个单胎，“以后，又生了纳儿孛罗一个。都说：‘这都靠也失哈屯的慈恩旨意，靠母后满都海的真诚。’于是摆起了喜庆的盛宴”[⑤]。达延汗老年得子十分高兴，为其幼子那勒博兀喇分封了自己直属的察哈尔万户的整个右翼——浩齐特。只是后来从卜赤汗时期开始，蒙古各代可汗分封其直系子孙时，对达延汗初期的分封大有改动和分割，其中以察哈尔“五大营”之右翼——浩齐特为首。从此察哈尔右翼之一部分，那勒博兀喇后裔手中所留下的部民受到察哈尔汗

---

① 关于卜赤汗的世袭，各种史料有不同的记载，宝音德力根曾对此进行考证，认为乌鲁斯孛罗特为卜赤汗之父。卜赤汗系为左翼部落之台吉主流。

② 当时蒙古文中的“金刚”都书写为 “očir”，现代蒙古文形式的“wčir”尚未出现，核对原稿发现乌德巴拉特的名字用竹排笔写成“oda balad”，是分开来写的，“oda”可能是“oča”的笔误。

③ 格日土台吉无嗣，《俺答汗传》中所说察克孟克为其人。是达延汗之小夫人胡失所生，系成台吉同胞兄。所以其后裔在左右翼均不存在。

④［日］森川哲雄：《察哈尔八鄂托克及其分封》，载《东洋学报》第81卷1—2合刊号，1976年。

⑤ 萨囊彻辰：《蒙古源流》，内蒙古人民出版社，1981年，第354页。

的排挤，导致他们在蒙古左翼万户和蒙古右翼万户之间徘徊，出现了一方面与察哈尔万户割舍不断，另一方面又不得不依赖右翼万户的现象。《世袭表》附表十载：“（达延汗第七子）那力不赖，即倒身。在宣府张家口以东至独石边外驻牧。张家口互市。子四。失喇台吉，营名哈不慎（哈兀慎——引者）；那出台吉，营名哈不慎；不克台吉，营名委兀慎（也作威武慎）；莫蓝台吉，营名打剌明安。”①

此时那勒博兀喇子孙的分封已远不及当初的察哈尔“五大营”之右翼——浩齐特。但是还保存着一定的实力，并不是名存实亡。因为从其四子所领的部民名称中可以看出，还保存着昔日浩齐特部名称的影子。“哈不慎”之“不”字为“兀”字之讹，应该是“哈兀慎”②，即两个儿子分别分得左右翼两个“哈兀慎。”而另两个儿子所部名称明显有变化。一为威武慎，另一个为打剌明安。此后再过一些年的史料中，“哈兀慎”之名称也不见了，取而代之的是那勒博兀喇子孙名下的阿速特、舍喇奴惕等部名。因为此时浩齐特部已经从那勒博兀喇子孙名下转移到达赉逊汗子孙的名下了。浩齐特部已列在达赉逊汗第二子庄兔名下了。这当然是卜赤汗、达赉逊汗时再三改变分封的结果。说明达延汗时期的察哈尔万户右翼——浩齐特已经分解成若干部落了。史乘中没有留下其具体分封过程的记载。

达延汗以后，察哈尔万户的结构不断地发生变化。只从上述浩齐特部的变化来说，在达延汗和卜赤汗时期，浩齐特似乎是以察哈尔万户右翼形式存在的察哈尔“五大营”中的独立整体之一。达延汗为子孙分封时，为其正室满都海所生之幼子那

---

① 赛瑞斯著，余大钧译：《达延汗后裔世袭表》附表十，载内蒙古大学蒙古史研究室编《蒙古史研究参考资料》总第41·42辑，1981年。萧大亨撰：《北虏风俗》，北平文殿阁刊印本，1936年，参阅《北虏世袭》。

② 宝音德力根：《应绍卜万户的变迁》，载《中国人文社会科学博士硕士文库（续集）》历史学卷（上），浙江教育出版社，2005年。

勒博兀喇分封察哈尔万户的右翼浩齐特。为格呼孛罗特分封了察哈尔万户左翼——敖汉奈曼。又为阿赤赖孛罗特分封了察哈尔万户的中央部分——克失旦。

达延汗为其第四子阿尔速孛罗特分封察哈尔之卜尔报，在蒙古文史书中，只有《金轮千辐》出现了这样的讹误。阿尔速孛罗特是巴尔速孛罗特的孪生兄弟，是协助其兄管理蒙古右翼万户的大台吉，据《蒙古源流》记载，他的封地是多罗土默特。巴尔速孛罗特被迫为卜赤汗让位后，阿尔速孛罗特曾企图抢夺皇位，兵败远走青海[①]。卜赤汗率领察哈尔万户南下震慑右翼三万户时，在他的直属察哈尔万户“五大营”中，卜尔报是独立存在的五营之一。因此，卜尔报不可能是右翼万户阿尔速孛罗特所属的部落。

巴尔速孛罗特的第五子伯颜答喇分到察哈尔之察罕塔塔儿是特例。这是巴尔速孛罗特称汗后，为自己的子孙抢夺察哈尔万户所属部落的最明显的一个例子。《蒙古源流》载“伯颜答喇生于壬申年，驻领察罕儿的察罕塔塔儿”[②]。《恒河之流》又载达延汗“第八子成台吉之子孙为塔塔儿部之那颜”[③]。后者又叫作“黑塔塔儿。”当时蒙古人把“把儿户等森林部”统称为qar-a tatar。显然达延汗把过去林木中百姓中的“巴儿浑”（即“把儿户”）等部的后裔分封给其八子成台吉。成台吉即五八山只成台吉，《蒙古源流》说五八山只之二子互相残杀，阿住杀其弟昔喇，因此阿住也被诛，其属民阿速、永谢布落入巴尔速孛罗特第六子卜迪达喇手中。但大部分蒙古文史书中所记

① 答里麻著，乔吉校注：《金轮千辐》，内蒙古人民出版社，1987年，第129页载：“阿尔速孛罗特企图抢占皇位，蒙古左翼三万户以他‘无理取闹’，征讨驱逐，卜赤洪台吉于土马年登位。”

② 萨囊彻辰：《蒙古源流》，内蒙古人民出版社，1981年，第390页。

③ 衮布扎布著，乔吉校注：《恒河之流》，内蒙古人民出版社，1980年，第133页。

载的名字都和汉文史书一样，把成台吉之子记为通石台吉和长力台吉。《蒙古源流》所记载的阿住和昔喇才是兄弟二人真正的名字。所有史书都没有记载兄弟二人后嗣，原因就像萨囊彻辰所说那样，因兄弟二人互相残杀，断子绝孙了。这也间接地反映了右翼巴尔速孛罗特家族排挤其他家族和抢夺他人属民的情况。又从中发现，所谓塔塔儿就是阿速和永谢布。明人把东蒙古人蔑称为“鞑靼”，而蒙古人又把它原封不动地冠在这些阿速等外来蒙古人头上。阿速本为元朝皇帝的近卫军，而永谢布则来源于负责元朝军队后勤的职业机构——云需总管府。北元初均为皇帝直属。对此，《译语》说：“曰把儿户，虏中呼为黑鞑子，好战斗，兵至数万，以镔铁为刀。”《黄金史》亦载，“从外国人变成的蒙古人、汉人为哈喇奴惕哈喇慎”[①]，这正是把他们称作“黑塔塔儿”的缘故。

对此《恒河之流》的“鄂尔多斯台吉源流”中亦载：“达延汗三子巴尔速孛罗特之四子那冉（指伯颜答喇那林台吉——引者）台吉为察罕塔塔儿之那颜。”[②]此记载与上述《蒙古源流》的记载相吻合。可见此事属实。

《世袭表》表七载：“那林台吉。在宣府独石边外正北驻牧，离边十五六日之程。张家口互市。故。三子。”而《筹边纂议》的内容也印证了此记载：“住独石口正北，地名我力速太。”其地理位置与察哈尔万户右翼浩齐特相邻。《世袭表》表十载：“那力不赖，即倒身。在宣府张家口以东至独石边外驻牧。张家口互市。”[③]

① 罗卜藏丹津著，乔吉校注：《黄金史》，内蒙古人民出版社，1980年，第695页。

② 罗卜藏丹津著 乔吉校注：《黄金史》，内蒙古人民出版社，1980年，第116页。

③ 赛瑞斯著，余大钧译：《达延汗后裔世袭表》表十笺注，载内蒙古大学蒙古史研究室编《蒙古史研究参考资料》总第41·42辑，1981年。

那力不赖就是上述《蒙古源流》载达延汗之子，坐镇浩齐特之纳儿孛罗。察罕塔塔儿从一开始就与察哈尔关系密切，极有可能是察哈尔五大营右翼营之属部。卜赤汗时期镇压兀良哈万户叛乱时，察罕塔塔儿就是卜赤汗的主力军之一。《译语》说："蒙古一部落最朴野，无书契，无文饰，无诞妄（如云不攻某堡，信然）。近亦狡诈甚矣。闻小王子集把都儿台吉、纳林台吉、成台吉、血剌台吉（部下着黄皮袄为号）、莽晦、俺探、巳宁诸酋首兵，抢西北兀良哈，杀伤殆尽。"①

《皇明北虏考》也载："［嘉靖］十八年八月，虏入宣府塞，西路参将贾英见虏少，出御之，乱行而前，入虏伏。虏杀我将士千人，掠战马千匹，益深入南路，杀掠人畜万计。时虏酋青台吉、哈喇台吉、那林台吉皆屯牧塞外，时时掠宣府。"②

上述两条史料中的纳林台吉和那林台吉为同一个人，是察罕塔塔儿的首领伯颜答喇那林台吉。从上一条资料分析，哈喇台吉似乎是血剌台吉之讹。血剌台吉即浩齐特部之那力不赖的长子舍喇台吉。

总之，从以上部分史料的分析当中，我们可以了解达延汗时期察哈尔万户的大体组成状况。起初的察哈尔万户左翼由以"敖汉奈曼"命名的察哈尔诸部组成，而察哈尔右翼则由以"浩齐特"部命名的诸部组成，左右两翼分别以"敖汉奈曼"和"浩齐特"命名。从脱脱不花岱宗汗时期，"敖汉"在蒙古文史籍中出现后，从达延汗至林丹汗时期，"敖汉奈曼"二部一直在分享一个鄂托克之名，并列存在，直到归附清朝为止。起初"敖汉奈曼"部落名称是指察哈尔万户左翼"八大老营"——敖汉奈曼（uuan naiman aimaγ）的统称。而浩齐特部

① 岷峨山人著，薄音湖、王雄编辑点校：《译语》，载《明代蒙古汉籍史料汇编》第1辑，内蒙古大学出版社，1993年。

② 郑晓撰，薄音湖、王雄编辑点校：《皇明北虏考》，嘉靖十八年条，载《明代蒙古汉籍史料汇编》第1辑，内蒙古大学出版社，1993年。

的名称起初是察哈尔右翼诸部的总称，蒙古文词义是“旧老营”。据赛瑞斯的研究，浩齐特有七个分支，不过他只提到了阿速特、萨尔扈特、哈兀慎、威武慎、打剌明安[①]。可见浩齐特当初是诸部落的统称无疑，据此可以将察哈尔万户右翼理解成“旧七营”。

随着达延汗以后各代可汗的进一步分封，有些隐藏在“敖汉奈曼”名下的察哈尔左翼各部和聚居在“浩齐特”名下的右翼察哈尔万户各部分支也逐步被分解。可见卜赤汗初期的“察哈尔五大营”的雏形早在达延汗时期就已形成。察哈尔万户的“五大营”，究其渊源，察哈尔万户右翼浩齐特诸部以原元朝皇家的旧部属为主，而察哈尔万户左翼敖汉奈曼诸部是以蒙古卫拉特王朝（瓦剌）皇室阿里不哥家族的直属部落为主。察哈尔万户的中央部分之一克什克腾无疑是由元朝时期的怯薛军演变而来的；中央部分之一“卜尔报”则来源于蒙古卫拉特王朝阿里不哥王室在吉尔吉斯（也作吉利吉思）地方斡耳朵（冬营地）的侍卫和服侍人员，以完全蒙古化的吉尔吉斯人为主，卫拉特蒙古人称他们为布鲁特人；察哈尔万户中央部分的另一部“好陈察哈尔”则是阿里不哥汗家族设立在乌里雅苏台地方斡耳朵（夏营地）的侍卫和服侍人员。

卜赤汗在位中后期，察哈尔各部又有一次大的分封。此次分封对察哈尔各部的封建领主产生了较大的影响。

《大黄史》载：“巴图（卜赤之讹误）阿剌克四十一岁即位。在位四年。巴图阿剌克之子阔端、达赉逊台吉、可可出太台吉、汪兀都剌台吉。”[②]

据《达延汗后裔世袭表》表二载：

① 赛瑞斯著，余大钧译：《达延汗后裔世袭表笺注》，载内蒙古大学蒙古史研究室编《蒙古史研究参考资料》总第41·42辑，第77页。

② 乌力吉图校勘，巴·巴根校注：《大黄史》，民族出版社，1983年，第120页。

不地台吉子五。打来素台吉、可可出太台吉、汪兀都剌台吉、公兔台吉、那宾兔台吉。

《大黄史》之阔端与达赉逊应为达赉逊阔登汗一人。《北虏风俗》中的公兔台吉、那宾兔台吉，据赛瑞斯的考证，二人应该是卜赤汗之弟也密力之子，是卜赤汗的侄子[1]。卜赤汗有子三。《大黄史》载："卜赤汗次子可可出大台吉，其子孙坐镇苏尼特。三子汪兀都剌那颜，其子孙坐镇乌珠穆沁。"[2]这是从察哈尔万户右翼浩齐特中分离出来的两大部落。

《金轮千辐》："兀鲁思孛罗特次子卜赤汗之弟纳密克那颜领有敖汉、奈曼二部。"至此，察哈尔又增添了大台吉所分领的苏尼特、乌珠穆沁二部，"敖汉、奈曼"从部落总称演变为独立的部落。并随着汗位的更替，察哈尔所属部落的分封也继续微妙地演变着。格哷孛罗的子孙从敖汉、奈曼的分领位置上退了下来，从原来的大台吉变成了小台吉，取代他们的是卜赤汗的胞弟纳密克。这种情况并没有至此停止，到达赉逊汗时，为其次子庄兔土剌尔噶剌分封浩齐特，为三子巴噶达尔汉分封了另一个察哈尔分支禾默乞惕。对此，《金轮千辐》记载：

阔登汗次子分到两个浩齐特的庄兔土剌尔噶剌[3]。

很明显，浩齐特部也更换了新主人。原来的纳尔孛罗（也作纳儿孛罗）的子孙只能退居到从属地位。随着达延汗子孙的繁衍生息，远亲边缘化，近亲的分封也难以满足需求。例如

① 赛瑞斯著，余大均译：《〈达延汗后裔世袭表〉笺注》，表二注10，内大蒙古史研究室编《蒙古史研究参考资料》，新编第16、17辑（总第41·42辑），1981年5月。

② 乌力吉图校勘，巴·巴根校订：《大黄史》，民族出版社，1983年，第124页。

③ 答里麻著，乔吉校注：《金轮千辐》，内蒙古人民出版社，1987年，第182页。

“阿剌克汗的公兔、那宾兔分到帖良固惕、昔步慎”[1]等人口极少的古老的狩猎部落。察哈尔之垦济古惕（Kemǰigüd）之名来源于元朝的唐努山以北的谦谦州，是拖雷家族的封地，其居民为“Kem-kemčigüd”[2]，其实该词之义就是“谦谦州的人们”。垦济古惕部属于达赉逊汗三子巴噶达尔罕那颜。大可汗的这些行为当然导致一些远亲的不满，致使察哈尔右翼诸部中驻牧地靠近蒙古右翼万户的一些台吉逐渐离心，率领所属部民投靠右翼万户封建主，从察哈尔万户中脱离。所谓黑塔塔儿、察罕塔塔儿就是在这种情况下脱离可汗之直属部落察哈尔万户的。《北虏风俗》载，“那力不赖，其三子不克台吉之第四子察哈伦台吉（Čaqar-un taiǰi，义为察哈尔的台吉），其第四子莫伦台吉之孙子五素台吉、满克大台吉、五克气台吉在俺答封贡时被授予指挥佥事和副千户”[3]等，都是脱离察哈尔，紧紧跟随俺答汗的结果。这些完全可以证明原达延汗时期察哈尔右翼“浩齐特”的原封建主们后来随着分封的更改已变成右翼之随从台吉。这些事都与达赉逊为其次子庄兔分封浩齐特同时发生。达延汗的分封已不像成吉思汗时代那样，永世不得变更，其后裔已经任意改变他所制定的分封政策了。

总之，达延汗统一左翼和右翼后，为其诸子分封，次子兀鲁思孛罗特的子孙、五子阿赤赖孛罗特、七子纳力博兀喇（也作那勒博兀喇、那力不赖）、八子格呼孛罗特、十子兀八山只（也作五八山只）成台吉、三子巴尔思孛罗特之第五子那林台吉分别获得察哈尔之所属部落。其中兀鲁思孛罗特的子孙占有苏尼特、乌珠穆沁（卜赤汗次子可可出大台吉占有苏尼特；三

---

① 答里麻著，乔吉校注：《金轮千辐》，内蒙古人民出版社，1987年，第182页。

②《中国大百科全书·中国历史》，《元史》分册，谦谦州条，中国大百科全书出版社，1985年，第77页。

③《北狄顺义王俺答谢表》，载《玄览堂丛书本·北虏风俗》附表十。

子汪兀都剌那颜占有乌珠穆沁）；五子阿赤赖孛罗特占有克失旦；七子那力不赖占有浩齐特；十子格哷孛罗特占有五路部；五八山只成台吉占有塔塔儿；巴尔速孛罗特之五子那林台吉占有察罕塔塔尔。达延汗在位时，为子孙分封的察哈尔万户之部落有苏尼特、乌珠穆沁、卜尔报、克失旦、浩齐特、敖汉奈曼、塔塔儿、察罕塔塔儿、五路等。

达延汗以后，历代蒙古可汗为其子孙分封，在可汗直属察哈尔万户中把达延汗的分封更改得面目全非，导致部分察哈尔所辖部落的脱离。

达延汗时期和卜赤汗在位初期，所谓察哈尔万户五大营除中央部分的好陈察哈尔、克失旦、卜尔报以外，左翼由敖汉奈曼命名的五路、阿喇克绰特、垦济古惕、帖良固惕、昔步慎等来源于西北的原阿里不哥家族所属诸部组成，右翼由浩齐特命名的苏尼特、乌珠穆沁（萨尔扈特）、塔塔儿、察罕塔塔儿等忽必烈家族皇家原有直属诸部及机构组成。

卜赤汗后期，察哈尔进一步发展和变化，随着小台吉长大成人，部落所有者的更改，五大营分化成九部。除上述八鄂托克之外，再加上汗廷各斡耳朵直属好陈察哈尔的群体，就是汉文史籍所记载的“九部”或“九帐”。

蒙古文史书中出现的察哈尔万户所属部落及其封建主一览表

可　汗	察哈尔万户部落	封建领主	备　注
达延汗	好陈察哈尔	可汗直属	汗廷斡耳朵直属
达延汗	克失旦	阿赤赖孛罗特	原怯薛军演变的部落
达延汗	浩齐特	那力不赖	原阿速等五卫亲军演变的察哈尔万户右翼诸落的总称，后演变为独立部落
卜赤汗	敖汉奈曼	纳密克那颜	原察哈尔万户左翼诸部的总称，后变为独立部落

续表

可　汗	察哈尔万户部落	封建领主	备　注
达延汗	五路	格呼孛罗特	部分蒙古文史书记载格呼孛罗特的部落为敖汉奈曼
达延汗	塔塔儿	五八山只	《蒙古源流》称阿速、永谢布
巴尔速孛罗特	察罕塔塔儿	那林台吉	巴尔速孛罗特称汗时瓜分察哈尔
卜赤汗	苏尼特	可可出大台吉	
卜赤汗	乌珠穆沁	汪兀都剌那颜	
达赉逊汗	垦济古惕	巴嘎达尔罕	《蒙古源流》记载土蛮汗派垦济古惕之巴嘎达尔罕前往
巴尔速	卜尔报	阿尔速孛罗特	《金轮千辐》的讹误
卜赤汗	阿喇克绰特	瑷塔必	
达赉逊	帖良古惕	公兔	
达赉逊	昔步慎	那宾兔	
卜赤汗	打剌明安	莫蓝台吉	

二、察哈尔万户各部由来及概况

如上所述，卜赤汗在位时，察哈尔万户所属各部由察哈尔万户中央各部、察哈尔万户右翼诸部和察哈尔万户左翼诸部组成。

我们先简要介绍一下察哈尔万户的可汗直属部分，即察哈尔万户的中央部分。察哈尔中央部分由好陈察哈尔、克什克腾、卜尔报三部分组成。

好陈察哈尔这一部分来源于成吉思汗四大斡耳朵的直属臣仆群，它源于成吉思汗的御前第一千户，亦称成吉思汗豁勒首千户。成吉思汗临终前将它赐予幼子拖雷斡耳朵，从而有一部分首千户成员与唆鲁禾帖尼别乞原有的媵者等融合演变成好陈察哈尔。首千户的其余部分则成为后来拖雷家族直属部落依克明安千户，明清时期依克明安成为卫拉特蒙古实力雄厚的依克明安部。这是原始察哈尔人的由来。好陈察哈尔的简要历史已在其他章节专门探讨，此处从略。

克什克腾部源于成吉思汗时期的怯薛军万户，元代一直保留这一军事组织。明初蒙古可汗退回蒙古草原后，怯薛军逐渐演变成独立的克什克腾部，卜赤汗在位时，它仍为北元可汗斡耳朵的直属中央部落，达赉逊汗时期察哈尔万户南下蓟辽边外之后，克什克腾部才逐渐成为察哈尔万户所属的独立部落。土蛮汗在位时，克什克腾部首领土麦台吉是他的近臣，他代表土蛮汗去蒙古右翼俺答汗处与达赖喇嘛见面，并为在蒙古左翼集团的察哈尔万户、五部喀尔喀万户、科尔沁万户中传播黄教做出过重大贡献。克什克腾部在林丹汗时期由左右翼两部分组成，满文档案中称之为“两个克什克腾”。林丹汗西迁时将一翼克什克腾并入察哈尔本部，另一翼克什克腾则为躲避林丹汗的兼并和爱新国皇太极的吞并威胁，远走漠北，投靠岭北察哈尔的浩齐特、乌珠穆沁、苏尼特部，驻牧漠北喀尔喀草原，顺治九年（1652）后来归，编为克什克腾札萨克一旗。

卜尔报也是察哈尔万户的中央组成部分。卜尔报在蒙古文史籍中的书写方式有“borboγ”“borbos”“borod”等多种形式。卜尔报源于元代的“乞儿吉速惕”（Qirqisud），即吉利吉思人。卫拉特蒙古人将吉利吉思人称作“布鲁特”，清朝官方亦沿用此名称，清代把吉利吉思人亦称作布鲁特人。元代的“乞儿吉速惕”是拖雷家族阿里不哥汗后裔的直属部落。兀鲁黑兀路思在唆鲁禾帖尼别乞监国时，曾在吉利吉思地方设置汗斡耳朵，这部分卜尔报人即当时守护和扶持兀鲁黑兀路思汗冬季斡耳朵的吉利吉思臣仆。融入蒙古人的成分中，类似卜尔报的吉利吉思人也有其他部落的。如卫拉特蒙古的“克列努惕”

是“克噜惕”的复数。他们曾经也是唆鲁禾帖尼别乞在吉利吉思冬营地的侍从，即吉利吉思出身的斡耳朵侍从被称作“克列努惕”（宫廷随从）也未可知。据符拉尔基米佐夫考证，克列努惕部就是吉利吉思[①]。

卜尔报是脱脱不花岱宗汗即位后，从兀鲁黑兀路思的阿里不哥家族汗廷部落转变为东蒙古汗廷直属部落的部分人员。岱宗汗之子莫伦汗被毛里孩王围攻时，卜尔报（borboγ）部之首领巴颜兀鲁莫克儿曾舍命保护莫伦汗而被俘虏，后来达延汗攻打右翼三万户的战役中，也是卜尔报首领巴颜兀鲁莫克儿立下奇功。卜赤汗在位时，卜尔报曾是察哈尔万户中央组成部分中与克什克腾、好陈察哈尔并列的三大直属部落之一。据《金轮千辐》记载，卜尔报为阿尔速孛罗特的所属部落，该记载有误。察哈尔万户南下以后，在察哈尔右翼中出现的卜尔报部落则以“卜尔特”（borod）之名再次出现在史料记载中。“察哈尔万户者：敖汉、奈曼、苏尼特、乌珠穆沁为山阳之左四鄂托克；珠亦特、卜尔特（卜尔报——引者）、阿喇克、阿喇克绰特为山阴之西四鄂托克。”[②]

“浩齐特”，顾名思义，就是蒙古语中的“原有部属”之义。脱脱不花岱宗汗得到脱欢太师的扶持，登上瓦剌可汗（实为兀鲁黑兀路思可汗）汗位后不久，又灭了东蒙古（鞑靼）阿歹汗，成为全蒙古的可汗。在此过程中，脱脱不花汗拥有了两部分资产和部属。这两部分资产和部属由来不一，一部分是兀鲁黑兀路思可汗原有的部属，即阿里不哥后裔所拥有的大部分部落（被称作“敖汉奈曼”的八部），而另一部分则是东蒙古可汗的遗产，即忽必烈家族在东蒙古的资产和部属（实为被称作“浩齐特”的七大

① ［苏联］符拉尔基米佐夫：《蒙古社会制度史》（汉文版），中国社会科学出版社，1980年，第204页。

② 答里麻著，乔吉校注：《金轮千辐》，内蒙古人民出版社，1987年，第308页。

部）。好陈察哈尔和卜尔报是脱脱不花汗从瓦剌继承的察哈尔万户中央组成部分，克什克腾部是从东蒙古汗廷继承的察哈尔万户中央部分。据赛瑞斯考证：浩齐特由阿速特、萨尔扈特、哈兀慎、威武慎、打剌明安等七支组成。可见浩齐特是一个部落群的名称。赛瑞斯虽然没有提到七支中的其他两个部落，但是从上述浩齐特的五支成员来看，其由来具有复杂性。

阿速特是由元代的阿速卫演变而来的，是融入蒙古的高加索外来族。元朝蒙古贵族退回蒙古草原后，阿速特人很活跃，是东蒙古汗廷的强悍部落。脱脱不花汗于1434年袭杀东蒙古阿鲁台太师，将其所属阿速特部据为己有。

萨尔扈特这一名称是从“舍喇奴惕”（siranud）的音写讹误而来，还是指蒙古语萨尔扈特（sarqud，酒），目前难以确定。舍喇奴惕是元代色目人的后裔，北元时五卫军的某些部分形成一个部落群，其中的色目人被称作“舍喇奴惕——哈喇慎”。萨尔扈特与舍喇奴惕有何关系，目前无任何史料支撑。从察哈尔万户右翼的萨尔扈特、骡子慎（老司慎）后来融入察哈尔万户的乌珠穆沁部来看，这些部落在历史渊源或原来的职守等方面肯定存在某些内在关系。据《金轮千辐》记载：卜赤汗子孙那彦台伊尔登（翁滚杜拉尔之子）所属部落为萨尔扈特部。目前在蒙古人中，萨尔扈特和舍喇奴惕以两个不同的姓氏并存。

威武慎是北元时期从阿尔泰山迁来融入蒙古的部落。据学者们的研究，被蒙古人统称为“威武慎”的部落源于乜克力以及瓦剌阿剌后裔所属巴儿忽、不里牙惕等部众或鄂托克[①]，曾分散在察哈尔万户右翼和蒙古右翼三万户各部中。该部落来自哈密北山，从成吉思汗时期已经和蒙古汗廷联姻。据《史集》

---

① 郝维民、齐木德道尔吉等：《内蒙古通史纲要》，人民出版社，2006年，第325页。

记载："他们又称篾克邻［m（a）krin］。他们的营地在畏兀儿斯坦的险峻山岭中。他们既非蒙古人，又不是畏兀儿人。因为他们生活于山岭特别多的地区，所以他们惯于走山路，他们全都擅长攀登崖壁。［这个部落］总共有一个千户。他们归顺了成吉思汗并向他称臣，他们的官长则仕奉于成吉思汗。由于他们所在的地区邻近海都兀路思的边境，海都便把他们并吞了。"[①]这是元代乜克力部的历史概况。

15世纪中叶，乜克力部在其首领乩加思兰的带领下进入蒙古高原，参与北元蒙古各部之间的纷争，该部落先后涌现出乩加思兰、亦思马因、亦不剌等蒙古历史名人。乜克力部人口众多，曾经能够左右蒙古汗廷的政局。当时的蒙古各部视乜克力部人为畏兀儿化的蒙古人，因此把他们命名为"威武慎"。在明代汉文史籍中以"畏兀特""委兀慎""委兀儿慎""威武儿慎""委兀儿趁"等多种形式记载。察哈尔万户右翼浩齐特中的威武慎或许是达延汗在成化二十年（1484）左右灭亦思马因太师的战役中捕获的乜克力人群。

打剌明安是明安部的一支。明安部包括依克明安（大千户）、打剌明安（第二千户）、石纳明安（新千户）、茂明安（小明安）、豁勒明安（中心千户）、扎哈明安（侧千户）等诸多分支。

明安部源于成吉思汗四大斡耳朵的第一大千户。第一千户的另一种名称为豁勒千户或首千户。第一千户被成吉思汗赐予拖雷斡耳朵之后，一部分豁勒千户人群与唆鲁禾帖尼别乞的私属"媵哲"合并成也可兀路思斡耳朵的侍从——好陈察哈尔。而其主体部分以依克明安千户的名义保留了下来，归属阿里不哥家族的也可兀路思，在历史的长河中逐渐形成依克明安部，

---

① ［波斯］拉施特主编，余大均、周建奇译：《史集》第1卷第1分册，商务印书馆，1985年，第244页。

随着人口的增多分离出诸多分支。其中的大部分人口归属统治瓦剌的阿里不哥家族，而部分人口则被科尔沁部控制。脱脱不花岱宗汗在瓦剌即位时，原阿里不哥家族的好陈察哈尔和部分明安部落主归属了忽必烈家族，但是依克明安部仍留在卫拉特部中，清中叶才被迫迁徙到黑龙江扶余河和通肯河流域驻牧。

林丹汗即位之初，察哈尔万户中有石纳明安部，说明察哈尔万户在所属打剌明安的基础上又新增了一支明安部。

以上是察哈尔右翼，即以浩齐特命名的察哈尔万户雏形时期各部的基本情况。

以敖汉奈曼命名的察哈尔万户的左翼，各部为五路、阿喇克绰特、垦济古惕、帖良固惕、昔步慎、鞑靼、敖汉奈曼等。

昔步慎部，顾名思义，为饲养猎鹰的人群。《元史》记载："随路诸色民匠打捕鹰房等户都总管府，……掌别吉大营盘事及管领大都路打捕鹰房等户。至元三十年置。延祐四年，升正三品。管领本位下打捕鹰房民匠等户都总管府，……掌别吉大营盘城池阿哈探马儿一应差发、薛彻干定王位下事。泰定元年始置。"[①]忽必烈汗时期已经在阿里不哥后裔控制下的也可兀路思——元代称之为"别乞大营盘"，成立了中央管理机构随路诸色民匠打捕鹰房等户都总管府，兼管也可兀路思事务。此机构在北元时期逐渐演变成昔步慎部，归属瓦剌的统治者阿里不哥家族。

敖汉奈曼名下的察哈尔万户左翼八大老营的基本情况已经在察哈尔万户形成过程中简述过，此处不再赘述。

---

① 宋濂撰：《元史》卷85《志第三十五·百官一》，中华书局，1976年。

第三章　察哈尔万户的变迁

卜赤汗时期，察哈尔万户的变迁是学术界尚未涉足的全新研究领域。其中察哈尔原驻牧地的确定，也是一个有争议的学术难题。这个时期察哈尔万户的变迁，与卜赤汗一生的政治生涯紧密相连。他在位时为平定兀良哈万户的叛乱和应对蒙古右翼的强盛而转战大漠南北，察哈尔万户也随之在大漠南北间迁徙。他第一次率领察哈尔万户南迁威宁海子，是为了从右翼巴尔速孛罗特手中夺回蒙古汗位。此后不久，他为平定右翼阿尔速孛罗特（我折黄台吉，达延汗第四子）的争位骚乱而率领察哈尔等左翼万户第二次南下。此次蒙古右翼的骚乱，使卜赤汗不得不在漠南驻牧一段时间，以便监控蒙古右翼的动向。察哈尔万户的南下，给漠北兀良哈万户的叛乱创造了条件。兀良哈万户为了控制漠北，趁察哈尔万户驻牧漠南的有利时机，对喀尔喀右翼的札剌亦儿等部发动进攻，迅速占领了漠北西部。卜赤汗统领的蒙古左翼万户和麦力艮济弄率领的蒙古右翼万户双方联手，用了整整20年的时间，才平息了兀良哈万户的叛乱。卜赤汗对兀良哈万户进行瓜分，同时加强了察哈尔万户的右侧护翼——喀尔喀右翼的势力。为了兼顾漠南和漠北两地蒙古各部，卜赤汗回到漠北后，其察哈尔万户常年驻牧于喀喇莽奈迤北的可可的里速（清代为车臣汗部领地，色尔腾山以东的广阔草原，名为可可的里速），以便控制新降服的兀良哈部落并监控蒙古右翼。但是，他的这一举动恰恰给蒙古右翼提供了向东扩展势力的空间，不久，俺答汗的土默特万户向东发展，将察哈尔万户的漠南夏营地威宁海子周围及宣大边外的驻牧地占为己有。察哈尔万户因而无法再与明朝的宣大互市，曾在漠南驻牧18年的领地也被俺答汗所部霸占。因为以上的缘故，卜赤汗晚年曾有过对蒙古右翼发动战争的念头，但是蒙古右翼势力强大，他未敢轻举妄动，于是他转变思路，在生前定下了挥师南下占领兴安岭以南山阳万户蓟辽边外朵颜三卫的决策。

卜赤汗的继承者达赉逊汗是个有政治远见的人，他率领蒙古左翼万户南下辽东、蓟镇边外，瓜分朵颜三卫，完成了蒙古统一大业，使察哈尔部的势力得到了扩充，与五部喀尔喀万户、科尔沁万户形成蒙古山阳集团，为土蛮汗时期察哈尔万户威震辽东奠定了基础。土蛮汗与蒙古右翼俺答汗重新协调关系，对明采取强硬政策，使蒙古左翼万户组成的山阳集团也得到了前所未有的发展。在这一历史进程中，察哈尔万户迅速强盛起来，成为名副其实的蒙古中央万户。

第一节　卜赤汗时期察哈尔万户的迁徙

达延汗以后，卜赤汗从其叔父巴尔速孛罗特手中夺回汗位的时间大概是1519年。巴尔速孛罗特被迫让位的原因是此时的察哈尔万户势力已远远超过右翼的势力。右翼各万户曾经遭受达延汗的征服，被左翼万户蹂躏，正处于逐渐恢复元气的阶段。右翼三万户此时还没有从蒙古左右翼之间的战争所留下的阴影中完全摆脱出来，而且对察哈尔万户等蒙古左翼万户和科尔沁万户的恐惧心理还没有完全消失。在1524—1538年间，右翼唯命是从地跟随蒙古大汗，协助察哈尔万户积极镇压兀良哈万户叛乱一事，就能证明右翼对察哈尔万户的绝对服从地位。但是蒙古左右翼之间也并不是一派和平景象，蒙古文史书中透露出一些信息，说明左翼与右翼之间还是存在一定的摩擦。

《金轮千辐》载："铁力孛罗特之子卜赤、乜明二人幼小，巴尔速孛罗特嗣位一月而薨。阿尔速孛罗特（其孪生兄弟——引者）企图继承其兄皇位，左翼三万众认为他无理取闹，便征伐他，并把他赶走。"①

虽然阿尔速孛罗特谋求皇位的事实在其他史书中再无记载，但不能否定卜赤汗即位时所出现的风波，从中也可以看出卜赤汗即位时不像是大部分史料所反映的那样一帆风顺。在上述历史背景下，出现了卜赤汗即位时察哈尔万户的第一次南迁。

据《皇明北虏考》记载："正德间……阿著称小王子，未几死，众立卜赤，称亦克罕。亦克罕大营五：曰好陈察罕儿，曰召阿儿，曰把郎阿儿，曰克失旦，曰卜尔报，可五万人。卜赤居中屯牧，五营环卫之。又东有冈留、罕哈、尔填三部。冈留部营三，其酋满会王；罕哈部营三，其酋猛可不郎；尔填部营一，其酋可都留。三部可六万人，居沙漠东偏，与朵颜为邻。"②

另据《万历武功录》载："（正德）十六年，虏寇花马池，时虏可汗阿著死。部人立故阿尔伦台吉之长子卜赤，号亦克汗。"③

由此曹永年认为："1519年（正德十四年）赛音阿拉克去世，汗位复归左翼，至迟于1521年。"④正德十六年是1521

---

① 答里麻著，乔吉校注：《金轮千辐》，内蒙古人民出版社，1987年，第129页。

② 郑晓撰，薄音湖、王雄编辑点校：《皇明北虏考》正德末年嘉靖元年条，载《明代蒙古汉籍史料汇编》第1辑，内蒙古大学出版社，2006年。

③ 瞿九思撰：《万历武功录·俺答汗列传·上》，正德条，载薄音湖编辑点校《明代蒙古汉籍史料汇编》第4辑，内蒙古大学出版社，2007年。

④ 曹永年：《蒙古民族通史》第3卷，内蒙古大学出版社，2002年，第263页。

年，曹永年的推测是完全正确的。上述卜赤汗五大营的记载就是1521年他即位之初，驻牧漠南的事实。我们结合《金轮千辐》的记载，可以认定卜赤汗率左翼部分万户南下，通过给予右翼军事压力，达到了继承汗位的目的。紧接着又用武力平定了达延汗第四子阿尔速孛罗特之争位骚乱。以上汉文史籍的记载，正好说明了卜赤汗率察哈尔万户的蒙古左翼南下，并获得大汗宝座后的情形。

嘉靖二年（1523），郑晓任明朝兵部职方清吏司主事，受命编纂《九边图志》[①]。此间，他把当时蒙古内部发生的情况记录了下来，撰成一部名著《皇明北虏考》。因为这是当时人记录当时事，所以他的记载可信度很高。书中有关察哈尔、冈留、罕哈、尔填之驻牧地，正是随着卜赤汗南迁的蒙古左翼诸部的营地。所谓“冈留”，就是“往流”，“满会王”者，为《表传》所提到的翁牛特之蒙克察罕诺延[②]。对此，《翁牛特旗王族家谱》记载得更为明确：一世，元太祖之弟嘎楚嘎额珍（即哈赤温）；二世，阿拉其汰诺彦（即按赤台）；三世，阿拉齐巴嘎诺彦；四世，棋倍斯格诺彦；五世，噶吉嘎布拉诺彦；六世，赛音郭尔布拉呼诺彦；七世，孟古希立诺彦；八世，阿拉木图们阿都图阿拉嘎诺彦；九世，赛音敖其立诺彦；十世，

---

①《明史》卷299，《郑晓传》。

②《蒙古回部王公表传》卷31《传十五·翁牛特部总传》。目前学界对翁牛特部之祖先为哈赤温还是帖木格斡赤斤有争论。汉文史料一般认为帖木格斡赤斤为翁牛特祖先，而蒙古文史书多倾向哈赤温为其祖。笔者赞同哈赤温为其祖的观点。《表传》虽坚持斡赤斤为其祖，但蒙克察罕以下的世袭是学界公认的。以前学者们把满会和满晦混为一谈，是错误的。《译语》中的记载也是不确切的。岷峨山人听来的消息，所谓“东北曰巴儿威，曰塔崩，曰祖希，曰满晦……各去塞数千里”，异常模糊不说，“近闻莽晦、兀良哈、尾白儿丞相诸部落，皆为小王子所兼并”也是听来的消息。很有可能把兀良哈叛乱者莽乞尔丞相，莽晦，都棱卜克之莽晦误认为是翁牛特之满会。满晦者，兀良哈万户之莽海舍格真。公主所生之子为“舍格真”，兀良哈历来守护成吉思汗陵墓。所以莽晦尽管罪大恶极，也得到了宽恕，成为成吉思汗白室的管理者。详细情况见《俺答汗传》甲辰年条。

白音诺彦；十一世，阿拉珠诺彦；十二世，宝洛珠诺彦；十三世，孟河铁穆尔诺彦；十四世，扣和铁穆尔洪台吉；十五世，巴牙斯洪台吉；十六世，图梅洪台吉；十七世，图们洪台吉；十八世，特古斯洪台吉；十九世，孟克孛罗特察罕诺彦；二十世，巴彦岱洪古立；二十一世，额三宝洛德洪台吉；二十二世，图兰杜稜罕。子二：长子孙杜棱；次子栋岱青[①]。其中哈赤温的十九世孙"孟克孛罗特察罕诺彦"，就是"蒙克察罕诺延"。卜赤汗是成吉思汗第十七世孙，所以他们俩应该是同时代的人物。冈留之满会王即此人。"满会"是"蒙克"（möngke）之音译。该满会王所领"冈留三部"当是翁牛特部左右两翼及喀喇车里克部。

"罕哈"为"喀尔喀"无疑。"猛可不朗"（也作猛可不郎）为喀尔喀左翼之"纳勒孛罗特"（纳力不剌台吉），《俺答汗传》中称他为格根猛可[②]。所谓"罕哈三营"，应该是当时驻牧于喀尔喀河流域的弘吉剌、巴林、扎鲁特喀尔喀左翼三部。"尔填"为阿鲁好儿趁，"可都留"为昆都伦岱青。上述四部临时南下的地理位置应该在威宁海子以东直到朵颜卫领地潢水（西拉木伦河）流域。不久，阿里不哥家族残余势力图类那颜所控的漠北兀良哈万户乘虚叛乱，袭击察哈尔万户的右侧护翼喀尔喀右翼别速惕、札剌亦儿等部，在1524—1544年间兀良哈万户长达20年之久的叛乱从此开始。卜赤汗不得不暂留漠南驻牧，并调兵遣将，着手组织右翼和左翼的军事力量，准备镇压兀良哈万户的叛乱。

《明实录》嘉靖十一年（1532）六月戊戌条：

北虏之众，凡有三窟：一屯河套，近延绥；一屯威宁海子

---

① 翁牛特旗孙杜陵郡王之后鲍洪举家谱，引自《赤峰市郊区文史资料选集》第1集。

② 珠荣嘎译：《俺答汗传》，内蒙古人民出版社，1991年，第4页。宝音德力根在其博士伦文中也认为猛可不朗为阿勒楚博罗特的别名。

之北，近大同；一屯北口青山，近宣府。

显然，河套地区是鄂尔多斯万户的根据地，而其中威宁海子、北口青山都是卜赤汗在漠南地区的驻牧地。“威宁海子”，即蒙古地名kikiri naγur，后人称作“黄旗海”，在今集宁市东南。关于“北口青山”，《读史方舆纪要》卷18载：

大青山在卫（开平卫）西南，或曰青岭也。

这个“大青山”就是《明实录》中的“北口青山”，应当是燕山山脉向西延伸的部分。所以，可以确定此时察哈尔所处的地理位置就在宣府、大同边外。卜赤汗的察哈尔万户在漠南地区的时候，在漠北腹地发生的兀良哈万户叛乱在《俺答汗传》中也有记载：“猴年，获悉兀良哈的图类那颜、格勒巴拉特丞相，袭杀别速惕之乌林台，围攻古列延兀路思。”①

这是1524年兀良哈万户叛乱的开始。卜赤汗留驻漠南，调兵遣将，开始平定兀良哈万户的叛乱。他马上派遣右翼首领衮毕力格济弄等率领右翼三万人马在肯特山附近镇压兀良哈叛乱。

《俺答汗传》载：“集结大众于辛卯年，莫尔根吉囊、俺答汗二人又征兀良哈。当其驻牧于不而哈图罕山时前去攻击。”②

这里所讲的“辛卯年”为嘉靖十年（1531），而兀良哈所驻牧的“不而哈图罕山”为《蒙古秘史》中出现的“三河之源不而罕哈勒敦山”，即肯特山。这说明直到1531年，兀良哈万户仍旧占据着其古老的驻牧地——漠北腹地三河上游地区而丝毫未动。

《庚戌始末志》载：“小王子分地绝远，介西北间，善水草，其人甚富而饶，有牛皮帐九，蓄珍宝直百万。嘉靖十三年，大同叛，杀其帅，阴构小王子入援，践我师大同下，而小

---

① 珠荣嘎校注：《俺答汗传》，民族出版社，1984年，第34页。

② 珠荣嘎校注：《俺答汗传》，民族出版社，1984年，第35页。

王子得少利辄去不顾。其二从父曰吉囊，曰俺答。……别种曰黄毛者，凶悍不能别死生，众少于三部。虏或时深入，黄毛辄从后掠，徼取子女玉帛，虏苦之。后合兵逐北急击，大破，臣黄毛。”

这是嘉靖十三年（1534）大同兵变以后到1538年左右翼合兵控制兀良哈叛乱期间，对察哈尔部驻牧地的记载，证明此时的察哈尔在卜赤汗的带领下，还在漠南地区活动。《皇明九边考》卷6《三关镇》又载：

偏头、宁武、雁门，自西迤东，三关并列，西尽黄河东岸，东抵大同西路。虽太原北境要害之地，北虏亦可汗常驻牧此边，兵约五万，为营者五……入寇无常。

《皇明九边考》1541年成书，所记的是当时之事，所说的“亦可汗”指卜赤汗无疑。上述两种史料记载能相互印证。足能证明卜赤汗察哈尔部此时仍然在今呼和浩特以东，以集宁为中心的地区驻牧。

直到1538年，左右翼合兵征讨兀良哈，察哈尔万户此时才返回漠北地区，1521—1538年，察哈尔万户在漠南地区驻牧18年之久。

对此，《俺答汗传》又载：“卑鄙兀良哈之图类那颜、格勒巴拉特丞相二人，逼近分掠卜赤汗之属众家园而去。忠诚的六万户聚会于额真面前，商定于戊戌年远征兀良哈。右翼三万户携带额真的白室（按：成吉思汗白室），墨尔根吉囊（也作莫尔根吉囊）、俺答汗二人驻扎杭爱山阳，左翼携带也失哈屯白室（按：唆鲁禾帖尼别乞白室）驻扎杭爱山阴，众大国于狗年驻牧，此地秣马厉兵。”[①]

这是1538年为平息兀良哈叛乱，左翼和右翼作为战略集结地的写照。此时的察哈尔为了平息叛乱，才从漠南迁往漠北，

① 珠荣嘎校注：《俺答汗传》，民族出版社，1984年，第42—43页。

驻牧杭爱山。

《译语》对兀良哈人的记载甚详："北曰兀良哈，甚骁勇，负瀚海而居，虏中呼为黄毛。予常见一降者，黄鬓鬅鬠，发如植竿。其睛亦正黄，轻锐矫健，莫与伦比。西北一部落亦曰兀良哈，性质并同，但戴红帽为号。兵合不满数万，好畜马驼。小王子辈利其所有，累年侵夺，战死者过半，余则引以俱归。"[①]

这是汉文史料中对漠北"黄毛"和"红帽"两处兀良哈（森林兀良哈、草原兀良哈）叛乱者的概括性写照。平定叛乱后，左右翼瓜分兀良哈万户，大部分兀良哈人被合并到喀尔喀右翼。从此，所谓的达延汗黄金家族直属万户变成了五个万户。此时的察哈尔已占据了兀良哈故土，依大蒙古国旧都城哈喇和林等漠北腹地而居，在漠北驻牧数年。

其间，蒙古左翼和右翼之间发生了微妙的变化。首先，卜赤汗对自己的直属万户察哈尔做了重新分封。达延汗生前为其第十子格哷孛罗分封的敖汉、奈曼（据《蒙古源流》记载），又为其第七子那力不赖分封的浩齐特部俱被卜赤汗夺回，改封给御弟纳密克（乜明）和皇子达赉逊。他的这一举措引起部分达延汗子孙的不满，察哈尔之卜尔报（据《金轮千辐》记载，卜尔报为阿尔速孛罗特子孙受封的部落）、察哈尔之察罕塔塔儿（那林台吉之子孙受封的部落）以血缘关系更亲近之由，此时脱离察哈尔万户，投靠右翼，使右翼的势力得到壮大。其次，右翼麦力艮吉囊和俺答一方面积极协助卜赤汗镇压兀良哈万户的叛乱，另一方面乘卜赤汗无暇顾及右翼的时候，平定青海，收服亦卜剌和卜儿海部民，在全蒙古声威大震。这些当然不能不引起卜赤汗的不安。为此，他再次率部南下，欲以武力解决与右翼之间发生的诸多矛盾。

① 岷峨山人著，薄音湖、王雄编辑点校：《译语》，载《明代蒙古汉籍史料汇编》第1辑，内蒙古大学出版社，1993年。

《皇明北虏考》嘉靖二十一年条载："时，吉囊病死，其子板不孩居套中，小王子不及儿台吉驻威宁海上。"①

《殊域周咨录》："嘉靖二十二年六月，小王子驻威宁海子。"②

这些记载都说明1542—1543年间，卜赤汗又南下驻牧于威宁海子一带。"吉囊"指衮毕力格麦力艮吉囊，他在嘉靖二十一年（1542）去世。这与《俺答汗传》所记载的麦力艮吉囊去世之"壬寅"年相吻合。"小王子不及儿"指卜赤汗。他本来想平息兀良哈叛乱后，回头再治理右翼三万，以此来巩固他的统治。此事在蒙古文史书中或多或少地留下了线索。

其中，《蒙古源流》的记载最详："卜赤台吉甲子生。四十一岁，甲辰年即位。好儿趁部墨罗赤巴图鲁劝曰，右翼三万乃强悍之国。要么进攻驱散他们，要么左翼三万平分了他们。卜赤汗然之。"③

但他们很快发现此事行不通。因为此时的蒙古右翼已经在济弄和俺答二人多年的苦心经营下强盛起来。而且衮毕力格麦力艮济弄去世以后，俺答利用自己叔父的身份，牢固地掌控了右翼三万户诸台吉，独揽右翼大权，连达延汗另一子五八山只成台吉的领户也被他们乘机吞并了。至此，蒙古右翼被巴尔速孛罗特家族完全控制。所以，卜赤汗只能聆听其母亲的教诲，主动向右翼示好，忍气吞声地为俺答汗封了"土谢图汗"的称号，确认了俺答汗全权代替麦力艮济弄统治右翼的合法地位。在右翼承认"亦可汗"地位至高无上的前提下，可汗只能默认右翼的既定事实。然后他又率领察哈尔万户匆忙北迁，回到了漠北的可可的里速驻牧。嘉靖甲辰年（1544），岷峨山人苏志皋正

① 郑晓撰，薄音湖、王雄编辑点校：《皇明北虏考》嘉靖十八年条，载《明代蒙古汉籍史料汇编》第2辑，内蒙古大学出版社，1993年。

② 严从简撰：《殊域周咨录》卷21，中华书局，1993年。

③ 萨囊彻辰：《蒙古源流》，内蒙古人民出版社，1981年，第377页。

好在宣府任职。他在《译语》中说："顷汉番人有归降者，译得其语曰：沙漠真旷荡，马力未穷。惟近塞则多山川林木及荒城废寺，如沿河十八郡者，其丘墟尚历历可数。极北则平地如掌，黄沙白草，弥望无垠，求一卷石勺水无有也，渴则掘井而饮。虏酋号小王子者居于此，名曰可可的里速。犹华言大沙洼也。"

这里明确指出，小王子所住帐地在"极北"之"可可的里速"地方。"可可的里速"，蒙古语"köke derisü"之音译，词义为"青色的芨芨滩"，是一望无际的长满青青芨芨草的原野，汉译为"大沙洼"，错。所谓"极北则平地如掌，黄沙白草，弥望无垠，求一卷石勺水无有也，渴则掘井而饮。虏酋号小王子者居于此"，正是对漠南和漠北之间广阔无际的戈壁滩再恰当不过的描述。上述资料对确定可可的里速地理方位而言，只提供了大概方位，即在漠北极远处，同时也证明1544年卜赤汗已经北撤到可可的里速驻牧了。

"可可的里速"的方位很难考证。因为蒙古草原上被称作"可可的里速"的地方到处都是。不过此地与达里岗爱"Darigangg-a"和"喀喇莽奈"有直接的关系。《清太宗实录》中天聪六年（1632）皇太极率满蒙联军西征察哈尔的记载，为我们确定可可的里速方位提供了可靠的依据。

《清太宗实录》载：

天聪六年四月庚寅，大军次都勒河。命白布赫率壮士八人，每贝勒下拨给良马二匹，入察哈尔国边界捉生。是日，察哈尔国一人步行逃至。讯之，云，皇上大军前来，有二人驰六骑往报，察哈尔汗大惧，其部民两牛以上可以携带者尽携之，奔库黑得勒酥（即可可的里速）地方，自大儿湖距彼地约一月程。……于是大军趋归化城。

癸巳，大军次胡喇户地方。前自大儿湖遣白布赫等八人捉生，行至忽鲁古尔河，直抵喀海额勒苏地方，不得踪迹而还。

乙未， 前遣图鲁什、劳萨获察哈尔国三人，马七、骆驼一，令布哈塔布囊携所获一人至上前，言察哈尔国左界与喀喇莽奈之境相接，因定议罢征明之师，进征察哈尔。

丙申，大军自阿济格和尔戈地方还趋察哈尔。

五月，戊戌朔。大军次果果索太河，前遣捉生图鲁什、劳萨还。

命阿山、图鲁什、劳萨、吴拜留其前次所统兵，复率精锐三百人，前往捉生。

癸卯，大军次胡喇户地方。詹土谢图下蒙古五人，逃奔察哈尔，为前遣阿山、吴拜、图鲁什、劳萨所获，斩首以献。

甲辰，大军次扎喇布喇克地方。前行贝勒阿济格兵还，与大军会。遣喀山、劳萨率精兵百人，先大军三十里前进。

大军次布龙图布喇克地方。复遣吴拜、他哈布率精兵九十人前进。

前遣劳萨至喀喇莽奈地方，遇察哈尔哨兵四人，追至益图地方，斩一人，见前有敌兵近百人围困前遣刘哈，于是劳萨率七人大噪冲入，敌遂败走。

丁未，前哨劳萨遣人奏言，遇察哈尔哨兵一次，为我兵追北，后无所见，观敌人大队踪迹，逃去已久，恐我兵追之无及。是日，上自布龙图旋师，至枯橐地方驻营。

戊申，劳萨等还，与大军会。[1]

从以上罗列的资料中可以看出，皇太极大军到了都勒河（今克什克腾旗达里湖侧）后，派白布赫等前往察哈尔国界内进行侦察。当天有察哈尔逃人带来察哈尔部众逃往漠北库黑得勒酥地方的信息。库黑得勒酥地方即我们寻找的“可可的里速”之地，与达里湖相距约一个月的路途，皇太极遂决定开往呼和浩特。三天后，白布赫等人从察哈尔牧地忽鲁古尔河、喀海额勒苏地方（在今西乌珠穆沁旗界内），不得踪迹而还。此

① 《清太宗实录》，天聪六年四月庚寅条。

时大军已到大胡喇户地方。“胡喇户”（Quraqu），即今上都河金莲川以北的大胡喇户山，也就是辽金时期著名的曷里浒川。隔了一天，从察哈尔俘虏口中获悉，察哈尔东界与喀喇莽奈之境相接，遂重新调整计划，大军从“阿济格和尔戈”地方还趋察哈尔。“阿济格”，女真语ajige之音译，“小”之义。“和尔戈”，蒙古语Quraqu的音译，位于大胡喇户山以西，今正蓝旗境内。大军从五月初一开始进入果果索太河流域（在今正蓝旗境内），到达胡喇户地方（在今阿巴嘎旗境内），继续向西北，到达扎喇布喇克地方。此时先锋部队距离大军三十里而行，结果在喀喇莽奈地方遇察哈尔哨兵四人，追至益图地方，斩一人，见前有敌兵近百人围困前遣刘哈，于是劳萨率七人大噪冲入，敌遂败走。鉴于敌人远遁，无法追击，皇太极于初十日从布龙图旋师，转趋呼和浩特。

“库黑得勒酥地方”，就是“可可的里速”。根据以上记载，可以肯定“可可的里速”和“喀喇莽奈”处在同一个方向，即在今天阿巴嘎旗的正北方向。“喀喇莽奈”位于达里冈爱（也作达里岗爱）牧场南缘，南靠查汉诺尔，在元代就已闻名于世。爱新国大军追击察哈尔残部到此，前锋还深入益图地方，结果一无所获，说明这部分察哈尔已经逃往喀尔喀腹地，无法追赶。

据西乌珠穆沁旗学者高·阿日华的实地考察，锡林郭勒盟地区被称为“可可的里速”的地方有五处：苏尼特右旗有二处，正镶白旗有一处，西乌珠穆沁旗有二处。他认为，西乌珠穆沁旗高里汉牧场之可可的里速为卜赤汗之驻牧地[①]。不过，从达里岗爱的位置和林丹汗北征漠北的史实来考虑，把可可的里速的方位放在漠北更合理一些。

查阅海西西教授所编德文著作《蒙古地名》第2卷中的

① 高·阿日华：《关于卜赤汗的驻牧地“可可的里速”的方位》，《内蒙古社会科学》（蒙古文版）1998年第1期。

《光绪朝蒙古游牧图》[①]，阿巴哈纳尔旗北部有胡喇干之哈雅湖。胡喇干之哈雅湖的东北方向有一座色尔腾山（Serteng aγula）。再翻阅《蒙古地名》的第1卷后，发现此山位于车臣汗部一等札萨克台吉洞多布扎勒布帕拉木多尔济旗南境。色尔腾山东侧有一座作为边界地标的敖包，地图上用蒙古文注明“Köke deresü-yin emüneki obog-a”，意为“可可的里速之南界敖包”[②]。原来“可可的里速”就是该旗南部色尔腾山东侧的广阔的草原。由此可以断定，明人《译语》中所说的1544年左右的察哈尔驻牧地应该就在此处——达里岗爱、喀喇莽奈偏东北方向喀尔喀车臣汗部东南区域，南邻阿巴哈纳尔旗。

这一阶段，卜赤汗对黄金家族的改封之举也收敛了许多，在察哈尔万户中，阿赤赖孛罗特之子孙克失旦（亦可土蛮）得以保留了原貌。随着察哈尔万户返回漠北，俺答汗土默特万户向东扩展领土，原察哈尔万户的漠南领地威宁海子、辉腾锡勒等处俱为他所有，与明朝交往的宣府、大同贡市完全被右翼霸占。宣、大边外的牧地亦划归右翼控制区域，达延汗时期，察哈尔与右翼之间的分界线不清、分封混乱等情况从此彻底结束了。到1547年，右翼俺答汗已经完全占有了卜赤汗在漠南的夏营地，甚至留守夏营地的察哈尔万户卜尔报、察罕塔塔儿二部也被右翼吞并。

《明实录》嘉靖二十六年（1547）六月癸巳条载翁万达的奏折：

“今虏酋俺答、把都，久驻宣大边威宁海子一带。套虏吉囊一支，亦复移营东渡，声势重大。”[③]

---

① Walther Heissig, “*Mongolische Manuskript Karten in Faksimilia*,” in *Mongolische Ortsnamen Teil* Ⅱ(Wiesbaden, 1978), p.113.

② Walther Heissig, “*Mongolische Manuskript Karten in Faksimilia*,” in *Mongolische Ortsnamen Teil* Ⅰ(Wiesbaden).

③《明实录》，嘉靖二十六年六月癸巳条。

这说明卜赤汗北迁漠北后，右翼马上东移占据了察哈尔万户所闲置的全部驻牧地。从此，漠南蒙古新的政治经济格局定型，左右翼两大集团分而治之，皇权黯然失色。失去宣大互市的察哈尔万户必须开辟新的市赏之地，不久可汗直属察哈尔万户从漠北往漠南东部地区（即明朝蓟辽边）迁徙。此时，卜赤汗的生命也走到了尽头。《黄金史》载："卜赤汗在位二十四年，羊儿年在照图朗山去世。"①

所谓羊儿年即1547年。卜赤汗在万般无奈的情况下，给俺答汗让步，为他封了辅佐也克汗（也作亦可汗）的"土谢图汗"尊号，并让俺答汗为他彻底解决兀良哈叛乱的残余敌人②。这次实际上瓜分的是他的皇权，分割的是蒙古左翼万户和蒙古右翼万户的势力范围。从此，蒙古左翼和右翼分廷而治。

第二节　达赉逊汗时期察哈尔万户的南迁

按照北元传统，1548年达赉逊汗即位时，也在蒙古右翼八白室前聚会，举行隆重的即位典礼。在他返回漠北察哈尔万户的驻牧地途中，俺答汗迎接达赉逊汗，并请求新可汗为他赐汗号③。

《蒙古源流》载："达赉逊汗二十九岁，戊申年来到白室前，举行即位典礼，与右翼三万户会盟。归途中，阿拉克汗之次子俺答迎接说：你已经成了正主合罕，安定了政局。曾经有过称为'护卫皇政之失帖兀罕'的小罕号，现在请赐给我那个称号，我将护卫你的大政。合罕应许，给了俺答'失帖兀罕'

---

① 罗卜藏丹津著，乔吉校注：《黄金史》，内蒙古人民出版社，1980年，第170页。

② 珠荣嘎校注：《俺答汗传》，民族出版社，1984年，第51页。

③ 萨囊彻辰：《蒙古源流》，内蒙古人民出版社，1981年，第383页。

的称号。”

俺答没有参加达赉逊汗的即位盛典，反而在其归途中，要求大汗给他赐汗号。这无非是强迫新可汗重新认可他在蒙古右翼的统治地位。

《庚戌始末志》载：“小王子虽称为君，于属卑取羁縻而已，不复肯奉调预朝会。”

就是指俺答汗与察哈尔汗之间的这种关系。达赉逊汗时期，察哈尔与右翼的合作不复存在。这位年轻的可汗尽量躲避右翼之锋芒，远远地避在漠北的可可的里速，酝酿着他的另一项宏伟计划。

《北虏始末志》说：“小王子众以饶故，射猎自娱而已；虽控弦数十万，厌兵稀发。吉囊有子十人，人万骑，俺答亦十余万骑，而前后掠中国人埒之。小王子虽号称为君长，不相摄。”①

这证明达赉逊汗的察哈尔万户远在漠北，不能骚扰明边。俺答汗拥兵自强，根本不把这位年轻的达赉逊汗放在眼里。俺答汗被封为“失帖兀罕”之后不久，山阳万户——朵颜三卫的影克等部分酋首主动投靠右翼，这是察哈尔万户从漠北南征的信号。关于此事，《俺答汗传》载：“久为外敌的乌济业特兀路思，以其恩克丞相为首之诸那颜，举国携带尊贵的月伦哈屯之灵寝来降，山阴万户自行降为阿勒巴图之情由如是这般。”②

《蓟门考》也追述此事：“影克兄弟八支，部落约有三千余骑。在喜峰口境外东西，地名会州、青城、逃军兔及老花前后驻牧。各归顺把都儿、辛爱部下二十年矣。常被北虏调为向导，使为前锋。”

① 王世贞撰：《弇州史料·北虏始末志》，载《续修四库全书》，上海古籍出版社，2002年。

② 珠荣嘎校注：《俺答汗传》，民族出版社，1984年，第50页。

这与卜赤汗末年或达赉逊汗初年察哈尔万户开始南迁之趋势有直接关系。

《明实录》嘉靖二十九年十二月丁丑条："达虏部落皆在宣大边外。……然小王子一部独处东偏，万一有警，将经下辽东、蓟，不由宣大。"[①]

以上记载，说明庚戌年（1550）时，察哈尔万户已经从漠北南迁至漠南。

达赉逊汗即位后，开始做南征准备工作，这在史料中有所反映。《北虏始末志》记载：

"小王子众以饶故，射猎自娱而已；虽控弦数十万，厌兵稀发。"

达赉逊汗在为率领蒙古左翼南征做好经济准备的同时，集结军队、秣马厉兵。没过多久，他正式启动了进入蓟辽边外征服山阳万户地区的宏伟计划。他率领察哈尔万户、左翼之好儿趁万户和左翼罕哈万户（罕哈三营），并且命罕哈右翼留守漠北根据地，兵分三路南下，大举进攻山阳万户。

《明世宗实录》嘉靖三十四年四月条："先是，北虏虎剌哈赤及魁猛磕、打来孙等，欲假道东夷内侵，不遂。"[②]

这里所说的"先是"，就是追述几年前罕哈、好儿趁、察哈尔联合攻击朵颜三卫的事。此处的"东夷"就是指三卫之朵颜、福余、泰宁。《明实录》中常用"福余夷""泰宁夷""朵颜夷""三卫夷"等字样来叙述三卫之事。只是明朝方面过于天真地相信三卫首领的报告，误以为这次左翼南下征服三卫的战争是左翼万户假道三卫来犯明边，三卫不许，而与左翼相互争战，为明边当藩篱罢了。其实，蒙古左翼万户南征的目的是征服明朝所谓之"兀良哈三卫"，在蒙古文史书中被称为"山

①《明世宗实录》，嘉靖二十九年十二月丁丑条。

②《明世宗实录》，嘉靖三十四年四月条。

阳六千乌济业特”或被称作蒙古往流四万户之一的“山阳万户”，将他们彻底置于黄金家族的直接统治之下。这是察哈尔汗南征的主要目的。另一个目的是，从朵颜三卫手中夺取明永乐皇帝以来赐给兀良哈三卫首领的在明朝辽蓟边贡市的许可凭证——“敕书”[①]，以此实现蒙古左翼与明朝贡市的经济利益。此外，也是为了缓解漠北驻牧地过于拥挤而出现的紧张状况。而造成这次大迁徙的间接原因，当然是右翼的强盛，蒙古人畜的增长，宣大边外牧地已完全被右翼占领，察哈尔可汗原来的贡市大同、宣府也一并归俺答汗所有，导致察哈尔汗一时间无市可通。

《明实录》嘉靖三十年二月甲戌条载：“总督侍郎何栋报告，数年前，北虏小王子打来孙一部侵驻三岔河，泰宁夷人屡与仇杀。间壁夹墙，今已久复故地。”[②]

关于三岔河，据《大清一统志》载：“在海城县西六十里，辽河、浑河、太子河合流入海处。”

以上是山阳万户朵颜卫部影克等部分人员西移，来归附俺答汗的直接原因。史料中所说的北虏小王子的“一部”为罕哈左翼三部，也就是后来的内喀尔喀五部万户。他们已经对朵颜卫左侧的泰宁卫发起攻击，而好儿趁万户也对自己的攻击目标福余卫下手了。目前有“察哈尔东迁说”，如果察哈尔万户从宣大边外东迁至辽河流域，朵颜三卫的昂克等人能够有越过察哈尔万户的领地去投奔俺答汗的机会吗？察哈尔万户要是如实东迁，山阳万户无论如何也没有机会，没有空间，更不可能越过察哈尔万户的防线逃到右翼俺答汗处。所以只有一种解释，

---

①《明会典》卷107，“朝贡”载：“永乐元年，三卫来朝，益求内附，因改封宁王于南昌，移行都司于保定，而以大宁全地与之，授都督、都指挥、指挥、千百户、镇抚等官，各赐敕书。……入贡者以敕为验。……由喜峰口入。”

②《明实录》，嘉靖三十年二月甲戌条。

那就是察哈尔南下，“乌济业特”才有机会向西逃窜。朵颜卫的部分人马落入右翼台吉之手，造成后来的察哈尔台吉和右翼台吉瓜分朵颜人口的局面。达赉逊汗在好儿趁和罕哈左翼的有力配合下，最终还是实现了其祖父达延汗把东蒙古诸部落置于黄金家族直接掌控之下的夙愿。

《皇明九边考》所记载的“山阳万户”的地理位置为：“自宁前抵喜峰口近宣府曰朵颜，自锦、义历广宁至辽河曰太宁，由黄泥凹逾沈阳、铁岭至开原曰伏余。”[①]

上述时间离嘉靖二十九年（1550）最近，山阳万户被蒙古左翼三万户吞并时的地理位置应该与上述记载没有多大变化。达赉逊汗此次征战是有计划、有步骤的。首先，好儿趁万户、罕哈左翼由达赉逊汗统一调动，保持与察哈尔万户行动一致，以上述“我着（öjiyed 福余）、往流（Ongliγud 泰宁）、五两案（Uriyangqai 朵颜）”[②]以三卫作为各自的攻击目标，分头行动。好儿趁万户、左翼罕哈的南迁，与察哈尔万户的南迁有密切关系。好儿趁万户在奎孟克塔斯哈喇时期从斡嫩河中下游南迁到嫩江流域，这是学界已经公认的定论。奎孟克塔斯哈喇比达赉逊汗年长，但他们是同时代的人。我们对比一下他们二人的子孙，就可以证明这一点。

达赉逊汗→其子为卜延汗→其子为土蛮汗→其子为莽古斯台吉→其子为林丹汗。

奎孟克塔斯哈喇→长弟为巴衮那颜→其子为昆都伦岱青→其子为达赖楚琥尔→其子为归附清廷的穆彰。

从上面四代人的排序中，不难发现他们都是同时代的人，奎孟克塔斯哈喇只不过是部落年老的首领而已。好儿趁部从斡

---

① 魏焕撰：《皇明九边考》卷2《辽东镇 · 边夷考》，国立北平图书馆善本丛书，民国二十五年（1936）。

② 茅元仪辑：《武备志》卷227《北虏译语》，载《四库全书存目丛书》，齐鲁书社，1995年。

嫩河下游和额尔古纳河流域南迁到嫩江流域，有以下记载：

《表传》：“明洪熙间（1425），科尔沁为卫拉特所破，避居嫩江，以同族有阿噜科尔沁，号嫩科尔沁以自别。”①

上述记载有误。洪熙间瓦剌强悍，动辄大举进攻鞑靼是事实。关于瓦剌打败科尔沁部之事，发生在1451年左右。也先篡位之后，科尔沁部才不得不避居斡嫩河。

《黄金史》载：“科尔沁部昔古失台吉兀讷孛罗特王，在蒙古国被瓦剌抢占以后来到斡嫩河居住。……也先请来昔古失台，昔古失台手握大刀，也先问：这是否是杀死回林赤的大刀？……遂杀害了昔古失台。”②

昔古失台长子卜鲁鼐也险些遭到也先的毒手，有幸被仁慈的女人哈剌克慎太布真救出，几年后被送往科尔沁部兀讷孛罗特王处，兀讷孛罗特王为其兄卜鲁鼐让出科尔沁王位③。关于卜鲁鼐王与卫拉特之间所发生的事情，在《明宪宗实录》成化五年十一月条中所记颇详：“命大同参将都指挥范瑾克游击将军以备延绥等处策应。时孛罗部落自相残杀，分而为三，孛罗人马往驴驹河（胪朐河——引者），哈达卜花往西北，故毛里孩子火赤儿往西。□小石并脱火赤驻圪儿海（kikir naγur威宁海子）西，俟河冻欲寇大同，脱脱孛来寇辽东。”④

这是当时科尔沁部游牧位置的具体记载，显然，在1470年科尔沁万户仍然驻牧于漠北。

“乙酉，镇守蓟州永平山海太监龚荣奏：福余卫平章遣赤老温等至大喜峰口报：孛革赞太师、孛罗乃王、孛罗丞相三人

① 包文汉，奇·朝克图整理：《蒙古回部王公表传》卷17，载《科尔沁部总传》，内蒙古大学出版社，1998年。

② 罗卜藏丹津著，乔吉校注：《黄金史》，内蒙古人民出版社，1980年，第614页。

③ 罗卜藏丹津著，乔吉校注：《黄金史》，内蒙古人民出版社，1980年，第615页。

④《明宪宗实录》，明成化五年十一月乙未条。

率万余骑东行。又干失帖木儿王率四万骑驻牧西北，阿罗出小石王率万骑同朵颜卫都督朵罗干男脱火赤二百骑在西。事下兵部尚书白圭言：孛罗乃王往年为干失帖木儿所败，已奔卜剌罕卫。近报又云率众东来，盖此虏虽败之，之余尔部落犹多，恐实……收捕朵颜三卫用为向导，谋犯边境。”①

这里需要说明几个问题。首先要明确这是明朝边臣奏报科尔沁等鞑靼诸部欲寇明边的紧急战报。然后明方让兵部尚书白圭调查此事的真伪，得报科尔沁确实曾被瓦剌战败过，但是并未受到重创，也不是战败而逃跑。他们之所以东来“奔卜剌罕卫”，是另有所图。是以三卫为向导，实欲寇边。卜剌罕卫此时的位置在何处呢？据宝音德力根考证，成化年间卜剌罕卫在宣大边外，成化六年（1470）入贡时“欲取路宣府野狐岭”，被明方以“北虏”之礼相待了②。所以，科尔沁此次与孛革赞、孛罗丞相等鞑靼虏酋合兵东来，并不是抵达嫩江流域，而是直奔宣、大，而后又往东进兵蓟辽，欲寇明朝辽东。因而并不是科尔沁部迁徙至嫩江流域，所以《表传》的记载不可信。《王公表传》及《藩部要略》记载的科尔沁部战败是讹传。此时的科尔沁部仍然驻牧于岭北。

虽然察哈尔汗对右翼三万户略失威望，但是对蒙古左翼万户仍然保留着至高无上的皇权威严。这是达赉逊汗能够率领蒙古左翼各万户南征的先决条件。

在蒙古高原东部区域，从漠北进入漠南东部有四条通道。第一条路为经过额尔古纳河（顺着贝尔湖、呼伦湖、小兴安岭东侧南下直到嫩江）的一条路。第二条路为经过诺门罕山的一条路（顺着阿尔山、洮儿河直下，直抵松花江流域）。第三条

①《明宪宗实录》，明成化六年五月乙酉条。

② 宝音德力根：《十五世纪前后蒙古政局部落诸问题研究》，内蒙古大学博士学位论文，1997年。

路为今东乌珠穆沁北境哈塔布奇，顺兀鲁回河沿着归流河南下的一条路。第四条路为经可可的里速、达里岗爱、哈喇莽奈等地南下，越过兴安岭后往东南通向西拉木伦河或往西南通向张家口。从后来的好儿趁、罕哈左翼、察哈尔万户对山阳万户的瓜分情况来分析，达赉逊汗此次南征兵分三路：东路为好儿趁万户从斡嫩河下游、额尔古纳河流域南下，直抵嫩江流域；中路为罕哈左翼三部从喀尔喀河开拔，途经诺门罕，沿着洮儿河一线直抵松花江流域；西路为察哈尔万户从达里岗爱南下，越过兴安岭，直抵西拉木伦河流域。因察哈尔的行军路线过于靠东，才惊动部分朵颜卫首领率部西窜，投奔右翼土默特、喀喇沁等万户。

我们再考证一下内喀尔喀部南迁的问题。作为在漠北驻牧的察哈尔万户东西两侧的护翼，喀尔喀也分左右两翼，分别为达延汗第五子阿勒楚孛罗特和第十一子格哷森札的领户。喀尔喀左翼原来的驻牧地在喀尔喀河流域，南下兴安岭山阳并得到扩充后被称作“内喀尔喀五部”。

《俺答汗传》载：“青龙年，土谢图汗远征兀良罕，至而降服兀良罕之莽乞尔丞相、莽海锡格津、波尔合布克等。”[①]

据薄音湖考证，此次俺答汗征兀良哈为第六次征伐“残余的兀良罕”[②]。达赉逊汗这次南征时，命罕哈右翼留守故土漠北，让他们真正充当一回“喀尔喀”（Qalq-a），以防御瓦剌部向漠北渗透，另外还有防范兀良哈万户残余势力的袭击，从此留守漠北草原的喀尔喀右翼成了漠北永久的主人。

关于察哈尔南征的具体时间，史料记载虽然有出入，但是都倾向于达赉逊汗即位初期。

---

① 珠荣嘎译：《俺答汗传》，内蒙古人民出版社，1991年，第47页。

② 薄音湖：《俺答汗征兀良哈史实》，载《内蒙古大学纪念校庆二十五周年学术论文集》，1982年，第82页。

《明史》载："其祖打来孙始驻牧宣塞外，俺答方强，惧为所并，乃徙帐于辽，收福余杂部，数入掠蓟西。"①

《殊域周咨录》卷21载："嘉靖二十六年夏，今小王子庭直辽东。"

而后者记载的"嘉靖二十六年夏"是卜赤汗末年，达赉逊汗元年。但是从《俺答汗传》中记载的达赉逊在此年去蒙古右翼，在成吉思汗八白室前举行即位典礼之事来分析，最迟也应该在夏、秋两季，此时卜赤汗已经去世。

《明实录》嘉靖三十七年九月辛丑条中载兵部郎中唐顺之奏言：

"然北虏信使无日不在三卫，自嘉靖二十九年以后，迤北把都儿、打来孙二虏收属东夷而居其地，遂巢辽蓟间。"

综合分析这些记载，可以得出这样的结论：嘉靖二十六年（1547）察哈尔万户已经做好南下的准备了。所谓"今小王子庭直辽东"就是指此时南下之趋势。但是察哈尔等左翼万户在南下途中，与三卫经过一段时间的对抗和相持过程，到嘉靖二十九年（1550）才完全控制了辽东边外的局面。

《蓟门考》中提到："及其末也，泰宁、福余常与东虏合，而朵颜常与西虏合，弱则乞赏，强则要挟。"②

这是指朵颜三卫被蒙古左翼控制之初的情况。但是，察哈尔万户等为了达到借用"山阳万户"之名与明朝贡市的预期目的，很少与明朝边境发生摩擦。

《明实录》嘉靖三十年二月甲戌条记载："总督侍郎何栋报告：数年前，北虏小王子打来孙一部，侵驻三岔河。泰宁夷人屡与仇杀，间壁夹墙，今已久复故地。三卫头目都督等官，每岁自喜峰口入贡如常。初未告急。其辽东属夷苦虏患者，多系

① 张廷玉监修：《明史》卷327《鞑靼传》，中华书局，1974年。
② 米万春：《蓟门考·三卫属夷总论》。

二卫部落。夷性随水草，迁徙无常，非可安插。第年遭虏屠掠，终不外附，宜加抚处，令其摅诚图报。御虏有功者，许奏请升赏如朵颜例，则远人安而边防有赖矣。诏曰：可。”[①]

这足以证明察哈尔万户等控制三卫之后，双方达成协议，有意留给三卫一定的生活空间，保持其独立性，以此来保证朵颜三卫分别与明朝的互市联系，达到贡市畅通之目的。达赉逊汗所要的正是这种预期效果。自嘉靖三十六年开始（1557），这种关系发生了变化。

对此，米万春的《蓟门考》提到：“嘉靖三十年间，因与安滩有隙，打来孙惧为所并，举部东移，乃与安滩互相偷马仇杀。后于三十六年春，收复三卫夷人，为彼向导，始犯蓟镇冷口地方。繇（由）是分为东西二虏。本夷素称察罕儿。迩来住巢离边渐近，为蓟辽患。”[②]

说明达赉逊汗直到嘉靖三十六年（1557）去世为止，很少与明朝发生正面冲突（除了明朝闭市以外）。只是假借朵颜三卫的名义与明朝通贡，得到明朝的市赏，坐收渔翁之利。他对朵颜三卫也是恩威兼施，只是分散其势力，将他们按原来的分支划归黄金家族各台吉掌控下，除了用分而治之的制约方法之外，并没有采取极端的灭绝和吞并行为。因此，山阳万户和蒙古左翼万户之间的初期关系是比较默契的。

如上所说，察哈尔万户南征，征服三卫以后并没有与明朝直接兵戎相见，而是为三卫留下一定的游牧空间，以此作为与明朝的缓冲地带。和田清误解了这一点，他认为：

“小王子东迁以后，在小兴安岭以东风靡一世，使远在满洲的女真、达呼尔各族都屈服在他的麾下，唯独南端留下一块

---

①《明实录》，嘉靖三十年二月甲戌条。

② 米万春撰：《蓟门考·东虏考》，载《皇明世法录》卷57，台湾学生局，1965年。

形势险要、资源丰富的朵颜挟赏之地，想来，一定非常遗憾。”①

他以《全边略记》天启七年六月条的史料为依据，解释达赉逊汗时期察哈尔和明边之间的这一空间是明显不妥的。

“把汉哈喇慎之地，祖属于察汗儿，以讲人口相隙者。满五素幼时，收养于察汗。今长矣，率部落归其父世把都儿，而察汉不悦矣。”②

他认为，这是喀喇沁与察哈尔之间的矛盾所致。其实不然。满五素又号矮儿克勿达尔汉台吉，是昆都力哈的第四子。从小寄养在蒙古汗廷，并受封察哈尔之民户。后来在土蛮汗时期，跟随土蛮汗和其兄青把都儿多次率兵扰乱明边挟赏，时有通贡。可见，满五素与上蛮汗察哈尔并不存在什么隔阂。《万历武功录》列有其传③。不过，我们必须肯定的是，和田清也敏锐地察觉到了察哈尔万户驻牧地与明边之间的这一缓冲地带。

察哈尔万户南迁之初的驻牧地为潢水（西拉木伦河流域）以北的地方，其中心地带为今阿鲁科尔沁旗，包括今巴林、克什克腾、阿巴嘎、乌珠穆沁、阿鲁科尔沁、扎鲁特等西拉木伦河流域以北的地区。《开元图说》《万历武功录》等史料记载的打赉逊“驻潢水之北”“嘉靖中移徙黄河北”都能证明这一点。《万历武功录》卷13《黑石炭列传》又载：“黑石炭，孛只第五子也，逐舍剌母林（即西拉木伦——引者）、哈剌母林及舍伯兔水草以为雄。”

黑石炭是土蛮汗时期，察哈尔万户苏尼特部的首领。他已渡过潢水南牧。哈剌母林肯定是巴林界的哈喇木伦。至于舍伯

① ［日］和田清：《东亚史研究·蒙古篇》，东洋文库，1959年，第585页。
② 方孔炤撰：《全边略记》卷3，北平国立图书馆重印崇祯本，1930年。
③ 瞿九思撰：《万历武功录》卷9《满五素》，载薄音湖编辑点校《明代蒙古汉籍史料汇编》第4辑，内蒙古大学出版社，2007年。

兔（Šibegetü），笔者认为指锡伯河[①]。《蒙古游牧记》卷3翁牛特右翼旗载："旗南八十里有毕齐克图岭。旗南四十五里有哈尔吉河。八十里有锡伯河，源出喀喇沁右翼西之察罕陀罗海山东，东流经右翼南，又东北入旗境，会锡尔哈河，入英金河。"[②]

可见察哈尔后来逐渐往南发展的大概轮廓。达赉逊汗时期，察哈尔万户与明朝的关系总体上并不紧张。查阅《明实录》嘉靖二十九年（1550）至嘉靖三十六年（1557）间的记载，就可以发现，明朝与察哈尔之间的关系并不是水火不相容，而且达赉逊汗亲率大军骚扰明边的事很少发生。下面简单罗列《明实录》中的相关记载：

1. 嘉靖二十九年，不见卜赤汗寇边之记载。

2. 嘉靖三十年三月癸卯，兵部车架司员外郎杨继盛奏乞，罢马市以全国威。

3. 嘉靖三十一年八月甲寅，蓟镇谍报，北虏俺答、把都儿、打来孙等聚众边外谋犯喜峰古北诸口；九月，有三万人入寇云中及安东十七卫。

4. 嘉靖三十一年十月，虏酋打来孙等率众数万寇辽东地方，杀掠千余人。

5. 嘉靖三十二年八月丙子，小王子乘隙由宣府、独石口犯赤城。

6. 嘉靖三十三年九月乙丑，东西虏酋把都儿、打来孙等拥众自虎头山突犯潮河川。

7. 嘉靖三十四年三月甲寅，二月间虏犯蓟镇马兰峪，由宽

---

① 与之相似之名还有一处，通辽科尔沁左翼中旗有一个叫舍伯图的地方。此地在通辽东北方向。蒙古名为"šebertü"，"舍伯图"为其汉文音译。但是其地理位置与舍剌母林、哈剌母林不符。所以这里所出现的舍伯兔肯定不是这个地方。

② 张穆撰：《蒙古游牧记》，载《小方壶斋舆地丛钞》录入本，杭州古籍书店影印本，1985年。

佃谷关入。

从以上几条记载中，能确定达赉逊汗察哈尔部分别于嘉靖三十一年、三十二年、三十三年扰寇明边。究其原因，与明朝方面的闭市有关。

左翼南下后，按他们的传统方法瓜分“山阳万户”。“山阳万户”的朵颜三卫被察哈尔万户、喀尔喀左翼万户、好儿趁万户瓜分，其内部结构或组成情况在明代汉文史籍中留下了比较详细的记载。据《武备志》（卷205）所引《职方考》载：“三卫夷共二百七十支，酋长长昂、炒蛮、董狐狸诸夷及夷妇大小嬖只、猛可真等，号为六凶，而长昂尤黠云。”从史料记载中可以发现，朵颜三卫由以六名首领为首的六大群体、二百七十个分支组成。

1. 察哈尔万户和右翼土默特瓜分朵颜卫的情况：和田清和达力扎布研究得十分透彻，各有所长[①]，兹不赘述。据达力扎布统计，朵颜三卫附属蒙古右翼的有23支，共7840余人（丁）；附属察哈尔的有19支，共6680余人（丁）。

2. 被喀尔喀左翼兼并时的泰宁卫分支情况在《卢龙塞略》中也有记载：

“始祖右都督革干帖木儿，生脱脱孛来，其子曰歹答儿，曰火勺儿罕。歹答儿子长曰只儿挨，袭祖职，次曰满都，为舍人。百二十余名，在小兴州境界驻牧。……其同驻牧脱脱孛来义子三人：纳忽剌儿授都督佥事，纳木宅为舍人，满蛮为所镇抚。三人共部落三十余名。”

以上是被喀尔喀左翼三部吞并以前的泰宁卫的大体情况。附属喀尔喀后的泰宁卫情况如下。

---

① ［日］和田清：《东亚史研究·蒙古篇》，东洋文库，1959年，第486—599页，用图形方法研究；达力扎布：《明代漠南蒙古历史研究》，内蒙古文化出版社，1998年，第114页。

《登坛必究》卷23《胡名》载：

初代满满（上述满蛮）生子三：孛来汉（上述火勺儿罕次子）。

长子勺木子孙属民为兀班之领户；长子八把亥故。

次子孛罗兀子孙属民为炒花之领户；次子把当亥子孙属民为炒花之领户。

三子卜哈之子孙属民为兀班之领户；三子克色孛罗子孙属民为炒花之领户。

把儿孙生三子福余卫。

长子孛只郎中故；初代孛爱子三。

次子亦把赖子孙属民为炒花之领户；其子孙之属民俱属兀班。

三子火勺赖子孙属民为炒花之领户。[①]

分析以上史料，我们能够发现泰宁卫全部由炒花、兀班二人掌控了。

五鄂托克喀尔喀之来源乃达延汗第五子阿勒楚孛罗特之受封属民，为蒙古六万户之喀尔喀万户左翼。阿勒楚孛罗特子为虎喇哈赤（也作虎剌哈赤），跟随达赉逊汗率部南下征服兀良哈三卫。

《辽夷略》载："泰宁卫之夷酋曰虎喇哈赤，故矣。而生五子，曰速把亥、曰炒花、曰歹青即伯要儿（伯要儿乃巴约特—引者）、曰委正、曰兀班。"[②]

速把亥南下征服泰宁后，因战功显赫得到达赉逊汗的分封，得以瓜分泰宁夷人，使喀尔喀左翼大有发展，接着他又为五个儿子分封了所属的喀尔喀左翼部落，形成了后来的五鄂托

① 王鸣鹤撰：《登坛必究》卷23，载《中国兵书集成》，解放军出版社、辽沈书社合作出版，1990年。

② 张鼐撰：《辽夷略》，载《清初史料四种》，国立北平图书馆印本，1933年。

克罕哈（即内喀尔喀五部）。

形成喀尔喀五部之后，速把亥为巴林部首领；炒花为乌济业特部首领；岱青（即歹青）为巴约特部首领；委正为扎鲁特部首领；兀班为翁吉喇部首领[1]。从《登坛必究》的记载看，炒花分到大部分泰宁夷人，共五支；而兀班分到二支泰宁夷人。蒙古文史书中把兀良哈三卫统称为“山阳六千乌济业特”，可见炒花所分到的绝大部分属民为乌济业特部人（即我着——引者）。兀班之翁吉喇特部得到二支泰宁夷人，但是从史料记载分析，其所属部落不止是此泰宁二支，他还分得整个福余卫一半的人马。

《辽夷略》载：“兀班故，生二子，曰莽兔，曰伯言儿。莽兔七子，曰莽骨大，曰比领兔，曰伯洪大，曰剌把什，曰剌把太，曰所宰，曰色崩。伯言儿以入犯高平被伤死，而其子宰赛生三子，于万历己未秋七月为奴酋所获。其长男青台周，次男瓜二兔，三男海来兔，有兵一万五千骑强矣。”

弘吉剌部强盛之秘密就在于此。朵颜卫最大的分支影克一族也不过是部落1800名控弦之士而已，由此可见，兀班所得到的领户之多。总之，罕哈左翼南下后，瓜分了大部分泰宁人、福余人，大大增强了自身力量，在漠北南下的“罕哈三营”弘吉剌、巴林、扎鲁特三部的基础上，新增了乌济业特和巴约特二部。

有关福余卫分支情况，在《卢龙塞略》中也留下了线索：“始祖都指挥使朵儿罕，子那孩，其子孛勺生打都，有二子。长打都，子二，曰阿鹿，曰乞讨纳。乞讨纳子曰伯彦，绝。共部落二十余名，随兀捏孛罗驻牧。都指挥使可歹，子曰朵卜，未尝袭职，有七子。其一吉儿罕，子二，曰猛古，曰莽灰，共部落二十余名，在塔剌塔驻牧，直古北口三百余里。”[2]

---

① 达力扎布：《明代漠南蒙古历史研究》，内蒙古文化出版社，1998年，第131—136页。

② 郭造卿撰：《卢龙塞略》卷15，台湾学生书局影印本，1987年。

这是福余卫被瓜分以前的原始状态。福余卫与泰宁、朵颜二卫同时受到察哈尔、好儿趁、罕哈三部的冲击。福余卫最终被瓜分为二：其一半人马归罕哈台吉所有，另一半人马被好儿趁台吉瓜分了。

《登坛必究》记载福余卫所组成的二支情况：

初代孛爱，生三子：

二代长子往四儿，生二子：三代长子摆言大，三代次子果各寨。

二代次子撒巾，生二子：三代长子石堵揹，三代次子卜儿炭。

二代三子锦只卜阿，生三代主儿者阿（归顺东奴的已故兀班妻）。

初代斩斤生二代小四，生二子：三代长子把当亥，生四代脱磕（顺东扯赤揹）。

三代次子额儿的泥，生二子，四代长子伯得捏，四代次子准卜赖（顺东者儿得）。

兀班是喀尔喀部虎喇哈赤之幼子，我们已经探讨过了。那么扯赤揹、者儿得又是什么人呢?

《王公表传》之《科尔沁部总传》载：

“哈巴图哈萨尔十四传至魁蒙克塔斯哈喇，有二子，长博第达喇，号卓尔郭勒那颜，次诺扪达喇，号噶勒济皋那颜。博第达喇子九，长齐齐克，为土谢图汗奥巴、札萨克图郡王布达齐二旗祖。……诺扪达喇子一，曰哲格尔德，为札萨克镇国公喇嘛什希一旗祖。”

以上“齐齐克”为《辽夷略》之“扯赤揹”，“哲格尔德”为《辽夷略》之“者儿德”是也。可见福余卫所组成的二支，被好儿趁和罕哈二部台吉对半分了。

我们之所以要弄清山阳万户被瓜分的具体情况，就是因为它完全可以证明左翼察哈尔、好儿趁、罕哈在达赉逊汗的统一调动下一起举兵南下，瓜分了朵颜三卫。这是达赉逊可汗一生中的大举，是值得深入研究的课题。

因为以上缘由，卜赤汗晚年曾有过对蒙古右翼发动战争的念头，但是蒙古右翼势力的强大使他未敢轻举妄动，因而他在生前就定下了挥师南下占领岭南蓟辽边外朵颜三卫的决策。

卜赤汗的继承者达赉逊汗是这个决策的执行人，他率领蒙古左翼万户南下辽东、蓟镇边外，瓜分朵颜三卫，完成了蒙古统一大业，使察哈尔部的势力得到了扩充，为土蛮汗威震辽东奠定了基础。土蛮汗与蒙古右翼俺答汗重新协调关系，对明采取强硬政策，使蒙古左翼万户组成的山阳集团也得到了前所未有的发展。在这一历史进程中，察哈尔万户迅速强盛起来，成为名副其实的蒙古中央万户。

第三节　土蛮汗时期察哈尔万户的强盛

达赉逊汗时期，假借朵颜三卫之名在明朝边境求贡挟赏的这一做法，自从嘉靖三十六年（1557）土蛮汗即汗位之后，开始发生明显的变化。

《蓟门考》载："后于三十六年春，收复三卫夷人，为彼向导，始犯蓟镇冷口地方。繇（由）是分为东西二虏。本夷素称察罕儿。迩来住巢离边渐近，为蓟辽患。"①

土蛮汗即位之初，就开始对明朝采取强硬措施，企图用武力打开明朝的门户，以达到与明朝全方位贡市之目的。首先，察哈尔万户各部的驻牧地明显有南移的趋势。上文所说黑石炭（苏尼特部）牧地已接近今喀喇沁的锡伯河。

---

① 米万春撰：《蓟门考·东虏考》，载《皇明世法录》卷57，台湾学生书局，1965年。

《镇戍蓟镇》所引《职方考》也载："河套稍南有敖母林，稍北有老母林，离蓟边五六百里，此地有东虏土蛮驻牧。"[①]

这与《蓟门考》之"迩来住巢离边渐近"都完全吻合。可见此时土蛮汗察哈尔万户的所属部落已渡过西拉木伦河南下驻牧，意图攻掠明朝蓟辽边境了。

《万历武功录》载："土蛮，打来孙长男也。所部皆朵颜蟒惠、伯户、鹅毛秃、壮兔等，控弦之士六万，最精壮。嘉靖中，移徙黄河北，常引速把亥入海、盖、开原。顷之，大会矮塔必、兀鲁台周十余万骑，祭旗纛，声欲入河东广宁，后从长勇堡、静远堡入，杀掠沈阳迤南，辽阳迤北……是岁，嘉靖三十八年也。"[②]

可见土蛮汗即位以后连年寇掠明边，造成明朝蓟辽边境不得安宁。俺答封贡以前，土蛮与右翼联手寇掠明边，给明朝边境带来很大压力。

《万历武功录》载："其明年秋（隆庆三年），东西虏约分犯。土蛮从舍剌母林驰冷口，把都儿从插汉脑儿驰古北口，俺答、黄台吉从腰带驰独石。黄花镇，皆有状。"[③]

俺答封贡后，七镇皆宁，独土蛮獗强犹昔，建州诸夷与之声势相倚[④]。可见土蛮汗时期的察哈尔万户与明朝的关系发生了根本性的变化。

那么土蛮汗时期察哈尔的状况又如何呢？我们先从土蛮汗左右的随从察哈尔分支各部的首领着手，梳理这段历史的头绪。

《卢龙塞略》中被提名的察哈尔各部首领有："土蛮、长

---

① 茅元仪撰：《武备志》卷205《镇戍蓟镇》，清道光重刻本。

② 瞿九思撰：《万历武功录》卷10《土蛮列传上》，载《明代蒙古汉籍史料汇编》第4辑，内蒙古大学出版社，2007年版。

③ 高拱撰：《挞虏纪事》，载《明代蒙古汉籍史料汇编》第2辑，2006年。

④ 郭造卿撰：《卢龙塞略》卷15《考部·朵颜卫》，载《明代蒙古汉籍史料汇编》第2辑，2006年。

秃、黑石炭、尖炭、委正、伯颜兀、阿牙他皮、那彦兀等。”[①]

“土蛮”肯定是指土蛮汗；“长秃”，即达赉逊汗次子昆都力庄兔台吉；“黑石炭”为可可出太台吉；委正，即达赉逊汗第四子威正达尔汉台吉；伯颜兀，为也密力台吉之子卑麻台吉次子[②]，那彦兀查无此人，疑为挨大笔失台吉之子脑毛大之音译（那木大黄台吉）[③]。

其中，庄兔为蒙古文史书中记载的庄兔，是浩齐特部的首领。

《金轮千辐》载，“浩齐特那颜为庄兔都喇尔”[④]，即《卢龙塞略》中的长秃。

黑石炭为苏尼特部首领可可出太台吉[⑤]。

《金轮千辐》又载：“卜赤汗之次子分领二苏尼特之可可出太。”

《万历武功录》载：“孛只之子五人，黑石炭独以强著哉？其他所谓打来孙及阿牙台皮、卜以麻、王文打来稍称善乎。”[⑥]

《北虏世袭》：“铁力摆户故，子二：不地台吉（卜赤汗）、也密力台吉。

“三世：不地台吉故。子五：打来素台吉、可可出太台吉、汪兀都剌台吉、公兔台吉、那眉兔（又称那宾兔）台吉。在宣府东北驻牧，与蓟镇相连。

---

① 萧大亨撰：《北虏风俗》附表二，北平文殿阁刊印本，1936年版。

② 冯瑗撰：《开原图说》卷上，载《玄览堂丛书》，万历刻本影印，江苏广陵书社，2010年。

③ 土蛮汗将朵颜部分封给各台吉时，是按家族分封的，细查不见挨大笔失家族人分领。所以怀疑土蛮汗贴身近臣脑毛大为那彦兀，待考。

④ 答里麻著，乔吉校注：《金轮千辐》，内蒙古人民出版社，1987年，第180页。

⑤ 沈曾植《蒙古源流》笺证云：“库格珠特台吉，《藩部表》作库克齐图莫尔根台吉，苏尼特部族。”《明史·李成梁传》：“土蛮从父黑石炭”，即库克齐图。《北虏风俗》：“土蛮的一个叔父可可出大台吉。”

⑥ 瞿九思撰：《万历武功录》卷13《黑石炭列传》，载《明代蒙古汉籍史料汇编》第4辑，内蒙古大学出版社，2007年。

也密力台吉故。子二：挨大笔失台吉、卑麻台吉。”

《万历武功录》虽然在卜赤汗之五子中误列入其侄子二人，但是所列的黑石炭、打来孙、王文打来三人是正确的。

《阿萨拉克齐史》也证明了这一点：“不迪阿喇克汗之子库登汗、可可出台台吉、都喇尔台吉、卓礼克图台吉、卜克台吉。”[①]

前三位就是《万历武功录》所提到的三人，其中王文打来就是汪兀都剌台吉。

委正达尔汉（巴噶达尔汉）为察哈尔垦济古惕部之首领。

《大黄史》《金轮千辐》：“卜赤汗第三子巴噶达尔汉之子喇希台吉……分领察哈尔。”[②]

《万历武功录》：“大委正，又名庄兔，打来孙第四子也。”[③]

上述蒙古文史书均未能明确巴噶达尔汉所分封的领户。《蒙古源流》在大写特写达赖喇嘛时无意中留下了“垦济古惕（禾默乞惕）之巴噶达尔汉那颜”这一宝贵的资料，才得以解开这一历史之谜。

伯颜兀为秃章都喇尔，为敖汉、奈曼部首领[④]。达力扎布先生认为“伯颜兀是博迪汗弟也密力台吉次子卑麻之子”[⑤]，

---

① 萨囊彻辰：《蒙古源流》，内蒙古人民出版社，1981年，第490页载：土蛮汗为慰问和赏赐达赖喇嘛的使团，派遣“察哈尔万户之使者，克石旦之图美洪台吉、垦济古惕之巴噶达尔汉那颜为首的千人团，携带万匹马驮。达赖喇嘛明鉴……”此二人均为上述两个部落的首领，能够代表土蛮汗的特使。

② 乌力吉图校勘，巴·巴根校订：《大黄史》，民族出版社，1983年，第125页；答里麻著，乔吉校注：《金轮千辐》，内蒙古人民出版社，1987年，第183页。

③ 瞿九思：《万历武功录》卷13《大委正列传》，载《明代蒙古汉籍史料汇编》第四辑，内蒙古大学出版社，2007年。

④ 包文汉整理：《钦定外藩蒙古回部王公表传》之敖汉总传载：“图噜博罗特子二：长博第阿喇克，详乌珠穆沁部总传。次纳密克，生贝玛土谢图，子二：长岱青杜楞，号所部曰敖汉。次额森伟征那颜，详奈曼部总传。”萧大亨《北路风俗》附录表《北虏世系》载：“卑麻台吉子二：秃文都剌儿台吉、也先威正台吉。”此处的“秃文都剌儿”是《金轮千辐》秃章都喇尔之讹误。

⑤ 达力扎布：《明代漠南蒙古历史研究》，内蒙古文化出版社，1998年，第114页。

其真名叫作卜言忽赖。

《金轮千辐》载："图噜孛罗特次子博迪阿喇克汗之弟纳密克那颜分领敖汉、奈曼二鄂托克。纳密克之子卑麻。其子秃章都喇尔（伯颜兀"buyangquli"）[①]、额森委正二人。"[②]

那彦兀，应该是脑毛大。他是察哈尔阿喇克绰特部的首领[③]。就是土蛮汗五位札萨克之一察哈尔之那木大黄台吉。

乌珠穆沁部首领是卜赤汗之子翁衮都喇尔。他应该与黑石炭齐名。

《万历武功录》卷13《东三边四》目录中列有黑石炭、大委正、暖兔、拱兔等人传。

所谓黑石炭者，土蛮汗叔父可可出大台吉；大委正者，就是我们要考证之人，土蛮汗的二叔翁衮都喇尔；暖兔和拱兔是目前学界有争议的土蛮汗小叔、达赉逊汗小弟，即《北虏风俗》所载的公兔台吉、那宾兔台吉二人。很明显，后四位是土蛮汗的长辈。

关于公兔台吉、那宾兔台吉二人，《金轮千辐》《恒河之流》中均有记载[④]：拱兔、暖兔二人后裔分领帖良固惕、昔步慎二部之领主。

此外熊庭弼《计安西虏书》中记载："初，小歹青欲抢犯

---

① 答里麻著，乔吉校注：《金轮千辐》，内蒙古人民出版社，2000年，第183页。哥本哈根本中写有土章都喇尔名为"buyangquli"，应该是伯颜兀。

② 答里麻著，乔吉校注；《金轮千辐》，内蒙古人民出版社，2000年，第183页。

③ 关于脑毛大为那木大黄台吉：《北虏风俗》附表也密力台吉长子为挨大笔失台吉，子一：那木大黄台吉。又《辽夷略》载："直广宁西北而牧，离边七百余里，市赏亦镇远关者，其酋曰叆塔必，故，而生十子，长曰脑毛大黄台吉，次曰以儿邓……"。达力先生认为"脑毛大部可能是清人所说的阿喇克绰特"，笔者认同他的观点，另外森川哲雄、宝音德力根等俱持此观点 。

④ 答里麻著，乔吉校注：《金轮千辐》，内蒙古人民出版社，2000年，第182页；衮布扎布著，乔吉校注：《恒河之流》，内蒙古人民出版社，1980年，第97页。

宁前，拱兔阻之。既而明无故捕杀拱兔部夷。小歹青激拱兔说：'叔屡沮我抢，今偏杀叔夷，愿以兵助叔必报。若款，不如死。'"[①]

土蛮汗之弟，林丹汗之叔祖小歹青亲口叫拱兔为叔，而《武功录》则曰暖兔、拱兔为矮塔必之子，是错误的。《金轮千辐》等蒙古文史书说"阿喇克汗暖兔、拱兔坐镇帖良固惕、昔步慎者也"，笔者认为，此记载准确。这与《北虏风俗》表二的排序完全吻合。我们可以肯定，《万历武功录》之目录排列有序，其准确度达到惊人的地步。但是《万历武功录》之具体内容，笔者却不敢苟同。因为书中张冠李戴的现象比比皆是。瞿九思受过牢狱之苦，一位民间文人，应该不知边境之事，只是东拼西凑，搜集资料，千辛万苦地为明神宗歌功颂德，写下了《万历武功录》。所录之事与《明实录》的相关记载相左，核对《辽东档案》的内容尤其能感觉到该书失误较多。不过该肯定的还是要肯定，例如王文打来和大委正的相关内容未见他书。王文打来就是翁衮都喇尔"ongγon dural"之音译。他有委正之职衔，他侄儿土蛮汗同辈里还有两位拥有委正职衔者，为了便于辨别，把他称作"大委正"[②]。

克石旦（也作克失旦，即克什克腾）部首领就是土麦台吉。《蒙古源流》载："克石旦之土麦黄台吉、垦济古惕之巴噶达尔汉那颜为首千人万驮抵达，圣喇嘛谕……"[③]

这是土蛮汗所派的钦差大臣，代表着左翼万众之信仰，肯定不是一般人物，所以笔者认为他们是克石旦和垦济古惕二部

① 陈子龙等编：《皇明经世文编》卷480所载熊庭弼《计安西虏书》，上海古籍出版社，1996年。

② 萧大亨撰：《北虏风俗》之《战阵》载："功轻者升为把都儿达儿汉，功重者升为威静达儿汉，再重者升为骨引达儿汉，最为首功，则升为威达儿汉而止。"大委正就是功勋显赫的威静达尔汉。

③ 萨囊彻辰：《蒙古源流》，内蒙古人民出版社，1981年，第490页。

之头目。因为1683年第二次代表土蛮汗和左翼万众去拜见达赖喇嘛的是五札萨克之一脑毛大。所以两次所派遣的代表人物的身份不会有太大的差别。过去很多人认为黑石炭为克石旦[①]，达力先生指正了和田氏之失误。但是他也只说“由于蒙汉文史籍所列世系人名还不尽相符，因此有待进一步考证”[②]。

《北虏风俗》表十载：“达延汗第五子阿赤赖台吉，子一，打赖台吉。子二，达儿汗台吉，威敬台吉。达儿汗台吉子三：土麦黄台吉。威敬台吉子七：哈味七庆台吉。”

《登坛必究》：“所管部落充［克］失探（即克什克腾部，也作克失旦、克石旦）官儿：打来那言（即那颜），生二子，长子打儿汗那言，生秃凂台吉兄弟三人，次委正那言。”[③]

上列两种史料中的“土麦”和“秃凂”指同一个人，就是《蒙古源流》克石旦部的土麦黄台吉。

《大黄册》记载：“达延汗第六子阿赤赖孛罗特。其子打来（darai）、打来孙（daraisun）。打来之子翁古特打来赛音阿拉克，其子墨尔根昔勒剌台那颜，其子达尔麻卜克台吉。其子索诺木。”[④]

《阿萨拉克齐史》记载：达延汗第六子阿赤赖孛罗特之子打来、拉来孙，打来之子赛那剌、威敬洪巴图鲁。赛那剌之子莫尔根撒勒里台，其子丹巴邻臣洪台吉，其子索德诺木台吉。[⑤]

---

①［日］和田清著，潘世宪译：《明代蒙古史论集》，商务印书馆，1984年，第450—451页。

② 达力扎布：《明代漠南蒙古历史研究》，内蒙古文化出版社，1998年，第123页。

③ 王鸣鹤撰：《登坛必究》卷23，载《中国兵书集成》，解放军出版社、辽沈书社合作出版，1990年。

④ 乌力吉图校勘，巴·巴根校订：《大黄史》，民族出版社，1983年，第132页。

⑤ 巴·巴根校注：《阿萨拉克齐史》，民族出版社，1984年，第116页。

再与《表传》的记载比较：克什克腾部……元太祖十六世孙鄂齐尔博罗特，再传之沙喇勒达，称莫尔根那颜，号所部曰克什克腾，子达尔玛，有子三，长索诺木……[①]

墨尔根昔勒剌台那颜就是沙喇勒达，达尔麻卜克台吉就是《表传》中的达尔麻。索诺木是归附爱新国的克什克腾部首领索诺木，《大清一统志》称作苏墨尔戴青。这一段世袭脉络比较明确，无需考证。而沙喇勒达以上的世袭脉络相当模糊，需要进一步明确。汉文史料和蒙古文史料中，从初代阿赤赖到第二代打来基本一致。只是汉文史料记载“阿赤赖子一”与蒙古文史料中所记载的“阿赤赖孛罗特，其子打来、打来孙”稍有出入。但是“打来孙”在蒙古文史料中也没有留下其子嗣的记载。汉文史料中记载打来之子有二：打儿汗和威敬二人。《登坛必究》中载“所管部落克失探官儿”下列有打儿汗和委正（威敬）兄弟二人，应该是史乘中所出现的“俩克什克腾”，就是他们二人分别受封的领户。在蒙古文史籍中，《阿萨拉克齐史》是广泛利用蒙古世系谱写就的经典之作，精确度较高。该书中记载的“打来之子赛那剌、威敬洪巴图鲁”与汉文史料《北虏世袭》表十的“打赖台吉，子二。达儿汗台吉，威敬台吉”基本吻合。因此笔者认为，汉文史料的打儿汗和蒙古文史料的赛那剌是同一个人。只是汉文史料按照记载蒙古首领的传统，用赛那剌的打儿汗（达尔汉，也作达尔汗、达尔罕等）称号来记载他罢了。我们要考证的土麦台吉就是此人的长子。土蛮汗时代由他掌管察哈尔万户之克石旦部。但是，沙喇勒达和土麦是否为同一个人，笔者不敢断言。因为打儿汗“生秃浼台吉兄弟三人”，也许索诺木的祖父沙喇勒达是土麦的兄弟也未可知。林丹汗西迁时把克石旦二部中的一部强行并入察哈尔本

---

① 包文汉整理：《钦定蒙古回部王公表传》卷33，内蒙古大学出版社，1998年。

部，所以两翼克什克腾之一从此不复存在了。《万历武功录》之“土墨台猪列传”就是为土麦台吉立的传[1]。《土墨台猪列传》载：“土墨台猪，土蛮族弟也。”土麦即此人。

关于兀鲁特部，日本学者森川哲雄有比较深入的研究。达延汗开始为第十子格哷孛罗特所封之部落为察哈尔的五路部。五路部即兀鲁特部，是木华黎所率攻金的蒙古五部扎剌儿、弘吉剌、亦乞烈思、兀鲁兀、忙兀五投下的兀鲁兀部。察哈尔的兀鲁特部在《辽夷略》中排在察哈尔诸部的末尾，但是其实力也不弱，“其带甲控弦者大约满万，而马少不便鸣镝而驰也”。[2]

《黄金史》载：“兀鲁特台吉之子兀鲁特之郎那颜是也。”[3]

《阿萨拉克其史》：“达延汗十子格哷孛罗特台吉，其子郎那颜是也。”[4]

《登坛必究》载：“初代五路，生七子：二代长子扯劳害等。二代次子把败。二代三子呈吉儿……二代五子花台吉……”[5]

所谓兀鲁特台吉是指格哷孛罗特和其子郎台吉二人。

《辽夷略》载：“离广宁镇靖、镇边、镇远等堡三百余里而牧，其市赏仍由镇远者，有五路，即郎台吉，故，生七子。长曰扯劳亥，次曰花台吉……”

在土蛮汗时期兀鲁特之首领为扯劳亥。

《万历武功录》载：“其八月，土蛮、克石炭、黄台吉，

---

① 瞿九思：《万历武功录》卷10，北平文殿阁刊印本，1936年。

② 张鼐撰：《辽夷略》，载《清初史料四种》，国立北平图书馆印本，1933年。

③ 罗卜藏丹津著，乔吉校注：《黄金史》，内蒙古人民出版社，1980年，第690页。

④ 巴根那校注：《阿萨拉克其史》，民族出版社，1984年，第117页。

⑤ 王鸣鹤撰：《登坛必究》卷23，载《中国兵书集成》，解放军出版社、辽沈书社合作出版，1990年。

大、小委正歹青，拱兔、暖兔、以儿邓、赤劳亥、花台吉、在桑户、土妹，大会于兀炭。”

其中的赤劳亥、花台吉者就是察哈尔万户的兀鲁特部落首领扯劳亥兄弟二人。《万历武功录》有时也称作“兀鲁台周”。土妹就是克石旦之土麦，即《武功录》中的土墨台猪。察哈尔万户诸部中兀鲁特部的地位不高，常受不公平的待遇。如林丹汗时期，“盖七月内憨遣中军贵英恰为我设防，宿其所属五路妇女，五路渐怒，率万众降炒花。而贵英恰追杀其部落人，兼杀炒花二人”[①]。最终导致兀鲁特部叛离林丹汗，投奔后金。至此，土蛮汗时期察哈尔内部大概结构得以明确。

关于察哈尔各部的势力，史料记载并不完整。

关于阿喇克绰特部，《辽夷略》载：

“阿喇克楚酋首叆塔必之子脑毛大之长男曰桑哈儿、次曰缩闹，而控弦之骑几七八千。以儿邓故，而三子，长曰麦力根歹青，次曰宰桑台吉，三曰桑哈儿寨，而控弦之骑五千。扯臣之子四……而控弦之骑三千。青把都儿故，……速克赤把兔故，……卜言兔故……三部各拥骑二千。其必扯赤故……千骑耳，而额儿得你丑库儿亦三子……阿民台吉在，……二部约骑兵各二千。”

从以上张鼐的记载中，我们可以明确阿喇克绰特部总兵力达到两万五千人左右。脑毛大充当土蛮汗五位执政大臣之一，也许靠的就是他所分领的阿喇克绰特部的雄厚实力。

帖良固惕、昔步慎二部的史料信息很模糊。

《辽夷略》记载：“拱兔一支近锦州边者，五子，长以儿度赤，次刺八四气，三色令，四果木，五刺麻，而约兵五千。”[②]

---

① 《明熹宗实录》，天启元年九月癸丑条。

② 张鼐撰：《辽夷略》，载《清初史料四种》，国立北平图书馆印本，1933年。

张鼐误以为拱兔为叆塔必之幼子。其实不然，拱兔就是卜赤汗的第四子，是分领帖良固惕部的领主。

《恒河之流》："卜赤汗之……所生三子为达赉逊库登汗、可可出台莫尔根那颜、翁衮都喇尔那颜是也。东宫所生之子为暖兔台吉、拱兔台吉二人。"[①]

林丹汗时期，帖良固惕部在《满文老档》中已经被命名为"察哈尔之多罗特"[②]。其部落并非与阿喇克绰特在一起，阿喇克绰特部"直广宁西北而牧，离边约七百余里"，而"拱兔一支近锦州边者，五子，长以儿度赤，次剌八四气，三色令，四果木，五剌麻，而约兵五千"[③]，大概就在小凌河一带，两部驻牧距离较远。相关史料中和昔步慎相关的人还有一位石保赤丑库儿。"抽扣在虏中最悍，与拱兔、歹青为一党"[④]。《辽夷略》中卑麻之第五子"五男石保赤丑库儿也。……而石保赤止一子，曰额森大儿台吉，兵亦仅五百余"。此人与昔步慎部到底是何种关系，目前缺乏相关史料，无从考证。

乌珠穆沁部距明边较远。其地理位置在阿喇克绰特部西北。

"离广宁西北边八百余里而牧。……大委正为打来孙汗（卜赤汗之讹）第四子，尝佐土蛮挟我封贡，……而长男阿惠……次男昂惠台吉，三男墨力台吉，其兵骑无考，……不似大委正时也。"[⑤]

---

① 衮布扎布著，乔吉校注：《恒河之流》，内蒙古人民出版社，1980年，第97页。

② 第一历史档案馆译：《汉译满文老档》（下册），中华书局，1990年，第879页。

③ 张鼐撰：《辽夷略》，载《清初史料四种》，国立北平图书馆印本，1933年。

④ 王在晋撰：《三朝辽事实录》卷11，江苏广陵古籍刻印社，1988年。

⑤ 张鼐撰：《辽夷略》，载《清初史料四种》，国立北平图书馆印本，1933年。

大委正就是我们已经考证过的翁衮都喇尔。《表传》载："博迪阿喇克继之，有子三分牧而处。长库登汗，详浩齐特部总传。次库克齐图墨尔根台吉，详苏尼特部总传。次翁衮都喇尔，号其部曰乌珠穆沁。"[①]

《金轮千辐》："卜赤汗第三子威勒特都喇尔（üyiled dural）那颜受封二乌珠穆沁、也力克温、骡子趁部。"[②]

《万历武功录》载："大委正遂有众三万，非复仰而董酋之日，仅与控弦之士三千乎。"[③]

这里也许有些扩大化，但乌珠穆沁部的实力不在阿喇克绰特部之下。

苏尼特部"离义州正北边千余里驻牧。……有克石炭一支。克石炭为孛只第五子，数为宁前患，……生三子，长男扯臣黄台吉，次男舍剌台吉，三男讨讨败台吉……而三部拥兵骑约七八千"[④]。

这里的克石炭并非指克什克腾，而是指卜赤汗之子可可出太，即《万历武功录》中之黑石炭。

《万历武功录》："克石炭乃即黑石炭也。……打来罕亦即黑石炭乎？……黑石炭，又名打来汉。"[⑤]

《北虏风俗》的北虏世系中未列其子嗣。

《表传》载："库克齐图墨尔根台吉，号其部曰苏尼特，……子四：长布延珲台吉，次贝玛墨尔根伊勒都齐，次布

---

① 包文汉整理：《钦定外藩蒙古回部王公表传》卷34，内蒙古大学出版社，1998年。

② 答里麻著，乔吉校注：《金轮千辐》，内蒙古人民出版社，2000年，第180页。

③ 瞿九思：《万历武功录》卷13，北平文殿阁刊印本，1936年。

④ 张鼐撰：《辽夷略》，载《清初史料四种》，国立北平图书馆印本，1933年。

⑤ 瞿九思：《万历武功录》卷13《黑石炭列传》，北平文殿阁刊印本，1936年。

延泰车臣贝哩卓哩克图，……次布尔海楚琥尔。”①

其子嗣之名各书记载有出入。《辽夷略》多用官职号或绰号来记载。扯臣黄台吉应是布延珲台吉。其余待考。苏尼特部驻牧地在敖汉、奈曼以北，离义州正北千余里，在乌珠穆沁部之东侧，而敖汉、奈曼部离义州正北四百余里。

敖汉、奈曼部为卑麻的领户。

《表传》载：“长博迪阿喇克，……次纳密克，生贝玛土谢图，子二：长岱青杜楞，号所部曰敖汉，次额森伟征那颜为奈曼之酋首。”②

敖汉、奈曼归附爱新国之前其驻牧地在义州边外。敖汉“直义州西北边五百里而牧”，而奈曼“直戚家路大定、大茂等堡四百里而牧”③，敖汉在西，奈曼在东。

《辽夷略》载：“卑麻之枝（支）有五。长男都冷之子二……有骑约五千余。乃蛮七子……有骑亦约五千余。”

其他三子也各有五六百骑不等。

兀鲁特部，即五路，“离广宁镇靖、镇边、镇远等堡三百余里而牧”。其驻牧地相当于今库伦旗、彰武县北部区域。兀鲁特部首领郎台吉生七子。七子分支为十八派，其带甲控弦者接近一万。所以兀鲁特一部的实力与敖汉、奈曼二部的实力相当。

此外，察哈尔汗有直属于自己的察哈尔本部和军队。可汗的这一支力量远远超过了蒙古诸部大小头领的势力。

《辽夷略》载：“自宁前而东，我边地渐广，则广宁、锦、

① 包文汉整理：《钦定外藩蒙古回部王公表传》卷34，内蒙古大学出版社，1998年。

② 包文汉整理：《钦定外藩蒙古回部王公表传》传十、传十一，内蒙古大学出版社，1998年。

③ 张鼐撰：《辽夷略》，载《清初史料四种》，国立北平图书馆印本，1933年。

义诸堡矣，距塞外者皆朵颜诸部也。其酋曰土蛮憨，号老王子。子九，自长男扯臣憨而下，曰委正黄台吉，曰额参台吉，曰锁迷台吉，曰歹青台吉，曰琵琶台吉，曰莽官儿台吉，曰卜言大台吉，曰桑阿儿赛台吉。今诸酋皆虎墩兔憨约束之。牧地直广宁，去塞十余里，而市赏皆广宁镇远关。扯臣憨长男曰莽骨速台吉，即虎墩兔憨之父也，二子，一为憨，约束诸部。而次曰粆兔黄台吉，兄弟约兵三万余骑。次男曰毛起炭，存，而有一子曰脱脱亥，其骑亦有五千。此莽骨速之派为独盛而制诸部也。虏中称憨如称帝。委正故，二子，长伯言，次伯言大，而约兵三千余。额参台吉故，仅一子曰召克太，绝矣。锁迷之子长麦力根，次哈大，亦拥骑二千余。歹青之子二，曰孛赖，曰黄台吉，俱在，……亦兵约二千余骑也。琵琶之子曰克什兔，曰阿败，约兵千骑耳。其莽官儿尚存，而有子曰伯言兔，亦约兵千余骑。卜言太存，有三子，长色令，次拱赤，三把兔儿，而兵数亦与琵琶同。桑阿儿寨存，生子四……拥骑三千余，而视莽官、琵琶、卜言太三部差雄矣。计土蛮之派凡二十一支，俱帝虎墩兔憨。憨兵不下三万，而合诸酋兵又几二万，是以为土蛮之种强矣。”

从以上的统计数字中我们可以看出，察哈尔部仅土蛮汗子孙一支，察哈尔本部的势力已达到控弦五万骑，可汗之强悍，蒙古其他首领已经无出其右者。更何况这些记载还远不是察哈尔万户各部之全部记载，很明显克石旦、浩齐特、多罗特等几个大部的情况都没有留下史乘记载。

《万历武功录》载：

“土蛮部以十万数，滚兔六七酋最大。要之藉（借）兵于西虏，藉（借）耳目于三卫。灰正置不论，独怪滚兔……。”[①] 这里所说的“六七酋”指察哈尔万户所属各部中的兵力较强的大

① 瞿九思：《万历武功录》卷10《东三边一》，北平文殿阁刊印本，1936年。

台吉。显然浩齐特部的实力也不比察哈尔万户的其他部落弱。

克石旦部起源于成吉思汗“大万户”，由大蒙古国时期训练有素的职业军人的后裔组成。土蛮汗时期，其首领为土麦台吉，就是《武功录》中的土墨台猪。他深受土蛮汗的信任和依赖。他是在蒙古左翼万户中能代表诸位头目的体面人物。天聪八年（1634），两个克什克腾部首领之一索诺木率属部来归爱新国。

《蒙古游牧记》载：克什克腾“顺治九年，编所部佐领，授札萨克一等台吉，世袭罔替。佐领十”。①

《大清一统志》载：“大聪八年，太宗文皇帝亲征察哈尔，林丹汗走死，其部长索诺木来降。顺治九年授一等台吉，世袭掌旗。”②

虽然经过林丹汗的兼并、清初战争的消耗以及清朝的吞并，克石旦部规模仍然不小。因为远走漠北游牧，归附时间也较晚，所以顺治九年（1652）才被封为札萨克一等台吉。

总之，察哈尔万户在土蛮汗时期得到了前所未有的发展，虽然汉文史籍中所载的有些史料涉及林丹汗时期，但是实属土蛮汗时期形成的局面和规模。据上述史料粗略统计，阿喇克绰特部控弦之士25000人；帖良固惕部（多罗特部）5000人；乌珠穆沁部10000人；苏尼特部7000—8000人；敖汉奈曼部10000余人；兀鲁特部满10000人；浩齐特和克石旦二部估计至少有15000人马以上；土蛮汗直系一支有50000人马。再加上未被留下记载的察哈尔万户其他部落兵，当时的察哈尔万户兵力用最保守的统计，至少也在15万铁骑以上。

土蛮汗依靠如此强大的势力，用很短的时间向东北征服女真等大大小小的通古斯部族。

---

① 张穆撰：《蒙古游牧记》卷3《克什克腾部》，载《小方壶斋舆地丛钞》，杭州古籍书店影印本，1985年。

②《大清一统志》（嘉庆重修）卷539《克什克腾部》，四部丛刊本。

《蒙古源流》载：土蛮汗“从女真（jürčin）、捏流（neligüd?）、答吉兀儿（dagiγur?）三部族（γurban keleten）处收取贡赋”。[①]

虽然三部族中目前唯一能明确的是女真，不能确认其余二部族的身份，但是这更能证明他所控制的势力范围之广，根本不是我们想象中的那么狭小。例如《清太祖实录》：“昔察哈尔土门札萨克图汗侵辉发国，时辉发兵五百，带甲仅五十人，与战，察哈尔不胜而还。”[②]

这是努尔哈赤派遣四个使臣，外加习火器者八，为搪塞奥巴借用习火器者千人之请求，用来应付奥巴求救信函的话语。不过这段话恰恰能说明土蛮汗确实有过征服女真等部的军事行动。至于其结果，无需赘述。后来科尔沁部等仍领有锡伯、瓜儿佳等女真就是此事的铁证。

《内济陀音二世传》载：“辛未年仲夏，皇上遣使臣召喇嘛活佛至宫中，接见并降旨道：科尔沁十旗乃是你的檀越，也是朕的舅家，那里有我们满洲人的锡伯、呼勒沁部落，你去把锡伯、呼勒沁人请来。……王公将所属大约一百个佐领的锡伯、呼勒沁人全部献出来，奏报圣主：男丁一万多名。”[③]

土蛮汗对蒙古内部采取的政策和措施也极其高明。他对蒙古右翼采取温和的拉拢策略，尽量避免发生内部冲突。为此他选择了在蒙古左右翼有影响力的，能左右其所属部落和能控制局面的五位头面人物，成立了决策国事的大札萨克。他的目的是，一方面以任命札萨克的手段来控制那些蒙古内部具有号召力和实力的人物，以此来掌握左右翼乃至蒙古各部落；另一方

---

① 乌兰：《〈蒙古源流〉研究》（中国蒙古学文库），辽宁民族出版社，2000年，第360、401页。

②《清太祖实录》，天命十年秋八月丁丑朔条。

③ 达磨三谟陀罗著，乌力吉图译：《内济陀音二世传》，载《蒙古史研究》第1辑，1985年。

面便于协调左右翼之间的关系，处理北元各万户共同面对的问题。通过五位大札萨克，能够在全蒙古范围内监督和执行大汗和五位札萨克共同制定的土蛮汗大扎撒。关于此事，《蒙古源流》载："土蛮汗皈依佛门，聚集起六万户人众，制定了大扎撒，指令左翼万户中察哈尔之那木大黄台吉、罕哈之委正速把亥、右翼万户中阿儿秃斯的忽图黑台切尽黄台吉、阿速之那木大喇合落赤那颜、土默特之纳木歹扯力克黄台吉，让他们执掌法规，以扎撒克图可汗之名，名扬四面八方。"[①]

上述五人在当时的蒙古社会地位显赫，各自代表着一个万户。那木大黄台吉，正如我们考证的那样，是察哈尔万户中举足轻重的人物，他是察哈尔万户各部中除了可汗系统，实力最为雄厚的阿喇克绰特部首领，在明朝汉文史籍中以脑毛大著称，他是五位大札萨克中能够代表察哈尔万户的重臣。罕哈之速把亥更不必说，他是内喀尔喀五部之总头目，巴林部虎喇哈赤之子，在明代汉文史籍中以"泰宁卫夷酋"为人所知，所谓"委正"就是"卫长"的音译，是蒙古可汗授予的"达尔汉"称号的一种荣耀。此人是内喀尔喀五部的代表。忽图黑台切尽黄台吉不仅能决定阿儿秃斯万户的大事（曾主持博硕克图吉囊的即位仪式），也能左右俺答汗的重大决策，在蒙古历史上有重大影响力的人物。《万历武功录》之切尽黄台吉，《北虏风俗》表三之先受指挥佥事、后升指挥同知，又升龙虎将军之右翼的库图克台彻辰鸿台吉，是右翼阿儿秃斯万户的代表。阿速部之那木大喇合落赤那颜则需要我们加以辨认。右翼共有两个合落赤那颜。其中一位是达延汗第四子我折（也作我着）黄台

① 乌兰：《〈蒙古源流〉研究》（中国蒙古学文库），辽宁民族出版社，2000年，第360页；萨囊彻辰：《蒙古源流》，内蒙古人民出版社，1981年，第384页。

吉的后裔，占据青海的多罗土蛮部之首领火落赤台吉[①]。

《安多政教史》载："自第十胜生的土兔年（1579）至这一年（1632）的五十四年之中，土默特的青把图儿、洪台吉、两拉尊等势力强大，几乎统治了安多及卫地。"[②]

《青海史》也载："后来土默特的火落赤及他的官员、亲属和臣民都在那里居住了相当一段时间。"[③]

上文已明确他是土默特人，此人显然不是土蛮汗之五札萨克之一阿速部那木大喇合落赤那颜。

再考证另一位合落赤那颜的情况。

巴尔速孛罗特有一子为博迪达剌，在《北虏风俗》中列他的第六子为我托汗卜只剌台吉。

《蒙古源流》载："阿速、永谢布为博迪达剌的领户。"

据《北虏风俗》记载，博迪达剌之子有三。第三子为哑速火落赤把都儿台吉。"哑速"为阿速，就是指阿速部。

《金轮千辐》载："巴尔速孛罗特之第六子为博迪达剌斡特汉台吉，三子，恩和达剌歹青、也先达剌都喇尔、那木大喇火落赤。"

我们所找的正是博迪达剌斡特汉台吉的第三子那木大喇火落赤那颜。《武备志》所引《兵略》载："张家口大市厂边外，西北接甘肃边外，大酋永邵卜，部落四万有余；夷酋阿速等，部落二万有余；七庆把都儿，一万有余。"[④]

---

① 和田清：《东亚史研究·蒙古篇》，东洋文库，1959年，第681页；江国真美：《青海蒙古史的一个考察》（东洋学报第67卷）；乌兰：《〈蒙古源流〉研究》第400页；乌云毕力格：《喀喇沁万户研究》的第30页俱有关于此人的详细的考证。

② 智贡巴·贡去呼丹巴绕布杰：《安多政教史》第4章《青海蒙古诸部首领的历史》，甘肃人民出版社，1982年，第39页。

③ 杨和瑾著，向红笳、陈庆英译：《松巴堪布〈青海史〉译注》，译自《西藏研究文集》，西藏人民出版社，1979年，第223页。

④ 茅元仪撰：《武备志》，卷206，宣府所引《兵略》，清道光重刻本。

此处的“夷酋阿速”就是那木大喇火落赤。《武功录》卷8有合罗气把都儿列传。他是右翼万户阿速、喀喇沁部落的代表。

土默特之纳木歹扯力克黄台吉是俺答汗之孙，是第三代顺义王。

《北虏风俗》载：俺答汗九子，长辛克都隆哈，子十四。长扯力克哈，万历十五年袭封顺义王[①]。

他作为俺答汗之长孙，又充当土蛮汗的五札萨克成员，能为左翼土蛮汗和右翼俺答汗两位巨头之间的联络交流和协调两翼重大事情带来诸多便利。扯力克充任蒙古执政大臣，一方面代表着俺答汗参与决策蒙古的重大事务。扯力克对蒙古大可汗土蛮来说，更是得力助手，在很多具体事务的处理上广泛采纳右翼的意见和建议，同时通过扯力克与俺答汗直接沟通，扯力克起到桥梁的作用。土蛮汗这些执政手段确实得到了预期的回报。

《四夷考》载：“虏诸部独俺答强，黄台吉其子也，尤剽悍，尝劝其父毋臣土蛮。土蛮伐之，不能克，遂与连和。”[②]

这就是土蛮汗治理国家手段灵活多样性的写照。最终一向妄自尊大的俺答汗也不得不听命于土蛮汗，还根据土蛮汗大扎撒制定了右翼地方性扎撒《俺答汗法典》。

俺答汗在土蛮汗执政的时代整整生活了23年。初期阶段他积极配合土蛮汗，联合左右翼进攻明朝，对土蛮汗的支持力度很大。后来俺答封贡也并非违背土蛮汗的志向，和明朝互市是左翼和右翼的共同目标和愿望。右翼的通贡使左翼也有机会借右翼名义与明朝贡市，解决经济等各方面的困难。土蛮汗志在全面开通北元与明朝的互市。通贡后，俺答汗尽力支援土蛮汗的事业，其长子黄台吉一直追随土蛮汗，是土蛮汗最得力的助

① 萧大亨撰：《北虏风俗》附录《北虏世袭》附表四，北平文殿阁刊印本，1936年。

② 叶向高撰：《四夷考》卷7《北虏考三》，载《明代蒙古汉籍史料汇编》第2辑，内蒙古大学出版社，2006年。

手。其长孙又是土蛮汗的五大札萨克之一，是全权处理土默特部日常事务的代表人物。若没有俺答汗的支持和允许，这些是断然不会存在的。俺答汗在其晚年热衷于传播黄教，这与土蛮汗有直接关系。俺答汗遣使请达赖喇嘛来蒙古传教时，是以察哈尔汗的名义邀请他的。

《安多政教史》记载："第十胜生的铁羊年（1571，明隆庆五年，辛未），察哈尔的俺答汗（亦作阿勒坦汗）产生皈依佛法的信念，向在该地的一位名叫佐格阿桑的喇嘛请教。"[①]

俺答汗与达赖喇嘛会面时，土蛮汗派遣左翼万户克什克腾部落的土麦等人作为大汗之代表，率领万匹马驮财礼的千人代表团前往。1587年，再次派遣脑毛大代表察哈尔万户参拜达赖喇嘛[②]。这些事情足以证明，在蒙古传播黄教大事是土蛮汗与俺答汗共同筹办的，土蛮汗全力支持俺答汗的这一举动，也能证明两人的默契合作。种种迹象表明，土蛮与俺答的关系并非明代汉文史籍所反映的那样，你争我斗，互相拆台。

土蛮汗时期，明朝与察哈尔万户的关系基本上是刀兵相见。一方是拒绝在辽东贡市的明朝，财力枯竭，将士无斗志；另一方则是经济单一，但是兵强马壮的蒙古左翼各万户军团；明朝方面拒绝开互市的政策使蒙古经济面临困境。因此土蛮汗力图以武力打开明朝互市，为了达到这一目的，在蓟辽战场上，他度过了自己的一生。

《万历武功录》载："土蛮老而厌兵，边患稍戢。久之，以狗马病死。子卜言台周嗣。……土蛮，故胡元裔，又俺答君长，意中独恋贡市事二十余年，乃卒不可得，老死矣。"[③]

---

① 智贡巴·贡去呼丹巴绕布杰：《安多政教史》第4章《青海蒙古诸部首领的历史》，甘肃人民出版社，1982年，第35页。

② 萨囊彻辰：《蒙古源流》，内蒙古人民出版社，1981年，第485—490页。

③ 瞿九思撰：《万历武功录·土蛮列传下》，北平文殿阁刊印本，1936年。

可见土蛮汗晚年时期，对明边的寇掠稍为减弱，但是顽固的明朝皇帝宁可挨打，也不准许与蒙古贡市。土蛮汗也最终心灰意冷，筋疲力尽。其子卜延彻辰汗（即卜言台周）时期的察哈尔万户史料甚少。

《武功录》载："卜言台周，土蛮长男也，甲戌冬杪，常与打来汉、速把亥，黑石炭、黄台吉治兵插汉脑儿约曰：吾骑马入广宁塞，如河冻不可入，入河东，弯弓而驰，矢无虚矣。"[①]

可见，卜延彻辰可汗的雄心不亚于其父土蛮札萨克图汗。

《明实录》万历二十九年八月己丑条载："顺义王与东虏擦罕儿构兵。命大同督抚，慎加侦探，固我内圉。"

此处的顺义王者为俺答汗之孙那木大扯力克哈。东虏察哈尔当然是卜延可汗。看来土蛮汗后继有人，子承父业，卜延汗借兵于右翼，不断骚扰明边。卜延汗的史料在《万历武功录》、《明史》卷238《李成梁传》中屡有记载，但内容单一，不成系统，从中很难一探究竟。

总之，卜延彻辰汗执政十年间，为保持蒙古大一统而努力，并采取了一些措施。如为了加强蒙古诸首领的凝聚力，对外宣布他已重新得到历朝之传国玉玺，以此来暗示自己是天下正统的皇帝。其目的显然是要号召蒙古贵族重新团结在大汗周围，加强中央集权。但是蒙古诸部各自为政、组织涣散的趋势已无法挽回。从卜延汗末年开始，这种离心局面愈演愈烈。林丹汗即位时，蒙古大汗的威望已经不复存在，林丹汗名义上是全蒙古人的大可汗，实际上不过是蒙古大大小小封建主中的察哈尔万户的封建主罢了。为了恢复蒙古大汗之权威并统一蒙古，林丹汗虽然身处逆境，但是他从继承他祖父的皇位那天起，就在为挽回蒙古的分裂局面而奋斗。

---

① 瞿九思撰：《万历武功录·土蛮列传下》，北平文殿阁刊印本，1936年。

第四章　蒙古左翼的察哈尔万户

“天命八年五月初六日，是日大雨。帝曰，蒙古之国，犹此云然，云合则致雨，蒙古部合则成兵，其散犹如云收而雨止也。俟其散时，吾当亟取之。”[①]这是努尔哈赤派兵杀戮扎鲁特部昂安一支后所说的话，体现了他分裂和蚕食蒙古诸部的既定策略。而林丹汗则采取了“先处里，后处外”[②]的方针，把自己的一切精力都集中在蒙古内部的事务上，对内采取强硬手段，对蒙古左翼各部使用以武力压制的方式来试图保持蒙古的统一体。但在外交政策上，则处处表露出轻敌、消极对抗、贪图市赏等政策弊端。

随着后金的强盛，察哈尔万户林丹汗和女真努尔哈赤二雄为争夺蒙古左翼诸部，在辽东边外形成了水火不相容的对峙局面。努尔哈赤为了达到分裂蒙古的目的，挑拨蒙古诸部之间的关系，他对蒙古各部首领采取拉拢和打击等恩威兼施的手段，以此来孤立林丹汗。而林丹汗则对所属蒙古各部采取简单的武力手段，坚决打击与爱新国有亲近倾向的蒙古诸部首领，将他们视为死敌，当作反叛者来对待。他如此过激的行为，造成了“亲属间刀兵相见”的紧张局面，他步步紧逼的“先处里”的政策得不偿失，反而使努尔哈赤坐收渔翁之利。

---

① 《清太祖武皇帝奴儿哈奇实录》卷4，五月初六日条。

② 汪楫撰：《崇祯长篇》，崇祯元年七月，台湾影印本，1967年。

本章着重探讨林丹汗继位初期察哈尔万户内部发生的演变，林丹汗亲政以后对明朝采取的强硬措施及明蒙同盟关系的确立。明蒙同盟关系引来努尔哈赤对林丹汗的极大仇恨，从而引发林丹汗和努尔哈赤在辽东边外的角逐。努尔哈赤以超凡的策略瓦解了林丹汗阵营里的蒙古左翼山阳集团所属诸部，先从蚕食喀尔喀五部入手，继而辅助和煽动科尔沁万户脱离林丹汗而独立，最后以拉拢和威胁手段使林丹汗所属的南察哈尔各部走向崩溃。林丹汗在与努尔哈赤的争斗中处于极其被动的状态，毫无招架之力。眼看自己所属各部俱趋向于投靠爱新国，气急败坏的林丹汗采取武力手段，将喀尔喀五部的残余及南察哈尔各部的残余强行合并到自己直属的察哈尔本部。

科尔沁万户的独立，喀尔喀五部的崩溃，南察哈尔各部的逃散及叛离，使林丹汗在蒙古左翼再也无力与爱新国抗衡。另外，其辽东方面的市赏地均被女真人占领，因此在蒙古左翼无法获得明朝每年给予他的市赏，也不能和明朝进行正常的互市。于是在辽东边外彻底被孤立的林丹汗从长计议，率领察哈尔本部西迁。

第一节　察哈尔万户本部

前章曾提到好陈察哈尔为北元蒙古皇室的私人属民。察哈尔万户内部有可汗斡耳朵直属察哈尔万户本部（即好陈察哈尔）和察哈尔万户所属其他部落之分。随着察哈尔万户的不断发展，察哈尔万户所属各部以各自的大台吉为单位，相对地独立相处。原本归属蒙古大可汗（直至卜赤汗去世为止）亲领的克失旦、卜尔报等直属部落，先后被分封给可汗子孙名下而分化成察哈尔万户所属其他部落群体的成员。分封所带来的察哈尔万户内部结构的变化，使蒙古大汗不得不重新调整并强化汗廷直属本部，以此来保证可汗的权威。原来只负责照料皇室起居的好陈察哈尔在这种情况下获得了加强和发展的机会，逐渐变成了拥有双重身份的可汗随从——皇室斡耳朵忠诚的奴仆和骁勇善战的亲军。他们成为独立于察哈尔万户其他台吉所属部落以外的存在，受可汗直接率领，具有最强大的势力。从此，一般情况下他们不再以好陈察哈尔为名，而是作为可汗的直属察哈尔本部出现。它就是在北元后期，保证察哈尔汗至高无上的地位和行使大汗权力的一把利剑——察哈尔万户本部。

本节中笔者要研究的就是林丹汗时期察哈尔万户的本部——“好陈察哈尔”。卜延彻辰汗从土蛮汗手中继承了土蛮汗所属察哈尔本部，再传给其孙林丹汗。这期间察哈尔本部似乎都是平稳过渡，没有多大的增减。

据《武备志》所引《兵略》中记载：老王子土蛮故。生七庆哈，故。生挟桑兔，故。生虎墩兔哈，存，袭王，小名民旦，部落三万有余。

这是林丹汗继承汗位之初，关于察哈尔本部的记载，基本保持土蛮汗时期的“憨兵不下三万”的原始状态。并且按照北元继承汗位的传统，皇位更替时新汗有权占有前任可汗的直属部落和军队。这种情况在史料记载中也得到印证。

另据《辽夷略》中记载：其酋曰土蛮汗，号老王子。九子……今诸酋皆虎墩兔憨约束之。……憨兵不下三万，而合诸酋兵又几二万，是以为土蛮之种强矣。

说明土蛮汗所有的兵力，包括他子孙的所属军队在内，都被林丹汗所控制，归林丹汗所有。

从上述史料中，我们可以察觉到察哈尔万户本部由两个部分组成：一部分为汗廷直系察哈尔人组成的三万余铁骑，另一部分为汗廷直系亲属所率领的近二万余人的铁骑，共计近六万铁骑。

土蛮汗直系子嗣所属察哈尔本部人马一览表

<table>
<tr><th>第一代</th><th>第二代</th><th>第三代</th><th>所属军队</th></tr>
<tr><td rowspan="3">扯臣憨</td><td rowspan="2">莽骨速台吉</td><td>林丹汗</td><td rowspan="2">3万余骑</td></tr>
<tr><td>粆兔黄台吉</td></tr>
<tr><td>毛起炭</td><td>脱脱亥</td><td>5千余骑</td></tr>
<tr><td rowspan="2">委正黄台吉</td><td>伯言</td><td rowspan="2"></td><td rowspan="2">3千余骑</td></tr>
<tr><td>伯言大</td></tr>
<tr><td>额参台吉</td><td>召克太</td><td>无嗣</td><td>不详</td></tr>
<tr><td rowspan="2">锁迷台吉</td><td>麦力根</td><td rowspan="2"></td><td rowspan="2">2千余骑</td></tr>
<tr><td>哈大</td></tr>
<tr><td rowspan="2">歹青</td><td>孛赖</td><td rowspan="2"></td><td rowspan="2">2千余骑</td></tr>
<tr><td>黄台吉</td></tr>
<tr><td rowspan="2">琵琶台吉</td><td>克什兔</td><td rowspan="2"></td><td rowspan="2">1千余骑</td></tr>
<tr><td>阿败</td></tr>
<tr><td>莽官儿台吉</td><td>伯言兔</td><td></td><td>1千余骑</td></tr>
<tr><td rowspan="3">卜言太</td><td>色令</td><td rowspan="3"></td><td rowspan="3">1千余骑</td></tr>
<tr><td>拱赤</td></tr>
<tr><td>把兔儿</td></tr>
<tr><td rowspan="4">桑阿儿寨
（也作桑阿儿赛）</td><td>扯扯阿败</td><td rowspan="4"></td><td rowspan="4">3千余骑</td></tr>
<tr><td>王儿寨</td></tr>
<tr><td>拱革</td></tr>
<tr><td>班台</td></tr>
</table>

林丹汗即位伊始，就与察哈尔万户本部内部的分裂做斗争。从兼并实纳明安（也作石纳明安）部开始，他就热衷于察哈尔本部的扩大和强化。随着林丹汗不断用武力吞并不驯服的所属部落，察哈尔本部以惊人的速度膨胀起来。

《金轮千辐》载："lindan quduγ-tu ananda kemekü usun luu ǰiltai.arban γurban nasun daγan kilingtü kemekü modon luu ǰil n ögüge on qan saγubai. naiman otoγ čaqar tümen-i baraγun ǰegün γurbaγad tümen bolγan ǰasaǰu abaγ-a qara neretü aγulan-dur čaγ-an qota bariǰu，ǰirγuγan tümen qadan čerig- iyer erkesin küčün tegüsün törü-yi tobčilan abai."①

译文：

林丹呼图克图汗，生于藏历阿南达的水龙年，十三岁时，于藏历乞岭图的木龙年的次年登大位。他把八鄂托克察哈尔分为左右各三万土蛮来管理，在阿巴哈哈喇山中建造白城，用六万名刚健勇士加以护卫，保持着强盛的国力。

我们可以理解为林丹汗时，将直辖的察哈尔本部改编为左右翼六个万户，以此建立了察哈尔万户本部崭新的组织体系。因此，以上《辽夷略》等汉文典籍记载的察哈尔万户本部六万军队的史料与蒙古文史书《金轮千辐》中林丹汗建立六个万户的史料记载若合符契，并无可疑之处。

林丹汗在自己直属的察哈尔本部内设置左右翼六个万户的过程，可能始于驻牧西拉木伦河流域时期，完成于西迁前夕。后来在西迁的战争中，察哈尔万户本部的有些万户受到重创，迁往青海时，又将上述六个万户缩编为四个万户。据满、蒙古、汉文史料记载，林丹汗又将察哈尔本部的"六个万户"分设为左右翼十二个"固山"（旗）。因为蒙古文档案中经常出现

① 答里麻著，乔吉校注：《金轮千辐》，内蒙古人民出版社，2000年，第132页。

林丹汗左翼六个固山在黄河东岸，另六个固山在黄河彼岸等记载。这些“固山”就是指《金轮千辐》中所记载的察哈尔的六个土蛮（万户）之左右翼，共十二个固山。另外，史料中明确记载林丹汗的六个万户中的中军万户（kündü čerig），也就是满文史料中经常出现的拜牙喇军（中军），也是由左翼和右翼两个固山组成的。

对此，《十七世纪蒙古文文书档案》中的一份文书载："oom sawasdi šidem. Čaqar-yin qaγan-ača oyiǰang-yin qoba-yin kübegün tungnaγ-a bosču irebe. nutuγ-inu del qoyas-tu kürčü irebe genem. angγaγai neretü kümün qoyar ǰaγun turšiγul inaγši mordaba genem. čerig-iyen urid mordoǰu ger-iyen qoyin-a-ača negüǰü iǰaγur-un nutuγ-dan oruy-a geǰi yabunam genem. ǰirγuγan qošiγun-i qatun-i γool-un dertege. qaγan-u ger-eče naiman edür nyiman šöni güyilgeǰü kürkü genem. tere ǰirγuγan qošiγun-i inaγši γarqula, čaγan sara-yin uridu sara-du γarqu. tere γool γaγča tere sara-du körkü genem. inatu ǰirγuγan qošiγun-i aγta-inu ǰud turaqan-dur üküǰü. ayan-du mordaqula ǰirγuγan qošiγunai ǰirγuγan mingγan čerig mordaǰu yabunam genem. nutuγ-inu inaγši ireǰü bayinam yaγakiqui qaγan-u gegen-e medekü bayinam."①

汉译：愿吉祥！从察哈尔汗处委正所属蒿巴之子桐那嘎逃来。据他说：其营地已抵达跌勒浩雅思处。派遣昂噶盖的人率领二百人的哨探已经往这里出发。大部队先出发，斡耳朵等家室跟随其后，要迁来故地驻牧。其六固山（旗）在黄河彼岸，离可汗斡耳朵有八昼夜奔驰之遥。若想把该六固山迁移到黄河此岸，只有在腊月方能渡河。因为那条河只有在腊月才封冻。黄河这边的另六固山的马匹受雪灾影响，损失严重。此次出征

① 李保文编辑、整理、转写：《十七世纪蒙古文文书档案》（1600——1650），内蒙古少儿出版社，第60件档案，1997年，第172—173页。

只有黄河这边的六固山派六千兵马前来。其营已临近我处，如何处置？由可汗定夺吧！

该文书中虽然没有明确提到林丹汗西迁后察哈尔万户本部的六个万户，但是它却给我们提供了六个万户的内部结构信息，即左翼六个固山和右翼六个固山。右翼三万户的六个固山已在黄河彼岸，左翼三万户的六个固山则在黄河此岸。这就是林丹汗的察哈尔万户本部的内部结构。

还有一个有趣的情况是察哈尔万户的六个万户（固山）各有自己的专有名称。而这些专有名称又被某个特定固山和万户共享。

《明清史料》载，兵科抄出宣镇监视太监王坤九月十二日题本："九月初五日，据独石口城守备陈上表禀称：据北栅口夜不收任国臣报称，有一骑马鞑子随带弓箭到边，役随即前到栅口收获，到城审得，夷人名叫伯言物，原系哈喇哈下夷人。于天启七年正月被插汉抢去，到营内。至今已经五年有余。今于本年七月内，有卜罗好儿慎、阿不亥夷人，撞遇插汉酋厮杀，抢去插汉阿纥合少与哈纳两营人马。插汉迎敌赶去，将好儿慎家人马也杀了许多。我跟打什客台吉共十人，老小三十有余，赶马二百匹往南朝逃去，行了五日，被插汉家头脑将打什客台吉赶上射死。有那八人藏入森林，将我的老婆并马匹老小孩儿尽赶回去。我用箭射死一个鞑子，得脱身出来。原骑马二匹，因无盘缠，杀了一匹，沿路寻食山梨、山葱，吃了一个月，才到边上，今来降。闻他插王子今在那里，他说要往地名克列埧呆的搬移，还要过海去哩等情。"[①]

从以上史料中可以看出，袭击林丹汗察哈尔的科尔沁并非嫩科尔沁。此时的嫩科尔沁部与爱新国兵西征察哈尔一无所

① 中央研究院历史语言研究所编：《明清史料》，乙编第1本，商务印书馆，1931—1951年，第95页。

获，远在右翼。而林丹汗北征漠北孛啰科尔沁和阿巴噶部的途中遇到他们哨探的袭击，才有了“有卜罗好儿慎、阿不亥夷人，撞遇插汉酋厮杀，抢去插汉阿纥合少与哈纳两营人马”的军情。

这里我们要探究的是林丹汗察哈尔万户本部的结构。上述史料中出现了“阿纥合少”和“哈纳”两个察哈尔万户本部的营名。

在蒙古语中，岁数大或年长者曰aq-a（阿哈），等于汉语的“兄”或“哥”，“长”或“大”。此处出现的“阿纥”显然是蒙古语之“阿哈”。“合少”者，蒙古语qošiγu（意为“旗”）之音译，女真语的“固山”是蒙古语qošiγu 的借用词。“阿纥合少”就是“阿哈固山”，察哈尔本部六个土门的大土门“aq-a tümen”（大万户）也用此名。与此相对的还有察哈尔本部万户中的“窦土门”。蒙古语中称比自己年幼者为“degüü”，相当于汉语中的“弟”或“小”。“窦土门”之“窦”是蒙古语中“弟弟”之意，含有“小万户”的意思。察哈尔万户本部的户册中记载：“窦土门固山下多尔济达尔汉、多尼库鲁克宰桑。”①

“窦土门固山”的“土门”无疑是指万户，“固山”自然是旗。所以，“窦土门固山”既是指万户，又是固山之名。这是固山和万户通用一个名称的体现。

察哈尔万户本部的六个万户中与“阿纥合少”地位相等的还有“高尔土门”和“哈纳固山”。蒙古语中把中心或核心叫作“γool”（高尔或高勒）。“高尔土门”就是中心万户之意，是与上述大万户和小万户相对而言的。

察哈尔户册中还说：“中土门固山下巴图鲁噶尔马济农。”②

① 中国第一历史档案馆编译：《清初内国史院满文档案译编》所引《察哈尔本部官员花名册》，光明日报出版社，1989年，第106页。

② 中国第一历史档案馆编译：《清初内国史院满文档案译编》所引《察哈尔本部官员花名册》，光明日报出版社，1989年，第106页。

“中土门”是“高尔土门”之意，是中心万户。

《清太宗实录》载：“管高尔土门固山事察哈尔汗福晋来谒上。”[①]《清初内国史院满文档案译编》也载：

“天聪八年闰八月十八日管高尔土门旗事察哈尔汗福晋来见汗，并进献起花鞍、银桶、金杯、貂皮裘、琥珀数珠、珍珠数珠。汗赐宴。察哈尔汗属下寨桑滚出斯僧格曾娶此高尔土门福晋。汗谓诸贝勒大臣曰，该滚出斯僧格叛其主后，又擅娶其主之福晋，非臣子之义。遂勒令离异。赐青山羊百只。”[②]

这些史料无可否认地证明察哈尔万户本部中存在着一个“高尔土门”，即“中心万户”。

“哈纳”是蒙古语qaγan-u（可汗直属的）的音译。

前引《明清档案》中说：有卜罗好儿慎、阿不亥夷人，撞遇插汉酋厮杀，抢去插汉阿纥合少与哈纳两营人马[③]。

“哈纳”一营与我们刚考证过的“阿纥合少”一样，也是察哈尔本部的一个万户的专有名称，就是“哈纳土门固山”——“qaγan-u tümen”（可汗直属万户）。关于“哈纳”固山的资料，除《明清档案》以外，别处再也没有出现。从其他万户的归属情况来推测，很有可能是林丹汗八大太后中地位显赫、备受林丹汗宠幸的苏泰太后所管领的万户，即该“哈纳土门万户”。

除上述四个万户以外，在察哈尔本部的六个万户中还有中军万户和阿喇克绰特万户，这在以下史料中得到印证。

《察哈尔官员花名册》中有：“巴牙喇科诺特固山下德参庄宰桑。”[④]

---

①《清太宗实录》，天聪八年闰八月辛丑条。

② 中国第一历史档案馆编译：《清初内国史院满文档案译编》所引《察哈尔本部官员花名册》，光明日报出版社，1989年，第105页。

③ 中央研究院历史语言研究所编：《明清史料》，乙编第1本，商务印书馆，1931—1951年，第95页。

④ 中央研究院历史语言研究所编：《明清史料》，乙编第1本，商务印书馆，1931—1951年，第106页。

“巴牙喇”是满语“bayara”（词义为亲军）的音译，“科诺特”为蒙古语“kündü čerig”一词的音译（词义为“中军”或“护卫军”）。满蒙复合词“巴牙喇科诺特”指“重军”，一般指铁甲军，是皇帝的直属护卫军。“巴牙喇科诺特固山”无疑是林丹汗的直属中军万户。它是以往替代怯薛军的军队。

《清初内国史院满文档案译编》又载：天聪七年正月“初四日。察哈尔汗属下两翼巴牙喇统领大臣塔希海虎鲁斯寨桑率二十人携马百、驼二十逃来。问其来归缘由，奏言：本部内乱。又有一坊主绰克图斋桑移营时，察哈尔汗斥其移居伊地，以致所属部落困穷，遂射毙绰克图斋桑所乘之马褫其职。我思彼待属下类皆如此，闻天聪汗至公养人，是以来归”[①]。

这是1632年，远征漠北的察哈尔一支人马与孛啰科尔沁等部打仗时，林丹汗属下的统领巴牙喇科诺特固山的将领打了败仗后畏罪潜逃，来投奔爱新国的记载。

关于“阿喇克绰特万户”的记载，在史料中只出现过一次。《十七世纪蒙古文文书档案》载：Om suwasdi šidem. sečen qaγan-u gegen-e ayiladqamoi: ǰinong-un baγatur oyiǰang daγurisqu γurban ǰaγun kümün čaqar-tu turšiγul ečigsen. čaqar-un čerig mordaγsan qoyiγur alaγčiγud-i tobtulaǰu alaγčiγud deger-e saγuγsan qaγan-i qatun-i bariǰu. em-e köbegün-i čabčiǰu ger mal-inu tüyimerdeǰü qaγan-i qatun-i abuγad baγatur oyiǰang daγurisqu čaǰaǰai mergen kiy-a-yi qostai yaγaraγulǰu čaqar čerig mani ǰüg mordaba.ser-e geǰü ǰaruγsan tere kele-yi sonosuγad……[②]

① 中央研究院历史语言研究所编：《明清史料》，乙编第1本，商务印书馆，1931—1951年，第10页。

② 李保文编辑、整理、转写：《十七世纪蒙古文文书档案》（1600—1650），第20件档，内蒙古少儿出版社；第60件档案，1997年，第63—64页。

汉译：

愿吉祥！尊奏天聪汗陛下：听说济农属下巴图鲁委正达古哩思瑚率领三百人往察哈尔方向哨探，趁着察哈尔兵出征之隙，袭击了阿喇克绰特土门，俘虏了掌管阿喇克绰特万户的可汗太后，并杀戮其妇幼，焚掠了其帐幕畜产，携带着大汗太后撤走，并急忙派遣察哈寨莫尔根恰侍卫来报：察哈尔冲着你们去了，要警惕！……

林丹汗西迁以前曾经兼并所属察哈尔万户的一些部落，其中就包括阿喇克绰特部和克什克腾部两翼之一翼。很显然，他在西迁过程中，把阿喇克绰特部编入察哈尔本部的六个万户序列之中，把阿喇克绰特部置于可汗太后的管领之下。

以上是好陈察哈尔本部西迁后的内部结构和察哈尔万户本部的六个万户的基本情况。

从察哈尔万户本部的相关记载来看，直到林丹汗末年，好陈察哈尔归属可汗各斡耳朵之主——皇帝后妃的这个老传统毫无更改，一直保留。

《山中闻见录》载："林丹汗徙帐压宣、云迤北，拥有八娘子各统部落，首领曰宰生。"[①]

林丹汗去世以后，在蒙古文和满文史料中把他的正妃俱称作"太后"，这可能与蒙古人将已故可汗的正妃尊称为"太后"的传统习俗有关。

林丹汗的大太后是囊囊太后，名德勒格德勒（Dlgdla）[②]，别名为娜木钟[③]，她主管上述阿纥土门万户（大万户）的事务。

① 彭孙贻撰：《山中见闻录》之三《西人志》，载《玉简斋丛书》本第1函中的第4、5册，清宣统二年（1910）版本。

② 答里麻著，乔吉校注：《金轮千辐》，内蒙古人民出版社，2000年，第134页。

③ 唐邦治撰：《清皇室四谱》卷2，上海仿宋印书局聚珍铅印本，1923年。

《金轮千辐》载："ligden qutuγtu-yin Dlgdla tayiqu，Sutai tayiqu yeke bag-a qoyar qatun，eǰi qongγor，abanai qoyar kinǰin köbegün."[①]

汉译：

林丹虎墩兔憨有德勒格德勒太后、苏泰太后大小二福晋，额哲孔果尔和阿布鼐二子。

《清初内国史院满文档案译编》载："囊囊太后乃察哈尔汗多罗大福晋，汗宜纳之，不可嫁给他人。"[②]

"囊囊太后"，其中"囊囊"是汉语"娘娘"的音译，而"太后"是林丹汗去世以后，后世的蒙古文历史文献中均将林丹汗八位哈屯尊称为"太后"[③]，即皇妣。"囊囊太后"含有汉语"皇后"之意，是林丹汗后宫正室。《蒙古源流》中把囊囊太后误记为林丹汗的第二太后。"[太宗]皇帝收纳了[林丹·忽秃图合罕的]第二夫人囊囊太后。"额哲在林丹汗之后是否即位，没有具体的历史记载。额哲之全名为"Erke qongγor Eǰei"，额尔克孔果尔额哲。额哲是来源于蒙古语的"额真"("Eǰen"主子)之意，还是其名字的一部分，目前无从考证。

林丹汗去世时，管领林丹汗大斡耳朵的察哈尔——阿纥土门万户的宰桑是索诺木台吉恰，是林丹汗末年察哈尔本部的大宰桑之一。"察哈尔汗另一妻囊囊太后、索诺木夏台吉率其一千五百户先来降，已至国境。"[④]可见索诺木台吉是阿纥土门万户的管领宰桑。察哈尔第一万户的规模很大，在逃散和动荡中

① 答里麻著，乔吉校注：《金轮千辐》，内蒙古人民出版社，2000年，第134页。

② 中国第一历史档案馆编译：《清初内国史院满文档案译编》所引《察哈尔本部官员花名册》，光明日报出版社，1989年，第179页。

③ 乌兰：《〈蒙古源流〉研究》（中国蒙古学文库），辽宁民族出版社，2000年。

④ 中国第一历史档案馆编译：《清初内国史院满文档案译编》所引《察哈尔本部官员花名册》，光明日报出版社，1989年，第169页。

来归附爱新国时，仍保留着相当大的规模。追随阿纥土门万户大斡耳朵的随从大臣就多达三十人。

“囊囊太后、索诺木台吉侍卫属下有：马寨不库、吴邦和硕齐、衮楚斯车臣、祁他特台吉、班第思希布、苏兰古英、波木博达尔汉、通噶尔喀尔察海、巴牙尔图、彻胡沙济、杜喇尔寨桑、塔尔济库鲁克、海色伊尔登、额伯尔特依古英、达赖侍卫、索诺木达尔汉、道唐、布达谢礼侍卫、踏尔巴济侍卫、布颜图侍卫、古穆台吉、额尔哲依图、阿图赖扎苏尔、额尔布扎苏尔、郭尔图彻臣、苏班达喇、杜噶台吉侍卫、阿拉噶尔、祁他特侍卫大小官员。”①

而所属部众有大斡耳朵管辖1500户，男丁1395人，家口多达5438人。“大臣索诺木台吉侍卫携来的男丁三百八十六人，共家口一千五百四十四人；古木布台吉携来男丁三百八十二人，共家口一千四百二十四人；彻臣携来男丁三百九十四人，共家口一千五百六十二人；吴邦和硕齐携来男丁一百，共家口三百七十三人；托克托诺依杜喇尔携来男丁一百三十三人，共家口五百三十三人。以上共男丁一千三百九十五人，家口五千四百三十八人。”②

这些当然是林丹汗去世，察哈尔本部进入混乱状态四处逃散后，来归附爱新国的基本情况。从这一情况来分析，原归属阿纥土门万户的部民至少有两千户以上。

中心万户——高尔土门万户的管领者是林丹汗高尔土门太后，其姓名不详。高尔土门太后斡耳朵的管领大宰桑（也作寨桑）为噶尔马济农。对此《察哈尔官员花名册》记载：“中

---

① 中国第一历史档案馆编译：《清初内国史院满文档案译编》所引《察哈尔本部官员花名册》，光明日报出版社，1989年，第175—176页。

② 中国第一历史档案馆编译：《清初内国史院满文档案译编》所引《察哈尔本部官员花名册》，光明日报出版社，1989年，第176页。

土门固山下巴图鲁噶尔马济农。”[①]

据《清太宗实录》载：“前锋将领图鲁什等至归化城，遇察哈尔国阿牙克喀塔喜木里克喇嘛宰桑、古木德塞臣宰桑、衮出克僧格台吉宰桑、恭格济农、毛海叶尔登宰桑、叟格都喇尔宰桑、忒济叶祜伊特格尔图宰桑、噶尔马青山宰桑、卓礼克图卫宰桑同察哈尔汗妻高尔土门福晋率一千二百户来降。”[②]

此时管领该万户察哈尔的大宰桑噶尔马宰桑并没有与他们一同来归。所以高尔土门万户的所属人户并不仅限于上述人员。

《清太宗实录》载：

“以察哈尔来归各官，分隶八旗赡养。正黄旗者，阿牙克喀塔喜木里克喇嘛寨桑、古木德塞臣寨桑，男子二百四十五，驼二百四十二，马一百八十，牛三百七十六，羊二千二百七十。隶镶黄旗者，博尔库，男子二百七十三，驼……。隶正红旗者，毛海叶尔登寨桑，叟格都喇尔、塞冷，男子二百三十三，……。隶镶红旗者，班珠杜棱、布颜代，男子二百六十八，……。隶正蓝旗者，兀伯类扎萨古尔、达尔马和硕齐，男子二百六十四，……。隶镶蓝旗者，顾实寨桑、喇户，男子二百四十七，……。隶正白旗者，卓果诺寨桑，男子二百四十一名，……。隶镶白旗者，额林臣戴青、多尔济塔苏尔海、达赖都棱，男子二百四十九，……”[③]

这是爱新国把高尔土门万户男丁编入满洲和蒙古八旗及新建外八旗察哈尔时的情况。可见该万户所属男丁多达2000余名，远远超过了阿纥土蛮万户之1395名人丁。而噶尔马宰桑后来所带来的高尔土门万户的剩余部众到底有多少，因史书没有具体记载，无从考证。

---

① 中国第一历史档案馆编译：《清初内国史院满文档案译编》所引《察哈尔本部官员花名册》，光明日报出版社，1989年，第105页。

②《清太宗实录》，天聪八年七月乙戊酉条。

③《清太宗实录》，天聪八年闰八月己亥条。

哈纳土门万户是林丹汗三太后苏泰太后所掌管的万户。

“天聪九年六月初七日，察哈尔蒙古来归时，进略大同、宣府等地二三次，多有俘获；招降察哈尔汗四大臣、一福晋、千余户，并携之已归；有闻出征诸贝勒招降察哈尔汗三福晋及其子孔果尔并部民，已将送至。”①

这里所说的一福晋为囊囊太后，三福晋指苏泰太后。天聪汗在回复朝鲜国王李倧的文书中，亦称苏泰太后为林丹汗的三福晋。

哈纳土门万户在察哈尔万户本部的六万户中规模最大。《清实录》中所载的额哲属下大臣多达68名，部众除跟随额哲以外，还有一部分人口跟随该斡耳朵宰桑遣往鄂尔多斯万户，隐藏起来的也有1200户。哈纳土门万户是林丹汗去世以后，在混乱局面中保留得最完整的察哈尔万户之一。其属下大臣有：“额哲部下群臣额齐格顾实、多木藏顾实、额齐格喇嘛、达尔汉喇嘛、阿木出忒喇嘛、卓礼克图格龙、俄克绰特巴俄木布、朱成格达尔汉那颜、额布格寨桑、布兑杜棱那颜、巴牙思户达尔汉塔布囊、达赖浑津、布泰阿噶喇户、琐诺木卫寨桑、额参塞臣、额尔克楚虎尔、阿齐图太锡、波罗库鲁克、巴特玛都喇尔、扎唐伊尔都齐、苏朗察尔庇、毕木布寨桑、都棱大云、俄思户布都马尔、图巴太锡、摆户寨桑、塞冷叶尔登、祁他特西格津、尹图寨桑、褚阳寨桑、波布达雅齐、塞冷古英、萨马克谈古英、喀木卫达尔汉、达尔马台吉、巴雅海塔布囊、通阿寨桑、囊努克台吉、吴尔赛图古英、达鲁齐那颜、阿拜泰台吉、萨代寨桑、阿津泰达尔汉寨桑、朝科、卿礼、巴特玛寨桑、古木台吉、吴巴什苏朗、辛达孙古英、波格勒寨桑、库图克达尔汉、讷木汉达尔汉、札萨克古英、西达布都马尔、绰思熙札萨

① 中国第一历史档案馆编译：《清初内国史院满文档案译编》所引《察哈尔本部官员花名册》，光明日报出版社，1989年，第171页。

古尔、琐诺木札萨古尔、俄齐尔札萨古尔、海赖札萨古尔、巴达礼札萨古尔、博尔达札萨古尔、巴颜图寨桑、土巴台吉、多尔济冰图、土轮齐达户、占泰寨桑、翁讷和寨桑、苏朗塔布囊、博洛尔泰喀萨克等，率其部民一千户归降。”[①]

这仅仅是额哲身边的大臣和部众。此外，额哲来归之前，隐藏在鄂尔多斯地方的1200户部民，也被爱新国多尔衮等人在审查户籍时发现并从鄂尔多斯万户手中夺回其中的一部分人口。从鄂尔多斯万户处带来的额哲部民有：“以数开报，遣住鄂耳朵斯（即鄂尔多斯万户——引者）部后，察哈尔额尔克楚虎尔妻及部民、达云绰尔济、伊腾格尔图、额尔克多克欣、多诺依达尔汉塔布囊、托托霍都喇尔寨桑、劳汉俄尔罗克那颜、布多依色臣、额尔克俄尔罗克、僧格斋桑、古鲁古英、索诺木夏那颜、色臣卓礼克图、门德黑塔苏尔海、僧格塔苏尔海、朱拉图巴图鲁侍卫、布尔噶图伊腾格尔图、吴哈纳特伯里虎、额墨格依墨尔根侍卫、巴图杜喇尔、沙里额尔克古英等群臣将千余户之一切诸物，俱已送至。”[②]

下令鄂尔多斯济农送还，并且送到爱新国的当天，以补缺为名，把额哲直属的哈纳土门万户中的800名察哈尔男丁分入八旗豢养了。

“初九日。以鄂尔多斯济农处携来察哈尔人，补各旗之人员缺少者：正白旗得巴郎伊特格尔图下男丁一百六十名；镶白旗得伯奇寨桑下男丁一百六十名；正蓝旗得吴纳噶下男丁一百五十一名；镶蓝旗得托托果杜拉噶下男丁一百五十名；镶红旗得古穆格依扎萨古尔下男丁一百六十一名。”[③]

① 《清太宗实录》，天聪九年五月丙子条。

② 中国第一历史档案馆编译：《清初内国史院满文档案译编》，光明日报出版社，1989年，第168——169页。

③ 中国第一历史档案馆编译：《清初内国史院满文档案译编》，光明日报出版社，1989年，第193页。

遣驻鄂尔多斯济农处的哈纳土门万户大臣有21名，户数千余户，与额哲身边的户数相当，其大臣和部众俱被编入八旗。所以，我们认为，哈纳土门万户才是察哈尔本部六万户中名副其实的核心万户。上述哈纳土门万户的人数仍然不全，藏匿在鄂尔多斯的察哈尔人至少还有汗斡耳朵的护旗队，唆鲁禾帖尼别乞白室的守护者等不少人口仍然遗留在鄂尔多斯，没有来归。

窦土门（也作窦土蛮）太后是林丹汗察哈尔本部之窦土门万户的掌管者，其名为巴特玛璪，与高尔土门太后一样，在相关史料中把她也以其所管的万户来命名。察哈尔本部的户册中记载："窦土门固山下多尔济达尔汉、多尼库鲁克宰桑。"[①]此二位大臣是察哈尔窦土门万户（小万户）的管领宰桑，是林丹汗末年察哈尔四位大宰桑中的两位大宰桑。

据《清初内国史院满文档案译编》载：

二十二日。将自察哈尔来附诸大臣、人民，均分隶八旗。给正黄旗者：都喇尔达尔汉贝勒、德参庄、讷固德依扎萨古尔斋桑、阿尔噶寨桑、萨木寨桑、朱尔车德依扎萨古尔寨桑、布拉克寨桑、奎肯扎萨古尔寨桑、佳汉寨桑、额尔赫寨桑、叶苏德尔扎萨古尔寨桑、巴瑧寨桑、额依图寨桑、巴特玛寨桑、多尔济寨桑、扎萨古尔寨桑、拉玛喜希布扎萨古尔，共男丁一百一名。

给镶黄旗：色陵塞臣寨桑、阿尔萨霍墨尔根、额木布达尔汉喇嘛、布达希礼寨桑、乌尔济斯夏布寨桑、桑哈尔寨楚赫胡尔、巩格台吉、巴图扎萨古尔、衮齐特夏台吉、博辛杜喇夏、超寨希隆格，共男丁三百六十五名。

给正白旗者：齐塔特彻尔伯依寨桑、巴岱库隆寨桑、吹尔

① 中国第一历史档案馆编译：《清初内国史院满文档案译编》所引《察哈尔本部官员花名册》，光明日报出版社，1989年，第106页。

扎木苏塔布囊扎萨古尔、阿玉希台吉、乌孙代杜喇噶尔扎萨古尔、巴扬爱扎尔固齐，共男丁一百十八名。

给镶白旗者：额齐泰寨桑、诺木图扎萨古儿、满都扎萨古儿、托津泰扎萨古儿、托萨扎萨古儿、额木布寨桑、额尔布希扎萨古儿寨桑、满都孙扎萨古儿、白希库隆寨桑、海桑特伯勒呼，共男丁四百五十七名。

给正红旗者：衮楚克寨桑、道泰寨桑 、托克拖寨桑、伊客土夏扎萨古儿、吴巴希、俄克冲寨桑、古鲁扎萨古儿寨桑、冲果儿代寨桑、达颜扎萨古儿、俄齐尔寨桑、翁阿代寨桑、代噶尔塔布囊寨桑，共男丁四百三十七名。

给镶红旗者：巴木布寨桑、扎木苏寨桑、古苏泰寨桑、山津扎萨古儿、泰丹扎萨古儿、吴伯黑色臣、吴木秦绰尔济台吉、桑阿尔寨塔布囊、托礼和硕齐、绰尔济寨桑，共男丁三百二十一名。

给正蓝旗者：绰尔门寨桑、拉唐寨桑、塔达扎萨古儿、查哈尔扎萨古儿、辉朗寨桑、索宁扎萨古儿，共男丁四百三十六名。

给镶蓝旗者：色冷布都玛儿寨桑、萨噶布古英扎萨古儿、沙木巴和硕齐扎萨古儿、额根达尔汉寨桑、索诺木塔布囊寨桑、戴青囊苏、萨玛克坦达尔汉喇嘛、巴特玛达尔汉寨桑，共男丁一百七十六名。[①]

据以上史料统计，跟随窦土门万户归附爱新国后被编入八旗的察哈尔男丁有2411名，大臣有79名之多。其中大部分是窦土门万户所属民众，除此之外，还有林丹汗中军万户和阿喇克绰特万户等部的成员。从《钦定八旗通志》和《十七世纪蒙古文文书档案》的记载来看，这些人几乎全部被编入蒙古八旗和新编察哈尔外八旗。

① 中国第一历史档案馆编译：《清初内国史院满文档案译编》所引《察哈尔本部官员花名册》，光明日报出版社，1989年，第132—133页。

种种迹象表明，林丹汗在西征青海的途中病逝时，他就在窦土门万户太后斡耳朵里。理由如下：一、中军万户的统领德参庄与窦土门万户一起归附爱新国。中军万户是可汗直属军队，是护卫大汗的御林军。在西征途中，林丹汗一定是以窦土门万户和中军万户充当其西征大军的中路军。二、归附爱新国时，察哈尔的四大宰桑和多数大臣都云集在窦土门太后万户中。后来他们俱与窦土门太后一起归附爱新国。这充分说明林丹汗在西迁青海的征途中，明显将窦土门斡耳朵当作他的指挥中心。笔者认为，这些并不是察哈尔本部归附爱新国时的巧合，而是说明林丹汗临终时就在窦土门万户斡耳朵。

掌管阿喇克绰特部的太后，其名不详。该太后被漠北某一部落的军队俘虏以后，在史料中就没有记载。1631年，林丹汗率察哈尔军队出征之际，阿鲁部一名济农（也作济弄）派遣300人组成的哨探，对察哈尔本部后方的阿喇克绰特部发起袭击，把阿喇克绰特万户奥鲁中的老弱妇幼斩尽杀绝后，俘虏林丹汗管领阿喇克绰特万户事务的太后扬长而去。1632年土巴济农北遁，林丹汗妹婿杀害桑哈儿寨济农以后逃入明边。脑毛大之孙桑哈儿寨洪台吉在林丹汗西迁以前就已掌管阿喇克绰特部，因为他被牵连到敖汉、奈曼二部与爱新国联盟之事中，同克什克腾部一起受到林丹汗的讨伐。从此，阿喇克绰特部失去相对独立的地位，在西迁过程中逐渐被合并到察哈尔万户本部。因此归附清朝时，阿喇克绰特部已经没有独立的身份了。被杀的桑哈儿寨济农很有可能就是脑毛大去世之孙，即阿喇克绰特部首领桑哈儿寨[①]。因为他在脑毛大去世之后，一直是林丹汗身边的权臣。

除上述五位太后以外，林丹汗还有三位福晋。她们分别是

---

① 李保文编辑、整理、转写：《十七世纪蒙古文文书档案》（1600—1650），第20件档，内蒙古少儿出版社；第60件档案，1997年，第123页。

苏巴海太后、伯奇太后，俄尔哲依图太后。她们三位所管领的部民不详。其中地位略高的是苏巴海太后，她曾经获得单独接见天聪汗并被赐予大宴招待的待遇。“十月十五日。召察哈尔汗之妻苏巴海太后入汗室，赐大宴。”[①]

可见她也是林丹汗大福晋之一。其余二人则好像是位居妃子之列的年轻女子。“伯奇太后”的“伯奇”是蒙古语“Biiji”的音译，相当于汉语的“妃子”。而“俄尔哲依图太后”是附属囊囊太后大斡耳朵的林丹汗的另一名妃子。“豪格贝勒欲娶察哈尔汗福晋伯奇太后，阿巴泰台吉欲娶察哈尔汗福晋俄尔哲依图太后，奏闻于汗。汗与诸贝勒商议，诸贝勒皆以为善。于是定议。命豪格贝勒娶伯奇太后，阿巴泰贝勒娶俄尔哲依图太后。”[②]

俄尔哲依图太后为阿巴泰亡妻之妹，位居其下的伯奇太后可能更年轻，她除了是“妃子”之外，或许还有可能是某个大部落首领或国家的公主，是享有“beki”（别乞）尊号的人。

林丹汗有一位弟弟，其名叫粆图（也作粆兔）台吉，其下落不明。此外察哈尔本部还有两位地位颇高的公主，都是林丹汗的胞妹，是黄金家族的金枝玉叶。大公主为兀良哈大公主，二公主为太松公主。兀良哈公主前夫曾经是林丹汗最得力的助手，统领察哈尔本部中军万户的贵英恰。“憨之幸臣贵英恰，其部曰朗素，尤桀骜自重，不与诸名王狎。”[③]贵英恰所部为朗素，朗素即察哈尔万户的劳思慎“laosqin”部，后并入乌珠穆

① 中国第一历史档案馆编译：《清初内国史院满文档案译编》所引《察哈尔本部官员花名册》，光明日报出版社，1989年，第202页。

② 中国第一历史档案馆编译：《清初内国史院满文档案译编》所引《察哈尔本部官员花名册》，光明日报出版社，1989年，第195页。

③ 王在晋：《三朝辽事实录》卷11，壬戌，九月至十二月条；彭孙贻撰：《山中见闻录》之三《西人志》，载《玉简斋丛书》本第1函中的第4、5册，清宣统二年（1910）。

沁部[①]。

察哈尔万户兀鲁特部之叛变与贵英恰横行霸道的行为有直接的关系[②]。

崇祯八年（1635），林丹汗西迁过程中，贵英恰进入明边与明方谈判，因住处发生火灾被烧死。《山中见闻录》："春，插汉遣百人讲于新平堡，贵英在焉，守将醉之神庙中，夜燔之，插汉怒。"[③]

《崇祯实录》："插汉贵英恰为虎墩兔憨婿，狡猾善用兵，既死新平堡，其妻兀良大率众自得胜路入犯。"[④]

显然，贵英恰是林丹汗妹婿，在林丹汗一朝中是举足轻重的实力派。

二公主太松因财产富足而且属部众多，归附后成为爱新国诸贝勒争抢的对象。其丈夫可能就是杀害桑哈儿寨济农后逃入明边的林丹汗妹夫。他于1632年在林丹汗北征漠北期间，逼走留守察哈尔本部大营盘的土巴济农，又杀害桑哈儿寨济农，似乎企图哗变而未遂，逃入明边之后失踪了。归附爱新国后，太松公主嫁给大贝勒代善为妻。

"大贝勒闻察哈尔汗女弟太松公主富裕，欲娶之，以报汗知。汗允之娶。大贝勒以奉汗命娶太松公主礼，于汗营前设黄幄，两侧各设青幄，汗左侧远处，为诸福晋设黄幄一，两侧各设白幄，宰马一、牛二十、羊六十，备酒百瓶，具盛宴。"[⑤]

"察哈尔汗妻苏泰太后率察哈尔汗二女弟及察哈尔部诸大

---

① 衮布扎布著，乔吉校注：《恒河之流》，内蒙古人民出版社，1980年。

② 王在晋撰：《三朝辽事实录》卷11，壬戌年九月条，江苏广陵古籍刻印社，1988年。

③ 彭孙贻：《山中见闻录》之三《西人志》，载《玉简斋丛书》本第1函中的第4、5册，清宣统二年（1910）。

④《崇祯实录》，崇祯元年五月丁亥条。

⑤ 中国第一历史档案馆编译：《清初内国史院满文档案译编》，光明日报出版社，1989年，第193页。

臣妻向汗跪，苏泰太后自跪处起立进前时，汗起迎，出幄，互相跪见，行抱见礼。察哈尔汗子额尔克孔果尔率本部诸大臣遥跪，捎前一拜，又进前跪拜，行抱见礼。”①

这说明林丹汗的两个妹妹是跟随苏泰太后归附爱新国的。

林丹汗共有二子二女。苏泰太后所生额尔克孔果尔额哲为长子。囊囊太后所生阿布鼐为次子。《蒙古源流》载：“［额尔克·孔果尔的］弟弟名叫阿布奈，是囊囊太后在林丹·忽秃图合罕去世后的当月生下的。”②此外还有两位公主，分别为窦土门太后和囊囊太后所生的公主。

囊囊太后为蒙古阿不亥部多尔济额齐格那颜之女，其父号称额齐格那颜即来源于此。

《清史稿》载崇德元年（1636）皇太极封五宫后妃之情况：

“科尔沁部贝勒莽古思之女哲哲，为清宁宫中宫皇后；科尔沁贝勒宰桑之女海兰珠，为关睢宫东宫宸妃；阿霸垓郡王额齐格那颜之女娜木钟，为麟趾宫西宫贵妃；阿霸垓塔木囊博第塞楚祜尔之女巴特玛璪，为衍庆宫淑妃；科尔沁贝勒宰桑之女布木布泰，为永福宫次西宫庄妃。”③

崇德五宫后妃中，麟趾宫西宫贵妃娜木钟和衍庆宫淑妃巴特玛璪，分别是林丹汗囊囊太后和窦土门太后。《清皇室四谱》的作者认为，西宫贵妃和次东宫淑妃就是归嫁皇太极的原林丹汗的两位福晋。他认为贵妃所抚养的蒙古之女淑济于崇德八年正月嫁给德参济王之子噶尔玛；淑妃所抚养的蒙古女于崇

① 中国第一历史档案馆编译：《清初内国史院满文档案译编》，光明日报出版社，1989年，第192页。

② 乌兰：《〈蒙古源流〉研究》（中国蒙古学文库），辽宁民族出版社，2000年，第473页。

③《清史稿》卷214《后妃传》，中华书局，1977年。

德五年正月嫁给睿亲王多尔衮[①]。此二女乃二位太后带进宫的林丹汗之二女。阎崇年《正说清朝十二帝》也载："皇太极在盛京立五宫'一后四妃'，都是蒙古族，都姓博尔济吉特氏，分属蒙古科尔沁和察哈尔部。皇后为蒙古科尔沁贝勒莽古思的女儿。还有四位皇妃：第一位是关雎宫（东宫）宸妃，是皇后的侄女，也是永福宫庄妃的姐姐。第二位是麟趾宫（西宫）贵妃那木钟，为蒙古阿霸垓郡王额齐格那颜之女。他原是蒙古林丹汗囊囊福晋，那木钟福晋生下一子名博穆果尔和一女。她的儿子博穆果尔及其王妃日后演绎出一段离奇的故事。第三位是衍庆宫（次东宫）淑妃巴特马·璪，原是察哈尔林丹汗的窦土门福晋。林丹汗死后，她携部众来归，被皇太极纳娶。她抚养蒙古一女，皇太极命睿亲王多尔衮娶焉。"[②]

林丹汗在蒙古左翼时，不断吞并察哈尔万户部落和内喀尔喀万户部落，致使察哈尔万户本部迅速扩张，以下是先后被察哈尔本部兼并的部落。

察哈尔万户本部所兼并的部落一览表

兼并时间	所兼并的部落	首领	人数	原因
林丹汗即位之初	石纳明安	歹青	全部近10000余人	脱离本部状态
天命七年初	兀鲁特	明安	2000户左右	贵英恰的虐待
天命十一年	乌济业特	炒花	10000兵马	遁入察哈尔境内
天命十一年	弘吉剌特	宰塞	约7000人	亲近爱新国

① 姜相顺：《清太宗的崇德五宫后妃及其他》，载《故宫博物院》，1987年第4期；杜家骥：《清朝满蒙联姻研究》，人民出版社，2003年，第124页。

② 阎崇年：《正说清朝十二帝》，"一后四妃，笼络蒙古"，中华书局，2005年，第38页。

续表

兼并时间	所兼并的部落	首领	人数	原因
天聪元年	敖汉	索诺木杜棱	约5000人	自愿投奔
天聪元年	奈曼	衮楚克	约5000人	自愿投奔
天聪元年	克什克腾	不详	克什克腾一翼约5000人	亲近爱新国
天聪元年	阿喇克绰特	桑哈儿寨	约20000人	西征中自然合并
天聪二年	多罗特	拱兔	约5000骑	西征中自然合并

第二节　察哈尔万户与后金的争斗

一、林丹汗的崛起

少年林丹汗继承蒙古汗位之初，察哈尔汗已经面临蒙古诸部落台吉的冷落。此外还存在着来自察哈尔万户贵族内部的勾心斗角和争权夺利的挑战，于是这位十三岁[①]的蒙古少年可汗一开始就陷入了异常困难的境地。纵观林丹汗一生行状可以发现，他首先为稳定自己在察哈尔万户中的统治地位而努力，然后依靠察哈尔万户的力量，为挽回蒙古的统一局面而奋斗。但事与愿违，新兴的爱新国的崛起，蒙古社会传统的宗主思想和民族意识的淡化，给他的事业带来了意想不到的阻力和失败，使他的努力最终化为泡影。他虽然达到了加强察哈尔万户本部

① 答里麻著，乔吉校注：《金轮千辐》，内蒙古人民出版社，2000年版本载“林丹汗以藏历阿南达水龙年生，十三岁藏历乞岭土木龙年的次年即位”，这是另一种史料记载。

力量的目的，但同时也造成了自己在蒙古左翼集团中被孤立、众叛亲离、四面受敌的危险局面。

汉文史籍中对林丹汗的名称有多种音译写法：凌丹汗、民旦、虎墩兔憨、幼憨、新憨、虎憨、虎酋、憨、林丹汗等。蒙古文史书中有“Ligden”“Linden”和“Lingden”等写法。可汗的称号有呼图克图汗“Qutuγtu qaγan”和杜沁汗“Döčin qaγan”[①]之称呼。

汉文史籍中载：

“老王子土蛮故。生七庆哈，故。生扶桑兔，故。生虎墩兔哈，存，袭王，小名民旦，部落三万有余。”[②]

这里所说的“民旦”是“林丹”之音讹，并非其小名。

林丹汗于明万历三十二年（1604）即位。卜延汗临终前，把已有离心趋向的蒙古交给这位年幼的孙子时，当然一千个不放心。他委任察哈尔万户札萨克脑毛大（即那木大黄台吉）为顾命大臣。

《三朝辽事实录》载天启二年六月王在晋奏折里称：“西虏之近广宁者为虎墩兔，虎，虏中之王称憨者也。而昏于酒色，无远志。其叔脑毛大，专横得众，又老而不能自强。”[③]

这里虽然为追述林丹汗即位之初的情况，也反映了当时的一些历史事实。因为我们已论述过那木大黄台吉是察哈尔万户阿喇克绰特部的首领，在察哈尔万户中是举足轻重的头面人物，土蛮汗所委任的五札萨克之首——察哈尔万户札萨克就是此人。林丹汗即位后，前十年他充当执政大臣。作为可汗的远

---

① ［英］巴德利著，吴持哲、吴有刚译：《俄国 蒙古 中国》，下卷第1册，商务印书馆，1981年，第1091页。

② 茅元仪撰：《武备志》卷205《镇戍辽东》所引《兵略》，清道光重刻本。

③ 王在晋撰：《三朝辽事实录》第9卷，天启二年六月条，江苏广陵古籍刻印社，1988年。

亲，他的威望震慑不到其他诸部，可能在察哈尔万户内部心服口服的台吉也甚少，他只能忠诚地守护着小可汗，使他不受伤害，培育他长大成人，把他培养成有作为的皇帝并尽量维持察哈尔万户原来的局面。汉文典籍反映“幼憨嗣立，柔弱未为”[①]，无力控制局面，在他们的操纵下，在察哈尔万户内部发生了一些不和谐的事情。

据《满洲实录》载：“初，察哈尔车臣汗卒，孙林丹汗立，尽夺实纳明安部歹青人民。歹青率其妻并六子扎尔布、色棱（也作色令、色冷）、公格、实达达、噶尔玛、武尔占，叛归鄂巴洪台吉。至是，……从科尔沁来归。”[②]

这一段记载的前一段话是在回忆以前发生的事情，讲述了林丹汗即位之初的事。后者是天命十年（1625），歹青子从科尔沁部去谒见爱新国努尔哈赤的事情。

《金轮千辐》载：“土蛮汗三位夫人所生十子卜延车臣……索宁歹青……等十子。”[③]

《辽夷略》载：“土蛮汗，号老王子。九子，自长男扯臣憨而下，……曰歹青台吉……”[④]

《万历武功录》载“土蛮汗之子先银”[⑤]，索宁歹青是林丹汗的叔祖不假。实纳明安（也作石纳明安）很有可能是在土蛮汗末年或车臣汗时期为歹青分封的属民，“Šin-e mingγan”意为新成立的千户。因为是万户之下的小部，所以以千户命名，相当于部。“实纳明安”很有可能是察哈尔万户南下吞并朵颜卫之后

---

①《明神宗实录》，万历三十五年七月条，兵部尚书萧大亨奏文。

②《满洲实录》卷8，天命十年八月条；《太祖实录》亦有记载。

③ 答里麻著，乔吉校注：《金轮千辐》，内蒙古人民出版社，2000年，第131页。

④ 张鼐撰：《辽夷略》之辽夷略载《清初史料四种》，国立北平图书馆印本，1933年。

⑤ 瞿九思撰：《万历武功录》，录入《内蒙古史志资料选编》（内蒙古地志办编印内部资料），第4辑，土蛮列传下。

新成立的一个部。

《三朝辽事实录》载："又歹青虽系憨族，而不与憨同赏……抽扣为虏中最悍，与拱兔、歹青为一党。"[①]可见实纳明安与帖良固惕、昔步慎等森林部落出身的部落走得很近，从这一角度看，又像是依克明安的分支。

《山中见闻录》又载："巡抚王化贞以二万金抚炒花五大营、虎墩八大营、歹青二千人，许助兵攻建州。"[②]

可见在南察哈尔（内察哈尔）原有的帖良固惕、昔步慎二部之外，又形成了石纳明安部，而歹青所部势力已达到能独立出兵的程度。上述史料中出现的抽扣，就是石堡赤丑库儿，察哈尔万户昔步慎部首领。昔步慎部就是从元代置于辽阳行省地界的失宝赤万户府演变而来的部落。那么在何种情况下，像歹青这样地位显赫的人物被"柔弱未威"的小可汗尽夺其民呢？答案只有一个。明朝宋一韩在其奏折中解开了这个谜："自酉戌两殒大帅，辽尚可言载，所幸天厌夷种，土蛮物故，稍稍息肩，独凌丹憨新立，众虏煽惑，都会、歹青等阳顺阴逆，安能相率响应，此辽东之情也。"[③]

看来歹青确实有过非分之想，但以失败而告终。对此《满文老档》中有更确切的依据：察哈尔之扎勒布、色楞台吉，出来叩见英明汗，返回时，以礼赏赐蟒缎……胄甲等甚多。(《满文老档》原档原注释："扎勒布、色冷等皆察哈尔图门汗之孙。其国内争汗位而乱，入科尔沁，此次系从科尔沁前来谒汗。"[④])

被驱逐流落他部，而且流落之处不是察哈尔万户所部，也

---

① 王在晋撰：《三朝辽事实录》卷11，壬戌九月条，江苏广陵古籍刻印社，1988年。

② 彭孙贻撰：《山中见闻录》之三《西人志》，录入《玉简斋丛书》本第1函中的第4、5册，清宣统二年（1910）。

③《明实录》，万历三十四年十月戊申条。

④ 中国第一历史档案馆、中国社会科学院历史研究所译注：《满文老档》，中华书局，1990年，第638页。

不是当时与察哈尔亲近的内喀尔喀五部，而是比较疏远的科尔沁万户。这就是明人记载中“其叔脑毛大专横得众，又老而不能自强”之全部原因。此事的负面影响也不小，科尔沁部能够收留察哈尔万户的叛逆者歹青，说明科尔沁部和察哈尔万户之间的关系也存在问题了。直到天命十年（1625），察哈尔林丹汗要兴兵问罪科尔沁万户时，科尔沁部奥巴台吉为了缓解与察哈尔万户之间的冲突，才让歹青父子离开科尔沁部，去投奔努尔哈赤。但是努尔哈赤并未接纳他们，他们重新返回科尔沁部。在察哈尔大军压境、万分危机之时，科尔沁部被迫把他们交给了林丹汗处置。这就是上述史事发生的大背景。《筹辽硕画》有关脑毛大的记载中提到，“憨平日取信其言”，他“能主张虎酋事”①，并非指那木大黄台吉独揽大权后权高震主，而是教诲林丹汗和主持察哈尔万户日常事务的真实写照。到万历三十七年之前，林丹汗尚未亲政。《明实录》所载辽东巡抚熊庭弼有如下奏折：

“河西则虎墩兔憨，尚不能统众。插汉诸部贪汉财物，各与我市。”②

大概明万历四十年（1612）前，脑毛大执政八年后，才让20岁的林丹汗开始亲政。此时的脑毛大仍然受到林丹汗的尊重。明朝来使说：“初至脑毛大营，再至虎酋母营，后至憨营。”③

察哈尔万户与明朝初期的关系颇有戏剧性。林丹汗继承汗位之初，明朝政府极度蔑视林丹汗，他们误以为蒙古从此一落千丈，难以振兴，从而对辽东的防御麻痹大意，军备松懈，给

① 程开祜撰：《筹辽硕画》第31、36卷，录入国立北平图书馆善本丛书第1辑，商务印书馆，1937年。

②《明实录》，万历三十七年三月甲申条，辽东巡抚熊庭弼奏折。

③ 程开祜撰：《筹辽硕画》第43卷，录入国立北平图书馆善本丛书第1辑，商务印书馆，1937年。

林丹汗提供了可乘之机。林丹汗亲政以后的举动一鸣惊人，被明人贬低的“穷饿之虏”[①]立刻蜕变成“虏中之王”。从明万历四十年（1612）正月起，上报朝廷的辽东边关谍报不断。《明实录》万历四十年十一月辛卯朔，山东巡抚张五典奉旨勘明功次的奏折说：“正月八日，虎墩兔憨实以三万余骑从长静堡南北界驰入，分攻穆家等堡，主客官兵俱与郎副将合营对敌，斩虏首四十一级，获达马三百五十四匹，驼六十七只，夷器二千七百七十七件。”[②]

明万历朝盛行欺上瞒下的作风，庭臣和边臣报喜不报忧。就连李成梁等著名将领也斩杀边民而冒功，郎副将等普通将领因担心被惩处而瞒报军情并不为奇。林丹汗的攻击时间是正月初八日，而这次明朝方面的主将为郎副将。

《明实录》载明万历四十年正月立春时大学士叶向高言：“大辽兵朽腹日久，何以御敌。一旦边疆不支，躏入内地……”

从中可以看出明朝辽东官兵的战斗力之一斑。果然不出叶向高所料，不久，明辽东总兵官，以病乞休，告老还乡，打退堂鼓了。所以林丹汗首次用兵并未失败，而且此次战役中林丹汗所用铁骑是他自己直属的3万兵丁，并无其他外援。

《明实录》万历四十年三月辛丑，右给事中彭惟成疏陈时政曰：

“东虏……虎墩兔憨公结属夷，叛入蹂躏，大将麻贵毫不能谋，惫不能奋。”

这是林丹汗第一次袭击辽东以后，明朝朝臣对辽东防御实况的奏疏。

三年后，辽东巡抚郭光复在明万历四十三年（1615）八月

---

①《明实录》，万历三十四年十月戊申条载：兵部给事中宋一韩《边事大略》载：“新汗、歹青穷饿之虏也”。

②《明实录》，万历四十年十一月辛卯条，山东巡抚张五典奏折。

奏报："西虏虎墩兔憨会部夷数万，屯驻新寺，且密约炒花，将于八月内犯抢河西，势甚猖獗。"

是年（1615）闰八月，林丹汗率十万大军，一月之内三次进入明边，在自广宁至锦州的数百里长的边界线上频繁出击。此次战役声势浩大，第一次率十万大军进攻广宁，十七日攻陷辽东重镇广宁后，整整抢掠十六个时辰后才退出边关；二十日，第二次率六千骑攻克锦州；二十二日，第三次率六万人攻克大安堡。明朝辽东边关遭受到前所未有的威胁。这使明朝官兵胆战心惊，惊呼"虎墩兔憨为虏中之名王，尤称桀骜"[①]。其实，林丹汗三番五次寇掠明边，他的最终目的还是强迫明朝与其互市。《明实录》明万历四十四年四月乙丑兵部题："近报，虎酋纠众挟赏。"

第二年，蓟辽总督薛三才又报："辽左三面当虏，烽火日接。虎墩兔憨……嘱托董、黄二酋，遣亲信夷使，卑词求哀，叩关献款，送还人口，钻刀歃血，□戢翼以悔祸……"[②]

这是明朝边臣不得已的选择，建议朝廷尽快恢复与察哈尔万户的市赏，最终明廷被迫于万历四十五年（1617）决定"复虎墩兔市赏"[③]。这是林丹汗辽东三大战役的胜利果实，是薛三才和兵部大臣尽力"撮合"的结果。同时，必须明确另外一个决定性的因素，即建州女真努尔哈赤的崛起。此时，努尔哈赤已经建立后金，并宣布"七大恨"，不断征伐辽东明兵。从这个意义上说，明朝又一次玩弄"以夷治夷"的权术，欲利用正在崛起的蒙古林丹汗势力来制约努尔哈赤。经过浴血奋战，林丹汗获得了与明朝市赏的权利，其市赏地设在广宁镇远关。自从1550年达赉逊汗率领察哈尔万户等蒙古左翼集团南下辽东

① 《明实录》，万历四十五年五月辛未条，蓟辽总督薛三才言。

② 《明实录》，万历四十五年五月辛未条，蓟辽总督薛三才言。

③ 谷应泰撰：《明史纪事本末》补遗卷《插汉寇边》，中华书局，1977年。

边外以来，经过土蛮汗的终身奋斗，又经过卜延彻辰汗的十年征战，将近70年未能完成的以武力打开明朝辽东边关的夙愿终于由林丹汗实现了，但同时也埋下了与女真为敌的祸根。

《辽夷略》载："其酋曰土蛮汗，号老王子。九子……今诸酋皆虎墩兔憨约束之。牧地直广宁，去塞十余里，而市赏皆广宁镇远关。"

为察哈尔万户等所开的市赏地，据《辽夷略》载，按其宗派分列如下：

1. 插汉（也作察罕）各部市赏分列：

土蛮汗一种，凡九支，共三十酋——领市赏则镇远关；

矮塔必（也作叆塔必）一种，凡十支，共四十酋——领市赏则镇远关与大福堡；

大委正一种，凡三支——领市赏则镇远关；

克石炭（也作克失旦、克石旦）一种，凡三支，共九酋——领市赏则镇远关；

卑麻一种，凡五支——领市赏则大康堡；

小歹青一种，——领市赏则大康堡；

额森委正——领市赏则大康堡；

耿耿歹青——领市赏则大康堡；

青歹青——领市赏则大康堡；

石堡赤丑库儿——领市赏则大康堡；

五路台吉一种，凡七支，共十八酋——领市赏则镇远关；

把伴一种，凡二支，共十六酋——领市赏则镇远关；

2. 罕哈部各部市赏分列：

速把亥一种，凡五支，共二十二酋——领赏镇远关；

粆花（也作炒花）一种，凡九支，共三十余酋——领赏镇远关；

伯要儿一种，凡五支，共六十余酋——领赏新安关；

3. 福余卫不开市。

而好儿趁之恍惚太、图门儿等虽然放弃了土蛮汗时期的挟赏地，“久不敢入庆云市讨赏”，但是也开辟了新的贸易途径。

《开原图说》载：

“自恍惚太立塞混同江口，凡江夷入市者，皆计货税之，间以兵渡江东掠，于是江东夷皆畏服之。……西交北关，南交奴酋，以同贸易。”[①]

科尔沁部以“混同江以东，黑龙江以西数千里内数十种夷，每家岁纳貂皮一张，鱼皮二张”[②] 等方物，以及用他们自己的畜产品通过南、北二关，与明朝或女真进行贸易。所以与察哈尔和喀尔喀没有贸易上的冲突。他们满足于两江的经济来源，堪称富强。

林丹汗并非只为自己的察哈尔部争得市赏，左翼罕哈部落亦同样享受明朝的市赏，这也是罕哈五部依赖林丹汗的关键原因。这是林丹汗亲政以后的成功之举，是达赉逊汗以来察哈尔万户几代汗王梦寐以求的愿望。林丹汗继承祖业，终于实现了他们的夙愿。

林丹汗对明朝的战略另有所图。他试图利用明朝的财力物力来支撑自己的事业，以实现蒙古统一。为了得到更多的经济利益，他于明万历四十六年（1618），以一国之主的口吻给明朝边臣写信，要求明朝把所扣发的应给予努尔哈赤的另一半敕书还给他[③]。察哈尔万户与爱新国为争夺广宁而发生冲突是在所难免的，而这正是明朝所精心设计的圈套，即利用林丹汗的蒙古铁骑来牵制女真。从此，林丹汗引火烧身。

① 冯瑗撰：《开元图说》卷下，《玄览堂丛书》本。

② 冯瑗撰：《开元图说》卷下，《玄览堂丛书》本。

③ 程开祜撰：《筹辽硕画》第31卷，国立北平图书馆善本丛书第1辑，商务印书馆，1937年。

二、林丹汗与努尔哈赤反目成仇

从土蛮汗开始，蒙古山阳集团内察哈尔万户与科尔沁万户的关系就不是很融洽，时好时坏。在土蛮汗寇掠明朝的统一行动中，科尔沁万户时有背盟，因而土蛮汗曾发兵问罪于科尔沁部①。从此，科尔沁万户开始畏惧土蛮汗察哈尔万户的势力，另外在经济利益的诱惑下，一直配合土蛮汗的行动，保持与察哈尔万户的联盟关系。从卜延彻辰汗时期开始，察哈尔万户与好儿趁万户的关系渐渐疏远。尤其在林丹汗即位初期的十年间，因为蒙古左翼山阳集团内无人能够组织蒙古各万户的统一行动，各万户相互之间的联络逐渐减少，各万户头领在政治、经济、军事方面各行其是，其独立能力日渐强大，甚至造成察哈尔万户对蒙古左翼各部失控的状态。因为蒙古与明朝常年持续的战争状态，使各部财源严重短缺，大汗对诸部首领的赏赐也逐年减少，大汗反而从诸部首领囊中勒索钱财和珍贵物品。这使他们之间的感情产生了隔阂。察哈尔万户的林丹汗在少年时期的无作为，使蒙古各部台吉感到失望。他们只能依靠自身的力量为各自的部落谋划出路，自行解决日常难题和全权处理外交关系。这正是后来蒙古各部离开察哈尔汗，各自走向独立化道路的开端，同时也给女真族的努尔哈赤提供了侵蚀和蚕食蒙古，将蒙古诸部各个击破的时机。

研究林丹汗初期察哈尔与女真的关系，还是需要从林丹汗与努尔哈赤在1619年和1620年的书信往来着手。

天命四年（1619）冬十月辛未，林丹汗和内喀尔喀首领派

① 瞿九思撰：《万历武功录》（内蒙古史志资料选编，内蒙古地志办公室内部资料，1985年），土蛮列传（上）载："其明年冬，八家寨、夹河山城、苇子谷酋长汪住、内英哥、锁落可赤、把其三、把儿太、宁公提等，从阳明台入。是时，速把亥、委正、抄花、好儿趁、者儿得聚羊场河。与土蛮未合，相攻杀。顷之，好儿趁与土蛮讲和……者儿得亦讲和。"

遣的使臣抵达爱新国。林丹汗致信努尔哈赤，以极其傲慢自大的态度严厉警告女真的努尔哈赤，在骚扰明边的军事行动中不得染指蒙古的市赏地广宁等地。由此引发了著名的“广宁事件”。《旧满洲档》所载的林丹汗致努尔哈赤的满文书信是相对原始的史料，因此在这里加以引用。拉丁字转写如下：（书中改写字用［ ］；被删改字用｛ ｝）

“tere elcin-i emgi, monggo-i cahara-i han-i hanggal baihū gebungge amban elcin jimbi seme donjifi, juwe ba-i elcin dc, juwe ihan, juwe malu arki unggifi okdofi gajiha [caharai]{terei gajiha} [elcin i gajiha] bithei gisun, dehi tumen monggo gurun-i ejin baturu cinggis han-i {gisun}[hese], mukei ilan tumen jusen-i ejen kundulen genggiyen han, jilgan akū sain-i tehebio seme fonjime unggihe. nikan gurun, muse jiwe gurunde gemu bata kimun bihe. mori aniya ci honin aniya de isitala, nikan gurunbe sini jobobuhabe bi donjiha, ere honin aniya juwari, mini beye {genefi} gisurefi, guwangnin-i hoton [hecen]-be dahabufi alban gaiha. te si guwangnin-i hoton de cooha genehede, bi simbe [tookabumbi], muse juwe nofi (490 页始：) dain akū bihe, mini dahabuha gurun-de sinda gaibuhade, mini gebu ai ombi, mini ere gisun-be gaijarakūci, sini muse juwe nofi waka uru-be abka sambidere: erei onggolo musei elcin yabure-de, sini eicin mimbe johika akū seme ehe arame alanafi, elcin yaburengge nakaha bihe: mini ere gisun uru seci, sini neneme unggihe eicin-be unggi {seme bithe arafi unggihe bihe}, tere bithe be tuwafi, beise ambasa jili banjifi dulga beise ambasa oci jihe elcin-be waki sembi, dulga beise ambasa oci. wafi ainambi. šan oforo-be faitafi unggiki sembi: han hendume. suweni jili banjire inu mujangga. bi inu jili banjihabi. jihe elcin ainara. ehe gisun hendufi unggihe ejen ehedere. ere elcin-be taka ume unggire: goidame gaifi. tefi unggire fonde ini ehe gisunde muse ehe gisun karu hendufi unggiki seme hendufi tebuhe::"①

汉译：

据说蒙古察哈尔汗的使臣杭噶尔拜虎者与该使者同至。为两地使者，备两头牛、两坛酒迎接。他所带来的书信中曰：四十万蒙古国主巴图鲁青吉思汗谕：致水滨三万诸申之主恭敬的英明汗悄无声息，安然无恙乎！明国与吾二国昔为仇敌也。我闻从午年至未年，尔骚扰明国。此未年夏，吾亲至广宁，降服其城，收取贡赋。今若尔出兵广宁城，我将牵制于尔。吾二人原无交恶，若我所之众为尔所得，则吾名何在？若不听此言，则我二人之是非，天将明鉴！先，我等信使往来，后因汝使捏言吾之骄慢，遂断交。若以我言为是，尔等遣前使来。诸贝勒大臣阅毕皆怒，说杀来使之贝勒大臣有之，亦说不必杀之，可割其耳鼻耻之者贝勒大臣有之。汗曰：尔等怒之，是也！吾亦怒！然来使何罪之有？罪在于书恶言之其主也！至于来使暂勿遣还。待遣归时，我亦书恶言报之。

这是一封充分体现林丹汗个性和霸气的信件。信中林丹汗以“四十万蒙古国主巴图鲁青吉思汗”自居，蔑视努尔哈赤为“水滨三万诸申之主恭敬的英明汗”，并揶揄他“悄无声息”，还问候他“安然无恙乎”。从中可以了解林丹汗和努尔哈赤之间，此前已有书信和使节往来，一直和平相处，并无根本冲突。但是努尔哈赤对明的军事行动已经威胁到自己的市赏地，林丹汗不能再忍，他必须要警告努尔哈赤不要进攻他的市赏地广宁。此前，1619年8月林丹汗曾遣使致信努尔哈赤，谴责他攻占北关，杀害金台什，吞并叶赫部的事。要求努尔哈赤退还所俘获的叶赫部之人畜，扬言以后要追究其杀戮叶赫部的罪

①《旧满洲档》(一)，台湾故宫博物院，1969年，第489—490页。

责。但是努尔哈赤未予理睬[①]。在互相往来过程中，双方的信件语气不善，再加上林丹汗慢待努尔哈赤使臣这个理由，双方随之断绝往来。“吾二人原无交恶”说明原来林丹汗与努尔哈赤曾有过一段和平共处的经历。从以上书信的整体内容看，林丹汗侮辱、威胁和贬低努尔哈赤，把他看作微不足道、不值一提的小汗。这里当然包含着对努尔哈赤消灭叶赫部之恨和林丹汗致信未被理睬等因素，但是矛盾的重点还是围绕着察哈尔万户和喀尔喀万户市赏之地广宁的主权问题。可是林丹汗的威胁之词，对刚刚在萨尔浒战役中大获全胜，全歼明军三路兵马，又活捉喀尔喀宰赛，灭亡叶赫部而不可一世的努尔哈赤根本无效，反而激起他的愤恨。因此他无所畏惧，变本加厉地应对林丹汗。

当年七月，喀尔喀宰赛被擒，使林丹汗更加被动。

《清太祖实录》载：“是月（七月——引者）帝率诸王臣领兵取铁岭，……帝入城，驻于兵备道衙内。是夜，蒙古胯儿胯部宰赛，扎抡卫巴格与巴牙里兔歹青、色蚌诸台吉等约二十人共领兵万余，星夜而来，伏于禾地内。及天命，有出城牧马者约十人，宰赛兵见之，发矢追杀。我兵一见，即出城，知是蒙古，欲遽战，又无上命，不战，而吾人已被杀，但蹑其尾而行。帝出城曰，何为不战，可急击之……生擒宰赛并二子色剔希儿、克石兔及巴格、色蚌并郭儿沁桑刚里寨、宰赛妹夫代刚儿塔不能，又酋长十余人，兵百五十余……”[②]

对此《三朝辽事实录》也载：“先铁岭被围，有蒙古宰赛率领二子，副将四名并万余骑战，败衄，二子被掳。其副将一，即奴妻兄。盖奴曾娶蒙古女为妻，至是奴酋因其妻兄，诱

① 程开祜撰：《筹辽硕画》第43卷，姚宗文《奉旨访问事疏》，国立北平图书馆善本丛书第1辑，商务印书馆，1937年。

②《清太祖实录》，天命四年七月条。

胁宰赛部落牛马相从，本酋诸部悉为服属。”[①]

这是林丹汗给努尔哈赤致信前一个月发生的事情。从林丹汗的书信内容中未涉及此事情况来分析，林丹汗此时尚未知情，喀尔喀部首领也没有将宰赛被俘之事及时向林丹汗奏报。《三朝辽事实录》记载证明了此情：憨说“炒花你是五营之主，当初宰赛被东奴拿去你不与我说，宰赛女儿与了东奴抱去你又不与我说，你又与奴酋两家来往不断”[②]。

“当擒宰赛时，即遣原任游击马石楠同夷使往谕，以掳婿之故激暖、炒报复。而两酋以暖、炒畏贼，激之无益。又求虎酋救援，而两酋以虎墩无情求之无益。”[③]

以上两条史料都能证明，喀尔喀五部首领当时根本没有把宰赛被俘之事及时通报林丹汗。而喀尔喀部首领向林丹汗隐瞒真情，恰恰给努尔哈赤利用宰赛被捕的事情来大做文章提供了宝贵的时间。为了此事，林丹汗后来对喀尔喀部总头目炒花耿耿于怀，彻底失望。这也进一步证明，林丹汗对蒙古所属诸部的失控已经达到十分严重的地步，从而互相失去信赖，君臣之间的关系几乎达到“鸡犬之声相闻，老死不相往来”的地步。

宰赛被俘后，喀尔喀五部首领所表现出来的懦弱态度更使林丹汗进退两难，无从下手。

《三朝辽事实录》记载：“奴酋连破开、铁，兵益强。生擒宰赛，钳制暖兔、炒花数十营不敢动，取北关如拉朽，视辽、沈几上肉耳。”[④]

因为宰赛被捕以后，喀尔喀五部各首领不知所措，努尔哈

① 王在晋撰：《三朝辽事实录》卷2，江苏广陵古籍刻印社，1988年。

② 王在晋撰：《三朝辽事实录》卷16，四月条，江苏广陵古籍刻印社，1988年。

③ 王在晋撰：《三朝辽事实录》，卷2，二月条，江苏广陵古籍刻印社，1988年。

④王在晋撰：《三朝辽事实录》卷1，八月条，江苏广陵古籍刻印社，1988年。

赤以宰赛要挟他们，喀尔喀五部大军不敢轻举妄动，只能乞求努尔哈赤放过宰赛，女真军队消除后顾之忧，进出明边轻松自如。

林丹汗后来听到宰赛被捕的消息后，或许对喀尔喀五部首领如此无能过于失望，或许是顾及宰赛性命，他面对爱新国努尔哈赤如此嚣张的气焰并未采取任何具体行动。

正如《三朝辽事实录》所写："虎酋控伤宰赛之心，既不能为我之助，然曾受我约，或尚可离彼之群。"①

林丹汗的犹豫不决、进退两难的无为沉默和隔岸观火的消极态度，导致努尔哈赤在宰赛事件中游刃有余，以宰赛作为砝码，进一步迫使内喀尔喀五部首领向他屈服。其结果是使林丹汗痛失察哈尔万户的护翼，失去喀尔喀万户这一屏障。

天命四年（1619）十一月庚辰朔，爱新国与喀尔喀部决定盟誓修好。十二月二十三日，爱新国方面派出额克兴额、楚胡尔、雅希禅、库尔禅、希福等五大臣，前往噶克察漠多地方与喀尔喀五部诸贝勒会合，并进行盟誓：

《旧满洲档》载满文誓词，用拉丁文转写如下：

"sunja tatan-i kalkai beise. kundulen genggiyen han-i juwan tatan- i beise，meni juwe gurun- be. abka na gosifi. doro jafafi emu hebei danjikini seme acabuha- be dahame. meni juwe gurun abka na- de gashumbi. kundulen genggiyen han- i juwan tatan- i doro jafaha beise kalkai juwan tatan-i doro jafaha beise. juwe gurun-i amba doro jafame. suwayan honin aniya jorgon biyade. abka- de siyannggiyan[šanggiyan] morin wafi. nade sahaliyan ihan wafi. emu moro- de arki. emu moro- de yali，emu moro- de boihon. emu moronde senggi. emu morode siyanggiyan giranggi- be sindafi，unenggi akdun gisunbe gisureme. abka na- de gashūki. Daci kimūngge nikan gurunbe，meni juwe gurun emu hebei dai-

①王在晋撰：《三朝辽事实录》卷6，江苏广陵古籍刻印社，1988年。

lambi. yaya fonde nikan gurunde acambihede. gisurendufi emu hebei acambi. uttu abka na-de gashūha gisun-de efuleme. sunja tatan-i kalkai-de hebe akū. kundulen genggiyen han nikan gurunde neneme acaci. nikan gurun. meni juwe gurun-i hebebe efukeki seme. meni doro jafaha juwan beisede dorgideri siosihiyeme[šusihiyeme] niyalma takūraci. tere gisumbe[gisun-be] sunja tatan-i kalkaide alarakūci. abka na wakalafi meni juwan tatani doro jafaha beisei. se jalgan foholon ofi. ere senggi gese senggi tucime. ere boihon-i gese boihon-de gidabume. ere giranggi gese giranggi šarame bucekini. sunja tatan-i kalkade. nikan gurun acaki seme dorgideri siosihiyeme[šusihiyeme] niyalma takūraci. tere gisun-de minde donjibume alarakūci. kalkai doro jafaha dureng hūng baturu. ooba daicing. esen taiji. babai taiji. asut-yin manggūldai. ebugedei hūwang taiji. ubasi taiji. Dureng. Gurbusi. Daidarhan. manggūldai daicing. Bidengtu. Yeldeng. cūhegur[cūhur]. darhan baturu. Enggeder. Sanggarjai. budaci dureng. Sanggarjai. Bayartu. Dorji. neici han. Uijeng. Ūljeitu. Burgatu. Edeng. Eljige: sunja tatan-i kalkai doro jafaha beisei se jalgan foholon ofi. ere senggi gese senggi tucime. ere boihon-i gese boihon-de gidabume. ere giranggi gese giranggi šarame bucekini. meni juwe gurun abka na-de gashūha gisun-de isibume banjici. abka na gosifi. ere arkibe omime. yalibe jeme. meni juwe gurun-i doro jafaha beise, se jalgan golmin. juse omosi tanggū jalan tumen aniya-de isitala. juwe gurun. emu gurun-i gese elhe taifin-i banjirebe buyeme. abka nai salgabuhangge dere seme gūnifi. kundulen genggiyen han. sunja tatan-i beise. meni juwe gurun emu hebe ombiseme[ombi seme], abka na-da hengkileme niyakūrame gashūmbi."①

①《旧满洲档》(一)，台湾故宫博物院，1969年，第491—494页。

汉译如下：

"五部喀尔喀诸贝勒与恭敬英明汗之十部诸贝勒，我二国既蒙天地眷佑，愿相盟好，同谋共处。故我二国对天地誓之。恭敬英明汗之十部执政贝勒，喀尔喀五部之执政贝勒，执掌二国大政，于己未年十二月，刑白马、乌牛，备置酒一碗、肉一碗、土一碗、血一碗、骨一碗，以诚信之言誓告天地。我二国素与明国为仇，今将合谋征之。何时与明国修好，以共同商议而后和之。若毁天地之盟，不与五部喀尔喀商议，恭敬英明汗先与明和，或明欲败我二国之盟，密遣人挑唆我执政之十部贝勒，而不以其言相告五部喀尔喀，当受天地谴责，夺我十执政贝勒之寿算，溅血，蒙土，暴骨而死。若明国欲与五部喀尔喀媾和，密遣人离间之，而不与其言告我，则夺喀尔喀执政贝勒之都棱洪巴图鲁、奥巴代青、厄参台吉、巴拜台吉、阿索特金、莽吉尔岱、额布格德依洪台吉、乌巴希台吉、都棱、古尔布什、岱达尔汉、莽古尔岱青、毕登图、伊尔登、丑库儿、达尔汉巴图鲁、恩格德尔、桑噶尔寨、布塔齐都棱、桑噶尔寨、巴雅儿图、多尔济、内齐汗、委正、额尔哲依图、布尔嘎图、额登、厄尔吉格及五部喀尔喀执政贝勒等之纪算，亦溅血，蒙土，暴骨而死。我二国若践此天地之盟，则蒙天眷佑矣。饮此酒，食此肉，我二国执政贝勒可得长寿，子孙百世，及于万年。原二国如同一国，永享太平，亦乃天地之意也。恭敬英明汗，五部诸贝勒，二国共立此誓。"①

喀尔喀五部头面人物除被捕的宰赛父子以外，几乎都参加了这次盟誓。虽然在该誓词中，敌对察哈尔万户或林丹汗的话只字未显，但是通过这次盟誓，爱新国牢牢地掌控了五部喀尔喀各部首领。从此，爱新国又将一条绳索套在喀尔喀首领的脖子上，可以以违背盟誓来要挟和征伐喀尔喀五部。但是这次盟

① 《旧满洲档》，台湾故宫博物院，1969年，第121—122页。

誓后，爱新国并未当场释放宰赛，而且努尔哈赤做出单方决定，让其一子留原驻牧地保护财产，一子留爱新国做人质，待攻取广宁后，联合攻伐明朝时，再释放其父子二人[①]。

林丹汗使臣来爱新国的日期为十月二十二日（辛未），而喀尔喀部与爱新国盟誓之日为十一月朔（初一，庚辰），仅隔十日。这就是努尔哈赤答复林丹汗的回信。

天命五年（1620）正月十七日，努尔哈赤遣使致信林丹汗，以“不善之言相答”，恶毒地挖苦和讽刺林丹汗[②]，这是努尔哈赤主动挑衅察哈尔万户的开始。林丹汗以牙还牙，也扣留了努尔哈赤的来使硕色吴巴什。最终导致努尔哈赤因得到喀尔喀部误传其使臣已经被林丹汗斩杀的消息，以与林丹汗约定的释放使臣的期限过期为由，将被他扣留的林丹汗的使臣康喀尔拜虎（即杭噶尔拜虎）杀害。至此，林丹汗和努尔哈赤彻底断交。

《满文老档》载：“八月十八日。斩察哈尔汗之大使臣杭噶尔拜虎等三人。所以杀该使臣，乃因误传英明汗遣往察哈尔部之二人，为察哈尔所杀，故诛其使臣，以示报复。后此二人，自行逃归。”[③]

这分明是努尔哈赤故意激怒林丹汗的策略，同时也表明与察哈尔万户彻底断交为敌之意。所谓喀尔喀误传消息，自己的使臣“硕赛吴巴什密与守者谋，脱杻械，偕之潜出，徒步逃归”等，都是努尔哈赤为故意斩杀察哈尔万户使臣杭噶尔拜虎的无理行为的开脱之词。从此双方之间断绝使臣往来，以仇敌相待。至此，努尔哈赤引诱和拉拢蒙古其余诸部为盟，逼迫他们共同对付察哈尔万户林丹汗，并与明朝为敌的战略方针基本形成。

---

①《清太祖实录》，天命四年十一月初一日条。

②《旧满洲档》，台湾故宫博物院，1969年，第507—511页。

③ 中国第一历史档案馆、中国社会科学院历史研究所译注：《满文老档》，中华书局，1990年，第152页。

三、林丹汗与努尔哈赤的角逐

天命六年（1621），努尔哈赤发动沈阳战役，攻克明朝沈阳、辽阳等重镇后，在三个月之内占领了镇江、海州、金州等七十余座城池。在明朝毫无招架之力的危难关头，林丹汗率兵救援，才使爱新国不得不撤兵。

《三朝辽事实录》记载王在晋救援镇江疏云："今闻西虏移兵助战已驻境上，虏兵一动，我兵速宜渡河……镇江之围可解[①]；虎酋以奴贼四月报，急遣其台吉桑昂塞率诸头脑领兵相助，已抵于近边，离宁远七十里连营二三十里，俱驼带盔甲，职差人出边慰谕之。"[②]

《三朝辽事实录》又载："辽东总兵刘渠塘报，内称：七月内有奸细报，奴酋说西虏助兵从黄泥洼进河西，大兵从三岔河并柳河进……奴酋甚是慌惧。"[③]

关于林丹汗此次援明行动，没有其他更多的史料记载，所以其详情不得而知。虽然林丹汗此次出兵援明，没有与女真兵发生直接战争，只是虚张声势，但努尔哈赤担心腹背受敌，不得不从明边退兵。据张永江研究，这次林丹汗动用"十万大军增援明朝"[④]之时，正是喀尔喀部宰赛获释归返之日。

《清太祖实录》载："八月初九日，胯儿胯部以牲畜一万赎宰赛，送其二子一女为质，帝杀白马祭天，令宰赛誓之。……十五日，诸王送宰赛至十里外，设宴饯别。将所质之女与大王

① 王在晋撰：《三朝辽事实录》卷5，辛酉八月条，江苏广陵古籍刻印社，1988年。

② 王在晋撰：《三朝辽事实录》卷6，六月条，江苏广陵古籍刻印社，1988年。

③ 乌云毕力格、成崇德、张永江撰写：《蒙古民族通史》第4卷，内蒙古大学出版社，2002年，第11页。

④《清太祖实录》，天命六年八月条。

为妃。”[①]

林丹汗此次出兵增援明朝，虽然缓和了明朝边关的危机，但是加速了努尔哈赤攻占广宁的举动。

天命七年（1622）正月二十日，因为明朝辽东巡抚王化贞“素不习兵，轻视大敌”[②]，与“有谋而无兵权”的经略使熊庭弼不和而导致广宁失守。“广宁失守报闻，京师大恐”，此役很明显是努尔哈赤对林丹汗增援明朝的报复。左翼察哈尔万户和喀尔喀万户诸部与明朝的互市通道被努尔哈赤占领，林丹汗来之不易的经济命脉被爱新国彻底掐断了。

正如王在晋所言：“广宁失，则市罢赏绝。市罢则土物皆归于废置，赏绝则老死而不见金缯。是我之失广宁不过瓯脱沿边之地，而虏之无广宁则失衣食养命之源。”[③]

至此，除察哈尔万户以外的左翼诸蒙古部首领为了生存，在经济上不得不依赖努尔哈赤。广宁的失守导致林丹汗再也无法满足他们的经济需求，也不可能在辽东地区再开辟新的市赏地。因为广宁失守后，明朝的辽东防御全线崩溃，退守山海关，而关外大地俱为爱新国的占领区。爱新国大军乘胜追击，占领广宁以后又连破四十余城，占领了辽河以西的大片领土。所以明朝的辽东之败局也是导致林丹汗在与努尔哈赤角逐中失利的主要因素之一。努尔哈赤占领广宁之后马上进入角色，充当蒙古诸部的救济者。

《旧满洲档》载：“juwe biyai orin duin de jaisai elecinde guwangning-ni duin tanggū hule jeku bu seme hendufi unggihe.”[④]

译：二月二十四日，谓宰赛使臣曰，赐（宰赛）广宁之粮

① 《明史》卷259《王化贞传》，中华书局，1974年。

② 王在晋撰：《三朝辽事实录》卷7，壬戌二月条，江苏广陵古籍刻印社，1988年。

③ 王在晋撰：《三朝辽事实录》卷5，辛酉八月条。

④ 《旧满洲档》，台湾故宫博物院影印，1969年，第1034页。

四百石，遂遣之还。

这是努尔哈赤给予蒙古各部中亲近女真派的恩惠，也是对其他蒙古诸头目的诱惑。因为失去了广宁诸多市赏地，林丹汗对自己所属蒙古诸部就连这一点最起码的施舍也无能为力。而对当时被贫困饥饿所困扰的蒙古诸头领来说，这是天大的诱惑。这种窘境致使林丹汗毫无目的地率兵前去山海关①，充当山海关的盾牌，虽然遏制了爱新国军队对明朝的攻势，解救了明朝的燃眉之急，但是自己却引火烧身，与努尔哈赤结下了深仇大恨。

自天命八年（1623）起，爱新国与察哈尔万户的敌对关系更加白热化。这与努尔哈赤对明战争初见成效，占领辽东后断绝左翼蒙古与明朝的经济往来有关，从而使科尔沁万户、五部喀尔喀万户进一步依赖努尔哈赤而更加疏远林丹汗，林丹汗是绝不能容忍这种局面的。

科尔沁部从林丹汗即位之初，就已经与察哈尔部疏远，而喀尔喀五部则不同。从零星史料记载分析，喀尔喀五部总头目宰赛和林丹汗的私交甚密。因此林丹汗顾及宰赛性命而未能对爱新国采取行动。获得广宁市赏地后，察哈尔万户和喀尔喀五部还平分广宁互市，共享其利。从中也可以看出察哈尔万户和喀尔喀五部两个群体的一体化。只是铁岭之役中，宰赛贪图明朝赏金而私自行动，酿成喀尔喀五部的苦酒。正如努尔哈赤在致喀尔喀五部贝子的信中所言："曾主宰帝国之蒙古国统兵大将斋赛（即宰赛），屡与天谴之明国祭天设誓曰：'我以兵相助，赐我重赏。'遂被天谴。……我兵未损一人，全歼斋赛万

① 乌云毕力格、成崇德、张永江撰写：《蒙古民族通史》第4卷，内蒙古大学出版社，2002年，第11页。

兵。”[1]宰赛单方面的鲁莽举动，不仅使他所率领的一万人马陷入辽河的泥泞中而被女真全歼，也使整个喀尔喀五部都深陷无形的泥泞中身不由己，任凭努尔哈赤宰割，最终被迫盟誓，成为爱新国的同盟者。

虽然在天命四年（1619）末已经与爱新国盟誓，喀尔喀五部某些头目仍然试图摆脱努尔哈赤的束缚，但很快又被努尔哈赤驯服。据《旧满洲档》《清实录》等文献记载，天命四年末，喀尔喀被迫与爱新国盟誓以后不到一个月的时间内，接连发生了喀尔喀部人因敌视他们而抢掠爱新国使臣等多起事件。

“天命五年，辛酉。三月壬戌。蒙古喀尔喀部落卓礼克图、达尔汉巴图鲁、巴哈达尔汉……闻大兵已拔沈阳。于辛丑日乘残破之余，往略沈阳财粟。时我国有游牧蒙古在城，遂出城驱杀，大获牛马无算。”[2]

“六月初四日，出使扎鲁特地方达雅台吉处之扈垒者携来马八匹、牛四十四头、羊一百只。扎鲁特部钟嫩、昂阿、卓齐

---

①《旧满洲档》（台湾故宫博物院影印，1969年），第540页。看来宰赛袭击攻占铁岭之爱新国军并非王在晋《三朝辽事实录》卷1，万历四十七年七月条中所载：“奴兵之在铁岭者宿酒未醒，宰赛与奴酋争铁岭财务、人口相仇杀。”而是宰赛与明朝有约在先，合兵袭击攻占铁岭之爱新国军。《旧满洲档》载：“正执宰赛班师还城，时见烟尘腾起，明兵分三路而来。我兵遂越城往迎。明兵未敢近前，既行撤退。”此兵为明朝李如桢所率辽东军。《三朝辽事实录》说：“李如桢割取奴酋所杀西夷首级一百六十余颗报功。”只是宰赛兵纪律松散，为抢军马，暴露目标，在明军到来之前就被爱新国军消灭了。另外《清实录》中关于努尔哈赤做梦预言要生擒宰赛等记载说明努尔哈赤早有准备，设下圈套，引诱宰赛自行落网。《旧满洲档》446页载：“1619年6月攻打铁岭之前，努尔哈赤遣孟格图为使者，故意给宰赛致信，名义上约他共同征伐明朝，实为故意放风，引诱宰赛上钩。”总之《旧满洲档》455页载与宰赛六大仇之四、五：“彼与汉人同谋，对天立誓伐我以己求厚赏者四也。再者，曾谓明通事曰：‘赐我重赏，夫倘不征伐满洲，上天鉴之。遂折断活白牛之腰，于马上对天洒牛血，是五也。’”又努尔哈赤致喀尔喀五部贝子信中所说“曾主宰帝国之蒙古统兵大将宰赛，屡与天谴之明国祭天设誓曰：‘我以兵相助，赐我重赏。’遂被天谴。宰赛领兵一万，着甲就胄，前来攻我”等记载完全可以证明王在晋记载与史实不符。

②《清实录》，天命五年辛酉条。

特扣肯三贝勒之兵丁，堵截其虏，尽劫所乘马匹、衣服及撒袋、弓箭等物。”①

“天命五年七月五日，出使五部喀尔喀贝勒之锡喇纳使者，出使斋赛处锡洛虎使者，所携马十一、牛六十一……于途中被扎鲁特部钟嫩、昂阿、卓齐特扣肯三贝勒之兵，尽劫之而去。前往扎鲁特地方色本贝勒处之使臣伊萨穆携牛二十八头……于途中又被钟嫩、昂阿、卓齐特扣肯三贝勒之兵，尽行夺取之。”②

由于发生以上事件，爱新国与喀尔喀五部之间的关系又开始紧张起来。努尔哈赤立即变换对喀尔喀五部的态度，下令废止此前双方盟誓之初拒纳五部喀尔喀逃人的政策，凡是从喀尔喀万户前来投奔爱新国的人来者不拒，悉数接纳，以此报复和瓦解喀尔喀五部。

“五月十四日，蒙古巴岳特部达尔汉巴图鲁贝勒之子恩格德尔额附之弟莽古勒台吉率子女，畜群及属下六百户人来归。”③

据《旧满洲档》等记载，天命五年（1620）中旬，除上述莽古勒台吉的600户以外，喀尔喀五部逃人又分六批前来投奔爱新国，其人口多达260户。努尔哈赤心里很清楚，喀尔喀五部之所以与爱新国发生冲突，是因为自己出尔反尔，与喀尔喀部立誓时以“同征明，攻克广宁之时释放宰赛”为托词，又继续扣留宰赛，使喀尔喀部诸台吉十分恼火。因此，喀尔喀万户人不断挑起争端来抗议爱新国的失信。对此努尔哈赤采取软硬兼施的手段，一方面瓦解和削弱喀尔喀五部的力量，继续接纳其逃人，另一方面提前释放宰赛来缓解双方的矛盾冲突，避免

①《旧满洲档》，台湾故宫博物院影印，1969年，第544页。
②《旧满洲档》，台湾故宫博物院影印，1969年，第553页。
③《旧满洲档》，台湾故宫博物院影印，1969年，第668页。

双方关系彻底破裂而前功尽弃。对努尔哈赤而言，释放身心被他完全控制的宰赛去重新控制喀尔喀五部，与努尔哈赤亲自去管理喀尔喀万户别无二致，从而达到一箭双雕的目的。

天命七年（1622）三月二十九日，努尔哈赤下令："吾国内喀尔喀前来之诸贝勒编为一旗，自察哈尔前来之诸贝勒为一旗。吾念尔等来归，故编尔等为二旗。"①

这就是努尔哈赤瓦解、削弱喀尔喀五部势力第一阶段的辉煌战果。

通过努尔哈赤的精心设计和操控，离完全控制五部喀尔喀万户还有一步之遥，他当然不甘心半途而废。下一步他需要做的事情是彻底清除来自察哈尔万户的障碍，使五部喀尔喀万户首领们死心塌地地追随爱新国。1623年努尔哈赤单方面对喀尔喀五部提出要求，要把同盟的敌对关系从明朝扩大到察哈尔万户林丹汗。至此他的庐山真面目完全显现出来，并以此来试探喀尔喀五部头目对他的忠心。

为达到这一目的，他采取了有计划、有步骤的系列行动。

首先，他派兵袭击喀尔喀五部中的敌对势力，以此来试探喀尔喀五部的反应。而让他自己也意想不到的是，喀尔喀万户已经是一盘散沙，各部首领毫无斗志，除了乞求，毫无反抗，等待他的只有各个击破。

《旧满洲档》载："桑图致书上奏万国主、英明汗父曰：我妇孺人畜，皆被汗之兵擒来。我本人并未获罪，倘若论罪，亦我先父在时所致。……今我只身得脱，汗父若能鉴察，还我妇孺，即使将我所获之美物恭进于汗，亦求之不得矣。"②

努尔哈赤看到喀尔喀五部首领竟懦弱到如此地步，更加胆大妄为了。努尔哈赤对喀尔喀万户采取的第二步计划是要除掉

①《旧满洲档》，台湾故宫博物院影印，1969年，第1103页。
②《旧满洲档》，台湾故宫博物院影印，1969年，第1499页。

截杀其使臣，掳掠其牲畜财务的扎鲁特部昂阿父子。

《旧满洲档》载："为解此怨，命阿巴泰阿哥、德格类……率诸申兵一千、蒙古兵一千、操炮汉兵八百，于四月十四日前往征讨之。……巡得昂阿贝勒家而攻之……俘贝勒昂阿父子，遂尽杀之。"①

《清太祖武皇帝弩儿哈奇实录》卷4又载：初，扎抡卫昂刚贝勒执满洲使者与夜黑杀之，又有往蒙古使者屡被截杀于路，夺其牲畜。帝恨之，于四月十四日，命阿布太台吉、得格垒台吉、债桑孤台吉、姚托台吉领兵三千往讨之。至二十一日，连夜疾行。二十二日方曙，过罗地，渡辽河，纵兵急趋。有前锋总兵代木布领精兵五十先至厄儿格勒处，遇昂刚之民，遂抄掠百里，乃与参将押希阐、布儿秦虾至昂刚居处攻之。昂刚率妻子并二十余人乘牛车而奔。押希阐、布儿秦虾领三十余骑下马，代木布领十余骑驻马而立。昂刚避下马之兵，直冲代木布，代木布抵回，当先射之。昂刚部下一人，举小枪，刺中代木布口，遂堕马伤重而死。我兵冲入，杀昂刚父子并从者于一处，尽获其妻子、军民、牲畜及捉桑土台吉妻子而回（乃壮诺贝勒之子，昂刚孙也）。

天命八年（1623）四月，努尔哈赤最终以突然袭击的方式消灭了他全面控制喀尔喀五部道路上出现的拦路虎昂阿。

因与爱新国盟誓，而对女真毫无防备的五部喀尔喀万户首领为此震惊，虽然当时喀尔喀五部炒花等一时恼羞成怒，虚张声势说要报复②，但最终还是没有采取任何具体行动。

对此《三朝辽事实录》也载："抚夷副将王牧民据中军张仲传报，奴酋攻杀昂奴。昂奴离边止有二百里，于四月十七、八日猛有奴兵围住。昂奴醉酒不曾防备，得马跑出。因妻在

① 《旧满洲档》，台湾故宫博物院影印，1969年，第1462页。
② 《明熹宗实录》，天启六年闰六月乙卯条。

内，仍闯入营内射死许多鞑子。未动手的拿去，将昂奴妻抢了，奴儿住一日一夜回去，我各头脑因马瘦，住得星散，一时齐不上，未曾追赶。今黄把都儿会同把领、宰赛、暖兔、卜儿弃五大营在舍莫林一处住，差人会虎墩兔憨助兵报仇，不知肯否。”①

但是，实情与《三朝辽事实录》记载稍有出入。已经被努尔哈赤驯服成绵羊般温顺的喀尔喀五部炒花等人至此仍然隐瞒真情，并没有向察哈尔万户请求支援。

《三朝辽事实录》天启六年四月条载：“宁远副将左辅报，……有虎墩兔憨知道即带领兵马数万赶到三座寺东，奴酋已远去了。憨说你是五营之主，当初宰塞（即宰赛）被东奴拿去你不与我说，宰塞女儿与了东奴抱去你又不与我说，你又与奴酋两家来往不断，囊路是你的侄子，被奴杀死你也不顾，把他的儿子歹安儿抢去你也不顾，难道你不是汉子，只好诓骗南朝赏物，你送东奴骆驼、马匹，东奴与你鞍子、撒袋能值几何等语。”②

从林丹汗骂炒花的几句话语中可以看出，林丹汗对喀尔喀五部诸首领的所作所为已经心灰意冷，对他们已经不抱任何希望。此事也表明察哈尔万户与喀尔喀五部之间的关系已经疏远到陌生的地步，喀尔喀五部诸台吉早就不把林丹汗当作自己的保护伞了。他们避开林丹汗单方面与明朝联系酿成苦果，被爱新国蹂躏而仍然依赖爱新国的奴性被林丹汗一语道破。

① 王在晋撰：《三朝辽事实录》卷16，天启六年四月条，江苏广陵古籍刻印社，1988年。

② 王在晋撰：《三朝辽事实录》卷16，天启六年四月条，江苏广陵古籍刻印社，1988年。

第三节　林丹汗“先处里后处外”政策的得失

蒙古文史书对林丹汗对内采取的强硬措施以及其成效总结得极其形象和恰当。“大汗气则毁其政，大象怒则毁其圈”[①]（qaγan kilingnebesü törü yügen ebdemüi，ǰaγan kilingnebesü qota yuγan ebdemüi）。

蒙古左翼山阳集团的三大万户之间产生了不可挽救的严重裂痕，紧接着各大万户内部也开始出现了分裂的迹象。

喀尔喀五部万户中以炒花为首的乌济业惕部和巴林等部是亲科尔沁万户的派系。而扎鲁特部宰赛、弘吉剌惕部巴噶达尔汉则与察哈尔万户更亲近一些。五部中伯岳特（也作巴岳特）部的贵族早已通过恩格德尔额驸及其弟莽古勒额驸成为爱新国的心腹了。这种情况在察哈尔万户林丹汗征调五部喀尔喀兵，征伐科尔沁万户时，已经完全公开化[②]。这种人心涣散的现象证明，左翼山阳集团中五部喀尔喀万户已经面临崩溃，犹如一盘散沙。

同样的倾向在科尔沁万户和察哈尔万户内部也在蔓延。林丹汗要讨伐科尔沁万户的消息一传开，部分科尔沁头目不顾奥巴、布达齐、图美三台吉的安危，各自带领所属部落早已逃之夭夭。

《旧满洲档》载：“Darhan taiji jalaid: Sibe Sahalca-be wali-yafi.ūwesihun genehe. meni ilan ujui teile hoton-de tehebi.būjeci emu ergen: olhoci emu buraki oki sehe bihe。”[③]

① 萨囊彻辰：《蒙古源流》，内蒙古人民出版社，1981年，第388页。

②《旧满洲档》，台湾故宫博物院影印，1969年，第1909—1911页，参阅奥巴台吉致努尔哈赤的书信。

③《旧满洲档》，台湾故宫博物院影印，1969年，第1943页。

汉译：

达尔汉台吉弃扎赉特、锡伯、萨哈尔察而向东而去，只有我们三位首领留居城里，认定死则一命，干则一尘。

爱新国与科尔沁万户上层的往来书信中也曾多次提到了科尔沁万户内部不睦等情。

《老满文档》载："天命八年五月三十日。努尔哈赤致书科尔沁万户奥巴台吉、诸贝勒书曰：察哈尔、喀尔喀不畏尔等，然其小心翼翼清除彼等内部之不睦，归还所掠之物而议和者，亦乃乱中思善而欲和矣。我等蒙天恩佑，不拒他人，然务不辞劳苦，谨慎行事，固修城池关塞。昔尔科尔沁兄弟之间，争夺财物，是以致乱，……尔等之间可举一人为汗，倘尔皆齐心合力，则可使察哈尔、喀尔喀不再侵犯尔等。"[①] 努尔哈赤写此信的目的，主要是对察哈尔万户和科尔沁万户进行挑拨离间，但是他毫不掩饰地道破了科尔沁万户内部的不睦。

更何况爱新国从努尔哈赤、皇太极起对科尔沁万户内部施行的分割政策，通过与科尔沁万户左翼的频繁联姻来辅佐左翼的势力，牵制右翼势力[②]，使科尔沁万户贵族内部的斗争更加尖锐。

察哈尔万户的部分台吉也开始受外部环境的影响，被事态变化所迫，某些部落的台吉暗中与爱新国接触。其中不能排除努尔哈赤通过五部喀尔喀的首领向察哈尔万户内部渗透的可能性。天命七年（1622）正月，努尔哈赤攻占广宁诸地，女真势力范围已经扩展到辽西地区。驻牧在镇远堡迤北的察哈尔万户兀鲁特部和驻牧在义州迤北的敖汉、奈曼部首当其冲，面临爱

① 中国第一历史档案馆、中国社会科学院历史研究所译注：《满文老档》，中华书局，1990年，第495页。

② 楠木贤道：《清朝入关前汗、皇帝和科尔沁部上层之间的婚姻关系》，载《内陆亚细亚史研究》，第十四号，1999年3月，第45—63页。《明清档案与蒙古史研究》第1辑，内蒙古人民出版社，2000年。

新国的直接威胁。因察哈尔万户内部贵族间的派系关系，兀鲁特部经常遭受来自察哈尔万户内部的排挤和欺凌，使他们忍无可忍，主动投奔了爱新国，这是察哈尔万户分裂之始。

《三朝辽事实录》载："初，五路头目妻子被贵英恰所占，头目负愤投炒花，炒花不能养，投奴酋。奴酋用之守广宁，而以真夷杂之。顷奴中闻我图恢复，遂尽迁五路投降之虏于海盖间，而悉用真夷渡河以居守。"①

《明实录》也记载了类同的内容："至于西虏助兵一事未有的信，盖七月内，憨遣中军贵英恰为我设防，宿其所属五路妇女，五路渐怒，率万众降炒花。而贵英恰追杀其部落人，兼杀炒花二人。"

可见兀鲁特部因爱新国大军压境而陷入困境时，来自察哈尔内部的凌辱，使他们断然脱离察哈尔万户而投入了努尔哈赤的怀抱。这对林丹汗来说是晴天霹雳，也是极其惨痛的损失和教训。

《清太祖武皇帝实录》载："十六日蒙古兀轮特（即兀鲁特）部明安、兀儿宰吐、锁诺木……等十七贝勒并胯儿胯等部台吉，共率所属军民三千余户并牲畜叛来。"② 不久，兀鲁特部的其他分支也陆续投奔爱新国的努尔哈赤。

《旧满洲档》载："乌鲁特（即兀鲁特）国一丧夫之福晋，率其幼子及四百人，携牛五十八头，马四匹，初四日到。"③她是攻占广宁之前来投奔女真的兀鲁特部人。过几天后，"三月二十六日，自蒙古逃来之兀鲁特贝子，经广宁到。遂与来归之礼，八旗贝子杀牛十、设百桌。带之筑新城之地大宴。"④

① 王在晋撰：《三朝辽事实录》卷11，壬戌九月条，江苏广陵古籍刻印社，1988年。

②《明熹宗实录》，天启元年九月癸丑条。

③《清太祖武皇帝实录》卷4，第3页下。

④《旧满洲档》，台湾故宫博物院影印，1969年，第919页。

几乎同一时间，敖汉、奈曼部瞒着林丹汗，主动派出使臣与爱新国频繁接触。

“三月察哈尔之敖汉、奈曼使臣二人前来。”①“三月份又察哈尔之敖汉、奈曼使者七人前来。”②

他们与爱新国频繁接触的目的，一来是修复双边关系，二来是试探爱新国方面的态度，以此来缓解部落困境。努尔哈赤方面对已经归附自己麾下的喀尔喀左翼和察哈尔万户的台吉百般笼络，一视同仁，将他们待为座上贵宾，并建立女真贵族和蒙古贵族之间的联姻关系。其目的不外乎让已归附者死心塌地地为爱新国效劳，引诱仍处于犹豫不定状态中的敖汉、奈曼等其他察哈尔万户部落贵族，以此来促成他们的早日归附。

《满文老档》载：“四月初一日。召集察哈尔、喀尔喀前来之诸贝勒。汗升衙门，谕诸贝勒各通婚媾。汗之亲家为卓里克图之子鄂勒哲依图、揣尔扎勒、噶尔玛、索诺木、伯琫。大贝勒之亲家为莽古勒额驸之父子、岱青之子巴音岱、绰尔吉、米赛、伊林沁、额布根、伊斯哈布。阿敏贝勒之亲家为拜兴之子青吉勒、青吉勒之子达赖。莽古尔泰贝勒之亲家为额尔德尼达赖之子多尔济及特陵。四贝勒之亲家为兀鲁特七贝勒中已故龙贝勒正室之子明发及明安之三子昂昆、班第及多尔济。德格类阿格之亲家为奇布塔尔。阿巴泰贝勒之亲家为莽噶泰之子布当、衮济、希尔胡纳克、阿金。岳拖阿格之亲家为威征之子布彦岱。济尔哈朗阿格之亲家为古尔布什台吉。多铎阿格之亲家为布达之子恩额类。此皆察哈尔贝勒，英明汗有意呼之为亲家，并谕之好生豢养其诸女等。”③

努尔哈赤将蒙古来归者视同亲人般对待，女真贵族和察哈

① 《旧满洲档》，台湾故宫博物院影印，1969年，第1101页。

② 《旧满洲档》，台湾故宫博物院影印，1969年，第1085页。

③ 中国第一历史档案馆、中国社会科学院历史研究所译注：《满文老档》，中华书局，1990年，第371页。

尔贵族结成亲家，使来自蒙古的诸台吉受宠若惊。第二天，又大加赏赐察哈尔万户兀鲁特部落蒙古各台吉。

“四月初二日。赏赐察哈尔来之诸贝勒。赐诸贝勒各金五两，银二百两，蟒缎四疋，羽扇一把及缎十疋，毛青布二百疋，绵索子貂皮袄一件及黑貂皮墩子一件，猞猁皮墩子一件，汉人貂皮墩子一件。赏二等者各金三两，银白两，蟒缎二疋，羽扇一把，缎七疋，猞猁皮墩子一件及毛青布一百疋，貂皮墩子一件，貂镶蟒缎皮袄各一件。赏三等者各金二两，银五十两，蟒缎一疋，羽扇一把，缎三疋，毛青布五十疋，狐皮墩子一件，诸申貂镶补子缎皮袄一件。共计金八十七两，银三千四百两，大蟒缎六十二疋，小蟒缎二十五疋，蟒缎合计八十七疋……”①

如此慷慨大方，可见努尔哈赤使出浑身解数，用尽色财计谋，收买蒙古贵族的人心，真可谓为了笼络蒙古贵族而煞费心机，可见其用心良苦。

爱新国对蒙古兀鲁特台吉的“恩德”赢得了预期的回报和效果。第二年，兀鲁特部与爱新国立了盟誓，站在了与其宗主察哈尔万户林丹汗对立的阵线上。

天命八年（1623）七月初四日，蒙古兀鲁特诸贝勒之誓词曰：“闻英明汗之名，见恶于察哈尔汗，故为仰赖英明汗而来归。蒙汗念归来之情，视如子如嗣。倘不思汗之怜悯之恩，我等蒙古诸额真有谁执以邪恶之念，背逆而行者，上天鉴察，祸患及身。若念汗眷养之恩，怀以忠心而行，则蒙天佑而共享太平之乐也。”② 汗曰：“兀鲁特诸贝勒，恶其蒙古汗，故慕我来归。凡此来归之诸贝勒若有罪，则与我八贝勒同等视之。死罪

① 中国第一历史档案馆、中国社会科学院历史研究所译注：《满文老档》，中华书局，1990年，第372页。

② 中国第一历史档案馆、中国社会科学院历史研究所译注：《满文老档》，中华书局，1990年，第535页。

则免其死，遣还故地。”[①]

兀鲁特部诸台吉如此公开地与他们的宗主林丹汗决裂，表明立场，使努尔哈赤兴高采烈，当即表示赐予他们与女真贵族同等的待遇。

察哈尔万户之一五路（即兀鲁特）部被爱新国吞并，并得到如此恩惠，自然加速敖汉、奈曼部二台吉依附女真的进度。他们很快与努尔哈赤方面取得了接触。努尔哈赤为了得到敖汉、奈曼二部，尽量避免军事冲突，使用怀柔、宽厚的方法来缓解双方之间发生的矛盾。天命七年（1622）六月初七日，他给察哈尔万户敖汉首领杜棱写信："我两国犹如一国也。尔蒙古人听信明都堂之言，发兵助明。尔虽以兵助明，而我仍兴师征明。蒙天眷佑，所有广宁地方及山海关以外之地，皆赐于我。并令所赐之明国人皆薙（剃）发，冠于红菊花顶。与此同时，沿边汉人来告：我等被蒙古人侵略等语。尔蒙古若欲侵扰，可往征山海关以内之汉人，为何征讨归我所属之汉人？于是，我军前往，抗拒者杀之。未抗拒者弗杀而生擒之。并放还百余人。然尔等竟未归还我一名汉人。何必如此？人持相敬之心，则争心自息。无爱财之念，则贪心自泯。我以宽大为怀，如今复放还三十六人。尔等掠取我汉人之驴骡及人口，亦尽数归还。此事了结之后，再行议和。为此，特遣使者孟格图前往。"[②]这是何等让人向往的宽厚仁慈之主啊！

语气虽然很和气，但是仍威胁敖汉、奈曼二部不要因小失大，自行切断议和之路。可见努尔哈赤放长线，钓大鱼的图谋已经形成，他在坐等时机成熟。

科尔沁万户与努尔哈赤结成盟友之事，也是林丹汗一手造

---

① 中国第一历史档案馆、中国社会科学院历史研究所译注：《满文老档》，中华书局，1990年，第536页。

② 中国第一历史档案馆、中国社会科学院历史研究所译注：《满文老档》，中华书局，1990年，第375页。

成的。林丹汗开辟广宁市赏时，没有科尔沁万户的市赏地。这说明科尔沁万户诸台吉没有享受到蒙古大汗的恩惠。不过此事从另一角度显示出科尔沁万户并未参与林丹汗的同盟，林丹汗攻明战役，他们没有出兵。林丹汗对此耿耿于怀，他三番五次派人索取贡品和赋税，以此来提醒科尔沁万户的台吉等，自己对他们拥有宗主权。

《满文老档》崇德元年七月十四日："圣汗谕大学士希福、刚林、范文程等曰：科尔沁部土谢图额驸有名马号曰杭爱，我方曾甲十副易之，彼不与。蒙古察哈尔汗向彼索马，势如强夺，止予一胄。从此科尔沁部诸贝勒之心为之疏远。察哈尔汗又以一胄送阿鲁部济浓，索马千匹。阿鲁部济浓曰：岂有一胄可值千匹之理乎？是无故起衅，欲来侵我耳！不可不与等语。遂予马五百匹，从此阿鲁部诸贝勒亦为之疏远。又科尔沁部卓里克图亲王有一鹰，能横捕飞翔羊鸨，察哈尔汗遣使往索，卓里克图亲王不与。土谢图额驸劝令与之。既取其鹰，一无所赏，即送鹰之人亦未会见。如此，人心何以悦服？。"① 女真一方以色、财、权、尊贵的地位来百般拉拢安抚，而蒙古一方因志高才疏，不识时务地仍以传统的宗主权来抑制和欺压所属部落台吉。二者所采取的策略有天壤之别，其后果也自然不同了。

大汗向大臣索取贡品，或从自己所属部落收纳赋税，这在封建时代毋庸置疑，是理所当然的事情。但是反过来林丹汗对属下的恩赐也过于刻薄了。一顶战帽自然不是很昂贵，就像清朝皇帝赐予臣下的黄马褂，它也许是林丹汗的御用品，或许林丹汗以此来试探科尔沁等部诸台吉对大汗的忠诚，总之，可能出于某种政治目的。这些事分别发生在科尔沁部奥巴、乌克善

① 中国第一历史档案馆、中国社会科学院历史研究所译注：《满文老档》，中华书局，1990年，第1537页。

及阿鲁蒙古部孙杜棱身上，并且肯定是在察哈尔征伐科尔沁之前发生的。

在人心涣散，蒙古各部纠结于在爱新国与察哈尔部的争斗中何去何从的关键时刻，努尔哈赤的所作所为与林丹汗的举动截然不同。

《旧满洲档》载："ice jakūn–de korcin–i ooba taiji，darhan taiji elcin duin niyalma han–de emu indahūn gajime da boljifi ajaki seme jihe bihe." ①

译文：初八日（天命十年三月初八），科尔沁之奥巴台吉、达尔汉台吉遣使四人携犬一条前来，请约地方相见（《满文老档》中删去"携犬一条字样"——引者）。

五月初一日，科尔沁使者将要返回时：

"sunja biyai ice inenggi. Korcin-i ooba-i elcin danggalai-be unggihe. Danggalai-de budaci elecin-de juwede yan buke. ilan kudeci-de ilade yan buke. " ②

译文：五月初一日，遣回科尔沁奥巴之使者党阿赖等。为党阿赖和布达齐使臣各赐银二两，其余三跟役赐银三两。

努尔哈赤则一点也不计较科尔沁台吉之寒酸和小气（或是故意挑衅），出手大方，显然以大国之君自居。一个月后，科尔沁奥巴自觉理亏，又派党阿赖向努尔哈赤献马一匹，貂皮十张，汗却之。并致书曰："且勿因我却之而怀芥蒂。我素行之为生之道，已于言谈颁谕之际阐明，即不食他人之食，不受他人之财也……" ③ 努尔哈赤方面，知己知彼、有的放矢的行为，使蒙古台吉心目中的林丹汗形象在努尔哈赤为自己精心塑造的"圣主"形象面前黯然失色。

---

①《旧满洲档》，台湾故宫博物院影印，1969年，第1873页。

②《旧满洲档》，台湾故宫博物院影印，1969年，第1885页。

③ 中国第一历史档案馆、中国社会科学院历史研究所译注：《满文老档》，中华书局，1990年，第633页。

这些都是林丹汗失信于其臣民，不及努尔哈赤谋略之处。

林丹汗不能容忍科尔沁部对自己的疏远和对爱新国的亲近。他派人袭击科尔沁部的一些台吉，想以此来警告他们对大汗的不尊。但是事与愿违，他的冒昧行动给察哈尔万户与科尔沁万户的关系带来了更大的损害，恰好给爱新国提供了机会。

在林丹汗看来，科尔沁万户的又一个大逆不道的罪行，就是他们接纳了察哈尔万户本部的逃人，让他们避难。

《清实录》载：卜延彻辰汗孙林丹汗立，尽夺其叔祖贝勒代青（也作岱青、歹青、戴青）所属石纳明安部落人民。代青率其六子扎尔布、色冷、公格、石达答、噶尔马、兀尔占及其眷属奔附科尔沁台吉奥巴。围绕此次歹青叛逃事件，科尔沁万户与林丹汗之间产生了很深的矛盾。

正如《旧满洲档》所记载的奥巴蒙古文誓词中所说："tngri-dür öčig öčimüi čing ünen setkil-iyer Čaqar Qalq-a-du ǰasaγtu qaγan-eče inaγši Qorčin-i noyad bide gem ügei daγaǰu sayin yabuy-a getel-e: ülü bolǰu alaqu abqu-yin-ban ülü baiǰu: boro qorčin-i bidan-u daγusqaba: vtegün-ü qoyin-a yal-a ügei bügetele dalai tayiǰi-yi alaba: tegüni qoyin-a ǰayisai ireǰü: ǰirγuγan noyad-i alaba gem ügei sayin yabuy-a geküle ülü bolǰu yal-a ügei alaqu abqu-du esergülebe bide: esergülekü-dü Čaqar qalq-a yaγun-dur esergülebe geǰü alay-a abuy-a geǰü čerig mordaǰu iregsen-dü tngri ečige ibegeǰü γarγaba."①

译文：向天发誓，自从札萨克图汗时期以来，我们科尔沁部诸那颜诚心希望与察哈尔、喀尔喀不作恶善处，但他们不肯罢休，无休止地杀掠我们，毁掉了我们博罗科尔沁。此后我们并无过错，我们的达赖台吉等遭到了他的杀害。接着宰赛来，杀害我们六位那颜。我们本想善待他们，自己好好过。但他们

① 《旧满洲档》，台湾故宫博物院影印，1969年，第2081页。

不许，无故杀戮抢掠。我们迫不得已反抗。察哈尔、喀尔喀愤恨我们反抗，发兵来杀掠时蒙上天保佑，使我幸免。

上述文书中历数察哈尔万户和五部喀尔喀万户对科尔沁万户的所作所为，表明对他们的失望和与他们决裂的原因。

林丹汗因急于把日益走向独立的科尔沁万户纳入自己的同盟中来，壮大自己的势力，以便与爱新国抗衡。他欲以武力震慑科尔沁万户，强迫他们回归自己的麾下。如“科尔沁达赖台吉被杀，六那颜被杀害”等事件都是他为达到此目的而发动的战争。随着来自林丹汗方面的察哈尔万户、喀尔喀五部的武力威胁和压力与日俱增，科尔沁万户诸台吉深感自己势单力薄，为了保全自己，他们试图与爱新国建立军事联盟。从天命九年（1624）二月开始，科尔沁万户总首领奥巴暗示要与努尔哈赤建立联盟。对爱新国方面来说，这是天赐良机，努尔哈赤不失时机，千方百计拉拢科尔沁万户首领促成此事。

但是，林丹汗对征伐科尔沁万户军事行动动作迟缓，尤其是察哈尔万户使臣绰尔济喇嘛的到来，使处于对林丹汗绝望当中的奥巴台吉又看到了一线希望。林丹汗争取以和平方式解决与科尔沁万户之间的矛盾时，奥巴几乎放弃了和爱新国结盟的想法。很显然对奥巴来说，与努尔哈赤联合只不过是暂时应对比自己更强大的察哈尔、喀尔喀部的权宜之计。随着林丹汗对科尔沁万户态度的转变，派遣绰尔济喇嘛前来说和时，奥巴台吉觉得虚惊一场，认为察哈尔林丹汗已经放弃以武力征服科尔沁万户的计划，科尔沁万户的危机已经解除了。所以，奥巴对努尔哈赤的态度又发生了重大变化，他与爱新国的关系开始疏远了。

如上所述，天命十年（1625）初八日，科尔沁万户奥巴和达尔汉台吉所派遣的四位使者前来与努尔哈赤约定会盟的地点时，只带来一犬之礼。也许老谋深算的奥巴台吉是想用激将法，激怒高傲自大的努尔哈赤，从而使他主动断绝与科尔沁万户的来往。但是努尔哈赤则表现出前所未有的宽宏大度，厚待奥巴使臣长达两个月之久，等他们返回时还赐予厚赏。努尔哈赤的宽容使奥巴出乎预料，五月十九日努尔哈赤率诸贝勒从沈阳出发前往约会之地，二十四日即将抵达约会地点广宁时，奥巴仓促派来使者对努尔哈赤说明不能前往赴约。这完全说明奥巴与爱新国结盟的消极态度。事后奥巴感觉自己理亏，他重新派来前遣使者党阿赖为努尔哈赤进献一匹骏马和十张貂皮，以示赔礼。但努尔哈赤谢绝礼物，并耐心地说明了爱新国与科尔沁万户联盟的重要性和必要性。努尔哈赤一反常态，改变他的霸气，对奥巴采取委曲求全的方法，一再忍让，持续他的既定策略。

奥巴则对林丹汗和努尔哈赤同样持戒备心态，无论来自何方的事情，他都谨慎对待。其间林丹汗派来使者，游说奥巴，邀请奥巴台吉重新加入蒙古左翼集团联盟，这是奥巴没有前往广宁赴约的主要原因。

《满文老档》载："奥巴正为其所娶之妻，而议自己之罪，故未前来。"[①] 但事实并非如此，此时奥巴还没有与爱新国结盟，不会发生问罪之事。

《旧满洲档》载奥巴致努尔哈赤的信透漏了其中的缘由：

"juwan uyun-de Ooba-de genehe arajin-i gajiha bithei gisun. Corji lama korcin Cahara-i doro-de acabumbi seme jifi tehebi."[②]

译文："十九日，前往奥巴处的阿尔津带来的书信称：绰尔济喇嘛欲为察哈尔与科尔沁和好，来到后住下了。"

察哈尔使臣的到来才是奥巴没有前往广宁赴约的真正原因。

但是奥巴台吉对察哈尔万户的幻想很快就破灭了。奥巴通

① 中国第一历史档案馆、中国社会科学院历史研究所译注：《满文老档》，中华书局，1990年，第632页。

②《旧满洲档》，台湾故宫博物院影印，1969年，第1909—1911页。

过喀尔喀万户得到了林丹汗要联合喀尔喀五部对他采取军事行动的确切消息。在事关科尔沁万户生死存亡的紧急关头，奥巴再也没有深思熟虑的时间和选择余地。他必须想方设法地躲过即将来临的这场劫难。情急之下，奥巴台吉只能向努尔哈赤求援。

《旧满洲档》载："ice uyun-de korcin-i Ooba tayiji unggihe bithe-i gisun: juwe gurun emu gurun oki seme abka-de šanggiyan morin wafi: na-de sahaliyan ihan wafi gashūme senggi some gisurehe bihe: muse yaya-de dain cooha baki sehe bihe: Hūng baturu Ujiyekei jargūci-de elcin takūrame: suwede Cahar ice biyai tofohon-de cooha jirambi arui Cahar isinjifi: julergi Cahar-de jifi: gisureme juhe jafara: orhoi olhoro onggolo kabaraki sembi sere: duleke aniya yargiyan medege donjifi elcin takūraki seme bitele: han medege donjifi Isamu-de juwan morin-i ebšiyeme takūraha bihe: te ere medege yargiyalaha: cooha geren komso nemere-de hen sa minggan poo sindara niyalma gaji: gūwa Kalka-de sarkū: Hūng batutu usin-be ebšeme gaifi bargiyafi mende acaki sembi: Hūng baturu Barin ere juwe-de be akdakabi: Jaisa Bagadarhan junefi Cahar emgi jidere bursun bi seme: Cahar Kalka mende jici amargideri ini boode generede han-i genggiyen-de sa."①

译文：初九日（指天命十年八月初九），科尔沁部奥巴台吉遣使来信：我们两国原欲成一体（国），宰白马与天，杀乌牛与地，立誓，歃血结盟。相约凡事以战争和军队为伙伴（互相救援）。乌济业特的洪巴图鲁遣扎尔固齐为使者前来告曰：察哈尔下月十五日将要向你们出兵。阿鲁察哈尔抵达后，南察哈尔也集结。据说：要赶上冰结草枯前要夹攻。去年我处听到了确切消息，正要准备遣使相告，汗先听到了此消息，急遣使

① 《旧满洲档》，台湾故宫博物院影印，1969年版，第1909—1911页。

者易沙穆携十四马前来相告。如今，这个消息被证实。所派援兵的多寡，请汗来决定。请带来炮手千名。不知其余喀尔喀，据报洪巴图鲁急忙收割，欲以我会。我所信赖的只有洪巴图鲁和巴林两家。据说宰赛和巴噶达尔汉有与察哈尔同来的可能。若察哈尔和喀尔喀向我们出兵，从后面捣其巢的事情，汗明鉴。

此时的奥巴虽有燃眉之急，但也不乱阵脚。他重提旧情，不忘旧恩，一下子和努尔哈赤亲近了许多。同时表明借用女真的千名炮手要与察哈尔军队背水一战的决心，并提出围魏救赵的战略，也确实让努尔哈赤心动，认为奥巴是值得拉拢和救助的未来盟友。努尔哈赤方面也很清楚，通过此次救援行动，争取把科尔沁万户拉拢到自己的阵营，对爱新国来说，如虎添翼。而且把科尔沁万户拉下水，能够最大程度地孤立和牵制林丹汗，在与林丹汗争夺左翼蒙古部落的斗争中，此举能够起到关键作用。所谓得人心者得天下，努尔哈赤一开始就把奥巴看作挚友，以其少有的宽宏大度，始终容忍奥巴出尔反尔的种种行为。从有清一代的历史过程中科尔沁部所起到的作用来看，最终证明努尔哈赤当时善待科尔沁万户是很有先见之明的。而林丹汗的态度和策略则恰恰相反，他急于求成，不讲策略，把自己的臣民视为仇敌，动辄以武力要挟，采取步步进逼的强硬措施，最终将科尔沁万户台吉逼上梁山，结果又为自己酿造了一杯苦酒。

努尔哈赤早已渴望的这一天终于来临。接到奥巴的求救信的第二天，八月十日他即刻派出阿尔津等四名使者，配备八名炮手，急速前往科尔沁万户。努尔哈赤的使臣带来回复奥巴台吉的信：

“Ooba tayiji-de unggihe bithei gisun: suweni gaji sehe cooha: ambula gaji seci ambula unggire: komso gaji seci komso unggire: suwe asuru ume joboro: geren komso haran waka: abkai haran kai."[1]

译文："给奥巴台吉的书信：你让带来的兵，多要多派，少需少派，你不要过于担心。军队的多寡不是决定战争成败的因素，成事在天。"

努尔哈赤的行动之快，言语之体贴，慷慨大方无人能比。也难怪奥巴在回信中，把察哈尔林丹汗使臣绰尔济喇嘛为察哈尔万户和科尔沁万户之间说和的最高机密，都向努尔哈赤一五一十地诉说，重申原先科尔沁部与爱新国有约在先，不管是和好还是敌对，都要互相通报。书信里奥巴台吉的言外之意是因为以前和爱新国有约在先，所以我科尔沁部这次才没有与察哈尔和好[2]。把当时爱新国与科尔沁万户因为他的失约而未能结盟的过错解释得头头是道。既然双方如此亲密无间，两人当然一拍即合了。而促成此事的恰恰是林丹汗本人得不偿失的军事行动，他孤立了自己，成就了敌人。努尔哈赤与奥巴在感情上有了沟通，此后如何共同防御察哈尔万户东征科尔沁之事，被列入科尔沁万户和爱新国的日常议程，从此奥巴与努尔哈赤之间的交往变得日益频繁和密切。

爱新国的"原始史料"[3]中保留了未经史学家加工删改的，只记载某一事件并保留其原始风貌的信函抄件，这为我们的研究提供了最宝贵的第一手史料。

爱新国在十月二十八日又收到奥巴致努尔哈赤的信件："洪巴图鲁派遣使者来告：此处察哈尔于本月十一日会师，十五日出发，……达尔汉台吉弃扎赉特、锡伯、萨哈尔察而东去了，只有我们三位首领留居城里，认定：死则一命，干则一

---

①《旧满洲档》，台湾故宫博物院影印，1969年，第1914页。

②《旧满洲档》，台湾故宫博物院影印，1969年，第1941—1942页，参阅阿尔津带来的奥巴致努尔哈赤的信件。

③ 乌云毕力格：《史料的二分法及其意义——以所谓的赵城之战为例》，《清史研究》2002年第1期。

尘。”[①]

奥巴探听到察哈尔万户各部军队已经集结并要发兵的准确时间。不知何故，林丹汗向科尔沁万户发兵的时间从喀尔喀部洪巴图鲁第一次通知的九月十五日，即所谓“冰结草枯前要夹攻”，又拖延了两个月。进攻时间的拖延给对方提供了宝贵的战略防御准备时间，失去了有利的战机。不过这也说明，林丹汗发动这次战争不得人心，林丹汗组织这次战争的阻力很大，得不到支持。就从当时战争的客观情况来分析，此次战役中林丹汗投入战斗的兵力不足，战斗力极弱。从后来林丹汗攻破喀尔喀五部的战争的某些起因来分析，在这次战争中，喀尔喀五部响应林丹汗，联合察哈尔军队攻打科尔沁万户的兵力寥寥无几，才导致林丹汗攻打科尔沁战争的失败。还有已经归附爱新国的察哈尔兀鲁特部，亲近女真的敖汉、奈曼部都不可能参加此次战斗，甚至北察哈尔各部军队也根本没有按照规定时间前来集结。事后气急败坏的林丹汗迁怒于五部喀尔喀万户各部，给他们带去了灭顶之灾。从林丹汗的偏激性格来说，这种情况的发生不无可能。

奥巴在信中如实通报了科尔沁万户各部动荡不安的情况，并表达了若没有爱新国军队的援助，胜败难料的担忧，重申了自己与城池共存亡，与察哈尔万户决一死战的决心。

关于爱新国救援科尔沁万户的兵力方面，有以下几种史料记载：

A. 八月十日，派出阿尔津等四名使者，配备八名炮手，急速前往科尔沁部[②]。

B. 十一月初五日，每八旗令出二十人，让孟格图带领，

① 《旧满洲档》，台湾故宫博物院影印，1969年，第1942—1944页。
② 《旧满洲档》，台湾故宫博物院影印，1969年，第1913页。

于初六日遣往[1]。

C. 十月二十八日奥巴信中复陈："汗说过：'如果贝子来，带兵一万，如果大臣们来，带兵一千，让贝子们的儿子去吧。'"[2]

D. "kündulen qaγan tendeče ǰarliγ bolǰu bainam: ta tende naγun-u noyad :bugudeger čuγlaǰu üge-ben keleǰü ilege: bi ende nyiman qošiγu nyiman mingγan čerig nemey-e geǰü bainam:"[3]

译文：天命汗曾谕旨："尔等嫩科尔沁诸那颜会盟，将尔等决议通报给我。吾以八旗八千名将士增援。"

E. 十月十一日，"因察哈尔兵来围困科尔沁，十日汗率众贝子、大臣出兵援科尔沁。至开原城镇北堡，汗返回，莽古尔泰贝勒、四贝勒、阿巴泰台吉、济尔哈朗台吉、阿济格台吉、硕托台吉、萨哈廉台吉等率精兵五千前进。……滞留于农安塔汗处"[4]。

天命十年（1625）十一月初五日，奥巴派遣一个班第和四个人前来，说"察哈尔兵前来是真，能看见其影状"[5]。于是，努尔哈赤下令从每旗出兵二十人，初六日前往。也就是上述"十一月初五日"史料中的状况。这次援兵前去时，战斗即将打响。爱新国此次所派出的援兵有多少呢？努尔哈赤于1616年以"归附日众，乃析为八"，在1601年所建的四旗基础上又增设四旗，满洲八旗建制基本定型。1622年三月二十九日努尔哈赤下令，以归附满洲的喀尔喀万户巴岳特部和察哈尔万户兀鲁特部人口为基础，新建立两个蒙古旗。所以每八旗出20人，

① 《旧满洲档》，台湾故宫博物院影印，1969年，第1944页。

② 《旧满洲档》，台湾故宫博物院影印，1969年，第1943页。

③ 李保文编辑、整理、转写：《十七世纪蒙古文文书档案》（1600—1650），内蒙古少儿出版社，第2件档案，1997年，第6页。

④ 《旧满洲档》，台湾故宫博物院影印，1969年，第1946页。

⑤ 《旧满洲档》，台湾故宫博物院影印，1969年，第1944页。

实际上此次派遣的增援部队由200人组成。

“因察哈尔兵来围困科尔沁，十日汗率众贝子、大臣出兵援科尔沁。”从这里可以推测出林丹汗围困科尔沁部葛勒朱儿根（也作葛勒朱尔根）城的大概日期。初五日奥巴的来信中说道：“察哈尔兵前来是真，能看见其影状。”这是奥巴哨探观察到的林丹汗率兵前来攻打科尔沁途中的状况。五天后努尔哈赤得到察哈尔围困科尔沁的准确消息后出兵。

满文《大清太祖武皇帝实录》卷4，《满洲实录》卷8载：“omšon biyai ice sunja-de korcin-i Ooba hong taiji takūraha sunje niyalma isijifi: taidzu genggiyen han-de ebugu medege alame: caharai lingddan han cooha ilifi meni kocicin-be dailame jurafi coohai baran sabumbi seme alajiha manggi: taidzu genggiyen han tere mede be dunjifi uuhai golo goloi cooha be isebufei juwan-i inenggi: taidzu genggiyen han-i beye beise ambasa geren cooha-be gaifi amba cooha aššafi korcin-de dame jurafi kai yuwan hecen-i dergi amargi jen-be guwan wurdeni-de isinafi tuwaci geren coohai morin neneme abalfi ambula macuhabi : tereci sain morin-be simefi siliha sunja minggan cooha-be manggūltai beile hong taiji beile abatai taiji jirgalang taiji ajige taiji šoto taiji :sahaliyan taiji-de afabufi korqin-de dame unggihe: han-i beye geren cooha-be gaifi bederehe: tereci manggūltai beile hong taiji beile geren taijisa cooha-be gaifi geneme nunggan sumraga gebungge bade isinaha manggi: caharai lingdan han korcin-i Ooba hong taiji tehe hoton-be kafi ududu inenggi afici baharakū bisirede: taidzu genggiyen han-i cooha korcin-de deme jifi nunggan sumarg-de isinjihabi seme tonjifi caharai lingdan han ebuhu sabuhū uthai dobori dulime cooha bedereme geneme teme morin ambula waliyaha : tere cooha bederehe-be manju gurun-i cooha-i beise tonjifi amasi bedereme jihe: tereci horcin guwehe."[①]

《大清太祖武皇帝实录》载："十一月初五日，奥巴哄台吉遣五使告急曰：'林丹汗举兵来侵，其势已见。'帝遂调各处军士，于初十日率诸王臣领大兵往助之。至开原镇北关，阅兵马。因先射猎之故，马甚羸，乃选精骑五千，命三王、四王、阿吉泰、吉儿哈朗、阿吉格、芍托查哈量众台吉领兵往助。帝率大军而回。三王等兵至孥安塔处，其林丹汗围奥巴城已数日，攻之不下。闻满洲援兵至，急夜遁，遗驼马无算，围遂解。诸王乃还。"[②]

《武皇帝实录》在《清实录》中删改较少，语言文字比较朴实，但是比起原始档案文书，人为因素还是很浓。把原档的有关细节的记载一概简略。如初五日奥巴来信后，初六日派遣援兵之事被删掉了。还有原档中努尔哈赤急令诸贝勒滞留农安爱新国地界处，不得前进的重要细节只字未提。反而增加了原档中根本不存在的"林丹汗围奥巴城数日""遗驼马无算"和"至开原镇北关，阅兵马。因先射猎之故，马甚羸"等无中生有的新内容。这就是"遗留性史料"和"记述性史料"[③]的不同之处。满文档中还增加一句"tereci koricin guwehe"，使"从此科尔沁躲过了"立马就成了"科尔沁被解救了"。原档的特点是就事论事，而实录等记述性史料则讲述历史发展的前因后果，掺杂人为的加工（思想、立场、个人观点、目的、主题等因素）在所难免。上述《武皇帝实录》的记载重点就是为了凸显出爱新国从林丹汗手中解救了科尔沁部。所以对这一主题不利的因素一概删掉。如禁止诸贝勒前去营救的指令，为了掩盖五天内迟迟不发兵的事实，增加了"帝遂调各处军士"，"先

① 《大清太祖武皇帝实录》（满文）卷4，天命十年乙丑十一月条，北京图书馆藏。

② 《清太祖武皇帝实录》卷4，第26页下，台湾广文书局印行。

③ 乌云毕力格：《评〈十七世纪蒙古文文书档案（1600—1650）〉》，《内蒙古大学学报》1999年第6期。

射猎之故”等种种托词。为突出重点，反而添加“林丹汗围奥巴城数日”“遗驼马无算”“从此科尔沁躲过（被解救）了”，以此来说明科尔沁部在危在旦夕时忽闻爱新国援兵到，林丹汗仓促撤兵，连驼马都顾不上带走。在这种情况下，科尔沁部应该毫无损失，反而有战利才对。但是《武皇帝实录》的另一处记载又否定了这一点。

不久科尔沁部奥巴台吉来会晤努尔哈赤时诉苦：“我等之物俱被查哈拉胯儿胯两家兵掠去，竟无堪献者。”[①]

前后矛盾，这就是史学家臆作的可笑之处。所以，我们在确定林丹汗攻科尔沁部奥巴城的日期时，不能轻信《实录》所载“林丹汗围奥巴城数日”等来历不明的记载。林丹汗攻打科尔沁部的战争，从他的日的、兵力、气候条件等方面来看，还有离爱新国较近距离作战，绝对不可能恋战数日之久。首先，在嫩江流域和绰尔河流域地区，十一月已经是寒冬。马背民族虽然耐寒，但骑兵在草原上远程作战，无法像进攻城郭地区那样，随处可以解决军需问题。其次，林丹汗此次进攻科尔沁部是一次贸然行动，他料定大兵压境，科尔沁万户会不战而和。然而科尔沁部久居东北，早已跟女真等民族学会筑城建堡和农耕技术，除蒙古民族的传统攻击战术之外，还学会了蒙古人从未有过的防御战术，这是出乎林丹汗意料之外的事。林丹汗兵力有限，喀尔喀部人心涣散，且有些亲近科尔沁万户的喀尔喀部落消极应战。科尔沁驻牧地与爱新国邻近，林丹汗若恋战，有腹背受敌的危险。爱新国与科尔沁素有往来，努尔哈赤随时有出兵救援或切断察哈尔军队后路的可能。这些情况下，林丹汗只能速战速决。从上述作战条件来推测，林丹汗最多在十一月九日和十日进攻奥巴台吉的葛勒朱尔根城。最后奥巴台吉迫不得已，执送投靠科尔沁部的小歹青之子扎尔布、席雅等察哈

---

①《武皇帝实录》卷4，第28页上，台湾广文书局印行。

尔逃人后，双方妥协，林丹汗也以已索要逃人的名义撤兵。另外，还有一种可能性是双方根本没有发生直接冲突，林丹汗大军抢掠一些散居的人畜后，看到科尔沁奥巴所住城郭戒备森严，以及奥巴洪台吉与城池共存亡的防御架势，索要逃人后，就立即撤兵了。

《旧满洲档》有如下记载："caharai cooha korcin-de afame bahara isikangge Aisin-i cooha isinjiha seme donjifi dobori dulime genehebi."①

译文：察哈尔兵虽欲攻科尔沁，闻爱新国兵到，连夜未战而退。

其原因大概是皇太极致奥巴的问罪之书所云："我等若未出兵，尔岂有今日乎？尔若用强，何故执送扎尔布、席雅台吉二人？"②

所列史料足以证明笔者的以上推测不无道理。林丹汗出师无名，科尔沁与爱新国尚未歃血结盟，爱新国亦因没有胜算而未直接投入战斗，奥巴台吉执送察哈尔逃人后，林丹汗也没有理由逗留，所以知趣地退了。

但是，林丹汗挑起的这一无流血的战争，其后果是相当严重的，给林丹汗带来了又一个无可挽回的重大损失。因为从此科尔沁万户彻底走上了联合爱新国，对抗察哈尔部的道路。半年后，科尔沁万户与爱新国迟迟未能进行的联盟如期举行。

"丙寅年（天命十一年）六月初六日，行大礼，宰白马与天，杀乌牛与地"，努尔哈赤与奥巴台吉并立向天地发誓，用严厉的言辞陈述察哈尔汗的种种迫害和不道，开辟了爱新国与科尔沁两国联盟和好的道路，科尔沁万户最终与林丹汗彻底决

---

①《旧满洲档》，台湾故宫博物院影印，1969年，第1949页。

② 李保文编辑、整理、转写：《十七世纪蒙古文文书档案》（1600—1650），内蒙古少儿出版社，第13件档案，1997年，第37—41页。

裂了。

第二天，初七日，爱新国正式承认独立的科尔沁国，双方举行盛大宴会，宣布奥巴洪台吉为科尔沁国国主，努尔哈赤为其上，尊号为土谢图汗。后来虽然随着清朝的强大，这一史实逐渐被淡忘和否定，但是有清一代，科尔沁部的显赫地位和独特的内部组织结构，是科尔沁部被称作“科尔沁国”的原因之所在。努尔哈赤临死前终于实现了孤立林丹汗，与科尔沁万户、喀尔喀万户结盟的愿望。

对此《旧满洲档》载：“初七日，由八旗摆八十桌，宰八只羊，设酒宴。宣读授奥巴洪台吉以名号的书。书中说：如果上天惩罚恶性，致令国政衰败破灭；如果上天仁爱善行，致令国政兴旺，成为汗。总之，这是天意。察哈尔汗兴兵欲杀奥巴洪台吉而来，上天眷佑了奥巴洪台吉。把上天所眷佑的人叫作汗，符合上天的义理。授予奥巴洪台吉以土谢图汗名号。”①

努尔哈赤是女真英明汗“genggiyen han”。他在有生之年将奥巴与自身平等对待。《武皇帝实录》载：“奥巴乃异国之都领也，即令三王、四王并率众台吉等远迎之。”②

所谓“被上天眷佑”，是爱新国汗常挂在嘴边的话语“ab-ka-de gosiha”，意为“被上天所眷佑”，也就是天子。所以才将奥巴洪台吉视为国主，为“符合上天的义理”，将其尊为“土谢图汗”。虽然此事是迫于当时的政治需要，是努尔哈赤为孤立林丹汗、分裂蒙古而实施的行为。科尔沁万户与爱新国结盟初期，“科尔沁国”的独立存在毕竟是史实。皇太极执政之初，土谢图汗奥巴不听从他的调遣，为皇太极的战略部署带来了不少麻烦，他甚至公然与爱新国争夺喀尔喀万户的宗主权，这些都能说明科尔沁万户的独立性。

---

①《旧满洲档》，台湾故宫博物院影印，1969年，第2082—2083页。

②《清太祖武皇帝实录》卷4，第27页下，台湾广文书局印行。

《十七世纪蒙古文文书档案》载：

“Oom suwasdi šidem:: Sečen qaγan-i uuqan naiman šitüǰü bile: man-du baγarin ǰaruγud šitüǰü bile: nigül-tü qaγan-i maγu-du: ǰirγuγan tümen-i noyad: čaqar-un qaγan-i sonosqu ner-e aldar-un tula gekü bolusa tan-dur oruγsan uuqan naiman: man-dur oruγ-san baγarin ǰaraγud-i durabar qoyar-un qoγor dumda qamtu yabu-tuγai gekü bolusa: qaγan mede. qamtu yabuqu buruγu geküle qaγ-an mede: baγarin-i uuqan naiman-du neyilebe geǰi qoγodai-ača so-nusba bida::”

档案背面的满文：“tūsiyetū han-u unggihe bithe.”[①]

译文：“愿吉祥！敖汉、奈曼二部投靠天聪汗。巴林、扎鲁特投靠我们。这都是怨那罪孽深重的可汗。若不想当六万户蒙古诸那颜和察哈尔汗的笑柄（保护名声），归附你们的是敖汉、奈曼，归附我们的是巴林、扎鲁特，随心所欲地在我们两处之间乱窜好，还是不让他们乱窜好？汗酌定！我们听浩古泰说巴林部已与敖汉、奈曼合。”（书信背面所写老满文为“土谢图汗的来信”）

天命十一年（1626）腊月末，喀尔喀万户遭到林丹汗袭击，巴林、扎鲁特二部匆忙投奔科尔沁万户奥巴台吉处避难。事后，皇太极想把巴林和扎鲁特二部从科尔沁万户索要过来，出现了一封书信，内容是科尔沁万户奥巴台吉拒绝爱新国的这一霸道行为。虽然用词委婉，但隐含着要挟之义。信中的内容就是：归我们所属的喀尔喀，归你们所属的察哈尔，我们有必要划定瓜分界限，不要让他们互相搀和，奥巴台吉大有与爱新国平分秋色之意。因为当时发生了小股巴林部人投靠爱新国的事情。奥巴台吉之意很明显，喀尔喀万户应该归他所有，不想让爱新国

① 李保文编辑、整理、转写：《十七世纪蒙古文文书档案》（1600—1650），内蒙古少儿出版社，第46件档案，1997年，第135—136页。

插手喀尔喀五部之事。他想要与爱新国分别瓜分察哈尔和喀尔喀两个万户。

后来随着皇太极汗位的稳定以及爱新国在朝鲜战场、攻明战场上节节胜利，国力日强，奥巴再无能力与之抗衡，逐渐转移到被动服从的地位。但是直到天聪六年（1632）九月奥巴台吉去世为止，他一直受到皇太极的尊重，始终坚持自己独立的地位。有清一代，在外藩蒙古王公贵族中，奥巴台吉子嗣土谢图亲王的第一把交椅地位从未动摇过。在《王公表传》中也位列首位。但是爱新国从奥巴台吉身上也得到了教训，奥巴台吉去世后，准其长子巴达礼袭爵，但称号不同了，授予“土谢图济农”号，以示剥夺“土谢图汗”的称号。按照蒙古人的传统习惯，“济农”是协助大汗的“副汗”。从中也能感觉出当时爱新国汗心目中的“科尔沁国”和“奥巴土谢图汗”称号的分量有多么重要。

拉拢科尔沁万户之目的达到了。剩下的喀尔喀五部对努尔哈赤来说，是经营已久的发展对象。六月十九日，他急急忙忙地对喀尔喀万户下手。“丙寅年（1626）闰六月十九日。出师喀尔喀。兀鲁特明安贝勒之子昂昆台吉追随阿吉格阿格勇猛参战，故赐号为达尔汉和硕齐，并委以随从行走。”[①]

《三朝辽事实录》载：“四月十七日东奴过河要犯宁远等处，炒花说奴酋如果西犯，我们发兵去助天朝，带领众夷行至养善木撞遇，奴酋将炒花囊路台吉杀死。有歹安儿相离囊路半日之地，奴酋哨马探至歹安儿营，被歹安儿精兵杀死奴部五十余名，捉获活夷二名，马五十匹。奴问是谁家兵马敢与我厮杀，复带兵退到黄河（按：西拉木伦河）沿。至二十五日早将歹安儿兵马围住，有歹安儿并妻跑出，其余部落尽被杀掳，炒

① 中国第一历史档案馆、中国社会科学院历史研究所译注：《满文老档》，天命十一年六月条，中华书局，1990年，第702页。

花也跑过黄河北躲避。”①

丙寅年（1626）六月的行动，是对喀尔喀万户背盟通明的报复行动的延续。爱新国分兵八路，以岱善为先锋，深入喀尔喀境内。炒花率领一万兵马，英勇抗敌，但最后还是惨败。此次战役就发生在西拉木伦河下游沿岸，山穷水尽的炒花在万般无奈的情况下投靠了西拉木伦河北岸之察哈尔万户林丹汗，林丹汗趁机兼并了残余的乌济业特部②。

《崇祯长编》也载：“奴愤炒泄其谋，遂移攻炒。炒率其部宰赛西逃而依于虎，虎利炒之人畜，遂并之。”③

《中国明朝档案汇总》又载：“又有炒花，被插酋诱哄杀死。有炒花男囊奴，因插酋杀死他父，囊奴又逃走奴营内去了。今昂混台吉、囊奴因奴西犯，闻言领兵与插报仇。”④

这里所说的奴为努尔哈赤，炒为炒花。炒花之子委正巴拜等部分乌济业特部人归附爱新国，被编入满洲八旗。在五部喀尔喀中首屈一指的乌济业特部，最后下场竟如此惨烈，被察哈尔万户和爱新国瓜分，因炒花被林丹汗杀害，其子囊奴反而投奔爱新国，天聪六年（1632），在皇太极征伐察哈尔时充当先锋。乌济业特部至此从历史上销声匿迹了。这也是林丹汗吞并喀尔喀万户各部的开端。这次战役中，巴林部和巴岳特部也受到重创，前已提到的囊奴克台吉就是在这次战役中被杀害的，爱新国军队渡过西拉木伦河，俘获喀尔喀万户人畜五万，满载而归。

林丹汗在爱新国蹂躏五部喀尔喀万户之时，不但无动于

---

① 王在晋撰：《三朝辽事实录》卷16，丙寅四月条，江苏广陵古籍刻印社，1988年。

②《明熹宗实录》，天启六年五月甲子条。

③《崇祯长编》卷14，崇祯元年十月壬辰，台湾历史语言文化研究所影印本。

④ 第一历史档案馆、辽宁省历史档案馆编：《中国明朝兵部档案总汇》，兵部尚书熊崇祯五年六月十五日题，广西师范大学出版社，2001年。

衷，没有出手相救，反而乘机吞并了喀尔喀五部的残余部落。

《旧满洲档》载：“ice uyun-de，kalka-i monggo-ci ukanju jifi alame，cahar han cooha tucifi，meni kalka-be gemu gamaha，jarut korcin-i baru burulaha，afahakū dahaha niyalma-be ujiha. afaha niyaima-be waha seme alaha.”[①]

译文：初九日，从喀尔喀蒙古逃来的人报称：察哈尔汗出兵，全部带走了我们的喀尔喀。扎鲁特向科尔沁方向逃走。(察哈尔）把不战而降的人收养了，抗拒的人杀了。

林丹汗在天命十一年（1626）末至天聪元年正月初，对喀尔喀各部发动的兼并战役除了有以上一条线索外，还在明兵部题档中留下了痕迹：夷人名叫伯言物，原系哈喇哈下夷人。于大启七年（1627）正月内被插汉抢去，到营内。至今已经五年有余[②]。此人就是林丹汗吞并喀尔喀各部残余时被察哈尔万户俘虏的人员。

这与《旧满洲档》的记载相吻合，察哈尔万户对喀尔喀五部发动的兼并战争，当在1626年腊月末到1627年正月间。林丹汗重点攻击的对象是他的老朋友宰赛的弘吉剌惕部。弘吉剌惕部当时对林丹汗毫无防备，宰赛夫妇仅以身免，但从此下落不明。大部分弘吉剌惕人被林丹汗收编，一部分弘吉剌惕人依附巴林部投靠科尔沁万户，从此以后，这部分弘吉剌惕部的残余人口就成为巴林部的附属部落。部分弘吉剌惕人在战斗中逃奔，依附科尔沁部，但后来仍然被爱新国索要，编入满洲八旗。巴林、扎鲁特二部受到爱新国和察哈尔万户的轮番袭击，受到了严重挫折。在乌济业特部和弘吉剌惕部残余人口已被林丹汗收编的情况下，已失去防御能力的巴林、扎鲁特二部只好

① 《旧满洲档》，台湾故宫博物院影印，1969年，第2569页。

② 中央研究院历史语言研究所：《明清史料》乙编第1本，商务印书馆，1931—1951年，第95页。

投靠嫩科尔沁万户奥巴台吉寻求庇护，暂时寄人篱下，所幸躲过爱新国和察哈尔万户的蹂躏和吞并。

爱新国的不断侵蚀和林丹汗的兼并，使五部喀尔喀万户化为乌有，荡然无存。曾经不可一世的喀尔喀五部竟如此迅速地被女真、察哈尔、科尔沁三大势力弱肉强食般地瓜分，五部喀尔喀万户独立体至此彻底灭亡了。庆幸的是，巴林、扎鲁特二部在科尔沁万户奥巴台吉的保护下，暂时躲过了察哈尔部和爱新国的瓜分，并得以保留了其较完整的部落原貌，1628年归附爱新国后，以独立札萨克旗的形式把原来的部落统一体保存了下来。喀尔喀五部的乌济业特部、弘吉剌惕部未能保全完整体，伯岳特部则被爱新国编入蒙古八旗中，其部落体荡然无存。

林丹汗自拆藩篱后，唇亡齿寒的后果接踵而来。五部喀尔喀万户群体的迅速崩溃，给爱新国提供了专心经营南察哈尔万户各部的机会。左翼喀尔喀五部的灭亡，使察哈尔万户完全暴露在爱新国和科尔沁万户面前，南察哈尔的各部落毫无屏障可言。除已被爱新国侵吞的兀鲁特部以外的南察哈尔的阿喇克绰特、敖汉、奈曼、克什克腾、多罗特、垦济古惕、帖良古惕（也作帖良固惕）、昔步慎等八大营人人自危，对他们来说，自五部喀尔喀万户灭亡后，来自爱新国的武力威胁明显加大。他们从喀尔喀五部被灭亡的前车之鉴中吸取教训，必须额外防备察哈尔本部林丹汗的吞并。因为随着林丹汗与爱新国之间争夺蒙古左翼部落的白热化，林丹汗随时都有可能用武力强行兼并日益与其疏远的南察哈尔各部。

《崇祯长编》记载："自虎并炒，而八大营俱不安。内都令（敖汉首领）、色令（奈曼首领）俱不善于虎，居炒之西，虎之南，我倚为藩也。炒失而都与之邻亦，外畏强邻，内惧虎酋，内徙则为两避。”[①]

为了摆脱如此困境，他们一方面与爱新国修复关系，另一方面为了开辟自己的生存空间，敖汉、奈曼部首领异想天开地为爱新国皇太极和察哈尔部林丹汗之间牵线搭桥，企图用察哈尔和女真双方的和平共处来保护自己的生存空间。

《满文老档》载：“天聪元年二月初二日，致书察哈尔奈曼部落洪巴图鲁曰：尔曾与鄂木思特绰尔济喇嘛言欲与我修好等语。诚欲修好，可与敖汉部之杜棱，色臣卓里克图，洪巴图鲁商议，遣善能晓事之人来，以便尔等之言计议。……欲和好，即遣使来。察哈尔汗破喀尔喀，不仅诸贝勒，还私分诸申人等，离散诸贝勒之妻，强取诸贝勒之女，妻巴牙喇属下跟役，除我之外，尔等岂不知之？若以我言为是，则将此书，两克什克腾诸贝勒一阅。”[②]

爱新国不失良机，趁热打铁，在察哈尔万户内部挑拨离间，还把锁定目标从敖汉、奈曼部扩展到察哈尔万户克什克腾部两翼。但是敖汉、奈曼二部前有兀鲁特部因投奔爱新国之后被编入蒙古八旗，强行被拆散的教训，背后仍有强大的察哈尔万户尚未决裂，他们不会轻易走这一步险棋，事态的发展还不至于到孤注一掷的地步。在两者之间徘徊之余，他们想出了能够保全自己的更完美的办法。

《满文老档》又载：“四月二十九日，天聪汗致书察哈尔部济浓黄台吉，奈曼部洪巴图鲁，敖汉部杜棱，色臣卓里克图四贝勒曰：尔等曾遣喇嘛赍书讲和，我已有书答之。今尔四贝勒复遣使致书，以促两汗修好。诚欲修好，可携尔汗之使臣来。使臣来时，务以衷言教之，倘若言多支吾，反启争端，一言不

---

①《崇祯长编》卷14，崇祯元年十月壬辰条，台湾历史语言文化研究所影印本。

② 中国第一历史档案馆、中国社会科学院历史研究所译注：《满文老档》，中华书局，1990年，第811页。

善，和事不成，我依据来使所言，再遣使往。我两国非若明人，向为仇敌。岂可愿征战，而不乐太平耶？凡人岂有行奸诈而成事者乎。若能以诚相见，克成和事，则谓其美名乃斯也。若讲和好，我将不背弃科尔沁，因为科尔沁以和好之事，以委托于我。”①

在短短两个月之间，奈曼部洪巴图鲁、敖汉部杜棱、色臣卓里克图与察哈尔万户济农（也作济浓、济弄）阿喇克绰特部桑哈儿寨黄台吉等高层人物，频繁与爱新国联络和斡旋，想促成爱新国和察哈尔万户的和解。爱新国方面其实很清楚，以蒙古林丹汗对爱新国的深仇大恨，绝对不可能与他们握手言和。就算想和解，也要以科尔沁万户的独立或已归附爱新国的蒙古部来做和谈条件。所以爱新国的态度很明朗，先决条件是务必通过林丹汗首肯并先派使者，科尔沁等蒙古诸部之事不列为和谈条件。察哈尔部济浓黄台吉是南察哈尔诸部总头目脑毛大黄台吉之孙，即阿喇克绰特部首领桑哈儿寨。因为爱新国提出了如此苛刻的和谈条件，所以敖汉、奈曼部台吉们的斡旋和努力以失败告终。

随之而来的是林丹汗对察哈尔所属的敖汉、奈曼、克什克腾等南察哈尔诸部私自通敌的惩罚。在林丹汗看来，其属部与爱新国联络和和解，就是对他的背叛。讨伐科尔沁部、兼并喀尔喀部的直接原因都在于此。

《崇祯长编》载：“都既降，虎恐其部为都续，遂吞并奈曼、黑石炭等，一概收之，惟余拱兔一家。”②

此记载虽然过于简略，但符合史实。林丹汗袭击所属南察哈尔万户诸部的战争大约是在五月末、六月初展开的。因为

① 中国第一历史档案馆、中国社会科学院历史研究所译注：《满文老档》，中华书局，1990年，第843—844页。

②《崇祯长编》卷14，崇祯元年十月壬辰条，台湾历史语言文化研究所影印本。

"六月十二日，出征军返还时，留守沈阳诸贝勒即遣人迎奏：'言察哈尔之敖汉部及奈曼部诸贝勒举国来归等语。'是日，出征军入城，遣每旗一人，分乘诸贝勒之马，同来使三人往探归附之真伪。十六日，敖汉、奈曼复遣三使臣，言来归者属实，已至旧辽阳河等语"。①

"十七日，闻鄂木思特绰尔济喇嘛前来，命阿什达尔汗、达雅齐率八人往迎。"②

鄂木思特绰尔济喇嘛为察哈尔万户的外交官，曾经为察哈尔与科尔沁二部的和解而在林丹汗和奥巴之间奔走斡旋。此次肯定是受敖汉、奈曼部台吉委托，与爱新国和谈而来，所以深受爱新国的欢迎。林丹汗对自己直属察哈尔部落的攻掠性惩罚无异于火上浇油，加速了敖汉、奈曼部投靠爱新国的进程。敖汉、奈曼部首领受到林丹汗的威胁，宛如惊弓之鸟，带领两部人畜投奔爱新国而来。而此时的皇太极也疑神疑鬼，对敖汉、奈曼部的归附举动怀有猜忌，担心其中有诈，犹豫不定。六月十六日已到辽河岸边的敖汉、奈曼部迟迟得不到皇太极方面准许过河之令，只能在原地待命。后无退路，前无进路的敖汉、奈曼二部百姓在无奈的等待中发现，并未见林丹汗的追兵跟随而来，大有被他们部落首领蒙骗的感觉。敖汉、奈曼的大部分民众都不愿投奔外邦而出现了失控状态，四处逃散，甚至发生内讧。近一半人口重新回归林丹汗察哈尔万户，部分人口进入明边。

《三朝辽事实录》载："督师王之臣题：职于七月内未出都门，即闻西虏都令、色令等携带部夷二万余人投顺东奴，心甚虑之。幸奴子不即收纳，致令徘徊河上，而部夷穷饿，多鸟惊

① 中国第一历史档案馆、中国社会科学院历史研究所译注：《满文老档》，中华书局，1990年，第855页。

② 中国第一历史档案馆、中国社会科学院历史研究所译注：《满文老档》，中华书局，1990年，第856页。

之散，此其必致之势也。初都令等闻虎酋之欲谋已也，忿激离巢，其投足未定之时，诸头目愿向天朝。副将朱梅差通官以书招之，都令亦欣然欲来。后闻虎酋兵动，恐天朝不能庇，决议投奴。比奴疑忌，未敢寄迹于濒河诸处。时部落多悔恨轻离故巢，纷纷逃叛，都令知觉追逐，遂致各夷倒戈，然其投虎者十居四五，投我者才十之一耳。”①

《明熹宗实录》中也有关于此事的记载：“西虏都令、色俾、黄把都等以数万人东投建夷，幸其部落多不愿往，建夷疑忌不令渡河，其部众大半西投虎墩兔憨，今乃蛮黄把都夷目能乞兔、金歹青等男妇五千七百三十来降。”②

等到皇太极反应过来，亲迎归顺者时，敖汉、奈曼部众已逃散，剩余不及半数。一大半敖汉、奈曼部民又返回了察哈尔林丹汗处，而少部分人户进边投奔明朝，剩余不到一半人口归附爱新国。清初史料中避而不谈此事的详情。只记载，十天后皇太极亲自迎接敖汉、奈曼部首领之事：“二十五日，汗率兵五百人往迎。巳刻起行。二十六日，至都尔鼻山岗驻跸。是夜，所遣使臣阿珠瑚、阿尔善，偕蒙古敖汉部杜棱、色臣卓里克图，奈曼部洪巴图鲁三贝勒之使臣至。使臣曰：三贝勒若偕后队人同来，恐汗先来久候，故敖汉部杜棱、奈曼部洪巴图鲁二贝勒先来，色臣部卓里克图率众小贝勒随后队至。又明两次遣使致书，为何去满洲，宜归附明等语……”③

察哈尔万户的敖汉、奈曼部诸酋最终还是依附爱新国了。

“七月初五日，奈曼部、敖汉部三贝勒行拜见礼，七月初

① 王在晋撰：《三朝辽事实录》卷17，天启七年九月条，江苏广陵古籍刻印社，1988年。

②《明熹宗实录》，天启七年九月戊子条。

③ 中国第一历史档案馆、中国社会科学院历史研究所译注：《满文老档》，中华书局，1990年，第856页。

六日盟誓。”[①]

察哈尔部林丹汗在兀鲁特部之后，又痛失察哈尔万户的两大直属部落。敖汉、奈曼部的逃散和归附，又把驻牧在其西北和西南宁远迤北的南察哈尔的最后一个阿喇克绰特部落及其分支——多罗特部等置于爱新国的前沿地带。随之而来的是爱新国蚕食阿喇克绰特部和袭击多罗特部的危险。爱新国咄咄逼人，而此时的林丹汗已经处于四面楚歌的境地。

阿喇克绰特部为脑毛大属部。脑毛大去世后，由其孙桑哈儿寨接管。该部素与大汗本部关系密切，除了大汗本部以外，在南察哈尔所属其他八部中，阿喇克绰特部是势力最强的部落。爱新国的矛头指向阿喇克绰特部，对林丹汗来说，这是他的最要害部位。他感觉到不能坐以待毙，采取了暂时回避爱新国锋芒的措施，令阿喇克绰特部西迁。这也是察哈尔本部的西迁之始。西迁时间大概是1627年七月末、八月初之间。虽然没有直接史料记载，但分析阿喇克绰特部逃人和奈曼部鄂齐尔台吉胆敢往征察哈尔驻牧地等情况，可以确定这一点。从八月份开始，前来归附爱新国的阿喇克绰特部逃人明显增多。

《满文老档》中有以下记载：“八月十八日，察哈尔之阿喇克绰特部巴尔巴图鲁及诺门达赖、吹尔扎木苏三贝勒率男子十五名和妇人十四口，幼子十口，马四十五匹来归。赐庄宅九、男丁一百、牛一百、羊三百及诸申四十户，住房、耕田、器用等物俱备。”

“十一月初七日，察哈尔部某旗大贝勒昂坤杜棱，携妻孥人民来归，汗及诸贝勒等，以礼迎之。”

“十二月初一日，察哈尔阿拉克绰特部贝勒多尔济伊尔

---

① 中国第一历史档案馆、中国社会科学院历史研究所译注：《满文老档》，中华书局，1990年，第859—860页。

登，携妻孥人民来归。”①

以上来归之所谓阿喇克绰特“贝勒”者多为恋故土，不愿西迁或无能力跟随部落迁徙的穷苦人。第一波逃来的是穷困潦倒者。后来的两批中，估计追随而来的部众寥寥无几，所以历来对来投奔的人数大写特写的满文史料都略去不写。这些人也是在寒冬季节，没有跟随察哈尔万户大部落西迁，走投无路，来投奔爱新国。而奈曼部新归附者了解到阿喇克绰特部西迁的准确消息后，或许为了打探真伪，领兵前去阿喇克绰特原游牧地，杀戮无能力跟随部落西迁的少数老弱病残，抢掠牲畜而归。

“九月十三日，奈曼部贝勒洪巴图鲁弟之子鄂齐尔台吉，往征察哈尔，杀百人，获牲畜约二百，前来进献汗。……赐号鄂齐尔豁绍齐，赏甲一副。”②

有关战况的记载说明此时阿喇克绰特部已经不在故土了。

但是林丹汗的西迁，准备不充分，舍不得故土，遗留部分人驻守，迁徙速度缓慢，让皇太极又一次得手。多罗特部驻牧地原来在宁远迤北，是察哈尔诸部中离明边最近的部落。该部部分台吉未与察哈尔部落群西迁，也许是遵照林丹汗的命令留守故土，为西迁大军充当后卫。他们在西迁半途中滞留在大凌河流域，在爱新国发动的敖木林战役中遭到爱新国的重创，多罗特部落付出了沉重的代价，为以察哈尔为中心的蒙古山阳集团的彻底崩溃画上了最后的句号。蒙古文遗留性史料保留了此次战役前的一些鲜为人知的细节。《天聪汗为攻打察哈尔流民之事约科尔沁部土谢图汗等的信》：“（1）Oom suwasdi sisdam.（2）sečen qaγan- u ǰarliγ. Tüsiy- e- tü qaγan- du bičig

① 中国第一历史档案馆、中国社会科学院历史研究所译注：《满文老档》，中华书局，1990年，第866、869、870页。

② 中国第一历史档案馆、中国社会科学院历史研究所译注：《满文老档》，中华书局，1990年，第868页。

ilegebe. dai darqan. (3)ǰasaγ-tu dügüreng .ǰoriγ-tu qung tayiǰi. (4) bodasiri.manǰusiri- du bičig ilegebe.bisi aq- a. (5) deü ese mordabači. tani ǰirγuγan qosiγu.čaqar- un (6) qaγan- u qota- du mordasai.ter-e qota-du baγaqan čögeken noyan ügei em-e kegü ked. (7) maltai ulus bayi genem.ǰun- du bidan- i tariyan aldaγsan. (8) tulada. ayan bolǰu ülü bolqu bayinam. qoyar. (9) üy-e abalaǰu aγta ebdegsen- iyen gomodunam bida. (10) oda bida (11) qaγan ekilen yeke baγa noyad aγta silgaǰu qoyar minggan čerig. (12) güng baγatur-un kegüked-dü mordaba. nutug-ni ao. (13) müren-dü qoyar minggan ger bayi genem."[①]

汉译："愿吉祥！天聪汗敕谕：致书土谢图汗、代达尔汉、札萨克图都棱、卓礼克图洪台吉、布达习礼、满珠习礼，其余兄弟就算不出征，你们六旗务请往征察哈尔汗城。据称其城中只有少数妇幼存少量牲畜者居住。今夏因我们庄稼收成不好，不能远征。又两次射猎故，马甚羸，悔甚。如今从天聪汗以下大小诸贝勒选两千人马已往征拱兔巴图鲁部妇幼。据称其原驻牧地敖木林仍有两千户驻牧。"

从以上信件的内容推测，这是天聪二年（1628）二月初，皇太极约科尔沁万户分头征伐察哈尔部故地的信件。信中说爱新国兵已经出发。他们出发的日期为二月初二日。察哈尔汗城是林丹汗的都城白城——现存遗址在如今阿鲁科尔沁旗罕苏木（意为汗庙）苏木境内的察罕浩特遗址。信中所提到的拱兔巴图鲁就是多罗特部的酋首，林丹汗的叔祖拱兔无疑。皇太极是袭击他的奥鲁。

"天聪二年二月初二日 ，满洲国天聪汗为遣往喀喇沁部使臣，被察哈尔多罗特部两次截杀。满洲国天聪汗遂亲率偏师，

① 李保文编辑、整理、转写：《十七世纪蒙古文文书档案》（1600—1650），内蒙古少儿出版社，第21件档案，1997年，第68页。

前往征察哈尔蒙古所属阿拉克绰特部。二月初八申时起行，宿于达岱塔。是日，汗召集诸贝勒大臣诫谕曰：次此前来，皆选精锐，以行之兵不甚多，相机而动，切勿乱行。十五日，汗谕诸贝勒曰：尔等率精兵先行，若遇敌人，当以计围而擒之，讯其消息，我等率诸军继进。言毕遣之。前行贝勒，擒人讯之，言色楞青巴图鲁，并其部众，俱在敖木伦地方等语。等候大军至，悉行披甲。汗与诸贝勒，率军驰击之，多罗特部多尔济哈坦巴图鲁，负伤遁走，尽获其妻子，杀其台吉古鲁，俘获一万一千二百人，以蒙古、汉人男丁一千四百名，编为民户，余俱为奴。”①

《崇祯长编》所言：“拱居宁远也，最恭顺，今春亦为攻击。”②

以上史料说明了多罗特部奥鲁遭到爱新国袭击的过程。林丹汗对其叔祖拱兔尊敬有加，不知是迁就他，还是有计划地留守故土，结果又一次付出无谓的牺牲。多罗特部在土蛮汗之时已经是有5000余骑的大部落，皇太极袭击的是该部落一部分老弱妇幼为主的奥鲁部民，而不是壮丁，所以俘虏来的男丁未编入八旗，而编为民户。天聪六年（1632），部分多罗特人从锦州来归，后编入蒙古八旗的镶白旗，这是后事。

林丹汗于1615年攻打广宁一举成名，但是此后的十余年，在联明抗女真的斗争中，无所作为，最后随着林丹汗的西迁，与爱新国的一段争斗以林丹汗的失利而告终。日益强大的爱新国利用蒙古左翼万户集团内部不睦，采用挑拨的手段在蒙古内部制造种种矛盾，使达赉逊汗时期已建立起来的以察哈尔万户为中心的蒙古山阳集团土崩瓦解。爱新国辅佐科尔沁万户脱离察哈尔万户而独立；爱新国又与察哈尔万户争抢瓜分五部喀尔

① 中国第一历史档案馆、中国社会科学院历史研究所译注：《满文老档》，中华书局，1990年，第880页。

②《崇祯长编》卷14，崇祯元年十月壬辰条，台湾历史语言文化研究所影印本。

喀万户，使其彻底崩溃；爱新国拉拢察哈尔万户所属南察哈尔各部，逼迫林丹汗做出痛苦的抉择。林丹汗的每一次选择，都使自己陷入更大的困境中，更加孤立。在万般无奈的情况下，他决定放弃维护山阳集团的斗争，准备利用蒙古右翼和漠北蒙古势力来组织一次反扑。但他万万没有想到，他走到哪里，爱新国的祸根就跟随他到那里。他又一次亲手制造了右翼的混乱局面，把灾难从蒙古左翼带到了蒙古右翼，从而导致爱新国轻而易举地征服了右翼三万户。人类历史的发展趋势不是某一个人能够决定的。就像历史的光辉灿烂不能完全归功于某一个历史人物一样，历史的黑暗和挫折也不能完全怪罪于某个历史人物。在当时蒙古社会混乱的环境中，林丹汗面前没有第二种选择。

第四节　察哈尔万户的职官

北元中后期蒙古社会的职官名称在察哈尔万户的官员中集中体现。本节在前人研究的基础上，将做进一步探讨。

“济农”，是北元时期协助蒙古大汗的副汗，分领蒙古右翼三个万户。但是后来随着俺答汗的强盛，全权代理衮毕力格济农之后，所谓“济农”，只是鄂尔多斯万户的首领称号而已。除此之外，随着汗号在蒙古诸部首领中的泛滥，济农之号也随处可见。奥巴之子科尔沁土谢图济农、阿巴噶部都思噶尔济农、翁牛特栋岱青济农，察哈尔部之土巴济农、桑哈儿寨济农、公根济农、巴图鲁噶尔玛济农等都是北元末期，同一时代出现的享有“济弄”（济农jinong）称号的历史人物。该称号源于元代镇守漠北蒙古故土的“晋王”（jin ong~jinong），在蒙古语口语中演变成“jinong”。

在清代，济弄指兼职负责成吉思汗八白室祭祀活动事务和兼管成吉思汗八白室所属达尔扈特人户的鄂尔多斯七旗轮值札萨克。清代伊克昭盟各旗札萨克轮值兼任“济弄”职衔。

“洪台吉”，是蒙古各部诸台吉中执政台吉的称号，犹如清代各札萨克旗的札萨克王公台吉。奥巴洪台吉、脑毛大洪台吉、桑哈儿寨洪台吉等，都是主管各部的大台吉。该词来自于汉语的“皇太子”的蒙古官称。北元中期以后，达延汗子孙和东道诸王后裔均享用“台吉”这个称号。

《三云筹俎考》载：“台吉，是王子家子孙。”①

《皇明九边考》亦载：“胡运盛时，凡部落皆太师统之。太师即华所谓大将也。有纪律，志不在抢掠，后废太师，以那颜领之。那颜即华言所谓小官也，而差遣日繁。唯台吉领者得免差遣，是以诸部落乐为台吉所领。台吉即华言所谓宗室也。凡台吉在孕，即争以为主，而供给其母，生及奉归本营，故今之部落多领于台吉。”②

可见台吉分领蒙古诸部起源于达延汗分封子孙。

“宰桑”，是北元后期对蒙古黄金家族以外大小官员的统称，相当于蒙古语的“那颜”。另外还有专职宰桑，其中最高级别的宰桑称作“贵宰桑（erkin jayisang）”。林丹汗后期，察哈尔归附爱新国时所获“察哈尔官员名册”中有四大宰桑，他们是察哈尔林丹汗汗廷中居于首位的大臣。

林丹汗把察哈尔万户本部的六个万户置于汗廷后妃名下，又委派自己的亲信大臣，任命他们为宰桑，各自负责察哈尔本部六万户的日常事宜。

《清初内国史院满文档案译编》：二十二日。卫征赍察哈尔来归各官花名册至。册首开载官名：中土门固山下巴图鲁噶尔

① 王士琦撰：《三云筹俎考》卷2《夷语解说》，载《明代蒙古汉籍史料汇编》第6辑，内蒙古大学出版社，2009年。

② 魏焕撰：《皇明九边考》卷1《番夷总考》，国立北平图书馆善本丛书，民国二十五年（1936）。

马济农、巴牙喇科诺特固山下德参庄、窦土门固山下多尔济达尔汉、多尼库鲁克等四人为首，小贝勒、台吉、寨桑、扎萨古尔、侍卫、舒冷额、达鲁哈等百余人。

名册中被提名的四人则是察哈尔林丹汗的御前四大臣——四大宰桑。

《清内秘书院蒙古文档案编》："desen ǰiwang či iǰagur mongγol ulus-un čaqar-un qaγan-u erkin ǰayisang bülüge."

汉译：

德参济旺，尔原属蒙古察哈尔汗首位宰桑。

蒙古语"宰桑"是中原王朝"宰相"的音译。

此外宰桑之中还分大宰桑（yeke ǰaisang）、小宰桑（bag-a ǰaisang）、札萨古尔宰桑（ǰasaγul ǰaisang）等诸多名分的宰桑。其分工也相当繁杂。例如有专门负责察哈尔与明朝互市和岁赏的宰桑，汉文史籍中所谓"插酋下管市"。"解生"是蒙古语"宰桑"的汉文音译，就是专门负责与明朝互市的官员。此外，史料中还提到"彻尔庇宰桑"（čerbi ǰaisang）、"恰宰桑"（kiy-a ǰaisang）、"喇嘛宰桑"（lam-a ǰaisang）、"委宰桑"（ded ǰaisang）等多种宰桑称号。显然"宰桑"有时就是"那颜"的代名词。

浑津　阿噶拉虎　泰希　彻尔庇……

浑津、阿噶拉虎、泰希、彻尔庇等蒙古官职在林丹汗时期察哈尔万户中依然存在。

《十善福经白史》云：综述国家公职人员：三固实里、三欢津、四太师、六察尔必、七宰桑、九乌尔鲁克、太达尔汉、札雅黑赤、太保丞相、把总、翁·西固实、亲政佐、义克·章京、大散骑、莫尔根·笔阇赤、魔术师、神医、莫尔根·彻辰、昂·微征、宰桑太仆、城守、巴阿秃儿·哈萨哈、旗牌官、总兵总督、参事长、四万总、八千总、百户长、五十户长、郎中、怯薛长、勤仓、太董、太保、奉使太师、桑昆太师、太台吉、皇太子（洪台吉）、奇雅、谏官、谏议大夫、教仓主、仓保管、莽来赤（先锋官）、博尔术（司膳）、祭酒、司（鞍）海力雅赤、札萨古拉赤、掌印官、乐生、噶拉赤（火头军）、绰古拉古拉噶赤、塔尔哈噶赤、梯迪古鲁赤、典簿官、引进使、策理贺赤、胡琴手、歌者、门班、八断事官、四哨探等[①]。

这是出自蒙古右翼著名政治家呼图克图彻辰洪台吉之手的蒙古汗廷主要官员名称。其中大部分的职官名称在察哈尔归附爱新国的各类官员中都能找到。

“固实里”（güüširi），即国师。是蒙古政教合一行政体制的产物。蒙古皇帝赐喇嘛教最高领袖的封号。比该称号再高一级称号为“帝实里”（dixiri，帝师）。察哈尔归附爱新国的各官中有额齐格顾玉希（即固实里）、多木藏顾玉希等人，是跟随额哲归附爱新国的各官名单中位列第一、第二位的察哈尔喇嘛，也是两名拥有国师职位的高僧。

“欢津”（浑津），为首位总管。后来蒙古社会中将主管民间临时性大事的人称作“欢津”。例如婚礼的主管为婚庆浑津等。看来欢津是管事的大臣。额哲随从官员中有达赖浑津者。“浑津”是汉语“官人”之音译。

“太师”，是北元初期至北元中期权倾朝野的异姓大臣的最高级别称号。后来达延汗为削弱异姓权臣的权力，太师变成黄金家族台吉们所属微不足道的忠诚奴仆之官号。阿济图泰希（即太师）、土巴泰希都是额哲的随从官员。

《内国史院满文档案译编》载：“七月初三日。阿齐图太希自察哈尔孔果尔处至，奏汗曰，我汗主弗能违天命而薨。汗景福万昌，故我察哈尔部尽来归。汗嘉之。阿齐图复讥诮其察哈尔部诸大臣曰，尔诸大臣皆位尊于我，及汗身薨，遂不顾汗之妻子，竟弃之来，何以谓之大臣耶？诸臣皆惭。汗见众惭色，

① 鲍音译：《十善福经白史》，《蒙古学资料与情报》1987年第2期。

乃劝阿齐图太希毕，遣之。”[1]

可见北元末期太师的地位已经远不及北元初期和中期了。

“察尔必”，即“扯尔必”。是从成吉思汗时代延续的官职。成吉思汗四大斡耳朵中有负责各类事务的男女宫廷官员。男性叫作“扯尔必”，女性官员叫作“扯尔宾”。成吉思汗灭乃蛮部时，六位著名的察尔必是他最信赖的得力助手，在此次战役的关键阶段，他们为成吉思汗出谋划策，起到了重大作用。成吉思汗有三个万户，分作左右翼，六个察尔必很有可能是万户的翼长，是战地指挥者或参谋官。林丹汗臣僚中有苏郎查尔必（即察尔必）、奇塔特察尔必、楚扬车尔柏（即察尔必）等官员。今天，“扯尔必”之号在成吉思汗白室的守护者达尔扈特部中有完整的传承。

“阿哈拉户”，这一称号，据宝音德力根考证，为枢秘院“第一知院”的蒙古名称。至北元末期，这一官称仍然存在。林丹汗的旧臣中有一位叫布泰阿噶拉虎（即阿哈拉户）的人。

“乌尔鲁克”，有此官号的人在林丹汗将领中有劳汉俄尔罗克（即乌尔鲁克）那颜、额尔克俄尔罗克等人。蒙古历史上有成吉思汗之“九杰”（yisün ürlüg）的传说。“乌尔鲁克”是否是蒙古可汗赏赐最高级别军事指挥官的“元帅”或“将帅”的蒙古职衔呢？目前还没有直接史料依据，待考。

“库鲁克”（kölög），拥有该称号的人很多，这种称号也是大蒙古国赐予将士的传统称号。可能是与中原王朝的“五虎大将”“骠骑将军”对应的蒙古武将职衔或称号，没有直接史料依据，待考。林丹汗大臣中有博罗克鲁克（即库鲁克）、毕代库鲁克、额希格库鲁克、多尼库鲁克、班弟库鲁克等诸多拥有库鲁克称号的将领。而其中的多尼库鲁克还是林丹汗的四大宰

---

① 中国第一历史档案馆编译：《清初内国史院满文档案译编》，光明日报出版社，1989年，第178页。

桑之一。

此外还有赐予神箭手的“莫尔根”（mergen，也作墨尔根），摔跤手的“卜克”（büke）、智慧者的“车臣”（sečen，也作彻臣、扯臣）等称号，还有目前很难确定的享有“多克欣”（doγšin）、“塔苏尔海”（tasurqai）、“布都玛儿”（bodomal）等各类传统称号的官员也不少。

“达尔汉”，称号源远流长。韩儒林先生曾经对此进行过深入研究。但是到北元时期，“达尔汉”称号变得更加复杂。在满、蒙古、汉文史料中，经常出现的大达尔汉（dai darqan）、贵英（güyeng）、威静（oyiǰang，也作威正、威敬、委正）、巴图鲁（bagatur）等，俱为不同级别的达尔汉。

《北虏风俗》载：“功轻者升为把都儿达儿汉，功重者升为威静达儿汉，再重者升为骨引达儿汉，最为首功，则升为威达儿汉而止。”[①]

其中需要进一步说明的是，《北虏风俗》中所提到的“威达尔汉”的“威”（wei）是蒙文字“大”（dai）之误读，应该是“大达尔汉”。在北元后期还有“委宰桑”，如额哲去世后，代管察哈尔的索诺木委宰桑，可能也是首位宰桑之义。而清朝时期有“委甲喇章京”（arγasun ǰalan-u ǰangkin），但是这个“委”（arγasun）[②]则指临时代理的副职。因为当时随征八旗军的察哈尔兵甲喇章京，战时都由满八旗和蒙古八旗甲喇章京临时代理，称“委甲喇章京”。达尔汉是谁也不能代理的世袭荣誉称号。另外各种史料记载中根本找不到“威达尔汉”这一官职的人员，只有“大达尔汉”的称号。如：额哲属下就有一名古英戴达尔汉。

① 萧大亨撰：《北虏风俗·战阵》，北平文殿阁刊印本，1936年。

② ［蒙古］策·达木丁苏荣编：《蒙古古代文学精品一百篇》，《阿尔噶孙豁儿赤传说》的阿尔噶孙也不是人名，是管领怯薛军之弓箭手的副怯薛军长的官号。

“札雅黑赤”，呼图克图彻辰洪台吉所提到的“札雅黑赤”这一官职，在《三云筹俎考》中以“宰牙气”的形式书写，并被解释为“是主外国大事及本部落夷甲之事好人”。但是林丹汗旧臣名单里未能找到拥有该官号的大臣。

“比妓”，《三云筹俎考》中还记载了一些与黄金家族有关的尊号名称。“比妓”（biji）：“是各台吉之妻，与宗室妃同。”蒙古文史书记载的享有该称号的人有乌力吉图洪高瓦比妓（biiji）、林丹汗小夫人比妓哈屯等人。

“倘不浪”，即“塔布囊”（tabunang），“是王子家女婿，即仪宾”。北元后期有两种塔布囊。一为哲勒麦后裔享有的传统的“tabunang”称号，即喀喇沁、土默特部塔布囊（tabunong）。另一个为可汗家族的女婿们，如察哈尔部的诸塔布囊。

“哑不害”（abaqai），“是王子并各台吉之女，与宗女同”。“哑不害”相当于满族的固伦公主和和硕格格。有时还把可汗公主称作“衮济”（günji）。

“蛇进”（šigeǰin），即“倘不浪儿男”。笔者认为“蛇进”（šigeǰin）的词源源于中原地区职官“首臣”的音译。该称号在当时的蒙古社会确实存在。如俺答汗时承担成吉思汗八白室祭祀之人“莽海蛇进”，曾经管理喀尔喀万户右翼诸部的“札剌亦儿部的诸位蛇进”等。像哲勒篾后裔独享“塔布囊”称号一样，“蛇进”是木华黎后裔专门享有的称号。有些学者认为该词来源于汉语“舍人”的音译。还有号“锡固西”（šigüši）者，来源于汉语“小厮”。笔者认为“锡固西”（šigüši）与“太师”称号对应，是“少师”的音译。明英宗被也先俘虏后，也先太师曾给予他“少师”的称号。

蒙古族贵族尊号和官称繁杂而模糊，并且带有时代的烙印。如乌巴西、绰呼古尔等都是信仰喇嘛教而出现的名称。此外目前无法确定其来源与职衔权限的称号还有很多。

第五章　蒙古右翼的察哈尔万户本部

林丹汗为了摆脱在左翼遇到的困境，去蒙古右翼万户重整旗鼓，于1627年率部西迁。在短短的一年时间里，他依靠察哈尔万户本部的势力，完全控制了蒙古右翼三万户。在此后的几年里，北征喀尔喀右翼的“阿勒坦汗”，又为了控制茂明安、阿巴哈等部而马不停蹄地征战。爱新国方面，对察哈尔万户本部在蒙古右翼的日益强盛感到坐立不安。为此，他们曾经组织女真和蒙古联军三次远征察哈尔本部，企图以武力削弱或征服察哈尔万户本部的力量。

本章将着重探讨察哈尔万户本部西迁蒙古右翼万户的历史片段。林丹汗西征的原因有很多，但是其主要原因是：一、林丹汗在辽东与明朝建立的广宁互市通道已被爱新国占领，经济命脉严重受损，林丹汗只能西迁，需要另辟新的互市通道；二、躲避爱新国和科尔沁万户联军的锋芒而进行战略转移，弃西拉木伦河流域的驻牧地西迁；三、蒙古右翼势力很薄弱，西迁的另一个原因是将右翼三万户的兵力收编到自己麾下，从而达到扩充兵力的目的；四、以蒙古右翼为基地，控制漠北诸部。林丹汗顺利实施对蒙古右翼三万户的控制后，紧接着对漠北采取军事行动，在他远征青藏高原以前至少三次征伐漠北，以此来争取实现他统一蒙古的一揽子计划。但是事与愿违，因为他三番五次的进攻使漠北阿鲁诸部犹如惊弓之鸟，为寻求庇护，反而投向爱新国的怀抱。1633年起，林丹汗又涉足西藏喇嘛教的宗教派系斗争，为增援红帽派而做率部远征青藏高原的准备。此时，明朝方面也已停止发放给他的市赏银两。来自爱新国方面的军事威胁也步步紧逼。从1628年起，皇太极前后六次组织满蒙联军欲远征察哈尔本部，甚至直抵归化城。因为没有了明朝的市赏银两，对漠北诸部的几次战役得不偿失，爱新国的威胁与日俱增，西藏的噶玛噶举派的紧急求援等，林丹汗再次率部西迁。

第一节　察哈尔万户本部征服蒙古右翼

察哈尔万户与爱新国争夺蒙古左翼山阳集团诸部的争斗以林丹汗的失利而告终。察哈尔万户在西拉木伦河流域和蓟辽边外的80年辉煌历史至此终结。嫩科尔沁万户独立后与爱新国建立了反察哈尔同盟，而喀尔喀五部被爱新国、察哈尔万户本部及科尔沁万户三大势力瓜分，察哈尔万户所属兀鲁特部、敖汉部、奈曼部、多罗特部也前后归附爱新国。林丹汗在众叛亲离的情况下，被努尔哈赤彻底孤立了。南察哈尔各部中的四大部落投靠爱新国以后，林丹汗的察哈尔万户本部、阿喇克绰特部、多罗特部、克什克腾部以及垦济古惕、帖良固惕、昔步慎等其他小部落的驻牧地与敌对的爱新国、科尔沁部直接接壤。尤其南察哈尔的阿喇克绰特、多罗特、克什克腾旗等部危机四伏。林丹汗讨伐科尔沁万户失利的教训，吞并喀尔喀部自拆藩篱的后果，兀鲁特等察哈尔三大部的叛逃使林丹汗在蒙古左翼无法立足。北察哈尔的乌珠穆沁、苏尼特、浩齐特、劳思慎、克什克腾（按：林丹汗西征前夕两翼克什克腾的一翼也北迁漠北依附北察哈尔），自从土蛮汗晚年起，随着明蒙辽东战事的休战，上述部落接连返回岭北察哈尔万户的漠北老营可可的里速草原（后为车臣汗部领地）。随着时间的推移，北察哈尔各部已经完全脱离了察哈尔万户的掌控，依附喀尔喀车臣汗等游牧。这些都使林丹汗如坐针毡，顾虑重重，不得不从长计议。尤其是来自爱新国与科尔沁万户的反察哈尔同盟对林丹汗的威胁更大，仅仅依靠察哈尔万户本部的势力，已经无法挽回蒙古左翼失败的局面了。

林丹汗在察哈尔万户与爱新国之间的斗争中，始终坚持“先处里，后处外”[①]的策略。对林丹汗来说，统一蒙古是必要的过程，消灭爱新国是必然的结果。他过于教条地执行这一既定政策，他对科尔沁万户、五部喀尔喀万户发动的战争，是对这些部落亲近敌对的爱新国的惩罚。其目的无非是要让左翼蒙古集团各部重新臣服在蒙古大汗的麾下。为了达到这一目的，林丹汗甚至乘人之危，以武力吞并左翼喀尔喀残部。他强行将喀尔喀五部中的乌济业特和弘吉剌惕部的绝大部分并入察哈尔万户本部以外，又将察哈尔万户的敖汉、奈曼二部的近半数部民和两克什克腾之一翼也整编到察哈尔万户本部中，作为他西迁的资本。并在西迁的过程中，又将追随他西进的察哈尔万户阿喇克绰特部和多罗特部残部整合到察哈尔万户本部中，使自己直属的察哈尔万户本部迅速壮大起来。从此察哈尔万户本部的势力已扩张到十余万骑。

关于察哈尔部西迁原因方面的研究曾经是学界探讨的热点。和田清、萩原淳平、王雄等学者的研究成果具有代表性。尤其是王雄先生在全面总结前人研究的基础上，依据史料提出：“察哈尔林丹汗西迁的原因可归纳为以下四点：（一）要臣服蒙古诸部，恢复其宗主大汗的地位；（二）经略左翼诸部失利，转而西进，以期在控制右翼方面获得进展；（三）利用右翼势弱的机会，返归故地；（四）欲兼并右翼诸部，专擅与明

①《崇祯长编》卷14，崇祯元年七月己巳条，台湾历史语言文化研究所影印本。

朝互市之利。这些都是从史料中可以直接看到的。”[①]

从表面史料所提供的信息来看，他们的研究成果最完整，有深度。但没有注意到察哈尔本身的因素，尤其没有明确说明矛盾的主要方面。此时林丹汗直接统率的察哈尔万户本部的势力发生了惊人的变化，这才是导致林丹汗大举西迁的主要原因之一。

萩原淳平认为“林丹汗是以实现蒙古的政治统一为目的，离开察哈尔故土，倾巢西进”[②]。该观点过于笼统，没有说到点子上。从主观方面来讲，林丹汗身为蒙古大汗，他自然将蒙古统一事业当作自己毕生的奋斗目标。何况他这个大可汗当时徒有虚名，从自身利益出发，他也会不惜一切代价，为拯救蒙古的分裂局面而努力。从客观上讲，蒙古左翼山阳集团的土崩瓦解使林丹汗不得不重新调整和部署他的行动计划。科尔沁万户已独立，而且背后有爱新国的支持。科尔沁万户的本身势力与察哈尔万户相当，外有依附科尔沁万户的巴林、扎鲁特、弘吉剌惕部的兵力支持，使他们更加强大，形势不利于林丹汗与科尔沁万户硬拼。南察哈尔的阿喇克绰特、多罗特、克什克腾部危在旦夕，如果爱新国西进，科尔沁部南下联合夹击察哈尔万户本部和南察哈尔各部，那将陷入腹背受敌的危险境地，这些严峻的形势不容许林丹汗有丝毫的麻痹大意。

此时，南察哈尔各部的关键人物也出现了与爱新国勾结的兆头。

早在敖汉、奈曼部首领与爱新国秘密讲和之时，阿喇克绰特部首领桑哈儿寨洪台吉（脑毛大之孙）和克什克腾部的两位首领已经参与了和解行动。桑哈儿寨洪台吉是南察哈尔，也就是察哈尔左翼的总头目。因为其祖父脑毛大为察哈尔万户的执

① 王雄：《察哈尔西迁的有关问题》，载《内蒙古大学学报》（哲学社会科学版）1989年第1期。

② ［日］萩原淳平：《明代蒙古史研究》，东洋研究丛刊之三十二，同朋社，昭和五十五年（1980），第327页。

政大臣，在察哈尔万户中是享有黄台吉称号的顶尖人物。明万历四十八年（1620），辽东巡抚周永春趁叶赫部被爱新国灭亡、金台什被杀之际，以慰问为由，遣人送给已娶金台什之女的察哈尔林丹汗银三千两，脑毛大台吉孙桑哈儿寨银一千两，诱惑南察哈尔各部出兵爱新国[1]。

《三朝辽事实录》载：六月，辽抚袁崇焕题：虎酋以奴贼四月报，急遣其台吉桑昂塞（按：桑哈儿寨洪台吉）率诸头脑领兵相助，已抵于近边，离宁远七十里连营二三十里，俱驼带盔甲，职差人出边慰谕之[2]。

可见桑哈儿寨已经是坐稳其祖父的位置，号称察哈尔第二号人物了。因此林丹汗事后追究其与爱新国和解之事，惩罚过察哈尔所属的敖汉、奈曼二部，还吞并了与爱新国和解之事有牵连的克什克腾之一翼，阿喇克绰特部未曾受到毁灭性打击，其原因可能该部在察哈尔所属八大营中实力最强，控弦之士多达两万五千余人，是历来与察哈尔本部最亲近的部落。林丹汗叔祖拱兔所部多罗特历来与明朝关系密切，坚决支持林丹汗联明抗女真的决策，所以也没有受到林丹汗的追究。但是察哈尔左翼部分部落已经开始被爱新国拉拢和侵蚀，在兀鲁特、敖汉、奈曼叛逃，南察哈尔残缺不全的情况下，重新调整和整合南察哈尔各部结构也是必然的。所以在西征过程中，把多罗特、阿喇克绰特、克什克腾之一翼逐步合并到察哈尔本部。后来，爱新国收服察哈尔万户本部时，跟随林丹汗从征的这三大南察哈尔所属部落没有在史料中单独出现，可见他们已融合在察哈尔万户本部中。

林丹汗在蒙古左翼遇到前所未有的困境，只能把目标转移

---

①《明神宗实录》，万历四十八年五月戊戌条。

② 王在晋撰：《三朝辽事实录》卷16，丙寅六月条，江苏广陵古籍刻印社，1988年。

到没有任何外来因素干扰的右翼三万户。他有信心依靠自己直属察哈尔万户本部的力量，完全有把握控制右翼，再用统一的右翼势力收服漠北各部，最后用蒙古统一的力量反扑左翼，这是他唯一的选择。

察哈尔万户本部西迁的具体时间也是颇有争论的问题。以下是一些学者对这个问题的看法。

和田清：清天聪元年（明天启七年）春夏之交，西迁遂成了事实[①]。

萩原淳平：林丹汗的西迁，在天启七年（1627）二月五日不久之前，利用较长的时间进行[②]。

王雄：从天启七年（1627）三、四月间起兵，认为和田清据此推定林丹汗起兵时间是在“清天聪元年（明天启七年）春夏之交”是正确的[③]。

达力扎布：认为于1627年末，也就是说在敖汉、奈曼等岭南察哈尔部落归附后金之后才西迁的[④]。

乌云毕力格:“林丹汗攻打喀喇沁部确实在天启七年十月（1627年11月8日—12月7日）。林丹汗西征是从攻打喀喇沁部开始的，确切时间应该是在十月内，达力扎布的判断是正确的。”[⑤]

宝音德力根：察罕儿（即察哈尔）大迁徙约在1627年7月开始。10月底，林丹汗攻入喀喇沁境内[⑥]。

---

① ［日］和田清:《东亚史研究·蒙古篇》，东洋文库，1959年，第891页。

② ［日］萩原淳平:《明代蒙古史研究》，东洋研究丛刊之三十二，同朋社，昭和五十五年（1980），第329页。

③ 王雄:《察哈尔西迁的有关问题》，载《内蒙古大学学报》（哲学社会科学版）1989年第1期。

④ 达力扎布:《明代漠南蒙古历史研究》，内蒙古文化出版社，1998年，第294页。

⑤ 乌云毕力格:《喀喇沁万户研究》，内蒙古人民出版社，2005年，第68页。乌云毕力格、二木博史:《17世纪前半期南蒙古政治史研究》，日本学术振兴会赞助项目成果之一，2004年，第205页。

⑥ 宝音德力根:《内蒙古通史》，第4卷，内蒙古大学出版社，2009年。

笔者在上文曾提出察哈尔万户本部西迁时间是天聪元年（1627）七月末八月初。其理由很简单，六月中旬，敖汉、奈曼二部来投奔爱新国时还担心林丹汗的追杀。这两个部前来投奔时，皇太极犹豫不决，耽搁十天，导致敖汉、奈曼部落内部发生哗变，有半数部民逃散，自愿回归林丹汗察哈尔万户本部。这说明林丹汗这时仍在西拉木伦河驻牧地。敖汉、奈曼二部在辽河岸边等待十天之久，按道理林丹汗有充足的时间来讨伐他们。但林丹汗此时已经无暇顾及敖汉、奈曼部之事。这种情形只有一种解释，就是林丹汗的西迁计划已经进入实施阶段。从八月中旬开始，察哈尔万户的阿喇克绰特部逃人以二三十人的规模前来投奔爱新国。说明林丹汗察哈尔万户本部最晚在八月初率领南察哈尔部西迁。

《满文老档》载："九月十三日，奈曼部贝勒洪巴图鲁弟之子鄂齐尔台吉，往征察哈尔，杀百人，获牲畜约二百，前来进献汗。赐号鄂齐尔豁绍齐，赏甲一副。"①

一个月后奈曼部贝勒胆敢冲入阿喇克绰特部领地，杀百人，获牲畜约二百，说明此时察哈尔已经西迁，离开故土了。

林丹汗西征时，察哈尔万户并非全部出动。北察哈尔也就是山阴的岭北察哈尔，即察哈尔右翼各部根本没有响应其号召，甚至从林丹汗手中挣脱的克什克腾之一翼也逃亡漠北，依附北察哈尔各部去了。因此，北察哈尔所属乌珠穆沁、苏尼特、浩齐特、劳思慎及未被林丹汗兼并的两翼克什克腾之一翼都没有跟随林丹汗西迁，而仍旧在漠北的北察哈尔老营驻牧。

《明朝兵部题行档》兵部尚书王题本（残件），崇祯二年二月二十四日："虏王吞噬诸部，兹且纠结八大部二十四哨，蜂

① 中国第一历史档案馆、中国社会科学院历史研究所译注：《满文老档》，中华书局，1990年，第868页。

屯蚁聚于归化城丰州滩，以为巢穴。”[①]这里提到的察哈尔部八大营二十四哨指的是林丹汗八大太后大斡耳朵，分领察哈尔本部部众之事，并非指察哈尔万户的各部落。林丹汗率领近十余万军队西征，明朝以为察哈尔万户全部出动，他们根本不清楚林丹汗把察哈尔万户的本部扩张到如此规模。西迁后的察哈尔万户本部的内部成分在科尔沁部土谢图汗致爱新国皇太极的书信中得到印证。

李保文《十七世纪蒙古文文书档案》载："buyan aqai-yin ger teče abuγsan bičig-tü uridu .naγun-u abaγ-a. qoyitu abaγ-a qa-lq-a baraγun γurban edür sara boljiju morday-a gegsen bičig-i ü ǰeǰü keǰiy-e geǰi mendü amur ügei geǰi yabunam genem. dotor-un čaqar boru qotan-ača ürgülǰi bui genem. ene iregsen noyad-un ü ge qoyitu qalq-a očir ölögei-dü siqaǰu kürčü irebe geǰi mengdegü renem genem.ene mengdegüregsen-dür ene noγon deger-e sečen qaγan-tai. ta kelelčeǰü mordasai. ene noγon deger-e ese mordaqu-la. ügei bolosa küčütei bolqu. ügei bolosa kümün-dü abtaqu. ulus alalduqu dur ügei genem. ulus ǰüg bügüde-eče dayisun bolba geǰü oγurčilaǰu qaγučin čaqar-ča bolba qalq-a. kesigten. tani čerig mani čerig ireküle oruǰu öggüy-e geǰi yabunam genem.man-dur egüber sonusduγsan ene. nada basa kele bui-y-a."[②]

汉译："据说（林丹汗）从卜延阿海家中搜到的信件中得知：以前天聪汗（sečen qahan）、嫩阿巴垓［嫩科尔沁万户］（nahun-u abah-a）、阿鲁阿巴垓（qoyitu abah-a）、喀尔喀（qa-lq-a）、右翼三万（barahun hurban）约定日期共同讨伐（察哈尔）的信件后，为自己的危险处境十分担心。内察哈尔（do-

---

① 中央研究院历史语言研究所：《明清史料》丁编第6本，商务印书馆，1931—1951年，第575页。

② 李保文编辑、整理、转写：《十七世纪蒙古文文书档案》（1600—1650），内蒙古少儿出版社，第49件档案，1997年，第146页。

tor-un čaqar）［南察哈尔］从博罗河屯起接连驻牧。据前次（逃）来的台吉官员们说：'听到北喀尔喀军队已接近鄂齐尔斡勒黑地方的消息，察哈尔很是惊慌。借其慌乱之际，趁着草青季节，你和天聪汗相约最好进攻他们。若不趁此青草征伐，（察哈尔）要么会强大起来，要么被他人吞并。（察哈尔）人众不愿厮杀，他们抱怨四面受敌。好陈察哈尔（qagučin čaqar-ča bolba）在内的喀尔喀（按：即被林丹汗吞并的喀尔喀左翼残部）、克什克腾（按：即被林丹汗兼并的克什克腾一翼）都说：如果你军（爱新国）、我军（科尔沁）前去征伐，就准备投降。我们这里听到的就是这些。你处有何告知我的消息？'"

该原始档案末尾所提到的准备向爱新国和科尔沁万户军队投降的"好陈察哈尔"是西征后的林丹汗直属的察哈尔万户本部，和"好陈察哈尔"一同准备投降的"喀尔喀"是被林丹汗吞并的喀尔喀五部之乌济业特、弘吉剌惕等察哈尔本部附属部落，克什克腾是被林丹汗兼并的两翼克什克腾之一，此时他们都依附于西征后的察哈尔万户本部。"内察哈尔"是阿喇克绰特部和多罗特等察哈尔左翼残余部分（到天聪二年为止，部分多罗特部奥鲁还没有西迁，留居原驻牧地而遭到爱新国的袭击）。这就是林丹汗西征依靠的全部力量。"博罗河屯"，汉译为"紫城"，很有可能是"全宁城"（即今翁牛特旗政府所在地乌丹）。关于察哈尔万户本部的扩张问题，笔者在前文已经讨论过，在这里无须赘言。这里关于两克什克腾的问题需要说明。关于"两克什克腾"的史料记载极少，因此过去未能引起学者们的注意。

《满文老档》载："天聪元年二月初二日，致书察哈尔奈曼部落洪巴图鲁曰：尔曾与鄂木杂特绰尔济喇嘛言欲与我修好等语。诚欲修好，可与敖汉部之杜棱，色臣卓里克图，洪巴图鲁商议，遣善能晓事人来，以便尔等之言计议。……欲和好，即遣使来。察哈尔汗破喀尔喀，不仅诸贝勒，还私分诸申人等，离散诸贝勒之妻，强取诸贝勒之女，妻巴牙喇属下跟役，除我之外，尔等岂不知之？若以我言为是，则将此书，与两个克什克腾诸贝勒一阅。”[①]

这是我们前文已经引用过的史料。史料末尾的“若以我言为是，则将此书，与两个克什克腾诸贝勒一阅”是关键。

《旧满洲档》关于“两个克什克腾”之记载：“mini gisumbe inu seci. ere bithe-be cargi juwe gesigten-i beise-de unggi.”[②]显然其中的“juwe gesigten”也是指“两个克什克腾”。

汉译：若谓我说为是，将此信赍往彼处之二个克什克腾之贝子。

这是“两个克什克腾”的史料来源。

原始史料中还有一份保留得相当完整的书信是《十七世纪蒙古文文书档案》中的第五件《皇太极以结盟之事谕蒙古奈曼部洪巴图鲁敕书》（蒙古文）：

“ene bičig-i ǰüb geküle čaγadu qoyar kesigten-i noyad-tu ene bičig-i ilege.”[③]

汉译：“如果对该书信的内容没有异议，请转送那边的二（两）个克什克腾诸那颜。”

很明显，这里所说的“二（两）个克什克腾诸那颜”的“两”或“二”不是指克什克腾的“诸那颜”，而是指克什克腾的左右两翼。《清太宗实录》天聪元年二月戊戌条也有同样的记载。蒙古各部都有分为左右翼的传统习惯。相对的独立体尤其如此，“两个克什克腾”就是克什克腾部的左右两翼。

① 中国第一历史档案馆、中国社会科学院历史研究所译注：《满文老档》，中华书局，1990年，第811页。

②《旧满洲档》，台湾故宫博物院影印，1969年。台湾故宫博物院藏“原天字档、故宫编号第一册”：天聪元年二月初二日，用老满文写有“二月初二日致察哈尔奈曼部洪巴图鲁书”。

③ 李保文编辑、整理、转写：《十七世纪蒙古文文书档案》（1600—1650），内蒙古少儿出版社，1997年，第5件档案，第15页。

克什克腾两翼中的哪一个被林丹汗吞并，如今的克什克腾又何时归附清廷？我们先明确一下两翼克什克腾的台吉系统。到目前为止，克什克腾旗札萨克台吉的家谱不很清晰。

《北虏风俗》表十载："达延汗第五子阿赤赖台吉，子一，打赖台吉。子二，威敬台吉。达儿汗台吉子三：上麦黄台吉。威敬台吉子七：哈味七庆台吉。"

《登坛必究》载："所管部落充［克］失探官儿：打来那言（即那颜），生二子，长子打儿汗那言，生秃浼台吉兄弟三人，次委正那言。"[①]

《北虏风俗》的"打赖台吉"是《登坛必究》中的"打来那言"。"达儿汗台吉"是"打儿汗那言"。土蛮汗时期克什克腾部的大首领是达儿汗台吉之子土麦（秃浼）台吉。上列两种史料中的"土麦黄台吉"和"秃浼台吉"是指同一个人，就是《蒙古源流》克石旦（也作克失旦）部的土麦黄台吉。所谓"黄台吉"，是大部落的执政台吉的称号。

《大黄史》记载："达延汗第六子阿赤赖孛罗特。其子打来（darai）、打来孙（daraisun）。打来之子翁古特打来赛音阿拉克，其子墨尔根昔勒剌台那颜，其子达尔麻卜克台吉。其子索诺木。"[②]

《阿萨拉克齐史》：达延汗第六子阿赤赖孛罗特之子打来、拉来孙，打来之子赛那剌、威敬洪巴图鲁。赛那剌之子莫尔根撒勒里台，其子丹巴邻臣洪台吉，其子索德诺木台吉[③]。

我们把它再与《表传》的记载进行比较：克什克腾部……

① 王鸣鹤撰：《登坛必究》卷23《胡名》，住三间房叉汗家达子宗派，明万历刊本，载《中国兵书集成》，解放军出版社、辽沈书社合作出版，1990年。

② 乌力吉图校勘，巴·巴根校订：《大黄史》，民族出版社，1983年，第132页。

③ 巴·巴根校注：《阿萨拉克齐史》，民族出版社，1984年，第116页。

元太祖十六世孙鄂齐尔博罗特，再传之沙喇勒达，称莫尔根那颜，号所部曰克什克腾，子达尔玛，有子三，长索诺木……①

墨尔根昔勒剌台那颜就是沙喇勒达，达尔麻卜克台吉就是《表传》之达尔玛。索诺木是归附爱新国之克什克腾首领索诺木，《大清一统志》称作苏墨尔戴青。这一段世袭脉络比较明确，无须考证。沙喇勒达以上的世袭脉络相当模糊，需要进一步明确。汉文史料记载和蒙古文史料记载中，从初代阿赤赖到第二代打来基本一致。但是打来孙（也作达赉逊）的子嗣在史料中没有记载。汉文史料中打来之子有二：打儿汗和威敬二人。《登坛必究》中在"所管部落克失探官儿"之下列有打儿汗和威敬兄弟二人，估计史乘中所出现的"二克什克腾"，可能是他们二人分别受封的领户。在蒙古文史籍中，《阿萨拉克齐史》是广泛利用蒙古世系谱写就的经典之作，精确度较高。该书中所记载的"打来之子赛那剌、威敬洪巴图鲁"与汉文史料《北虏世袭》表十的"打赖台吉，子二。达儿汗台吉，威敬台吉"相对应。所以笔者认为，汉文史料中的打儿汗和蒙古文史料中的赛那剌是同一个人。只是汉文史料按照记载蒙古首领的传统，用赛那剌的打儿汗（达尔汉）称号来记载他罢了。我们要考证的土麦台吉就是此人的长子。土蛮汗时代，由他掌管察哈尔八部之克石旦部。沙喇勒达和土麦可能是同一个人。是归附清朝的克什克腾旗首领索诺木那颜的祖父。按照蒙古传统，这一支克什克腾为右翼，而威敬台吉的子嗣所管领的是克什克腾部的左翼。被林丹汗察哈尔本部吞并的正是威敬台吉后裔所管的克什克腾左翼。

林丹汗西迁以前，克什克腾部被卷入南察哈尔各部与爱新国的秘密和解事件中，受到林丹汗的惩罚。克什克腾的左翼被

① 包文汉整理：《蒙古回部王公表传》卷之33《克什克腾部总传》，内蒙古大学出版社，1998年。

纳入察哈尔本部，受林丹汗的直接管辖。在西征过程中被逐渐编入察哈尔本部了。察哈尔本部归附爱新国时已经分不清哪一部分是察哈尔本部，哪一部分是喀尔喀和阿喇克绰特、多罗特、克什克腾了。爱新国方面也没有为依附察哈尔本部的这些部落单独设立札萨克旗。今天的克什克腾旗之来历很模糊。《表传》中说天聪八年（1634）来归，但《实录》中无记载。崇德四年（1639）四子部落的毕力格叛逃，克什克腾部首领因不往追击而被罚畜[①]。是年贡方物，到顺治九年（1652）才授札萨克一等台吉。

《崇祯长编》载："都既降，虎恐其部为都续，遂吞并奈曼、黑石炭等，一概收之，惟余拱兔一家。"[②]

《崇祯长篇》所说的"黑石炭"是指"克石旦"，并非《万历武功录》中的"克石炭"和"黑石炭"。这里所说的"黑石炭"是专指克什克腾部，而《万历武功录》中的"黑石炭"为苏尼特之远祖可可出太，明代汉文史籍里把可可出太一般写作"克石炭"或"黑石炭"。而"克什克腾部"大多数情况下被写作"克石旦"，两者是有区别的。《崇祯长篇》的写法是一个特例。

克什克腾部归附爱新国时只有索诺木一部，即未被察哈尔万户本部吞并，从林丹汗手中逃脱，依附北察哈尔的克什克腾右翼。

《表传》载：天聪八年，索诺木率所属来归；顺治九年，诏编所部佐领，以索诺木领之，授札萨克[③]。天聪八年，开始与爱新国又使臣往来，顺治九年，前来归授封为札萨克台吉。

虽然没有克什克腾如何编入察哈尔本部的历史记载，但我们

① 李保文编辑、整理、转写：《十七世纪蒙古文文书档案》（1600—1650），内蒙古少儿出版社，1997年，下篇（清朝理藩院题本）第11件档，第243页。

②《崇祯长编》卷14，崇祯元年十月壬辰条，台湾历史语言文化研究所影印本。

③ 包文汉、奇·朝克图整理：《蒙古回部王公表传》第1辑《克什克腾总传》，内蒙古大学出版社，1998年，第252页。

从阿喇克绰特部被编入察哈尔本部的史料记载中可以窥见其一斑。

蒙古文档案有如下记载："sečen qaγan-u gegen-e ayilatqamo: ǰinong- yin baqatai oyiǰing daγurisqu γurban ǰaγun kümün čaqar- tu tursiγul ečigsen: Čaqar- un čerig mordaγsan qoyiγur alaγčiγud-i dobtulǰu alaγčiγud deger- e saγuγsan qaγan- i qatun- i bariǰu. em- e köbekön- i čabčiǰu. ger mal- inu tüimerdeǰü qaγan- i qatun-i abuγad……."①

汉译：尊奏天聪汗：济农之巴哈太委正达古哩苏胡者，率三百人去打探察哈尔地方。趁察哈尔兵出征，袭击阿喇克绰特部，俘虏了分领阿喇克绰特部之（林丹汗）可汗福晋（太后）。杀掠妇幼，烧毁房产，携（林丹汗）可汗福晋……

这是天聪四年发生的事情。阿鲁诸部中此时享有济农称号者只有阿巴噶部都思噶尔、翁牛特部孙杜棱二人。这里所说的济农必定是他们二人之一。我更倾向于阿巴噶部的都思噶尔济农。因为该档案的末尾写有此时孙杜棱等已进入漠南，临近嫩科尔沁部驻牧，以求保护。所以这次袭击察哈尔驻牧地的是阿巴噶（也作阿巴垓）部。天聪四年（1630），林丹汗北征漠北，但不是征伐漠北阿鲁部，而是远征喀尔喀部右翼之"阿勒坦汗"。所谓"趁察哈尔兵出征"就是指这次战役。他们搞不清楚林丹汗的征伐对象，疑为征伐阿鲁部落，所以急忙派人传递战报。这些是该档案中所体现的史实。但是我们在这里要明确的不是这些情况，而是有关阿喇克绰特部并入察哈尔本部的史实。林丹汗西迁以前，以亲近爱新国为由惩罚并兼并了南察哈尔诸部。其中，除了多罗特部以外，阿喇克绰特、敖汉、奈曼部都面临着被林丹汗兼并的危险。从上述史料分析，跟随林

① 李保文、编辑、整理、转写：《十七世纪蒙古文文书档案》（1600—1650），第11件档案，内蒙古少儿出版社，1997年，第63页。该档的末尾写有"马年"字样，应该是天聪四年档。

丹汗察哈尔本部西征之后，阿喇克绰特部很明显被编入察哈尔本部了。因为原来的阿喇克绰特部是黄金家族中的挨大笔失台吉家族的领户，正常情况下，不应该由林丹汗的太后来管领。只有编入察哈尔本部以后，才能归属林丹汗八大斡耳朵之太后名下。档案中说的“袭击阿喇克绰特部，俘虏了分领阿喇克绰特部之（林丹汗）可汗福晋（太后）”，就是阿喇克绰特部被察哈尔本部兼并的铁证。此时的阿喇克绰特部已经变成察哈尔本部的六个万户之一了。

两克什克腾之一翼、敖汉（部分）、奈曼（部分）、多罗特部等原察哈尔所属部落的命运也应如此。喀尔喀五部的乌济业特、弘吉剌惕等部也许比他们还惨，可能被分散到八个斡耳朵察哈尔本部各万户中。

《满文老档》中有如下记载：“察哈尔汗破喀尔喀（按：五部喀尔喀），不仅诸贝勒，还私分诸申人等，离散诸贝勒之妻，强取（娶）诸贝勒之女，妻巴牙喇属下跟役，除我之外，尔等岂不知之？”[①]这是努尔哈赤向投奔他的蒙古各台吉们污蔑林丹汗的话，虽然有夸张成分，但绝不是无中生有。

察哈尔右翼（北察哈尔各部）不但没有响应林丹汗的号召，反而与林丹汗对立成敌。

《土默特部都棱洪台吉致皇太极的信》（蒙古文）中写道：“man-du tere qoorotu qaγan-i ǰüg-eče nigen üge sonusdaba. sonusdaγči üge yaγubi geküle. qoyar ǰayisang ekileǰi mani qaγan-i qoyinača nekegseger geǰi mün čaqar-yin bosqul kelenem. mani baraγun tümed-ün bosqul keleküden.nekegseger bisi baraγun tümed-tü urbaǰi oruba genem. ene qoyar ǰayisang ekileǰi urbaba gegči-inü. luu ǰil-ün ebül-ün ekin saradu urbaγsan bayinam. Tegün-eče inaγsi

① 中国第一历史档案馆、中国社会科学院历史研究所译注：《满文老档》，中华书局，1990年，第811页。

oda ene tabun sara kürtele. Yisün sara bolba. oda boltala nigeči kele ügei genem. ene qoorotu qaγan-i nutuγ inaγsi iregči. bošoγ-tu sečen qaγan ekilen tümed. ǰinong ekilen ordus yüngsiyebü tümen. qalq- a tümen. üǰümüčin. qaučid. ögeled tümen ede bügüdeger nigedün čuγlaǰi. tere urbaγči qoyar ǰayisang-yin üge-yi abči morda-ǰi ayisui geǰi sonusmočin-i inggiǰi mengdeǰi inaγsi sirγuǰi iregčin-i ene bayinam:yerü baraγun tümen-eče abuγsan kümün-i ügei-ten-i orkiǰi .bai-tai gini abči yabuγči boluγad bey-e gini alaγad. mal-i-ni qaučin ulus-ni abunam genem. čerig-tüni nemeri boluγsan ügei bayinam: tere qoorotu qaγan-i ǰegün tümen-eče abuγsan čerig-ün toγ-a-yi. sečen qaγan gegen-degen ayiladugsan bui-y-a."①

汉译："获得从我们那恶毒的可汗（林丹汗）地方传来的消息。得到的消息之一是察哈尔逃人所讲的：'两宰桑仍然追赶着我们的汗（博硕克图汗）'；而我们西土默特逃人所讲的是：不是追赶，而是二宰桑已经叛归我们西土默特云云。此二宰桑叛变（察哈尔）之事发生在辰年十月，至今年五月正好九个月了（第二年有闰四月——引者）。但是，目前为止再没有其他消息。如今，这昏君压我边境而来的原因是，他已听到以博硕克图汗为首的土默特、以济农为首的鄂尔多斯、永谢布万户、喀尔喀万户、乌珠穆沁、浩齐特、厄鲁特万户等相约要联盟，叛变的二宰桑也听到了合兵而来的消息，所以才如此恐慌，往我处逃来。从右翼万户中遗弃贫穷人，携带富裕者，途中，其手下察哈尔人又谋财害命，把富裕者全杀害，夺其牲畜。所以其（察哈尔部）势力并未得到加强。他从左翼万户所带去的兵力，天聪汗您应该清楚吧！"

从信件的内容分析，该书信应该是天聪三年（1629）五

① 李保文编辑、整理、转写：《十七世纪蒙古文文书档案》，内蒙古少儿出版社，1997年，第29件档，第91页。

月，东土默特部额尔德尼都棱洪巴图鲁台吉[1]致爱新国皇太极的文书。因为信中出现“我们山阳万户”，还有信件背后写有“土默特鄂木布洪台吉”等字样。所以此人即鄂木布洪台吉，属东土默特人无疑。龙年是天聪二年（1628）。最有价值的信息是其中的“乌珠穆沁”“浩齐特”都站在察哈尔林丹汗的对立面。若北察哈尔跟随林丹汗西迁，肯定不会出现北察哈尔各部联合北喀尔喀万户与察哈尔万户本部为敌的情况。还有，如果察哈尔右翼跟随林丹汗西征，皇太极肯定知道此事，所以土默特黄台吉不会以此来欺骗皇太极。所谓“他从左翼所带去的兵力，天聪汗您应该清楚”，就能证明这一点。右翼与北喀尔喀及北察哈尔各部是否结成反察哈尔本部联盟，没有其他史料记载，无从考证。但最起码北察哈尔浩齐特部和乌珠穆沁部没有跟随好陈察哈尔西迁，这一点该史料能够证明。

察哈尔西征过程也是学界研究的热点。尽管研究成果很多，但仍有一些空白领域需要填补。

首先是林丹汗西征前夕，右翼万户与察哈尔万户的关系问题。土蛮汗、卜延彻辰汗时期的察哈尔万户与右翼关系的轮廓，笔者在前文中已经略谈一二。林丹汗时期，右翼与察哈尔万户之间也并未断绝往来。尤其是右翼万户中的喀喇沁万户与察哈尔万户相邻，此二部的关系历来非同一般。其实按道理讲，应该把喀喇沁这一万户纳入左翼集团万户中探讨。只是它历来归属右翼三万户，所以未纳入山阳集团中来研究。

对此达力扎布分析得很精辟：从土蛮汗开始，“明嘉靖、万历年间，在明宣府边外居住的是蒙古右翼喀喇沁部老把都及其子孙及俺答长子辛爱黄台吉等，他们与察哈尔关系融洽”。[2]

---

① 乌云毕力格：《喀喇沁万户研究》，内蒙古人民出版社，2005年，第112—122页。

② 达力扎布：《明代漠南蒙古历史研究》，内蒙古文化出版社，第245页。

这种关系，在林丹汗西迁以前，因为没有多大利益上的冲突而得以完好地维系。爱新国与明朝发生冲突后，察哈尔万户、喀尔喀五部以保护明边为由到辽东关外索赏，而喀喇沁三十六家也与这两个万户为伍，参与辽赏的瓜分。

《三朝辽事实录》载："哈喇慎、白颜台吉原非蓟镇之虏，乃罕孛罗势窥我之弱，率众要挟， 初心不善。比起亡也，厥部借助兵之名，以索临边之赏。"①

以上情况的发生，如果没有林丹汗的许可，右翼喀喇沁万户等是不敢如此大胆地分享左翼的互市权利的。林丹汗后来开辟广宁互市，虽然仍保持着蓟门的互市（该互市是土蛮汗时期开始，假借蒙古右翼之名开设的互市），不过绝大部分互市已转移到广宁镇远堡，以此来解决左翼经济问题。此后他虽有辽赏，但察哈尔万户对生活用品的宠大需求还是要靠互市来解决。察哈尔万户当然不可能像科尔沁万户、喀尔喀万户一样依靠爱新国的施舍来解决其经济来源，辽东广宁互市通道在被女真军队占领而被迫关闭的情况下，察哈尔万户林丹汗只能依赖喀喇沁万户所控制的宣府、大同进行互市。

正如《万历武功录》所载："乃东西合党，巧为弥缝，东虏则藉（借）资于西，西虏复翼于东，已乃各至我关市，我亦予之以上赏，亡不人人各极其欢而去。"②

从天启二年（1622）正月，爱新国自攻占广宁后至林丹汗西迁为止整整六年的时间里，林丹汗又延续了祖宗的老传统，不得不通过右翼喀喇沁万户与明朝互市。开始喀喇沁万户与察哈尔万户基本上保持着一种比较默契的关系，没有发生多大冲突。但随着察哈尔万户本部人口的增加，互市需求量日益增

① 王在晋撰：《三朝辽事实录》卷11，九月条，江苏广陵古籍刻印社，1988年。

②《崇祯长编》，崇祯元年七月已巳条，台湾历史语言文化研究所影印本。

多，可能达到独占宣、大互市的地步。这使喀喇沁万户与察哈尔万户之间逐渐产生经济摩擦，双方矛盾日渐恶化，最后发展到反目成仇的地步。

《崇祯长编》载："蓟门、辽东各有虎款赏，其宣府张家口乃虎贸易地。虎酋差往张家口买马买货，哈喇沁家往往截夺其货物而杀之。赴喜峰口领赏贸易，三十六家截杀亦如之。虎使人讲，各部傲然不理。虎每云：'南朝止一大明皇帝，北边止我一人，何得处处成王？我当先处理［里］，后处外。'"①

被激怒的林丹汗将双方贸易摩擦所引起的多日之愤恨，迁怒于喀喇沁汗和喀喇沁黄台吉白言（布延阿海）身上。

随着矛盾的如此激化，双方的冲突也渐渐白热化。矛盾的焦点从起初的贸易冲突逐渐扩展到两部之间的部分人口的归属问题，最后达到了剑拔弩张的地步。

《明实录》载："天启七年四月甲辰，兵部尚书王之臣：虏酋插汉儿王子与白言等皆款夷也。乃插汉酋与把汉哈喇慎一支，讲讨人马不遂，心久怀仇，俄拥兵，压哈喇慎之境。诸虏情急，边臣来告。"②

林丹汗对喀喇沁万户显然采取了与应对科尔沁万户和五部喀尔喀万户一样的强硬手段，以大兵压境，强迫他们顺从。这是察哈尔万户本部要准备西迁的前兆。

上述史料中提到的"讲讨人马"之事所指的是："哈喇慎营中初，插汉儿部落曰把都投驻牧。哈喇慎死，其部老酋满五素幼，为插汉父老王子义儿，抚之成立，分领人马。老王子死，满五素以所分部落归其父世把都儿。以故插汉儿亦索把都

---

①《崇祯长编》卷14，崇祯元年七月已巳条，台湾历史语言文化研究所影印本。

②《明熹宗实录》，天启七年四月甲辰条。

所领人马于白言等酋，白言等不与。”[①]由此可见，人口之争是双方矛盾激化的导火索。

这些事情终于惹怒了林丹汗，而喀喇沁万户也不甘示弱，要奉陪到底。“插汉儿传调各部人马十余万，复使夷人入边讲款云：插汉只有一王子，焉有多王子，张家口故憨地，岂容他人冒赏。白言、朝儿诸王子沙晕、肖那诸酋，飞报各边，请兵共拒插。”[②]

《国榷》卷88载：“天启七年七月，（顺义王卜石兔）同哈喇嗔王子，五路台吉与插汉构衅，住威宁海子。”

这也是在察哈尔万户的敖汉、奈曼部首领带领部落逃亡爱新国时，林丹汗无暇顾及的原因。双方矛盾因此渐渐升级，喀喇沁万户不但不顺从，而且暂时躲避察哈尔本部的锋芒，将自己的主力西迁，与右翼其他万户联络，企图与察哈尔万户本部抗衡到底。林丹汗一发而不可收拾，他立刻集结察哈尔万户本部和南察哈尔二部兵马穷追不舍，迅速占领了喀喇沁万户西迁后腾空的右翼东部领土，并收服其遗留人口。这件事大约发生在天聪元年（1627）七月末八月初。喀喇沁万户的向西撤退把察哈尔本部兵锋引入了右翼腹地。

天聪元年秋，林丹汗终于对喀喇沁部发起进攻。其结果是喀喇沁万户惨遭失败，部落溃散。

《崇祯长编》载：“天启七年十月庚申，东虏插汉西攻摆言台吉、哈喇嗔诸部，诸部多溃散，或入边内避之。”[③]

此前，喀喇沁万户主力在威宁海子一带集结，林丹汗此次“西攻摆言台吉、哈喇嗔诸部”，就在这个方向。

---

① 彭孙贻撰：《山中见闻录》之三《西人志》，《玉简斋丛书》本第1函中的第4、5册，清宣统二年（1910）。

② 彭孙贻撰：《山中见闻录》之三《西人志》，《玉简斋丛书》本第1函中的第4、5册，清宣统二年（1910）。

③《崇祯长编》卷2，天启七年十月庚申条，台湾历史语言文化研究所影印本。

《明档》载："兵部尚书梁等崇祯三年十二月二十六日题稿。根据侦探通事郭进宝等进边报称：探问得，哈喇慎家先日原在独石口边守口夷人暖兔、根更等二十余名说称，原于天启七年十月内，被插酋趁散，投奔东边努尔哈痴（赤），因无盘费，又无牲畜，到于东边半路归英地方，住过三年有余，饥饿无奈，思想原住巢穴从东步行前来，到于独石边北栅口外住牧。"①

这是《崇祯长编》所载天启七年（1627）十月林丹汗攻打喀喇沁部战役的又一个佐证。因为这次战役的发生地点比较靠西，溃散的喀喇沁部民想投靠爱新国，但是路途遥远，到"东边贵英地方"不能再前往了。"住过三年有余，思想原住巢穴从东步行前来"，到独石口外驻牧。可以肯定，这次战争是在宣大边外的威宁海子附近发生的。林丹汗深入右翼领地使右翼其他万户极度恐慌，为了躲避察哈尔万户本部大军的锋芒，其他万户望风而逃，造成了极大的混乱。

《崇祯实录》载："自黄台吉与插汉内讧，去岁卜石兔西走，哈喇慎俱被掳，白台吉仅身免，东哈部今无几矣。"②

说明喀喇沁部损失惨重，土默特部顺义王率部西逃，可能撤退到鄂尔多斯万户驻牧地黄河以西的地区了。

据达力扎布考证："十月癸丑（二十日），土默特部卜石兔还在大同贡马入市。可知察哈尔还未进入土默特部境内。"③

喀喇沁万户与察哈尔万户本部的战役在十月份发生，此时察哈尔的兵锋尚未抵达西土默特。

《明崇祯实录》天启七年十一月甲子朔："巡抚宣府右都御史秦士文报：插汉儿即虎墩兔憨，争哈喇慎所分部落犯塞，宜

---

① 第一历史档案馆、辽宁省历史档案馆编：《中国明朝档案总汇》（101册），广西师范大学出版社，2001年，第8册，第421件档案，第5页。

②《崇祯实录》，崇祯元年九月辛未条。

③ 达力扎布：《明代漠南蒙古历史研究》，内蒙古文化出版社，1998年，第295页。

豫为备。时虎墩兔憨倾巢而来，以旧辽阳让□[①]，杀哈喇兔直抵杀胡堡，克归化城，夺银佛寺，收习令色等。”[②]

秦士文的奏报时间是在十一月初一日。所以我们只能得出这样的结论：林丹汗打败喀喇沁部以后乘胜追击，一鼓作气，占领了土默特部格根汗呼和浩特（赵城、板升一带），时间应该是十月底，而不是十一月。林丹汗在占领呼和浩特后，恢复了右翼社会秩序，同时回头收服呼和浩特以东的土默特万户残部，以解除后顾之忧。

《崇祯实录》天启七年十一月癸巳（三十日）条载：“是月，插汉虎墩兔憨与□[③]习令色盟于归化城，以合犯气喇嘛守之，东行降兀慎、摆腰、明暗等酋。”[④]

这也说明林丹汗占领呼和浩特的过程很顺利，然后收服了周围的土默特残余部众。十二月末林丹汗已经在开平休整人马，同时分兵西进丰州滩，驻守呼和浩特。

《崇祯实录》天启七年十二月辛酉（二十七日）条载：“插汉虎墩兔驻独石塞外旧开平所挟赏，且东侵（应该是西侵——引者）丰州滩，套虏尔邻勒（勤）吉能告援。”[⑤]

所以“赵之战”就发生在十二月。林丹汗东征时，右翼三万趁机反扑，虽短暂占领呼和浩特，但此时又被林丹汗所派遣军队夺回。达力扎布和乌云毕力格利用近几年发掘的蒙古文文书档案，对林丹汗在此发动的“赵之战”的研究成果[⑥]，得到

---

①《明崇祯实录》，天启七年十一月甲子。

②《崇祯实录》，天启七年十一月甲子朔。

③ 此处史料脱字。

④《明崇祯实录》，天启七年十一月癸巳条。

⑤《明崇祯实录》，天启七年十一月辛酉条。

⑥ 乌云毕力格：《从十七世纪上半叶的遗留性史料观察内蒙古历史——一、〈赵之战〉》，《内蒙古大学学报》，1999年第3期。乌云毕力格：《喀喇沁万户研究》，内蒙古人民出版社，2005年，第69页。达力扎布：《明代漠南蒙古历史研究》，内蒙古文化出版社，1998年，第294页。达力扎布：《有关察哈尔部西迁的若干问题》，载《明清蒙古史论稿》。

了学界认可。虽然原始史料不像官修史书那样掺杂着很多个人意识等成分，但也不能一概肯定。例如此时形成的喀喇沁那颜、塔布囊致皇太极的书信就含有歪曲史实，引诱爱新国参与战争的企图。而从察哈尔本部逃出，投奔科尔沁万户的逃人带来的消息就与喀喇沁、土默特部首领的书信内容截然不同，他们所讲的是从获胜者察哈尔本部方面带来的信息。

《清太宗实录》载：“喀尔喀部（五部喀尔喀）巴噶达尔汉诸子拜浑岱、喇巴泰、满朱习礼三台吉为察哈尔所获，旋逃入科尔沁，至是，自科尔沁率三十五人来朝。”[①]我们先读土谢图汗致皇太极的书信，信中恰恰反映了“赵之战”的察哈尔本部方面的准确信息。全文用拉丁文转写如下：“（1）Oom suwasdi šidem.（2）Baγ-a darqan-u bayiqundai čügögür.（3）čaγan lam-a sereng qong tayiǰi maγu kitad kegüken ede bosču.（4）irebe: Čaqar-un qaγan baraγun γurban-du mordaǰu dobtulǰi.（5）qaγan aqai buyan aqai qoyari küriyeleǰü abuγsan-du: .qaγan aqai:（6）buyan aqai qoyar küriyelegesen čerig-i naiman ǰaγun kümün（7）alalduǰi tuγulǰu γarču:gegen qaγan-u köke qota-du（8）oruγsan-du tegün-ü qoyina-ača basa nekeǰü aba tabiγsan-du :（9）onbu-yin kegüked buyan aqai-gi basa küriyeleǰü abuγsan（10）aǰaγu. tere küriyen-eče buyan aqai :čorǰi-yin sangqarǰai-gi（11）daγariǰu γarqui daγan nigen noyan kümün-i alaǰu mür deger-e-ki（12）čerig-iyen čabčiǰu γarba genem. onbu-yin qoyar kegüked-inü（13）oruǰu: nigen kegüken dutaγaǰu γarba genem: gegen qaγan-u（14）köke qota-yi abču qoyar mingγan čerig tabiǰu iregsen-i:（15）tegün-ü čiγanača čaγlasi ügei olan čerig-ud ireǰu（16）düriǰü qarin köke qota-yi buliyaǰu abuba genem:（17）čaqar-un čerig-ün qoyiγur baraγun qoyina-ača tübei-yin γurban（18）

① 《清太宗实录》，天聪三年秋七月甲申朔条。

otog ulus dobtulaǰu abču ečibe genem. egün （19）urida-ača γurban mingγan aduγu abču ulus dobtulǰu（20）ečibe genem:basa tegün- eče öber- e tabunung- ud- i alaǰu （21） abaqainar- i abču ečibe genem.γurban mingγan aduγun-nu（22）qoyina-ača qaγan mordaǰu daruγdaǰu sayid-iyen alaγdaǰu（23）qariǰi irebe genem. Tübe tabunang-ud-un qoyina-ača（24）mordaǰu qaračin-u bandi tayiǰi-yi bariǰu irebe genem:（25）yeke ulus oruγsan ügei. buyan aqai :qaγan aqai:onbu-yin（26）gool qoriy-a oruba genem:arban qosiγun-du döčiged ger（27）kürbe genem.buyan aqai-yin gerdeče abuγsan bičig-tü（28）uridu sečen qaγan: naγun-u abaγ-a: qoyitu abaγ-a: qalq-a（29）baraγun γurban edür sara bolǰiǰu morday-a gegsen bičig-i（30）üǰeǰü.keǰiy-e geǰi mendü amur ügei geǰi yabunam genem:（31）dotor-un čaqar boru qotan-ača ürgülǰi bui genem.（32）ene iregsen noyad-un üge: qoyitu qalq-a očir ölügei-dü（33）siqaǰu kürčü irebe geǰi: mengdegürenem genem: ene （34）mengdegüregsen-dür: ene noγon deger-e（35）sečen qaγan-tai: ta kelelčeǰü moridasai: ene noγon deger-e（36）ese mordaqula:ügei bolusa küčütei bolqu:（37）ügei bolusa kümündü abtaqu: ulus alalduqu dur（38）ügei genem: ulus ǰüg bügüde-eče dayisun bolba geǰü（39）oγurčilaǰu qaγučin čaqar-ča bolba qalq-a :（40）kesigten: tani čerig: mani čerig ireküle oruǰu öggü y-e （41）geǰi yabunam genem:man-dur egüber sonusduγsan ene:（42）nada basa kele bui-y-a::"①

汉译："愿吉祥。巴噶达尔汉的白珲歹楚胡儿、察罕喇嘛、塞棱洪台吉、毛祁他特诸子逃来。据称察哈尔汗征伐右翼三万，围困汗阿海、卜言阿海俩。汗阿海、卜言阿海俩以八百

① 李保文编辑、整理、转写：《十七世纪蒙古文文书档案》（1600—1650），内蒙古少儿出版社，1997年，第49档案，第145页。

人厮杀突围。逃入格根汗之呼和浩特时，他们又狩猎般地追杀时，鄂木布诸子围困了卜言阿海。卜言阿海突围时，袭击绰尔济之子桑哈儿寨部，随之杀了一位那颜，将途中所遇之兵砍杀而出。称鄂木布俩子投降，一子逃出。又称一时占领格根汗呼和浩特，派遣两千兵守护，却又引来了无数察哈尔兵前来攻打，又抢占呼和浩特。又称察哈尔兵之后又（察哈尔）土巴三部从西北方向来袭大掠而去。又说从东南方向又来（察哈尔）兵，抢掠三千马匹而去。除此之外杀戮塔布囊们，掳掠公主们而去。为夺回三千匹马，汗（喀喇沁汗）率兵前去，打了败仗，损失一员大臣，无功而返。土巴又追杀塔布囊们，俘虏了喀喇沁部班第台吉。大国（喀喇沁大营）未参战。卜言阿海、汗阿海、鄂木布之大营参战。十旗各分四十来户。从卜言阿海家里获得的信中得知，以前天聪汗、嫩阿巴玹、北阿巴玹、喀尔喀右翼三万等约定日期，要讨伐（察哈尔），认为永无安稳之日。内察哈尔从博罗和屯起连绵驻牧。这些逃来的那颜们又说：'听说北喀尔喀已抵敖齐尔兀鲁黑地方。察哈尔很是恐慌。趁此慌张，利用草青之际，最好与天聪汗商定，共伐（察哈尔）。若失去机会，要么（察哈尔）变得更强大，要么被他人（北喀尔喀）消灭。国人（察哈尔人）不愿意征战。认为四面受敌，很是抱怨。旧察哈尔也罢，喀尔喀、克什克腾等都准备若贵军（爱新国军）、我军（科尔沁部）前去，就要投奔。'我处得到的消息就是这些。你处也有其他消息吧。"

分析：这是林丹汗率师东征收服喀喇沁万户残余时发生在呼和浩特周围的情况。喀喇沁部利用呼和浩特空虚之际反扑，反而被察哈尔兵团团围住。来科尔沁万户传递消息的这些逃人是以前被林丹汗整编到察哈尔本部的五部喀尔喀人。据他们说，喀喇沁汗两次被围困。第一次被察哈尔兵围困，只有八百人突围。喀喇沁汗等拼命冲出重围，逃往呼和浩特时又被守护呼和浩特的土默特鄂木布两子围困。不过此次战役以喀喇沁汗的胜利而告终。鄂木布二子投降，一子逃脱。喀喇沁汗乘胜又袭击阿喇克绰特部之桑哈儿寨营，杀了一个大人物，占领了呼和浩特。从这一段话可以认定，林丹汗曾让阿喇克绰特部留守呼和浩特。而阿喇克绰特部打了败仗，被喀喇沁汗抢占呼和浩特。喀喇沁汗派遣两千兵马守护呼和浩特。林丹汗在开平得此消息，马上派遣部分兵力重新夺取呼和浩特。

上述《明崇祯实录》记载和蒙古文档案中所说的“无数察哈尔兵前来攻打，又抢占了呼和浩特”，就是指林丹汗分兵夺回呼和浩特的事。从其他蒙古文史书中的记载看，林丹汗此次派遣的兵力有四万人之多。占领呼和浩特后，察哈尔兵又对喀喇沁部进行毁灭性的打击。察哈尔土巴济浓所部，还有另一支察哈尔军队频繁对喀喇沁万户进行袭击，连喀喇沁塔布囊部三十六家也受到重创。喀喇沁汗和布延阿海（即卜言阿海）等节节败退，布延阿海的家眷也被察哈尔兵俘获。所俘虏的喀喇沁人口有四百多人，被察哈尔参战的十个旗平分了。不过喀喇沁主力未受到损失。察哈尔本部军队虽然所向无敌，连连打了胜仗，但士气不振，尤其是从布延阿海家里搜出的信件中得知爱新国、科尔沁、北喀尔喀、右翼三万户已经约定要共同讨伐察哈尔本部的消息后，他们极度恐慌。察哈尔本部（所谓好陈察哈尔）和被林丹汗兼并的喀尔喀、克什克腾一部都已无心恋战。如果爱新国军队与科尔沁万户、北喀尔喀各部等蒙古其他部落的联军真的前来，那就准备投降。这就是所谓的“赵之战”。从中可以归纳出以下几条：

一、林丹汗并未亲自参加此次战役。二、此次战役就发生在天聪元年（1627）十二月。三、地点就在呼和浩特附近。四、蒙古人一般称大寺为赵（召）。呼和浩特有大召寺，所以有时称作“juu-yin qota”（召城，也作赵城）。五、“赵之战”只是发生在喀喇沁汗、布延阿海、鄂木博之三大营和察哈尔之间的战役。

由于遇到喀喇沁部的顽强抵抗，察哈尔本部对喀喇沁部的打击毫不放松。

《国榷》载："崇祯元年春，插汉虎墩兔憨杀那木儿台吉。"[①]

那木儿台吉是喀喇沁著名的头目之一，即五路台吉。不过此次所杀的并不是那木儿台吉，他此前早已去世，这次是收服他的部民。

《崇祯长编》载："崇祯元年四月戊午，朵颜三十六家部落与插汉战于（早）［旱］落兀素，胜之，杀获万计。蓟辽督臣张凤翼奏闻。"[②]

《满文老档》载："五月十一日，（往明）出征贝勒阿巴泰、岳托行至途中，闻古特伊塔布囊部自察哈尔逃至蒙古阿拉克绰特部旧址居住，截杀归降满洲国等语。因遣八人往观之，回报得实随遣人以其事奏闻汗。汗命贝勒吉尔哈朗、浩格率兵六百，往取古特伊塔布囊。奏报擒杀古特伊塔布囊，尽收其民，俘获人口、驼马牛羊共计一万等语。六月初四日还师。"[③]

显然，这是林丹汗为了防备爱新国和喀喇沁万户的联络，还有留守故察哈尔地方而派去的察哈尔兵。最终被爱新国和喀喇沁三十六家夹击，全军覆没。所谓旱落兀素之战，就是指该战役。阿喇克绰特部旧址就是大凌河上游——敖沐沦[④]（Oi-mören，也作敖木伦、敖木林）。所以也叫敖沐沦河第二战役[⑤]（关于第一战役，笔者曾在前文讨论过）。

---

① 谈迁撰：《国榷》卷5，北京古籍出版社，1958年。

②《崇祯长编》卷8，崇祯元年四月戊午条。

③ 中国第一历史档案馆、中国社会科学院历史研究所译注：《满文老档》，中华书局，1990年，第885、888页。

④ 清末民初时期，敖沐沦的两岸被十分茂密的森林覆盖，因此被当地蒙古人命名为敖沐沦，义为森林中的河流。

⑤ 乌云毕力格：《从十七世纪前半叶满蒙遗留性史料考察内蒙古历史，二、敖木林之战与爱新国—喀喇沁联盟》，《内蒙古大学学报》1999年第4期。达力扎布：《明代漠南蒙古历史研究》，内蒙古文化出版社，1998年，第297页。

《国榷》所载："崇祯元年五月己巳，朵颜卫夷目束不的，即长昂孙，三十六家同伯颜阿亥等与插汉虎墩兔战于敖木林，插汉失利，杀伤万余人。"[①]

该史料记载的也是这次战役。古特伊塔布囊，史料中查无此人。可能是察哈尔部林丹汗的大臣。

林丹汗这次没有采取报复行动。原来，林丹汗亲信贵英恰在明朝新平堡索赏时被明朝边臣诱杀。于是，林丹汗举兵报复，五月攻掠大同[②]。此时，林丹汗大营一直在宣大边外驻牧。

《崇祯长编》载："林丹汗一举而攻溃哈喇慎部落，乘胜西攻宣府边外白酋等。又乘胜西攻大同边外顺义王卜石兔，致卜石兔不支，西遁套内暂住。而插在宣、大，时东时西随水草驻牧，此数月来情节也。"[③]

林丹汗在宣、大边外驻牧时，右翼鄂尔多斯和土默特联合，准备向察哈尔再一次发动反扑。这次战役发生在艾不哈河附近，所以史称"艾不哈战役"。

《崇祯长编》载："崇祯元年八月壬寅，顺义王卜石兔会永邵卜（也作永召卜、永谢布）等众于挨不哈（即艾不哈），将于插战。宣大总督张晓以闻。"[④]

这次是右翼卜石兔主动迎战察哈尔本部。

《崇祯实录》载："九月，是月，插汉虎墩兔憨与卜石兔、永邵卜战，私卜五榜什妻败走，屯延宁塞外。穷兵追卜石兔，佯请款于督师。初请款以七万金，今倍溢至十四万，边臣不敢以闻。"[⑤]

《明史纪事本末补遗》又载："九月虎墩兔西击卜石兔、永召卜，败之。都令、色令、宰生、合把气喇嘛追杀袄儿都司吉

---

①《崇祯长编》，崇祯元年六月庚寅条。
②《崇祯长编》，崇祯元年六月庚子条。
③《崇祯长编》，崇祯元年八月壬寅条。
④《崇祯长编》，崇祯元年八月壬寅条。
⑤《崇祯实录》，崇祯元年九月条。

能兵马之半。又屯延、宁塞外，穷兵追卜石兔，而佯款于督师，要求过倍。兵部尚书王在晋不敢闻。”[①]

双方激战时间是在崇祯元年（1628）九月。右翼方面联军为土默特部顺义王卜石兔、永谢布部台吉们，还有一个不知名的“私卜五榜什妻”部落。此外第二条史料中又出现鄂尔多斯济农部，战后被追杀，伤亡过半。他好像没有直接参加此次战役。合把气喇嘛是林丹汗所委派的呼和浩特留守人员。色令是土默特部鄂木博之子，西令、色令之一。宰生可能是林丹汗手下领兵的一位大宰桑。都令身份不详。不过，这些人应是林丹汗派往河套地区收服鄂尔多斯的察哈尔将领。

《明清史料》载：“但插酋聚结边外，势甚猖獗，自去秋与哈卜交兵得胜之后，擒杀河套诸虏，犹如拉朽。”[②]

这是察哈尔本部大军经略河套的过程。去秋指崇祯元年九月，哈卜交兵指林丹汗与永谢布部、土默特顺义王卜石兔的艾不哈河之战。擒杀河套诸虏就是都令、色令、宰生、合把气等领兵入套，乘胜收服鄂尔多斯万户之事。

林丹汗在艾不哈之战后基本控制了右翼，永谢布部以外的喀喇沁万户残余东奔爱新国，于天聪二年（1628）八月与爱新国盟誓[③]。所以喀喇沁部的五大执政拉斯辖布、布延、莽苏尔、東不的、赓格尔忙于与爱新国结盟，没有参加艾不哈河之战，喀喇沁万户参战者只有其分支永谢布鄂托克。

《满文老档》载：“九月初六日为征察哈尔起程西行。九月十五日，有男妇三十余人由察哈尔逃来。十七日，喀喇沁部汗拉希喜布……各率兵来会。科尔沁……自行劫掠……汗大怒，

① 谷应泰撰：《明史纪事本末补遗》卷3，中华书局，1977年。

② 中央研究院历史语言研究所：《明清史料》，丁编第6册，商务印书馆，1931—1951年，第575页。

③ 乌云毕力格：《喀喇沁万户研究》，内蒙古人民出版社，2005年，第88页。

复遣希福往，令土谢图额驸务必来会。十八日，喀喇沁部首领苏布迪杜棱……。十九日，连夜进发。二十日晨，驰击席尔噶、锡伯图、英、汤图四路，俱克之。”[①]

喀喇沁万户诸头目本打算利用爱新国和科尔沁、喀尔喀部的联合军事力量来对付林丹汗察哈尔。但是，科尔沁万户土谢图汗奥巴的故意捣乱，使这一计划宣告破产，最后右翼完全被林丹汗所控制。《明史纪事本末》记载艾不哈河之战之后的情况：“（右翼）一战而溃。插汉掳卜石兔阏氏与金银，各部皆远走迤西。更遣精骑入套，吉囊子孙皆俯首属之，东起辽西，西尽洮河，皆受插要约，威行河套以西矣。”[②]可见林丹汗攻打右翼三万户后有右翼部分部落远走青藏高原，林丹汗控制蒙古右翼三万户的目的已达到。

林丹汗顺利征服蒙古右翼三万户之后，又开始从长计议，一揽子计划的第二步——收服漠北诸部的行动开始了。

第二节 察哈尔本部北征漠北诸部

林丹汗西迁后，仅用一年的时间完全控制了右翼，其具体战果在明朝宣大总督卢象升的题稿中反映得比较精准。

“崇祯元年，插酋猖獗，掩袭诸夷，大战于大同得胜边外，如哈喇慎几二三万人，永邵卜几五六万人，卜什兔之东哨几七八万人，俱为插酋所败，死亡相枕，籍其生者，鸟兽散去，插酋并诸部之赏。”[③]

① 中国第一历史档案馆、中国社会科学院历史研究所译注：《满文老档》，中华书局，1990年，第909—910页。

② 谷应泰撰：《明史纪事本末补遗》卷3，中华书局，1977年。

③ 中央研究院历史语言研究所：《明清史料》，兵部行兵科抄出宣大总督卢象升题稿，丁编第6本，商务印书馆，1931—1951年，第575页。

《崇祯实录》载："督师兵部尚书王象乾：……朵颜卫三部三十六家，今日之计，当联络与哈喇慎合可得三万人。诸部惟永邵卜最强，约三十余万人，若合卜石兔之兵可御插汉。"[①]

王象乾和卢象升所说的永谢布部势力差距很大。也许卢象升所说的是归附察哈尔部后的永谢布人众，而王象乾所说的是整个右翼势力的总合。从零散的史料记载来看，大部分永谢布部众西逃青海。后来林丹汗远征青海、西藏的目的之一就是追讨这些逃亡到达木地方的永谢布万户人众，他们参与西藏喇嘛教的教派斗争，站在黄帽派的立场，镇压红帽派。作为红帽派呼图克图的林丹汗前去支持红帽派，这是他义不容辞的责任。这是他远征青藏高原的原因之二。

《安多政教史》载："先是，土龙年（公元1628年，崇祯元年，戊辰），察哈尔的林丹汗挑起察哈尔的内讧，因此，永邵卜部四首领于水猴年（公元1632年，崇祯五年，壬申），前往切安（达）木开辟新领地，其中有达垄瓦的施主喇嘛加曲库尔，他们到了达木地方居住，朝拜了觉阿释尊金像，并向五世达赖喇嘛请求了长寿灌顶。"[②]

关于永谢布万户西迁青海另外一个旁证是："鸡年（公元1633年），永邵卜的嘎玛治力安到了拉萨，向五世达赖喇嘛请求修《才达法》的随许法，以后又去粗扑寺。但是嘎玛巴表示不高兴，仅仅予以会晤，没有给予灌顶。台吉大怒，攻打粗扑寺所属的嘎美部落。"[③]

这说明永谢布万户部分大台吉确实驻牧于西藏安多地区。

---

①《崇祯实录》，崇祯元年九月辛未条。

② 智贡巴·贡去呼丹巴绕布杰撰：《安多政教史》，第4章，《青海蒙古诸部首领的历史》，甘肃人民出版社，1982年，第39页。

③ 智贡巴·贡去呼丹巴绕布杰撰：《安多政教史》，第4章，《青海蒙古诸部首领的历史》，甘肃民族出版社，1982年，第39页。智贡巴·贡去呼丹巴绕布杰撰：《安多政教史》，第4章，《青海蒙古诸部首领的历史》，甘肃民族出版社，1989年，第36页。

林丹汗西征时素与青海、西藏往来密切的部分右翼台吉率部西迁到青藏高原，以永谢布部为主的右翼部分人众远走他乡，躲过了察哈尔林丹汗的征服。而且迁去的是四首领部民，估计人众也不在少数。但是没过多久，从喀尔喀部前往青海的绰克图台吉征服了原来火落赤那颜的土默特各部后，紧接着又屠杀永谢布万户的部众。

“由于许多察哈尔人前去喀尔喀，进行内战，却图汗及其部属被逐出喀尔喀。他于第十生的水猴年（公元1632年，崇祯五年，壬申），来到青海，征服了土默特各部。”① “又绰克图汗派台吉阿尔斯兰带领部队万人来到达木，消灭永谢布四部。”②

绰克图之子阿尔思兰领兵进藏屠杀永谢布万户部众的事发生于1635年，乙亥年。漠北喀尔喀部绰克图台吉前来青海收服土默特、永谢布等右翼残部是按照林丹汗的旨令进行的，但是目前无具体史料依据可查。只能从西藏喇嘛教的红帽派与黄帽派之间激烈的教派斗争角度，来解释虔诚的红帽派教徒林丹汗、绰克图洪台吉几乎在同一个时段，分别从漠北和漠南远征青海的缘由。

① 智贡巴·贡去呼丹巴绕布杰撰：《安多政教史》，第4章，《青海蒙古诸部首领的历史》，甘肃民族出版社，1982年，第39页。关于绰克图汗进入青海的时间有两种说法。松巴堪布撰《青海史》记载：“在当时，许多察哈尔避难者到了喀尔喀。在木狗年（1634年），当官员们正在争权夺利时，恶名昭彰的却图发动内战，当他正在为他的恶行得意洋洋的时候，他被许多喀尔喀人放逐到库库诺尔地区。在征服了土默特的火落赤及他的人民后，他留驻那个地区，当时他以却图汗著称于库库诺尔地区。”笔者认为《安多政教史》记载的1632年比较切合实际。《青海史》所说的木狗年（1634），按照作者的原意，应该理解为控制青海地区的“苦苦诺尔却图汗”之时，并不是指却图攻入青海之年。林丹汗西迁青海也许与却图汗完全控制青海有关。

② 智贡巴·贡去呼丹巴绕布杰撰：《安多政教史》，第4章，《青海蒙古诸部首领的历史》，甘肃民族出版社，1982年，第39页。

一、攻打“阿勒坦汗”的两次战役

据国内外史籍记载，爱新国天聪二年夏（明崇祯元年），林丹汗率领察哈尔万户本部和右翼兵，曾远征漠北喀尔喀右翼。

对此，日本宫胁淳子曾进行过初步探讨：“到了16世纪后半叶，卫拉特人反而被控制在土默特的俺答汗及喀尔喀的阿巴岱和赉湖尔等人的权力之下。到了17世纪初期，卫拉特诸部全部被喀尔喀蒙古所征服。……1623年乌巴什珲台吉被杀，俄木布额尔德尼袭承阿勒坦汗位。然而，在他执政的年代里，整个蒙古已面临着来自亚洲东北部的满族人的压力，且同时背负察哈尔蒙古林丹汗的威胁。”①

俄木布额尔德尼归属于俄文史料中经常提到的喀尔喀右翼的札萨克图汗，分领卫拉特蒙古辉特部的第三代“阿勒坦汗”（“altan uruγtan-u qan”，意为黄金家族出身的可汗）。

在俄文档案中有关“阿勒坦汗国”的一些珍贵史料：“阿勒坛的使者说：跟着阿勒坛在克姆奇克河游牧的有五千人左右，在阿勒坛原来牧地的有他的三个兄弟：多尔济、库尔布伊和叶勒达，跟着他们三个人游牧的有四千人；在离他们的地方不远处游牧的，还有他的两个弟兄凯康和萨雷恰，跟着这两人的约有八千名说卡尔梅克语的人。阿勒坛在离开他原来牧地五天路程，离开吉尔吉斯七天路程的地方游牧。”②

从以上俄文史料看，阿勒坦汗所属喀尔喀部人近一万，而所属辉特部人众也近一万。阿勒坦汗接近西北吉利吉思地区驻牧。看来他的一半属民是卫拉特蒙古所属辉特部人。

① ［日］宫胁淳子：《17世纪卫拉特与喀尔喀的争逐》，载《国际中国边疆学术论文集》，台湾，1984年。

②《十七世纪俄蒙关系》第1卷第1册，第448—449，原档第37号，商务印书馆，1978年，第140页。

自从兀良哈万户叛乱起，右翼莫尔根济农、俺答汗兄弟二人开始经营喀尔喀右翼地区和部分卫拉特部落。俺答汗曾对兀良哈发动六次战争。随着漠南右翼三万户的顺利臣服和权力的稳固，林丹汗想继续维持喀尔喀右翼、卫拉特蒙古与蒙古右翼的这种传统关系，尽量扩大自己的势力范围。另外，他急需模仿右翼蒙古诸万户心目中的明主俺答汗的举动，控制喀尔喀右翼和卫拉特蒙古，以此来提高自己在右翼蒙古的威望。

关于察哈尔人在漠北作战的史料记载有以下几种：

1.《安多政教史》：由于许多察哈尔人前去喀尔喀，进行内战，却图汗及其部属被逐出喀尔喀[①]。

2.《国榷》：崇祯二年三月末，翰林编修陈仁锡获悉插汉远在漠外[②]。

3.《俄蒙关系史料（1607—1636）》：一六二九年十一月十五日，西伯利亚地区托布林斯克（Tuburinsike）市的情报记录里所收录的来自俄罗斯哥萨克人的情报称，阿勒坦汗正在承受都沁汗的攻击[③]。

4.《俄蒙关系史料（1607—1636）》：（1629年3月1日的34号载）：人们称他为察哈尔汗，我不知道他叫什么名字。他拿下了腊宾国，拿下了黄蒙古……还准备攻打阿勒坦皇帝。

5.《俄蒙关系史料（1607—1636）》：（1629年7月2日的35号档载）：1629年5月11日，伊凡什卡·季莫菲耶夫等人从马茨国返回，他们在官署说：从中国境外来了一个不知是哪个国家的皇帝，人们称他为察哈尔汗，……也占领了腊宾国，并击溃了阿勒坦皇帝，……

---

① 智贡巴·贡去呼丹巴绕布杰撰：《安多政教史》第4章，《青海蒙古诸部首领的历史》，甘肃民族出版社，1982年，第39页。

② 谈迁撰：《国榷》，崇祯二年三月，北京古籍出版社，1958年。

③《俄蒙关系史料（1607—1636）》，第75号，内蒙古大学图书馆馆藏，1959年。

6.《明清史料》丁编，第4本：兵部崇祯三年九月三日题行，据宣府巡抚杨塘报，探问得，在边驻牧夷人密说，插汉儿王子聚兵一处，传令各夷备二十余日盘缠，要往西北征剿哈力哈、卜罗合儿气等酋。本月二十六日，又据侦探通官李应元等进边报称，探得，插酋将本边住□□[①]马及精壮真插酋部夷俱各调去。讫止各酋哈喇慎、卜石兔、威兀慎降夷在边驻牧等情到路禀到卑职[②]。

利用以上几条史料信息，我们首先能肯定一点是，林丹汗曾在1629年第一次远征漠北。第一条史料信息来源于当时风靡蒙古社会的宗教界。当时喇嘛教僧人流动性很大，而且与政界来往密切，文书往来频繁，信息的准确率极高。《安多政教史》似乎诉说着林丹汗远征喀尔喀右翼时，其盟友喀尔喀左翼的绰克图台吉联合夹击喀尔喀右翼的情况。从此绰克图台吉成为喀尔喀各部的公敌和内奸，后来无法立足故土，只得远走他乡[③]。

《青海史》很笼统地讲到："林丹汗败亡后在当时，许多察哈尔避难者到了喀尔喀。在木狗年（1634），当官员们正在争权夺利时，恶名昭彰的却图发动内战，当他正在为他的恶行得意洋洋的时候，他被许多喀尔喀人放逐到库库诺尔地区。在征服了土默特的火落赤及他的人民后，他留驻那个地区，当时他以却图汗著称于库库诺尔地区。"[④]

仔细研读该史料后，再结合史实分析，可以得出如下结论：林丹汗去世时间为1634年秋，而后其察哈尔万户本部溃

---

① 中央研究院历史语言研究所：《明清史料》，兵部行兵科抄出宣大总督卢象升题稿，丁编第4本，商务印书馆，1931—1951年，第318页。

② 乌云毕力格认为绰克图洪台吉是为争夺察哈尔逃人而与喀尔喀诸台吉产生矛盾。参见《绰克图台吉历史和历史记忆》，载《Quaestiones Mongolorum Disputatae》2005年3月第1期。

③ 松巴堪布撰：《青海史》，第226页。

④ 松巴堪布撰：《青海史》，第226页。

散。大约三分之一的察哈尔人逃到喀尔喀。官员们为了抢夺察哈尔难民发生冲突。绰克图台吉也参与抢夺并发动了内战。而且是“洋洋得意”的胜利者。这时突然许多喀尔喀人联合起来把他赶出喀尔喀。他无奈来到青海湖边，征服了火落赤土默特部，站稳了脚跟，从一个流落他乡的台吉一下变成了闻名青藏高原的绰克图汗了。这些事就发生在林丹汗去世后的1634年的10—12月间。

很显然，我们不能这样表面化地去理解这段史料。其实，木狗年（1634）是绰克图台吉吞并青海火落赤所部土默特后全面控制青海的时间[①]，并非他从喀尔喀去青海的年份。绰克图台吉早在两年前，已经从喀尔喀部迁徙到青海了。控制一个游牧社会的青海并不像攻破中原城郭那样能够一次性完成。

《安多政教史》载：由于许多察哈尔人前去喀尔喀，进行内战，却图汗及其部属被逐出喀尔喀。他于第十胜生的水猴年（1632），来到青海，征服了土默特各部[②]。

上述史料所反映的情况是，天聪六年（1632）林丹汗第二次北征漠北，与漠北诸部发生冲突。这次绰克图台吉和林丹汗并肩战斗，与漠北诸部为敌。最后，绰克图“被逐出喀尔喀”；或者是受林丹汗的派遣，就在这一年从漠北喀尔喀西征青海。

在崇祯五年（1632）从漠北喀尔喀逃到明边的察哈尔逃人的供词中，也透露了这一消息。

《明清史料》所载兵科抄出宣镇监视太监王坤九月十二日题本：

① 乌云毕力格和图雅都认为1634年为绰克图台吉迁徙到青海的年份。参见乌云毕力格：《绰克图台吉的历史和历史记忆》，载《QMD Ⅰ》，国际蒙古学文化研究协会，东京，2005年。图雅：《喀尔喀绰克图洪台吉生平研究》，内蒙古大学硕士学位论文，2004年，第24页。

②《智贡巴·贡去呼丹巴绕布杰撰：《安多政教史》第4章，《青海蒙古诸部首领的历史》，甘肃民族出版社，1982年，第39页。

九月初五日，据独石口城守备陈上表禀称：据北栅口夜不收任国臣报称，有一骑马鞑子随带弓箭到边，役随即前到栅口收获，到城审得，夷人名叫伯言物，原系哈喇哈下夷人。……得脱身出来。原骑马二匹，因无盘缠，杀了一匹，沿路寻食山梨、山葱，吃了一个月，才到边上，今来降。闻他插王子今在那里，他说要往地名克列埌呆的搬移，还要过海去哩等情[①]。

此人是从漠北逃来的察哈尔逃人，他所提供的“地名克列埌呆的搬移，还要过海去哩等情”，就是林丹汗在漠北委派其盟友绰克图台吉往征青海的消息。所以，绰克图在天聪六年（1632）西征青海这一点是可以肯定的。

西藏史料和蒙古文史料有一个共同点，就是不像《实录》那样，不会把每件事情都单列叙述，而是概括地综述某一段历史。《安多政教史》也不例外，它把绰克图台吉1632年从喀尔喀迁徙到青海，以及1634年完全控制青海土默特部的三年历史都列在1632年条中概述了。只要准确理解1634年完全控制或统一青海的历史，前后的问题都会迎刃而解。按照正常逻辑推理，绰克图台吉完全统一青海之后才能前往西藏。因此，1635年正是他进入西藏之年，这才合乎常理。

绰克图台吉并不是因为抢夺察哈尔部逃民而与喀尔喀各部诸台吉发生冲突的。而是因为支持林丹汗统一喀尔喀右翼的战争，与林丹汗里应外合发动内战，所以引来喀尔喀各部台吉的敌视，这才是历史的真实所在。绰克图台吉西进青藏高原还有一个更重要的目的，就是收服逃往青海的右翼永谢布万户残部，控制青海，为林丹汗的蒙古远征军进藏打通道路和开辟根据地。所以，永谢布万户残余为躲避他们的追杀，一直逃奔到西藏的达木地方，但最终还是难逃厄运，1635年绰克图洪台吉

---

①《明清史料》，乙编第1本，丁编第4本，中央研究院历史语言研究所，商务印书馆，1931—1951年，第95页。

派遣其子阿尔思兰消灭了达木地方的永谢布四部。

《青海史》载："木猪年（公元1635年，崇祯八年，乙亥），却图台吉……派台吉阿尔思兰带领部队万人来到达木，消灭了永邵卜四部。"[①]

这些事情应该是连贯的，也是绰克图台吉进军青藏高原的目的。

1929年春末，林丹汗察哈尔部已有北征喀尔喀部的动向。

《国榷》所载的崇祯二年（1629）三月末"插汉远在漠外"，就是进攻喀尔喀右翼的前兆。此次战役就是在崇祯二年五六月之间发生的。这方面俄罗斯档案的记载可以印证。

《俄蒙关系史料（1607—1636）》："一六二九年十一月十五日，西伯利亚地区托布林斯克（Tuburinsike）市的情报记录里所收录的来自俄罗斯哥萨克人的情报'阿勒坦汗正在承受都沁汗的攻击'。所说的'都沁汗'是明代瓦剌人对东蒙古（鞑靼）可汗的习惯称呼。"

俄罗斯34号档案载：（1629年3月1日）……他，伊舍伊，还说，他曾到阿勒坦那里送实物贡，听阿勒坦人说：从中华帝国外边来了一个皇帝，……他自称"我是至高无上的皇帝"，人们称他为察哈尔汗，我不知道他叫什么名字。他拿下了腊宾国，拿下了黄蒙古……还准备攻打阿勒坦皇帝[②]。

35号档案载：（1629年7月2日）1629年5月11日，伊凡什卡·季莫菲耶夫等人从马茨国返回，他们在官署说：从中国境外来了一个不知是哪个国家的皇帝，人们称他为察哈尔汗，……也占领了腊宾国，并击溃了阿勒坦皇帝，……[③]

---

① 松巴堪布撰：《青海史》，第39页。

②《俄蒙关系史料1607—1636》：俄文原档的第131页、第132页，内蒙古大学图书馆馆藏复印本。

③《俄蒙关系史料1607—1636》：俄文原档的第542页，内蒙古大学图书馆馆藏复印本。

无论是汉文史料还是俄文档案的内容，都能证明林丹汗在喀尔喀右翼发动的战争。而十一月的档案是察哈尔与喀尔喀右翼战争发生后较晚送到的消息。因为我们从俄蒙档案和兹拉特金的著作中都不难发现，俄蒙之间的使臣往返快则三个月，慢则半年。所以我们在研究中要分清归档的时间和档案所反映的时间。34号档的日期是依据俄罗斯沙皇使臣到吉尔吉斯（也作吉利吉思）王公伊舍伊那里，回来向沙皇做报告时，沙皇做的训令的日期来确定的，此时林丹汗和阿勒坦汗尚未开战。吉尔吉斯当时是向阿勒坦汗朝贡的国家，两国距离也很近，“阿勒坦在离开他原来牧地五天路程，离开吉尔吉斯七天路程的地方游牧”。伊舍伊国王亲口说的话不会有太大的水分。35号档案信息的提供者是来到中国近边某一地区的沙俄使臣，他提供了林丹汗已攻打了阿勒坦汗的准确消息。

所以1629年，察哈尔本部与蒙古右翼军队确实对喀尔喀右翼阿拉坦汗部发动了第一次战争。

察哈尔本部与喀尔喀右翼的第二次战役发生在崇祯三年（1630）秋末。

《明清史料》所载：林丹汗集结人马，命令每人准备二十余日的干粮，要往西北进军的信息和“本月二十六日”，明朝边将打探到的消息，“插酋将本边住□□[①]马及精壮真插酋部夷俱各调去。讫止各酋哈喇慎、卜石兔、威兀慎降夷在边驻牧”的军情报告都能说明林丹汗在1630年又一次远征阿勒坦汗的史实。

这次林丹汗没有把右翼归附的各部投入战斗，而是与喀尔喀左翼绰克图台吉里应外合，共同讨伐喀尔喀右翼。所以这次喀尔喀右翼的阿勒坦汗特别恐慌，不惜任何代价，急忙向俄罗斯沙皇求援。

---

① 原档脱两个字。

崇祯四年（1631）九月，阿勒坦汗的使臣匆忙来到托布林斯克：因为害怕察哈尔汗的压迫，愿立誓臣服于俄罗斯沙皇，以求保护。

这是林丹汗在崇祯三年再次远征喀尔喀右翼所属阿勒坦汗时的回音。萩原淳平把此次战役发生的时间误认为是俄罗斯档案中出现的崇祯四年（1631）九月。其实不然，应该是崇祯三年九月。他没有注意到我们以上所列的《明朝档案》中的史料，所以把俄文档案的归档时间当作第二次战役发生的时间。不过，萩原淳平提出的1631年林丹汗又一次远征阿勒坦汗的观点也不无道理。因为蒙古文档案反映，1631年林丹汗出兵远征之际，阿鲁部阿巴垓部济农派三百人哨探，袭击阿喇克绰特部，俘获掌管该部太后之事。并急速派人通知本部济农，“林丹汗已远征漠北，要警惕”。阿巴垓济农的哨探无法确定林丹汗此次远征漠北之目的地，因此向自己的首领急报林丹汗出兵。

俄罗斯档案中出现的阿勒坦汗向俄罗斯求援的举动，是受林丹汗的两次讨伐，还有来自喀尔喀左翼绰克图台吉的威胁之后所采取的措施。因为受史料限制，对察哈尔本部两次远征喀尔喀右翼阿勒坦汗的战役无法进行更细致的研究。

二、北征孛啰科尔沁、阿巴垓之战役

这里将着重探讨天聪六年（1632），林丹汗北征漠北孛啰科尔沁、阿巴垓部之战。

《明朝档案》兵部崇祯六年（1633）四月十五日行稿：

“……二月二十九日，有插酋下夷使摆忽宰生带领夷人四名，共五骑进口，到马市圈三贤庙，见岳守备，番称：先日讲和，□[1]刀说誓，立写合同，凡称人事不过三次，今停住赏银八百两，并王子迎风赏，讲要四次不与，有我王子言说，也不

① 原档脱字。

要此赏了。岳守备回说，先日奴酋前来，你们逃往何处去，彼时为何不来要赏？摆忽宰生回称，奴酋来时我们兵马往北去撒喇汉家，如今就叫奴酋来，我们正要与他厮杀。”[①]

这就是天聪六年（1632）爱新国和科尔沁等蒙古联军往北远征达里岗爱后，还是未能追到林丹汗的原因。其实，这次远征就是科尔沁部奥巴为了保护其同族茂明安、四子部和乌喇特部落，主动约请爱新国军队，在察哈尔军队必经之路达里岗爱设伏，阻止察哈尔远征军北上，只是他们的大军迟到一步。科尔沁部派遣轻骑九人到西乌珠穆沁境内嘎海额勒苏打探察哈尔踪，迹其目的就在于此。

阿巴垓部：天聪六年十一月辛亥，阿鲁部落都思噶尔济农所属祁他特吹虎尔台吉率男妇五百人，尽携牲畜家赀来归，贡驼马[②]。

顺治八年，都思噶尔自喀尔喀来归，诏授札萨克多罗郡王，以多尔济掌左翼，都思噶尔掌右翼，遣官定牧地[③]。

乌喇特部：天聪七年，率众来归，贡驼马[④]。

茂明安部：天聪七年，偕固穆巴图鲁暨台吉达尔玛岱衮、乌巴什等携千余户来归，献驼马[⑤]。

翁牛特部：天聪六年，逊杜棱（也作孙杜棱）、栋岱青暨喀喇齐哩克台吉噶尔马（也作噶尔玛），率属来归[⑥]。

---

① 第一历史档案馆、辽宁省历史档案馆编：《中国明朝档案总汇》（101册）第14册，广西师范大学出版社，2001年，第1173档案，第300页。

② 包文汉等整理：《钦定外藩蒙古回部王公表传》传第21《阿巴噶部总传》，内蒙古大学出版社，1998年。

③ 包文汉等整理：《钦定外藩蒙古回部王公表传》传第25《乌拉特部总传》，内蒙古大学出版社，1998年

④ 包文汉等整理：《钦定外藩蒙古回部王公表传》传第24《茂明安部总传》，内蒙古大学出版社，1998年。

⑤ 包文汉等整理：《钦定外藩蒙古回部王公表传》传第15《翁牛特部总传》，内蒙古大学出版社，1998年。

⑥《清太祖实录》，天聪六年四月癸未条。

上述阿鲁各部的突然主动南下，与林丹汗在天聪六年北征孛啰科尔沁诸部不无直接关系。

《清太宗实录》中天聪六年（1632）皇太极曰：又阿禄诸贝勒，为察哈尔所逐，自投奔我以来，朕每谓当移营近地，乃不遵朕言，仍于远处放牧，复为察哈尔所掠，且以所掠之物献于明国，诳云，满兵进攻之后，我入其地而得之以献，是彼指侵夺我国之名，以诳告于明也[①]。

这是指林丹汗1631年率部北征时，曾遇到他袭击过的亲近爱新国的阿鲁诸部。

林丹汗此次北征科尔沁部漠北亲族的举动首先被明朝方面发现。兵部崇祯五年（1632）三月二十日题，据宣镇太监王坤题，宣府总兵董继舒报降夷事："……崇祯五年二月二十三四，将银米约有二三万，给赏各部夷人，有赏二三十两，有赏一二十两，有赏米面等物，俱赏完，带领夷人约有数万，星夜前往好儿趁、古尔班哑不哈。"[②]

史料中的"好儿趁"是指嫩科尔沁和阿鲁科尔沁以外的孛啰科尔沁诸部：乌喇特、茂明安、四子部落。哈萨尔所属科尔沁部在16世纪中叶分为三大部分，一部分是嫩江流域的"嫩科尔沁"，一部分是岭北驻牧的"阿鲁科尔沁"，一部分是驻牧于呼伦贝尔的"孛啰科尔沁"。"古尔班哑不哈"在这里是指别里古台后裔所属部落，从归附清朝的情况分析，17世纪上半叶也分成三大部分游牧：都思噶尔济农的阿巴垓部、栋伊思喇布的阿巴哈纳尔部、色棱默尔根的阿巴哈纳尔部[③]。

这是林丹汗1632年初出征孛啰科尔沁与阿巴垓部前的情况。

---

① 《清太祖实录》，天聪六年四月癸未条。

② 中央研究院历史语言研究所：《明清史料》，定编第4本，商务印书馆，1931—1951年，第323页。

③ 古尔班哑不哈通常指的是成吉思汗的三个弟弟哈萨尔、别里古台、哈赤温的部落。

天聪六年（1632），爱新国与科尔沁万户联军第三次远征察哈尔，此次战役的鼓动者为科尔沁部奥巴。原因是其近亲孛啰科尔沁部落，求援于奥巴台吉，所以他对此次远征持前所未有的积极态度。

林丹汗远征一开始就被阿巴垓等阿鲁部的侦探发现，并急速向嫩科尔沁部的奥巴求援。

“Om suwasdi šidem. sečen qaɣan-u gegen-e ayiladqamoi: ǰinong-un baqadai oyiǰang daɣurisqu ɣurban ǰaɣun kümün čaqar-tu turšiɣul ečigsen: čaqar-un čerig mordaɣsan qoyiɣur alaɣčiɣud-i dobtulǰu alaɣčiɣud deger-e saɣuɣsan qaɣan-i qatun-i bariǰu : em-e kübegün-i čabčiǰu: ger mal-inu tüyimerdeǰü qaɣan-i qatun-i abuɣad : baqadai oyiǰang daɣurisqu: čaɣaǰai mergen kiy-a-yi qostai[①] yaɣaraɣulǰu: čaqar čerig mani ǰüg mordaba.ser-e geǰü ǰaruɣsan tere kele-yi sonosuɣad čerig-iyen uɣtuǰu ɣaruɣad: ger-iyen berke ɣaǰar oruɣulǰu: qalq-a tai tululčaǰu qalq-a-yin buyaqu güyeng ireǰi kelelčeǰü:qalq-a ǰinong tai čerig-iyen ugtuǰu ɣarba genem: mani elči: ǰinong-in elči tai qostai yaɣaraǰu ǰaruɣsan toɣoriǰu yabuǰi qori qonoǰu irebe:mani dotur-a oruɣsan aq-a degü-yin nutuɣ-iyer čaqar-un turšiɣul demei yabuǰu bayinam. čaqar-un čerig qamiɣ-a tuluɣasan-i medekü biši. Qalq-a-yin boɣuɣai qošiɣuči ɣurban ǰaɣun kümün turšiɣul :čaqar-un ǰaq-a-yi tobtulǰu ɣarqui: Kiy-a tayiǰi-yin degü ondo qaraɣul ɣaruɣsan učaraǰu alalduǰu: ondo-yi boɣuɣai qošiɣuči ǰidalaǰu alaba genem edüge übül-un ekin sara-du tan-du mordaqula bide ger tuni morday-a: man-du mordaqula: ta ger tuni morda geǰi bayinam:ǰinong-in elči-yin üge tere:baqadai

① “qostai”，在蒙古语中，蒙古人有事出远门时，除坐骑以外，还要牵另一匹备鞍马赶远程路，谓之“合索台”。此外清朝皇帝御驾仪仗队前面会列有成双的备鞍马和备鞍大象，叫作“qošitai”。另外王公等显赫贵族仪仗队前备有鞍马的坐骑也叫“qošitai”，参阅《蒙古文二十八卷本辞典》，第960页。

qošiγuči čaqar-un čerig -ün mür-inü ǰegün eteged šii（y?）dqaǰu: ger-inü qurqan-u qay-a-yi önggereǰü irebe genem:mani γulumta-yin dotur-a oruγsan: γaγča maγu mingγan-ača bosu:sün dügüreng ekilen bügüde oruǰu irebe." [①]

汉译：愿吉祥！尊奏天聪汗陛下：听说济农属下巴哈太委正达古哩思呼者率领三百人往察哈尔方向哨探，趁着察哈尔空隙，袭击阿喇克绰特部，俘虏了掌管阿喇克绰特之可汗太后，并杀戮其妇幼，抢掠了其牲畜，携带太后撤走后，巴哈太委正达古哩思呼急忙派遣察哈寨莫尔根恰侍卫，报察哈尔冲着我们去了，要警惕！听到此报告后，率军往迎，把家室往险要地带搬迁。与喀尔喀取得联系，喀尔喀部博雅户贵英来约定后，同喀尔喀济农一起出兵迎战。急遣我们的使者和济农的使者，但是走了弯路，途中用了二十天才到。我们家族兄弟（茂明安、乌喇特、四子部）的土地上，察哈尔哨探频繁出入。不知察哈尔部队行军到何处。听说喀尔喀保古盖和硕齐率三百人打探，袭击察哈尔边境时与恰台吉（察哈尔）之弟温窦防边相遇，温窦被保古盖和硕齐刺死了。他们说如今寒冬初月（十月），若（察哈尔）出征你们，我们去袭击他们的后方，若出征我们，你们去打他们后方。济农来使的话就这些。又巴哈太和硕齐言：察哈尔军队的行军路线趋向东方，老营已过虎刺干之哈雅。我们家族兄弟中除了茂明安以外，逊杜棱等来到我们山阳。

另一个旁证是《清太宗实录》：天聪六年五月爱新国和科尔沁等满蒙联军为奥巴这封信中所说之事直奔虎刺干之哈雅地方，想阻截林丹汗北征军，但是晚到了一步，林丹汗大军早已北上。

“庚寅，大军次都勒河。命白布赫率壮士八人，每贝勒下拨给良马二匹，入察哈尔国边界捉生。是日，察哈尔国一人步

---

① 李保文编辑、整理、转写：《十七世纪蒙古文文书档安》（1600—1650），内蒙古少儿出版社，1997年，第20件档案，第63—64页。

行逃至。云，……察哈尔汗奔库黑得勒酥地方，自大儿湖距彼地约一月程。”①

奥巴书信就是1631年冬科尔沁部奥巴听到林丹汗往征漠北茂明安等部的消息以后，向爱新国天聪汗汇报这些情况的信。书信中所提到的“济农”是指阿巴哈（即阿巴垓）部都思噶尔济农。因为岭北阿鲁诸部享有济农称号的只有阿巴垓部都思噶尔济农、翁牛特部逊杜棱（也作孙杜棱）济农二人。而书信中明确说明逊杜棱济农的翁牛特部已经转移到岭南，是以第三者的身份出现，可见给奥巴台吉写信的只有阿巴垓部的都思噶尔济农。而此时正如奥巴信中所说，得到林丹汗要征伐他们的消息以后，除茂明安、阿巴垓部以外的科尔沁万户近亲部落，如翁牛特逊杜棱济农等俱已南下靠拢嫩科尔沁部游牧，躲避林丹汗的征伐。驻牧于岭南的这些部落在1632年未受到林丹汗的攻击。只有游牧于呼伦贝尔的茂明安等孛啰科尔沁各部和三阿巴噶（即阿巴垓和两个阿巴哈纳尔部）经历过察哈尔本部的讨伐。阿巴垓部自信是林丹汗福晋的娘家人，不设防御而受到林丹汗军队的袭扰，而茂明安部等孛啰科尔沁各部首当其冲，损失更大。

《王公表传》载：“顺治八年，都思噶尔自喀尔喀来归，诏授札萨克多罗郡王，以多尔济掌左翼，都思噶尔掌右翼，遣官定牧地。”②

上引《明朝档案总汇》所载：“又二十九日，有插酋下夷使摆忽宰生带领夷人四名，共五骑进口，到马市圈三贤庙内，见岳守备，番称：先日讲和，□③刀说誓，立写合同，凡称人事不过三次，今停住赏银八万一千两，并王子迎风赏，讲要四

①《清太宗实录》，天聪六年五月庚寅条。

② 包文汉等整理：《钦定外藩蒙古回部王公表传》传第21《阿巴噶部总传》，内蒙古大学出版社，1998年。

③ 原档脱字。

次不与，有我王子言说，也不要此赏了。岳守备回说，先日奴酋前来，你们逃往何处去，彼时为何不来要赏？摆忽宰生回称，奴酋来时我们兵马往北去撒喇汉家，如今就叫奴酋来，我们正要与他厮杀。”①

该史料记载的正是察哈尔本部征战茂明安等孛啰科尔沁之事。史料中的“撒喇汉”是指茂明安部的锡喇奇塔特，号土谢图汗，所谓撒喇汉就是指锡喇汗。从他的头衔来看，他是孛啰科尔沁诸部的总头领。这次茂明安受到察哈尔本部的重创，正是他的这个“汗”号惹来的祸。

林丹汗曾在致明朝皇帝的国书中愤恨地提到：“南朝止一大明皇帝，北边止我一人，何得处处成王？我当先处理［里］，后处外。”②这是林丹汗的一块心病，也是他认定的蒙古不能统一的根源所在。因此，林丹汗率领察哈尔本部西征蒙古右翼的一大原因是要毁灭喀喇沁万户的喀喇沁汗喇斯辖布，以及土默特万户的博什克图汗（汉文史籍中的顺义王、蒙古文书信中的博汗或博什克图汗），西北往征喀尔喀右翼的阿勒坦汗（黄金家族的汗）俄木布额尔德尼的目的也是如此，第三次重点攻击漠北的茂明安部是为了专门消灭锡喇奇塔特土谢图汗。后来林丹汗与喇嘛教黄帽派反目成仇也是这个原因。黄教领袖达赖喇嘛和班禅在蒙古传教时，从册封俺答汗起就随意赏赐汗号，形成蒙古各部出现诸多拥有“汗”号者，进而以蒙古诸部的精神领袖自居，对林丹汗的中央集权危害极大。

茂明安部被林丹汗征伐前后的一些举动在满蒙史料中留下痕迹。

《内国史院档》：是日（天聪七年正月二十五日），汗遣使

① 第一历史档案馆、辽宁省历史档案馆编：《中国明朝档案总汇》（101册），第14册，广西师范大学出版社，2001年，第1173件档案，第300页。

②《崇祯长编》，崇祯元年七月已巳条。

谕科尔沁部班达礼曰：据悉锡喇汗之子兀尔衮来归，复携牲畜五群逃走，视其踪迹，入尔属地等语。将此从速查出送还[①]。

《表传》载：茂明安部，……元太祖弟哈巴图哈萨尔十三世孙鄂尔图鼐布延图，子西喇奇塔特，号土谢图汗，有子三：长多尔济，次固穆巴图鲁，次桑阿尔奇洪果尔，……多尔济号布颜图汗。

罗布桑丹毕坚赞所著《黄金史》载：萨冉汗之子多尔济布延图、固穆图垒、达尔麻都尔乞木、桑噶尔寨洪果尔四人[②]。

1632年初，奥巴得到察哈尔部出征孛啰科尔沁的确切消息后匆忙向皇太极报信，说明其利害关系，要求爱新国与他共同出征察哈尔。信中还透露了一些察哈尔部的内讧情况。这在奥巴致皇太极的信中得到明确反映。

用拉丁文转写原档如下："Oom suwasdi šiddem.sečen qaγan-u gegen-e bičig ürgün bariba: čaqar-un qaγan-ača körüngge-či bayan ongqai-yin töröl doluγan saγadaγ-tu kümün ǰiran aγta-ber bosun naiman qonuǰu kürčü irebe:tete bosqaγul-un öge:čaqar-un qaγan inaγši neguǰü nutuγ-ni:del kekül-dü oruba: čaγadu baraγun tümen-iyen: qatun-u γool-ača činaγši γarγaǰu: čerig-iyen abun: ger-iyen negülgen:čerig-ni ene sara-yin šin-e-yin ǰirγuγan-a qaγan-u ger deger-e kürčü irebe: qaγan ǰarlaǰu arban γurbatu-ača degegši :dalan γurbatu-ača doγoγši geǰi:ene sara-yin arban naiman edür:aru kingγ-a-ber šiqaǰu: nigen sara-yin künesün abču mani aru-yin ulus-tu mordaba:ger-tegen talbiγsan čerig-inь nigen mingγan čerig talbiba:ger-inü čerig-ün qoyin-a ača negükü bile genem: nutuγ-inu oyir-a kürčü ireǰi bayinam: ger-inü negüǰü: ulqui-

① 中国第一历史档案馆编译：《清初内国史院满文档案译编》上册，光明日报出版社，1989年，第8页。

② 罗布桑丹毕坚赞：《黄金史》，内蒙古文化出版社，1998年，第74页。

yin inǰaγan-du oruqu bayinam:dörben abaγ-a ekilen bügüde: nigül-tü qaγan-i töröl töröben ülü taniǰu yabuqu-du: sečen qaγan-i šitüǰü bile: Aru-ber mordaγsan čerig aru-yin ulus-i abqula mandu qota šibege ügei bišiü: čaqar-un nutuγ dotur-a oruqu-yin urida γal-un oyir-a ki qalaǰu， dayisun-u oyir-a ki üküǰi gele: qaγan ekilen aru šiqaǰu qayidaγlan[①] čerig mordaqula yambar:bida uridtaǰu morday-a-ia: qaγan-u gegen-e medekü bayinam::

tuba ǰinong qošiγu-ber bosču: qalq-a-du ečibe genem:tegün-ü bosuγsan qoyin-a: sangqarǰai ǰinong-iyen alaǰi bayinam。[②]

汉译："愿吉祥！尊奏天聪汗：从察哈尔汗地方富有的翁海之亲戚带有撒袋的七人赶着六十匹马，走了八天的路程逃到我处。据逃人说：察哈尔往我们这里移动，其营盘已到德勒克忽尔之地。将那边的右翼万户迁徙到黄河彼岸。就要率领军队，搬迁家室，其军队于本月初六日抵达可汗（林丹汗）牙帐。可汗宣谕：十三岁以上，七十三岁以下（从军）。本月十八日逼近兴安岭北，每人携带一个月的干粮，远征我北部兀鲁斯（即孛啰科尔沁）。留守护卫老营的有一千人。又称让斡耳朵也跟随大军之后搬迁。其行营已到近边，斡耳朵等已到兀鲁回河之银扎噶处。四阿巴亥俱恶罪孽之汗的六亲不认的行为而信奉天聪汗。若北征之兵（察哈尔）万一攻取我们北部国，我们就没有藩篱了。趁着察哈尔军还未能深入，不是说近火者烧，近敌者死吗？还未能造成严重恶果之前，天聪汗亲自率领军队和我等一同出征如何？我们先出征，请天聪汗定夺！

---

① 那木吉勒玛整理：《蒙古文二十八卷本词典》："qayidaγlan""qayidaγ"条云：单骑行走谓"qayidaγ yabumoi"。又羔、犊、驹死而用他畜羔、犊、驹引奶，挤取奶水叫"qayidaγlamoi"。这里以"帮助"之意用该词，内蒙古人民出版社，1988年，第776页。

② 李保文编辑、整理、转写：《十七世纪蒙古文文书档案》（1600—1650），第41件档案，内蒙古少儿出版社，1997年，第122—123页。

据称，土巴济农率其部逃奔喀尔喀，他逃走后，杀死了桑哈儿寨济农。”

这就是天聪六年（1632）爱新国和蒙古联军远征察哈尔之前，嫩科尔沁部土谢图汗相约皇太极共同讨伐察哈尔的信件。他们约定后，满蒙大军沿着辽河行军，在西拉木伦河和老哈河汇流处集结。奥巴台吉表现突出，把自己私人的马匹都拿出来分发给出征的将士，以备补缺。他此次出征之目的，就是一心想从察哈尔本部的铁蹄之下，营救科尔沁万户的亲族乌喇特、四子、茂明安以及阿巴垓等部。他们此次从哈儿占山（今翁牛特旗中北部）一带北渡西拉木伦河，进入哈喇木伦河流域（今巴林界），又深入达里湖地区（今克什克腾旗界），欲在达里岗爱附近堵截察哈尔本部大军。根据他得到的林丹汗“其行营已到近边，斡耳朵等已到兀鲁回河之银扎噶处”的情报，奥巴派遣九人组成的哨探，深入嘎海额勒苏（今西乌珠穆沁旗境内）方向侦察察哈尔的行军路线和斡耳朵踪迹，发现毫无人烟就撤回了。满蒙联军从达里湖西进，在达里岗爱附近搜索了十天，从察哈尔本部逃人供词中得知，林丹汗军队已经在漠北可可的里速，在确定追不上林丹汗大军的情况下，临时决定改攻明边。途中，又得到察哈尔老营全部撤到黄河彼岸（即黄河以西），但昭城汉民家家有人的消息后，急速行军至林丹汗的大本营归化城，俘虏了蒙古台吉们的所属汉民。这些完全能够印证察哈尔本部大军已经在漠北的消息。

如前所述，阿巴垓等阿鲁蒙古诸部早已发觉林丹汗将要出征漠北的消息，并且做好了迎战准备。天聪六年七月初七日，深入漠北的察哈尔本部东路军突然受到茂明安、阿巴垓等部的伏击，损失惨重。林丹汗的西路军人马得到战报后，追赶阿鲁诸部的军队，杀戮甚多。察哈尔本部东路军的阿纥图门万户和哈纳图门万户受到重创，几乎溃不成军。但是察哈尔本部主力军未受到损失，在漠北驻牧期间，派兵直捣茂明安部的锡喇奇塔特土谢图汗驻牧地，直到第二年（1633）春，才从漠北撤回到右翼归化城。这就是《明朝档案总汇》中所提到的“我们兵马往北去撒喇汉家”的内情。

《十七世纪蒙古文文书档案》天聪五年科尔沁奥巴致皇太极的文书末尾提到：“mani γulumta-yin dotur-a oruγsan: γaγča maγu mingγan-ača bosu sün dügüreng ekilen bügüde oroǰu irebe.”[①]

汉译：在我们亲族内，除了茂明安部以外，以逊杜棱为首俱已南下山阳处。

可见此次与察哈尔本部发生冲突者，只能是仍停留在漠北的茂明安和阿巴垓二部。因为乌喇特、四子部、翁牛特部都南下与嫩科尔沁邻牧，所以不可能与北上的察哈尔发生冲突。

而下列两条从漠北战场上逃来的察哈尔本部逃人的供词，有惊人的共同之处。

兵科抄出宣镇监视太监王坤九月十二日题本：“九月初五日，据独石口城守备陈上表禀称：据北栅口夜不收任国臣报称，有一骑马韃子随带弓箭到边，役随即前到栅口收获，到城审得，夷人名叫伯言物，原系哈喇哈下夷人。于天启七年正月被插汉抢去，到营内至今已经五年有余。今于本年七月内，有卜罗好儿慎、阿不亥夷人，撞遇插汉酋厮杀，抢去插汉阿纥合少与哈纳两营人马。插汉迎敌赶去，将好儿慎家人马也杀了许多。我跟打什客台吉共十人老小三十有余，赶马二百匹往南朝逃去，行了五日，被插汉家头脑将打什客台吉赶上射死。有那八人藏入森林，将我的老婆并马匹老小孩儿尽赶回去。我用箭射死一个韃子，得脱身出来。原骑马二匹，因无盘缠，杀了一匹，沿路寻食山梨、山葱，吃了一个月，才到边上，今来降。闻他插王子今在那里，他说要往地名克列埌呆的搬移，还要过

① 李保文、编辑、整理、转写：《十七世纪蒙古文文书档案》（1600—1650），第20件档，内蒙古少儿出版社，1997年，第64页。

海去哩等情。”[①]

《明清史料》又载：“据九月初五日来独石口投降的土榜什克等三人的口供：‘原系插汉王子下人，因以本年七月初七日，与孛啰蒿儿慎、阿巴亥两家在于地名扯汉孛脱郝见阵。我们是右哨人马，东方亮时候，他两家把我们左哨人马□[②]了。牛羊人口都抢去。左哨传报，我们右哨才知，往前应敌，与我不亥大杀一阵，也杀了他许多。抵对他不过，把人马至未时分四下，都散了。至八月初三日，我们同老婆孩子二十一名，马一百二十四匹，打插汉营内逃出，欲投南朝，走到地名五鹿垠儿，不料有插汉儿下瞭梁鞑子二百余人看见我们，大杀一阵，将马匹人口夺去。止跑出我们四个来，刁出马十匹，沿路乏死二匹，我们拨的吃了，今牵骑来八匹，走了一月零二日，才到这里来。我们来时，王子还在克列路驻扎。听得，努尔哈赤、哈喇哈、阿不爱、孛啰蒿儿慎众家官儿，都上了马，要齐来仇杀插汉。我们部下鞑子各逃性命，人口头畜顾不得，只是四下投生，不知王子如今到何处去等情。”[③]

明朝兵部题档的以上两则消息，对揭开这一历史之谜具有关键性的作用。该逃人是于1627年被并入察哈尔本部的喀尔喀五鄂托克人，在林丹汗察哈尔本部已生活五年。所以他从漠北的林丹汗军营中逃出来的时间应该是1632年。“我们来时，王子还在克列路驻扎”，所谓“克列路”当是克鲁伦河，他逃来时，林丹汗仍在克鲁伦河扎营。

崇祯六年（1633）四月十五日兵部行稿：

“奴酋来时我们兵马往北去撒喇汉家，如今就叫奴酋来，

① 中央研究院历史语言研究所：《明清史料》，乙编第1本，商务印书馆，1931—1951年，第95页。

② 原档脱字。

③ 中央研究院历史语言研究所：《明清史料》，乙编第1本，商务印书馆，1931—1951年，第95页。

我们正要与他厮杀。”[①]

这里，林丹汗使臣向明朝边臣岳守备说：头一年（天聪六年）爱新国远征察哈尔时，察哈尔已往北去攻打“撒喇汉家”。所谓撒喇汉家就是指茂明安，撒喇汉指锡喇奇塔特，号土谢图汗，蒙古文史书中又称“土谢图锡喇汗”（蒙古文史书中有saran qaγan和šir-a qaγan两种写法）[②]。

把两位逃人所说的话相互比较后发现内容一致，可以确定此次察哈尔与茂明安、阿巴垓之间的战役确实发生过。战役的发生时间也可以确定在天聪六年（1632）七月初七日。逃来的地点也相近，一个在宣府、一个在独石口。直北方向与达里岗爱、胡喇干之哈雅地方相对。逃跑之人没有舍近求远之理由，更何况随时都有可能被追杀、饿死、渴死，他们肯定希望早日到明边。所以也初步确定此次战役可能发生在漠北的扯汉孛脱郝（čaγan botoγo查干宝驼羔）地方，他们从可可的里速、达里岗爱、喀喇莽奈、胡喇干之哈雅方向逃来直奔独石。

这方面有力的证据还有关于爱新国的逃人记载。据《内国史院天聪第七年满文档》载：“四月初四日。察哈尔汗属下两翼巴牙喇统领大臣塔希海虎鲁斯寨桑率二十人携马百驼二十逃至。问其来归缘由，奏言：本部内乱。又有一坊主绰克图斋桑移营时，察哈尔汗斥其移居伊地，以致所属部落困穷，遂射毙绰克图斋桑所乘之马褫其职。我思彼待属下类皆如此，闻天聪汗至公养人，是以来归。”

“初六日，阿布图和硕齐率七人携马三十驼一自察哈尔杭爱地方逃至。”[③]

---

① 第一历史档案馆、辽宁省历史档案馆编：《中国明朝档案总汇》第14册，广西师范大学出版社，2001年，第1173件档案，第300页。

② 罗布桑丹毕坚赞：《黄金史》，内蒙古文化出版社，1998年，第74页。

③《清初内国史院满文档案译编》（上册），中国第一历史档案馆，光明日报出版社，1989年，第10页。

以上二人都是从林丹汗漠北的军营里出逃，投奔爱新国的将领。而且此二人几乎同一时间从漠北逃出，相隔两天来到爱新国。此时，林丹汗正驻牧漠北杭爱山。所谓“自察哈尔杭爱地方逃至”就能证明这一点。

第三节　爱新远征察哈尔本部的战争

爱新国收服察哈尔本部的过程并不是那么一帆风顺。他们曾经企图以武力征服察哈尔本部，皇太极亲率满、蒙古、汉大军几次出征察哈尔，但是每次出征都无功而返。倒是消耗了不少人力和物力。

《三朝辽事实录》载：“虎带甲可数十万，强与弱奴非虎敌，然奴百战枭雄，虎无纪律，乱与整，虎又非奴敌。”[①]对察哈尔和女真的比较，可谓一针见血。

在兵力上左翼蒙古占绝对优势，所以爱新国一开始就对蒙古左翼集团采取了消耗措施，逐渐蚕食蒙古，以便彻底孤立林丹汗。他们采取各种措施，激化蒙古内部矛盾，准备条件成熟时一举消灭他们的劲敌察哈尔。在此情况下，林丹汗眼看自己的计划就要全盘落空，穷途末路之际，趁着努尔哈赤年迈衰老和爱新国汗位更替的绝好时机，以迅雷不及掩耳之势兼并南察哈尔和五部喀尔喀残部，使努尔哈赤父子的计划全盘落空。林丹汗扩充直属察哈尔本部力量后，又马上采取了令人意想不到的举措，大举讨伐蒙古右翼，又恢复了昔日的霸气。一时间，爱新国方面对察哈尔的异常举动不知所措，反而乱了分寸。幸亏喀喇沁万户为躲避察哈尔本部的蹂躏，请求爱新国的庇护，

---

① 王在晋撰：《三朝辽事实录》卷16，丙寅六月条，江苏广陵古籍刻印社，1988年。

总算有了了解察哈尔本部动向的耳目。另外，来自科尔沁万户的察哈尔逃人带来的一些情报，通过对比的方法，对两方面得到的消息进行鉴别，偶尔能鉴别出情报的真假。因为情报来源闭塞，所得到的消息也有真有假，导致爱新国无法确定察哈尔本部军情的真实情况。林丹汗征服右翼的整个过程中，爱新国未能插手。另外皇太极为巩固自己的统治地位，对内消除异己，花费了不少精力，无暇顾及察哈尔本部在右翼的活动。

一、第一次策划出征察哈尔

林丹汗的主力察哈尔部包括可汗直属的察哈尔本部和南察哈尔阿喇克绰特部、多罗特部残部、克什克腾部一翼。

皇太极虽然对察哈尔本部在右翼的情况并不太了解，但是天聪二年（1628），在喀喇沁万户诸塔布囊的诱惑下，他断然决定远征察哈尔本部。爱新国准备与左翼蒙古诸部联合远征察哈尔本部，从而引发了爱新国和左翼蒙古诸部之间的一场风波。

《清太宗实录》载："（天聪二年九月庚申）上将征蒙古察哈尔国，遣使谕西北降附外藩蒙古科尔沁国诸贝勒、喀喇沁部落塔布囊等，敖汉、奈曼及喀尔喀部落诸贝勒，令各率所部兵会于所约之地。"①

皇太极之所以做出讨伐察哈尔本部的仓促决定，是因为被喀喇沁万户塔布囊和那颜的书信所蒙骗。蒙古文档案中有一封喀喇沁万户残部台吉、塔布囊们联名致天聪汗的书信。

用拉丁文转写如下："qaračin-u tabunong-ud-yin bičig-ün üge: ÖOom suwasdi šiddam ÜSečen qaγan-du: Dügüreng güyeng: Tonoi günǰi: Noγuγan dara: Wandan uyiǰing ekilen ölge-yin noyad tabun ong- ud bičig bariba: Sečen qaγan- ača ekilen mendü amuγulang boyu: Sečen qaγan-u üggügsen bičig-ün qariγu: čaqar-

① 《清太祖实录》，天聪二年九月庚申条。

un qaγan yosu ügei töröl törögsen- iyen alaǰu teleǰü yabuqu- i sečen qaγn ekilen yeke baγ- a noyad medebe- i- e:qaračin tümen- i biden- i aolidqaǰi eme keüked mal- i abču bayinam: mani qaγan: Qong tayiǰi: bošoγ- tu qaγan: Ordus- yin ǰinong- tai yöngšiyebü: asud abaγ- a qalq- a eden ireǰi γeγen qaγan- i ǰao- du saγuγsan d örben tümen čerig-yin-i čabčiǰi γarγaǰi orkiǰi bayinam: mani qaγ- an: qong tayiǰi arban tümen čerig abču irebe.tere ireküten čaqar- yin γurban mingγan sang- čin bayan sübe- dü sang abuy- a geǰü oruǰu: kitad sang ese ügčü qariǰu ireküi- yi qaračin qaγan: Qong tayiǰi: tere sang-čin-i učiraǰu kele γarγal ügei tasu alaba: baraγun γurban abaγ-a qalq-a morday-a geǰi: ende-yi mani abun sečen qaγ- an-tai edü modaqula yambar geǰi ireǰi bayinam: sečen qaγan ge- gen-degen ayilad:" ①

汉译：喀喇沁诸塔布囊书曰：愿吉祥！致天聪汗：都棱贵英、托内公主、诺甘达喇、汪丹委正等为首的山阳（万户）诸那颜、塔布囊呈文。天聪汗安康否！来自天聪汗文书之复信。察哈尔汗无道，杀戮亲族。（这些事）天聪汗为首的大小贝勒都知晓。如今欺凌我喀喇沁万户，抢掠我们妻子牲畜。我汗、洪台吉、博硕克图汗以及鄂尔多斯济农与永谢布、阿速特、阿巴垓、喀尔喀合兵前来，杀伤和驱逐驻守格根汗昭城的（林丹汗）四万兵。我汗和洪台吉率领十万大军返回途中，喀喇沁汗和洪台吉遇到了去巴颜苏博请赏未成的三千个察哈尔请赏人，不及话语便尽行杀之，无一人生还。右翼三万、阿巴垓、喀尔喀准备出兵（察哈尔），约我等与天聪汗一起出征如何？天聪汗明鉴。

《清太宗实录》也有记载："蒙古喀喇沁部落苏布地杜棱古

---

① 李保文、编辑、整理、转写：《十七世纪蒙古文文书档案》（1600—1650），第8件档案，内蒙古少儿出版社，1997年，第24页。

英、多内衮济、诺干达喇、万丹卫征、吴尔赫贝勒、塔布囊等以书来奏曰，察哈尔汗不道，伤残骨肉，天聪皇帝与大小贝勒俱知之。我喀喇沁部落被其欺凌，夺取妻子牲畜。我汗与布颜台吉、博硕克图汗、鄂尔多斯济农同雍谢布及阿苏忒、阿霸垓、喀尔喀诸部落合兵，至土默特部落格根汗赵城地方，杀察哈尔所驻兵四万人，我汗与布颜台吉率兵十万回时，复值察哈尔兵三千人赴张家口请赏，未得而回，又尽杀之。今左翼、阿禄、阿霸垓三部落及喀尔喀部落遣使来约，欲与我合力兴师，且有与大聪皇帝同举兵之语，请天聪皇帝睿裁。”[①]

《清太宗实录》中有一处讹误，将指蒙古右翼三万的“今右翼、阿鲁、阿霸垓”误写成“左翼”。其他内容并无多大差异。

接到此报告后，皇太极很是兴奋，立即给奈曼、扎鲁特部达尔汉土谢图、委正等人致函[②]，约他们一同出兵，要求准备远征。

用拉丁文转写：“sečen qaγan-u bičig: darqan tüšiyetü.uy-ijang qoyar-tü ilegebe: qarčin-i tabun ong-ud-yin elči-yin üge: čaqar-un qaγan köke qota-yi abču dörben tümen čerig saγulγaǰu bile:baraγun γurban bošoγtu qaγan: qaračin-i qaγan:buyan aqai qalq-a abaγ-a ede bögüde neyileǰü čaqar-yin dörben tümen čerig-yin-i daruǰu čabčiǰi: köke qota-iyan qarin abuba ÖgenemÜ: čaqar-yin qaγan-i nutaγ quraqan-i qay-a ǰüg negübe genem:qaračin-i qaγan buyan aqai ülge-yin tabun ong-ud-tu arban tümen čerig abči kürči irebe: Tere ireküden čaqar-yin γurban mingγan sang čin bayan söm-e-dü sang abuy-a geǰü oruǰu kitad sang ese ügčü qariǰu ireküi-yi: qaračin-i qaγan buyan aqai tere sang čin-i učiraǰu

① 《清太宗实录》，天聪二年二月癸巳条。

② 李保文、编辑、整理、转写：《十七世纪蒙古文文书档案》（1600—1650），从第8件档案，从第24—25页的内容分析，第9件档为皇太极致达尔汉土谢图、委正的书信无疑。内蒙古少儿出版社，1997年，第24页。

kele γarγal ügei tasu alaba genem. čaqar-yin qaγan ula ködelǰi genem:ene ködelügsen-dü-ni aγta tarγulaγulǰu bide mordaqu bui.ta morday-a gekü bolosa aγta yuγan tarγulaγulǰu quyaγ duγulaγ-a ǰer ǰebe-iyen ǰasa: ülü mordaqu bolosa ta öbesüben mede."[①]

汉译："天聪汗书信：致达尔汉土谢图、委正二位（第8件档案B页起行——引者）：据喀喇沁诸塔布囊的使者言：察哈尔汗攻克呼和浩特，驻四万军队留守。右翼三万、卜石兔汗、喀喇沁汗、喀尔喀、阿巴垓合兵斩杀了察哈尔四万兵，收复呼和浩特。察哈尔汗往户儿旱哈亚方向迁徙。喀喇沁汗布延阿海率十万大军来到山阳诸塔布囊驻牧处。来时，遇见去巴颜苏莫扶赏但是未得逞而返回的察哈尔三千挟赏之人，喀喇沁汗、布延阿海把他们尽杀，无一人生还。察哈尔汗已心虚动摇，趁此动摇之际，我们（爱新国与喀喇沁）厉兵秣马后要出征。若你们想一同出征，养好马、修复甲胄武器，若不欲出征，自行决定。"

达尔汉土谢图就是奈曼部首领衮楚克。据《表传》载："生贝玛土谢图，子二：长岱青杜楞，号所部曰敖汉。次额森伟征那颜，详奈曼部传。"[②]又载："额森伟征那颜，即以为所部号，子衮楚克嗣，称巴图鲁台吉。"[③]

这里需要明确一个问题，就是贝玛土谢图子嗣继承其"土谢图"之号。我们以前曾经考证额森委正（即额森伟正）时说过，他继承其父，统管敖汉奈曼部，所以其子衮楚克也拥有"土谢图"号。衮楚克之达尔汉号是皇太极所赐的尊号。

《清太宗实录》又载："乙未，上御殿，赐奈曼部衮出斯巴

---

① 李保文、编辑、整理、转写：《十七世纪蒙古文文书档案》（1600—1650），第8件、第9件档案，内蒙古少儿出版社，1997年，第49档案，第25、27页。

② 包文汉等整理：《钦定外藩蒙古回部王公表传·敖汉部总传》，内蒙古大学出版社，1998年。

③ 包文汉等整理：《钦定外藩蒙古回部王公表传·奈曼部总传》，内蒙古大学出版社，1998年。

图鲁贝勒号为达尔汉，扎鲁特部落喀巴海台吉号为卫征。”[①]

而与土谢图达尔汉一起收到皇太极文书的委正，就是上述扎鲁特部的喀巴海。

皇太极对喀喇沁万户诸塔布囊的书信内容深信不疑，认为消灭察哈尔林丹汗的时机已经来临。收到他们的来信之后，马上致信扎鲁特、敖汉、奈曼等部的首领，与他们取得了联系。八月份，爱新国与喀喇沁部盟誓以后，喀喇沁部那颜、塔布囊们再三要求皇太极恪守立誓时的诺言，务必与喀喇沁部共同讨伐察哈尔本部。这方面，十七世纪蒙古文档案中有两份文书。

第一件是喀喇沁汗、公主、东土默特部鄂木布和塔布囊等致爱新国皇太极的书信。

“Sečen qaγan-u gegen-dü.qaγan. günǰi .erdeni qung tayiǰi. kengkel kiy-a noyan.ayiladqanam. ene ey-e eb nigetügsen učir qaγan ötter morilaǰu ögede bolumu.bidan-i eye nigeetügsen-i sonusču ene qar-a dotur-tu nigül-tü čaqar-un qaγan nigen ǰüg uridlaǰu maγu-i setkinemü.ene učir-i-yi gegen degen ayiladqula serigün-ü čar bolba.egün-eče araqan taram bolqula on-u küčir-tü yabudal kečigü bolumu.ene namur ötter ese mordaqula ene nigül-tü qara sedkil-tü-in dotur-a eldeb sanaγ-a törümü. Gegen degen ayilad. Bida ötter mordabaqui-yi kičiyen ayiladqanam. Namur-un dumdadu sara yin arban-ača urid ǰollγalčay-a geǰi ayiladqanam.bidan-i ene üge-yi ǰöbsiyeküle bolǰiy-a-yi nebte ǰarliγ bolǰu elči-yi ene sara-yin quγučin-du ilege.”[②]

原件汉译如下：“呈天聪汗陛下：可汗、公主、额尔德尼洪台吉、赓格尔恰那颜等尊奏：联盟立誓之际，请御驾出征。

①《清太宗实录》，天聪二年八月乙未条。

② 李保文、编辑、整理、转写：《十七世纪蒙古文文书档案》（1600—1650），第40件，内蒙古少儿出版社，1997年，第120页。

闻我们将要结盟和好，那黑心恶毒的察哈尔汗将要征伐（我们）的一方。还有奏请一事：气候变凉，草木将要枯黄，时令艰难时起事也困苦。今秋若不趁早动身，那黑心罪孽之汗将会想出更多各种坏念头。敬请明鉴。为我们共同速速起程事尊奏。奏请八月初十前会师。若准奏，明示！并请本月下旬遣还使者。”

从文书的“联盟立誓之际”“闻我们联盟和好”等内容可以推测，该书信就在天聪二年（1628）七月上旬，喀喇沁和爱新国准备立誓阶段，喀喇沁部的台吉们写给皇太极的信。

第二件文书也是喀喇沁汗、洪台吉致天聪汗的信。

“Oom suwasdi siddam. Belge bilig-in gerel-iyer mongqaγ-un-yi tüyimeridǰü. nigülesgüi quras-iyar enelekün amitan-i ibegegči auγ-a küčü-dü wčir-iyer šimnus-un ayimaγ čerig-üd-i daruγči. Delekei-yin erketü eǰen sečen qaγan-u gegen-e qaγan qung tayiǰi ekilen bügüdeger bičig-iyer ayiladqaqui-iyn učir. Sečen qaγan-u ǰarliγ-iyar čaqar-in qaγan-u otoγ-i tengseǰi irbe geǰi ilegegsen kü mün bidan-i čaγan qota-yin sulang-in elči-tei irebe. Čaqar-in otoγ ǰau-yin qota-du bayinam. Ta ǰürčidle nigedčü ölge tümen-i-ni abuγsan-i medebe.odači či bolba čaqar-in küčü meküs bayinam. Edü deger-e sečen qaγan-du ayiladqaǰu ötter morilasai.udaǰu ese mordaqula tan-i tulada bida kümüm-iyen alalčaǰu dayin bolba geǰi kelegsen-i medegülun.yeke törö ner-e ben sanaǰu otter ögede bolǰu mordamu geǰi ayiladqaba. Tere qoru-du kümüm-i arγ-a-ni yeke kitadla nigetküle ken ken-i-ni küč yeketünemü.gegen-degen-ayilad.”[①]

信件背面的满文字样为：“karacin-i hong taiji unggihe”

汉译如下：

---

① 李保文、编辑、整理、转写：《十七世纪蒙古文文书档案》（1600—1650），第27件档案，内蒙古少儿出版社，1997年，第85—87页。

愿吉祥。

以智慧的光环焚毁愚昧之林的，

以慈悲的雨露普度痛苦之众的，

以大力的金刚镇服妖魔鬼怪的，

全世界之权威之主天聪汗陛下：

以汗、洪台吉为首全体呈文尊奏：奉天聪汗旨意，派往前去打探察哈尔鄂托克的人，与察罕和屯侍郎的使臣一起返回。说是察哈尔鄂托克在昭城。他（林丹汗）已得知，您与女真联手占有了他的山阳万户。目前察哈尔势力微弱。请您奏请天聪汗速起驾往征。若迟缓不往征，我们为了您们，互相残杀，已经发起了争端这般报请。奏请您为了大国的威名，请从速御驾出征。那恶毒之人诡计多端，若与汉人议和，（他们）将会威力无穷。明鉴！

背面满文字：喀喇沁洪台吉送来。

喀喇沁万户遭到林丹汗的讨伐，部众溃散，对林丹汗恨之入骨。但是，他们仅靠自身势力是无法对抗林丹汗的。他们这才想出了利用爱新国的力量，借刀杀人的万全之策。为了达到这一目的，他们以爱新国出兵讨伐察哈尔本部为条件，主动要求与爱新国联盟。

天聪元年十一月十日皇太极回复喀喇沁汗等的来信[1]。从书信的内容里可以得知，喀喇沁部与爱新国的联系刚刚开始。乌云毕力格认为，“喀喇沁汗致书天聪汗一定是他被林丹汗打败的十月内”[2]。天聪汗肯定求之不得，立即答应他们的要

---

① 李保文、编辑、整理、转写：《十七世纪蒙古文文书档案》（1600—1650），第27件档案，内蒙古少儿出版社，1997年，第132—133页。参见乌云毕力格：《喀喇沁万户研究》，内蒙古人民出版社，2005年，第79页。

② 乌云毕力格：《喀喇沁万户研究》，内蒙古人民出版社，2005年，第79页。另外本节中有关喀喇沁部与爱新国交往方面多处借鉴了乌云毕力格先生的研究成果，特此声明。

求，并让他们确定约定日期。果不其然，喀喇沁部的首领们为了把爱新国引入他们与察哈尔的战火中，使出浑身解数，制造假象蒙骗皇太极。从这里可以看出，喀喇沁万户与爱新国联盟并不是《表传》等官方文书所渲染的那样，“天聪二年，恩克曾孙苏布地以察哈尔林丹汗虐其部，偕弟万丹伟征等乞内附”[①]。正相反，他们是以共同讨伐察哈尔作为与女真联盟立誓的前提条件。正如第一件文书中明确提出“联盟立誓之际，请御驾出征”，“为我们从速起程事尊奏。奏请八月初十前会师。若准奏，请明示”。很明显，喀喇沁万户与爱新国从天聪元年十月起开始交涉立誓结盟之事，到天聪二年八月长达十余月之久，迟迟不能立誓的原因在此。说是“奏请”，其实是以联盟为代价引诱爱新国讨伐察哈尔。

第二件书信的书写手段更加高明。首先利用吹捧手段（参见该文书开头的诗），把皇太极捧为战无不胜、救苦救难的救世主。再利用皇太极迫切需要察哈尔本部情报的心理，告诉他察哈尔汗虽然又占领了昭城，但是目前的力量很微弱。如果再推迟出征，有三个不利因素：一个是自然因素：季节不等人，草木皆枯，对骑兵远征不利；一个是人为因素：我们的部众已经有怨气，认为为了你们爱新国，我们（蒙古人）自相残杀，发起争端，民心不稳了；再一个是机遇因素：如果狡诈的察哈尔林丹与你的劲敌明朝联手，你将会永远失去征服察哈尔的机会了。最后还说最起码为了维护你们爱新国的威望和你的天威，你也应该出征。

皇太极权衡利弊之后，决定远征察哈尔。

但是，科尔沁万户不像爱新国那样闭塞，他们对察哈尔本部的情况了如指掌。因为从察哈尔本部前来科尔沁万户的逃人

---

① 包文汉等整理：《蒙古回部王公表传》卷之23，传第7，《喀喇沁部总传》，内蒙古大学出版社，1998年。

络绎不绝，他们从逃人的供词中随时能够了解和掌握察哈尔本部的真实情况。同样，他们再清楚不过喀喇沁万户诸塔布囊向皇太极谎报军情，借助爱新国和蒙古联军的力量共同讨伐察哈尔本部的真实目的。

对皇太极在天聪二年（1629）九月发出的相约科尔沁万户共同讨伐察哈尔本部的书信，奥巴台吉的态度十分冷淡。他未曾将皇太极的书信内容向科尔沁万户诸台吉通报，可见他相当了解察哈尔本部的具体情况，且对喀喇沁万户的真实意图了如指掌。他不愿意做这无谓的牺牲，此外还有一个重要原因是，奥巴台吉将自己的科尔沁万户看作一个独立体，认为自己的科尔沁国和爱新国地位平等，没有义务听从皇太极的调遣。但是，两国之间盟约在先，双方结盟时立誓以察哈尔为公敌。所以，奥巴采取折中处理的办法，一方面能避免听从爱新国的调遣而维护自己的尊严，另一方面也不违背与爱新国的盟誓。

正如皇太极后来致奥巴台吉的问责书信中所列的第八和第九项罪状：

"……汝欲抱怨于察哈尔，屡遣使来约，及我国兴师，汝不赴，委我于敌，遽尔先回，汝行不践言，狡诈，八也。满珠习礼起兵时，遣人询汝，实不愿与我会师，恐与汝兄弟同行，未便私回，不如独行，易于潜去，且可拖言曾掠察哈尔边境，是非汝之奸谋，九也。"①

奥巴洪台吉独树一帜，率所部科尔沁万户人马，以向察哈尔单独出兵为由，根本不与爱新国军队会师。其中可能还有一个因素在作怪。当年努尔哈赤与奥巴虽然有约在先，察哈尔万户攻打科尔沁万户时，约定以满洲八旗兵相援。但是，科尔沁

①《清太宗实录》，天聪二年十二月丁亥条；李保文编辑、整理、转写：《十七世纪蒙古文文书档案》（1600—1650），第13件档，内蒙古少儿出版社，1997年，第39页。

万户在被察哈尔兵围困的危急关头，努尔哈赤却半路撤兵，还命皇太极等贝勒的五千兵马不得前去营救科尔沁万户，采取坐山观虎斗的态度。虽然奥巴不露声色，但是女真和科尔沁万户头一次联合征讨察哈尔时，奥巴台吉竟然如此消极对待，自然有他的道理。因为奥巴的异常举动，最终使皇太极第一次策划的远征察哈尔本部的计划成为泡影，此次大举进攻察哈尔的行动不得不半途而废。

气急败坏的皇太极在致奥巴的信中一口气为他父子罗列了十二条罪状[①]，但最终还是和好如初。其原因有多种，其中最主要的原因是皇太极后来从科尔沁万户了解到喀喇沁万户煽动此次战役的真实意图和察哈尔本部的强盛情况。因此，奥巴台吉将为科尔沁万户提供察哈尔真实情报的察哈尔本部逃人和喀尔喀逃人不断派遣到爱新国觐见皇太极，对他说明察哈尔本部的真实情况，并得到他的优厚赏赐。

“辛卯。初，喀尔喀部落巴噶达尔汉之子拜浑岱、喇巴泰、阿巴当、满珠习礼三台吉为察哈尔所获，后自察哈尔逃入科尔沁，至是，自科尔沁率三十五人来朝。”[②]

这是奥巴特意派遣他们觐见皇太极，让他们亲口向他禀明察哈尔本部的真实情况。

与此相反，喀喇沁部的一些首领得到皇太极的训斥。据《清实录》记载，天聪三年五月末，“喀喇沁部落布尔噶都岱青、台吉卓尔毕、土默特部落台吉阿玉石、俄木布、博罗等遣使四十五人来朝，贡驼马，并以归附圣朝之意具奏”。而十天后的六月初，上述察哈尔逃人来见皇太极。所以，下面所列的

① 李保文、编辑、整理、转写：《十七世纪蒙古文文书档案》（1600—1650），第13件，内蒙古少儿出版社，1997年，第37—38页。中国第一历史档案馆、中国社会科学院历史研究所译注：《满文老档》下册，中华书局，1990年，第912页。另参阅《清太宗实录》，天聪二年十二月丁亥朔条。

②《清太宗实录》，康熙本卷5，天聪三年秋七月甲申条。

皇太极致喀喇沁台吉的文书可能就是此时让喀喇沁使臣带回去的文书。

天聪汗致喀喇沁万户卓尔毕泰洪台吉等的书信用拉丁文转写如下：

"ǰürčid-yin qaγan sečen qaγan : ǰolbitai qong tayiǰi. oombo čökegür tayiǰi aγun sonom tayiǰi: abdang tayiǰi: edün noyad-tu bičig ügbe. čaqar-yin qaγan manai yaγu abula: mini mordaγsan ner-e-ni.qaračin-i qaγan. tonoi günǰi. buyan qong tayiǰi: nada elči ilegeǰi.ösiyetü kümün-i mini öšiy-e-yi abči öggüsei geǰi ene nigültü qara qaγan ǰegün tümen-i noyad-i köm alaba geǰi: ügei bolγaya-a: gegsen-dü bi ene üge-yi ǰöb bayinam geǰi. tngri-dü sačuli sačuǰi amaldaǰi mordala bi: ta ene čaγaǰan-du ese oruγsan buyu. čaqar čimadu el mandu dayisun buyu.oda ta nada yaγuma bü sana: bi: tandu aγurlanam bi: ene gem-iyen arilγay-a geküle. qara qaγan-u nutuγ-i ötter turšiǰi üǰeǰi naγaši ötter elči ilege.bi mordasu. či ǰaγatan dai kilgeǰi yabutal-a ülü ačirqu（aǰarqu?）čini yaγu bi. bošog-tu qaγan: ǰinong qaγan yöngšiyebü-yin noyad. Qaračin-i qaγan: ekilen baraγun γurban tümen-i noyad čamadu töröl biši buyu. Mini töröl buyu.ta töröl-yin yukiǰi ülü medekü bayinam: γaǰar-yin qola-ača sonusču kelekü üge mini ene: ǰirγuγan sara-du eči turši: doluγan sarayin arban tabun-du elči kürči ire." ①

汉译：［原件"女真汗"一字有涂改痕迹，改为"天聪汗"了——引者］天聪汗致卓尔毕泰洪台吉、鄂木布丑库尔台吉、阿衮琐诺木台吉、阿巴当台吉等诸那颜的文书：察哈尔汗抢我何物？我之所以出师有名，是喀喇沁汗、托内公主、布延洪台吉派遣使臣来，要求我替他们报仇。我们那罪大恶极的黑

① 李保文、编辑、整理、转写：《十七世纪蒙古文文书档案》（1600—1650），第47件档案，内蒙古少儿出版社，1997年，第138—139页。

心汗杀尽了东土门（指右翼之喀喇沁万户——引者）的诸那颜，因此说要毁灭他。我认同并应诺，所以祭告天地盟誓后，我出征了。你们难道未参加此约定吗？察哈尔对你们亲切，（只有）与我们为敌吗？现在你们不要对我有什么企图。你们让我很生气。若想悔过赎罪，速去侦探黑心汗的鄂托克后遣使汇报。我去讨伐。（察哈尔）在你们侧旁征战，你们不去管又是为何？卜石兔汗、吉囊汗、永谢布诸那颜、喀喇沁汗为首的右翼三万诸那颜难道不是你们的亲戚，是我的亲戚吗？你们连亲戚都不认识。从遥远的地方所听到的和想说的话就这些。六月份去打探，七月份遣使来报。

文书中主要讲爱新国上次出兵的缘由，而卓尔毕泰洪台吉等让皇太极感到很是失望，但此信的最终目的是要求喀喇沁诸塔布囊给爱新国提供察哈尔的真实情报。

皇太极在其书信中的口气咄咄逼人，说“不要对我有什么企图”，何况我是替你们报仇而出征的。察哈尔难道只是我的敌人，你们的友人吗？你们也不是立盟出征的吗？察哈尔本部就在你们的眼皮底下，你们不去征服他们又是为何？最后皇太极表态，只要提供准确情报，我定能出征。从信中不难发现皇太极的委屈情绪。由于第一次出征察哈尔本部的计划夭折后，皇太极受到喀喇沁方面的种种抱怨。这在信中有明确的体现。言下之意是你们总是怨我，你们自己又干了些什么！

信中所说“现在你们不要对我有什么企图。你们让我很生气。若想悔过赎罪，速去查明黑心汗的鄂托克真实情况后遣使汇报。我去讨伐他”。很明显，皇太极将第一次出征未成行的责任归咎于喀喇沁部、土默特部诸台吉、塔布囊身上了。

至此，第一次出征察哈尔行动受挫而引起的各种风波总算平静。

二、第二次出征察哈尔

蒙古各部台吉对林丹汗的态度也是此一时，彼一时，并未像清朝官方史书渲染的那样达到反目成仇、不共戴天的地步。上述喀喇沁万户也好，过去曾与察哈尔本部一时对立的蒙古诸部也罢，他们毕竟和察哈尔是同一个血统的民族。林丹汗不管如何霸道，他毕竟是当时蒙古诸部的宗主。在当时蒙古各部致爱新国的书信中，常用的一个来形容林丹汗的词就是“我们那位黑心的汗”，而不是女真方面的用词“察哈尔汗”。这说明当时的蒙古贵族在心理上还是认可林丹汗是他们的宗主。因此，虽然双方发生过一些不愉快的事情，事后还是能够找一些台阶和理由进行沟通、妥协。因此，直到林丹汗去世为止，爱新国始终没有机会与察哈尔本部交战。

爱新国对林丹汗的西迁和控制蒙古右翼的事大有放虎归山之感。正如喀喇沁万户的诸台吉、塔布囊等人提醒皇太极那样，一旦察哈尔本部与明朝联合对付爱新国，那将意味着爱新国大难临头。察哈尔本部的不断强大使皇太极时刻坐立不安。天聪三年（1629），皇太极又对察哈尔本部策划了一次重大的行动。

《清太宗实录》载：“甲辰，上欲大举伐明，遣使谕外藩归顺蒙古诸贝勒，令各率诸部兵来会。”①

十月初一起程，蒙古诸贝勒按照约定地点、时间前来与爱新国大军会师。半个月后的丙寅日，爱新国和蒙古诸部联军在辽河扎营等待了整整五天之后，奥巴洪台吉才率领科尔沁万户诸台吉与大军会师。天聪汗这才向蒙古诸首领宣布了他此次征战的目标。

《清太宗实录》载：“上谕，诸贝勒大臣暨外藩归降蒙古贝

---

①《清太宗实录》，天聪三年九月甲辰条。

勒等曰，明国屡背盟誓，蒙古察哈尔国残虐不道，皆当征讨。今大兵既集，所向宜何先，尔等共议之。诸贝勒大臣有谓距察哈尔国过远，人马劳苦宜退兵者。有谓大军已动，群力已合，我军千里而来，宜以见集兵征明者。上以征明之议为是，遂统大军向明境进发。”①

天聪汗此次集结女真与蒙古联军，虽以征讨明朝为名，实则欲往征林丹汗察哈尔本部。他从第一次策划出征中吸取教训，故意以讨伐明朝为名，将蒙古诸部落首领欺骗出来，再做决定。但是身经百战的蒙古诸部首领对此次征明行动的本意和行军路线，都持怀疑态度。首先，爱新国若要攻打明边，一般都在辽东，主攻方向应该放在山海关。而此次集结地和行军路线却舍近求远；其次，前方独石迤西张家口等明边俱是被察哈尔本部及右翼所控制的地带，若要在这些地方攻打明边，很容易腹背受敌；再次，自古以来习惯用声东击西战术的蒙古人，自然熟悉皇太极的这一套把戏，不会轻易被他蒙骗，于是老谋深算的科尔沁万户奥巴台吉才姗姗来迟。唯有喀喇沁万户的一些塔布囊表现得极为积极，为爱新国军队引路，自愿充当向导。果然不出所料，爱新国和蒙古诸部各路大军刚刚集结完毕，天聪汗立即摊牌，委婉地提出自己要攻打察哈尔本部的想法，蒙古诸酋群起反对，以“察哈尔国过远，人马劳苦宜退兵”为由拒绝参战。

相关史料除了《实录》以外，其他《旧满洲档》等均未录入，看来，这在当时是最高的军事机密。所以这场风波到底有多大，矛盾有多激烈，我们不得而知。但是，从一个侧面可以推断出双方意见的分歧有多严重。从丙寅日奥巴台吉前来会师到最后决定伐明的乙亥为止，整整用了十天时间来争论到底是征明还是伐察哈尔林丹汗，可见双方意见的僵持程度。其间科

①《清太宗实录》，天聪三年九月丙寅条。

尔沁万户扎赉特部台吉退出出征大军，返回其驻牧地。而此次行军速度更是缓慢得出奇，二十四日，大军才到老哈河。

《清太宗实录》载："乙亥，大军次老哈河，上集诸贝勒大臣，各授计，分兵前进……攻大安关……从龙井关攻入。"①

可见经过十天的激烈争论，最后双方才勉强妥协。"群力已合，我军千里而来，宜以见集兵征明者。上以征明之议为是，遂统大军向明境进发。"因为临时改变战斗计划，转向明边，而所要攻克的燕山山脉关隘地形根本不适合骑兵集团军作战。

《满文老档》载："二十六日，因木垒霍洛岭险峻，汗与诸贝勒越岭而驻。"②

所攻克的关口根本不是传统意义上的军事重镇，明朝驻守兵力不足，爱新国兵很快占领洪山口等地。此次出兵爱新国，占领了明朝的永平、遵化、迁安、滦州等四城。

《清太宗实录》载："上自天聪三年十月征明，抵燕京，转克遵化、永平、滦州、迁安诸地，至是班师。"③

但是不到半年的时间，因为爱新国军队的后勤保障和援兵无法到达而爱新国守兵很快又失守了这四城，最后损兵折将而败退。这是皇太极违背兵家常规，最终得不偿失的一次败笔。最后让二贝勒阿敏充当替罪羊，了却此事。这就是皇太极苦思冥想，费尽心机组织起来的第二次征伐察哈尔本部的战役，因为遭到蒙古诸台吉的坚决反对而流产。此后整整两年多的时间里，爱新国再也不敢轻举妄动了。

---

①《清太宗实录》，天聪三年九月乙亥条。

② 中国第一历史档案馆、中国社会科学院历史研究所译注：《满文老档》（下册），中华书局，1990年，第945页。

③《清太宗实录》，天聪四年二月甲子条。

三、第三次出征察哈尔

天聪五年（1631）四月，皇太极又谕爱新国、蒙古大小官员，追征察哈尔本部。结果又一次遭到科尔沁万户土谢图汗奥巴洪台吉的强烈反对和劝阻。皇太极若得不到蒙古各部军队的协助，是不可能与察哈尔本部单独对抗的。无奈之下，他下令已经整装待发，准备出征的爱新国军队撤回沈阳。但是，此次流产的出征察哈尔本部计划，成为次年大举出征的预备和前兆，对爱新国方面来说，其意义深远。

爱新国第三次征伐察哈尔是在天聪六年春末夏初。

《清太宗实录》载："上将征蒙古察哈尔，遣使以大军启行日期，谕归降各蒙古贝勒，令以所部兵来与大军会。"①

《满文老档》对这次爱新国和蒙古各部联军往征察哈尔本部的整个过程记载得特别详尽："四月初一日，大军往征察哈尔。……是日，库图克图喇嘛以汗出征，即前来送行，……初二日，卯时，大军启行，至辽河。……至养息牧河驻营。初三出征营兵于巳时尽渡辽河……初四大军至都尔鼻地方驻营。是日，喀喇沁诸贝勒来报所率兵数：万丹兵二百，马齐兵五十，小阿玉喜兵四十，阿速特兵一百八十，叶布舒兵三十，多洛坎库列兵四十五，拜珲岱兵三十，鄂木布兵四十，霍恩兵二十，西兰图兵四十，庚格尔兵七十，沙木巴兵一百，阿济鼐兵一百三十。初五日，至岗干地方驻营。……初六日大军至喀喇和硕地方驻营。……初七日大军至都尔白吉地方驻营。……初八日至莫豁尔郭儿地方驻营。……初九日大军至西拉木伦河驻营。时阿鲁部僧格和硕齐来驻地见汗，……阿鲁部达赖楚呼尔、达赖之子穆章、色棱阿巴盖之子奇塔特台吉三人来驻地见汗。……初十日仍于西拉木伦驻营。是日，时喀喇车里克部阿

① 《清太宗实录》，天聪六年三月丁巳条。

喇纳诺木齐携酒二背壶来见汗。……。雅索特部嘎尔玛叶尔登，……扎鲁特诸贝勒来见汗。……十一日因雨仍次西拉木伦。是日，敖汉部班迪额附……阿鲁部昂阿塔布囊……奈曼部洪巴图鲁……来见汗。是日，时阿鲁部萨扬率兵来会。是日达扬乌巴希率兵来会。……十二日至扎衮乌达地方驻营。……十三日仍驻扎衮乌达。是日，满珠习礼舅舅携马三来见汗。……歇宿之日，即西拉木伦、辽河合流处，北边各地蒙古诸贝勒率兵来会。……十四日至博罗一带驻营。……十五日……。十六日留粮米于哈儿占。……是日晨，召集土谢图汗兄弟诸贝勒及扎鲁特、敖汉、奈曼、阿鲁各部落诸贝勒一百人，……。十七日大军次喀喇木伦。……十八日次哈纳崖。……是夜，达尔汉额驸家旧蒙古二人，携良马六匹遁去。是逃人至，察哈尔逃遁，追之不及。军士甚劳。十九日，是日次营图。……二十日……抵哈尔哈过午歇马。次巴鲁河口。二十一日，大军次格垒河。……二十二日，大军越兴安岭次大儿湖之公古里河。大儿湖方圆约八十里，东西三河注入，湖水咸不能饮。距沈阳一千二百里。此次因出征兵众，日行四五十里。二十三日，大军次都勒河。……此日，乃有察哈尔来步行逃人至。有二逃人驰六骑往察哈尔，告以天聪汗举兵来征。察哈尔汗大惧，其部在柏兴地方有二牛以上可以携带之人尽携之，遁往库黑得勒苏地方。自大儿湖往，月末可至。二十四日，大军次都勒河。二十五日，大军次乌尔图地方。二十六日，次胡喇户地方。二十七日，仍次胡喇户地方。此日，土谢图汗下九人捉生，直抵霍尔霍林郭儿、噶海额勒苏地方。二十八日，驻跸。二十九日，自小和尔郭还，趋察哈尔。至徽松斋档地方驻营。五月初一日，大军次果果苏泰河。初二日，次果果苏泰河口哈喇阿鲁克地方处。初三日，次胡喇干之哈雅地方。初四日，次格德尔古布拉克地方　。初五日，仍次于此。初六日，次胡喇户地方。是日，大军次兆哈布拉克地方。初七日，次扎喇布拉克地方。初八日，大军次布龙图布拉克地方。九日仍在此地。十、十一日在枯橐地方。十二日大军次哈纳哈达克地方。十三日，次两里地方。十四、十五次朱儿格图地方。十六日，大军次乌勒斯扎堪地方。十七日，次茂达巴孙地方。十八日，次登额尔奇纳之布拉克地方。十九日，二十日次豁罗衮之布拉克地方。二十一日，大军次兆掩尔图布拉克地方。二十二日次库特勒巴儿噶孙地方。二十三日，四日次木鲁依哈喇克沁地方。二十五日，大军次喀喇章地方。二十六日，次博德克地方。是日，前行贝勒遣图鲁什、劳萨往捉生乃获扎喀寨蒙古人一名，与贝勒同往之六名差役送之前来，讯之云察哈尔知我兵进征消息，将其财畜运往黄河，余者少，运者多。于柏兴地方家家有人等语。于是，前遣兵乘夜进发，二十七日，攻取柏兴地方。是日汗至格根汗之归化城驻营。军队分入各村收聚人畜。二十八日，谕曰调往黄河一带兵力少，诸申二旗、蒙古二旗。四旗可选精骑，调赴彼处以助兵力……尽焚其庐舍粮糗。汗驻归化城以待。二十九日，赴黄河一带之兵来报军情，言彼先已渡河，不知我军至此。时彼之人畜共约三百，复渡河而归，为我俘获等语。三十日，次归化城。初四日，扬善遣人来报：蒙古人中，入明城者皆降，并命送出蒙古人财务牲畜。时明守边副将对我大臣等曰，凡财帛、牲畜等将尽给还，我等惜之何为等语。言毕，即遣人往取之。”①

档案记载显示，参加此次征讨察哈尔本部大本营的外藩蒙古部落，有科尔沁万户、东土默特部、喀喇沁部、喀喇车里克部、伊苏特部、翁牛特部、巴林部、扎鲁特部、阿鲁诸部落中的阿鲁科尔沁（达赖楚呼尔）、四子部落（僧格和硕齐）、敖汉、奈曼等部。带兵的蒙古大小台吉多达百余人，人数众多，

① 中国第一历史档案馆、中国社会科学院历史研究所译注：《满文老档》（下册），中华书局，1990年，第1257—1289页。

"此次因出征兵众，日行四五十里"。

从史料记载分析，这次征战中除了科尔沁万户的奥巴台吉以外，其他各部蒙古诸台吉仍持有消极观望的态度，有的部落只是应付性出征，使皇太极大为恼火，甚至点名训斥。

《清太宗实录》载："是日（十六日）晨，召集土谢图汗兄弟诸贝勒及扎鲁特、敖汉、奈曼、阿鲁各部落诸蒙古贝勒一百人，汗谕之曰：土谢图汗不惜所蓄马匹，散给军士，率来军士甚多。至乌克善，则于我心有所不惬，……扎鲁特部诸贝勒亦属实心效力。至若巴林部诸贝勒……怠缓不前，……色特尔，尔言有病，……又谕阿鲁部诸贝勒曰：……为何不散给马匹，不多发兵耶？敖汉、奈曼部诸贝勒……尔等较巴林属优，然亦未为尽善。"①

除前两次持反对态度最明显的奥巴台吉突然变得如此积极以外，扎鲁特部首领的表现稍好，其他蒙古部首领均敷衍了事，因而受到皇太极的责怪。

此次行军路线大有一石二鸟的目的，一是拦截察哈尔本部行军漠北之路，二是有从达里湖南下攻打明朝北京的意图。

我们先观察四月十六日皇太极褒贬蒙古诸贝勒以后至五月初一日，他的行军情况。首先说明一点，爱新国军初九日已至西拉木伦河。十日和十一日在原地等待相关蒙古部落兵前来会师。"十二日驻扎衮乌达地方驻营。十三日仍驻扎衮乌达。满珠习礼来见。歇宿之日，即西拉木伦河和辽河合流处，北边各地蒙古诸贝勒率兵来会。"这里有一处错误记载。西拉木伦、辽河合流处之"辽河"是指老哈河，而这次与北边蒙古诸部落的约会地点就在西拉木伦河和老哈河的汇流处，扎衮乌达（即所谓的昭乌达——百棵柳树）应该离此地很近。

① 中国第一历史档案馆、中国社会科学院历史研究所译注：《满文老档》（下册），中华书局，1990年，第1269—1270页。

《蒙古游牧记》载："翁牛特左翼牧地：介潢河、老哈河之间。老哈河在游牧东南百里，自敖汉流入境，东北会潢河。《大清一统志》：木叶山在潢河与土河合处。……合潢河处在今喀尔喀左翼西北百三十里，与翁牛特左翼接界。"①

第二天到博罗地方驻扎。疑似博罗和屯（乌丹）。但是《实录》中却把该地方另写作"博罗额尔吉"。所谓"额尔吉"在蒙古语中指河岸之坎。所以应该把它确定为离哈儿占地方很近的西拉木伦河岸，是西拉木伦渡口附近一个地方的名称。因为第二天大军留辎重屯于哈儿占地方后渡西拉木伦河到哈喇木伦流域了。哈儿占地方在翁牛特旗地界有两处，一在旗东。《蒙古游牧记》载："左翼旗……旗东三十里有小华山，蒙古名巴噶哈勒占山。"又"右翼旗……旗东……九十里有大华山，蒙古名布当华"。"布当"在蒙古语里指"大"。"华"指树木稀少的光头山，蒙古语即哈勒占山。从行军的方向来确定，屯粮和渡河的"哈儿占"当是今翁牛特旗中部海日苏镇西侧的海金山（今翁牛特旗海金山牧场），即《蒙古游牧记》中所记载的"大华山，蒙古名布当华"。当地蒙古人至今仍把这座山称作哈儿占山（qalǰin aɣula）。从海金山或海日苏往北渡西拉木伦河可直接进入巴林旗境内，这条路是直达巴林北境林东一带的捷径。所以他们屯粮之地应该是大哈儿占山。哈喇木伦就是巴林境内的哈喇木伦河。

张穆所说："若喀喇木伦别为一水，在今潢河之北巴林界，东南流入潢河。左翼旗北则为黑河，在今巴林界，即所谓乌龙江是也。"

四月十七日大军抵达巴林境内的哈喇木伦。十八日大军抵达克什克腾东北境内。"十八日至哈纳崖"。据《游牧记》记载

---

① 张穆撰：《蒙古游牧记》卷之3《翁牛特部》，载《小方壶斋舆地丛钞》，杭州古籍书店影印本，1985年。

“克什克腾部东北哈尔哈那太山北麓”等就是十八日大军抵达之地。

第二天原地休整。第三天二十日，行军大概二十多里左右抵达哈尔哈休息片刻。在此地有二人从大军中逃走，为了追赶他们，军马很疲惫。所以在此又歇息一天。第三天“二十日抵哈尔哈过午歇马”。关于“哈尔哈”应该是以下史料记载中的哈尔哈河无疑。

《口北三厅志》：“（康熙三十四年九月）谕大学士伊桑阿等：诏谕四十九旗蒙古每佐领挑选三四名，令本佐领中每人各给马三匹及甲胄弓矢全副。每月人给银一两。又喀尔喀兵亦选二千名，俱照此例为之。遣我内地章京操练。联屯于正蓝旗察哈尔界上以至哈尔哈河。倘有举动，该王、贝勒、贝子、公、台吉有愿效力者即率此军而行。……噶尔丹事毕之时，令是军各归……”①

关于康熙谕旨中出现的哈尔哈河，笔者认为是离哈纳崖较近的克什克腾境内的哈尔哈河。

因为《游牧记》载：“克什克腾东北至洋图喀喇和硕……百五十里有哈尔汉河，源出漠海恩都尔山，西流至乌兰布通峰，又东入潢河。”②

爱新国和蒙古部落联军至此后，又往西南方向行军。其中巴鲁河之地名不详。不知是指西河之“baraγun γool”，还是指碧落河（“biraγu γool”）。克什克腾北境有大、小吉兰两条大河，都起源于兴安岭北麓。还有格垒河的一条支流，叫“碧落河”，巴鲁河不知是指哪条河。格垒河是指《游牧记》中的“格类河”。

---

① 金志节原本，黄可润增修：《口北三厅志》，中国方志丛书，第36号，乾隆二十三年刊本影印本，成文出版社，1966年。

② 张穆撰：《蒙古游牧记》卷3《克什克腾部》，载《小方壶斋舆地丛钞》，杭州古籍书店影印本，1985年。

旗西北百五十里有格垒河，源出兴安山，东南流入潢河[1]。

大军接着从北麓越过兴安岭在克什克腾境内往西南行军，在“二十二日，大军越兴安岭次大儿湖之公古里河”。公古里河是达里湖的主要水源。

《口北三厅志》载：“公古尔河，达尔诺尔东北。”[2]

《游牧记》：“克什克腾旗西北二百二十里有公姑尔河，源出巴颜朱尔克山，西南流入捕鱼儿海（大儿湖），……捕鱼儿海，蒙古名达尔，公姑、野猪等四河流入其中，周数十里。《会典》作空格尔河。”[3]

“达尔湖”形状犹如牛羊肩胛骨，蒙古语称肩胛骨为“dalu”，此湖名由此而来。在清光绪蒙古文地图中，将该湖名称标注为“dala naγur”，旁译为“野海”。

总之，从四月初一日起程至四月二十三日离开克什克腾界为止，爱新国大军行军缓慢，无一所获，行军一千二百里，日行速度五十里。从行军的路线分析，大军从察哈尔万户原驻牧地的中间穿过，连林丹汗都城白城都没有经过。可见林丹汗西迁的第二年，爱新国进军了阿喇克绰特的故土敖木伦河流域，并与科尔沁部配合爱新国扫荡了林丹汗白城。说明此时察哈尔的故土已变得荒无人烟，察哈尔部已经举部西迁了。

接下来大军进入现今正蓝旗北境和阿巴嘎旗南境的地界。第一天“二十三日，大军次都勒河”（dürügen γool）（马镫河）。

《三厅志》载：“杜勒泊，［皇舆图］红城子北。”[4]

---

① 张穆撰：《蒙古游牧记》卷3《克什克腾部》，载《小方壶斋舆地丛钞》，杭州古籍书店影印本，1985年。

② 张穆撰：《蒙古游牧记》卷3《克什克腾部》，载《小方壶斋舆地丛钞》，杭州古籍书店影印本，1985年。

③《蒙古游牧记》卷3《克什克腾部》。

④ 金志节原本，黄可润增修：《口北三厅志》卷2《山川志》，中国方志丛书，第36号，乾隆二十三年（1758）刊本影印本，成文出版社，1966年，第37页下。

应该在蓝旗北卓索图附近驻扎。第二天从此南行。

“二十五日，大军次乌尔图地方。二十六日，次胡喇户地方。二十七日，仍次胡喇户地方。”

“乌尔图”为河名。即《游牧记》载：“（阿巴噶部）牧地：有固尔班乌斯克河。有兔园水，蒙古名奴克黑忒，有长水，蒙古名乌尔图，固尔班乌斯克则其总名称也。”[①]

兔园水（蒙古名奴克黑忒，即“nuγ küyitün”——词义为“冰凉”）是《清代历史地图》中所绘的阿巴嘎旗南部的“阴凉河”，即现代地图中的“辉腾郭勒”。而乌尔图河源于我们即将要考证的胡喇户。“自南来曰乌尔图河，源出和尔和山。”“胡喇户”为山名，乃乌尔图河的发源地。

《游牧记》：“乌珠穆沁右翼旗……西北至括布奇毕期克。百九十里有乌里雅苏台山。二百里有方山，蒙古名和尔和。”[②]

但是，此山不是我们要找的和尔和山。因为关于胡喇户方面，我们所掌握的史料有两个特征。一个是“自南来曰乌尔图河，源出和尔和山”。另一个是“二十九日，自小和尔郭还，趋察哈尔”。这是考证过程中约束我们的胡喇户地方的特征。也就是说，乌尔图河是南流之河，而且是从小胡喇户山发源。所以我们要找的地方必须满足这两个条件。从上述两个条件衡量乌珠穆沁右翼西北之胡喇户地方，明显不符合我们要找的地方。从那里发源的河流不可能越过兴安岭向南流。再说爱新国大军二十二日才越过兴安岭，没过两天又从兴安岭返回去的可能性根本不大。所以我们只能放弃乌珠穆沁的和尔和山，另找他处。蒙古地区以“胡喇户”（quraqu aγula）命名的山很多。其形状一般是环山，犹如围墙，多为火山喷射后遗留的火山

---

① 张穆撰：《蒙古游牧记》卷之4《阿巴噶部》，载《小方壶斋舆地丛钞》，杭州古籍书店影印本，1985年。

② 张穆撰：《蒙古游牧记》卷之4《乌珠穆沁部》，载《小方壶斋舆地丛钞》，杭州古籍书店影印本，1985年。

口。多年积雪雨水聚集，胡喇户其意为积水的山。根据《三厅志》记载，有大小二呼尔虎（即和尔和）山。

这两座山即《三厅志》所载："大呼尔虎山［一统志］上都牧场北直独石口东北二百三十里。小虎尔虎山［一统志］上都牧场北直独石口东北二百二十五里。"①

可见两座山相距很近，只有五里之遥。大山在西北，小山在其东南。《三厅志》又载："蒙古语伊克大也，巴汉小也。呼尔虎山正当兆奈曼苏默城之北，伊可呼尔虎在其西，疑即古卧龙山。"②

又《大清一统志》载："正蓝旗察哈尔驻扎哈苏台泊。在独石口东北三百六十里，……东南至御马厂界四十里。"③

可见，这呼尔虎地方在正蓝旗迤南地方的小虎尔虎山正是我们要找的地方。另外，正蓝旗北部的乌尔图塔拉草原之名称由来就与乌尔图河下游有关。《三厅志》记载的大概位置是准确的。所谓兆奈曼苏默城是指多伦诺尔庙。还有一个军事行动的动机问题，可以给我们的论点做旁证。《满文老档》载："先令布哈塔布囊携一人来，报汗。讯毕杀之。其人言，察哈尔部左界与喀拉莽鼐之境相接等语，遂定议，罢征明之师，往征察哈尔。"④原来皇太极此次往征察哈尔，因毫无所获，中途又改变主意，大军矛头指向明朝的独石、张家口方向。在大儿湖时他已经派遣科尔沁部轻骑九人，回探克什克腾以东地区的察哈尔情

---

① 金志节原本，黄可润增修：《口北三厅志》卷之2《山川志》，中国方志丛书，第36号，乾隆二十三年（1758）刊本影印本，成文出版社，1966年，第29页上。

② 金志节原本，黄可润增修：《口北三厅志》卷之2《山川志》，中国方志丛书，第36号，乾隆二十三年（1758）刊本影印本，成文出版社，1966年。

③ 穆彰阿、潘锡恩等纂修：《大清一统志》第45册，卷534，上海古籍出版社，2008年。

④ 中国第一历史档案馆、中国社会科学院历史研究所译注：《满文老档》（下册），中华书局，1990年，第1276—1277页。

况，此时也得到了“未得踪迹”的汇报。

二十七日，仍次胡喇户地方。次日，土谢图汗下九人捉生，直抵霍尔霍林郭儿、嘎海额勒苏地方。

他们想从霍尔霍林郭儿、嘎海额勒苏地方寻找活口。

《游牧记》载：“乌珠穆沁右翼旗……牧地：有胡卢古尔河注于阿达克诺尔。胡卢古尔河又名秃河，有二源：一出布祜图山，南至博果图哈喇山。二十里接巴林界。曰古尔土河。其一南出克什克腾部东北哈尔哈那太山（哈纳崖）北麓。”①

霍尔霍林郭儿河是乌珠穆沁右翼的内流河，在大、小吉林河东侧。乌珠穆沁右翼旗东北部有一个叫嘎海额勒苏的地方。这两个地方就是科尔沁奥巴派人侦察的方向。看来爱新国大军搜索的方向是察哈尔故土的北部，从出行开始到侦察乌珠穆沁右翼东界，南到胡喇户山，爱新国大军对方圆几百里进行侦察后，最终完全确定了察哈尔本部大军在哈喇莽鼐（也作喀拉莽鼐）方向。这时察哈尔逃人的供词也证明了他们的判断准确。

“庚寅，大军次都勒河。命白布赫率壮士八人，每贝勒下拨给良马二匹，入察哈尔国边界捉生。是日，察哈尔国一人步行逃至。云，……察哈尔汗奔库黑得勒酥地方，自大儿湖距彼地约一月程。”②

皇太极这才放弃攻打明边的临时计划，追踪察哈尔大军行军漠北的路线。大军调头往西北方向行军，第二日北行抵达果果苏泰河（也作戈贺苏台河）。

《口北三厅志》载：“戈贺苏台河，在正蓝旗察哈尔东五十三里。源出额默黑特站西北，流入阿霸垓界戈贺。汉言韭菜也。”③

① 张穆撰：《蒙古游牧记》卷之4《乌珠穆沁部》，载《小方壶斋舆地丛钞》，杭州古籍书店影印本，1985年。

②《清太宗实录》，天聪六年五月庚寅条。

③ 金志节原本，黄可润增修：《口北三厅志》卷2，中国方志丛书，第36号，乾隆二十三年（1758）刊本影印本，成文出版社，1966年，第35页。

至此爱新国和蒙古联军完成了对察哈尔原驻牧地的搜索，大军直向哈喇莽鼐。过了两天，也就是初三日，抵达胡喇干奴哈雅地方。该地在阿巴噶左翼旗之呼尔泊。

《游牧记》载："呼尔泊在左翼东南六十五里，土名库尔察罕鄂模，在沙漠中横长数十里，起源有二：自东南来曰努克黑忒河（阴凉河或辉腾郭勒），……自南来曰乌尔图河，源出和尔和山，北流合三水来注入。"[①]

这就是蒙古文档案中出现的"quraγan-u qay-a"，也就是我们所考证的胡喇干奴哈雅地方。据清光绪三年（1877）手绘蒙古地方地图中的阿巴噶纳尔（也作阿巴哈纳尔）地图，辉腾河入流处，即该旗中北部一个特别的大湖泊标有蒙古文"quraγ-an-u qay-a"的名称[②]。但是像达里岗爱马厂草原之名来自附近的达里和冈噶两湖的名称一样，胡喇干奴哈雅地方也是那附近地方的名称。经查，除了呼尔泊以外，附近还有一个大名鼎鼎的哈雅湖。

《游牧记》载："［阿巴噶纳尔右翼］南至博罗温都尔冈。……五十里有息雉淀，蒙古名哈雅诺尔，……胡峤《陷北记》曰：塞外有息雉草，尤美而本大，马食不过十本而饱，淀或因草得名欤。《酉阳杂俎》：席萁一名塞芦，生胡地。"[③]

戈贺苏台河注入哈雅湖。目前没有更多史料记载，以清光绪蒙古地方手抄地图阿巴哈纳尔旗地图为准，把此湖定为胡喇干奴哈雅。

胡喇干奴哈雅地方是通往漠北的必经之路。

---

① 张穆撰：《蒙古游牧记》卷之4《阿巴噶部》，载《小方壶斋舆地丛钞》，杭州古籍书店影印本，1985年。

② Wather Heissig, "*Mongolische Manuskript Karten in Faksimilia*," in *Mongolische Ortsnamen Tell* Ⅱ（Wiesbaden，1978），p.113.

③ 张穆撰：《蒙古游牧记》卷之4《阿巴哈纳尔部》，载《小方壶斋舆地丛钞》，杭州古籍书店影印本，1985年。

《游牧记》："此湖之南为大碛比较合适。北为大漠，西北为杜兰喀喇山，为察罕七老碑，又西北为翁文卓托鲁克山，才里冈噶山，皆自古绝漠所必经之道。"[①]

爱新国根据所得到的察哈尔向漠北行军的情报，想尾追察哈尔军队，所以直奔达里岗爱而去。

我们再看接下来的行军情况。"初四日，次格德尔古布拉克地方。初五日，仍次于此。初六日，次胡喇户地方。是日，大军次兆哈布拉克地方。初七日，次扎喇布拉克地方。初八日，大军次布龙图布拉克地方。九日仍在此地。十、十一日在枯橐地方。"[②]格德尔古是泉名。查阅《中国历史地图集》(清代）在今苏尼特左旗旗府正北标有各得尔古地方。据《游牧记》所载苏尼特"左翼旗六十五里有呼尔泊"来推算，大概方向准确，但是按一天的路程来推算，距离偏北。此地就是格德尔古布拉克地方。胡喇户、兆哈布拉克、扎喇布拉克和初八日驻扎的布龙图布拉克地名均不详。但是在缺水干旱地带，大军肯定会在水源附近驻扎，都在格德尔古布拉克附近大漠边缘的地方。大军最北到达布龙图地方以后，没有再往前追赶察哈尔本部大军。

《清实录》载："丁未，前哨老萨遣人奏言，遇察哈尔哨兵一次，为我兵追北，后无所见，观敌人大队踪迹，逃去已久，恐我兵追之无及。是日，上自布龙图旋师，至枯橐地方驻营。"[③]

爱新国大军在胡喇干奴哈雅、达里岗爱、哈喇莽鼐附近进行了十天的艰难行军，连察哈尔本部大军的影子都没见到，此

---

① 张穆撰：《蒙古游牧记》卷4《阿巴噶部》，载《小方壶斋舆地丛钞》，杭州古籍书店影印本，1985年。

② 中国第一历史档案馆、中国社会科学院历史研究所译注：《满文老档》(下册)，中华书局，1990年，第1257—1289页。

③《清太宗实录》，天聪六年五月丁未条。

地环境恶劣，是缺水的沙漠地带，只好退兵，另做打算。这证明，此时林丹汗大军途经可可的里速去往漠北已久。

十一日，在枯稾地方，皇太极召集满蒙汉大小贝勒商议征讨明朝的事宜。

《清太宗实录》："是日，召集大贝勒代善及诸贝勒，满洲、蒙古、汉官等。上谕之曰，我等原征察哈尔至此，察哈尔不能御而遁，追之无益，今我兵马疲惫，其暂旋师，以俟再举乎，抑先取蒙古部民，复入明境乎，二者孰便，尔诸臣可定议以奏。于是，群臣集议奏云，我师此来，已近明境，即先取蒙古部民，复入明地，以图大事，诚为上策。于是复定议征明。"①

至此，爱新国大军完成追击察哈尔部的军事行动，开始了所谓"取蒙古部民"的抢掠和屠杀蒙古台吉属下汉人的行动。

此时，林丹汗所属察哈尔本部的部分部民和右翼民众在黄河右岸，另一部分远在漠北。爱新国和蒙古大军到了归化城，也只是占领一座空城而已。除了蒙古所属汉民以外，只有极少数蒙古人在此地遗留。皇太极率军前往归化城。

二十六日，次博多克地方。是日，前行贝勒遣图鲁什、劳萨往捉生，乃获扎喀寨蒙古人一名，与贝勒同往之六名差役送之前来，讯之云察哈尔知我兵进征消息，将其财畜运往黄河，余者少，运者多。于柏兴（即板升）地方家家有人等语。于是，前遣兵乘夜进发，二十七日，攻取柏兴地方。是日汗至归化城驻营。军队分入各村收聚人畜②。

这些自然都是归化城的汉人。而所获之物更是少得可怜，几乎分不出所谓的战利品来。

---

①《清太宗实录》，天聪六年五月戊申条。

② 中国第一历史档案馆、中国社会科学院历史研究所译注：《满文老档》（下册），中华书局，1990年，第1286页。

《满文老档》载："初六日，以八旗所获诸物，收于汗所，欲分与众人，但不敷分，遂分给八家。命分给各旗人穷苦者。"[1]

他们所获之物全部清单如下：

阿济格贝勒属下诸申、蒙古共俘获人五千五百二十三、驼六十七、马四十七、驴七、牛六千七百七十一、羊八千四百六十二。人畜合计共获二万七千五百九十六[2]。

《山中见闻录》载：五年四月，建州王子勒西路降人五六万西来逐插，插战不胜，益渡河西徙。东人烧绝板升，插汉偕套虏走大漠。……东人久屯板升，地淫雨，马多毙，乃整众东归[3]。

这是第三次远征察哈尔本部之战役，是奥巴洪台吉得到漠北亲族孛啰科尔沁各部的求救信而引发的战役。因此，在各部中，奥巴台吉的积极性最高。

"Om suwasdi šidem.sečen qaγan-u gegen-e ayiladqamoi: ǰi-nong-un baqadai oyiǰang daγurisqu γurban ǰaγun kümün čaqar-tu turšiγul ečigsen: čaqar-un čerig mordaγsan qoyiγur alaγčiγud-i dobtulǰu alaγčigud deger-e saγuγsan qaγan-i qatun-i bariǰu : em-e kübegün-i čabčiǰu: ger mal-inu tüyimerdeǰü qaγan-i qatun-i abu-γad : baqadai oyiǰang daγurisqu: čaγaǰai mergen kiy-a-yi qostai[4] yaγaraγulǰu: čaqar čerig mani ǰüg mordaba.ser-e geǰü ǰaruγsan tere kele-yi sonosuγad čerig-iyen uγtuǰu γaruγad: ger-iyen berke

---

① 中国第一历史档案馆、中国社会科学院历史研究所译注：《满文老档》（下册），中华书局，1990年，第1294页。

② 中国第一历史档案馆、中国社会科学院历史研究所译注：《满文老档》（下册），中华书局，1990年，第1294页。

③ 彭孙贻撰：《山中见闻录》之三《西人志》，载《玉简斋丛书》本第1函中的第4、5册，清宣统二年（1910）。

④ "qostai"，在蒙古语中，蒙古人有事外出时，除坐骑以外，还牵另备马鞍的马，谓"合索台"。此外清朝皇帝的仪仗队前面会列有几双备鞍的马和备鞍的大象，谓"qošitai"。另外王公等贵族仪仗队前备有马鞍的坐骑也叫"qošitai"，参阅《蒙古文二十八卷本词典》第960页。

γaǰar oruγulǰu: qalq-a tai tululčaǰu qalq-a-yin buγaqu güyeng ireǰi kelelčeǰü:qalq-a ǰinong tai čerig-iyen ugtuǰu γarba genem: mani elči: ǰinong-in elči tai qostai yaγaraǰu ǰaruγsan toγoriǰu yabuǰi qori qonoǰu irebe:mani dotur-a oruγsan aq-a degü-yin nutuγ-iyer čaqar-un turšiγul demei yabuǰu bayinam. čaqar-un čerig qamiγ-a tuluγasan-i medekü biši. Qalq-a-yin boγuγai qošiγuči γurban ǰaγun kümün turšiγul :čaqar-un ǰaq-a-yi tobtulǰu γarqui: Kiy-a tayiǰiyin degü ondo qaraγul γaruγsan učaraǰu alalduǰu: ondo-yi boγuγai qošiγuči ǰidalaǰu alaba genem edüge übül-un ekin sara-du tan-du mordaqula bide ger tuni morday-a: man-du mordaqula: ta ger tuni morda geǰi bayinam:ǰinong- in elči- yin üge tere:baqadai qošiγuči čaqar-un čerig -ün mür-inü ǰegün eteged šii（y?）dqaǰu: ger-inü qurqan-u qay-a-yi önggereǰü irebe genem:mani γulumtayin dotur-a oruγsan: γaγča maγu mingγan-ača bosu:sün dügüreng ekilen bügüde oruǰu irebe.”[①]

汉译：“愿吉祥！尊奏天聪汗陛下：听说济农属下巴哈太委正达古哩思呼者率领三百人往察哈尔方向哨探，趁着察哈尔空隙，袭击阿喇克绰特部，俘虏了掌管阿喇克绰特部的可汗太后，并杀戮其妇幼，抢掠了其牲畜。携带太后撤走后，巴哈太委正达古哩思呼急忙派遣察哈寨莫尔根恰侍卫，报察哈尔冲着我们去了，要警惕！听到此报告后，率军往迎，把家室往险要地带搬迁。与喀尔喀取得联系，喀尔喀部博雅户贵英来约定后，同喀尔喀济农一起出兵迎战。急遣我们的使者和济农的使者，但是走了弯路，途中用了二十天才到来。我们家族兄弟（茂明安、乌喇特、四子部）的土地上，察哈尔哨探频繁出入。不知察哈尔部队行军到何处。听说喀尔喀保古盖和硕齐率

① 李保文、编辑、整理、转写：《十七世纪蒙古文文书档案》（1600—1650），第20件档，内蒙古少儿出版社，1997年，第63—64页。

三百人打探，袭击察哈尔边境时，与恰台吉（察哈尔）之弟温窦防边相遇，温窦被保古盖和硕齐刺死了。他们说如今寒冬初月（十月），若（察哈尔）出征你们，我们去袭击他们的后方，若出征我们，你们去打他们后方。济农来使的话语就这些。又巴哈太和硕齐言：察哈尔军队的行军路线趋向东方，老营已过虎剌干奴哈雅。我们家族兄弟中除了茂明安以外，孙都棱等已来到了我们山阳。”

这封书信的内容证明，天聪六年（1632）五月爱新国和科尔沁等满蒙汉联军为奥巴这封信中所说的事直奔虎剌干奴哈雅（即胡喇干奴哈雅）地方，欲半途拦截林丹汗的北征军，但是晚到了一步，林丹汗大军早已北上。

奥巴洪台吉的书信就是1631年冬，科尔沁部奥巴听到林丹汗往征漠北茂明安等部的消息之后，向爱新国天聪汗汇报情况所写的信。书信中所提到的“济农”是指阿巴垓部都思噶尔济农。

总之，从天聪六年四月一日出征，到天聪六年七月二十四日返回盛京为止，皇太极率领十万女真、蒙古、汉军，历时三个月的长途跋涉，完成了对察哈尔本部的征伐，其结果是尽管察哈尔本部未遭受直接损失，林丹汗的主力却被驱逐出了呼和浩特，最终使林丹汗走上青海的不归路。

第六章　察哈尔本部归附爱新国

察哈尔本部的扩张，使它的内部结构发生了根本变化，内部矛盾也逐渐加剧。林丹汗发动无休止的内战，使察哈尔本部的社会环境不断恶化，因树敌过多而危机四伏。爱新国拉拢蒙古科尔沁万户、内喀尔喀五部万户、阿鲁诸部、喀喇沁万户、东土默特等部诸台吉建立满蒙联盟，以林丹汗为敌，对察哈尔本部造成了很大威胁。自崇祯六年（1633）起，明朝方面也拒付察哈尔市赏，使察哈尔本部陷入了更加严重的经济危机。林丹汗企图改变困境，率部挺进青藏高原。但是他的这一举动又与蒙古社会普遍崇尚的黄教信仰背道而驰，并未得到蒙古部众的支持。天聪八年（1634），林丹汗的突然病逝使群龙无首的察哈尔本部发生混乱。早已厌倦动荡不安和战争，渴望安居乐业，思念故土的察哈尔本部人众潮水般地涌向自己的故土。正所谓“若谁具备威武权柄，则屈膝于彼之足下”（erke küčü ken-dür tegüsügsen bügesü tegün-ü köl-dür sög ödümü）[①]，这是弱肉强食之乱世中永恒的生存哲理。察哈尔本部人众在走投无路、贫困潦倒之际，皇太极不失良机，派大军毫不费力地收服了察哈尔本部的部众。本章将阐述察哈尔本部归附爱新国的过程及清朝初期“察哈尔国”的历史。

① 李保文、编辑、整理、转写：《十七世纪蒙古文文书档案》（1600—1650），第37件档（阿速特部巴德玛洪台吉之福晋致天聪汗书），内蒙古少儿出版社，1997年，第112页。

第一节　察哈尔本部归附爱新国

林丹汗生前，爱新国对察哈尔本部没有构成多大的威胁，也没有造成太大损失。但是，察哈尔内部的矛盾日益激化，组织松散，纪律纷乱，人心涣散，使它最终走向了崩溃。

察哈尔本部在西迁过程中对自身和蒙古右翼各部的消耗过大，连年不断的征战使察哈尔本部人众厌恶这流离失所、心惊胆战的生活。他们感到前途渺茫，渴望安居乐业，思念故土，希望早一天结束伤人害己的战争。这种情绪在天聪八年（1634）林丹汗率领察哈尔本部远征青藏高原时，以拒绝前往、逗留拖延的形式表现了出来。

察哈尔本部在西迁过程中兼并了诸多部落并迅速扩张，其间林丹汗为了适应新的形势，采取了一些新的组织形式，然而效果不佳。察哈尔本部以可汗直属部落的身份自居。察哈尔万户所属阿喇克绰特等部历来有察哈尔的名分，自然与察哈尔人并无间隔。但是被吞并的喀尔喀各部和被征服的喀喇沁、土默特、鄂尔多斯、永谢布部的情况就截然不同了。早在喀尔喀部被吞并之始，察哈尔本部的内部已经出现了排外和奴役倾向。正如皇太极指出的那样："察哈尔汗破喀尔喀，不仅诸贝勒，还私分诸申人等，离散诸贝勒之妻，强取诸贝勒之女，妻巴牙喇属下跟役，除我之外，尔等岂不知之？"[①]

曾经是察哈尔万户同盟者的五部喀尔喀之下场都是如此，与之对抗的右翼三万户的命运可能比他们更加悲惨。可汗与大台吉之间的矛盾、台吉和台吉之间的矛盾、各部之间的历史恩

① 中国第一历史档案馆、中国社会科学院历史研究所译注：《满文老档》（下册），中华书局，1990年，第813页。

怨，旧仇新恨夹杂在一起，各类矛盾激化到一触即发的程度。只不过在林丹汗的威望和高压军事管制下，迟缓发作罢了。这就是察哈尔部最终不攻自破的原因。林丹汗本身是一位独裁的统治者。在他的汗廷中没有权相、谋臣，更没有忠臣可言。树倒猢狲散，林丹汗病故之后，竟没有一位有权势的大臣敢站出来，能够稳定混乱的局面，维持蒙古的秩序，辅助孤儿寡母，延续蒙古帝国的基业。如此情景被当时汗廷的一名忠臣一语道破。

《清初内国史院档案译编》载："七月初三日。阿齐图太希自察哈尔孔果尔处至，奏汗曰，我汗主弗能违天命而薨。汗景福万昌，故我察哈尔部尽来归。汗嘉之。阿齐图复讯诮其察哈尔部诸大臣曰，尔诸大臣皆位尊于我，及汗身薨，遂不顾汗之妻子，竟弃之来，何以谓之大臣耶？诸臣皆惭。汗见众惭色，乃劝阿齐图太希毕，遣之。"[①]

上述诸多矛盾，在林丹汗病故之时暴发，使外强中干的察哈尔本部竟然在一夜之间坍塌了。

林丹汗本身是噶玛噶举派的呼图克图，是蒙古历史上将政教大权集于一身的蒙古可汗。藏传佛教黄帽派在蒙古地区传教的过程中，为了获得蒙古各部贵族的大力支持，给蒙古各部台吉等高层随意赐封"汗"号，从土默特俺答汗、喀尔喀阿巴泰汗开始，这种行为愈演愈烈，蒙古各部到处都是拥有"汗"号的部落首领，严重削弱了蒙古大汗的威望，达赖喇嘛和林丹汗之间自然发生冲突。林丹汗准备收服逃往青海、西藏地区且已皈依黄教的蒙古部落时，自然以喇嘛教黄帽派为敌，这使他失去了皈依黄教的蒙古大众之心，部众逃散，势力锐减。当时的蒙古民众在林丹汗和喇嘛教之间更倾向喇嘛教的格鲁派。而林

① 中国第一历史档案馆编译：《清初内国史院满文档案译编》（上册），光明日报出版社，1989年，第178页。

丹汗尊崇噶玛噶举派的红教，使自己在蒙古人心灵世界中的崇高形象大打折扣，同时失去了充当他左臂右膀的掌握着蒙古民众思想、信仰的呼图克图和活佛等大喇嘛们的支持。在蒙古人的心目中，嘛哈噶喇金佛和代表着至高无上皇权的玉玺同样受到尊崇。在崇尚黄教，政教合一的蒙古社会民众的内心世界里，蒙古可汗玉玺、金铸嘛哈噶喇佛像、金字《大藏经》（即金字书写的《甘珠尔》《丹珠尔》）这三件宝是立国之本，是皇权的象征。对蒙古人来说，这三件法宝的主人的更换，象征着正统天命皇权的转移。

《内国史院档》载："十二月十四日。蒙古大元国世祖忽必烈汗时，有帕克斯巴喇嘛用金铸嘛哈噶喇佛像，奉祀于五台山，后请移于萨思遐地方。又有沙尔巴呼图克图喇嘛复移于大元国裔蒙古察哈尔国祀之。奉天承运满洲国天聪汗威德遐敷，征服察哈尔国，旌旗西指，察哈尔汗不战自逃，其部众尽来归。于是，墨尔根喇嘛载嘛哈噶喇佛像来归。天聪汗遣必礼克图囊苏喇嘛往迎之。天聪八年甲戌年冬月十五日丁酉，必礼克图囊苏喇嘛携摩尔根喇嘛至。"①

又载："初六日卯刻。汗出营。时出师诸贝勒率归降察哈尔汗子额尔克孔果尔及其诸大臣从汗右侧驰马来见，汗率众少进前。御营南冈所筑御位上设黄案，案上燃香，吹罗掌号，吹喇叭、唢呐，上率众拜天，行三跪九叩头礼毕，汗还黄幄升座。出师诸贝勒设案，袭以红毡，以所得玉玺置于上，命正黄旗骑兵固山额真纳木泰、镶白旗固山额真礼部承政图尔格依举案各一端，诸贝勒率众邀跪献汗毕，汗设案于黄幄前，案上陈香烛，汗受玉玺，亲捧之，率众拜天，行三跪九叩头礼毕，汗复位，传谕两侧众人曰：此玉玺乃历代帝王所用之宝。于是，

① 中国第一历史档案馆编译：《清初内国史院满文档案译编》（上册），光明日报出版社，1989年，第127页。

出师诸贝勒率诸臣邀跪，和硕墨尔根戴青贝勒进前跪拜，复进前叩拜，行抱见礼，次见大贝勒，其礼如汗。舅阿希达尔汉答曰：……次番出师，得获察哈尔汗之子额尔克孔果尔，察哈尔汗之妻、家口及其众臣部民、历代帝王相争之玉玺，入明大同、宣府地方，直至山西，多所俘获，败所遇之敌，此行甚利。言毕退。”[①]

北元宫廷供奉的金字《大藏经》有两种版本传世。一种是藏文版金字《大藏经》，是在明代宣德磁青纸上用黄金粉书写的藏文《大藏经》。2014年阜新地区发现其中的手写金字藏文版《般若八千颂》，共364叶，外加上下护经板，带有彩绘佛像，现收藏于阜新蒙藏佛教文化博物馆。经专家鉴定，这是林丹汗在蒙古左翼时，在可汗皇家庙宇中供奉的北元皇室家族的传家宝。是在当年战乱中散落在民间的金字大藏经残本。另一种蒙古皇家传世之宝是蒙古文版金字《甘珠尔》。据传林丹汗西迁控制蒙古右翼三万户之后，在归化城大昭寺召集贡噶敖德色尔班智达、萨木丹僧格固什和达尔汉喇嘛灌顶国师为首的三十余位高僧，以皇家供奉的藏文版大藏经《甘珠尔》为蓝本，对蒙古左翼译成蒙古文的《甘珠尔》进行了最后的整理和修补，并用黄金粉手写在明宣德年间的磁青纸上，完成了蒙古文金字《甘珠尔》的翻译，存放在大昭寺内。蒙古文版金字书写的大藏经目前收藏于内蒙古社会科学院图书馆中。

察哈尔本部自开始远征青海之日起，察哈尔本部内部谣言四起，如“嘛哈噶喇佛像向东而坐，天命将要转移到女真主”等，都是林丹汗左右的大喇嘛受到黄教高层的暗示，蛊惑人心倾向于爱新国的阴谋。有大批部众叛逃，不愿归附爱新国的部分察哈尔人则逃亡到漠北喀尔喀等蒙古地方，无力远行的投奔

① 中国第一历史档案馆编译：《清初内国史院满文档案译编》（上册），光明日报出版社，1989年，第190页。

右翼蒙古和科尔沁万户及爱新国。在青海身染重病，昏迷不醒的林丹汗已无法扭转众叛亲离的局面，察哈尔本部已经陷入失控状态。跟随林丹汗的众多大臣、台吉、喇嘛等也是身在曹营心在汉，只是迫于林丹汗的威严，暂时不敢贸然行事罢了。林丹汗病故的噩耗就像敲响了北元汗国灭亡的丧钟。大臣、台吉、喇嘛、民众各奔东西，察哈尔本部出现了前所未有的混乱局面。

一方面，大批察哈尔本部的人潮水般涌入漠南地区；另一方面，漠北的喀尔喀三部汗、台吉等纷纷争抢进入漠北的察哈尔本部的人畜，无暇顾及蒙古可汗的遗孀孤儿及察哈尔本部命运之际，爱新国趁机派出大军接济察哈尔本部逃散之人，集结察哈尔本部流散人众，笼络人心。同时警告明朝边臣，不得接纳察哈尔本部流民，皇太极完全接替了林丹汗，以察哈尔本部的新主自居了。察哈尔本部就是在这种复杂的历史背景下归附爱新国的。

一、察哈尔本部归附爱新国

据满文、蒙古文档案文书的记载，察哈尔本部的逃人从察哈尔西迁之始就已出现。不过这是当时蒙古社会的普遍现象。不仅察哈尔，爱新国、明朝也都有逃人，从而形成了后来的逃人档。当时的逃人几乎是社会和军事情报的传播者。我们今天所查到的第一手史料，从其内容来源考察，多数是审问逃人的供词。在双方势力相当，互有逃人的情况下，不能算作某一方归附对方的历史依据。也就是说，“逃人”和“归附”两者要区别对待。但是一旦大趋势定性以后，又不能忽略这一部分逃人。因为这些逃人往往是出现大批归附者的前兆或是为之牵线搭桥之人。所以不妨先研究一下察哈尔本部归附以前察哈尔逃人的情况，以此来确定其来龙去脉。

察哈尔本部归附爱新国的时间，最早应该从天聪八年（1634）

算起。因为从这一年开始，察哈尔本部台吉、宰桑等才大批量来归附爱新国，并形成了一个大趋势，且延续了两年之久。至天聪六年末为止，爱新国方面虽然数次策划征伐察哈尔本部，但是直到天聪六年才正式征伐察哈尔本部。爱新国大军追踪察哈尔本部大军的行踪无果，最后去捣毁林丹汗在归化城的空巢，一无所获，在征战过程中，并无大批量的察哈尔人来投奔爱新国。次年察哈尔本部的逃人也极少。这是划分察哈尔本部逃人和归附者的分界线。

关于察哈尔逃人，按照史料记载，最早应该是从林丹汗的叔父歹青开始的。歹青当时与林丹汗产生矛盾，逃到科尔沁万户。后来歹青之子扎尔布、色冷等迫于林丹汗对科尔沁万户的压力，企图另谋生路，于天命十年（1625）来谒见努尔哈赤。当时努尔哈赤热衷于与科尔沁万户联盟，从大局考虑，厚赏他们二人后仍将其遣回科尔沁万户奥巴处。由于察哈尔万户的内部矛盾，在努尔哈赤时代察哈尔万户所属兀鲁特部，天聪元年察哈尔万户的敖汉、奈曼二部首领归附爱新国。这是察哈尔万户在蒙古左翼时所蒙受的重大损失，是林丹汗与努尔哈赤角逐时期的败绩。察哈尔万户的北察哈尔各部大约在土蛮汗晚年时期移驻漠北的可可的里速草原，依附北喀尔喀，未具体参与林丹汗和努尔哈赤在辽东的角逐。

天聪元年末，在察哈尔本部兼并所属南部察哈尔和五部喀尔喀的过程中，内部产生矛盾，尤其在西迁问题上可能出现过严重分歧，因此在史料中开始出现察哈尔本部逃人的记载。

“十一月初七日，察哈尔部某旗大贝勒昂坤杜棱，携妻孥人民来归，汗及诸贝勒等，以礼迎之。”[①]

那么，昂坤杜棱叛逃的原因是什么呢？这在明朝兵部题档

① 中国第一历史档案馆、中国社会科学院历史研究所译注：《满文老档》（下册），中华书局，1990年，第869页。

中得到了答复："据宣府巡抚沈塘报：有看边夷人五榜什从奴营内逃出说称，昂混台吉等原系插酋亲友。那时，插酋要杀他，反投奴酋营内，将昂混台吉升土蛇兔憨，用他领兵。"[①]

昂坤台吉显然是察哈尔本部内身份显赫之人，是察哈尔本部十二旗之某旗的大贝勒。如果不是涉及重大问题，林丹汗也许不会威胁他的生命。善于领兵打仗的他投奔爱新国自然受到重用，但是"升土蛇兔憨"则不可信，显然是与奥巴台吉弄混了。

在当时，我行我素、独占一方的人也不少。察哈尔本部古特伊塔布囊就是不愿西迁脱离察哈尔万户的典型人物。

"（天聪二年五月十一日）闻古特伊塔布囊部自察哈尔逃至蒙古阿拉克绰特部旧址居住，截杀归降满洲国人等语。"[②]

天聪二年（1628）九月十五日，"有男妇三十余人由察哈尔逃来"。从此以后到天聪六年末为止，在史料记载中，再无大人物或成批的察哈尔人因察哈尔内部纠纷而逃来的消息。从天聪二年到六年，爱新国方面对察哈尔的具体情况一无所知，总是盲目行动，也说明投奔爱新国的察哈尔逃人此时已绝迹。天聪六年九月后有两批（其人数：一次12+8人；另一次84人）察哈尔人逃到爱新国。但是这些都是察哈尔在漠北被孛啰科尔沁和阿巴噶部袭击以后溃散的东路军逃人。

据《内国史院天聪第七年满文档》载："四月初四日，察哈尔汗属下两翼巴牙喇统领大臣塔希海虎鲁斯寨桑率二十人携马百驼二十逃至。问其来归缘由，奏言：本部内乱。又有一坊主绰克图斋桑移营时，察哈尔汗斥其移居伊地，以致所属部落困穷，遂射毙绰克图斋桑所乘之马褫其职。我思彼待属下类皆如此，闻天聪汗至公养人，是以来归。初六日，阿布图和硕齐

① 第一历史档案馆、辽宁省历史档案馆编：《中国明朝档案总汇》（101册），第13册，第1038档案，广西师范大学出版社，2001年，第79页。

② 中国第一历史档案馆、中国社会科学院历史研究所译注：《满文老档》（下册），中华书局，1990年，第885页。

率七人，携马三十、驼一自察哈尔杭爱地方逃至。”[①]

很显然他们二人是从漠北杭爱山附近的察哈尔军营中逃出来的察哈尔本部将领。关于察哈尔护军统领大臣塔希海虎鲁斯（克）的来归原因，前已考证。

这些情况能说明一个问题，就是除个别现象以外，到天聪六年末为止，察哈尔本部内部还是比较稳定的。包括蒙古右翼地方的察哈尔本部在内的蒙古部众并不向往爱新国。

天聪七年档案还能够给我们提供更珍贵的信息。天聪六年（1632）七月初，林丹汗与孛啰科尔沁和阿巴垓在漠北克鲁伦（胪朐河）一带的战役结束后，就驻牧漠北，在那里过冬。上述两人就是在第二年（1633）春林丹汗率部返回前，从杭爱山逃来的。这些人当然都属于逃人。以上是察哈尔逃人的一些情况，与察哈尔本部归附爱新国的情况有明显区别。

察哈尔部众归附爱新国始于林丹汗西迁青海之时。

1633年，回到归化城的林丹汗决定远征青藏高原。他的这一决定在察哈尔本部和右翼蒙古中掀起了一场大风波。多数台吉、宰桑等都不愿意从征，林丹汗还没有动身往征青海以前，察哈尔本部的台吉、宰桑等就携带部民不断逃亡。其中还有一些其他具体原因。比如天聪六年春末，林丹汗“兵马往北去撒喇汉家”期间，七月初七日受到孛啰科尔沁部和阿巴垓部的突然袭击，察哈尔东路军受到重创，林丹汗率西路军挽回了一些损失。第二年（1633）四月中旬，林丹汗在大青山后屹汉哑波（即赛罕扎巴“sayiqan jaba”）一带驻牧[②]。可见林丹汗于1633年才回到归化城。

《明档》中的如下记载能够支撑笔者的以上观点：

---

① 中国第一历史档案馆：《清初内国史院满文档案译编》（上册），光明日报出版社，1989年，第10页。

② 第一历史档案馆、辽宁省历史档案馆编：《中国明朝档案总汇》（101册），第13册，第1038档案，广西师范大学出版社，2001年。

"崇祯六年三月八日，……我的王子先在归化城住了几日，今移住大青山后屹汉哑波地方。"[①]

明朝方面对林丹汗"奴来则去，奴去则来"的战术有了异议，他们认为林丹汗是在逃跑，拒绝与林丹汗互市并拒付岁赏。再加上爱新国大军于天聪六年（1632）对归化城的毁坏，右翼归化城一带的生活状况极度恶化。上述两个原因，也是从天聪七年起，察哈尔本部的某些官员为自己另谋出路的重要原因。1633—1634年间关于察哈尔本部的历史记载很模糊。把《明档》中残留的一些蛛丝马迹与《内国史院满文档案》的有关记载相结合，可以勾勒出这一阶段察哈尔本部历史的大致轮廓。

林丹汗远征青藏高原并不是他一时心血来潮，或为了躲避爱新国兵锋而贸然决定的事情，而是早在1632年北征漠北期间就已定好的计划。在当年九月，从漠北逃来的伯言物就曾经给明方透露过林丹汗要去往青海的军事情报。他说林丹汗"要往地名克列根呆搬运，还要过海去哩"[②]，就是指当时林丹汗在漠北时与他的盟友绰克图洪台吉商议，派遣他进兵青海，为察哈尔本部西进青藏开辟根据地。可见林丹汗要远征青海早就不是什么军事秘密了。

《清太宗实录》和《内国史院满文档案》中关于林丹汗远走青海的时间记载有些抵牾。

"先是，［壬］申年，满洲国天聪汗率大军往征蒙古察哈尔部落林丹汗时，察哈尔部林丹汗及众臣民大为惊恐，人心惶扰。林丹汗见此状大惊。遂躲避满洲国，弃尔籍牧业地，携部

① 第一历史档案馆、辽宁省历史档案馆编：《中国明朝档案总汇》（101册），第13册，第1038档案，广西师范大学出版社，2001年。

② 第一历史档案馆、辽宁省历史档案馆编：《中国明朝档案总汇》（101册），第13册，兵科抄出宣镇监视太监王坤九月十二日题本，广西师范大学出版社，2001年。

民渡黄河，向西逃亡土伯特部落时，群畜死者甚多，部众臣民苦于察哈尔林丹汗暴虐，是以反抗，拒往逗留者，十有七八还多，又食尽，杀人以食，自相屠杀，夺取牲畜财物，或者溃散。果不出满洲国天聪汗之所料，来归者犹如流水。有一人供称：……有千余户在途中等语。汗即遣户部承政英俄尔岱、觉罗布尔吉率每旗章京二员、兵二千名往寻其千户所在地。”[①]

壬申年是天聪六年（1632）。按这一史料记载，1632年爱新国和蒙古联军西征归化城时，林丹汗已经逃往青海，并且一直在去往青海的路上。1634年六月，他贫困潦倒，所部反抗，自相残杀，最终溃散。最后不出天聪汗所料，潮水般地向爱新国涌来。该段记载显然不符合史实。

1633年回到归化城后，林丹汗为西进青海做了必要的准备工作。这一阶段他在归化城一带的一些活动在《明档》中均有记录。

“兵部尚书张崇祯六年（1633）三月十六日题：据宣府总兵董继舒塘报，本月十一日，（大约离洗马林堡七十里地方）见有马夷人二百余名，背黑缨大坐纛一杆，俱戴红缨帽，内穿柳叶明甲，瓣子盔。又有步行夷人三百余名，只戴红缨帽，无盔甲，赶有牛羊四群，约有二百余只。看来却是西夷形状。”[②]

黑纛（qar-a sölde）是蒙古可汗出征时所带的战旗，象征至高无上的军政权力。洗马林堡是明朝宣府以西的一处兵营。

《皇明九边考》载：“宣府西路之柴沟堡、洗马林、万全诸城。”

洗马林直北约百里为昂裾脑儿。马夷二百人就是林丹汗中军万户中的一支护旗队人员，尤其是所携带的大黑纛“dogšin

① 中国第一历史档案馆编译：《清初内国史院满文档案译编》（上册），天聪八年六月初七日癸酉档，光明日报出版社，1989年，第86页。

② 第一历史档案馆、辽宁省历史档案馆编：《中国明朝档案总汇》（101册），第13册，第1096件档，广西师范大学出版社，2001年，第379页。

qar-a sölde”，是蒙古大汗亲自出征时的战旗，一般不离可汗左右。另一批赶牛羊者自然是出征大军的军需人员。明边夜不收所看到的，就是林丹汗出征漠北大军的一支护旗兵从达里岗爱南下，途经胡喇干之哈雅、昂裩脑儿，返回漠南归化城的情景。果不其然，明朝边臣在四月份的情报中又汇报称：“三月八日，杀胡堡市口有夷人二三百名往来货卖。密问各夷说称，我的王子先在归化城住了几日，近移住大青山后屹汉哑波地方，离边骑马行走四五日路程。”①

显然，林丹汗三月初，从漠北返回归化城后暂住了几日，又回到位于大青山的赛罕扎巴汗廷了。从四月份以后，《明档》中再无本年度（1633）有关林丹汗的信息。

《崇祯实录》：“崇祯六年五月壬寅，插汉虎墩兔憨同河套五万余骑，自清水横城分入。……上怒，巡抚耿好仁寻逮之；六月丙寅，插汉虎墩兔憨犯延绥；冬十月癸未插汉犯宁夏。”②

1633年明朝停止岁赏，林丹汗与明朝之间的联盟关系破裂。《崇祯实录》的记载证明林丹汗此时在河套一带驻牧，并在明边采取军事行动，给明朝施加压力。1633年末，他放弃河套，在寒冬迁往西北方向去的可能性不大。何况1634年五月底，林丹汗又一次出现在张家口边外。但是滞留时间很短，不知此时前来张家口边外，是为了追击察哈尔本部的逃人，还是为了集结所属各部军队。

《明档》载：“兵部尚书熊崇祯七年（1634）六月十七日题：据宣大抚夷总兵王世忠塘报：插酋带领部落来到张家口边外十余里驻扎。本职备礼照常迎风已经塘报外，该本职连日抵口，拟与据理严誓，无奈一夷不敢至口，实有惧怕之意。至二

① 第一历史档案馆、辽宁省历史档案馆编：《中国明朝档案总汇》（101册），第14册，第1173件档，广西师范大学出版社，2001年，第300页。

②《崇祯实录》，崇祯六年实录。

十六日，据守备黄忠据长哨陈耀报称，插酋已经移营往北去。据此本职意谓，此酋狡诈百出，忽去忽来，且勿一宰生入里讲事，未克深信北往。密审易市贫夷云：虽已北去，止直到周土庙，止二十余里。派通官守备哈艾去插酋处。哈艾回来报：是日到于边外，过周土庙三十余里，见无插帐。接见二夷，问及，云：今早方往北行。无夷引路，不便前追。天色已暮，只得露处。二十八日早，往速只兔喇嘛帐房，问云：王子留下宰生田笔写气等在此。可到新修库处便知。随驰马到彼，止见田夷一人，余俱未见。……再密问从夷，从夷说：东边黄河沿上有房子千余间。王子差夷哨见。今要去速速杀掳他，故将精壮好人每赏银不等，都先随带去。又留宰生在此，再挑次等夷人也即时要打发北去，但不知那（哪）一家房子。"①

林丹汗这次来到张家口外，是他最后一次追讨察哈尔本部的叛逆。而且其军事行动诡秘，到明境后连犒赏将士的时间也没有。组织兵力后又匆忙东行西拉木伦河。林丹汗还留一个大臣组织军队，为此次东征准备了后援。这里出现的"东边黄河"是指西拉木伦河。这次东行，显然要袭击占据察哈尔旧驻牧地的蒙古部落（"东边黄河沿上有房子千余间"）。

驻牧西拉木伦河流域的察哈尔部落首领，探听到林丹汗大军前来的消息，急忙向皇太极致信请求爱新国的援助。

《十七世纪蒙古文文书档案》载："愿吉祥！察哈尔汗处委正下蒿巴之子童噶逃来。言：察哈尔已临近德勒虎牙斯之地，由昂噶海者率百人组成的哨探往我处进发。大军先行，斡耳朵等跟随其后，想要迁回故地。把六旗迁移到黄河彼岸离可汗牙帐有八昼夜之遥。把该六旗迁回黄河东岸，只能在腊月迁回。该河只有在腊月封冻。（黄河）这边的六旗马匹受雪灾，损失

① 乌云毕力格编：《明朝部档案中有关林丹汗与察哈尔的史料》，日本学术振兴会赞助项目成果之一，2004年，第222页。

严重，据说往征的只有六旗六千人而已。已出征临近我处，如何是好，请汗定夺。”①

脱离察哈尔本部，前来察哈尔万户故土驻牧的宰桑如此冒昧地向爱新国求援的原因，在于皇太极曾给察哈尔本部各部写过劝降文书。

皇太极在致察哈尔各宰桑的劝降文书中写道：“天聪八年五月十一日。汗致书察哈尔遗众曰：因不知掌部落寨桑为谁，故未书姓名。凡为首大臣及寨桑等见之，不必介意。朕闻，察哈尔汗西迁时所遗部众，俱住明边外，尔等与其住彼，不如归我，凡寨桑等，不拘众寡，率部众来归，即命拿其部事。不从朕言，欲于彼处居住，此大误也！全察哈尔尚不能居住，逃往青海，尔等焉能居于此乎？若不归我而归明，明与我两国之强弱，尔等忖度之，亦当自明也！我两国语言虽异，衣冠则同，与其归附异类之明人，何如来归我，不惟尔等心安……”②

驻牧西拉木伦河流域的千余户察哈尔首领提供准确的情报后，皇太极马上组织迎战部队。天聪八年（1634）五月二十二日，爱新国大军向明朝宣府、大同方向开拔。林丹汗得到爱新国军队出发的消息后匆忙撤兵了。追讨西拉木伦河流域的察哈尔本部千余户的目标化为泡影。从上述情况来推测，林丹汗的察哈尔本部远走青海的时间应该是天聪八年六月初。

《明崇祯实录》载：“崇祯八年（1635）三月辛亥朔，虎墩兔憨妻囊囊台户率其部二千余人归于清。谋入张家口，时虎墩兔憨已死。”③

可见明朝官方也未能及时掌握林丹汗在何时去世的准确

---

① 李保文、编辑、整理转写：《十七世纪蒙古文文书档案》（1600—1650），第60件档案，内蒙古少儿出版社，1997年，第172—173页。

② 中国第一历史档案馆编译：《清初内国史院满文档案译编》（上册）天聪八年五月档，光明日报出版社，1989年，第87页。

③《明崇祯实录》，崇祯八年三月辛亥条。

消息。

《国榷》中说林丹汗于1634年四月病逝的记载显然与史实不符。林丹汗的去世时间大概在1634年七月初。

《图鲁什传》载："[天聪八年]六月从征察哈尔。奉命率兵觅市易所失货贿获之。七月，至归化城，遇察哈尔诸宰桑率千二百户来降。"[①]

《内国史院档》中的这件档案残缺，可以用《清太宗实录》做补充：

"七月乙酉，前锋将领图鲁什等至归化城，遇察哈尔国阿牙克喀塔喜木里克喇嘛宰桑、古木德塞臣宰桑、衮出僧格台吉宰桑……等同察哈尔汗妻高尔土门福晋率一千二百户来降。"[②]

这才是察哈尔本部归附爱新国之始。高尔土门福晋的这一万户可能是林丹汗西进青海大军的后卫军队，与高尔土门福晋在一起的宰桑有十名。行军途中听到林丹汗去世的消息，察哈尔内部发生内乱以后，衮出僧格台吉等强迫太后[③]返回归化城，撞见一路寻觅察哈尔遗弃物资到归化城的图鲁什而被俘虏了。但是皇太极听到林丹汗去世的消息后还是半信半疑，继续派人打探消息是否准确，当打探到林丹汗之子额哲孔果尔确实在返回途中的消息以后，便派大臣前往招降。

《清初内国史院满文档案译编》载："闰八月初九日，遣阿希达尔汉、额尔德尼囊苏同前锋将领吴拜等八大臣率兵往探察

---

① 李洵等点校：《钦定八旗通志》第4册《大臣传》，吉林文史出版社，2002年，第2254页。

②《清太宗实录》，天聪八年己酉条。

③ 清朝时期蒙古人有一个陋习，几乎给每个蒙古部都起一个绰号，以此来侮辱对方或当笑料。其中都隐藏着一些历史碎片。例如察哈尔部的绰号为山羊察哈尔。其来源有可能与衮出僧格宰桑这个察哈尔败类有关。据《内国史院满文档案》载："察哈尔汗属下寨桑衮出斯僧格曾娶此高尔土门福晋。汗谓诸贝勒大臣曰：'该衮出斯僧格叛其主后，又擅娶其主之福晋，非臣子之义。'遂勒令离异。赐青山羊百只。"另外鄂尔多斯青山羊在当时右翼中的数目也不少。

哈尔汗子额哲赫孔果尔的信息。谕曰：闻察哈尔汗之子额哲赫孔果尔由彼来此。若距黄河西有十日路程，则派额尔德尼囊苏、哈尔松阿前往，若无信息，则不必往。”①

“并于闰八月十八日才接见林丹汗遗孀高尔图门（即高尔土门）太后。”②

林丹汗的去世，宣告了延续429年之久的大蒙古国游牧政权的结束。从元太祖至元世祖，又到元惠宗，经过达延汗到林丹汗，这段被蒙古民族公认的成吉思汗黄金家族的统治，经历了长达四个多世纪的风云变幻之后，就像建国初在斡嫩河畔悄悄开幕一样，在青海大草滩静静地闭幕了。这个震惊欧亚大陆，改写世界历史的蒙古大帝国最终完成了它的历史使命，退出了历史舞台。从此，满洲民族与蒙古民族联合建立的清代历史开篇了。

察哈尔本部的组织机构除了以可汗斡耳朵为单位建立的万户以外，还有可汗的两翼护卫军组织。如上文所说，察哈尔本部由六个万户、十二个旗组成的。

研究察哈尔本部归附清廷的问题，很有必要观察林丹汗八大太后归附爱新国的情况。因为察哈尔本部部众分别归属于林丹汗各大斡耳朵，所以绝大多数察哈尔本部人口是以太后斡耳朵为单位来归附爱新国的。

林丹汗八大太后为大太后囊囊太后、二太后高尔土门太后、三太后苏泰太后、四太后窦土门太后、五太后苏巴海太后、另有伯奇太后、俄尔哲依图太后和掌管阿喇克绰特万户，但史料中未留下姓名的太后。

林丹汗大斡耳朵之主囊囊太后其名曰“dlgdle”，即娜木钟

---

① 中国第一历史档案馆编译：《清初内国史院满文档案译编》（上册），天聪八年闰八月档案，光明日报出版社，1989年，第103页。

② 中国第一历史档案馆编译：《清初内国史院满文档案译编》（上册），天聪八年闰八月档案，光明日报出版社，1989年，第103页。

太后。她是林丹汗的皇后，她掌管察哈尔本部的大万户（阿纥固山，“aq-a tümen”）。

《清初内国史院满文档案译编》云：

“囊囊太后乃察哈尔汗多罗大福晋，汗宜纳之，不可嫁给他人。”[①]这些都能证明囊囊太后在蒙古北元汗国的尊贵地位。

林丹汗去世以后，她本想暂且依靠明朝的庇护，以图长久之计。“囊囊太后曾率部两千余人谋入张家口”，但尚未打通明边，就被爱新国军队拦截并俘获。

“二十九日。和硕墨尔根戴青贝勒、岳托贝勒、萨哈廉贝勒、豪格贝勒率大军至西喇朱尔格地方，遇察哈尔汗妻囊囊太后、侍卫索诺木台吉率约一千五百户来归。满洲军四贝勒接见，设宴宴毕，已遣温泰等引之见汗。”[②]

走投无路的囊囊太后别无选择，率领林丹汗大斡耳朵所属大臣和兵丁属民归附了爱新国。

囊囊太后大斡耳朵和索诺木宰桑所管领的大万户下有林丹汗的三十名大员。

大斡耳朵归附爱新国的总人口有5438人，兵丁1395人。

“大臣索诺木台吉侍卫携来的男丁三百八十六人，共家口一千五百四十四人；古木布台吉携来男丁三百八十二人，共家口一千四百二十四人；彻臣携来男丁三百九十四人，共家口一千五百六十二人；吴邦和硕齐携来男丁一百，共家口三百七十三人；托克托诺依杜喇尔携来男丁一百三十三人，共家口五百三十三人。以上共男丁一千三百九十五人，家口五千四百三十

① 中国第一历史档案馆编译：《清初内国史院满文档案译编》（上册），光明日报出版社，1989年，第180页。

② 中国第一历史档案馆编译：《清初内国史院满文档案译编》（上册），光明日报出版社，1989年，第180页。

八人。”[1]

虽然大万户的部分兵丁跟随林丹汗出征，还有中途逃散，远走漠北，逃入明边，留驻右翼蒙古万户等情况，囊囊太后管辖的大斡耳朵和大宰桑索诺木台吉侍卫管辖的大万户，在归附爱新国时基本保持了比较完整的原貌。从大斡耳朵的情况，我们可以推测出林丹汗八太后八斡耳朵的规模。归附前，囊囊太后曾在张家口边领兵两千余人想以武力进入明边。归附爱新国时，大斡耳朵兵丁却锐减到一千四百人，可见不愿归附爱新国四处逃散的兵丁多达六百余人。后来漠北喀尔喀各部台吉所争抢的大批察哈尔逃人，当是在此危急时刻从察哈尔本部各万户中逃亡的察哈尔兵丁。不料他们成了喀尔喀三部贵族们相互争夺的猎物。

林丹汗第二斡耳朵的主人是高尔土门太后，其名不详。她的斡耳朵所管辖的是察哈尔本部的中央万户。林丹汗去世后不久，她率领自己的斡耳朵成员和中央万户兵丁返回归化城，被爱新国将领图鲁什俘获。高尔土门太后在林丹汗诸太后中权高位重，其地位仅次于大皇后囊囊太后。“管高尔土门旗事察哈尔汗福晋来见汗”，可见该太后是分管林丹汗察哈尔本部中央万户的大福晋。“gool tömen”为蒙古语，意为中央万户。过去有的学者把高尔土门太后误读为“γortuman qatun”，把该词当作人名来读是错误的。中央万户在林丹汗远征青藏高原时负责断后，保障军需供应。在当时情况紧急、人力短缺的情况下，担心被爱新国军队追赶，为加快行军速度，在行军途中遗弃了不少辎重。爱新国专门派图鲁什领一队人马，捡拾这些察哈尔人扔下的物资，美其名曰“觅市易所失货贿”。正是因为这个原因，反而引来了爱新国将领图鲁什一路紧跟，最终连物带人

① 中国第一历史档案馆编译：《清初内国史院满文档案译编》（上册），光明日报出版社，1989年，第180页。

都被他俘获了。高尔土门太后斡耳朵的随从宰桑有十人之多。高尔土门太后斡耳朵所属中央万户的管领大宰桑是察哈尔林丹汗的四大宰桑之一——巴图鲁噶尔马济农。

“卫征赍察哈尔来归各官花名册至。册首开载官名：中土门固山下巴图鲁噶尔马济农。”[①]

《崇祯实录》载：“哨卒出塞至五蓝把喇素之地，插汉虎墩妻台户同夷目结力麦宰生、乞庆宰生、台什宰生驻牧。约三千余人，马五百余。台户以前乞市，不许再求款。”[②]

“结力麦宰生”是噶尔马宰桑之音误，“乞庆宰生”是指古木德塞臣宰桑、“台什宰生”是衮出斯僧格台吉宰桑。这里可以看出作为中央万户的高尔土门太后斡耳朵的兵力多达三千余人，远远超过囊囊太后的斡耳朵兵力。高尔土门太后被俘时，噶尔马济农率领的军队没有和她的斡耳朵在一起，所以被图鲁什俘获时只有一千二百户[③]，可见该万户两千人的军队被噶尔马济农率领，跟随着林丹汗的主力军队。

皇太极将归附爱新国的高尔土门太后斡耳朵所属的察哈尔人编入八旗蒙古。

《内国史院满文档》原档残缺，据《清太宗实录》载：“己亥，以察哈尔来归各官，分隶八旗赡养。隶正黄者，阿牙喀塔喜木里克喇嘛寨桑、古木德塞臣寨桑，男子二百四十五，驼……。隶镶黄旗者，班珠杜棱、布颜代、博尔库，男子二百七十三……。隶正红旗者，毛海叶尔登寨桑，男子二百三十三，……。隶镶红旗者，叟格都喇尔、塞冷，男子二百六十八，……。隶正蓝旗者，兀伯类扎萨古尔、达尔马和硕齐，男子二百六十四，……。隶镶蓝旗者，顾实寨桑、喇户，男子二

① 中国第一历史档案馆编译：《清初内国史院满文档案译编》（上册），光明日报出版社，1989年，第105页。

②《崇祯实录》，崇祯八年正月丙寅条。

③《清太宗实录》，天聪八年七月己酉条。

百四十七，……。隶正白旗者，卓果诺寨桑，男子二百四十一，……。隶镶白旗者，额林臣戴青、多尔济塔苏尔海、达赖杜棱，男子二百四十九，……”①

林丹汗的八大太后中，深得林丹汗宠幸的是第三太后苏泰，她是女真叶赫部首领金台什的孙女。母以子为贵，她因生育了林丹汗长子额哲依孔果尔格尔而备受宠幸。也许林丹汗去世以后，她就是做出察哈尔归附清廷的关键决策的人物。一方面，她与天聪汗皇太极有血缘关系；另一方面，她深受察哈尔本部部众的尊重。所以来归附爱新国时，皇太极以极其隆重的欢迎仪式迎接她的到来。

“察哈尔汗妻苏泰太后率察哈尔汗二女弟及察哈尔部诸大臣妻向汗跪，苏泰太后自跪处起立进前时，汗起迎，出幄，互相跪见，行抱见礼。”②

可见皇太极对她尊敬有加。虽然没有直接的史料依据，但是以苏泰太后的地位和被林丹汗宠幸的程度看，察哈尔本部中地位最尊贵，以大汗的名义命名的哈纳图门固山，即察哈尔本部的可汗万户，都归她的第三斡耳朵管辖。关于苏泰太后和额哲所部人员到底有多少，爱新国的史料记载不甚明了。而明朝史料中的一处记载值得我们注意。

《崇祯实录》载：“崇祯八年六月戊子，西人四五万骑出套屯花马池，兴武营分三千骑掠盐池、常州下马关。”③

而爱新国史料载：“二十六日。出师和硕墨尔根贝勒、岳、萨、豪征察哈尔部，获历代帝王所用玉玺（原档残缺）抵城后，兵部和硕贝勒岳托兵，因率兵一千驻营防守归降察哈尔部众。其他三人率众兵携察哈尔汗之子额尔克孔果尔及其大臣

---

①《清太宗实录》，天聪八年闰八月己亥条。

② 中国第一历史档案馆编译：《清初内国史院满文档案》（上册），光明日报出版社，1989年，第192页。

③《崇祯实录》，崇祯八年六月五子条。

等往略明山西地方。”[①]

以上满、汉两种文字史料记载了同一件事情，其内容可相互补充和印证。

《崇祯实录》记载的时间点有误，《山中见闻录》的记载证明了这一点。

“崇祯八年三月戊戌，西人四五万骑出套屯花马池。”[②]

因为当时的河套地区动荡不安，再也没有人能够发动如此大规模的战役。历来用数字来炫耀自己战果的爱新国，突然对察哈尔本部最大的群体人数遮遮掩掩，确实令人费解。这个秘密无意中被泄露，即爱新国远征额哲时，发兵只有一万。攻打花马池的四五万兵力中减去女真的一万兵力，其余俱为额哲孔果尔的军队。

“天聪九年二月二十六日。满洲国天聪汗与诸贝勒议定，选兵一万，护军、骑兵每甲喇官各一员，以骑兵固山额真纳木泰代管右翼军，以礼部承政图尔格依代管左翼军，命和硕墨尔根戴青贝勒、贝勒岳托、萨哈廉、豪格为统兵元帅，往寻察哈尔林丹汗之子额哲克孔果尔所在地，并收之来。择吉日，天聪九年乙亥仲春四月二十六日丙未起行时，汗率出征诸贝勒大臣，巳刻拜堂子，送至演武场还，出征贝勒受汗旨起行。”[③]

原来关键的秘密在此隐藏。当时额哲孔果尔身边的兵力少说也有三万，这也是较为保守的数据。额哲孔果尔的兵力使皇太极大吃一惊，所以他把额哲直属的另一些部民不动声色地编入了满洲八旗，让他们附属察哈尔外八旗了。

---

① 中国第一历史档案馆编译：《清初内国史院满文档案》（上册），光明日报出版社，1989年，第186页。

②《山中见闻录》，西人志，八年三月戊戌日条，载《玉简斋丛书》本第1函中的第4、5册，清宣统二年（1910）。

③ 中国第一历史档案馆编译：《清初内国史院满文档案》（上册），光明日报出版社，1989年，第155页。

《内国史院满文档案》载："于是，以数开报，遣往鄂耳朵斯部后，察哈尔额尔克楚虎尔妻及部民、达云绰尔济、伊腾格尔图、额尔克多克欣、多诺依达尔汉塔布囊、托托霍都喇尔寨桑、劳汉俄尔罗克那颜、布多依色臣、额尔克俄尔罗克、僧格斋桑、古鲁古英、索诺木夏那颜、色臣卓礼克图、门德黑塔苏尔海、僧格塔苏尔海、朱拉图巴图鲁侍卫、布尔噶图伊腾格尔图、吴哈纳特伯里虎、额墨格依墨尔根侍卫、巴图杜喇尔、沙里额尔克古英等群臣将千余户之一切诸物，俱已送至。"①

额哲在爱新国军到来以前，把自己所属察哈尔本部的部分人口秘密安插在鄂尔多斯等右翼万户中隐藏起来。额哲孔果尔派遣其母亲苏泰太后斡耳朵的大宰桑，哈纳图门固山，即可汗万户的管领大宰桑额尔克楚虎尔，令他携带可汗万户的部分兵丁迁往鄂尔多斯地区居住，仅这一部分就有一千余户。爱新国的多尔衮在事后查点察哈尔万户的户籍财物时，偶然在户籍中发现了这部分消失的察哈尔部众，命令鄂尔多斯济农立即送还。送达爱新国的当天，以补缺为名，把额哲直属的八百名察哈尔男丁编入满八旗豢养，以示对额哲孔果尔的惩罚。

"初九日。以鄂尔多斯济农处携来察哈尔人，补各旗之人员缺少者：正白旗得巴郎伊特格尔图下男丁160名；镶白旗得伯奇寨桑下男丁160名；正蓝旗得吴纳噶下男丁151名；镶蓝旗得托托果杜拉噶下男丁150名；镶红旗得古穆格依扎萨古尔下男丁161名。"②

从这些情况分析，我们以上关于额哲直属势力的推测是比较准确的。额哲孔果尔听从其母之命来归，当时只有十四岁的额哲孔果尔，难以左右察哈尔本部的未来。

① 中国第一历史档案馆编译：《清初内国史院满文档案》（上册），光明日报出版社，1989年，第168—169页。

② 中国第一历史档案馆编译：《清初内国史院蒙古文档案》（上册），光明日报出版社，1989年，第193页。

天聪九年（1635）十二月二十八，以察哈尔皇太子额哲归顺之礼，皇太极率领诸贝勒宣告太祖庙说："蒙古察哈尔汗威不能支，畏而弃地逃亡唐古特部时，内部自乱，其诸大臣举部先来归，只剩察哈尔汗妻三太后、子孔果尔大臣数人及民千余人，复发兵尽招降之。先是，历代帝王相争，欲得之玉玺，不知在明、蒙古、倭子等国。至是得此宝玺携归，诸蒙古部尽归一统。"[①]

这也是清朝文人们的杰作。所谓大臣人数并不符合史实。《内国史院满文档案》中的原档残缺，但是据《清太宗实录》记载：不计以前来归者，仅跟随苏泰太后和额哲一起来归的三太后所管辖的哈纳固山（可汗万户），被提名大臣就多达八十九名[②]。关于属民我们已经考证过，派往鄂尔多斯居住的分支就有一千余户人口，这里不再赘述。额哲归顺爱新国并敬献蒙古传国玉玺，标志着蒙古社会宗主意识上的蒙古正统王朝已经不复存在了。从献国宝这一点也能证明苏泰所掌管的万户就是林丹汗的可汗万户——哈纳固山（qaγan tümen）。难能可贵的是，皇太极除了一千一百户以外，没有再把额哲所属的部民分开，给他单独设置了一个札萨克"察哈尔国"，其规模相当于当时的蒙古万户。

窦土门太后是林丹汗第四汗斡耳朵之主。其斡耳朵管辖察哈尔本部第四大万户——窦土门万户。"窦"（degüü），蒙古语，弟弟之意。"阿纥"（aq-a），蒙古语，哥哥之意。"窦"与"阿纥"是相互对应的两个汗斡耳朵，又是察哈尔本部的两个万户之名。窦土门（degüü tümen）是小万户之意。小万户并不是指该万户的规模小，只是排名靠后，指与大万户对应的万

---

① 中国第一历史档案馆编译：《清初内国史院满文档案》（上册），光明日报出版社，1989年，第218页。

②《清太祖实录》，天聪九年五月丙子条。

户。小万户的管领宰桑有二人，均位居林丹汗四大宰桑之列。

察哈尔本部的户册中记载："窦土门固山下多尔济达尔汉、多尼库鲁克。"[①]

因为林丹汗四大宰桑归附爱新国时都在窦土门太后斡耳朵处，所以我们不难推测林丹汗病逝时，很有可能就在他的第四个汗斡耳朵——窦土门太后的斡耳朵里。这说明林丹汗在西迁青海时，窦土门太后斡耳朵是林丹汗的行军指挥中心。

《内国史院满文档案》中记载了窦土门太后斡耳朵和万户归附爱新国时的详细情况。首先他们的归附比较讲究程序。先派委正那颜向皇太极呈送所归官员、万户的花名册，表示投诚。而后皇太极派人迎接，带去天聪汗特意为四大宰桑准备的配有自己御用鞍辔的四匹骏马，以示对他们的高贵身份和地位的尊重。

"天聪八年闰八月二十八日，蒙古察哈尔部林丹汗下寨桑德参庄、巴图鲁噶尔马济农、多尔济达尔汉那颜、多尼库鲁克四大臣率小寨桑、扎萨古尔、贝勒、台吉、塔布囊等送察哈尔汗妻窦土门福晋，携其所属人众来归满洲国天聪汗。天聪汗命选良马四匹，备御用鞍辔往迎之。至御营前，汗率诸贝勒台吉等出营，御黄幄。来归察哈尔等见汗，献马十九匹，杜尔伯特部萨尔鲁斯、海努斯献两种牛三十二头、无尾羊一百九十四只，汗出幄率来归大臣先拜天，行三叩礼毕，还幄。来归寨桑等率众叩见，巴图鲁噶尔马济农复出班，近前叩拜，行抱见礼，次见大贝勒。命其为首四大臣与诸贝勒同坐于右侧。引察哈尔汗之妻窦土门福晋至幄前拜见汗，随福晋前来之察哈尔汗之姑亦拜见汗，行抱见礼。次见大贝勒。见毕，命窦土门福晋坐于左侧幄内，宰牛羊，设大宴宴窦土门福晋及来归诸臣，命

① 中国第一历史档案馆编译：《清初内国史院满文档案译编》（上册），所引《察哈尔本部官员花名册》，光明日报出版社，1989年，第106页。

新附人等较射角抵，以期相识。于是，汗还营，复召来归诸臣入团帐房宴之。宴毕，命回驻地。”①

这是林丹汗远征青海的主力军队，归附人数很多。因为林丹汗两翼护军（中军）总头目宰桑德参济旺也和他们一同前来，说明这次来归附的并不止是窦土门一个万户，还有林丹汗的直属军队——中军万户一同前来投奔。

巴牙喇两翼军是察哈尔林丹汗的中军万户，是察哈尔汗至高无上权力的象征，也是察哈尔本部六万户中的主力军队，叫作“巴牙喇科诺特固山”万户。巴牙喇（摆牙喇，即“bayara”）是满语，意为护军或御林军。蒙古语叫作“kündü čerig”，科诺特固山就是中军万户。该万户的地位如同成吉思汗的怯薛军，直属大汗，不归属林丹的诸汗斡耳朵，中军万户的统领也非一般人能够胜任。

从史料记载的蛛丝马迹可以摸清曾掌管林丹汗中军万户的著名将领。第一任中军统领是恰台吉侍卫，他是林丹汗的妹夫，是察哈尔万户朗素部，即劳思慎（laosqin）部的首领。此人深得林丹汗的信赖而目中无人，就是他欺压和虐待兀鲁特部诸台吉，导致兀鲁特部投奔爱新国。察哈尔本部西迁之后，林丹汗派他去明朝谈判辽赏事宜时，因所住房屋发生火灾而被烧死。第二任中军统领是塔希海虎鲁斯宰桑。因为他的麻痹大意，林丹汗于1632年七月在漠北遭到孛啰科尔沁和阿巴噶部军队的袭击，使察哈尔本部阿纥图门固山和哈纳图门固山两个万户损失惨重。他畏罪潜逃，投奔了爱新国。此人逃到爱新国后隐瞒了事实，还出言不逊，污蔑林丹汗心狠手辣等。

代替他接任中军万户的统领就是此次率领中军万户归附爱新国的宰桑德参济旺。

① 中国第一历史档案馆编译：清初内国史院满文档案译编》（上册），所引《察哈尔本部官员花名册》，光明日报出版社，1989年，第106页。

《察哈尔官员花名册》载："巴牙喇科诺特固山下德参济旺。"[①]

林丹汗中军万户和各万户都分左右两翼。中军万户的翼长叫车尔弼那颜，是专职的战地指挥官。这个传统是从成吉思汗时代传承下来的。成吉思汗时代，蒙古设有行政、经济、军事合为一体的右翼、左翼、中央三万户。成吉思汗精选六位车尔弼那颜充当各万户左右翼的军事指挥，专门负责军事指挥。他们都是成吉思汗亲自精选细挑的身经百战的英雄，老谋深算的军事家，忠心耿耿的亲信[②]。直到林丹汗时代，蒙古人一直保持着这一军事指挥传统。"祁他特车尔弼、塞冷布都马尔率一千人渡黄河而来，其余众寨桑等率四千人，俟黄河冰结时渡河而来等语。"这位祁他特车尔弼就是中军万户统领德参济旺属下的两个翼长之一。在你死我活的战争年代里，像祁他特车尔弼、塞冷布都马尔（bodumal，即参谋）这样的军事人才，都是备受推崇的人物。尤其是这位祁他特车尔弼在当时更是出类拔萃的军事家，皇太极一听说他要来归，迫不及待地给他备了一份厚礼。以"衮出斯僧格叛其主后，又擅娶其主之福晋，非臣子之义"为由，把林丹汗高尔土门太后转嫁给这位祁他特车尔弼，企图以此来拉拢祁他特车尔弼日后死心塌地地为他效命。

窦土门太后斡耳朵所属察哈尔本部的小万户、德参济旺统领的中军万户归附爱新国的情况如下："天聪八年 十一月十六日。先是遣额尔德尼囊苏喇嘛、哈尔松阿往迎察哈尔部归附之众。至是还，言伊等渡黄河前行三日，遇塞冷车臣寨桑、祁他特车尔贝寨桑、塞冷布都马儿寨桑、沙布古英寨桑、阿玉希台吉、巴特玛台吉、古鲁希西布台吉兄弟、班弟库鲁克、阿尔苏

① 中国第一历史档案馆编译：《清初内国史院档案译编》（上册），所引《察哈尔本部官员花名册》，光明日报出版社，1989年，第106页。

② 《元朝秘史》，载《四部丛刊本》，成吉思汗征服乃蛮部的战役。

虎墨尔根巴图鲁扎萨古尔、吹尔扎木苏塔布囊扎萨古尔、吴孙泰都喇尔扎萨古尔、巴扬阿扎尔固齐、祁赖都喇尔、萨木丹达尔汉喇嘛、戴青囊苏喇嘛、达尔汉囊苏喇嘛、吴特塔齐额木齐等率四百户来归，遂携之渡黄河留居于西拉木伦地方。又有未渡河俟冰结后至者，即巴赖都尔莽赖寨桑、摩罗尔额尔德尼寨桑、温多额尔德尼寨桑、迈喇寨桑、詹泰舒冷格、兀兰巴图鲁、寨萨木冰图古英、布达沙礼台吉、博尔和扎萨古尔、额希格库鲁克、巴吉尔扎萨古尔、古英塔苏尔海侍卫、卫征囊苏喇嘛，计五千户，二万口。”[1]

天聪九年（1635）正月末皇太极将窦土门太后斡耳朵所属小万户、林丹汗的中军万户所属兵丁编为八旗建制。

二十二日。将自察哈尔来附诸大臣、人民，均分隶八旗：

“给正黄旗者：都喇尔达尔汉贝勒、德参庄、讷固德依扎萨古尔斋桑、阿尔噶寨桑、萨木寨桑、朱尔车德依扎萨古尔寨桑、布拉克寨桑、奎肯扎萨古尔寨桑、佳汉寨桑、额尔赫寨桑、叶苏德尔扎萨古尔寨桑、巴琫寨桑、额依图寨桑、巴特玛寨桑、多尔扎萨古尔济寨桑、齐巴喀扎萨古尔寨桑、绰尔济宰桑、阿达尔札萨古尔、诺门达赖宰桑、拉玛喜希布扎萨古尔，共男丁一百一名。

“给镶黄旗：色陵塞臣寨桑、阿尔萨霍墨尔根、额木布达尔汉喇嘛、布达希礼寨桑、乌尔济斯夏布寨桑、桑哈尔寨楚赫胡尔、巩格台吉、巴图扎萨古尔、衮齐特夏台吉、博辛杜喇夏、超寨希隆格，共男丁三百六十五名。

“给正白旗者：齐塔特彻尔伯依寨桑、巴岱库隆寨桑、吹尔扎木苏塔布囊扎萨古尔、阿玉希台吉、乌孙代杜喇噶尔扎萨古尔、巴扬爱扎尔固齐，共男丁一百十八名。

---

① 中国第一历史档案馆编译：《清初内国史院满文档案译编》（上册），光明日报出版社，1989年，第122页。

"给镶白旗者：额齐泰寨桑、诺木图扎萨古儿、满都扎萨古儿、托津泰扎萨古儿、托萨扎萨古儿、额木布寨桑、额尔布希扎萨古儿寨桑、满都孙扎萨古儿、白希库隆寨桑、海桑特伯勒呼，共男丁四百五十七名。

"给正红旗者：衮楚克寨桑、道泰寨桑 、托克拖寨桑、伊客土夏扎萨古儿、吴巴希、俄克冲寨桑、古鲁扎萨古儿寨桑、冲果儿代寨桑、达颜扎萨古儿、俄齐尔寨桑、翁阿代寨桑、代噶尔塔布囊寨桑，共男丁四百三十七名。

"给镶红旗者：巴木布寨桑、扎木苏寨桑、古苏泰寨桑、山津扎萨古儿、泰丹扎萨古儿、吴伯黑色臣、吴木秦绰尔济台吉、桑阿尔寨塔布囊、托礼和硕齐、绰尔济寨桑，共男丁三百二十一名。

"给正蓝旗者：绰尔门寨桑、拉唐寨桑、塔达扎萨古儿、查哈尔扎萨古儿、辉朗寨桑、索宁扎萨古儿，共男丁四百三十六名。

"给镶蓝旗者：色冷布都玛儿寨桑、萨噶布古英扎萨古儿、沙木巴和硕齐扎萨古儿、额根达尔汉寨桑、索诺木塔布囊寨桑、戴青囊苏、萨玛克坦达尔汉喇嘛、巴特玛达尔汉寨桑，共男丁一百七十六名。"①

此次编为八旗的察哈尔兵丁有2411名，察哈尔本部的大小官员有82名。其中未计入高尔土门中央万户的归属人员和额哲直属哈纳图门（可汗万户）。因为所列分配的宰桑等蒙古大小官员的名称并无重复，可见这一次被编入八旗的察哈尔部众是高尔土门小万户及中军万户的所属军队。笔者认为这部分被编为八旗的察哈尔兵丁很有可能是后来的察哈尔八旗的基础，即察哈尔外八旗的雏形。

---

① 中国第一历史档案馆编译：《清初内国史院满文档案译编》（上册），光明日报出版社，1989年，第132—133页。

蒙古文史料中记载了林丹汗还有一名掌管察哈尔第六个万户阿喇克绰特图门万户的太后。

1632年林丹汗率察哈尔本部远征漠北的孛啰科尔沁和阿巴噶部。其间阿巴噶部济农正好也派一支哨探进入漠南察哈尔部游牧区进行侦察。这支哨探趁着察哈尔大军出征，袭击了察哈尔部阿喇克绰特万户的老营地，俘虏了掌管阿喇克绰特万户的太后，并杀戮了留守营地的很多妇女儿童后离去。

后来阿喇克绰特部的命运如何，史料中毫无信息。在察哈尔本部各万户归附爱新国的过程中，阿喇克绰特部从未独立出现过。在爱新国接收察哈尔的归附仪式中，也没有记载这位太后的相关信息。

林丹汗的第五福晋是苏巴海太后。

十月十五日。召察哈尔汗之妻苏巴海太后入汗室赐大宴[①]。

该太后归附清朝之经过不详。疑似阿喇克绰特部的那位曾被俘虏的太后的代理者。该太后斡耳朵所属的阿喇克绰特万户的管领宰桑是桑哈儿寨济农。可惜阿喇克绰特部的万户名称在其他史料记载中再没有出现过。阿喇克绰特部老营被漠北部落哨探袭击以后，可能已经溃散，此后两年之间，阿喇克绰特部神秘地消失了。1632年，其总头领——原南察哈尔阿喇克绰特部脑毛大之孙桑哈儿寨济农没有跟随林丹汗北征，留守察哈尔本部的归化城。在这段时间里，察哈尔本部留守人员内部发生了内讧。图巴济农率属下部众出逃漠北（其实没有北上，就在宁夏一带驻牧，归附时从宁夏来归），而林丹汗的另一个妹夫杀死桑哈儿寨后逃入明边，造成察哈尔本部留守人员内部的混乱。阿喇克绰特部最终以什么形式归附爱新国，没有具体的史料记载，其结果不得而知。

---

① 中国第一历史档案馆编译：《清初内国史院满文档案译编》（上册），光明日报出版社，1989年，第206页。

以上是林丹汗察哈尔本部六个万户归附爱新国的基本情况。

林丹汗的另两位福晋，一为伯奇太后，另一位为俄尔哲依图太后。俄尔哲依图太后是跟随林丹汗大太后前来归顺的。她们二位没有前五位太后那样尊贵的地位，没有受到皇太极的单独接见和宴请，也没有某某土门太后的职衔，应是林丹汗的侧妃。

以上是林丹汗八大太后各领所属斡耳朵部民归附爱新国的基本情况。此外还有一些叛逃者和散失的大臣单独来归附爱新国。这部分人的数目也相当可观，所以我们把他们单列，分析其缘由。

"天聪八年六月初九日绰博惠候痕巴图鲁与巴达习寨桑、额参候痕巴图鲁、乌努固齐达鲁噶、康喀尔塔布囊等人率察哈尔千余户来降。几天后和硕贝勒德格类、公吴纳格携察哈尔逋逃千户来见。二十一日。察哈尔部额林臣戴青、多尔济塔苏尔海、顾锡、布彦代、塞冷等五寨桑率男丁七百人、家属二千人尽携牲畜来归。"[①]

这些主动归附者和被俘虏者就是察哈尔本部的溃散部民，共计三千户左右，其人口规模相当于察哈尔本部的一个万户。如此集中地来归，虽说没有史料依据，笔者仍疑为察哈尔本部第六个万户阿喇克绰特部的溃散之众。

"十八日。先是，蒙古察哈尔林丹汗属下土巴济农，以察哈尔汗不道，苦虐部众而叛乱。……遂来归附。派二队人马往迎。至是，土巴济农携其民千户至。"[②]

土巴济农具体分管哪一万户，并没有史料记载。不过他归

---

① 中国第一历史档案馆编译：《清初内国史院满文档案》（上册），所引《察哈尔本部官员花名册》，光明日报出版社，1989年，第88—90页。

② 中国第一历史档案馆编译：《清初内国史院满文档案》（上册），所引《察哈尔本部官员花名册》，光明日报出版社，1989年，第92页。

附爱新国后所享受的待遇略高于其他人，他在察哈尔本部内讧以后，为躲避内部冲突，率所部民众前往宁夏避难。他可能在察哈尔内部享有与桑哈儿寨济农同等的地位，处于林丹汗左右大宰桑的地位。

二、归附爱新国的察哈尔宰桑等一览表*

察哈尔大臣	共同归附者	户数	受封	八旗中的旗分和职位
德参庄御前宰桑			一等精奇尼哈番	正黄旗大章京
索诺木哲勒默为首大宰桑			一等精奇尼哈番	阿喇那镶黄旗大章京
多尼库鲁克大宰桑	窦土门太后	300户	三等公	孛罗袭职：镶黄旗三等公
巴赖都尔莽赖大宰桑		230户	二等精奇尼哈番	哈岱袭爵
巴图鲁噶尔马济农				
札牙干扎那大宰桑		100户	一等阿思哈尼哈番	子巴特玛袭
郭尔图彻臣大宰桑	囊囊太后	390户	一等精奇尼哈番	
达云大宰桑			一等阿思哈尼哈番	
杜喇尔宰桑				
阿牙克喀塔喜木里克喇嘛宰桑				
古木德塞臣大宰桑		80户	二等精奇尼哈番	镶黄旗大章京
衮出克僧格台吉宰桑				镶黄旗梅勒章京

续表

察哈尔大臣	共同归附者	户数	受封	八旗中的旗分和职位
毛海叶尔登大宰桑		110户	三等精奇尼哈番	侄儿塔来袭正红旗大章京
叟格都喇尔宰桑		70户	二等精奇尼哈番	子散津袭职镶红旗大章京
衮出克贵英札萨古尔宰桑	德参庄	210户	三等阿思哈尼哈番	正红旗甲喇章京
忒济叶祜伊特格尔图宰桑				
卓礼克图卫宰桑				正黄旗甲喇章京
额布格代闲散宰桑	大宰桑格隆喇嘛	130户	一等阿达哈哈番	镶黄旗札萨古尔
琐诺木卫宰桑				
毕木布宰桑				
摆户宰桑				
尹图宰桑				
褚阳宰桑				
通阿宰桑				
萨代宰桑				
阿津泰达尔汉宰桑				
巴特玛宰桑				
波格勒札萨古尔宰桑		230户	二等阿达哈哈番	
巴颜图宰桑				
占泰宰桑				

续表

察哈尔大臣	共同归附者	户数	受封	八旗中的旗分和职位
翁讷和宰桑				
托托霍都喇尔宰桑				
僧格宰桑				
讷固德依扎萨古尔宰桑				
阿尔噶宰桑		100户	三等阿达哈哈番	温布袭职
寨萨木小宰桑				
朱尔车德依扎萨古尔宰桑				
布拉克宰桑				
奎肯歹青扎萨古尔宰桑	绰克图褚伦大宰桑		一等阿达哈哈番	侄西喇布袭
佳汉莽来札萨古尔宰桑	大宰桑衮出格	130户	一等阿达哈哈番	哲勒莫袭
额尔赫宰桑				
叶苏德尔扎萨古尔宰桑				
巴琫宰桑				
额依图宰桑				
巴特玛宰桑				
多尔济达尔汉那颜大宰桑	杜喇尔达尔汉那颜		三等精奇尼哈番	
扎萨古尔大宰桑				
色陵塞臣大宰桑		80户	三等精奇尼哈番	

续表

察哈尔大臣	共同归附者	户数	受封	八旗中的旗分和职位
布达希礼宰桑				
乌尔济斯夏布宰桑				
奇塔特彻尔伯依大宰桑		400户	一等精奇尼哈番	正蓝旗甲喇章京
巴岱库隆宰桑				
额齐泰宰桑				
额木布宰桑				
额尔布希扎萨古儿宰桑	噶尔马济农		三等甲喇章京	
白希库隆宰桑				
色棱塔布囊闲散宰桑		130户	一等阿思哈尼哈番	班第斯辖布
道泰宰桑				
托克拖宰桑				
俄克冲宰桑				
古鲁扎萨古儿宰桑	德参庄	120户	一等阿达哈哈番	阿木古朗袭
冲果儿代宰桑				
俄齐尔宰桑				
翁阿代宰桑				
代噶尔塔布囊宰桑				
巴木布宰桑	德参庄	260户	一等阿达哈哈番	土巴袭职
古苏泰宰桑				

续表

察哈尔大臣	共同归附者	户数	受封	八旗中的旗分和职位
绰尔济闲散宰桑	杜喇尔宰桑		一等阿达哈哈番	海苏拉泰袭
绰尔门小宰桑	德参庄	430户	一等阿思哈尼哈番	镶黄旗梅勒章京
拉唐宰桑				
塔达扎萨古儿				镶黄旗札萨古尔
辉朗宰桑				
色冷布都玛儿大宰桑		150户	三等精奇尼哈番	子多尔济袭
额根达尔汉宰桑				
索诺木塔布囊宰桑				
巴特玛达尔汉宰桑				
吹尔札木苏札萨古尔宰桑	祁他特车尔弼、浑津	100户	牛录章京	正白旗甲喇章京
固穆太师大宰桑	索诺木哲勒默	300户	二等精奇尼哈番	子诺尔布袭正蓝旗大章京
额邻臣岱青小宰桑	多尔济塔苏剌海100户	700户	一等精奇尼哈番	札木苏袭镶白旗大章京
巴寨朱尔奇泰札萨古尔宰桑	绰克图褚伦大宰桑	100户	二等精奇尼哈番	子巴岱袭职正黄旗大章京
沙济德勒根札萨古尔宰桑		110户	三等精奇尼哈番	
额森奎肯巴图鲁侍卫		70户	三等阿达哈哈番	
洛哩侍卫	嘛哈噶喇佛	100户	三等阿思哈尼哈番	兄沙济袭职
海萨塔布囊札萨古尔	乌斯库	90户	一等阿达哈哈番	镶黄旗甲喇章京

续表

察哈尔大臣	共同归附者	户数	受封	八旗中的旗分和职位
班第岱和硕齐札萨古尔	郭尔图彻臣		三等阿达哈哈番	多尼袭职
额本和硕齐札萨古尔（洛哩弟）	哲尔莫	70户	三等阿达哈哈番	弟沙哩岱袭
纳秦首领格	额邻臣歹青	120户	三等哈达哈哈番	索诺木袭
昭琥奴达尔汉巴图鲁札萨古尔宰桑		210户	一等阿达哈哈番	巴喇习礼袭
顾希闲散宰桑	额邻臣歹青	130户	三等阿达哈哈番	
阿尔沙瑚莫尔根侍卫	色令布都莫勒	40户	一等阿达哈哈番	侄蒿勒秦镶白旗
桂巴巴图鲁札萨古尔	郭尔图彻臣大宰桑		三等阿达哈哈番	
哈剌占固穆闲散宰桑	大宰桑格隆喇嘛	130户	三等阿达哈哈番	
祁他特卓礼克图	郭尔图彻臣大宰桑		一等阿达哈哈番	
穆章达尔汉札萨古尔宰桑	杜喇尔达尔汉那颜		一等阿达哈哈番	顾鲁袭职镶黄旗甲喇章京
寨萨梅勒侍卫	保宝额齐格宰桑	130户	一等阿达哈哈番	岱青袭职
巴图	从明朝投奔	120人	拜他喇布勒哈番	
摩罗尔额尔德尼宰桑				
温多额尔德尼宰桑				

续表

察哈尔大臣	共同归附者	户数	受封	八旗中的旗分和职位
迈喇宰桑				
多尔济塔苏尔海				
布彦代				
塞冷				
土巴济农		1000户		
沙理布		100户		镶白旗甲喇章京

三、察哈尔万户所属察哈尔各部归附爱新国情况一览表

部落名称	首 领	归附时间	分封爵位	旗 分
兀鲁特部	明 安	天命七年三月	三等子爵①	蒙古一旗②
敖 汉 部	索诺木都棱	天聪元年七月	多罗郡王③	札萨克旗
奈 曼 部	衮 楚 克	天聪元年七月	达尔汉郡王④	札萨克旗
苏尼特部	腾 机 思	崇德四年十二	多罗郡王	札萨克二旗⑤
乌珠穆沁部	多尔济济农	崇德二年十一	和硕车臣亲王	札萨克二旗⑥
浩齐特部	博 罗 特	崇德二年十二	多罗贝勒	札萨克二旗⑦
克什克腾旗	索 诺 木	天聪八年	一等台吉	札萨克旗
阿喇克绰特	不 详	天聪八年六月	不 详	八旗蒙古正白旗⑧

① 三等子爵为甲喇章京（阿达哈哈番）。清朝世职五等爵位为精奇尼哈番（昂帮章京）、阿思哈尼哈番（梅勒章京）、甲喇章京（阿达哈哈番）、牛录章京（拜他喇布勒哈番）、半个前程（拖沙喇哈番）。《听雨从谈》载：五等；古以公侯伯子男为五等。今有轻车都尉、骑都尉、云骑尉、恩骑尉，共九等。惟宗室爵秩中，似有大小两五等。亲王、郡王、贝勒、贝子，入八分之镇国公、辅国公。此谓大五等。不入八分之镇国公、辅国公和镇国将军、辅国将军、奉国将军、奉恩将军为小五等。参见笔者拙著《卫拉特通史》第4卷第2章。

② 明安初归附时被封为甲喇章京。其实他所率部众一次性来归者才十一人，后来又来归六个台吉。《清实录》载五路部总共来归者三千余户，误。加上喀尔喀部的来归者一千二百户，总共三千余户。《钦定八旗通志》明安传载："七年，率所属人员来归，予三等子爵，别立乌噜特蒙古一旗。……六年，从上征察哈尔。以俘获数少，又弗即尊谕归隶户籍，且擅以官牛与其下蒙古，及私匿在逃蒙古二人诸罪，部议应革世职，罚锾夺俘获人口及赐物。上念其前此先众来归，免革世职，改隶正黄旗满洲。……世宗宪皇帝时追封明安为一等侯，加号恭诚。"

③ 索诺木都棱初封开原地，其他回旧地驻牧。后索诺木都棱私猎哈达、叶赫山获罪，议夺开原地。天聪八年（1634）划各旗领地时，以扎哈苏台、囊嘉台为敖汉界。索诺木都棱亡，侄儿班第额驸为部长，崇德元年（1636）封为多罗郡王。顺治五年（1648）追封索诺木都棱为多罗郡王。《内秘书院蒙古文档案》第2辑359页载：顺治四年七月"班第额驸病故，准其子墨尔根巴图鲁温布袭多罗郡王爵位。"

④ 天聪元年归附后，诏还旧牧地驻牧。天聪八年在硕翁克尔划定各旗地界时，以巴克阿尔和硕、巴噶什噜苏台为红旗界。顺治十年卒，封其长子额驸巴达哩为达尔汉郡王。

⑤ 天聪四年十二月腾吉思来朝归附，六年尚僧塞格格为额驸，六年封郡王，七年封腾吉思族兄西路首领叟塞济农为多罗杜棱郡王。正式分为苏尼特左右二旗。腾吉思掌左，叟塞掌右。齐木德道尔吉所著《腾吉思事件》载："腾吉思自被封为郡王，再也没有亲自到过清廷，甚至在清太宗皇太极死后，也没有亲自进香，顺治元年来朝，遭到多尔衮的冷遇。"随后起异志，顺治三年叛逃喀尔喀车臣汗部，顺治五年悔罪归降。

⑥ 崇德二年十一月乌珠穆沁车臣济农来归。《游牧记》载：乌珠穆秦（乌珠穆沁）"旧作乌珠穆泰"。《玉牒》中也写作"乌珠穆泰"，保留其原称。崇德六年封札萨克和硕车臣亲王，顺治三年封其从子色棱为札萨克和硕额尔德尼贝勒，掌乌珠穆沁左翼旗。

⑦ 浩齐特部原驻牧克鲁伦河。《清太宗实录》载崇德二年十二月"戊午，蒿齐特部落博罗特、托尼洛二贝勒率五百二十户，自克鲁伦河来归。先遣博罗特贝勒下得都赫奏闻"。顺治三年封多罗贝勒，七年晋多罗郡王。《表传》："顺治八年博罗特从弟噶尔玛色旺及弟班第莫尔根楚琥尔，率三千余人，弃喀尔喀来归。十年封札萨克多罗郡王。"噶尔玛色旺掌浩齐特部右翼旗，博罗特掌左翼旗。

⑧《钦定八旗统治》人物志六十六，阿必达，蒙古正白旗人，阿喇克绰特人。看来此旗中有不少阿喇克绰特人。

第二节 “察哈尔国”

林丹汗病逝以后，天聪九年（1635）其子额尔克孔果尔额哲归附爱新国，崇德元年（1636）皇太极封额哲为和硕亲王，位居外藩蒙古诸王之首，位列满洲宗室郡王之上。额哲直属的可汗万户三万余众及土巴济农所属的一千余户仍归额哲所属的察哈尔兀路思。这是清朝初期形成的具有特殊形式的“察哈尔国”。

天命十一年（1626），努尔哈赤与科尔沁国立誓结盟以后，为科尔沁部奥巴赠送土谢图汗的名号。实际上意味着爱新国承认科尔沁国的独立地位。因后来科尔沁国土谢图汗以平等的身份与爱新国交往，对爱新国皇太极侵吞蒙古的举动带来了诸多不便，因此爱新国和科尔沁国之间曾产生过种种矛盾。天聪六年奥巴去世以后，爱新国趁分封奥巴之子巴达礼之际，免除了科尔沁万户的汗号，保留土谢图号，将巴达礼封为土谢图济农（副汗），以此来表明科尔沁部和爱新国之间的君臣关系。崇德元年，借封爵之机，又将科尔沁土谢图济农改封为札萨克土谢图亲王，从此科尔沁部失去了独立地位。但是在外藩蒙古诸部中，科尔沁部仍享有特殊的待遇，清朝政府在公文等一切公开场合一般将科尔沁部称作“科尔沁国”，同样将额哲孔果尔所属的察哈尔札萨克旗称作“察哈尔国”。蒙古其他诸部札萨克旗以佐领为单位，而科尔沁和察哈尔略有不同。这里以笔者所查到的科尔沁札萨克图郡王旗“努图克”为例，对科尔沁部的内部结构略做分析，作为研究“察哈尔国”内部结构的辅佐材料。

“金丹道”起事时，昭乌达、卓索图二盟的蒙古人遭了殃，科尔沁部札萨克图郡王旗涌入了大量逃难的蒙古人，原科尔沁部人将这些外来户称作“喀喇沁人”。多年来这些人逐渐与科尔沁人融合，如今已很难分辨。但传统游牧地区的人们至今依然保留着辨别本土人的办法，仍保留着很浓的排外情绪。因为逃难到科尔沁的难民以卓索图人为主，蒙古人对“卓索图盟”的传统叫法是“喀喇沁五旗”，所以他们一般把这批外地蒙古移民称作“喀喇沁人”或“敖东蒙古”（意为短袍蒙古），而自称为“努图克人”，即“本土人”。在这种情况下，形成了世代传承的科尔沁部札萨克旗内部行政组织——“努图克”，便成为辨别本土人和家族成员的有效方法。对本土人，只要问对方您是哪个努图克的人，外来的“喀喇沁人”就答不上来，而科尔沁本土的努图克人会马上报出自己出身的努图克名称。

清初设置札萨克图郡王旗，其地方建制设有十一个努图克。

《札萨克图郡王家谱》载：“布达齐长子拜斯噶勒为第二任札萨克图郡王，次子拜噶勒、三子海日、四子海斯琥、五子诺尔布、六子亦邻真、七子多尔济、八子满珠习礼、九子固穆、十子绰斯乞、十一子前德门。又载：拜噶勒后裔为第二努图克台吉；海日后裔为第三努图克台吉；海斯琥后裔为第四努图克台吉；诺尔布后裔为第五努图克台吉；亦邻真后裔为第六努图克台吉；多尔济后裔为第七努图克台吉；满珠习礼后裔为第八努图克台吉；固穆后裔为第九努图克台吉；绰斯乞后裔为第十努图克台吉；前德门后裔为第十一努图克台吉。”①

显然郡王拜斯噶勒的后裔为第一努图克台吉。

如今的兴安盟科右前旗乌兰毛都努图克是游牧区，是科尔沁本土人的聚居区。笔者在当地调查中发现一个奇怪的现象。他们只记得前四个努图克的排序，称作“四大努图克”。而且

① 胡日查：《科尔沁蒙古史略》，附录一，民族出版社，2001年。

他们中间流传至今的是各努图克的名称。调查情况如下：

1. 王子家的努图克（wang-un nutuγ）；2. 兄长家的努图克（aγinar-un nutuγ）；3. 初和慎努图克（čökögečin nutuγ）；4. 孩儿家努图克（kügeked nutuγ）；5. 瓦森努图克（waasun nutuγ）；6. 貌浩努图克（moqoγa nutuγ）；7. 海必谈努图克（qabiγatan nutuγ）；8. 孛啰科尔沁努图克（boro qorči nutuγ）；9. 明努特努图克（mingnaγud nutuγ）；10. 阿其纳尔努图克（ačinar nutuγ）；11. 昭哈慎努图克（ǰuuqačin nutuγ）。另有自称为"喇嘛因努图克、阿鲁努图克"的本土人，估计是科尔沁部其他旗的移民。各努图克之间有不少相互嘲笑、相互揭短的流行歇后语。例如：嘲笑"čoqoyičin nutug"努图克的歇后语有"qar-a üker-iyen qaba ged qada-yi γurba ergigülǰü，qar-a ölögčin-iyen sarluγ ged edür-ün γurba saγaqu"（其意为"把自家黑牛当作野猪，环绕山崖追三圈，把自家母狗当作牦牛，日挤三次奶"，嘲笑好面子的努图克的人）；调侃"moγoga nutuγ"努图克之歇后语有"moqoγa nutuγ-un moqoγa seger，modun uγ-un kengkege seger；moqoγa nutuγ-un aduγu-ni šibardabaču čegeǰi-ni degegši-ben"（意为"该貌浩努图克人很傲慢和要强，连他们家的马匹陷入泥滩也高昂着腹部保持风度"）；讽刺"qabiγatan nutuγ"的歇后语有"qabir qoyar araγ-a；qaǰiγ qoyar šidü"（意为"千万不要轻易得罪该努图克人，他们都是好斗之人"）。

从以上的调查结果来看，札萨克图郡王旗十一个努图克都有自己独特的专有名称。而且努图克的行政职级比佐领高，努图克的首领为努图克达，而不是佐领。科右前旗乌兰毛都地区努图克（副县团级行政公署）的行政建制一直保留到20世纪90年代末。

"察哈尔国"的札萨克亲王地位比科尔沁等蒙古各部札萨克高得多，是清初的特殊形式的札萨克旗。察哈尔国的建制与外藩札萨克旗不同，它很有可能没有实行清朝的“牛录固山制”，而且保留了原来察哈尔的某些体制特征。察哈尔归附爱新国之初，将察哈尔土巴济农部与额哲部整合为一旗，并分左右两翼。但是清初的官方史书和文人笔记中很难找到有关“察哈尔国”的详细记载。

《听雨丛谈》载：“插罕部蒙古，元之嫡派子孙也，又曰林丹汗。天命四年，士马强盛，横行漠南，自称统令四十万众蒙古国主巴图鲁青吉斯汗。天聪八年，亡于青海。其子额哲率所部奉传国玺来降，封亲王，位冠四十五旗贝勒之上。编其众为旗，安置义州。”①

《圣武记》又载：“明年，其子额哲率所部奉传国玺来降，封亲王，位冠四十九旗贝勒之上，其众编旗安置义州。”②

《大清一统志》载：“本朝天聪八年，太宗文皇帝统大军亲征，林丹汗走死，其子额哲来降，即其部编旗，驻义州。”③

《平定察哈尔方略》载：“林丹汗见人心震动，国势不支，欲率众渡河奔土白特。国人素苦其残酷，莫肯从行，留居者十之七八，以饥困互相劫夺，至杀人为食，众溃乱，归降者络绎不绝。林丹汗走至打草滩地方病死，其妻子遂献传国玺，悉众内附。十年下嫁固伦公主于林丹子额哲，特择善地，俾居义州。崇德元年，封额哲为亲王，尊崇在诸王右。”④

《清太宗实录》载：“是日，命苏泰太后、额尔克孔果尔额哲居孙岛、西尔哈。”⑤

① 福格撰：《听雨丛谈》卷1，中华书局，1997年，第36页。

② 魏源撰：《圣武记》卷3，载《国朝绥服蒙古记一》，道光本二十六年刊本。

③ 穆彰阿、潘锡恩等纂修：《大清一统志》第45册，卷550，上海古籍出版社，2008年。

④ 江宁点校，勒德洪撰：《平定察哈尔方略》卷之上，载《清史研究通讯》1986年第3期，第46—53页。

⑤《清太宗实录》，天聪九年。

从以上几种史料记载中我们很难了解到察哈尔部归附爱新国以后的详情，只能发现皇太极将女儿固伦公主嫁给额哲，以额哲所属的察哈尔人为单位，设置了一个札萨克旗，划定义州周围为察哈尔札萨克旗驻牧地，孙岛（即逊岛）和希尔哈（也作西尔哈）为额哲斡耳朵的所在地。察哈尔札萨克旗的其他信息还是从当时的原始档案中找到的。

“四月二十三日，分叙外藩蒙古诸贝勒功，封巴达里为和硕土谢图亲王、乌克山善为和硕卓里克图亲王、固伦额驸额哲依为和硕亲王、布塔齐为多罗札萨克图郡王、满珠习礼为多罗巴图鲁郡王、奈曼部洪巴图鲁为多罗达尔汉郡王、孙杜棱为多罗杜棱郡王、固伦额驸班迪为多罗郡王、孔果尔为宾图王、东为多罗达尔汉戴青、鄂木布为多罗达尔汉卓里克图、古鲁思辖布为多罗杜棱、沙木巴为多罗达尔汉、耿格尔为侍卫多罗贝勒。”[①]

很明显，这里将额哲列在外藩蒙古诸札萨克之中。

《满文老档》又载：“十五日，以太祖、太后实录告成之事，先满洲亲王贝勒等，次外藩察哈尔固伦额驸额哲依、科尔沁部舅舅奇塔特及舅舅桑哈尔寨各率蒙古诸贝勒大臣恭进贺表。固伦额驸额哲依奉表跪于前，诸贝勒大臣依次跪于后。”[②]

额哲在外藩蒙古王公之列是可以肯定的。额哲虽然被封为和硕亲王爵，但是没有具体的封号，是个特例。不知是为了突出他的特殊地位，还是其中隐藏着其他的玄机，无从考证。

崇德七年（1642）九月初七日，以征明凯旋外藩蒙古诸王贝勒来盛京表贺。先科尔沁部，次敖汉、奈曼、巴林、乌喇特等部首领表贺。次四子部落、扎鲁特部落、翁牛特部、喀喇车

① 中国第一历史档案馆、中国社会科学院历史研究所译注：《满文老档》（下册），崇德元年（1636）四月，中华书局，1990年，第1441页。另参见《清太宗实录》，崇德元年四月丁酉条。

② 中国第一历史档案馆、中国社会科学院历史研究所译注：《满文老档》（下册），中华书局，1990年，第1700页。

里克、察哈尔部索诺木卫宰桑等率其臣，上表叩贺[①]。

此时额哲已去世，固伦公主执政察哈尔札萨克旗，日常旗务由额哲察哈尔札萨克旗固山额真索诺木卫宰桑代理。土巴济农和其子孙未能掌管察哈尔部的大权。额哲札萨克旗与外藩蒙古札萨克诸旗列在一起。

额哲所属察哈尔札萨克旗同外藩蒙古其他札萨克旗一样，设掌管军事的固山额真。

《清内秘书院蒙古文档案汇编》载："čaqar ulus-un efü ǰasaγ-un abunai čin wang-un qošiγun-u eǰen: sonom wei ǰayisang či ijaγur qoγusun qošiγun-u eǰen bülüge .ginǰü-yi qaγaγči γurbaduγar yabudal-dur，qong ǰiyon man-u gurban küriy-e čerig-i daruqui-dur，šiluγun köke-yin baraγu eteged-iyer qomurun irekü moritu ba yabaγan čerig-i qamtu-bar daruba.begeǰing-i daγarin，šandung-un moǰi-dur čeriglegsen qoyaduγar yabudal-dur，qoo song bing γowan-u čerig-i daruqui-dur，qošiγun-iyan abun daruba. Tangkis-i nekegsen yabudal-dur，qalq-a yin šolui qaγan-u čerig-i daruqui dur qošiγun-iyan abun tusalaγsan dayisun dayisun-i daruba. Qalq-a-yin tösiy-e-tü qaγan-u čerig-i daruqui-dur，qošiγun-iyan abun tusalaγsan dayisun-i daruba kemen tuwašara qafan bolγaba. Basa nigen üy-e ǰalγamǰilaqu bui.ebül-ün dumdadu sara-yin qorin γurban-a."[②]

译文："察哈尔固伦额驸和硕亲王阿布鼐旗的固山额真索诺木委寨桑：尔原为闲散固山额真。围攻锦州的第三次战役中击破洪军门三营兵时，打败了从正蓝旗西侧围攻的敌军骑、步

① 中国第一历史档案馆编译：《清初内国史院满文档案译编》，光明日报出版社，1989年，第482页。

② 齐木德道尔吉等主编：《清内秘书院蒙古文档案汇编》第3辑，第387页，所引《清内秘书院蒙古文档案汇编》档案的有些译文参考达力扎布《明清蒙古史论稿》中的汉译。

兵。攻克北京，征伐山东的第二战役中，击破侯总兵官之兵时，率领本旗兵击败敌人。追击腾机思战役中，攻破喀尔喀部硕雷汗兵时，率本旗兵击败了敌人援兵。击破喀尔喀部土谢图汗兵时，率兵打败敌人援兵。因此授予拖沙喇哈番爵。准再承袭一次。十二月二十三日。”

显然索诺木卫宰桑是额哲执政时期原任察哈尔札萨克旗的领军固山额真。只是当时没有得到满洲世职爵位，所以被称作闲散固山额真。

“顺治元年八月初十日。靖远大将军武英郡王以下各官，出征返京，向皇上叩头，……扎鲁特……武英郡王下固山额真苏门德礼、土谢图亲王下固山额真达拉西、额森固山额真道赖、杜巴固山额真吴巴锡、奈曼达尔汉郡王下固山额真珍丹、珠尔扎噶固山额真混金、固山额真杭顾等八人，各赏给马一。”[①]

可见清初外藩蒙古札萨克旗普遍设有领兵的固山额真一职。

固伦额驸额哲孔果尔的地位之高，远远超出外藩蒙古的任何一个亲王，犹如满洲宗室成员，行赏等诸事位列满洲宗室郡王之上。

“十月初一日。颁己卯年历书。先赐和硕亲王代善、和硕郑亲王、和硕睿亲王、和硕豫亲王、固伦额驸和硕亲王、多罗武英郡王、阿达礼郡王、多罗贝勒毫格、多罗贝勒岳托多罗平安贝勒、多罗饶余贝勒各历书三道，贝子、公等各一道，藩王、朝鲜国王及其子等各一道，满洲、蒙古、汉军固山额真各一道。次群臣各一道。最后赐总兵官沈志祥一道。”“四年十月初一日。颁天聪第五年戊辰岁时宪书与诸臣。是日。诸王以下，文武百官以上，俱聚大清门，奉时宪书陈黄案毕，序立大清门，先献上，次依序与内和硕亲王、固伦额驸和硕亲王、内

① 中国第一历史档案馆编译：《清初内国史院满文档案译编》（中册），光明日报出版社，1989年，第127页。

多罗郡王、多罗贝勒、固山贝子、公等，次与汉三王，顺公、朝鲜国王，次与外藩蒙古王、贝勒等，次与内二十旗固山额真等各百份，令其分给各旗官员。行礼如旧。”①

在蒙古诸王之中，额哲的朝次也是居于首位的，他是蒙古诸札萨克旗右翼之首，而科尔沁土谢图亲王为左翼之首。崇德二年（1637）正月“察哈尔部额驸鄂哲（即额哲）遣本翼朝贡大臣等，于大清门外行礼，进表称贺”。

贺表之文曰：“外藩察哈尔部额驸鄂哲、奈曼部落达尔汉郡王衮楚克、翁牛特部落杜冷郡王、四子部落达尔汉卓礼克图俄木布、达尔汉戴青董、敖汉部落额驸班弟、喀喇沁部落扎萨克衮杜冷古鲁什希卜、土默特部落札萨克衮达尔汉沙木巴遣札萨克贝了、大臣等跪呈表于宽温仁圣汗陛下。”②

蒙古人尚右，以此来突出额哲的朝廷地位高于土谢图和硕亲王。

额哲察哈尔札萨克旗的另一组成部分则是土巴济农察哈尔部的一千余户。

“金国各路诸贝勒奉书朝鲜国王：‘……今我四十万众之外藩蒙古汗之子太子孔果尔、科尔沁部土谢图济浓、卓里克图黄台吉、大阿巴盖、孔果尔宾图、札萨克图杜棱、达尔汉洪巴图鲁、拉玛斯希墨尔根台吉、东果尔伊尔都齐、扎赉特部蒙夸达尔汉豁绍齐、昂阿伊尔都齐、杜尔伯特部塞冷达尔汉台吉、甘地斯辖布台吉、郭尔罗斯部古木哈坦巴图鲁、布木巴伊尔登、敖汉部驸马班迪、索诺木杜棱、奈曼部洪巴图鲁、巴林部满珠习礼台吉、阿玉希台吉、土默特部格根汗之孙鄂木布楚虎尔、索诺木墨尔根台吉、耿格尔古英塔布囊、沙木巴塔布囊、扎鲁

① 中国第一历史档案馆编译：《清初内国史院满文档案译编》（中册），光明日报出版社，1989年，第375、428页。

② 中国第一历史档案馆编译：《清初内国史院满文档案译编》（上册），光明日报出版社，1989年，第258页。

特部达尔汉巴图鲁、内齐、坤杜伦戴青、喀巴海卫征、果界尔图杜棱、青巴图鲁、济尔哈朗、察哈尔部土巴济浓、阿鲁部达尔汉卓里克图、伊尔扎木墨尔根台吉、达赖达尔汉那颜、穆章黄台吉、翁牛特部杜棱济浓、东额尔德尼戴青、达喇海寨桑黄台吉、班迪卫征黄台吉、喀喇车里克部嘎尔玛黄台吉、阿喇纳诺木齐、喀喇沁部古鲁斯希布、塞冷塞臣、万丹卫征、马济都里胡、乌喇特部土门达尔汉、土巴额尔克台吉、塞冷伊尔登等十六部四十九贝勒，约于十二月齐聚于汗之盛京城……'"[①]

奇怪的是，身为十六部四十九贝勒的土巴没有被封为札萨克，他所带来的一千余户察哈尔人也没有被编入八旗。八旗蒙古和八旗满洲中也未找到他的子孙后代。这里只有一个可能，那就是与额哲所带来的察哈尔部与土巴济农察哈尔部合二为一，隶属额哲管领下的"察哈尔国"，是察哈尔札萨克旗的一翼，犹如额哲所属察哈尔札萨克旗的附属旗。

《清圣祖实录》载："昔察哈尔遭乱覆亡，太宗文皇帝收集豢养，编为整旗，历有年所，今布尔尼背恩作乱，实僧额浑津、噶尔马、色令辈匪类教之，其余官民毫无干涉，此皆太宗文皇帝抚育之人，朕甚悯焉。凡归附军前或归附邻旗及溃散者，其令大将军图海等速行收集。作何赡养，另疏请旨。"[②]

这里所说的"编为整旗"，笔者认为就是指上述额哲与土巴济农察哈尔合二为一之事。蒙古文档案留下了察哈尔札萨克旗的人口和规模的相关记载。

《清内秘书院蒙古文档案汇编》载："baraγun γar-yin tüšiye-tü čin wang-un qoyar ǰaγun tabin dürben nutuγ，qoyar qošiγu . ǰegün γar-un ǰoriγtu čin wang-un ǰaγun yeren γurban nutuγ，qoyar

① 中国第一历史档案馆、中国社会科学院历史研究所译注：《满文老档》（下册），中华书局，1990年，第1376页。

②《清圣祖实录》，康熙十四年五月甲子。

qošiγu bügüde dürben ǰaγun düčin doluγan nuduγ dürben qošiγu. erüke-yin toγ-a qoyar tümen qoyar mingγan γurban ǰaγun tabi. Aoqan qorin ǰirγuγan nutuγ，naiman qorin dürben nutuγ，qoyaγula-yin tabin nutuγ.nige qošiγu. manǰuširi-yin arban doluγan nutuγ，ayuši-yin arban qoyar nutuγ. qoyaγula-yin qorin yisün nutuγ. nige qošiγu. sangγar-yin γučin naiman nutug，neyiči-yin qorin yisün nutuγ，qoyaγula-yin ǰiran doluγan nutuγ. nige qošiγu. darqan ǰoriγtu-yin düčin qoyar nutuγ，nige qošiγu. moǰang-yin ǰiran nutuγ ，nige qošiγu. Dügüreng ǰiyün wang-yin qorin tabun nutuγ ，ǰasaγ-un darqan dayičing-yin γučin dürben nutuγ. qoyaγula-yin tabin yisün nutuγ，nige qošiγu. urad-yin γučin doluγan nutuγ，nigc qošiγu. qaračin ǰiran nutuγ，nige qošiγu .tümed tabin ǰirγuγan nutuγ，nige qošiγu.čaqar，qalq-a，abaγ-a，qaračin，tümed bügü de dürben ǰaγun ǰiran nutuγ，yisun qošiγu. erüke-yin toγ-a qoyar tümen γurban mingγ-a. Tüšiy-e-tü čin wang-un tabun qošiγu-yi nigedgeǰü qoyar qošiγu. ǰoriγtu čin wang-un tabun qošiγu-yi nigedgeǰü qoyar qošiγu. aoqan naiman nige qošiγu. qoyar bagarin nigen qošigu. qoyar ǰaragud nige qošiγu. dürben keöked nige qošiγu. moǰang nigen qošiγu. qoyar ongniγud nige qošiγu. urad nigen qošiγu. qaračin nige qošiγu .qoyar tümed nige qošiγu. bügü de arban γurban qošigu. bugda qagan-dur nigen ǰil-dur γurban üye alba ergükü-yin učir-dur qoršiγsan bui. aba ayan-du iǰaγur-un qošiγu bayiγ-a bui.”①

译文：右翼土谢图亲王下二百五十四个努图克，二旗。左翼卓礼克图亲王下百九十三个努图克，二旗。共四百四十七个

① 齐木德道尔吉等主编：《清内秘书院蒙古文档案汇编》，第1辑，内蒙古人民出版社，2006年，第207—211页（第一历史档案馆藏号：00088；汇编新编号：15—86号）。

努图克，划为四旗，户数二万二千三百五十。

敖汉有二十六个努图克，奈曼有二十四个努图克。合为五十个努图克，划为一旗。

满珠习礼下十七个努图克，阿玉什下十二个努图克，合为二十九个努图克，划为一旗。

桑噶尔下三十八个努图克，内齐下二十九个努图克，合为六十七个努图克，划为一旗。

达尔汉卓礼克图下四十二个努图克，划为一旗。木章下六十个努图克，划为一旗。

都棱郡王下二十五个努图克，札萨克达尔汉岱青下三十四个努图克，合为五十九个努图克，划为一旗。

乌喇特有三十七个努图克，划为一旗。

喀喇沁有六十个努图克，划为一旗。

土默特有五十六个努图克，划为一旗。

察哈尔、喀尔喀、阿巴垓、喀喇沁、土默特总共有四百六十个努图克，九旗，二万三千户。

土谢图亲王之五旗合为二旗；卓礼克图亲王五旗合为二旗；敖汉、奈曼合为一旗；两巴林合为一旗；两扎鲁特合为一旗；四子为一旗；穆彰为一旗；两翁牛特合为一旗；乌喇特为一旗；喀喇沁合为一旗；两土默特合为一旗，共划分为十三旗。

为崇德汗每岁三贡之事合旗。其余狩猎、出征等仍以旧旗分执行。

正如我们在上文中所阐述的，林丹汗在西迁、北征的过程中兼并了喀尔喀部和喀喇沁、土默特、阿鲁部的部分部众，使察哈尔本部迅速壮大起来。后来这些被兼并者与察哈尔人一起投奔爱新国时，跟随其所属的察哈尔官员，都以察哈尔本部人的名义归附。虽然把苏泰太后和土巴济农所属的部民（其中察哈尔中军万户的兵丁单列为一个八旗的规模）以外的察哈尔部众编入了蒙古八旗和满洲八旗，但是清朝政府再也不便插手额哲所属的察哈尔札萨克旗，所以他的察哈尔仍然保留原来的混合性质。上述史料中的“察哈尔、喀尔喀、阿巴垓、喀喇沁、土默特总共有四百六十个鄂托克，九旗，二万三千户”与科尔沁部的“共四百四十七个努图克，划为四旗，户数二万二千三百五十”相比，规模不分上下。可见该史料原原本本地给我们传递了“察哈尔国”的整体规模。察哈尔前面单列了已被编为札萨克旗的喀喇沁和土默特二部的户数，这两部不可能再与察哈尔人口重复列入，此时在克鲁伦河流域驻牧的阿巴噶、阿巴哈纳尔部还没有归附清朝（康熙初年才归附）。所以这个数字十分吻合笔者在上文中所考证过的有关情况。我们所说的察哈尔札萨克旗基本保留其原来的体制形式，就是指这种情况。这正是清朝初期察哈尔自愿归附，已成为清廷囊中之物后，还对察哈尔额哲百般羁縻，笼络察哈尔的原因。从以上史料中我们还可以发现额哲所属察哈尔札萨克旗免去贡赋的史实。也就是说，额哲所属察哈尔札萨克旗下设“察哈尔八旗”，总共九旗，合为“察哈尔国”。

额哲在有生之年频繁出入皇太极皇宫，而皇太极也于崇德五年（1640）闰正月，以狩猎为名，携其诸福晋巡幸察哈尔固伦公主和固伦额驸额哲府邸孙岛和石尔噶，在此居住三日。可见皇太极当政之时，察哈尔与清朝中央政府之间的关系是何等的融洽。皇太极有可能还恩准额哲察哈尔札萨克旗免贡，其原因可能与军事编制单位“察哈尔外八旗”有关。在17世纪原始档案中，外藩诸部对皇太极和顺治帝纳贡之事一目了然，其中唯独没有发现察哈尔札萨克旗纳贡的记载[①]。

但是贡赋可免，兵役难躲。尤其是在额哲死后，察哈尔国

---

① 李保文、编辑、整理、转写：《十七世纪蒙古文文书档案》（1600—1650）下篇，所编入的50件档案中的绝大部分为崇德、顺治二朝蒙古各部的贡赋记录。其中未见到察哈尔的贡赋记录。仅一次额哲在皇太极万寿节之际贡一匹马。第16件档案，内蒙古少儿出版社，1997年，第49档案，第264页。

的兵权落入清朝宗室手中。察哈尔札萨克旗所属的“察哈尔八旗”兵，犹如八旗满洲和八旗蒙古的附属军队，“察哈尔外八旗兵”以“固伦公主兵”之名，跟随清朝大军频繁出征。

《内国史院满文档案译编》载：“顺治元年五月初一日。皇帝敕谕理藩院、外藩蒙古诸王、贝勒、贝子曰：……破此兵时，仅有科尔沁右翼土谢图亲王，并率有兵一千，另有左翼兵一百、土默特二旗兵、固伦公主兵等。未动用外藩蒙古一兵一卒。”①

这里所说的“固伦公主兵”就是“察哈尔国”所属的九旗兵。从上列察哈尔固山额真索诺木卫宰桑的封爵敕命中也可以证明，察哈尔札萨克旗也有一固山旗兵。这也是清朝政府控制察哈尔、蚕食它的有利时机。所以崇德六年（1641）额哲病卒以后，一直到顺治五年（1648），八年之间，迟迟不敕封阿布鼐袭札萨克亲王职。故意延长固伦公主玛格塔主事察哈尔札萨克旗的时间，好让清朝政府完全控制察哈尔。但是从玛格塔后来的举动来看，她并非一心倾向自己的娘家清朝政府，她大有“嫁狗随狗，嫁鸡随鸡”的封建传统女性特点。例如她临终前曾劝告其第二任丈夫阿布鼐要谨慎行事，切勿鲁莽。“蒙古王即顺治帝妹夫也。其妻生时谓王曰：我死之后，勿往沈中，往必为所擒。妻死，王思其言，一不往沈。”②

但是一名女性是抗衡不过清朝政府的中央机构。所属八旗察哈尔在听从朝廷指令南征北战的过程中，兵权逐渐被朝廷掌握。顺治五年，封察哈尔最高军事统领索诺木卫寨桑为拖沙喇哈番之爵。顺治九年（1652），又分别对“察哈尔国和硕亲王

① 中国第一历史档案馆编译：《清初内国史院满文档案译编》（中册），光明日报出版社，1989年，第13页。齐木德道尔吉等编：《清内秘书院蒙古文档案》第2辑，第17页。

②《李朝实录》之《显宗改修实录》卷21，显宗十年（1669）九月庚申条。

下"[①]固山额真索诺木卫寨桑、梅勒章京巴特玛、梅勒章京色令伊尔邓、梅勒章京巴达哩、佐领纳木僧格、撒囊、褚班珠分别授予拖沙喇哈番和拜他喇布勒哈番等世职[②]。

其实从顺治初年开始，察哈尔札萨克旗所属的"察哈尔八旗"就在史料中显现出来了。攻打山海关时，出现的"固伦公主兵"在当时就已经形成了察哈尔八旗兵的雏形，而它就是源

---

① 原档每份敕命前边都用小字体写明受封者身份为"察哈尔国亲王下的"等字样，可见"察哈尔国"是爱新国表面上认可的独立国家，和朝鲜一样。

② 齐木德道尔吉等编《清内秘书院蒙古文档案汇编》，第3辑的第385、377、379、378、423页敕命。清朝世职爵号变化不定。1647年睿亲王所定：精奇尼哈番＝昂帮章京；阿思哈尼哈番＝梅勒章京；阿达哈哈番＝甲喇章京；拜他喇布勒哈番＝牛录章京；拖沙喇哈番＝半个前程。《山中见闻录》载："崇祯七年四月，满洲国主谕曰："国家承天创业，未有弃其土语，反习他国之语者。蒙古诸贝勒，自弃蒙古之语，名号俱学喇嘛，卒致国运衰微。今我国官名俱因汉文，从其旧号……朕虽未成大业，亦不听命于他国。凡我国官名及城邑俱易以满语，勿仍袭旧。嗣后备御之总兵为一等公，一等总兵官为一等昂邦章京，二等总兵官为二等昂邦章京，三等总兵官为三等昂邦章京。一等副将为一等梅勒章京，二等副将为二等梅勒章京，三等副将为三等梅勒章京。一等参将为一等甲喇章京，二等参将为二等甲喇章京，游击为三等甲喇章京。备御为牛录章京，代子为分得拨什库，章京为小拨什库，旗长为壮大。屯拨什库仍为屯拨什库……"又"天命五年（1620）金国仿明制，列备御、游记、参将、副将、总兵官五等世职。天聪八年（1634）改世职名称为满语，依次为牛录章京、甲喇章京、梅勒章京、昂邦章京，从牛录章京到昂邦章京共四个世职，原由五个备御的总兵官称为公，有六个世职的总兵官称为超品公。世职的最小单位是半个前程。崇德元年（1636），凡显祖子孙，考功论德，列和硕亲王、多罗郡王、多罗贝勒、固山贝子、镇国公、辅国公、镇国将军、辅国将军、奉国将军九等爵"；《听雨丛谈》卷1载：五等；古以公侯伯子男为五等。今有轻车都尉、骑都尉、云骑尉、恩骑尉，共九等。惟宗室爵秩中，似有大小两五等。亲王、郡王、贝勒、贝子，入八分之镇国公、辅国公。此谓大五等。不入八分之镇国公、辅国公和镇国将军、辅国将军、奉国将军、奉恩将军为小五等。《八旗通志》623页：八旗世爵世职等级；一、二、三等公；一、二、三等侯；一、二、三等伯；一、二、三等精奇尼哈番（汉字改为一、二、三等子）；一、二、三等阿思哈尼哈番（汉字改为一、二、三等男）；一、二、三等阿达哈哈番（汉字改为一、二、三等轻车都尉）；拜他喇布勒哈番（汉字改为骑都尉）；拖沙喇哈番（汉字改为云骑尉）。

于林丹汗中军万户的察哈尔外八旗。在以后的征战中，因兵力奇缺和战争需要，将察哈尔札萨克旗的所属兵力以满洲八旗兵的组织形式和管理模式整编并逐渐完善。

《内秘书院档案》载：顺治五年（1648）四月“Degedü-yin ǰarliγ : naiman qošiγun-u čaqar，negükü mongγol ，sürüg-üd-čin bügüde-dür bičig baγulγaba”。[①]

译文：“上谕：宣八旗察哈尔、游牧蒙古、诸苏鲁克民众晓谕。”

从这里我们可以确定顺治四年前察哈尔八旗已经存在，只不过附属于满洲八旗，没有现形而已。他的原形就是德参济旺统领的林丹汗直属中军万户[②]。皇太极在用兵之际，无论如何不会把察哈尔本部最具战斗力的中军万户军化整为零，把他们分散到蒙古八旗和满洲八旗的。恰恰相反，他千方百计地保持了这支军队的完整性并逐渐将它训练成自己的精锐军队。

果然察哈尔八旗兵在此后的史料记载中频繁地出现了。

顺治十年十二月初五日：

从军者：满洲镶黄旗……蒙古旗……（按：蒙古八旗镶黄旗）

察哈尔（按：察哈尔镶黄旗的雏形）委甲喇章京摩洛、闲散章京绰奔、骁骑校色愣牛录鄂齐尔；护军营委纛章京陆希巴图鲁、甲喇章京布耶希里、穆诚额、玛拉席；委护军校章京巴哈塔牛录何尔笋、穆诚额牛录新塔希、那木岱牛录瓦三、前锋侍卫廓尔禅；察哈尔委署护军校甲喇章京潭铎牛录萨毕；汉军……

正黄旗……蒙古旗（按：蒙古正黄旗）……

---

① 齐木德道尔吉等编：《清内秘书院蒙古文档案汇编》第3辑，第8页，该档馆藏编号：0053。

② 中国第一历史档案馆编译：《清初内国史院满文档案译编》（上册），光明日报出版社，1989年，第178页。

察哈尔（按：察哈尔正黄旗）甲喇章京孟额图、闲散章京沙力岱、骁骑校希拉布牛录讷和德伊；护军委纛章京鄂诺伊、甲喇章京舒力浑、觉落巴克善、吴克松阿；委护军校甲喇章京古苏牛录阿克敦、阿哈丹牛录岱禅、阿济笋牛录那木、前锋翼长努山、章京付长、侍卫喀扎海；察哈尔委护军校甲喇章京舒力浑牛录乌色；汉军……

正白旗……蒙古旗……

察哈尔（按：察哈尔正白旗）委甲喇章京达赖、闲散章京达那、骁骑校细达达牛录寨桑；护军章京苏克萨哈、护军甲喇章京伯勒和图、图那、力佛讷、虎尼亚；委护军校甲喇章京伊力布牛录乌巴希、苏伊哈牛录音泰、雅来牛录瓜儿察、前锋章京岳达尼、侍卫马拉；察哈尔委护军校甲喇章京阿拉米牛录詹岱；汉军……

镶白旗……蒙古旗……

察哈尔（按：察哈尔镶白旗）委甲喇章京德勒格里、委骁骑校章京诺尔莫牛录那木岱；委小领催骁骑校诺尔莫牛录满西里、护军委纛章京觉罗普尔普恩、甲喇章京苏木拜、马勒图、同济；委护军校甲喇章京阚台牛录尼堪鄂巴海牛录瓦海、永爱牛录坦泰、前锋侍卫阿济；察哈尔委护军校护军甲喇章京马独虎牛录古希；汉军……

正红旗……蒙古旗……

察哈尔（按：察哈尔正红旗）甲喇章京薄罗勒岱、闲散章京塔赖巴图鲁、骁骑校绰伊奔牛录勃勒伯笋；护军委纛章京觉罗尚坚、甲喇章京希佛、格德浑扎令阿；委护军校甲喇章京敦拜牛录色斯库、济席哈牛录乌苏勒恩；爱唐阿牛录讷磊、前锋侍卫呼尔和讷；察哈尔委护军校护军甲喇章京硕占牛录呼雅；汉军……

镶红旗……蒙古旗……

察哈尔（按：察哈尔镶红旗）马兵甲喇章京霍尼齐、闲散章京扎勒布、骁骑校图巴牛录薄勒；护军委纛章京乌孙、甲喇章京马克扎、阿木布、色讷克；委护军校甲喇章京翁古牛录岱精阿、鄂波伊牛录雅木布、达尔马里牛录萨木布、前锋章京察大海、侍卫乌尔济那；察哈尔委护军校护军甲喇章京恩克伊牛录伊特和勒图；汉军……

正蓝旗……蒙古旗……

察哈尔（按：察哈尔正蓝旗）甲喇章京鄂勒济泰；委骁骑校章京岱青牛录霍尼齐；委小领催骁骑校巴济尔牛录嘎尔麻；委护军纛章京苏虎济、甲喇章京莽济图、阿玉羲、嘎尔麻；委护军校甲喇章京巴木布里牛录阿秋、散坦牛录雅斯哈；索伊笋牛录庄安、前锋章京尼马禅、侍卫虎希布；察哈尔委护军校护军甲喇章京阿尔勒牛录瓦力善；汉军……

镶蓝旗……蒙古旗……

察哈尔（按：察哈尔镶蓝旗）甲喇章京索勒伙、闲散章京那木、骁骑校鄂木布牛录额登、纛章京杜尔德伊、甲喇章京占塔海、和托、图巴、罗伙；委护军校甲喇章京觉罗芒佳牛录伊哈齐、杜尔德伊牛录萨比图、肯折牛录薄波勒岱、前锋侍卫格巴库；察哈尔委护军校护军甲喇章京额勒珠牛录龙格伊；汉军……①

并且“满洲、蒙古、察哈尔每牛录护军各四，兵丁各六并有前锋”②，依照满洲八旗、蒙古八旗、察哈尔八旗、汉八旗的顺序排列，其军事组织和兵力相同。但是其他八旗各有固山额真，唯独察哈尔八旗没有设置固山额真，察哈尔甲喇章京都由八旗满洲和八旗蒙古的甲喇章京临时代理，证明其此时仍然是八旗满洲和八旗蒙古的附属军队。这是前往荆州换防时满、

① 中国第一历史档案馆编译：《清初内国史院满文档案译编》（下册），光明日报出版社，1989年，第274—279页。

② 中国第一历史档案馆编译：《清初内国史院满文档案译编》（下册），光明日报出版社，1989年，第279页。

蒙古、察哈尔、汉八旗的组织结构的记载。

“十一年：二十一日。特命世子济度充定远大将军，统帅大军征剿扰害福州、泉州之郑成功。从军者：满蒙八旗兵外1.察哈尔委甲喇章京哈坦、闲散章京僧季图；2.察哈尔委甲喇章京善吉、闲散章京布彦岱、护军甲喇章京朝根巴图鲁孟色力，委护军校甲喇章京埋喀牛录哈力、尼堪牛录巴雅拉；3.察哈尔委甲喇章京额古德伊，委分得拨什库章京扎木苏牛录墨哲伊；4.察哈尔委甲喇章京阔尔阔德伊、温布；5.察哈尔委甲喇章京塔拉尼、闲散章京根度斯哈布；6.察哈尔委甲喇章京散金、闲散章京杜巴；7.察哈尔委甲喇章京奇提特、特伯力呼，委分得拨什库章京马希力；8.察哈尔委甲喇章京巴达希，委分得拨什库章京沙木巴牛录那木西；满洲、蒙古每牛录护军各一，披甲各四；察哈尔牛录护军各一，披甲各四。”[①]

从军事结构上看，察哈尔的兵力配备与八旗满洲和八旗蒙古实力相当。所以可以确定此时八旗察哈尔的规模已经完善，并且察哈尔札萨克旗所属的这些察哈尔兵已经被清朝政府牢牢地控制住了。但是毕竟是传统宗主，布尔尼事件的爆发，奉调宣府提防陕西提督王辅臣的察哈尔八旗左翼四旗，发生哗变，支援察哈尔札萨克旗亲王布尔尼的反清举动。

《清圣祖实录》载：“参领舒什兰报，奉调宣府左翼四旗察哈尔镇大同，众哗毁边私遁。上命散秩大臣绰尔济、杜尔麻等率八旗章京、侍卫赍敕抚之曰：‘昔察哈尔溃散时，尔等祖父来归，太宗文皇帝论次赐与世职，分隶八旗，眷顾抚养，以迄于兹。吴三桂造乱，调尔驻守地方。参领舒什兰奏尔等不请所司，遽行遁归，理应治罪，但先将尔等八旗察哈尔调发同官兵进征，近又尽征余兵，尔等或虑妻子牲畜无人养育，马又羸瘦

① 中国第一历史档案馆编译：《清初内国史院满文档案译编》（下册），光明日报出版社，1989年，第337—339页。

难以从征，以此亡归，其情可恕。今特行宽宥，其个返故伍如常，毋生疑畏。昔额哲、阿布奈被俘，不没入旗下为奴，封额哲为亲王，所部人员亦加抚养，亡国苗裔无功而施大恩若此，古所稀有。阿布奈（即阿布鼐）曾有大罪，又全其命，以其子布尔尼袭封亲王。布尔尼不思报效，背恩叛逆，故命大将军信郡王率兵进讨，于是月二十一日大破之于达禄，尽歼其众。科尔沁等诸部王、贝勒、贝子、公、台吉等俱以布尔尼罪大恶极，起兵会剿，恐尔等不知此情，妄惑流言，陷于罪戾，故特赐晓谕。”史料中明确提到的“太宗文皇帝论次赐与世职，分隶八旗，眷顾抚养，以迄于兹”可印证皇太极在察哈尔札萨克旗下设察哈尔八旗，附隶于满蒙八旗的说法是完全正确的。

声援布尔尼事件而哗变的左翼察哈尔四旗为哪些呢?

据史料载：“八旗分两翼，左翼镶黄旗在东北，依次正白旗、镶白旗、正蓝旗；右翼正黄旗在西北，依次正红旗、镶红旗、镶蓝旗。”[①]

按照清朝八旗方位序列的传统规定，上述左翼察哈尔四旗应该是八旗察哈尔的镶黄旗、正白旗、镶白旗、正蓝旗四旗。关于阿布鼐、布尔尼事件，学界研究得比较透彻，其细节在后文进行探讨，这里暂且不提。因此我们可以下一个定论，察哈尔八旗并非过去学界所公认的那样，康熙十五年（1676）才形成的，而是额哲的察哈尔札萨克旗建立的同时，所属的察哈尔兵已经按照清朝的八旗兵建制来组建了。额哲去世后，察哈尔八旗兵以“固伦公主兵”的名义跟随满洲八旗和蒙古八旗兵参加山海关战役，并一同参与平定中原的战争。

“察哈尔兀路思”的额哲直属察哈尔札萨克旗规模不大，只有十二个佐领。

据清朝平定察哈尔叛乱的副将军图海奏折载：“臣按，察

① 福格撰：《听雨丛谈》，八旗方位。

哈尔十二佐领人丁家口，其来投军前者丁凡一千六百六十六，口凡六千八百八十七，奉调出征人其子家口凡二千八百三十八，俱随大兵相继入京。其投入外藩蒙古各旗者，丁凡五百十四，口凡三千六百三十八，布尔尼所属喇嘛班第，丁凡一百十六家，男女凡三百八十三。……”①

可见察哈尔亲王直属札萨克旗由十二佐领组成，在“二十一日大破之于达禄，尽歼其众”的情况下，生还者16929人。除了从征者的家属以外，其他参加叛乱的人，等待他们的命运将是沦为官奴，人丁被分入满洲八旗和蒙古八旗。

据《八旗通志》载：“正白旗蒙古左参领所属第六佐领原系察哈尔地方缘事归旗之蒙古。”②

清廷在布尔尼亲王叛乱后，重新整编察哈尔八旗时，根本没有将察哈尔札萨克旗部众和哗变的察哈尔左翼四旗兵丁及部众编入新的察哈尔游牧八旗。宣大边外的察哈尔游牧八旗是以察哈尔右翼四旗的兵丁和部众为基础发展而来的。

《平定察哈尔方略》载：“命以察哈尔投顺者分隶八旗。大将军信郡王鄂扎等奏：‘察哈尔丁壮家口，应作何安插？’上命以投诚人数造册咨部，户部计其丁口，均隶八旗满洲，蒙古佐领，令其充伍。”③

清朝政府毁掉察哈尔游牧八旗的宗主察哈尔札萨克旗（察哈尔国）以后，将察哈尔札萨克旗所属察哈尔八旗名正言顺地划入清朝八旗军事组织序列中，另行划拨牧地，用满洲八旗制度约束察哈尔八旗，并从蒙古喀尔喀、厄鲁特、喀喇沁、科尔沁、巴尔虎等蒙古各部调兵丁补充和调换察哈尔的兵力。一方面加强八旗察哈尔的势力，另一方面用“掺沙子”的办法来化

① 勒德洪撰，江宁点校：《清圣祖实录》，康熙十四年五月庚辰条；另见《平定察哈尔方略》卷之下，庚辰。

②《八旗通志》卷11《旗分志十一》，第204页。

③《平定察哈尔方略》卷之下，甲戌。

解察哈尔人的抵触情绪和察哈尔人的凝聚力，以“战功”为名划拨军饷，从此八旗察哈尔正式走上清朝八旗兵军事化的道路。

第三节 “察哈尔国”驻牧地

关于“察哈尔国”驻牧地方面的研究，除乌云毕力格的《清初“察哈尔国”领地考》[①]以外，没有其他专题研究的作品。

《圣武记》载：“布尔尼收溃卒战，复连败，以三千骑遁，为科尔沁兵射死。凡六阅月平。空其故地，置牧场，隶内务府太仆寺，而移其部众游牧于宣化、大同边外。”[②]

此处所说的令额哲“察哈尔国”故地隶属于太仆寺苏鲁克牧场下，也不太准确。下面我们将利用一份珍贵的遗留性史料来考证察哈尔札萨克旗游牧的具体区域和该区域易主变迁的情况。

雍正十一年（1733）四月十一日理藩院致翁牛特多罗郡王鄂齐尔的行文中，对原察哈尔札萨克旗在西拉木伦河流域老驻牧地的范围说明得比较详细。

有关原文用拉丁文转写如下：

“γadaγadu mongγol-un törö-yi ǰasaqu yabudal-un yamun-u bičig : ongniγud-un törö-yin ǰiyün wang očir tan-dur ilegebe.man-u ǰurγan-ača uqaγsan anu: ǰi quruqui-yin učir, urida tösimel man-u ǰurγan-ača ayiladqaqu : ögeled-ün beyile-yin ǰerge dorǰisebden dooratu arad-i čaqar-un qaγučin nutuγ-un γaǰar-tu negülgeǰü saγul-

① 乌云毕力格：《清初“察哈尔国”领地考》论文提要，载《内蒙古大学第四次蒙古学国际学术研讨会论文提要》，2004年，第283页。

② 魏源撰：《圣武记》卷3《绥服内蒙古记一》，道光二十六年刊本。

γaqui-yin učir-tu temdeglegči tüšimel baqada-yi γarγaǰu γaǰar üǰü gülür-e ǰaruγsan bülüge. edüge temdeglegči tüšimel baqada, qaγučin čaqar-un nutuγ-tur saγuγsan ǰasaγ tümed-un beyile arabtan, tan-u qošiγun-ača γarγaγsan tayiǰi om tan-i abču bügüdeger ü ǰeǰü, naiman-u wang asala tan, širegetü köriyen-ü ǰasag-un lam-a yondan fongsuγ luγ-a qamtu neyileǰü toγtaγan kelelčeǰü abču iregsen bičig-tür qaγučin čaqar-un nutuγ-un emün-e ǰaq-a qar-a usu , köke-yin gool-un qoyar ǰabsar-tur tümed-un beyile arabtan-u qošiγun-u tabunang-ud tariy-a tariǰu ger bariǰu saγuǰuqui. Küke-yin γool-un irmeg-iyer tümed-ün beyile arabtan-u qošiγun-dur qabsuraγsan qalq-a-yin beyile bandirinčin-u dürben sumu-yin arad tariy-a tariγsan büged basa širegetü köriyen-ü qariyatu čaqar lam-a nar-un ǰongtor-ud tariy-a tariǰu ger bariǰu saγuǰuqui. quǰir-yin γool-dur širegetü köriyen-ü lam-a nar-un ǰongtor-ud tariy-a ger bariǰu saγuǰuqui. dalda γool ,čaγan γool-un γaǰar-tur čoqor qalq-a-yin beyile γalsang-un qoyar sumu-yin arad tariyan tariǰu nutuγlan saγuǰuqui. ene ǰerge-yin γaǰar tur čüm ger bariǰu tariyan tariγsan-u tulada, mori mal adaγulqu gaǰar čiqul. mongγolčud nutuγlan aǰu törökü i-dür tusa ügei. qaγučin čaqar-un nutuγ-un qoyitu ǰaq-a šira mören-ü emünetü ebesü usu sayin ,mori mal adaγulqu γaǰar neyilen. edüge naiman-u wang asala-yin qušiγun-u arad nutuγlan saγuǰuqui. J̌egün ǰaq-a-yin γaǰar-tu qorčin-u wang altan gerel, išibandi-yin qušiγun-u arad basaku baqan oruǰu nutuγlan saγuǰuqui. dooraki arad čüm mori mal-i teǰigeǰü nutuγlan aǰu törökü kümün-ü tulada ,doron-a umar-a ǰaq-a šira mören-ü γool-un nöketü olom-ača emün-e ǰög bičitü talan-dur kürgegül-un(d) urtu inu nige ǰaγun γaǰar, bičigtü talan-ača baraγun ǰüg sagen talan-dur kürgegül-ün(d) ǰaγuu düčin γaǰar, segen talan-ača qoyitu ǰüg čaγan toqoi-ača šira möre-ü γool-i daγaǰu mün-kü nöketü olomdur kürgegül-ün(d) düčin γaǰar. egüi-i ǰiruqai bayiγulǰu dorǰisebden-u dooraki arad ene γaǰar-tur nutuγlaγulbasu baγtaqu büged ǰun saγuqu ebülǰikü γaǰar čüm bui. eyimü-yin tula naiman-u ǰergeyin dürben qošiγun-u γarγaγsan tayiǰi nomči tan-i ene γaǰar degesüleǰü ǰiruqai bayiγulbai kemen ǰasaγ-ud-un tamaγ-a daruγsan bičig-i abču kürgeǰü ireǰüküi……"[①]

汉译："理藩院文书：致翁牛特多罗郡王鄂齐尔等。我院宣谕：为会集协商之事，前，吏部、理藩院上奏，为厄鲁特部贝勒多尔济策布丹下属部民迁往察哈尔故地之事，派遣主事巴哈达前往进行实地考察。如今主事巴哈达所携来的文书是由居住察哈尔故地的土默特札萨克贝勒阿喇布坦所派遣的台吉敖木等与奈曼王阿咱拉、库伦札萨克喇嘛云丹彭楚克等协商后拟定的文书。其呈文奏请：察哈尔原驻牧地南境哈喇乌苏、呼和河之间已由土默特札萨克贝勒阿喇布坦旗诸塔布囊开垦定居。呼和郭勒河流域地区已被合并到土默特札萨克贝阿喇布坦旗的喀尔喀贝勒班第邻真所辖四个佐领所属部民种地以外，还有库伦旗所辖察哈尔众喇嘛之庄头等开垦定居。忽扎尔河流域地区也被库伦喇嘛之庄头等开垦定居。达拉答郭勒河、察罕郭勒河地域已有朝忽尔喀尔喀部贝勒嘎拉桑所辖二佐领部民占居并种地定居。上述区域俱被占居并种地定居，不适合游牧，对蒙古人的驻牧和生活环境俱不适合。察哈尔故地北境地区西拉木伦河以南地区水草丰美，游牧环境俱佳，如今被奈曼王部民所占居，东部地区也被科尔沁王阿勒坦格呼勒、宜什班第旗部民有所占居。（厄鲁特贝勒）所辖部民都已随水草而牧之众，所以东部和北部，也就是西拉木伦河之奴和土渡口迤南至笔齐克图

① 赤峰档案馆馆藏：《理藩院以厄鲁特贝勒部众迁往察哈尔故地之事致翁牛特郡王鄂齐尔的公函》（蒙古文档案），背面写有"雍正十一年"字样，全宗号1，卷号103。

塔拉为百里，又从笔齐克图塔拉迤西至萨根塔拉宽四十里，又从萨根塔拉迤北至察罕套海百里，又从察罕套海沿着西拉木伦河流至奴和土渡口为四十里。把该地划拨出来供多尔济策布丹部民居住，一则能容纳其所属部民，二则能够夏天游牧和冰雪季节过冬二事俱能兼顾。因此，予之各旗札萨克印信认可，奈曼等四旗所遣诸台吉诺木齐等一起丈量的划界公文一并携来……”

根据以上行文内容，首先确定的是察哈尔札萨克旗原驻牧地的南境。档案中说“察哈尔原驻牧地南境哈喇乌苏河、呼和河两地之间已有土默特札萨克贝勒阿喇布坦旗诸塔布囊开垦定居”。

察哈尔驻牧地的南界是“哈喇乌苏河”。“哈喇乌苏”是蒙古语，意为黑河或黑水，也许是湖名，还有可能是河流之名，所以我们翻译时也没译成河，也没译成湖，保持原样，译成哈喇乌苏。“喀尔喀左翼西至博罗霍吉尔池。五十里接奈曼界。北至潢河。东南至黑水泺。蒙古名哈喇乌苏。”泺者，泊也。从这个意义上说，“哈喇乌苏”似乎是湖水。但是，光绪蒙古地图中东土默特札萨克郡王旗北界和喀尔喀多罗贝勒旗南界处有一条哈喇乌苏河，在喀尔喀贝勒旗东南汇流库昆河，这才是察哈尔札萨克旗驻牧地的南界。

“呼和河”就是库昆河。起源出自喀尔喀左翼旗。

《游牧记》载：“［喀尔喀左翼旗］南三十里有库昆河，源出五会山，东流入土默特界。又东流入养息牧河。”

《游牧记》又载：“土默特左翼旗……北至当道斯河。百里接喀尔喀左翼界……七十里有阿哈里河，源出阿哈里陀罗海山，东流会乌讷苏台河，八十里有乌讷苏台河，东北流会库昆河。百里有库昆河，源出喀尔喀左翼，流入境又东流入养息牧河。”

《光绪盟国地方手抄地图》之XⅦ西呼图库伦喇嘛札萨克旗地图中，其驻牧地境内有三条大河。中北部区域为养息牧河（属于养息牧上游，土名虎吉尔河），再往南中部为乌赫尔河

(词义为牛河)，还有一条河在旗的南境，从东土默特旗流入该旗境内的库昆河（地图上的汉字标音为苦根河)。该地图上的库昆河流向地是以新苏鲁克命名的彰武。

《游牧记》载："土默特右翼旗……东至霍济勒河，接库伦界。南至库昆河，接左翼界。西至布图昆地，接喀尔喀左翼界。"

养息牧河，在旗东南，蒙古名虎吉尔，源出旗南三十里，东北流经喀尔陀罗海山，又从东南汇入库昆河，经养息牧牧场之东，流入彰武台边门，西至广宁后，又向东南流入辽河。分析以上有关库昆河的史料，可以发现：其发源地为喀尔喀左翼西南之五会山，蒙古名叫乌尼苏台。从旗南境流过，流入土默特界。土默特右翼南至库昆河与土默特左翼接壤。所以库昆河是土默特右翼旗南境的界线。又东流入土默特左翼境内偏东北地域，流过土默特左翼境，流入西呼图库伦南境。从西往东流过，进入苏鲁克（彰武）境内。从彰武向南流进入广宁，又转向东南，在今新民一带注入辽河。档案中出现的"土默特札萨克贝勒阿喇布坦"是土默特右翼善巴后裔第五代札萨克达尔汉贝勒阿喇布坦。库昆河从土默特右翼旗西侧绕旗南而流。而库昆河东北方向喀尔喀左翼东南边境有哈喇乌苏。这一地区被他的诸塔布囊占领开垦了。也就是变成喀尔喀左翼和土默特左右翼三旗之间的三角区域，原来是无人利用的闲散之地。

"呼和郭勒河流域地区已被合并到土默特札萨克贝阿喇布坦旗的喀尔喀贝勒班第邻真所辖四个佐领所属部民种地以外，还有库伦旗所辖察哈尔众喇嘛之庄头等开垦定居。"是指喀尔喀左翼和土默特右翼旗之间的广大地区及二土默特之间的库昆河流域也全部被唐古特喀尔喀的四佐领民众占领不说，再往东库伦旗南境的库昆河区域，东到新牧场（新苏鲁克）境为止都被开垦。至此我们可以对察哈尔札萨克旗的南境下一个结论。

《圣武记》载："凡六阅月平。空其故地，置牧场，隶内务府太仆寺，而移其部众游牧于宣化、大同边外。”[①]

所谓新苏鲁克牧场，就是布尔尼事件以后把察哈尔札萨克旗所属驻牧地的一部分腾空出来所设的皇家牧场。其实只在其东部地区养息牧河流域肥美的草场处设置了一处皇家牧场。中部和西部地区被哲里木盟、昭乌达盟、卓索图盟的相关旗占为已有了。所以，笔者认为从东到新民整个辽河流域、养息牧河流域、西到喀尔喀左翼西南，都是察哈尔札萨克旗原驻牧地的南境。席勒图库伦（即西呼图库伦）南境之库昆河被察哈尔众喇嘛之庄头开垦居住就能证明这一点。至于库昆河上游和哈喇乌苏以及养息牧河的上游虎吉尔河都是察哈尔札萨克旗南境的史实，我们所引的档案本身的内容就能证明，所以不用再浪费笔墨来考证。

该行文记载的“达拉答郭勒河、察罕郭勒河地域已有朝忽尔喀尔喀部贝勒嘎拉桑所辖二佐领部民占居并种地定居”，《光绪蒙古手抄地图》TAFEL Ⅵ Ⅱ图是喀尔喀札萨克多罗贝勒偌尔玛苏荣旗地图。其旗南靠西有一座山，山名为达禄山（dalu）。达禄河从此山发源，北流到旗中部区，又绕弯直东流到旗偏东区，又改流为南，正好是以半椭圆形流出旗境[②]。这就是“达禄”河。蒙古文档案中的“dalda gool”，其实其准确的写法应该是“dalu-du γool”，意思就是叫达禄之名的河。蒙古语中称肩胛骨为达禄“dalu”。该河在上述地图中的流域形状犹如羊胛骨，其名就来源于此。克什克腾旗的达里湖之名也是由此而来。所以档案中的“达拉答郭勒河”就是达禄河。察哈尔布尔尼亲王就在此地与清军和哲里木盟的蒙古军队进行决战。康熙劝诫叛逃的察哈尔左翼四旗返回营地的敕谕中说，“布尔尼不

① 魏源撰:《圣武记》卷3《绥服内蒙古记一》，道光二十六年（1846）刊本。

② 参见 Wather Heissig, “*Mongolische Manuskript Karten in Faksimilia*,” in *Mongolische Ortsnamen Tell* Ⅰ(Wiesbaden, 1978).

思报效，背恩叛逆，故命大将军信郡王率兵进讨，于是月二十一日大破之于达禄，尽歼其众”[①]。此“达禄”就是我们要考证的达禄河地区。

关于察罕河在《游牧记》中也有相关记载：“土默特右翼旗……西至鄂朋图山……旗西百六十里有察罕河，源出哈卜塔海华山，东南流入大凌河。”

说明整个喀尔喀左翼旗的中心地带和土默特右翼旗的大凌河地区也曾是察哈尔札萨克旗南部的驻牧地范围。察罕河是源于奈曼旗，在喀尔喀贝勒旗西北有察罕河的一个渡口。

原档中“察哈尔故地北境地区西拉木伦河以南地区水草丰美，游牧环境俱佳，如今被奈曼王部民所占居，东部地区也被科尔沁王阿勒坦格呼勒、宜什班第旗部民有所占居”。察哈尔札萨克旗北境以西拉木伦河为界。众所周知，喀尔喀左翼旗原在张家口外驻牧[②]，布尔尼事件后才调换牧地。可见此地原本就是察哈尔札萨克旗之西部驻牧地。连位于西北的奈曼旗西测的敖汉旗牧地俱在察哈尔札萨克旗驻牧地的范围内。我们引用考证学的“本证法”来考证其真伪。档案中：“东部和北部，也就是西拉木伦河之奴和土渡口迤南至笔齐克图塔拉为百里，又从笔齐克图塔拉迤西至萨根塔拉宽四十里，又从萨根塔拉迤北至察罕套海百里，又从察罕套海沿着西拉木伦河流至奴和土渡口为四十里。把该地划拨出来供多尔济策布丹部民居住。”史料中的“东部”和“北部”并不是指察哈尔故地的边缘，而是指分给厄鲁特移民的驻牧地方圆。“西拉木伦河之奴和土渡口”在奈曼旗北界。

《蒙古游牧记》载：“奈曼，东北至什喇木兰之努克图。北

---

①《清圣祖实录》，康熙十四年五月甲子。

② 张穆撰：《蒙古游牧记》卷之3《喀尔喀左翼部》，载《小方壶斋舆地丛钞》，杭州古籍书店影印本，1985年。

至昆都伦喀喇乌苏泉。”

所谓“努克图”就是档案中的“奴和土渡口”，词义为“有坑的渡口”，所谓“敖罗木”就是蒙古语中的众人渡河处（olom），就是有坑子的渡口之意。奈曼旗北部有两处西拉木伦河渡口。一为我们刚考证的努克图敖罗木，另一个为奈曼正北方向的“北至巴延郭特什喇木兰渡口”[①]。“巴延郭特”是古城废墟名，“郭特”是奈曼部方言“浩特”（城）之义，“什喇木兰”就是“西拉木伦河”。“笔齐克图塔拉”是草原名称，此处在敖汉旗东北部老哈河南岸，位于昆都伦喀喇乌苏（黑水滩）之东南的老哈河草原。档案中说从奴和土敖罗木迤西到笔齐克图塔拉百里之遥，应该是敖汉境内的笔齐克图塔拉。从笔齐克图塔拉以西四十里的“萨根塔拉”。“萨根塔拉”（Saγaγ-un tal-a）意为荞麦田。查阅《光绪蒙古地方手抄地图》，从笔齐克图塔拉西南方向隔一座山，有一处“塞+tal-a”的地方[②]（原地图是蒙古文地图，后来清朝政府为了便于应用，在蒙古字地名上面粘贴用汉字书写地名的纸条。影印本把汉字纸条掀开，但又为了保证地图原貌，没有把纸条撕下，所以影印本的照片遮盖蒙古文字不说，汉字字条也只能看到一半的字），该地方就是我们要找的位于敖汉旗偏中北部的萨根塔拉。原档中所说的“又从萨根塔拉迤北至察罕套海为百里”中的“察罕套海”就是老哈河河套，清代为敖汉札萨克旗地界，就是今天的翁牛特旗境内南部的白音陶海苏木。从察罕套海以东至奴和土敖罗木百里，也就是说在察哈尔原驻牧地的敖汉、奈曼二旗驻牧地中，划拨一块三角地来安置厄鲁特贝勒及其属民。察哈尔故地，西到敖汉全境，包括奈曼、二土默特、库伦、科尔沁左翼

---

① 张穆撰：《蒙古游牧记》卷3《奈曼部》，载《小方壶斋舆地丛钞》，杭州古籍书店影印本，1985年。

② 参见 Wlather Heissig, “*Mongolische Manuskript Karten in Faksimilia*,” in *Mongolische Ortsnamen Tell I*（Wiesbaden，1978）.

部分地方，东到彰武全境地区，都是察哈尔札萨克旗（察哈尔国）的原驻牧地。

总之，察哈尔札萨克旗（察哈尔国）的南境以库昆河流域为界，北境以西拉木伦河为界，从西部的敖汉，到东部的彰武全境，全部都是察哈尔札萨克旗的驻牧地。所以从某些方面可以说，额哲来归以后，保留了原林丹汗察哈尔万户的中心领地。当然这一区域并不完全是察哈尔人在游牧，有些记载说明当时内喀尔喀部的巴林、扎鲁特二部，翁牛特、阿鲁科尔沁以及北察哈尔万户的部落归附清廷后，已经占据察哈尔万户西拉木伦河以北的驻牧地。额哲归附清廷后，这些部落以蒙古札萨克旗右翼的身份依附察哈尔札萨克旗，游牧于察哈尔万户的原驻牧地西拉木伦河以北的草原。

第七章　清初察哈尔八旗

察哈尔八旗，在顺治朝档案中被称作“外八旗察哈尔蒙古”。察哈尔八旗的形成时间较早，从崇德元年（1636）开始设立了“外八旗察哈尔”，依附于额哲孔果尔的察哈尔札萨克旗，额哲去世后被称作“察哈尔固伦公主兵”，分成左翼四旗和右翼四旗。

察哈尔札萨克旗是林丹汗之子额哲孔果尔归附爱新国后，清政府为他设置的所属札萨克旗。额哲以后，固伦额驸和硕亲王阿布鼐和和硕亲王布尔尼父子先后袭察哈尔札萨克和硕亲王。阿布鼐父子对清廷的统治不满，因而阿布鼐被清廷拘禁于沈阳。布尔尼袭爵后，表面上对清廷百般顺从，暗地里联络外藩蒙古各札萨克旗王公，时刻准备起事。因札萨克旗内部出现叛徒，向清廷告密而仓促起义，最终遭到清朝大军和蒙古札萨克旗官兵的残酷镇压。

布尔尼事件以后，清廷撤销察哈尔札萨克旗建制，设置察哈尔总管游牧八旗，以清朝的内八旗兵的建制模式来进行管理。将察哈尔八旗从义州边外迁到宣化、大同边外驻牧。将参与布尔尼事件的察哈尔人分散到满洲八旗和蒙古八旗以及蒙古各札萨克旗，将响应布尔尼事件哗变的察哈尔左翼四旗内迁到河南府驻防，以未参与布尔尼叛乱的察哈尔右翼四旗为基础，设置了察哈尔游牧八旗，将新归附的厄鲁特、巴尔虎等人口大量安插在察哈尔八旗内，编为佐领。从此，由一半为察哈尔人，另一半为蒙古其他部落人口组成的察哈尔游牧八旗逐渐形成。

第一节 布尔尼亲王叛乱及察哈尔游牧八旗的设立

关于察哈尔八旗的形成时间，学界始终有争论。笔者认为察哈尔八旗从崇德元年（1636）开始逐渐形成，到顺治初年已经基本定型，被称作“外八旗察哈尔蒙古”。而且从顺治年间起，从清代史料中所列的察哈尔八旗的从征者规模来看，已经和满洲八旗、蒙古八旗、汉军八旗的军队规模相当了。察哈尔布尔尼亲王起事反清时，驻防在宣府附近的察哈尔八旗左翼四旗曾经响应布尔尼叛乱而哗变。可见清朝设置八旗察哈尔蒙古并不是在康熙十四年（1675）布尔尼叛乱以后，而是察哈尔归附后金以后。清廷将察哈尔的部分归附人员（主要由林丹汗察哈尔本部的中军万户和中央万户的归附人员组成）和当时被察哈尔本部兼并的蒙古喀喇沁、土默特、阿巴噶（也作阿巴垓）、喀尔喀等部的归附人员，依照清朝的满、蒙古、汉八旗模式编旗，从而形成了察哈尔外八旗的雏形。编旗之初，察哈尔外八旗和察哈尔札萨克一旗一并归属札萨克固伦额驸额哲管领。清朝初期，蒙古文档案中所出现的“察哈尔、喀尔喀、阿巴垓、喀喇沁、土默特总共有四百六十个鄂托克，九旗，二万三千户”[①]，指的就是上述额哲所管辖的“察哈尔国”直辖九旗。崇德六年元月额哲病故，额哲亲王的福晋固伦公主玛格达（也作玛格塔）代替额哲亲王掌管“察哈尔国”的军政事务。因此，察哈尔八旗与满洲八旗和蒙古八旗、汉八旗在山海关与

① 齐木德道尔吉等编：《清内秘书院蒙古文档案汇编》第3辑，内蒙古人民出版社，2003年，第387页。

李自成农民军决一死战时，从征的“察哈尔国”所属察哈尔九旗兵当时被清廷命名为“公主兵”。额哲之后，察哈尔札萨克亲王爵位空缺，朝廷延迟敕封额哲的合法继承人额哲之弟阿布鼐承袭和硕亲王爵位长达八年之久。

究其原因，一是清廷通过这一机会想把察哈尔八旗兵权牢牢掌控在自己手中。二是谨慎观察阿布鼐对清廷的忠诚程度。虽然阿布鼐从小在皇太极的后宫中长大，但是清廷将偌大的“察哈尔国”全权交给他，还是有些不放心。阿布鼐是额哲孔果尔同父异母的弟弟，是林丹汗大皇后囊囊太后的遗腹子。

据《蒙古源流》载：“于林丹汗去世的当月，从囊囊太后所出之阿布鼐被（皇太极——引者）给养。”[①]

《金轮千辐》亦载：“林丹汗大小二位夫人德勒格德勒、苏台（也作苏泰）哈屯及二子额哲孔果尔、晚出生之子（kenǰin kübegün）阿布鼐。”[②]阿布鼐与两个姐姐从小一同在清廷皇宫中长大成人[③]。因此，阿布鼐出生年月应该是1634年七至八月间（崇祯七年，天聪八年）。

顺治二年（1645）十月，阿布鼐在额哲孔果尔去世后的第四年与额哲和硕亲王的遗孀固伦公主玛格达完婚，此时阿布鼐年仅12岁。

《清世祖实录》载：顺治二年十月“乙巳，太宗文皇帝第二女固伦公主下嫁察哈尔汗之子阿布鼐”[④]。

---

① 萨囊彻辰：《蒙古源流》，内蒙古人民出版社，1981年，第546页。

② 答里麻著，乔吉校注：《金轮千辐》，内蒙古人民出版社，2000年，第134页。

③ 唐邦治撰：《清皇室四谱》卷2，西宫贵妃（指囊囊太后）所养的蒙古女淑济于崇德八年（1643）七月嫁给德参济王之子噶尔玛；淑妃（窦土门太后巴特玛苏瓦）所抚养的蒙古女于崇德五年正月嫁给睿亲王多尔衮，可见比她们小的婴儿阿布鼐，按照此例应在他的母亲身边，上海仿宋印书局聚珍铅印本，1923年。

④《清世祖实录》，顺治二年十月条。

顺治五年（1648）二月，阿布鼐得以承袭其亡兄额哲孔果尔的和硕亲王爵位。

《清世祖实录》载：顺治五年“二月丙寅朔，命察哈尔国故固伦额驸亲王额哲弟阿布鼐袭爵”[1]。从顺治五年开始，“察哈尔国”的附属察哈尔八旗兵在史料中开始显现，并跟随满、蒙古、汉八旗兵频频出征。可见“察哈尔国”王位空缺之际，清廷把察哈尔八旗的兵权牢牢掌控在自己手中了。

顺治八年，察哈尔国和硕亲王阿布鼐与公主前去参加顺治帝的婚庆。“八月，赐诸王及察哈尔额驸阿布鼐亲王、土谢图亲王、卓礼克图亲王等并贝勒、文武群臣宴。”[2]该年九月份，阿布鼐向顺治帝辞行，返回义州边外的察哈尔札萨克旗驻牧。从此，他六年未进京朝觐。但是，此事也不能怪罪于他。因为顺治八年至顺治十三年九月整整六年期间，顺治帝都没有与外藩蒙古王公大臣会面。

据《清世祖实录》载：顺治十三年八月，“丙子朔。遣官赍敕慰谕科尔沁国和硕土谢图亲王巴达礼，和硕卓礼克图亲王吴克善，乌朱穆秦（即乌珠穆沁）部落和硕车臣亲王察汉巴拜，喀尔喀部落和硕达尔汉亲王奔塔尔，察哈尔国固伦额驸和硕亲王阿布鼐，喀尔喀部落多罗卓礼克图郡王［衮布，也作滚卜］，鄂尔多斯部落多罗郡王巴图，科尔沁国札萨克图郡王拜撒哈尔，多罗达尔汉巴图鲁郡王满朱习礼，多罗郡王张继伦，多罗［冰，也作秉］图郡王额参，多罗郡王额尔德尼，蒿齐忒（即浩齐特）部落多罗郡王噶尔玛塞望、阿赖充额尔德尼，敖汉部落多罗郡王墨［尔，也作勒］根巴图鲁马济克，苏尼［特，也作忒］部落多罗郡王腾济［特，也作忒］、（部落）多罗杜稜郡王楮鲁睦，奈曼部落多罗达尔汉郡王阿汗，阿霸垓

① 《清世祖实录》，顺治五年二月条。
② 《清世祖实录》，顺治八年八月、九月条。

（即阿巴垓）部落多罗卓礼克图郡王色尔哲尔、多罗郡王沙克厦僧格，翁牛［特，也作忒］部落多罗杜棱郡王博它和，巴林部落固伦额驸多罗郡王塞布［腾，也作屯］，阿禄科尔沁国多罗郡王朱尔扎哈，四子部落多罗达尔汉卓礼克图郡王巴拜，喀喇沁部落杜棱多罗贝勒古鲁什希卜，苏尼［特，也作忒］部落多罗贝勒噶尔［玛，也作马］、多罗贝勒额驸萨麻扎，扎鲁特部落多罗贝勒扎穆布桑哈尔，阿禄（即阿鲁）科尔沁国多罗贝勒顾穆，鄂尔多斯部落多罗贝勒单达，乌朱穆秦部落多罗贝勒色冷［额，也作厄］尔德尼，鄂尔多斯部落固山贝子额林臣、沙克察色冷，喀尔喀部落固山贝子奔巴世希，扎赖［特，也作忒］部落固山贝子达尔汉和硕齐色冷，阿霸垓部落固山贝子绰博会达尔汉，翁牛［特，也作忒］部落固山贝子叟色，巴林部落固山贝子满朱［习，也作世］礼、温冲，杜尔伯特部落固山贝子色冷，［喀，也作哈］喇沁部落镇国公色冷，科尔沁国镇国公阿济格色冷、额驸绰尔济，吴喇忒（即乌喇特）部落辅国公楮冲赫、镇国公巍奔、杜巴之子海塞，扎鲁特部落镇国公毛奇塔特，喀喇车里克部落镇国公察哈代，土默特部落镇国公顾穆、［单，也作商］巴达尔汉，郭尔罗斯部落辅国公昂阿、镇国公扎尔布，喀尔喀部落镇国公扎穆苏，鄂尔多斯部落镇国公扎［木，也作穆］苏等各赐缎匹有差。敕谕曰，尔等秉资忠直，当太祖、太宗开创之时，即诚心［效顺，也作归附］，［结为姻娅，也作联姻效顺］，［请，也作誓］为屏藩。太祖、太宗嘉尔等勋劳，崇以爵号，赏赉有加，恩至渥焉。朝觐往来，时令陛见，教诲饮食，［异数有加，也作为数甚多］。凡有怀欲吐，俱得奏陈，［情，也作心］意和谐，如同父子。朕荷祖宗鸿庥，统一寰宇，恐于祖宗［德意，也作懿行］有违，成宪未合，恒用尤惕。但初年朕在幼冲，睿王摄政，任意变更，不遵太祖、太宗旧制，所行悖逆，以致众怒群怨，使尔等夙夜望朕亲政，常保恩惠，如得复见太祖、太宗。乃朕自亲政以来，六年于兹矣，未得一见，岂朕忘（望）尔等哉，盖因［地，也作域］广事烦，万几少暇，且痘症流行，尔等远来之日，朕复出巡幸，是以相见甚疏。然相见之疏，固自有由，而怀尔之诚，时切［朕，也作诚］念。每思尔等效力年久，战伐多功，虽在寤寐，未之有斁。［兹念，也作诚以］尔等久不来见，恐有诚意不得上通，故特遣官赍敕，赐尔等缎匹，以谕朕意。嗣后有欲奏闻［之事，也作者］，即［行，也作应］奏请，朕无不体恤而行。朕［方欲，也作正思］致天下于太平，尔等心怀忠直，毋忘太祖、太宗历年恩宠。［我国家，也作朕］世世为天子，尔等亦世世为王，享富贵于无穷，垂芳名于不朽，岂不休乎”[①]。正因如此，顺治十三年（1656）九月下旨，令蒙古科尔沁亲王及其他蒙古部固伦公主额驸等前来京城朝觐。“十三年九月辛酉，先是有旨，召外藩土谢图亲王巴达礼，卓礼克图亲王吴克善，达尔汉巴图鲁郡王满朱习礼，固伦额驸阿布鼐亲王、公主，额尔德尼郡王母、公主，弼尔塔噶尔额驸、公主，巴雅［斯，也作思］护朗额驸、公主，齐伦巴图鲁额驸、格格等来见。至是俱至，上御太和殿受朝，赐宴。”[②]此次察哈尔固伦额驸阿布鼐及固伦公主玛格达一同前来京城朝觐。至此，“察哈尔国”与清廷之间的关系在史料中未见异常，仅有的一个疑点是将和硕亲王固伦额驸阿布鼐在外藩蒙古札萨克王公中的排序做了一些调整，把他列在科尔沁部亲王之后。

从顺治十六年起，清廷突然对固伦额驸察哈尔和硕亲王阿布鼐采取了一些严厉的举动。

“十六年五月辛巳，理藩院议，察哈尔国固伦额驸亲王阿布鼐因部人阿济萨持刀（欲）行刺，不遵例知会掌札萨克别［旗，也作固山］王、贝勒等，擅自处斩，应削亲王爵，罚马

① 《清世祖实录》，顺治十三年八月条。
② 《清世祖实录》，顺治十三年九月条。

一千匹。审阿济萨案之固山额真阿克喇瑚、噶尔［玛，也作马］色稜擅（坐）将阿济萨父母及伊弟伊妻不启请本王，［竟，也作擅］行处斩，俱应弃市，籍没家产。［其，也作将］噶尔马色稜所袭拖沙喇哈番，令其别支子弟承袭。同审之萨马克坦、绰瑚、席达、晋荩、博尔波、他珥、塞冷等俱应籍没家产。议上，得旨，阿布鼐从宽免削亲王爵，罚马一千匹，阿克喇瑚、噶尔［玛，也作马］色稜从宽免死，并萨马克坦、绰瑚、席达、晋荩、博尔波、他珥、塞冷等俱籍没，余依议。”①

享有固伦额驸札萨克和硕亲王高贵身份的阿布鼐对自己持刀行凶的刺客阿济萨进行全权处理是很正常的事情。当时的大清律例中有明文规定，外藩蒙古刑法事宜遵照蒙古习惯法《蒙古律例》执行，若《蒙古律例》的条款中无相关条款，可参照《理藩院则例》执行。按照《蒙古律例》及《理藩院则例》的有关条款，王公札萨克等持刀故意杀害所属下人奴才等，也就罚四十头畜而已。如《蒙古律例》：“王等将各属下人家奴用刃物戮砍故杀醉杀者，罚马四十匹，贝勒贝子公等三十匹。”②更何况阿布鼐亲王所惩处的是险些危害他性命的罪犯，而且通过所属官员公开审理，就算未向理藩院上报备案，也罪不至削爵。清廷突然对察哈尔札萨克旗的内部事务如此敏感，直接插手，以“不尊例”为由责罚阿布鼐的目的只有一个，那就是中央要加强对“察哈尔国”的直接统治，并打算通过此事除掉阿布鼐身边的亲信和察哈尔札萨克旗的管事大臣，为清廷完全掌控察哈尔扫清障碍。

清廷采取的这一高压手段和下马威，当然不能使阿布鼐亲王屈服，反而引发了他对清廷的抵触情绪，察哈尔与清廷的关

---

①《清世祖实录》，顺治十六年五月条。

②《蒙古律例》第7卷，人命条款，中国边疆史地研究中心影印本，1988年。

系开始紧张起来。阿布鼐亲王之妻察哈尔公主玛格达（玛格塔）在清宫位重，她的母亲是皇太极的中宫孝端文皇后，她虽为皇太极的次女，但是有清廷长公主的地位。阿布鼐夫妻二人分别有如此高贵的血统和身份，当然对清廷的这一处罚不屑一顾，察哈尔与清廷的关系逐渐疏远。

顺治十八年（1661）正月，清世祖驾崩，外藩蒙古王公自然按例进京奔丧，唯独阿布鼐亲王未亲自进京尽人臣之礼。《清世祖实录》载："戊申，阿霸垓多罗郡王沙克沙僧厄，土默特镇国公古睦，归化城土默特都统古鲁格、台吉讷尔布，喀喇沁塔布囊厄林陈，敖汉多罗郡王马济克，苏尼特多罗贝勒额驸萨穆札，察罕达尔汉绰尔济，五台山居住阿旺罗卜藏喇嘛，四子部落台吉诺木齐，盛京萨哈尔图噶布楚喇嘛，吴喇忒镇国公褚崇克，巴林额驸齐门，克西克腾台吉马纳虎，阿禄科尔沁多罗郡王朱尔札哈，察哈尔和硕亲王额驸阿布鼐，科尔沁冰图郡王额参，蒿齐忒多罗额尔德尼郡王阿赖充，乌朱穆秦和硕车臣亲王苏大尼，札鲁特多罗贝勒桑噶尔，鄂尔多斯固山贝子古禄西希卜等各进香献马，酌纳之。"[①]固伦温庄长公主玛格达和阿布鼐亲王未前来也许与清廷的安排有关，只是差遣官员前来"进香献马"。

康熙皇帝即位初，对察哈尔还算恩待，表明他对阿布鼐亲王抱有一线希望，暗示他修缮双方的关系。

《清圣祖实录》载：康熙五年三月"丙午，喀尔喀台吉滚布什希等率领四部落共五百九十人来归，命隶察哈尔和硕亲王额驸阿布鼐旗下"[②]。当时的蒙古札萨克旗极其注重人口的增长，康熙皇帝把喀尔喀逃来的六百人赐给察哈尔部赡养，自然是一种施舍。但是，阿布鼐亲王对清廷的态度依然如故，不理

① 《清圣祖实录》，顺治十八年二月条。
② 《清圣祖实录》，康熙五年三月条。

不睬，仍不进京朝贺。阿布鼐亲王死活不愿进京朝觐的重要原因之一是自从温庄长公主玛格达去世以后，清廷对阿布鼐亲王无所顾忌，要对他实施严厉的措施。清廷内部的这一计划早被玛格达公主察觉，她去世以前留下遗言提醒丈夫，一旦自己去世，千万不要离开察哈尔驻牧地，不要去沈阳，更不要轻易进京朝觐，以免被捕。

《李朝实录》载："走回人崔吉自蒙古来言：'蒙古王被拘沈阳，太子往赴北京。禁令解驰，故乘时逃来。'且言彼中事情曰：'蒙古王即顺治皇帝妹夫也。其妻生时谓王曰：我死之后，无往沈中，往必为所擒。妻死，王思其言，一不往沈。'"①崔吉是被派往察哈尔的朝鲜使臣，所以对察哈尔的内情比较了解，所说之事与史实相符，因此，玛格达去世前对阿布鼐所说的遗言也不应该是空穴来风，不可能是朝鲜使者随便臆造之事。

阿布鼐自康熙元年（1662）至康熙八年间，未前往京城朝觐一次，外加此前从顺治十三年（1656）九月至顺治十八年都没有入京朝觐顺治皇帝，阿布鼐已经整整十四年没有进京向皇上请安了。阿布鼐亲王如此藐视朝廷，对爱新觉罗家族的大不敬最终导致康熙皇帝的震怒。

《清圣祖实录》中记载：礼部请封外藩蒙古诸王妃。得旨，察哈尔阿布鼐亲王之妻着停封，余如议。阿布鼐系出征所获之人，乃尚以固伦大长公主，命为亲王，恩遇优渥，较之在内诸王及在外蒙古诸王，止有太过，并无不及。乃在外诸王、贝勒等，每年俱来问安，年节来朝。阿布鼐竟忘恩养，八年以来不一朝请，且每年遣人存问公主所生之子，颁给恩赐，阿布鼐犹不亲身一问太皇太后及朕躬安。公主所生幼子，阿布鼐理

① 《李朝显宗改修实录》（明代满蒙史料）卷21，十年十月庚辰条宪宗十年九月条，文海出版社有限公司，1964年。

应抚养，乃交与已分家之长子，更属何心。此等情节着理藩院严查议奏。康熙皇帝利用敕封外藩蒙古王、贝勒、贝子、公、台吉福晋之机会，历数阿布鼐亲王“意忘恩养”的罪过，停封察哈尔阿布鼐续弦，谕理藩院严查阿布鼐立案议奏。

理藩院接到谕旨后，着手为阿布鼐亲王罗列罪名。康熙皇帝还特意派遣顾命大臣鳌拜之弟领侍卫内大臣巴哈前往察哈尔等地查办阿布鼐案件。

《清圣祖实录》中记载：丙寅，和硕康亲王杰书等奏，鳌拜案内，内大臣巴哈系鳌拜胞弟。前拿问鳌拜时，巴哈差往审理察哈尔阿布鼐之事。今提到勘问，巴哈不据实吐供，隐庇巧饰是实，应将巴哈革职、立斩，家产籍没。其妻及未分家之子为奴。得旨，巴哈效力年久，免死，宽其籍没，着革职为民。巴哈虽然在查办阿布鼐案件时，因涉嫌其兄鳌拜大案而中途被带回京城提审。但是，他对阿布鼐案件还是有所作为的，给阿布鼐搜集了不少莫须有的罪证。例如：阿布鼐案件中火化安葬其亡妻之时的具体细节、如何抚养固伦公主所生幼子等所谓的罪证，都是巴哈在查办此案期间从四处搜罗到的。

《李朝实录》载：“义州府尹李东稷状报：……往年蒙王妻身死火葬之时，国俗例焚其平生衣服珍宝，而此次不焚。且不待北京许娶，而以其亡兄之妻为后妻，仍给其前妻衣服珍宝。以此尤致忿怒。今年六月，设机招致北京，初欲安置于南方。所谓皇太后者恳请止之。别设囹圄于沈阳囚禁，而封其子为蒙古王。”[①]义州府尹的状报中，清廷为阿布鼐亲王定罪的依据为没有把亡妻的遗物尽数焚烧，未经清廷许可，将亡兄额哲之另一位寡妻纳为福晋，没有在自己家里抚养自己与公主所生的幼子。温庄长公主生有二男一女。她与额哲生有一女，与阿布鼐生有布尔尼、罗布桑二男。这里所指的长子为布尔尼，幼子为罗布桑。

①《李朝显宗改修实录》卷21，十年十月庚辰条。

康熙八年（1669）三月，康熙皇帝谕理藩院“严查议奏”之令，同年五月，理藩院仓促奏请皇上恩准严惩阿布鼐亲王。

《清圣祖实录》载：康熙八年五月己未“理藩院遵谕议复，阿布鼐无藩臣礼，大不敬，应论死。革去王爵，不准承袭。得旨，阿布鼐理应依议处死，但向经恩遇，姑从宽免死，着革去亲王，严禁盛京”[①]。至此，阿布鼐案件有了一个定性，以“无藩臣礼，大不敬”之罪，按例论死，削爵，不准承袭。但是清廷还是顾及蒙古诸王公的感受，另外，阿布鼐确实罪不至死，最后决定革去其亲王爵位后监禁沈阳。

以上是清廷对阿布鼐亲王议罪、定罪的过程。面对强悍的察哈尔，如果清廷强行逮捕阿布鼐亲王，无疑是逼迫察哈尔反叛。清廷采取了智取的措施，设计诱捕阿布鼐亲王。据李东稷的状报：曾设机招致北京，初欲安置于南方。所谓皇太后者恳请止之。别设囹圄于沈阳囚禁，而封其子为蒙古王。从这份史料的表面看，阿布鼐亲王被拘留的时间似乎是康熙八年六月。也就是清廷为其定罪的下一个月。这里所说的时间是给阿布鼐定罪下狱的时间，而不是清廷设计诱捕阿布鼐亲王的时间。阿布鼐亲王被拘留后，幽禁他的地方也是沈阳。

本来阿布鼐亲王听从亡妻玛格达公主的遗言警告，谨慎行事，已经七年没去沈阳等对自己可能造成伤害的地方。清廷利用他的处境，以封建伦理道德约束和斥责他，强迫他不得不前往沈阳附近，为其祖陵扫墓祭祀。这就是清廷设计诱捕他的圈套。

《李朝实录》中记载：“清国使人责之曰：沈有尔祖先坟，何不一来展扫！王不得已来赴。清人设机擒王，拘留。”众所周知，蒙古人的传统习俗是每年清明节为祖陵扫墓，一年仅一次。所以，清廷诱捕阿布鼐亲王的时间应该是康熙八年的清明节，

---

①《清圣祖实录》，康熙八年五月条。

给他设一个圈套，前去扫墓时抓捕了他，并幽禁沈阳。紧接着在康熙八年（1669）三月，康熙皇帝利用敕封蒙古王公福晋的有利时机，顺理成章地下了一道谕旨责令停封阿布鼐亲王福晋诰命，并责令理藩院彻查阿布鼐亲王“大不敬”“意忘恩养”之罪，理藩院着手给阿布鼐搜罗罪证，五月份上奏圣裁，六月份为其定罪收监。当年九月，命阿布鼐长子布尔尼进京朝觐，敕封他为察哈尔和硕亲王。

《清圣祖实录》中记载：康熙八年九月“己未，谕理藩院，昔我太宗皇帝遣发王师，获额哲等以归。念其为察哈尔林丹汗之子，乃元朝苗裔，不忍废绝，特沛殊恩，加封和硕亲王。迨额哲既殁，以其弟阿布鼐袭王爵。阿布鼐宜思世受恩眷，竭诚图报，乃上负国家豢养之仁，累失外藩朝贺之礼，情罪重大，理宜削封。但念皇祖太宗、皇考世祖，优容抚恤之意，不忍夺其封爵，其以阿布鼐子布尔鼐（即布尔尼）仍袭封和硕亲王”[①]。布尔尼袭爵成为“察哈尔国”亲王时年仅16岁，他和康熙皇帝是同龄人，都出生在顺治十一年（1654）[②]。

《李朝实录》载：“立其子（指布尔尼——引者）为王。其子年方十六。”[③]

布尔尼承袭其父爵之初，因为受到重重压力，一时很难面对突如其来的现实，感到极度困惑。一是其父阿布鼐的被捕入狱；二是清廷对察哈尔的抑制措施更加严厉；三是偌大的察哈尔国日常事务需要他去处理；四是尚未成年的布尔尼还必须独自面对和承受来自各方的压力。

布尔尼承袭和硕亲王爵位后，与他父亲不一样的地方是他

① 《清圣祖实录》，康熙八年九月己未条。

② 答里麻著，乔吉校注：《金轮千辐》，内蒙古人民出版社，2000年，第179页。

③ 《李朝显宗改修实录》（明代满蒙史料）卷21，显宗十年九月庚申条，文海出版社有限公司，1964年（中华民国六十四年八月影印本）。

改变了阿布鼐亲王躲避清廷的消极对抗方式。他对其父亲被捕的态度很明朗，他曾扬言："以非罪拘执父王不可；罪父立子不可。"[①]因此，阿布鼐亲王被捕后，康熙八年（1669）六月，布尔尼不顾一切进京为父王申冤。

《李朝实录》记载：走回人崔吉自蒙古来言：蒙古王被拘沈阳，太子往赴北京。禁令解驰，故乘时逃来。说的就是此事。因为，崔吉从察哈尔逃回，阿布鼐亲王被诱捕而布尔尼进京申冤，趁察哈尔的秩序混乱而有机会逃出来。从北京返回后，布尔尼亲王又联合蒙古其他几位札萨克旗王公，前去盛京想探望其父亲，但未曾见到阿布鼐亲王。

《李朝实录》又载："八月间，其子及蒙古其他王四五人，载酒馔俱来沈阳。守将不许相见。则其子发怒而归，且多恐吓之言。"[②]

上述两件事情的受挫，给一个十六岁的少年心里留下了永远抹不去的创伤。可能正是这些心灵上的阴影使布尔尼亲王从此时开始暗下决心反清。

从康熙八年承袭王爵至康熙十四年起事的六七年间，布尔尼亲王表面上对清廷采取极其顺从的态度，把自己伪装得如同绵羊。清廷幽禁阿布鼐亲王于沈阳，一则对察哈尔等蒙古札萨克旗有震慑作用；二则以其父为人质，对布尔尼亲王有掌控作用。因此，清朝政府自觉稳操胜券，对察哈尔和布尔尼亲王百密而一疏，才导致后来察哈尔的反叛。

伪装懦弱顺从的察哈尔和硕亲王布尔尼采取了一些措施和举动：

1. 十年十二月丁未赐朝正翁牛特、察哈尔、奈曼、四子部

---

①《李朝显宗改修实录》（明代满蒙史料）卷21，显宗十年九月庚申条，文海出版社有限公司，1964年。

②《李朝显宗改修实录》（明代满蒙史料）卷21，显宗十年十月庚辰条，文海出版社有限公司，1964年。

落、阿霸垓、喀尔喀、苏尼特、蒿齐忒，王、贝勒、贝子、公及内大臣、大学士、上三旗都统、副都统、尚书、侍郎、学士、侍卫等宴。

2. 十一年正月辛酉，以上元节，赐翁牛特、察哈尔、奈曼、四子部落、鄂尔多斯、阿霸垓、喀尔喀、苏尼特、蒿齐忒，王、贝勒、贝子、公、台吉等及内大臣、大学士、上三旗都统、副都统、尚书、侍郎、学士、侍卫等宴。

3. 十二年十二月甲子，察哈尔和硕亲王布尔尼、巴林多罗郡王鄂齐尔、科尔沁多罗冰图郡王额济音、敖汉多罗郡王扎穆苏、扎鲁特多罗贝勒扎穆等朝正，闻吴三桂反，争请献所携马匹助军，复有愿率所部兵随大兵进讨者。上谕之曰，吴三桂本为流寇所迫，势穷来归之人，朕推置心腹，委以重任，累进亲王，子为额驸，恩养至此，尚行反叛，负国已极。今已遣大兵进剿，吴三桂虽反，亦将安往。朕与尔等，亦同一体，如有需用尔等之处，可俟春回草青时再听调遣。十二年十二月乙丑，赐朝正外藩察哈尔、巴林、科尔沁、敖汉、扎鲁特，王、贝勒、贝子、公、台吉等及内大臣、大学士、上三旗都统、副都统、尚书、侍郎、学士、侍卫等宴。

4. 十三年正月以上元节，赐外藩察哈尔、科尔沁、敖汉、巴林、札鲁特、喀尔喀、扎赖特、鄂尔多斯、翁牛特、土默特、郭尔罗斯、杜尔伯特、喀喇沁、蒿齐忒、吴喇忒等，王、贝勒、贝子、公、台吉等及内大臣、大学士、上三旗都统、副都统、尚书、侍郎、学士、侍卫等宴。

从以上《大清圣祖实录》所载的四条史料中，我们可以发现布尔尼亲王自从康熙八年（1669）九月承袭察哈尔亲王以后，除了康熙九年未前往京城朝觐以外（可以说是困惑阶段），此后的康熙十年年末至十一年正月，十二年年末至十三年正月，俱以年班礼进京朝觐，并利用朝廷的紧急军情略表忠心，逐渐赢得康熙皇帝的信任，察哈尔亲王又重新位居诸蒙古部落首领之首。

另外，他用自己所属察哈尔左右翼八旗的兵力解清廷的燃眉之急，使得康熙皇帝对他更加信赖。在此期间，布尔尼亲王对清廷的军事援助有：

1. 先是，副都统马哈达往驻兖州。至是，添发察哈尔前锋、护军、骁骑兵往，与马哈达兵协同防守。

2. 康熙十三年正月甲申，命德州、沧州及顺义等十处驻防满兵会于德州，以都统尼雅翰为镇南将军将之。尼雅翰奏请增兵，竟往武昌，俟大将军师克定湖广，臣愿率兵从广西进取。议政王大臣会议，令尼雅翰与副都统席布，仍领德州等处驻防官兵往兖州，会同驻防副都统马哈达，分兵为三，择马肥者，尼雅翰、席布领之，先往安庆。马瘠者，速令喂养，马哈达领之，继往安庆，其察哈尔兵，亦同往。余兵，以副都统根特巴图鲁领之，防守兖州。奏入，报可。尼雅翰临行，授之敕印。令马哈达、席布同预参赞军务。

3. 康熙十三年二月癸亥，谕兵部，江西一省东接福建，南界广东，西通湖广，为三省要地。令前往兖州副都统根特巴图鲁前往安庆，副都统席布率兵速赴江西省城。原驻江宁副都统马哈达将自京所带甲兵移驻安庆。其察哈尔左右两翼官兵，于兖州秣马之后，左翼官兵赴江宁，听江宁将军统辖。右翼官兵赴安庆，听马哈达统辖。

4. 康熙十三年四月丁未，先是，谕江宁将军额楚、总督阿席熙，闽中告变，两浙需兵。如杭州将军调尔满兵时，可令副都统一员，马兵千名，水路往援，尔等当预备以俟。尔兵若行，可调安庆察哈尔兵镇守江宁。又谕杭州将军图喇、总督李之芳、提督塞白理等，耿精忠反叛，尔等率满汉官兵，作何防御固守，当相机而行。朕已敕驻防江宁满兵预备，若需用满兵，可于江宁调取。至是，福建告急，上命副都统胡图率江宁满兵，副都统马哈达率所部官兵及江宁左翼察哈尔官兵，速赴杭州，同将军图喇等商酌行事。安南将军华善于所部汉军内，择马肥者五百名，令夸兰大二员领之，亦速赴杭州，听图喇等调遣。移安庆右翼察哈尔官兵守江宁。

5. 十三年六月丙午，谕议政王大臣等，今逆贼吴三桂于澧岳诸处抗拒我师，且用奸谋摇惑军民之心，分我兵势，宜增兵速行剿灭。令八旗每佐领拨骁骑二名，并派察哈尔护军骁骑一半。

6. 十三年六月浙江提督塞白理疏报，总兵官祖弘勋以温州叛，上谕驻江宁副都统纪尔他布率右翼察哈尔全军及每佐领甲兵一名赴浙江，会同提督塞白理守御。

7. 十四年三月辛未，命都统毕力克图为平逆将军，帅师赴大同，调察哈尔兵入驻宣府、大同。

从上述史料中我们首先能够了解平定“三王之乱”时察哈尔八旗兵的驻防和换防情况。在“三王之乱”军情紧急的时刻，布尔尼同意投入全部的察哈尔兵力。康熙十二年（1673）十二月“甲子，察哈尔和硕亲王布尔尼、巴林多罗郡王鄂齐尔、科尔沁多罗冰图郡王额济音、敖汉多罗郡王扎穆苏、扎鲁特多罗贝勒扎穆等朝正，闻吴三桂反，争请献所携马匹助军，复有愿率所部兵随大兵进讨者”。

察哈尔八旗兵在兖州经过一段时间的休整后，分兵两路，左翼察哈尔四旗派往江宁驻守，右翼察哈尔四旗派往安庆驻防。后来因耿精忠的叛变，杭州告急，因此将驻防江宁的察哈尔左翼四旗调往杭州增援，又将安庆的察哈尔右翼四旗调往江宁补防。后又将察哈尔右翼四旗从江宁全部调往浙江镇压温州叛乱。康熙十四年，陕西提督王辅臣叛变，为确保北方京畿的安全，急调驻防杭州的察哈尔左翼四旗兵马北上驻防宣府大同。布尔尼亲王对清廷的“温顺”和“忠诚”令康熙皇帝对他毫不设防。南方的“三王之乱”“陕西王辅臣之乱”使绝大部分清兵被吸引过去，外加调防自己的察哈尔八旗左翼四旗人马回到北方驻守宣府、大同，布尔尼亲王感觉到这是起事的千载难逢的良机，认为报仇的时机已经到来。

布尔尼亲王开始着手准备起兵事宜。他与自己的亲信密谋，并召集军队，加强操练。他们原计划是首先攻克盛京，救出狱中的阿布鼐亲王。但是布尔尼亲王和察哈尔大臣们的异常举动引起了布尔尼福晋格格的从嫁媵哲公主管家（长史）辛柱的怀疑。他在暗中了解内情后，悄悄把自己的弟弟阿济根派往京城告密。因为泄密，布尔尼亲王不得不提前起事。

《清圣祖实录》载：康熙十四（1675）年三月“丁未初，察哈尔布尔尼乘吴逆作乱，欲谋劫其父阿布奈（即阿布鼐），兴兵造反。日与其党缮治甲兵，从嫁公主长史辛柱，阴使其弟阿济根告其谋”[①]。

得到密报的康熙皇帝因为对布尔尼亲王过于信赖，半信半疑，犹豫不决。因此，他决定首先派人前去察哈尔面见布尔尼打探虚实。“上以事尚未露，不便遽加以兵，欲遣人召布尔尼兄弟以觇虚实，又恐其生疑。乃奏太皇太后，遣侍卫塞稜等遍召巴林王鄂齐尔兄弟、翁牛特王杜楞兄弟及布尔尼、罗不藏俱入京师。已而，诸王皆至，惟布尔尼兄弟不来。”康熙皇帝的使臣突然前来传圣旨召布尔尼、罗不藏（即罗布桑）兄弟二人急速进京的事情使布尔尼亲王惊醒，知道他的举动已经败露。他决定提前行动。因事发突然，布尔尼扣押康熙皇帝的使臣侍卫塞稜，然后派人联络与他关系密切的几位蒙古札萨克旗王公，约好于三月二十五日暴动。从有些史料的记载来看，布尔尼发现自己的行踪败露之后有些慌乱，乱中出岔子。连他的福晋，安亲王岳乐之女携带自己的随从逃奔锦州的事情都未曾发现。“遂于三月十七日，执侍卫塞稜，约二十五日举事。长史辛柱亲率伊弟巴勒米特赴京奏闻。从嫁公主诸人，俱挈妻子奔

① 《清圣祖实录》，康熙十四年三月丁未条。

回锦州。奉天将军倭内巴图鲁，亦以其事疏报。”

康熙皇帝所遣使臣被执昭示了布尔尼要反清的意图。公主的长史辛柱这次自己带着另一个弟弟巴勒米特从察哈尔逃脱，前往京城觐见康熙帝，奏报察哈尔的紧急军情。另外布尔尼的福晋，安亲王岳乐之女逃到锦州，将布尔尼亲王的动乱之事报给奉天将军，奉天将军倭内巴图鲁把这一紧急军情加急呈报给朝廷。康熙皇帝这才最终确定了他所信任的和硕亲王布尔尼确实要造反了。这犹如晴天霹雳，给康熙皇帝造成的压力和担忧可想而知。

《啸亭杂录》载：“甲寅冬，吴三桂既叛，察哈尔复蠢动，事闻，圣祖忧之。孝庄文皇后曰：图海才略出众，可当其责，上立召公，授予将印。”①

布尔尼亲王叛乱之事既然被确定了，清廷果断采取了应对措施。

“上命多罗信郡王鄂札为抚远大将军，大学士都统图海为副将军，护军统领哈克山，副都统吴丹、洪世禄并为参赞，帅师讨布尔尼，并渝奉天将军倭内巴图鲁、宁古塔将军巴海等固守盛京。”②

布尔尼亲王方面因为泄密而仓促起事，外加外藩蒙古各部王公的背离和抛弃，他一开始就注定要失败。

“十四年四月辛卯，布尔尼既反，遣人求助于土默特贝子滚济斯札布。滚济斯札布遣其三等护卫舍布来告。上命厚赉之，仍令理藩院作书谕滚济斯札布曰，初长史辛柱首报布尔尼负恩背叛，朝廷正欲察其情实，适贝子遣舍布来奏，布尔尼于三月二十五日，使护卫巴米说贝子同叛。贝子即遣使奏闻，复

---

① 昭梿撰：《啸亭杂录》第2卷，图文襄公用兵，中华书局，1980年，第48页。

②《清圣祖实录》，康熙十四年三月丁亥条。

调兵为擒讨计，朝廷深为嘉悦。今布尔尼逆状既实，贝子等可选良马，速率所部讨擒逆渠，厥功匪细。倘马瘦不堪驰骋，亦宜各守地方。大兵定于四月初六日，自京启行，故预令知之。时察哈尔邻近部落王、贝勒等，知布尔尼反，先后遣人来报。上命理藩院郎中马喇、员外郎塞冷赴诸部落调兵。又谕理藩院，作书如与滚济斯札布书指，发科尔沁和硕卓礼克图亲王鄂辑尔、管领五旗和硕额驸沙津、阿禄科尔沁多罗郡王朱尔札哈、翁牛特多罗杜楞郡王毕礼衮达赖、多罗达尔汉贝勒搜色、巴林多罗郡王鄂齐尔、固山贝子乌尔占、敖汉多罗杜楞郡王札穆苏、喀喇沁多罗杜楞郡王札什、镇国公乌忒巴喇、土默特多罗达尔汉贝勒赵图、札鲁特多罗达尔汉贝勒巴达里、多罗贝勒札穆等，其诸部落使人，悉著与马喇等偕行。”[①]如此大的阵容，对察哈尔形成了合围之势。有了上述蒙古各部王公表白忠心的奏折，康熙大帝的担忧稍微缓解。

他立刻派人带着他的手谕前往察哈尔去见布尔尼亲王，劝他投降，以免灭顶之灾。他的手谕分别致布尔尼亲王、罗不藏、察哈尔大臣等。

致布尔尼亲王的信：“谕察哈尔布尔尼敕曰，长史辛柱奏尔举动乖戾，势欲为乱，朕初未信。既尔邻近各旗王、贝勒等，相继遣人告变，朕犹疑之。朕维察哈尔，遭乱覆亡之后，尔伯父额哲等受太宗文皇帝殊恩，封为亲王。国家于察哈尔不薄矣，诚望尔子孙报效于世世，不应及尔身而负恩叛国也。朕虽不遽以为实，但告变者接踵而至，念尔必惑于奸宄之言，抑或别有不得已之故耳，故发大兵来问。如有别情，尔可明白奏闻，朕必赦尔罪愆，仍敦夙好。尔受累朝恩养，又为公主所生，以至戚不忍遽灭，故屡行晓谕。若仍执迷，恐贻后悔。”[②]

致布尔尼亲王之弟罗不藏的信：“谕布尔尼弟罗不藏敕

①②《清圣祖实录》，康熙十四年四月辛卯条。

曰，尔当开谕尔兄布尔尼，令其悔罪归诚，尔等以及子孙庶不失荣贵。若布尔尼不悟，恐以尔兄之故，并累及尔。尔果能率属来者，仍待以亲亲之道，即以王爵封之，必不食言。尔为公主子，于国为至戚，故行晓谕。其于大兵未至时，向尔兄开陈利害，速令请罪，以副朕不忍遽灭之意。”①

宣谕察哈尔部众的圣旨：“谕察哈尔部众敕曰，尔等当向布尔尼申明利害，彼若悔罪归诚，尔等亦获福多矣。朕以尔等为太宗文皇帝、世祖章皇帝怀柔之国，不忍以布尔尼一人故，遽加剿灭。因此反复申谕，若布尔尼拒谏不悛，或擒献逆渠，或自行投降，朕锡以官爵，俱加恩养，断不食言。往时，察哈尔大臣来归者，受恩隆重，尔等共知，勿于太平安乐时，自取祸败。时布尔尼下佐领班第、喀尔喀公垂札布下护卫索讷木，俱以他事在京，会布尔尼、垂札布反，悉就拘禁。上特释之，令赍敕与大兵同往。”②

康熙皇帝对布尔尼亲王叛乱采取劝降和瓦解措施的同时，派大军前往镇压叛乱。

康熙十四年（1675）四月“癸巳抚远大将军多罗信郡王鄂札等帅师启行。上谕之曰，大兵出山海关，当宣布累朝待布尔尼厚恩，及朕不忍加诛之意。彼若悔罪来归则已，否则以敕书付纵还蒙古，持往谕之。即布尔尼等临阵来降，亦当保全恩养。今值蒙古马瘦，尔等速往，毋违”。③

此次大军的行军路线取道山海关，直奔辽东而来。其间喀喇沁右翼旗杜棱郡王扎什得到奈曼旗多罗达尔汉郡王扎木三的密信，约他与察哈尔联合共同起事。但是喀喇沁郡王扎什以无能为由，谢绝了奈曼王扎木三的邀请，并立刻派人进京把布尔尼和扎木三的密谋奏报给康熙皇帝。康熙帝以扎什为内线，随时掌握着察哈尔布尔尼亲王的动向，这对平定布尔尼亲王叛乱

①②③《清圣祖实录》，康熙十四年四月癸巳条。

起到很大作用。以下是喀喇沁郡王扎什奏报给康熙皇帝的军情。

《清圣祖实录》中记载：奈曼王札木山，附布尔尼，遣护卫巴地，约喀喇沁多罗杜楞郡王札什（即扎什）同叛，诳吓之云，科尔沁十旗及札鲁特、阿禄科尔沁、乌朱穆秦、蒿齐忒、阿霸垓诸部落，悉起兵相应。札什归其使，以无能谢之，即具疏陈明心迹，遣其护卫达喇世入告。迨理藩院员外郎图尔哈图奉命至其地，札什出迎，具述前情。且云，身蒙主恩，爵为郡王，何敢同叛。若止二旗为乱，我力可支，但恐应彼者果众耳。使臣不可久留，宜速回奏。若出师，宜从古北口行。图尔哈图诘其故，札什曰，无事多言，但以是奏，皇上自能鉴察。图尔哈图复欲诣敖汉部落，札什止之，遂不果。归复嘱曰，途中凡有询问者，但答云，我等奉旨来召札什，因其马瘦，不能赴京，我等今仍回去。图尔哈图还，具陈如札什指。上曰，大兵众多，若由古北口，则崎岖难行，且多带红衣炮具，耽延时日，自应出山海关。札什既不忘国恩，凡得逆渠动静，即令遣骑具奏，进边后驰驿速来。于是赐之敕书，令达喇世赍往。敕曰，员外郎图尔哈图致王言，具见悃诚，王可率本旗兵固守地方。王又言，大兵宜出古北口。夫古北口石径崎岖，大兵多，且携有火器恐致稽延，今仍出山海关。王宜不时密探，凡有动静，即具疏遣骑速奏。

"十四年四月辛丑，理藩院郎中马喇疏报，喀喇沁多罗杜楞郡王札什云，近奈曼王札木山（即扎木三），迁于察汉郭尔河，布尔尼移营就之。二人已合，二旗外别无叛者。上因赐札什御用盔甲以旌之。"

"十四年四月甲辰，奈曼札木山已附布尔尼，使人招台吉鄂齐尔等。鄂齐尔等遂率九佐领兵与其妻子奔敖汉，寻复至喀喇沁。札什遣护卫党西喇来奏，上谕理藩院曰，奈曼台吉鄂齐尔等不与札木山同谋，率属来归，忠贞可嘉。俟事平日，札木山王爵，可于诸台吉内承袭。诸台吉或暂居敖汉与喀喇沁地方，听自便。其奏事党西喇，从优授为三等达尔汉，世袭罔替。未几，奈曼二等台吉吴勒木济同其母，率所属二佐领兵避居土默特，亦遣人来奏。上亦优旨答之。”[①]

从喀喇沁郡王的密报中我们不难发现，在蒙古各部札萨克旗中，唯独奈曼旗札萨克达尔汉郡王扎木三响应了布尔尼亲王，加入了他的抗清斗争。但是，扎木三本人对自己的札萨克旗失去了控制，而所属台吉鄂齐尔、吴勒木济二人先后带领奈曼旗十一个佐领的兵力出走，与朝廷站在一起，使布尔尼和扎木三的兵力锐减，严重影响了布尔尼军队的士气。而布尔尼亲王手下掌管察哈尔八旗兵权的都统晋津也带领自己的族人亲戚等投归清廷了。

康熙十四年（1675）四月抚远大将军多罗信郡王鄂扎疏报，臣等帅师往征察哈尔，于是月二十一日，次岐尔哈泰，侦知贼屯达禄。臣等以轻骑前进，二十二日抵达禄。布尔尼设伏山谷间，悉众列阵以待。臣与副将军图海等，分布满洲、蒙古官兵进击，历山涧，贼伏发，扰乱土默特兵，我军击之，尽歼焉。布尔尼亲领大队，摆列火器相拒，我兵奋击，贼不能支，遂大败。察哈尔下都统晋津，率其族于阵前降。布尔尼复收溃卒，接战两次，我军乘胜冲杀，连败之，斩级甚多，获马匹、器械无算。布尔尼兄弟仅以三十骑遁，垂札布等亦皆散走。二十三日，臣等闻郡主留居瓦子府东三十里，遣官兵迎归。布尔尼部下佐领五人、兵三百余名，随侍卫塞稜来归。得旨嘉奖，下部议叙。

布尔尼亲王的军队于康熙十四年四月二十二日与清军首战达禄之地即溃不成军，全线崩溃。

我们先比较一下双方的兵力。布尔尼亲王方面确实势单力薄。布尔尼所属察哈尔札萨克旗以及附属察哈尔的喀尔喀部公

---

①《清圣祖实录》，康熙十四年四月条。

垂札布所属四佐领兵。因为奈曼旗札萨克郡王扎木三的军队不听调遣，十一佐领的军队躲避到敖汉、喀喇沁境内，布尔尼亲自率领的这支队伍还未开战，就已减员一半。喀尔喀公垂札布见大势不好，率所属四佐领投奔科尔沁部卓礼克图亲王而去。布尔尼亲王的主力察哈尔外八旗的左翼四旗，因为战前准备不充分，未能与布尔尼的军队会合，没有总体的战略部署，缺乏统一指挥，犹如散兵游勇，毫无战略目标，到处抢掠杀戮。察哈尔左翼四旗的主力军队虽然响应布尔尼的叛乱而哗变，但是他们对布尔尼亲王的叛乱根本没有起到多大作用，只是无谓的牺牲。

《清圣祖实录》载：四月丁巳“参领舒什兰疏报，奉调宣府左翼四旗察哈尔镇大同，众哗，毁边墙私遁。上命散秩大臣绰尔济、杜尔麻等率八旗章京、侍卫，赍敕抚之曰，昔察哈尔溃散时，尔等祖父来归，太宗文皇帝论次赐与世职，分隶八旗眷顾抚养，以迄于兹。吴三桂造乱，调尔驻守地方，今参领舒什兰奏尔等不请所司，遽行遁归，理应治罪。但先将尔八旗察哈尔调发，同官兵进征，今又尽征余兵，尔等或虑妻子、牲畜，无人养育，马又羸瘦，难以从征，以此亡归，其情可恕。今特行宽宥，其各返故伍如常，毋生疑畏。昔额哲、阿布奈被俘，不没入旗下为奴，封额哲为亲王，所部人员亦加抚养。亡国苗裔，无功而施大恩若此，古所希有。阿布奈曾有大罪，又全其命，以其子布尔尼袭封亲王。布尔尼不思报効，背恩叛逆，故命大将军信郡王率兵进讨，于是月二十二日，大破之于达禄，尽歼其众。科尔沁等诸部王、贝勒、贝子、公、台吉等，俱以布尔尼罪大恶极，起兵会剿。恐尔等不知此情，妄惑流言，陷于罪罟，故特赐晓谕”[1]。

察哈尔左翼四旗的哗变时间大概应该是四月二十六日。因

①《清圣祖实录》，康熙十四年四月丁巳条。

为四月二十二日的达禄战役中，布尔尼惨败后，察哈尔左翼四旗与布尔尼失去联系，群龙无首，军队进入失控状态。清廷得到察哈尔左翼四旗哗变消息的日期为四月丁巳（四月二十八日），第二日又得到左翼四旗的紧急军情。

戊午，散秩大臣绰尔济等疏言，臣等至张家口询关吏，据云，是月二十七日，察哈尔兵至鄂西奚地方，将御马厂并诸大臣牧马人役，附近旗下蒙古妇女、牲口尽行掠去。及臣等至齐涝地方，遣一等侍卫阿南达等前进，遇察哈尔被胁四人，遂擒以归，其言亦如之。臣等欲竟将敕谕送往，恐此辈无知，不体圣意，故将诏旨大略录写，即令擒来二人赍送。精奇尼哈番阿玉席等复遣二人传谕被掠人众。上谕兵部，察哈尔兵狂悖如此，应发兵防御，其授内大臣舅舅佟国纲为安北将军，率兵往镇宣府。令护军统领杰殷、副都统恰塔偕往，以散秩大臣绰尔济、杜尔麻为署都统并预参赞。

左翼四旗察哈尔兵哗变后，占领御马厂补给军需后，直奔独石口。五月二日康熙帝“谕抚远大将军多罗信郡王鄂札等，闻向日所调左翼察哈尔驻扎宣府者，今毁边墙私遁，恣为寇抄，直趋独石口。此辈或止知察哈尔变乱，不知我兵战胜察哈尔，及额驸沙津射杀布尔尼兄弟之事，欲往助彼，未可知也”[①]。此后察哈尔左翼四旗军队的详细情况在史料中不见踪影。

五月庚午，一等侍卫奇塔特等疏报，招抚察哈尔左翼四旗输诚归顺。下部议叙。“五月庚午”是五月十二日，这支哗变的军队因布尔尼的过早失败而走投无路，最终“输诚归顺”了。从哗变到归顺只有十五天时间。布尔尼亲王的反清举动很快以失败告终。

平定布尔尼亲王之乱的清军有京师派来的抚远大将军多罗

---

①《清圣祖实录》，康熙十四年五月辛酉条。

信郡王鄂札的军队，此外蒙古诸部的军队有巴林、翁牛特、敖汉、喀喇沁、土默特诸路兵。另外，科尔沁部右翼五旗兵也是奉旨讨伐布尔尼的大军之一。只是土谢图和硕额驸沙津和卓礼克图亲王所率大军的行军速度过慢而未赶上四月二十二日的达禄之役。

《清圣祖实录》载："十四年五月辛酉，抚远大将军多罗信郡王鄂札等疏报，上命科尔沁和硕额驸沙津率所属五旗兵会剿布尔尼。达禄之战，沙津失期未预，因至扎鲁特境，壁于贵勒苏特。会布尔尼兄弟逃奔山后，知沙津兵至，使科尔沁随嫁二人送罗不藏妻，并告以战败欲逃之故。盖罗不藏妻沙津妹也，沙津于是留其妹。率兵至山后围之，布尔尼预遁，罗不藏云，布尔尼去矣，余来乞命。沙津曰，尔欲乞命，当招尔兄来，遂遣三十骑同往。罗不藏亦遁走，更遣其副都统布达里潜闻于其兄。沙津兵内，有孟克者，追及之，为布达里刺死。沙津怒，身率兵追射，罗不藏与布达里皆死。益穷追布尔尼，明日及之。布尔尼十二骑，并力拒战，沙津尽射杀之。得旨，沙津感累朝厚恩，亲统所属，驰追布尔尼兄弟斩之，克继祖父忠贞，深为可嘉。大兵凯旋日，着议叙具奏。"[①]

"谕抚远大将军多罗信郡王鄂札等，闻向日所调左翼察哈尔驻扎宣府者，今毁边墙私遁，恣为寇抄，直趋独石口。此辈或止知察哈尔变乱，不知我兵战胜察哈尔，及额驸沙津射杀布尔尼兄弟之事，欲往助彼，未可知也。其巴林、翁牛特、敖汉、喀喇沁、土默特诸路兵，皆调征布尔尼。其妻子在家，倘叛卒经过劫掠，深为可虞。今察哈尔事平，大将军等可谕令诸王、贝勒、台吉等率兵速回，各守境内。叛卒一到即为剿除。我兵定于五月初六日，速往追剿。尔等其传谕诸部知之。"[②]清

① 《清圣祖实录》，康熙十四年五月辛酉条；另参见《钦定外藩蒙古回部王公表传》，多罗贝勒沙津列传。内蒙古大学出版社，1998年。

② 《清圣祖实录》，康熙十四年五月辛酉条。

军有如此大的阵容，布尔尼亲王仅依靠察哈尔札萨克旗的微薄兵力与之对抗是难以成事的。所以，布尔尼亲王开始反清时，他的败局已定。

据康熙皇帝宣谕察哈尔左翼四旗和右翼四旗官兵的三道赦免谕旨的内容，察哈尔布尔尼亲王从举旗反清到兵败被杀为止，察哈尔八旗兵俱不在本土。布尔尼亲王叛乱的主要组成人员就是察哈尔直属札萨克旗十二佐领的官兵。在达禄战役中大部分察哈尔直属旗十二佐领的兵丁战死，有五个佐领三百余人投降，其余溃散。战后据统计："察哈尔十二佐领人丁家口，其来投军前者丁凡一千六百六十六，口凡六千八百八十七。其投入外藩蒙古各旗者，丁凡五百十四，口凡三千六百三十八，布尔尼所属喇嘛班第，丁凡一百十六家，男女凡三百八十三，共计人口一万三千一百九十四。"[①]这是平定叛乱后所剩下的察哈尔直属札萨克旗人口。察哈尔札萨克旗参加叛乱的官兵妻儿被没入官为奴，投诚的人丁被编入八旗满洲和蒙古八旗之中。宣大边外新整编的察哈尔游牧八旗人口中根本没有他们的踪影。原来的察哈尔左翼四旗调离蒙古地方，被流放至河南府驻防。"乙巳，左翼四旗察哈尔兵，皆感皇恩，愿立功自效。上因命察哈尔兵赴河南府驻防，恐其难以钤束。复令每旗出骁骑五十人，副都统龚图统领前往。"[②]

宣大边外的八旗是在原来没有参加布尔尼亲王叛乱的察哈尔右翼四旗的基础上新编的察哈尔总管八旗。清廷用新附的蒙古各部人口编入察哈尔八旗，以此来充实察哈尔八旗的缺口。例如：把新归附的新疆厄鲁特人口编入察哈尔八旗，多达24个厄鲁特佐领，仅察哈尔镶蓝旗就有6个厄鲁特佐领，占该旗人口的一半。把呼伦贝尔巴尔虎人迁到宣大边外，编入察哈尔八

①《清圣祖实录》，康熙十四年五月庚辰条。
②《清圣祖实录》，康熙十四年闰五月乙巳条。

旗，平均每旗编入两个巴尔虎人组成的佐领。另外科尔沁、茂明安、乌拉特（也作乌喇特）、青海和硕特、喀喇沁等蒙古诸部人口都不同程度地被编入新编的察哈尔总管八旗之内。据《大清会典》记载：察哈尔游牧八旗共设120个佐领。其中由察哈尔人组成的有64个佐领；乌拉特人组成的有3个佐领；苏尼特人组成的有1个佐领；伊苏特人组成的有1个佐领；茂明安人组成的有4个佐领；土尔扈特人组成的有1个佐领；察哈尔人和茂明安部人合成的有1个佐领；察哈尔、茂明安、科尔沁、巴尔虎人合成的有1个佐领；巴尔虎人组成的有14个佐领；喀尔喀人组成的有2个半佐领；科尔沁人组成的有5半佐领；厄鲁特人组成的有15个佐领和6个半拉佐领。所以，清廷所新编的察哈尔总管八旗的近一半人口并非原察哈尔人。

从此清朝政府对察哈尔进行军事化管理，犹如他们手上的一把宝剑，所向无敌，清廷最终在察哈尔问题上如愿以偿。他们把察哈尔编为满洲八旗的军制，还从察哈尔八旗中抽调部分牧户，在过去由察哈尔人组成的商都种马厂的基础上建立察哈尔四牧群，其内部也分为八旗（八和硕），一般命名为察哈尔游牧四群旗。

察哈尔八旗如同满洲八旗兵，是清朝八旗兵不可分割的一部分。都说八旗满洲、八旗蒙古、八旗汉军是清朝八旗劲旅。清朝军队中的另一个劲旅为察哈尔八旗兵。察哈尔都统管辖范围甚大，权柄较重，是清廷独当一面的封疆大吏，他的权力和地位与吉林将军等同。例如：道光七年（1821年七月十六日），察哈尔都统博启图任吉林将军，原任将军富俊授协办大学士；道光十年（1830）三月十六日，察哈尔都统富克精额任吉林将军，原任将军瑚松额任盛京将军；民国元年，乌泰在俄国借款，招集旧部，并与胡匪5000余人联合，由车臣汗霍罗呼都克率领进犯东蒙，已抵达匝门呼都克一带。吉林省公署紧急调兵迎击，并致电奉、黑两省及察哈尔、热河一线军队协助防范；1917年10月18日：张作霖将黑龙江省纳入奉系管辖范围之后，欲兼并吉林，称霸东北，遂以孟恩远参与复辟活动为由，要求北京政府调走在吉林任职长达15年之久的孟恩远，以便安插亲信。是日，段祺瑞总理下令改任孟恩远为诚威将军，调任察哈尔都统，但是，孟恩远拥兵自重，没有服从。

清代藩部地区的军府建置，在内蒙古地区有绥远城将军、察哈尔都统、呼伦贝尔副都统、热河都统，在外蒙古地区有定边左副将军（也称乌里雅苏台将军）、科布多参赞大臣、阿尔泰办事大臣、库伦办事大臣，在新疆有伊犁将军、塔尔巴哈台参赞大臣、乌鲁木齐都统、喀什噶尔参赞大臣等，在青海有西宁办事大臣。

察哈尔八旗都统设于乾隆二十六年（1761），驻张家口，统率察哈尔八旗所属官兵、阿尔泰军台、锡林郭勒盟的军务，以及察哈尔地区的四牧群。

关于察哈尔游牧八旗驻牧地范围和各旗的所在位置，据史料载："察哈尔八旗，东南距京师四百三十里。当直隶宣化、山西大同边外。明插汉，本元裔小王子后。嘉靖间，布希驻牧察哈尔之地，因以名部。天聪六年（1632），征林丹汗，走死。其子孔果尔额哲来降，即其部编旗，驻义州。康熙十四年（1675），其子布尔尼兄弟叛，讨诛之，迁部众驻牧宣化、大同边外。又以来降之喀尔喀、厄鲁特编为佐领隶焉。乾隆二十六年，设都统，驻张家口。其地东界克什克腾，西界归化城土默特，南界直隶独石口、张家口及山西大同、朔平，北界苏尼特及四子部落。袤延千里。北极高四十二度二十分。京师偏西十分。

"镶黄旗察哈尔驻苏明峰，在张家口北三百四十里。东南距京师七百五十里。明，万全右卫边外。汉，上谷郡。牧地当张家口之北。东界正白旗察哈尔，西界正黄旗察哈尔，南界镶黄旗牧厂，北界苏尼特右翼，广一百六十里，袤一百九十里。

其山：东曰漠尔图山。南，哈石郎山。北，青羊山，蒙名博罗虎插；红羊山，蒙名乌兰虎插。东南，阿哈鲁虎山、骆驼山。西南，额类山。东北，白鹿山，蒙名布虎图。西北，衣尔哈图山。东南：大红泉，蒙名伊克乌兰。西南：滚布拉克泉。北：小红泉。

“正黄旗察哈尔驻木孙忒克山，在张家口西北三百二十里。东南距京师七百六十里。汉，且如县地。牧地当张家口厅之西北，喀喇乌纳根山南。东界镶黄旗察哈尔，西界正红旗察哈尔，南界陆军部右翼牧厂，北界四子部落。广一百一十里，袤二百八十里。其山：东曰额尔吉纳克山。南，乌尔虎拖罗海山。北，大鲜卑山，蒙名伊克阿勒特、兴安山。西南，插汉和邵山。东北，榆树山，蒙名乌里雅苏台。西：七金河，蒙名贺尔博金，源出贺尔博金山，南流入希尔池。东南：兆哈河，源出平地，南流，会乌尔古河。又南，蒙古几河自西来注之。又南，苏尔扎河自东北来注之。又南流，从大同天镇入边，径柴沟堡，西北入怀安，为东洋河。蒙古几河源出平地，东流会兆哈河，南入边城，弩里河南流从之。

“镶红旗察哈尔驻布林泉，在张家口西北四百二十里。东南距京师八百三十里。汉，雁门郡北境。牧地当山西陶林厅之东北代哈泊。东界正红旗察哈尔，西界镶蓝旗察哈尔，南界丰镇，北界四子部落。广五十里，袤二百里。其山南曰鸭儿山。北，阿尔达布色山。东南，格尔白山。西南，乌尔姑苏台山。北：漠惠图河，源出敖托海泉，西流入镶蓝旗察哈尔，会安达河。东南：莽喀图河，源出正红旗察哈尔，西北流，会阿拉齐河，入黛哈池，即奄遏下水海。

“正红旗察哈尔驻古尔板拖罗海山，在张家口西北三百七十里。东南距京师八百里。汉，雁门郡北境。牧地当山西陶林厅之东北、丰镇厅之北，奇尔泊。东界正黄旗察哈尔，西界镶红旗察哈尔，南界陆军部右翼牧厂，北界四子部落。广五十五里，袤二百八十里。其山：东曰阿拍挞兰台山。北，伊克和洛图山。东北，哈撒克图山。西北，插汉峰。南：昆都伦泉、葫芦苏台泉。北：诺尔孙泉，东南流入正黄旗察哈尔，为纳林河，又东南注希尔池。

“镶白旗察哈尔驻布雅阿海苏默，在独石口西北二百四十五里。东南距京师七百七十里。明，开平卫西北边。汉，上谷郡北境。牧地当独石口厅治西北。东及南界陆军部牧厂，西界正白旗察哈尔，北界正蓝旗察哈尔。广五十六里，袤一百九十七里。其山：南曰巴汉得儿山。西北，铁柱山，蒙名阿尔坦噶达苏。其北，西尔哈池。西北：红盐池，蒙名乌兰池、魁素池。

“正白旗察哈尔驻布尔噶台，在独石口西北二百九十里。东南距京师八百二十里。明，龙门卫边外。汉，上谷郡北境。牧地当独石口厅治之西北。东及北界镶白旗察哈尔，西及南界镶黄旗察哈尔。广七十八里，袤二百九十五里。其山：南曰清凉黑山，蒙名魁屯喀喇。西，喀喇峨博图山，一名黑山。东南，伊克得儿山，一名大马鬣山。西北：翁翁泊、黑水滦，蒙名喀喇乌苏。

“镶蓝旗察哈尔驻阿巴汉喀喇山，在杀虎口东北九十里。东南距京师一千里。明，大同府西北边外。汉，雁门郡沃阳县地。牧地当山西宁远厅之北。东界镶红旗察哈尔，西界山西归化，南界山西大同，北界四子部落。广一百一十五里，袤一百六十里。其山：东曰克丑山。西，乌兰插伯山。东北，衣马图山。东南，朔隆峰。其水：南曰察哈音图河，源出阿尔站岭，西南流，会弩衡格尔、虎虎乌苏二河，入乌兰木伦河。东南，阿拉齐河，源出朔隆峰，东流至镶红旗察哈尔，纳巴尔哈孙河，入黛哈池。东北，朱喇马台河，源出席喇峰，西南流，会喀喇乌苏河、纳札海河，为土尔根河，即黑河之上源。黑河，源出海拉苏台坡，与镶红旗察哈尔接界，西北流，有纳札海、朱喇马台等河，皆自东北来，与黑水河会。又西流，受德布色黑河，折西南，合哲尔德河，始名伊克土尔根河，又西入归化。

“正蓝旗察哈尔驻札哈苏台泊，在独石口东北三百六十里。东南距京师八百九十里。明，开平卫北境。金，桓州地。牧地当直隶独石口之北。东界克什克腾，西界镶白旗察哈尔，南界内务府正白旗羊群牧厂，北界阿巴噶左翼。广二百六十五里，袤九十五里。其水：东曰戈贺苏台河，源出额默黑特站西，北流，会察察尔台、戈贺苏台、奴黑特等河，入阿霸垓右翼。”①以上是察哈尔八旗在宣化、大同边外的驻牧地的具体位置。

由于战争缘故，准噶尔地区人口锐减。清朝军队对准噶尔人民采取大屠杀政策，使新疆蒙古地区变为人烟绝迹的地方。他们为了补充人口和管理新疆地区，也为了加强对伊犁地区的管理，于1763年从张家口外调部分八旗察哈尔官兵一千八百户，迁居伊犁地区，设立左右两翼各四个旗。左翼安置在今温泉县，俗称旧昂吉，辖八个佐领：正白、正黄、正蓝、正红、镶白、镶黄、镶蓝、镶红。右翼安置在今博乐市，俗称新昂吉，辖八个佐领：正白、正黄、正蓝、正红、镶白、镶黄、镶蓝、镶红。他们便是今天博乐、温泉一带察哈尔蒙古人的祖先。另外，当时清朝又调一部分察哈尔人到新疆塔尔巴哈台，他们与当地的厄鲁特人组成了十个佐领厄鲁特旗，成为今天额敏县十苏木厄鲁特中察哈尔苏木蒙古族的祖先。他们中的一部分人被调到今托里拜兴图一带驻牧，他们是今天托里县拜兴图一带蒙古族的祖先。

察哈尔都统署始建于乾隆二十七年（1762），是清朝为管理察哈尔八旗而在张家口设立的衙门。

① 宋哲元监修：《察哈尔通志》卷25，文海出版社。

第二节　察哈尔四牧群及察哈尔八旗牧场

察哈尔本部归附清朝以后，自崇德元年（1636）起，清廷为供应军事和宗室的物资需求，在漠南蒙古地区设置皇家牧厂[①]。顺治初，大库口外设种马厂，当时隶属兵部。康熙九年（1670），改设牧厂后隶属太仆寺，称作太仆寺左、右翼牧厂。在张家口、独石口、宣化府边外设有内务府所属上驷院，在庆丰司所管辖的牧场以外设立了礼部、太仆寺所属牧场和宗室诸王贝勒的牧厂。到康熙十五年，察哈尔札萨克旗布尔尼亲王叛乱，把“察哈尔国”所属的外八旗（顺治朝的文档中称作“察哈尔外八旗”）和布尔尼亲王札萨克旗的逃散者迁至宣大以北草原，设置总管旗群——察哈尔游牧八旗和察哈尔群旗。察哈尔八旗各自有所辖的八个牧厂，史称察哈尔八旗蒙古牧厂。还有清廷所设置的皇家察哈尔四群牧场，分别为商都御马厂（达布逊诺尔牧厂和达里岗爱牧厂）、太仆寺左、右翼牧厂（包括四个和硕——“固山”）、镶黄正黄正白三旗官牛羊群牧厂。因为各牧厂分别设有总管章京，隶属于内务府等机构，当时的详情他人很难知晓。

上述牧厂是清朝在漠南设置的以放牧为主的一种机构，一般不列入行政区划。察哈尔四牧厂和察哈尔八旗牧厂不是一级行政区划，但是各自拥有一块不属于任何府县、盟旗管辖的专用驻牧地，行政主管有内务府、太仆寺、礼部等官方机构，民国初期仍然保留。

察哈尔总管旗群的牧厂管理方式和经营的牲畜种类互不相同。

---

① 因为清代相关文献中都用“牧厂”字样，本文为保留历史原貌，仍用“牧厂”来叙述察哈尔八旗的各类“牧场”。

第一种隶属太仆寺。太仆寺的前身是顺治年间的兵部所属大库口外种马厂。康熙九年（1670），把大库口外种马厂改为太仆寺，设太仆寺左、右翼牧厂。太仆寺牧厂只牧放马驼，不养牛羊，分为左翼牧厂、右翼牧厂。太仆寺左、右翼牧厂各养骒马80群，骟马16群。按规定，每个马群的马匹数量不得超过400匹。两翼牧厂的马群总数最多不能超过4万匹。太仆寺左、右翼牧厂，平时的主要任务是繁殖和训练马匹，当军事上或运输上需要用马时，负责挑选马匹以供差用。骒马群经管马群的孳息生长，骟马群则经管训练生马，使马匹纯熟堪骑。太仆寺左翼牧厂的牧丁（牧马人）是从察哈尔八旗的左翼四旗抽调的，每旗抽调70户。太仆寺右翼牧厂的牧丁是从察哈尔八旗的右翼四旗抽调的，每旗抽70户。据乾隆五年（1740）的统计数据，两翼牧厂共有骒马160群、骟马30群，共有马匹4.7万匹。光绪九年（1883），两翼牧厂共有骒马、骟马、孳生马119群，另有骆驼5群。

第二种隶属内务府，内务府又分上驷院和庆丰司。

上驷院牧放马驼，不养牛羊。上驷院的马群专供御用和皇子们骑乘。上驷院牧厂分布在盛京大凌河、察哈尔商都达布逊诺尔和达里岗爱地方。

商都达布逊诺尔牧厂即察哈尔御马厂，达布逊诺尔是蒙古语，意为“盐池”，该湖位于河北张北、康保二县的交界处。有骒马134群，骟马46群，走马1群，骆驼6群。每个马群有200—500匹马，每个骆驼群有100—200峰骆驼不等。

达里岗爱牧厂位于多伦诺尔西、察哈尔东北部。达里岗爱地方虽属漠北喀尔喀蒙古部，但一切牧务同属商都达布逊诺尔（御马厂）总管统领。达里岗爱牧厂有骒马60群，走马1群，骆驼16群，乌梁海骒马3群。达里岗爱牧厂有羊群110个，以500只为1群；牛群5个，以120头为1群，隶属商都达布逊诺尔总管兼辖。畜群头数同商都达布逊诺尔牧厂。清高宗时期，两处牲畜数目为：马驼二十万八千有奇，牛三万零九百有奇，羊三十四万九千八百有奇。

庆丰司的牧厂放牧镶黄、正黄、正白三旗所属的牛羊群，专养牛羊群，不牧放马驼。主要用于祭祀、飨赐、廪饩和御膳房的乳油、乳酒、乳品、公主嫁礼，武备院所需的羊毛、牛皮等。上三旗牧厂，每一厂有牛群95个，羊群180个；牛群以120头为一群，共有3万余头，羊群以400只为一群，共有216000只。

察哈尔八旗牧厂，分左右两翼，即正黄旗四旗牧厂和镶蓝旗四旗牧厂。察哈尔八旗牧厂内马驼牛羊繁息，其总数量多达300万头（只）左右，这个总数目远远超出了全喀尔喀四盟牲畜的总量。据1836年喀尔喀车臣汗部盟务处呈报库伦办事大臣的统计称："车臣汗部全部牲畜有四十三万余，土谢图汗部有二十余万，赛因那颜部有十七万余，札萨克图汗部有八万余。"共计全喀尔喀牲畜总量才90万头左右。

上述各牧厂的驻牧地都有自己的固定区域。

太仆寺左翼牧厂：所谓左翼指察哈尔左翼四旗——正蓝、镶黄、正白、镶白四旗。左翼牧厂就是从左翼四旗每旗抽70户建立起来的皇家牧群。驻牧地以张家口东北140里的喀喇泥墩井（今太仆寺旗贡宝拉格苏木的五旗敖包）为中心。东西广130里，南北袤50里。东起宣化府边界，西至镶黄旗牧厂。南从镶蓝旗牧厂界起，北至镶黄旗牧厂界。具体来讲，东至阿拉腾敖包，西至德比特力山，北至树图敖包，南至正蓝旗博格达乌拉山。在蒙疆政府时期，德王设立太仆寺左旗，下辖5个苏木，1957年以后，把太仆寺左旗和宝昌县合并为太仆寺旗。

太仆寺右翼牧厂：在张家口西北150里的齐齐尔汉河处设置太仆寺右翼牧厂，明朝时期该地为大同边外地，广150里，占地面积为84625方公里。其名来自于正黄、正红、镶红、镶蓝察哈尔右翼四旗蒙古。所谓太仆寺右翼四群的牧人，同样来自于察哈尔八旗右翼所属四旗，是在每旗抽调70名牧丁的基础上成立的。左翼和右翼牧厂的规模相当，但是他们有一种专业性职能，即为清廷训练军马，所以也称作骟马旗。太仆寺左、右翼各设总管一员，按照蒙古人的传统，两翼各设置左右两翼，每翼设有协领一员（蒙古语叫“噶林达”，意为首领）。协领下设和硕达，即旗长。左右翼牧厂下设有和硕各4个，4个和硕各设和硕达一名，每旗设副和硕达两名。所谓和硕达，就是满语中的“固山额真”，其地位比札萨克略低，却是军事等实权上的真正的掌权者。所以，清朝初期为蒙古大台吉封札萨克王公的同时，也为各札萨克旗配备固山额真。在民间流传的察哈尔八旗兼四群旗总共十二旗，其实为误传。除察哈尔八旗以外，应该还有察哈尔牧群八旗。因为商都达布逊诺尔牧厂和达里岗爱牧厂两翼设有总管一名（从内八旗大臣中拣选）；太仆寺以左右翼牧厂分隶四和硕（和硕）；上三旗官牛羊群以镶黄、正黄、正白分隶三旗，共计八旗牧群。

御马厂两翼：自顺治至康熙年间，在独石口、张家口边外的察哈尔丘陵地带建立了御马厂。御马厂也称作商都达布逊诺尔牧厂。以独石口东北145里博罗城为中心地带。东西广有125里，南北袤有197里。东起古尔板库德，西至察哈尔镶白旗界，南起插汉噶尔特，北至镶白旗界。清末御马厂的原址应该是北接苏尼特右旗乌兰诺尔，南至张家口坝北，西北至温都尔博格达、和格尔敖包，西南到安格拉查干诺尔、常格拉查干诺尔，西到布敦郭勒，东至科布尔，东南边界越过德比特格力山、喀尔喀古日本敖包。清末开垦严重，商都达布逊诺尔御马厂也被迫北迁，从镶黄羊群和镶黄旗借地，移牧在今化德以北地区。蒙疆政府德王时期，曾一度改为商都旗，下设10个苏木，解放后与镶黄旗合并。其后人现在聚居在镶黄旗新宝力格、哈营黑力瓦、宝格达乌拉三苏木。

镶黄、正黄、正白三旗官牛羊群牧厂：顺治年间放牧的官丁是由外八旗察哈尔蒙古人组成的。康熙年间，增设达里岗爱骒马、骒驼群，放牧官丁也由察哈尔蒙古人组成。可见布尔尼亲王叛乱之前，部分察哈尔人已经驻牧宣大边外，为皇家牧厂服务了。上三旗牧厂也称作庆丰司牧厂。庆丰司牧厂有六处：镶黄旗官牛群牧厂在音图等地方，驻牧地方圆100里；镶黄旗官羊群牧厂在喀喇鄂博等地，驻牧地方圆百余里；正黄旗官牛群在康湖等地方，驻牧地方圆也有百余里；正黄旗官羊群在乌兰苏木等地，驻牧地周围百余里；正白旗官牛群在喇嘛柴达木等地，驻牧地周围百余里；正白旗官羊群在盎吉尔图等地，驻牧地方圆百余里。1696年九月，康熙帝出巡呼和浩特和鄂尔多斯，路经察哈尔牧厂巡幸皇家牧厂，见牲畜满山谷，整齐肥壮、毛色甚佳。仅就镶黄旗牧厂有1.6万头牛；右翼达布逊诺尔马群有2万匹马；正黄旗俄罗特布拉克，也有1.6万头牛、7万只羊，他龙颜大悦，十分高兴。

察哈尔八旗牧厂分布如下：

镶黄旗牧厂：

以张家口北100里处的孔果尔鄂博冈为中心的地带。东西广有140里，袤有150里。东起镶蓝旗牧厂界，西至正黄旗牧场界。南从宣化府边界，北至镶黄旗察哈尔界。又一厂（隶属庆丰司上三旗牧厂）在独石口边外一肯大坝北，四至不详。

正黄旗牧厂：

以张家口西北100里处诺木浑博罗山为中心地带。东西有130余里，南北距离250里。东起镶黄旗牧场界，西至正黄旗察哈尔界。南从宣化府边界起，北至正黄旗察哈尔界。

镶蓝旗牧厂：

以张家口东北登奴素泰为中心地区。

正蓝旗牧厂：

在张家口北镶蓝旗牧厂西，镶黄旗察哈尔东。

正白旗牧厂：

在独石口外红城子北。又一厂（隶属庆丰司上三旗牧厂）在上都河东。

镶白旗牧厂：

在独石口北红城子西北，倒哈鄂博图西。

正红旗牧厂：

在独石口东北老彰沟西，椵木梁东。

史料载：察哈尔牧厂区域“隶口北道。直宣化府，张、独二口北。明季，鞑靼诸部驻牧地。康熙十四年，徙义州察哈尔部宣、大边外，坝内农田，坝外牧厂。顺治初置，在张、独者六，其一奉天彰武台。及察哈尔东翼四旗、西翼半旗。雍正中，先后置三理事同知。光绪七年，并改抚民同知。广六百里，袤六百五十里”。

据《清史稿》载：

张家口：明初，兴和守御千户所。顺治初，为张家口路，隶宣府镇。西北六十里。康熙中，置县丞。雍正二年，改理事。辖官地，及察哈尔东翼镶黄一旗、西翼正黄半旗，并口内蔚、保安二州，宣化、万全、怀安、西宁四县旗民。光绪七年改抚民，复。东南距省治七百五十里。北极高四十度五十分四十秒。京师偏西一度三十五分。北有东山、高山、大小乌鸦山。东洋河二源，自山西丰镇分入而合，左得苏禄计水。清水河出东北，合毛令沟、太子河、驿马图河，曰正沟，合大西沟、大东与新河、东西沙河，并入万全。其东小清水分入龙门。西北有昂古里泊。又诺莫浑博罗山有正黄等四旗牧厂，查喜尔图插汉地有礼部牧厂，并明天成卫边外地。齐齐哈尔河有太仆寺右翼牧厂 ，广百五十里，明大同边外地。东北喀喇尼墩井有太仆寺左翼牧厂，明，宣府边外地。北控果罗鄂博冈，有镶黄等四旗牧厂，明废兴和千户所。自雍正十年与俄定恰克图约为孔道。光绪二十八年，划地五百万方尺为租界。

三镇：兴和城、太平庄、乌里雅苏台。有站。

独石口：明初为开平卫。顺治初为上北路，隶宣府镇。东北二百五十里。康熙中置县丞，曰独石口，并卫入赤城。雍正十二年置理事。辖官地，及察哈尔东翼正蓝、镶白、正白、镶黄四旗，并口内延庆一州，赤城、龙门、怀来三县旗民。光绪七年改抚民。副将防守尉。驻。南距省治七百九十里。北极高四十度五十四分四十秒。京师偏西四十分。东南有大小石门山、太保山。白河，古沽水，正源堤头河，出西北狗牙山，合东西栅口水，与别源独石泉会，南入赤城。复自延庆州入，与黑河并入滦平，下流会潮、榆诸水，为北运河。上都河，古濡水，出东北巴颜屯图固尔山，合三道河，西北入多伦，下流为滦河，至乐亭入海，行二千一百里有奇。有金莲川、伊克勒泊。东北：博罗城，有御马厂，隶上驷院。四镇：丁庄湾、黑河川、东卯镇、千家店。有站。

多伦诺尔：明，开平卫地。顺治初，置上都牧厂，属宣府镇。东北五百五十里。康熙三十年，喀尔喀为准逆所破，车驾跸此受降焉。雍正十年，置理事。辖察哈尔东翼正蓝、镶白、正黄、镶黄四旗，及蒙古内札萨克与喀尔喀旗民。光绪七年，改抚民。西南距省治千一百里。北极高四十二度二十八分二十秒。京师偏西六分。西南有骆驼山。北有锡拉穆楞河，自内蒙古克什克腾旗入，合碧七克、碧落、拜察诸河，北入巴林旗。东南有上都河，自独石口入，合石顶、克伊绷、额尔通、伊札尔、什巴尔台诸河。七星潭在上都牧厂北，一曰多伦泊，氏焉。蒙语谓之水曰“泊”，大者“诺尔”，次“鄂模”“库勒”“科尔昆”有差。北布珠、博硕岱等泊以十数。西北又有碱池。兴化镇在喇嘛庙南，张家口副将驻。有白岔司。又兴盛镇、二道泉、闪电河、土城子四汛。驿一。[①]

---

①《清史稿》，志29，中华书局，1977年。

清代察哈尔各牧厂的管理模式相当规范。

上驷院御马厂两翼。商都达布逊诺尔两处骒马134群，总司牧羊协领6员，副协领12员，每群牧长1名，副牧长1名，牧长下辖牧丁7名。共牧长134名，牧副134名，牧丁938名。骟马46群，每群牧长1名，副牧长1名，牧长下辖牧丁7名。共牧长46名，牧副46名，牧丁322名。走马群牧长1名，副牧长1名，牧丁7名。骟驼6群，每群每群牧长1名，副牧长1名，牧长下辖牧丁7名。共牧长6名，副牧长6名，牧丁42名。

达里岗爱骒马60群，总司牧养协领1员，每群牧长1名，副牧长1名，牧长下辖牧丁7名。共牧长60名，副牧长60名，牧丁420名。骒驼群16群，牧长1名，牧副1名，牧丁7名，共牧长16名，牧副16名，牧丁112名。上述两处御马厂有6000人。

察哈尔上三旗官牛羊群牧厂。初设蒙古总管1员。康熙四十年（1701）因驼马繁息，从内八旗大臣中拣选总管1员，总理牧事。原设的蒙古总管改为副总管，协同经理和统辖官丁人员。蒙古笔帖式10员，效力笔帖式5员。

镶黄旗牛群有95群。设总司牧养协领1员，委署（阿尔哈孙）协理2员。每10群设什长1员，领催2名，牧丁20名。本群共设什长9员，领催18名，牧丁180名。

镶黄旗羊群180群。设总司牧养协领1员，委署（阿尔哈孙）协理2员。每10群设什长1员，领催2名，牧丁20名。共什群长18名，领催36名，牧丁360名。

上三旗官牛羊群中，正黄旗、正白旗的管理与镶黄旗相同。

另外在察哈尔八旗境内遍布宗室内的亲王、贝勒及大臣、寺庙的大小牧厂。

和硕庄亲王牧厂，驻牧地在独石口外金莲川西北王益不喇东。

和硕诚亲王牧厂，驻牧地在独石口外梳妆楼南；又一厂驻牧地在多伦诺尔西扎哈苏台。

和硕和亲王牧厂，驻牧地在张家口外红山子西。

和硕怡亲王牧厂，驻牧地在多伦诺尔西南正蓝旗察哈尔境内哈里场贵地方。

多罗信郡王牧厂，驻牧地在多伦诺尔东正蓝旗察哈尔境内乌兰哈尔哈山，又一厂驻牧地在西巴里台。

和硕简亲王牧厂，驻牧地在张家口外东狮子沟。

贝勒丰素牧厂，驻牧地在多伦诺尔西南40里库特力地方。

齐努浑公牧厂，驻牧地在多伦诺尔西南50里哈达马尔。

果毅公讷亲牧厂，驻牧地在张家口外兴和城西。

侯波隆代牧厂，驻牧地在张家口外云头坝东南。

副都统莫尔浑牧厂，驻牧地在独石口外红城子南。

副都统汪扎尔牧厂，驻牧地在红城子西苦莲诺尔南。

提督阿吉图牧厂，驻牧地在独石口西北小碱滩太仆寺马厂西。

汇宗、善因二寺喇嘛牧厂，驻牧地在多伦诺尔西40里插汉布拉克。

总之，察哈尔八旗牧厂和察哈尔四牧群，自崇德元年（1636）开始至顺治年间逐渐设置，康熙年间为防御准噶尔的噶尔丹，大力扩大经营范围后，察哈尔牧厂基本形成了规模，在康乾两朝进入完善和鼎盛时期。察哈尔四牧群和察哈尔八旗牧厂是清朝时期蒙古地区畜牧业经济的核心区域。

察哈尔蒙古各牧厂除了为清朝的八旗出征将士提供坐骑、保障军事运输牲畜外，还供应皇室的生活所需。

察哈尔各牧厂直属清朝中央政府，所以建置和制度方面相当健全，其管理模式近似军事化。

察哈尔各牧厂从清初一直延续到民国初年。

第三节　察哈尔八旗厄鲁特二十四个佐领

八旗察哈尔有漠南八旗察哈尔和漠西八旗察哈尔之分。一为察哈尔都统所属宣大边外游牧八旗察哈尔总管旗，俗称“察哈尔八旗”；另一个为伊犁将军所属驻防新疆博尔塔拉的八旗察哈尔，俗称“察哈尔营”。清朝统治者在征服准噶尔汗国的过程中，在察哈尔都统游牧八旗察哈尔中安插了二十四个佐领厄鲁特蒙古，在伊犁将军驻防八旗察哈尔里安插了四个佐领厄鲁特蒙古。这里述略安插于游牧八旗察哈尔的二十四个厄鲁特蒙古的历史。

察哈尔八旗是林丹汗察哈尔本部归附爱新国之后开始设立的，附隶于满洲八旗。皇太极把察哈尔本部中直属于林丹汗斡耳朵的属民编为察哈尔札萨克旗，诏封林丹汗之子额尔克孔果尔额哲为札萨克亲王。将察哈尔本部的军队以满洲八旗的建制另编为八旗（分左右翼各四旗），名誉上归“察哈尔国”的额尔克孔果尔额哲统辖，实际上是满洲八旗的附庸八旗军团。因为额尔克孔果尔额哲早逝，在山海关战役中，察哈尔八旗兵以“固伦公主兵”之名参战，在统一全国的战争中与满洲八旗兵并肩作战，建立了赫赫战功，顺治帝引以为豪。据《内国史院满文档案译编》载：“［顺治元年］五月初一日。皇帝敕谕理藩院、外藩蒙古诸王、贝勒、贝子曰：……破此兵时，仅有科尔沁右翼土谢图亲王，并率有兵一千，另有左翼兵一百、土默特二旗兵、固伦公主兵等。未动用外藩蒙古一兵一卒。”[①]但是，

① 中国第一历史档案馆编译：《清初内国史院满文档案译编》（中册），光明日报出版社，1989年，第178页。齐木德道尔吉等编：《清内秘书院蒙古文档案》，第2辑，内蒙古人民出版社，2006年，第17页。

清初各类史料中始终没有记载察哈尔八旗兵的具体规模。顺治五年（1648），察哈尔八旗兵基本规模在清代蒙古文和满文资料中终于显现出来。据《内秘书院档案》载："顺治五年四月上谕：宣八旗察哈尔、游牧蒙古、诸苏鲁克民众晓谕。"[①]顺治十年的满文档案的行军记载中，将满八旗、蒙古八旗、察哈尔八旗、汉八旗的从军人员按八旗旗色序列逐一排列，这一史料能够证明蒙古文档案记载的准确性。

顺治十年十二月初五日："从军者：满洲镶黄旗……蒙古旗（按：八旗蒙古镶黄旗）……察哈尔（按：八旗察哈尔镶黄旗）委甲喇章京摩洛、闲散章京绰奔、骁骑校色愣牛录鄂齐尔；护军营委纛章京陆希巴图鲁、甲喇章京布耶希里、穆诚额、玛拉席；委护军校章京巴哈塔牛录何尔笄、穆诚额牛录新塔希、那木岱牛录瓦三、前锋侍卫廓尔禅；察哈尔委署护军校甲喇章京潭铎牛录萨毕；汉军（按：汉八旗镶黄旗）……察哈尔（按：察哈尔正黄旗）甲喇章京孟额图、闲散章京沙力岱、骁骑校希拉布牛录讷和德伊；护军委纛章京鄂诺伊、甲喇章京舒力浑、觉落巴克善、吴克松阿；委护军校甲喇章京古苏牛录阿克敦、阿哈丹牛录岱禅、阿济笄牛录那木、前锋翼长努山、章京付长、侍卫喀扎海；察哈尔委护军校甲喇章京舒力浑牛录乌色；汉军……察哈尔……"[②]

清朝初期，在已归附清朝的漠南蒙古诸部中，察哈尔万户的残部以林丹汗孤儿所属的"察哈尔国"的身份独存，在蒙古部族中具有极其特殊的社会地位，并且仍然保存着强大的战斗力，是隐藏着最不稳定因素的特殊群体。清朝政府能否成功控制察哈尔万户，从而震慑全蒙古，稳固其对漠南蒙古诸部落统

① 齐木德道尔吉等编：《清内秘书院蒙古文档案汇编》第3辑，该档馆藏编号：0053，内蒙古人民出版社，2006年，第8页。

② 中国第一历史档案馆编译：《清初内国史院满文档案译编》（下册），光明日报出版社，1989年，第274—279页。

治的关键在于察哈尔蒙古的驯服。因此，察哈尔便成为清朝满族统治阶级殷勤拉拢和周密防范、谨慎利用和逐步削弱的重点对象，这方面，清朝对察哈尔和卫拉特两部采取的政策极其相似。

布尔尼叛乱和察哈尔左翼四旗兵哗变的失败，彻底改变了察哈尔的命运。据史料记载："察哈尔十二佐领人丁家口，其来投军前者丁凡一千六百六十六，口凡六千八百八十七。其投入外藩蒙古各旗者，丁凡五百十四，口凡三千六百三十八，布尔尼所属喇嘛班第，丁凡一百十六家，男女凡三百八十三，共计人口一万三千一百九十四。"[①]这是布尔尼亲王兵败后，除了战乱中残存的人口之外，被清兵和蒙古札萨克旗捕获的察哈尔札萨克旗的人口情况。而声援布尔尼亲王哗变的察哈尔左翼四旗兵则被从满八旗、蒙古八旗、汉八旗24个旗征调的1200名骁骑校押送，赴内地河南府驻防。"乙巳，左翼四旗察哈尔兵，皆感皇恩，愿立功自效。上因命察哈尔兵赴河南府驻防，恐其难以钤束。复令每旗出骁骑五十人，副都统龚图统领前往。"[②]参与布尔尼亲王事变的察哈尔札萨克旗十二佐领残留的13194人和察哈尔左翼四旗兵丁后来被编入满八旗和蒙古八旗，一部分被分散到蒙古相关札萨克旗，一部分被派往新疆充军。察哈尔札萨克旗参加叛乱的官兵妻儿被没入官为奴，投诚的人丁被编入八旗满洲和蒙古八旗之中。参加布尔尼叛乱的这些人在宣大边外的察哈尔八旗中几乎绝迹。而未参与事变的驻防南京的察哈尔右翼四旗兵丁及其家眷，才是后来清廷编为宣大边外游牧八旗察哈尔的基本人口。投入平定"三王之乱"战役的察哈尔八旗兵在山东兖州休整后分兵两路，左翼察哈尔四旗被派往江宁（南京）驻守，右翼察哈尔四旗被派往安庆驻

---

① 《清圣祖实录》，康熙十四年五月庚辰条。

② 《清圣祖实录》，康熙十四年闰五月乙巳条。

防。后来因耿精忠的叛变，杭州告急，因此将驻防江宁的察哈尔左翼四旗调往杭州增援，又将安庆的察哈尔右翼四旗调往江宁补缺。后又将察哈尔右翼四旗全部调往浙江镇压温州叛乱。康熙十四年（1675），陕西提督王辅臣叛变，为确保京城的安全，急调驻防杭州的察哈尔左翼四旗兵马北上驻防宣府大同。因此在江宁驻防的察哈尔右翼四旗兵无从得知布尔尼亲王事变。

平定布尔尼叛乱后，清廷取消察哈尔札萨克旗建制，并从根本上改编其所属原八旗察哈尔，在宣大边外新编游牧八旗察哈尔，设置察哈尔都统衙门管辖。新编的游牧八旗察哈尔的基础是察哈尔右翼四旗兵，其他部分则从忠于清朝政府的乌拉特、苏尼特、伊苏特、茂明安、科尔沁、内喀尔喀、巴尔虎等蒙古部抽调兵丁，编为32个佐领，再将旧厄鲁特人编为18个佐领，新厄鲁特人编为6个佐领，编入新编游牧八旗察哈尔，共计120个佐领，改编为宣大边外的游牧察哈尔八旗。所以，清廷新编的察哈尔总管八旗近一半的人口并非原察哈尔人。清廷还从察哈尔八旗中抽调部分牧户在过去由察哈尔人组成的商都种马厂内成立察哈尔四牧群，内部也分为八旗（八和硕），一般命名为察哈尔游牧四群旗。

林丹汗蒙古汗国和卫拉特准噶尔汗国的相继灭亡，使察哈尔蒙古和厄鲁特蒙古成为清朝统治者的严防对象，被实施军事管制，在以后艰难的岁月里，他们共命运、同患难，渐渐融为一体。

受到布尔尼亲王事件的影响，清廷对察哈尔人极度不信任。在新编察哈尔总管八旗的过程中，清政府把大批察哈尔人分移到满八旗、蒙古八旗和各札萨克旗中的同时，又将大批量厄鲁特等蒙古部落的人口安插到察哈尔八旗，从而达到分散和瓦解察哈尔人凝聚力，分而治之的目的。

据《大清会典》记载：察哈尔“康熙十四年复叛，削平之，收其众，令游牧于宣化、大同边外，编为八旗。其后各蒙古有内附者，陆续安插于察哈尔，分隶八旗，编为佐领，属察哈尔都统。现有察哈尔佐领六十二，科尔沁佐领七，乌喇特佐领三，茂明安佐领四，苏尼特佐领一，伊苏特佐领一，喀尔喀佐领三，巴尔虎佐领十五，旧厄鲁特佐领十八，新厄鲁特佐领六”[①]。

上述非察哈尔部人组成的佐领中，厄鲁特佐领的总数为二十四个佐领。

在一般情况下，学者们认为清代内属蒙古是由察哈尔、巴尔虎、归化城土默特组成的。其实这种观点并不精准。据嘉庆朝《大清会典》记载：“凡游牧之内属者曰察哈尔，曰巴尔呼，曰厄鲁特，曰扎哈沁，曰明阿特，曰乌梁哈，曰达木，曰哈萨克（指塔尔巴哈台参赞大臣所属一佐领哈萨克人）。”[②]

内属厄鲁特又有新旧厄鲁特之分。《大清会典》中关于内属蒙古厄鲁特方面有如下说明：“厄鲁特自康熙、雍正至乾隆十九年以前，陆续内附者为旧厄鲁特，十九年以后安插者为新厄鲁特，除附察哈尔之新旧二十四佐领外，尚有呼伦贝尔新旧厄鲁特，已编入驻防旗分，不隶于院。伊犁厄鲁特，除杜尔伯特首先投诚，土尔扈特、和硕特避居俄罗斯之厄济勒续后投诚外，其准噶尔、辉特及留居伊犁之和硕特，屡经叛乱剿除，有准噶尔族达什达瓦者率属内附，及身故无嗣，安插其众于热河，伊犁建设驻防时，分移达什达瓦厄鲁特与伊犁。留热河者属热河都统，现有镶黄一旗，佐领二，其移伊犁者，是为厄鲁特上三旗。又有自哈萨克布噜特中投回伊犁者，是为厄鲁特下五旗。又，土尔扈特投诚时，自厄济勒携来之准噶尔厄鲁特，及喇嘛之沙毕那尔厄鲁特，亦附入下五旗，属伊犁将军。现有

① 《大清会典》，引自乾隆朝内府抄本《理藩院则例》，第375页。

② 赵云田点校：《理藩院则例》乾隆朝内府抄本所收录嘉庆朝《大清会典》，中国藏学出版社，2005年，第375—376页。

上三旗佐领六，下五旗佐领十，沙毕那尔佐领四。塔尔巴哈台之厄鲁特，即自伊犁分移牧于巴尔鲁克齐尔等处，属塔尔巴哈台参赞大臣，现有佐领六。科布多之厄鲁特，本台吉达木拜之属，达木拜有罪消除，以其众属科布多参赞大臣，现存佐领二。”[①]这是关于内属蒙古厄鲁特的比较完整的记载，他们隶属于清朝总管旗都统或各地将军及参赞大臣，其管理制度与外藩蒙古札萨克旗截然不同。

察哈尔八旗所属新旧二十四个厄鲁特佐领的历史研究，不仅是卫拉特历史研究的范畴，也是察哈尔八旗历史研究的重要内容。像察哈尔蒙古一样，厄鲁特人也长期坚持抗清斗争，为民族的独立和自由而战，最终遭到清朝政府的残酷镇压。康熙、雍正、乾隆年间为了达到分散其力量的目的，逐渐把分批来归的部分厄鲁特人安插在察哈尔八旗内，编为佐领安置。厄鲁特佐领在察哈尔八旗中，平均每旗有三个佐领，厄鲁特蒙古人的数量在察哈尔八旗中仅次于察哈尔蒙古，厄鲁特蒙古总人口相当于游牧八旗察哈尔的镶黄旗、镶白旗人口的总和。察哈尔八旗所属厄鲁特二十四佐领人口占内属蒙古厄鲁特人口总数的40%以上。

游牧八旗察哈尔二十四佐领厄鲁特人的由来如下：

察哈尔八旗所属厄鲁特二十四佐领内部分为旧厄鲁特的十八个佐领和新厄鲁特的六个佐领。

十八个旧厄鲁特佐领是指乾隆十九年（1755）以前安插在察哈尔八旗内，被编入佐领的厄鲁特人。

康熙二十九年（1690）乌兰布统之战后，准噶尔汗国噶尔丹博硕克图汗的夫人札纳达喇哈屯所领的辎重部队未能跟随准噶尔大军撤退，进入浑善达克沙漠隐蔽，最终还是被清军俘

① 赵云田点校：《理藩院则例》乾隆朝内府抄本所收录嘉庆朝《大清会典》，中国藏学出版社，2005年，第376页。

获。清廷将札纳达喇哈屯所属的厄鲁特蒙古编为三个佐领，编入察哈尔正蓝旗（第九、十、十一佐领）[①]。

康熙三十八年（1669）以前，厄鲁特前来归附清朝的人口极少。因此当时清廷尚未将大批量厄鲁特人安插于察哈尔八旗。他们将偶尔前来的少批量厄鲁特人很随意地安插于蒙古各部札萨克旗内。

康熙三十三年，将内附的杜尔伯特部达赖台吉之孙巴拜所部安置在喀喇沁右翼旗。《清圣祖实录》载：三十三年四月理藩院员外郎二郎保疏报："厄鲁特台吉巴拜，系四厄鲁特内杜尔伯特大台吉达赖之孙，与其兄子齐克宗来归。得旨：巴拜等习居边外，若来内地居住，难以为生。着理藩院，遣官送至喀喇沁，令扎什土抚养之。"扎什即喀喇沁右翼旗札萨克多罗杜棱郡王扎什，为清廷平定察哈尔布尔尼亲王叛乱立功而深得康熙皇帝的赏识。

随着前来归附的厄鲁特人日渐增多，清政府逐步形成了在察哈尔八旗内大量安插厄鲁特人的政策。

康熙三十五年，厄鲁特部察罕、丹巴及绰克图巴图尔、唐古特宰桑等前来时，朝廷将他们安置在张家口外察哈尔地界内。这是清廷将内附厄鲁特人安置在察哈尔驻牧地之始。

平北大将军马思喀奏报："厄鲁特察罕西达里哈什哈，同丹巴哈什哈带百余人来降。"谕："天时炎热，应令厄鲁特降人，暂居张家口外。俟丹巴哈什哈等家口到后，酌给牛羊锅帐等物，交侍郎西拉，加意照管。"侍郎西拉等奏言："厄鲁特降人丹巴哈什哈、察罕西达里哈什哈等一百六十一口，到张家口外十八里台地方居住。丹巴哈什哈等言，愿得赴京，以供道路

① 沙·东希格：《察哈尔地区厄鲁特人的由来考述》；呼格吉勒图：《当今察哈尔地区厄鲁特人的由来与分布》；宝音初古拉：《察哈尔八旗二十四厄鲁特佐领由来考》，引自格日乐图主编《卫拉特蒙古研究》，内蒙古文化出版社，2009年，第77页、第83页，第99页。

洒扫之役。上曰：着谕丹巴哈什哈云：尔等虽系降人，俱有用之才。今天时炎热，不宜入京。尔等姑在门外，俟以后军中所解降人俱到之日，当另有谕旨。”[①]康熙三十五年（1696）七月癸亥“命降人厄鲁特绰克图巴图尔、唐古特寨桑等一百七十六人，至张家口外，与丹巴哈什哈一同安插”。上述先后分四批来归的厄鲁特人虽被临时安置在张家口外驻牧，但是，此时尚未安插在察哈尔八旗内编入佐领安置。把厄鲁特人安插在察哈尔八旗之事始于丹济拉归附清朝后，敕封其子多尔济塞卜腾为察哈尔佐领。

噶尔丹的侄儿丹济拉，于康熙三十六年九月率所部前来投诚后，“上以丹济拉向系名族，授为散秩大臣；其子多尔济塞卜腾，授一等侍卫。俱安插张家口外，编入察哈尔旗分佐领；其属下人，酌可用者披甲，给以钱粮”[②]。康熙三十七年三月将多尔济赛卜腾所属150名披甲编为察哈尔镶黄旗一佐领，授多尔济塞卜腾为佐领。丹济拉投诚清朝八年之后，康熙四十四年授予他札萨克辅国公，命其率所属部众前往推河驻防。至此不知有多少丹济拉旧部分隶于察哈尔八旗。康熙四十七年丹济拉去世后，将其安葬于五台山[③]。后来多尔济塞卜腾袭爵又重新回到西拉木伦河流域察哈尔原驻牧地驻牧。乾隆年间，其子散多布承袭固山贝子爵，率所部移牧喀尔喀河流域，再后来又回推河驻牧。乾隆二十六年（1761）迁牧于鄂尔坤河流域，隶属于三音诺言部。所以，隶属察哈尔八旗的有些厄鲁特佐领也有所变更。

《口北三厅志》载：“谕内大臣。前以在京厄鲁特应与建房

---

①《清圣祖实录》，康熙三十五年五月辛未、甲戌、六月丁未条。

②《清圣祖实录》，康熙三十六年九月甲申条。

③ 包文汉等整理：《钦定外藩蒙古回部王公表传》，传第六十二，《厄鲁特札萨克辅国公丹济拉列传》，内蒙古大学出版社，1998年。赤峰档案馆馆藏清朝雍正六年蒙古文档，卷号53，全宗卷号103。

居住，故命议政诸大臣集议。今厄鲁特，在此病故者甚多。此属既已输诚归化，殊为可怜其将伊等令各该佐领帮助帐房行李，送至张家口外牧场之地，交与各该旗参领监管。应给粮饷，仍照常分给，令伊等食其米积，银以买牲口则可以谋生矣。以后天时渐热，疾病死亡者庶几亦少，着议政诸大臣集议。康熙三十六年正月二十日。”[①]这是康熙皇帝将大量厄鲁特人安插于察哈尔八旗的开始。果然没过多久，于康熙三十七年（1698）三月壬辰：“以投诚厄鲁特散秩大臣诺尔布一佐领、丹津阿拉布坦所属人一佐领，隶镶黄旗察哈尔旗分；散秩大臣达木巴一佐领、一等侍卫多尔济塞卜腾一佐领，隶正黄旗察哈尔旗分；散秩大臣车陵一佐领、二品官巴拜一佐领，隶正白旗察哈尔旗分；散秩大臣沙克朱穆一佐领，隶正蓝旗旗分；二等侍卫鄂嫩巴图尔一佐领，隶镶白旗察哈尔旗分；三等侍卫吴巴什一佐领，隶镶红旗察哈尔旗分；三品官卜尔器一佐领，隶正蓝旗察哈尔旗分；一等侍卫韩都一佐领，隶镶蓝旗察哈尔旗分。”[②]以上是康熙三十七年一次性安插在察哈尔八旗的旧厄鲁特十一佐领情况。

康熙三十七年，阿喇布坦所属罕都（实录作憨都）来降。谕曰：“尔来归情殊可悯，所挈属众虽少、以尔父尝纳贡故，仍授台吉职。先是，阿喇布坦属降者，诏安置察哈尔牧，曰四品官噶罗布藏，曰二等侍卫玛穆，曰三等侍卫达克巴藏布及壮丁百七十余，设佐领一，隶镶黄旗，以噶罗布藏领之。至是诏罕都与同牧，后授三品散秩大臣。”[③]

① 金志节原本，黄可润增修：《口北三厅志》，乾隆二十三年刊本，台湾成文出版社，1966年；另见《清圣祖实录》，康熙三十六年正月壬申条，乾隆二十三年刊本影印本。

②《清圣祖实录》，康熙三十七年三月壬辰条。

③ 包文汉等整理：《钦定外藩蒙古回部王公表传》，传第六十一，《多罗郡王阿喇布坦列传》，内蒙古大学出版社，1998年。

除以上所列之厄鲁特十二佐领外，于康熙三十五年（1696）前来投诚的察罕西达里哈什哈之160户所属人口以及绰克图巴图尔所领的170户厄鲁特人等起码能设为二佐领。因此，至康熙三十七年为止，编入察哈尔八旗旗分的旧厄鲁特佐领最少也有14个。据《清高宗纯皇帝实录》的记载来看，从乾隆元年（1736）至乾隆十九年为止，分批前来输诚之厄鲁特人多达70余次。乾隆皇帝一视同仁，“赏给安插如例”。所谓“安插如例”指的是遵照康熙帝所规定的政策，将分期分批前来内地投诚的厄鲁特人安插于察哈尔八旗，隶察哈尔旗分，编入佐领安置。

总之，据史料记载，到乾隆十九年末为止，旧厄鲁特人所组成的察哈尔旧厄鲁特十八个佐领已经全部安置妥当。

新厄鲁特六佐领，事关察哈尔八旗三公之事。据《表传》记载：“居察哈尔之和硕特爵三，隶察哈尔旗。”[1]三公之首为固山贝子纳噶察一族，次为辅国公色布腾一族，末为札萨克一等台吉特默齐一族。他们都于乾隆十九年后归附并被安置在察哈尔旗内，因此被称作“察哈尔三公”。据《表传》载：“乾隆二十二年，以同牧之辉特台吉车卜登多尔济等叛诛，诏巴勒济族徙牧察哈尔。”[2]巴勒济是那噶察之弟。他们的所属人员应该是察哈尔新厄鲁特六佐领成员。

---

① 包文汉等整理：《钦定外藩蒙古回部王公表传》，表十五，内蒙古大学出版社，1998年。

② 包文汉等整理：《钦定外藩蒙古回部王公表传》，传九十八，内蒙古大学出版社，1998年。

参考文献

A．档案类

（一）蒙古文档案类

1. 李保文、编辑、整理、转写：《十七世纪蒙古文文书档案》（1600—1650），内蒙古少儿出版社，1997年。

2. 齐木德道尔吉等主编：《清内秘书院蒙古文档汇编》（共7辑），中国第一历史档案馆、内蒙古档案馆、内蒙古大学蒙古学研究中心合编，内蒙古人民出版社，2003年。

3. 宝音德力根等主编：《清内阁蒙古堂档》（共22卷），中国第一历史档案馆、内蒙古大学蒙古学学院合编，内蒙古人民出版社，2005年。

4.《雍正十一年四月十一日理藩院为厄鲁特台吉划拨察哈尔故地部分驻牧地之事晓谕翁牛特多罗郡王鄂齐尔之文书》，赤峰市档案馆藏全宗号1，卷号第103件档案复印件。

（二）满文档案类

5.《旧满洲档》，台湾故宫博物院影印，1969年。

6. 满文老档研究会拉丁文转写、日译：《满文老档》，东洋文库丛刊第12，1959—1962年。

7. 东洋文库清代史研究室拉丁文转写、日译：《旧满洲档》天聪九年档，东洋文库丛刊第18，1972年。

（三）汉译满文档

8. 中国第一历史档案馆编译：《清初内国史院满文档案译编》，光明日报出版社，1989年。

9. 中国第一历史档案馆、中国社会科学院历史研究所译注：《满文老档》，中华书局，1990年。

10. 李林译：《重译满文老档》（太祖朝），辽宁大学历史系刊印，1978年。

11. 辽宁大学历史系译：《汉译满文旧档》，辽宁大学历史系刊印，1979年。

12. 中国第一历史档案馆编译：《清代档案史料丛编》第14辑（《逃人档》《满文木牌》《纸写档案》），中华书局，1990年。

13. 中国人民大学清史所、中国第一历史档案馆编译：《盛京刑部原档》（崇德三年至崇德四年），群众出版社，1985年。

14 .中国社会科学院民族研究所民族史研究室、中国第一历史档案馆满文部编译：《满文土尔扈特档案译编》，民族出版社，1988年。

15. 吴元丰等编译：《清代西迁新疆察哈尔蒙古满文档案译编》，中国第一历史档案馆、中国社会科学院中国边疆史地研究中心、新疆博尔塔拉蒙古自治州地方志编纂委员会合编，新疆人民出版社，2004年。

（四）汉文档案类

16. 中央研究院历史语言研究所编：《明清史料》，甲乙丙丁编（甲编和丙编为顺治朝档，乙编和丁编为明朝边情档，辛编为天启、崇祯两朝档），商务印书馆，1931—1951年；戊己庚辛壬癸编，台湾陆续出版，1954—1975年；丁编，商务印书馆，1951年；戊己庚辛编，中华书局，1987年。

17. 第一历史档案馆、辽宁省历史档案馆编：《中国明朝档案总汇》（101册），广西师范大学出版社，2001年。

18. 乌云毕力格编：《明朝兵部档案中有关林丹汗与察哈尔

的史料》，日本学术振兴会资助的《十七世纪前半期南蒙古政治史研究》项目成果之一，2004年。

19. 辽宁大学历史系编：《明代辽东残档选编》（清初史料丛刊第5种），辽宁大学历史系内部出版，1979年。

20. 辽宁省档案馆、辽宁社会科学院历史研究所编：《明代辽东档案汇编》（《民族》《兵部题稿》、附录：《明代辽东都司、州、卫、关、马市》），辽沈书社，1985年。

21.《察哈尔垦务局档案》，内蒙古档案馆藏档案。

22.《内阁八旗世袭谱档》，锡盟档案馆藏系列档，全宗031号卷1—369。

23. 张书才编：《八旗蒙古相关档案》，《历史档案》1989年第2期。

B．纪传体

1.《元史》，点校本，中华书局，1983年。

2.《明史》，点校本，中华书局，1974年。

3.《清史稿》，点校本，中华书局，1977年；国史馆校注：《清史稿校注》（16册），台湾商务印书馆股份有限公司，1999年。

4. 包文汉、奇·朝克图整理：《蒙古回部王公表传》（第1辑、第2辑）内蒙古大学出版社，1998年、2004年。

5. 郑晓撰：《皇明北虏考》（《吾学编》），载《续修四库全书》，上海古籍出版社，2002年。

6. 瞿九思撰；《万历武功录》，中华书局重印天津人民图书馆馆藏万历原刻本，1962年。

7. 何乔远撰：《名山藏》（《鞑靼传》），载《明清史料丛书》本，1993年。

8. 李洵、赵德贵等校点：《钦定八旗通志》，吉林文史出版社，2002年。

C．编年体

（一）汉文类

1.《明实录》，中央研究院历史语言研究所校勘影印本，1983年。

2.《清实录》，中华书局，1985年。

3.《崇祯实录》，台湾《明实录》版本，1983年。

4.《崇祯长编》，台湾《明实录》版本，1983年。

5. 谈迁撰：《国榷》，北京古籍出版社，1958年。

6. 王在晋撰：《三朝辽事实录》，崇祯十二年刻本影印本，1930年。

7.［日］池内宏编：《明代满蒙史料·李朝实录抄》，台湾文海出版社有限公司，1954年。

8. 齐木德道尔吉等编：《清朝太祖太宗世祖朝实录蒙古史史料抄（乾隆本康熙本比较）》史料抄之一，内蒙古大学出版社，2002年。

9. 齐木德道尔吉等编：《清朝圣祖朝实录蒙古史史料抄》（上、下）史料抄之二，内蒙古大学出版社，2003年。

10. 祁韵士撰：《皇朝藩部要略》，道光十九年刊本，西藏出版社。

11. 张穆复审，包文汉整理：《清朝藩部要略稿本》，边疆史地丛书本，黑龙江教育出版社，1997年。

（二）蒙古文类

12.《元朝秘史》（音写本），四部丛刊三编本，据商务印书馆1935年版上海书店重印本，1985年。

13. 留金锁整理注释：《十善福经白史》，内蒙古人民出版社，1981年；鲍音汉译：《十善福经白史》，《情报与资料》1987年第2期。

14. 留金锁校注：《黄金史纲》，内蒙古人民出版社，1999年。

15. “erten- ü qad- un ündüsülegsen törö yosun- u J̌oqiyal- i tobčilan quriyaγsan altan tobči kemekü orošibai”, ulaγanbaγatur-un gerel J̌iruγ-un keblel.1990 on.

16. 罗卜藏丹津著，乔吉校注：《黄金史》，内蒙古人民出版社，1999年。

17. 乌力吉图校勘，巴·巴根注释：《大黄史》，民族出版社，1983年。

18. 珠荣嘎校注：《阿拉坦汗传》，民族出版社，1984年。

19.《阿萨拉克齐史》，乌兰巴托，2002年；乌云必力格著：《〈阿萨喇克其史〉研究》（《中国边疆民族地区历史与地理研究丛书》），中央民族大学出版社，2009年。

20. 萨囊彻辰：《蒙古源流》，内蒙古人民出版社重印1957年蒙古人民共和国科学院版本，1980年。

21. 乌兰：《〈蒙古源流〉研究》（中国蒙古学文库），辽宁民族出版社，2000年。

22. 衮布扎布著，乔吉校注：《恒河之流》，内蒙古人民出版社，1980年。

23. 罗密著，纳古单夫、阿尔达扎布校注，乔吉审订：《蒙古世系谱》（《蒙古博尔济吉忒氏族谱》），内蒙古人民出版社，1999年。

24. 答里麻著，乔吉校注：《金轮千辐》，内蒙古人民出版社，2000年。

25. 喇西彭楚克著，胡和温都尔校注：《水晶念珠》，内蒙古人民出版社，1985年。

26.《蒙古世袭贵族部落归附清朝记》手抄本复印件。原系敖汉旗个人收藏。原件现藏于赤峰市民委古籍办公室。

27.《清朝时期蒙古各部沿革》手抄本，原件系笔者珍藏。

28. 亦邻真复原：《元朝秘史（畏吾体蒙古文）》，内蒙古大学出版社，1987年。

29. 罗布桑丹毕坚赞（梅日更葛根）：《黄金史》，内蒙古文化出版社，1998年。

D. 纪事本末体

1. 谷应泰撰：《明史纪事本末》（《明史纪事本末补遗》），中华书局，1977年点校本。

2. 魏源撰：《圣武记》，中华书局，1984年。

3. 赵时春撰；《北虏纪略》，《明经世文编》本。

E. 方志和地理书籍

1. 宋哲元监修：《察哈尔通志》，中国边疆丛书第2辑。

2. 绥远省通志馆编：《绥远通志稿》，内蒙古图书馆藏本。

3. 金志章纂，黄可润增校：《口北三厅志》，满蒙丛书第1卷。

4. 察特署编：《察哈尔蒙旗既各县概况》，《中国边疆》1944年3卷1—4期连载，内蒙古档案馆馆藏复印件。

5. 马大正编：《伊犁略志》（原稿锡伯文），载《新疆稀见史料汇编》，全国图书馆文献缩微复制中心，1989年。

6.《开原图说》，玄览堂丛书本。

7. 学部编译：《阿富汗志》（旧志、新志），图书局印行，光绪三十三年（1907）十月。

8. 魏焕：《皇明九边考》，《国立北平图书馆善本丛书》第1集。

9. 米万春撰；《蓟门考》，《皇明世法录》本。

10. 谭其骧主编：《中国历史地集》第7册、第8册，中国地图出版社，1982年。

11. 冯瑗撰：《开原图说》，玄览堂丛书本。

12.《大清一统志》，载《四部丛刊》。

13. 郭造卿撰：《卢龙塞略》，台湾学生书局，1987年。

14. 李辅修等撰：《全辽志》，载《辽海丛书本》。

15. 方孔照撰：《全边略记》，北平国立图书馆重印崇祯本。

16. 张鼐撰：《辽夷略》，载《清初史料四种》，玄览堂丛书本。

17. Wlatrer heissig: Mongolisčγe Ortsnamen Tell—, Mongolisčγe Manuskript Karten in Faksimilia. Wiesbaden,1978.

F.方略及其他

1. 江宁点校：《平定察哈尔方略》，《清史研究通讯》1986年3期，第46—53页。

2.《皇清开国方略》，载《近代中国史料丛刊》，文海出版社，1966年。

3.《布尔尼王资料》，《šangdu-yin undural》1980年2期。

4.《察哈尔蒙古人与察哈尔地区》，《锡盟史料》1988年1—2期。

5.《察哈尔林丹汗资料》，《锡林郭勒蒙语》1979年3期。

6.《察哈尔蒙古人与察哈尔地区》，《锡盟史料》1988年1—2期。

7. 薄音湖、王雄编：《明代蒙古汉籍史料汇编》（第1—7辑），内蒙古大学出版社，1993—2007年。

8. 戚继光撰：《蓟镇边防》，载《皇明世法录》。

9. 岷峨山人撰：《译语》，载《纪录汇编》。

10. 茅元仪撰：《武备志》，道光重刻本。

11. 萧大亨撰：《夷俗记》，明万历二十二年自刻本；《北虏风俗》（附录《北虏世袭》），北平文殿阁刊印本，1936年。

12. 严从间撰：《殊域周咨录》，中华书局，1993年。

13. 王鸣鹤撰：《登坛必究》，明万历二十七年（1599）刻本。

14. 叶向高撰：《四夷考》，载《宝颜堂秘籍续集》。

G. 近人论著

1. 达力扎布：《明代漠南蒙古历史研究》，内蒙古文化出版社，1997年。

2. 金巴扎布等编：《察哈尔史话》，乌盟政协、锡盟政协合编，1989年。

3. 加·奥其尔巴特：《新疆察哈尔蒙古》，新疆人民出版社，2001年。

4. 金启孮：《清代蒙古史札记》，内蒙古人民出版社，2000年。

5. 索特诺穆卓玛绰编：《蒙古中央部落察哈尔史料》，内蒙古人民出版社，1991年。

6. 周清澍等：《内蒙古历史地理》，内蒙古大学出版社，1994年。

7. ［日］和田清：《东亚史研究·蒙古篇》，东洋文库，1959年。［日］和田清，潘世宪译：《明代蒙古史论文集》（上下册），商务印书馆，1984年。

8. 那·塞西雅勒：《察哈尔概要》，《蒙古语文》（察哈尔专集）1980年第3期。

9. 张永江：《清代藩部研究》（《边疆史地丛书》本），黑龙江教育出版社，2001年。

10. 噶林达尔：《苏尼特部族起源与变迁》，内蒙古人民出版社，1997年。

11. ［日］冈田英弘：《北元奉祀圣母玛利亚考》，台湾政治大学边政研究所年报1号，1970年。

12. ［日］冈田英弘：《察哈尔蒙古的起源》，《蒙古学研究会季刊》纪念杭锦专号XⅣ卷，1991年。

13. ［日］冈田英弘：《也失哈屯的察哈尔陵》，《阿尔泰文明概览》第3期、《印第安纳大学乌拉尔·阿尔泰丛书》第145

辑，1990年。

14. ［日］冈田英弘：《达延汗六万户的起源》，载《榎博士还历纪念东洋史论丛》，日本山川出版社，1975年，第124—137页。

15. ［日］冈田英弘：《清朝与蒙古族》，载《世界历史〈教学资料〉》，山川出版社，1974年。

16. ［日］森川哲雄：《察哈尔布尔尼亲王之乱》，《东洋学报》第64卷第1—2号，1983年。

17. ［日］森川哲雄：《察哈尔八鄂托克及其分封》，《东洋学报》第81卷1—2合刊号，1976年。

18. ［日］森川哲雄：《论蒙古中期蒙古的万户》，《史学杂志》81—1，1972年。

19. ［日］森川哲雄：《论中期蒙古的汗与赛特的关系》，《待兼山论丛》第6期，1971年。

20. ［日］萩原淳平：《明代蒙古史研究》，同朋社，1980年。

21. ［日］后藤富男：《牧农接壤地带における蒙古人の生活——チヤハル太仆寺左右两翼旗の観察》，《内陆アジア》第1辑，蒙古善邻协会，生活社版，创刊号，1934年。

22. ［日］今村鸿明：《蒙疆地域における都市成立について》，《内陆アジア》第1辑，蒙古善邻协会，生活社版，创刊号，1934年。

23. 《察哈爾蒙古の近情》，東亞產業協會察哈爾調查班報告書，產協經報第五號，川口印刷所新京工廠，1934年。

24. 沙畹编：《西突厥史料》，中华书局，1958年。

25. 伯希和著，耿升译：《卡尔梅克史评注》，中华书局，1994年。

26. 薄音湖：《关于察哈尔史的若干问题》，载中国蒙古史学会编《蒙古史研究》第5辑，1997年。

27. 薄音湖：《北元与明代蒙古》，《内蒙古大学学报》1994

年第1期。

28. 乌云毕力格：《喀喇沁万户研究》，内蒙古人民出版社，2005年9月。

29. 宝音德力根：《十五世纪前后蒙古政局部落诸问题研究》，内蒙古大学博士论文，1997年。

30. 宝音德力根：《释明代蒙古官称“阿哈剌忽知院”和“迭知院”》，《内蒙古大学学报》1996年第2期。

31. 宝音德力根：《旧察哈尔、五鄂托克察哈尔、八鄂托克察哈尔万户——17世纪前的察哈尔历史研究》，《内蒙古大学学报》1998年第3期。

32. 宝音德力根：《四十万蒙古之称的由来》，《内蒙古大学学报》1996年第4期。

33. 王雄：《察哈尔西迁的有关问题》，《内蒙古大学学报》1989年第1期。

34. 乌云毕力格：《从17世纪蒙古文和满文“遗留性史料”看内蒙古历史的若干问题——1.昭之战》，《内蒙古大学学报》1999年第3期；《从17世纪蒙古文和满文“遗留性史料”看内蒙古历史的若干问题——2.敖木林之战与喀喇沁——爱新国联盟》，《内蒙古大学学报》1999年第4期。

35. 乌云毕力格：《评〈十七世纪蒙古文文书档案（1600—1650）〉》，《内蒙古大学学报》1999年第6期。

36. 乌云毕力格：《咯喇沁万户研究》，载《蒙古历史211丛书》本，内蒙古人民出版社，2005年。

37. 金海：《浅论察哈尔部落》，《多伦斯尔伯》1987年第3期。

38. 乔吉：《关于六万户》，《内蒙古日报》1982年10月21日3版。

39. 乔吉：《〈金轮千辐〉及其史料价值》，《内蒙古社会科学》1985年第4期。

40. 达力扎布：《清初察哈尔设旗问题考略》，《内蒙古大学学报》1999年第1期。

41. 达力扎布：《清初察哈尔设旗问题考略》，《内蒙古大学学报》1999年第1期；《清初察哈尔设旗问题续考》，载《明清档案与蒙古史研究》第1辑，2000年；《清代八旗察哈尔考》，见达力扎布：《明清蒙古史论稿》，民族出版社，2003年。

42. 胡日查毕力格：《也失哈屯神灵及其祭祀》，《内蒙古社会科学》1992年第1期。

43. 胡日查：《关于塔布囊之若干历史问题》，《内蒙古社会科学》1999年第2期。

44. 胡日查：《科尔沁蒙古史略》，载《科尔沁文化丛书》，民族出版社，2001年。

45. 呼日勒巴特尔：《察哈尔及其名称的溯源》，《内蒙古社会科学》1992年第1期。

46. 金峰：《林丹汗宗教政策及其失败》，《内蒙古日报》1981年4月10日3版。

47. 齐木德道尔吉：《腾机思事件研究》，载《明清档案与蒙古史研究》第2辑，2002年。

48. 齐木德道尔吉：《四子部落的迁徙考》，载《蒙古史研究》第7辑，2005年。

49. 齐木德道尔吉：《外喀尔喀汗硕垒的两封信及其流传》，《内蒙古大学学报》1994年第4期。

50. 那仁朝格图、金峰：《蒙古汗国最后都城林丹汗察罕浩特考》，载《蒙古史研究》第8辑，2005年。

51. 希都日古：《关于林丹汗的事迹》，《内蒙古大学学报》1998年第3期。

52. 乌其拉图：《论察哈尔——阿富汗察哈尔、察哈尔万户及“江格尔”的库列延察哈尔》，《内蒙古大学学报》1995年第1期。

53. 马大正：《清代西迁新疆察哈尔蒙古的史料与历史》，《民族研究》1994年第4期。

54. 乌兰：《“右翼之战”与达延汗统治的最终确立》，《内蒙古大学学报》1983年第4期。

55. 杜家骥：《清朝满蒙联姻研究》，人民出版社，2003年。

56. 赵琦：《论后金时期蒙古八旗的形成》，《内蒙古大学学报》1997年第6期。

57. 袁森坡：《察哈尔初谈——察哈尔和明朝关系》，《中国民族研究》第1辑，1989年。

58. 袁森坡：《略论康熙平定布尔尼叛乱》，《清史研究通讯》1986年第2期。

59. 袁森坡：《论皇太极统一察哈尔的斗争》，《清史研究集》第6辑，1988年。

60. 戴鸿义：《论林丹汗的败亡》，《社会科学辑刊》1992年第5期。

61. 宝音：《察哈尔部的起源和变化》，《内蒙古日报》1980年5月3日3版。

62. 于江：《清代察哈尔、锡盟概要》，《锡盟史料》1980年第3期。

63. 丹巴拉布杰：《简论察哈尔蒙古》，《锡盟史料》1981年第3期。

64. 斯琴等：《论锡林郭勒、察哈尔盟旗制度》，《锡盟史料》1981年第3期。

65. 布尔古德：《关于察哈尔万户浅见》，《多伦斯尔伯》1987年第1期。

66. 根动：《关于察哈尔林丹汗》，《锡盟史料》1979年第5期。

67. 那木素来：《林丹汗和有关历史事件》，《Dolugan serbei》1983年第4期。

68. 杜古尔：《察哈尔林丹汗的白城访古》，《锡盟日报》1982年2月12—14日。

69. 阿古拉等：《北元时期的察哈尔法规》，《锡盟史料》1989年第1期。

70. 杜古尔：《林丹汗白城》，《智慧钥匙》1982年2月、《内蒙古社会科学》1984年2期。

71. ぉぎはら・としがら：《林丹汗的一生及其时代》，《Šangdu-yin undural》1987年第3—4期。

72. 额尔敦图：《论林丹汗》，《内蒙古民族师院学报》1990年第1期。

73. 谢启晃：《林丹汗》，《中国少数民族历史人物志》第3辑，1987年。

74. 丹巴：《林丹汗历史地位》，《内蒙古社会科学》1991年第6期。

75. 纳古单夫：《论蒙古末代可汗——林丹汗》，《内蒙古社会科学》1991年第3期。

76. 包国忠：《林丹汗统一蒙古与抗清战争》，《蒙族古代军事思想研究文集》第3集，1992年（内部资料）。

77. 曹彦生：《林丹汗联明抗金的经济原因》，《内蒙古社会科学》1993年第5期。

78. 宝音乌力吉：《关于“白城”和拉稀棚思克的补充》，《赤峰日报》1990年10月6日3版。

79. 布尔古得：《察哈尔部东迁的原因》，《乌兰察布盟文史资料》1987年第3期。

80. 同喜格：《察哈尔鄂托克与察哈尔旗》，《Šangdu-in undural》1987年第1期。

81. 扎木扬：《对察哈尔文史的见解》，《Šangdu-yin undural》1982年第1期。

82. 阿古拉：《鄂托克的由来与发展概述》，《Altan gan-

dari》1987年第3期。

83. 素歌德扎卜：《满洲皇帝的蒙古皇后》，载《西乌旗史料汇编》第2辑，1986年（内部资料）。

84. M·乌兰：《札哈沁渊源考》，《新疆大学学报》1992年第1期。

85. 丹巴拉、布吉：《察哈尔蒙古概述》，《锡盟史料》1981年第2期。

86. 道尔吉、雍容：《略谈原察哈尔部及后来的“总管”制》，《锡盟史料》1981年第3期。

87. 鲍长江：《察哈尔草原历史概况》，《锡盟史料》1982年第1期。

88. 那木素来：《察哈尔布尔尼抗清起义》，《锡盟史料》1981年第2期。

89. 帕·杜古尔：《关于布尔尼亲王》，《Altan dusul》1980年第2期。

90. 根顿：《察哈尔部布尔尼王》，《锡林郭勒蒙语》1980年第2期。

91. 帕·杜古尔：《关于布尔尼亲王》，《Altan dusul》1980年第2期。

92. 那木素来：《清代蒙旗之由来及划分》，《Dolugan serbei》1985年第1期。

93. 郭成康：《清初蒙古八旗考释》，《民族研究》1986年第3期。

94. 赵琦：《论后金时期蒙古八旗的形成》，《内蒙古大学学报》1997年第6期。

95. 陈生玺：《蒙古八旗和汉军八旗建立的过程》，《史学月刊》1988年第6期。

96. 额尔克斯庆：《察干寿力德和他的跟随者》，内蒙古文化出版社，2005年。

97. 哈思哈巴：《论察哈尔蒙古迁居新疆》，《qan tngri》1986年第4期。

98. 波·乌云：《论察哈尔蒙古迁居新疆的年代、原因》，《语言与翻译》1987年2—3期。

99. 李景唐：《满洲旗分内的蒙古姓氏》，《内蒙古地方志通讯》1984年第6期。

100. 矛和格：《锡察盟历代地域沿革史料》，《锡盟史稿》1982年第1期。

101. 巴赫：《察哈尔蒙古的西迁》，《西北史地》1987年第2期。

102. 吴元丰：《清代察哈尔蒙古西迁新疆》，《清史研究》1994年第1期。

103. 马大正：《清代西迁新疆察哈尔蒙古的史料与历史》，《民族研究》1994年第4期。

104. 哈斯巴：《清代新疆察哈尔营牧地考》，《新疆师范大学学报》1989年第2期。

105. 丹巴、大瓦杰：《正蓝旗历史概要》，《锡盟史料》1981年第3期。

106. 根顿：《正白旗牛苏鲁克》，《锡盟史料》1982年第4期。

107. 《正镶白旗》，《内蒙古日报》1984年4月5日4版。

108. 《清代察哈尔牛羊苏鲁克》，《锡盟日报》1981年3月12日3版。

109. 丹巴：《察哈尔苏鲁克概要》，《智慧钥匙》1984年第1期。

110. 丹巴：《上都马苏鲁克的起始变化》，《锡林日报》1980年10月17日。

111. 丹巴：《上都马旗》，《内蒙古地名》1981年第2期。

112. 占卜拉扎布：《太仆寺右旗简史》，《Šangdu-yin undu-

ral》1980年第2期。

113. 格日乐图：《苏尼特部历史》，《东苏尼特》总第6期，1983年第3期。

114. 巴图苏和：《东苏尼特历史概要》，《苏尼特》1981年第1期。

115. 公·巴达拉夫：《试论苏尼特部起源与名称的来由》，《锡盟史料》1982年第2期。

116. 蔡家艺：《新疆察哈尔营、厄鲁特营概述》，载《蒙古史研究》第2辑，1986年。

117. 格日勒：《浩齐特名称由来》，《锡盟文史资料》1985年。

118. 乌力吉图：《克什克腾名称来由》，《锡盟文史资料》1990年。

119. 特摩尔布和：《正黄羊群之来历》，《锡盟文史资料》1985年第1期。

120. 苏达那木道尔吉：《原正白旗概况》，《锡盟文史资料》1985年第1期。

121.《"乌珠穆沁"名称的来历》，《Altan dusul》1985年第6期。

122.《"浩齐特"之名称的来历》，《西乌旗史料汇编》1985年第1期。

123.《"克什克腾"之称研究》，《内蒙古地名》1985年第1期；《Bayalir sayiqan kešigten》1987年第2期。

124. 阿拉坦敖其尔：《苏尼特历史沿革》，《苏尼特右旗史料》1990年第1期。

125. 苏日巴达拉哈：《苏尼特探源》，《锡林郭勒史料》1986年第2期。

126. 贺立人：《镶黄旗简介》，《锡林郭勒史志通讯》1984年第2期。

127. 希儒博：《奈曼旗历史沿革概况》，《哲里木史志》

1985年第4期。

128. 云慧群：《浅析清代蒙古地区“苏鲁克”制》，《经济社会》1988年第4期。

129. 罗丽达：《清代在察哈尔设置宗室“苏鲁克”制的满文史料及关于“苏鲁克”制论述》，《满族研究》1991年第3期。

130. 张秉铎：《清代察哈尔的牧场》，《内蒙古畜牧业》1989年3期。

131. 邢亦尘：《清代察哈尔马政》，《内蒙古社会科学》1992年第4期。

132. 邢亦尘：《清末察哈尔垦务初谈》，《内蒙古垦务研究》1990年第1期。

133. 乌兰：《从察哈尔放垦章程看察哈尔垦务》，《内蒙古垦务研究》1990年第1期。

134. 王艳萍：《清末察哈尔八旗蒙地的放垦》，《内蒙古垦务研究》1990年第1 期。

135. 何忠礼：《中国古代史史料学》，上海古籍出版社，2004年。

136. 冯尔康：《清史史料学》，沈阳出版社，2004年。

137. 范秀传：《中国边疆古籍题解》，新疆人民出版社，1995年。

138. 卢明辉：《清代蒙古史》，天津古籍出版社，1990年。

139. 田山茂：《清代蒙古社会制度》，文京书院，1954年。

140. 韩儒林：《穹庐集》，河北教育出版社，2000年。

141. 陈海涛：《来自文明十字路口的民族——唐代入华粟特人研究》，南京大学博士学位论文，2001年4月30日。

142. 巴根那：《天命十年八月至天聪三年二月科尔沁部与爱新国联盟》，载《明清档案与蒙古史研究》第1辑，内蒙古人民出版社，2000年。

ᠮᠣᠩᠭᠣᠯ ᠠᠭᠤᠯᠭ᠎ᠠ ᠶᠢᠨ ᠲᠣᠪᠴᠢ ᠪᠣᠯᠤᠨ ᠭᠠᠷᠴᠠᠭ

ᠠᠭᠤᠯᠭ᠎ᠠ ᠶᠢᠨ ᠲᠣᠪᠴᠢ

[illegible]

[illegible]

ᠲᠦᠮᠡᠨ᠂ ᠬᠣᠰᠢᠭᠤ ᠰᠤᠮᠤ ᠶᠢᠨ ᠰᠢᠨᠵᠢᠯᠡᠬᠦ ᠰᠤᠳᠤᠯᠭ᠎ᠠ ᠬᠣᠯᠪᠣᠭᠳᠠᠭᠰᠠᠨ ᠪᠠᠶᠢᠨ᠎ᠠ᠃ ᠲᠦᠮᠡᠨ ᠵᠠᠬᠢᠷᠭᠠᠨ ᠰᠢᠰᠲ᠋ᠧᠮ ᠦ ᠬᠣᠶᠢᠨ᠎ᠠ ᠪᠣᠯᠤᠨ ᠴᠠᠬᠠᠷ ᠲᠦᠮᠡᠨ ᠦ ᠬᠠᠷᠢᠶᠠᠲᠠᠨ ᠤ ᠲᠣᠭᠠᠯᠠᠯ ᠲᠣᠭ᠎ᠠ ᠤ ᠨᠥᠬᠦᠴᠡᠯ ᠪᠣᠯᠤᠨ ᠵᠢᠬᠡᠯᠡᠬᠦ ᠬᠡᠯᠡᠰᠦ ᠪᠣᠭᠤᠯ ᠲᠦᠷᠡ ᠲᠤᠬᠠᠢ ᠲᠣᠭᠠᠴᠠᠭᠰᠠᠨ ᠢ ᠭᠡᠷᠡᠴᠢ ᠲᠠᠢ ᠪᠡᠷ ᠰᠢᠭᠤᠳ ᠲᠣᠭᠠᠴᠠᠭᠰᠠᠨ ᠵᠢᠷᠤᠭ ᠢ ᠲᠣᠭᠠᠯᠠᠯ ᠲᠣᠭ᠎ᠠ ᠪᠠ ᠨᠢᠭᠤᠴᠠ ᠵᠢᠷᠤᠭ ᠲᠣᠭᠠᠯᠠᠯ ᠴᠠᠬᠠᠷ ᠲᠦᠮᠡᠨ ᠦ ᠵᠢᠷᠤᠭ ᠲᠠᠢ ᠲᠠᠭᠤ ᠲᠡᠭᠡ ᠲᠡᠮᠳᠡᠭ ᠲᠣᠭᠠᠯᠠᠯ ᠳᠠᠭᠤᠰᠤᠭᠰᠠᠨ ᠠᠭᠤᠯᠭ᠎ᠠ ᠲᠠᠢ ᠲᠡᠭᠦᠨᠴᠢᠯᠡᠨ᠃ ᠲᠡᠮᠳᠡᠭᠯᠡᠯ ᠲᠡᠶᠢᠮᠦ ᠰᠢᠨᠵᠢ ᠲᠠᠢ ᠲᠠᠯᠠᠭᠠᠰᠤ ᠶᠢᠨ ᠪᠣᠯᠭᠠᠭᠰᠠᠨ ᠤ ᠪᠣᠯᠪᠠᠰᠤᠷᠠᠯ ᠢ ᠨᠡᠢᠳᠡᠯᠡᠭᠦᠯᠦᠨ᠎ᠡ᠃ ᠲᠡᠷᠡᠯᠴᠡ ᠪᠠᠶᠢᠳᠠᠯ ᠰᠢᠨᠵᠢ ᠶᠢᠨ ᠲᠡᠷᠡᠭᠦᠯᠡᠭᠰᠡᠨ ᠪᠣᠯᠣᠨ ᠲᠡᠷᠡᠭᠦᠨ᠂ ᠪᠦᠬᠦ ᠬᠠᠮᠤᠭ ᠰᠢᠨᠵᠢ ᠴᠠᠬᠠᠷ ᠲᠦᠮᠡᠨ ᠦ ᠪᠠᠢᠭᠤᠯᠤᠮᠵᠢ ᠶᠢ ᠲᠣᠭᠠᠴᠢᠯᠠᠭᠰᠠᠨ ᠢ ᠪᠦᠷᠢᠳᠬᠡᠯ ᠲᠠᠢ ᠲᠣᠬᠢᠷᠠᠮᠵᠢ ᠲᠠᠢ ᠰᠢᠨᠵᠢᠯᠡᠨ ᠳᠦᠭᠦᠯᠢᠭ ᠪᠣᠯ ᠲᠣᠬᠢᠷᠠᠭᠤᠯᠤᠭᠰᠠᠨ ᠪᠠᠶᠢᠳᠠᠯ ᠤ ᠪᠦᠷᠢᠯᠳᠦᠭᠦᠨ ᠢ ᠲᠠᠨᠢᠭᠤᠯᠤᠨ᠎ᠠ᠃ ᠪᠡᠶ᠎ᠡ ᠰᠡᠳᠬᠢᠯ ᠶᠢᠨ ᠰᠢᠨᠵᠢ ᠴᠠᠬᠠᠷ ᠲᠦᠮᠡᠨ ᠦ ᠲᠣᠭᠠᠴᠠᠭᠰᠠᠨ ᠪᠣᠯᠤᠨ ᠲᠡᠭᠦᠨ ᠦ ᠰᠤᠳᠤᠯᠤᠯ ᠤᠨ ᠠᠷᠭ᠎ᠠ ᠪᠠ ᠪᠦᠷᠢᠯᠳᠦᠭᠦᠨ ᠦ ᠲᠣᠭᠠᠴᠠᠭᠰᠠᠨ ᠪᠣᠯᠤᠨ ᠪᠢᠳᠡᠨ ᠦ ᠰᠤᠳᠤᠯᠤᠯ ᠤᠨ ᠲᠤᠭᠤᠷᠠᠮ ᠳᠤ ᠲᠣᠬᠢᠷᠠᠮᠵᠢ ᠲᠠᠢ ᠠᠰᠠᠭᠤᠳᠠᠯ ᠢ ᠲᠡᠯᠡᠭᠰᠡᠨ ᠪᠣᠯᠤᠨ᠎ᠠ᠃

ᠴᠠᠬᠠᠷ ᠲᠦᠮᠡᠨ ᠦ ᠰᠤᠳᠤᠯᠤᠯ ᠲᠣᠬᠢᠷᠠᠭᠤᠯᠤᠯ ᠲᠠᠢ ᠲᠣᠭᠠᠴᠠ ᠲᠠᠢ ᠲᠡᠭᠦᠨ ᠪᠣᠯ ᠪᠦᠬᠦ ᠬᠠᠮᠤᠭ ᠰᠢᠨᠵᠢ᠂ ᠲᠡᠮᠳᠡᠭᠯᠡᠯ ᠲᠡᠶᠢᠮᠦ ᠰᠢᠨᠵᠢ᠂ ᠲᠦᠮᠡᠨ ᠵᠠᠬᠢᠷᠭᠠᠨ ᠰᠢᠨᠵᠢ ᠲᠣᠭᠠᠴᠠᠭᠰᠠᠨ ᠢᠯᠡᠷᠡᠭᠦᠯᠦᠯ ᠪᠣᠯ ᠲᠣᠬᠢᠷᠠᠮᠵᠢᠲᠠᠢ ᠲᠣᠬᠢᠷᠠᠭᠤᠯᠤᠨ᠎ᠠ᠃

ᠲᠣᠭᠠᠴᠠᠭᠰᠠᠨ ᠨᠡᠢᠳᠡᠯᠡᠯ᠃ ᠲᠡᠭᠦᠨᠴᠢᠯᠡᠨ ᠰᠢᠨᠵᠢ᠂ ᠲᠡᠭᠦᠨᠴᠢᠯᠡᠨ ᠬᠡᠯᠡᠨ ᠰᠢᠲᠦᠨ᠂ ᠲᠡᠭᠦᠨ ᠰᠢᠨᠵᠢ ᠶᠢᠨ ᠲᠡᠭᠦᠯᠡ ᠳᠦ ᠴᠠᠬᠠᠷ ᠲᠦᠮᠡᠨ ᠦ ᠲᠣᠭᠠᠴᠠᠭᠰᠠᠨ ᠪᠦᠷᠢᠳᠬᠡᠯ ᠨᠡᠢᠲᠡ ᠲᠣᠭᠤᠷᠢᠭ ᠴᠢᠭᠤᠯᠭᠠᠨ ᠲᠡᠭᠦᠨ ᠲᠠᠢ ᠲᠣᠬᠢᠷᠠᠭᠤᠯᠵᠤ ᠲᠠᠢ ᠲᠣᠭᠠᠴᠠ ᠳᠤ ᠲᠣᠭᠠᠯᠠᠯ ᠲᠣᠭᠠᠷᠢᠯ ᠳᠤ ᠰᠢᠨᠵᠢᠯᠡᠬᠦ ᠨᠡᠢᠳᠡᠯᠡᠯ ᠨᠢᠭᠤᠴᠠ ᠪᠦᠲᠦᠭᠡᠯ ᠲᠣᠭᠠᠴᠠᠯ ᠳᠤ ᠪᠣᠯᠤᠨ ᠢ ᠰᠤᠳᠤᠯᠤᠭᠰᠠᠨ ᠲᠡᠭᠦᠨ ᠪᠦᠲᠦᠭᠡᠯ ᠲᠣᠭᠠᠴᠠᠭᠰᠠᠨ ᠲᠣᠬᠢᠷᠠᠯ᠃ ᠴᠠᠬᠠᠷ ᠲᠦᠮᠡᠨ ᠦ ᠲᠦᠯᠬᠢᠭᠦᠷ ᠨᠢ —— ᠲᠣᠭᠠᠴᠠ ᠨᠡᠢᠲᠡ ᠬᠠᠭᠠᠨ ᠲᠣᠭᠠᠴᠠᠭᠰᠠᠨ ᠲᠡᠭᠦᠨᠴᠢᠯᠡᠯ ᠨᠡᠢᠳᠡᠯᠡᠯ ᠲᠦᠮᠡᠨ ᠰᠤᠳᠤᠯᠤᠯ ᠰᠢᠨᠵᠢᠯᠡᠭᠰᠡᠨ ᠲᠠᠢ ᠲᠣᠭᠠᠴᠠ ᠳᠤ ᠲᠣᠭᠠᠴᠠᠭᠰᠠᠨ ᠰᠢᠨᠵᠢᠯᠡᠯ ᠳᠦ ᠲᠣᠭ᠎ᠠ ᠲᠡᠭᠦᠨ ᠪᠣᠯᠤᠭᠰᠠᠨ ᠲᠡᠭᠦᠨᠴᠢᠯᠡᠨ ᠪᠠᠨ ᠲᠣᠭᠠᠴᠠᠨ ᠤ ᠪᠣᠯᠪᠠᠰᠤᠷᠠᠭᠤᠯᠬᠤ ᠲᠡᠭᠦᠨ ᠲᠣᠬᠢᠷᠠᠭᠤᠯᠤᠯ ᠪᠠᠷᠢᠮᠲᠠ ᠲᠡᠭᠦᠨ ᠴᠠᠬᠠᠷ ᠲᠦᠮᠡᠨ ᠦ ᠨᠡᠢᠲᠡ ᠲᠤ ᠨᠡᠢᠲᠡᠯᠢᠭ ᠰᠢᠨᠵᠢᠯᠡᠬᠦ ᠲᠡᠭᠦᠨᠴᠢᠯᠡᠨ᠃ ᠴᠠᠬᠠᠷ ᠲᠦᠮᠡᠨ ᠦ ᠪᠠᠶᠢᠭᠤᠯᠤᠯ ᠨᠢ — ᠰᠣᠶᠣᠯᠲᠤ ᠬᠠᠭᠠᠨ ᠤ ᠭᠠᠷᠤᠯ ᠨᠢᠭᠤᠴᠠᠯ ᠢ ᠲᠣᠭᠠᠴᠠᠭᠰᠠᠨ ᠬᠡᠯᠡᠨ ᠨᠡᠢᠲᠡ ᠦ ᠲᠣᠭᠠᠴᠠᠭᠰᠠᠨ ᠲᠡᠭᠦᠨ ᠴᠠᠬᠠᠷ ᠲᠦᠮᠡᠨ ᠦ ᠬᠠᠨ ᠦ ᠲᠣᠭ᠎ᠠ ᠲᠠᠢ ᠪᠦᠷᠢᠳᠬᠡᠭᠰᠡᠨ ᠪᠦᠲᠦᠭᠡᠯ ᠰᠣᠶᠣᠯᠲᠤ ᠴᠠᠬᠠᠷ᠂ ᠭᠡᠷᠡᠭᠰᠡᠨ᠂ ᠪᠣᠯᠤᠭᠰᠠᠨ ᠲᠠᠢ ᠳᠤᠭᠤᠳᠠᠨ ᠢ ᠲᠣᠭᠠᠴᠠᠭᠰᠠᠨ ᠦ ᠨᠡᠢᠲᠡ ᠲᠣᠭᠠᠴᠠᠯ ᠪᠦᠲᠦᠭᠡᠨ᠎ᠡ᠃ ᠭᠣᠯ ᠳᠤ ᠪᠠᠨ ᠲᠡᠭᠦᠰᠬᠡᠯ ᠰᠢᠨᠵᠢ ᠲᠡᠮᠳᠡᠭᠯᠡᠭᠰᠡᠨ ᠲᠠᠢ ᠲᠣᠭ᠎ᠠ ᠳᠤ 《ᠰᠣᠶᠣᠯᠲᠤ ᠴᠠᠬᠠᠷ》

ᠴᠠᠬᠠᠷ ᠲᠦᠮᠡᠨ ᠦ ᠲᠡᠭᠦᠨ ᠲᠠᠢ ᠲᠣᠭᠠᠴᠠᠭᠰᠠᠨ ᠦ ᠪᠠᠷᠤᠨ ᠴᠢᠭ ᠳᠤ 《ᠰᠣᠶᠣᠯᠲᠤ ᠴᠠᠬᠠᠷ》 ᠭᠡᠬᠦ ᠴᠣᠯ ᠪᠦᠲᠦᠭᠰᠡᠨ ᠴᠠᠬᠠᠷ ᠲᠦᠮᠡᠨ ᠦ ᠪᠦᠷᠢᠳᠬᠡᠯ ᠲᠡᠭᠦᠨ ᠲᠠᠢ ᠲᠣᠬᠢᠷᠠᠮᠵᠢ ᠶᠢ ᠰᠢᠨᠵᠢᠯᠡᠨ ᠲᠣᠭᠠᠴᠠᠨ᠎ᠠ᠃

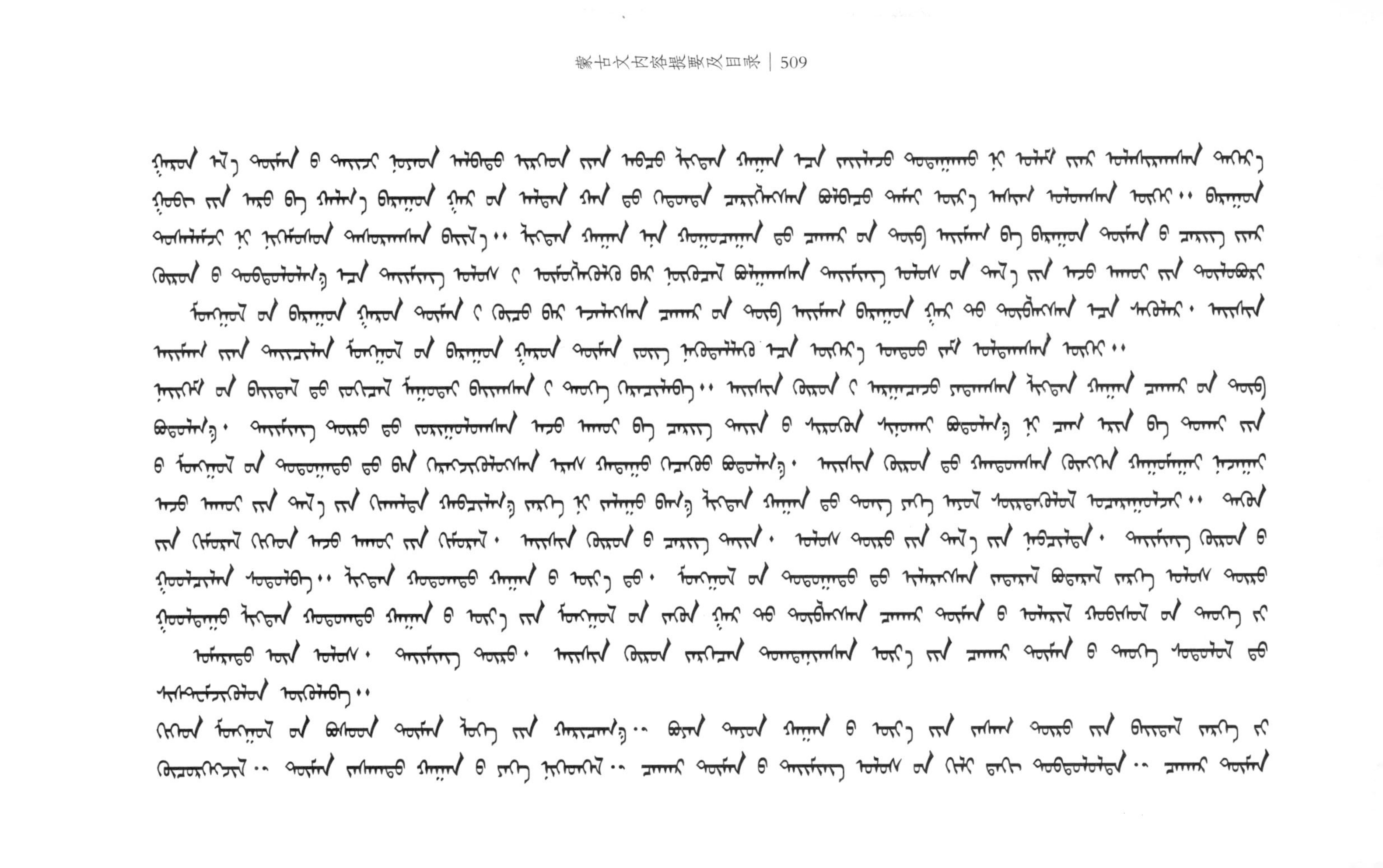

[illegible]

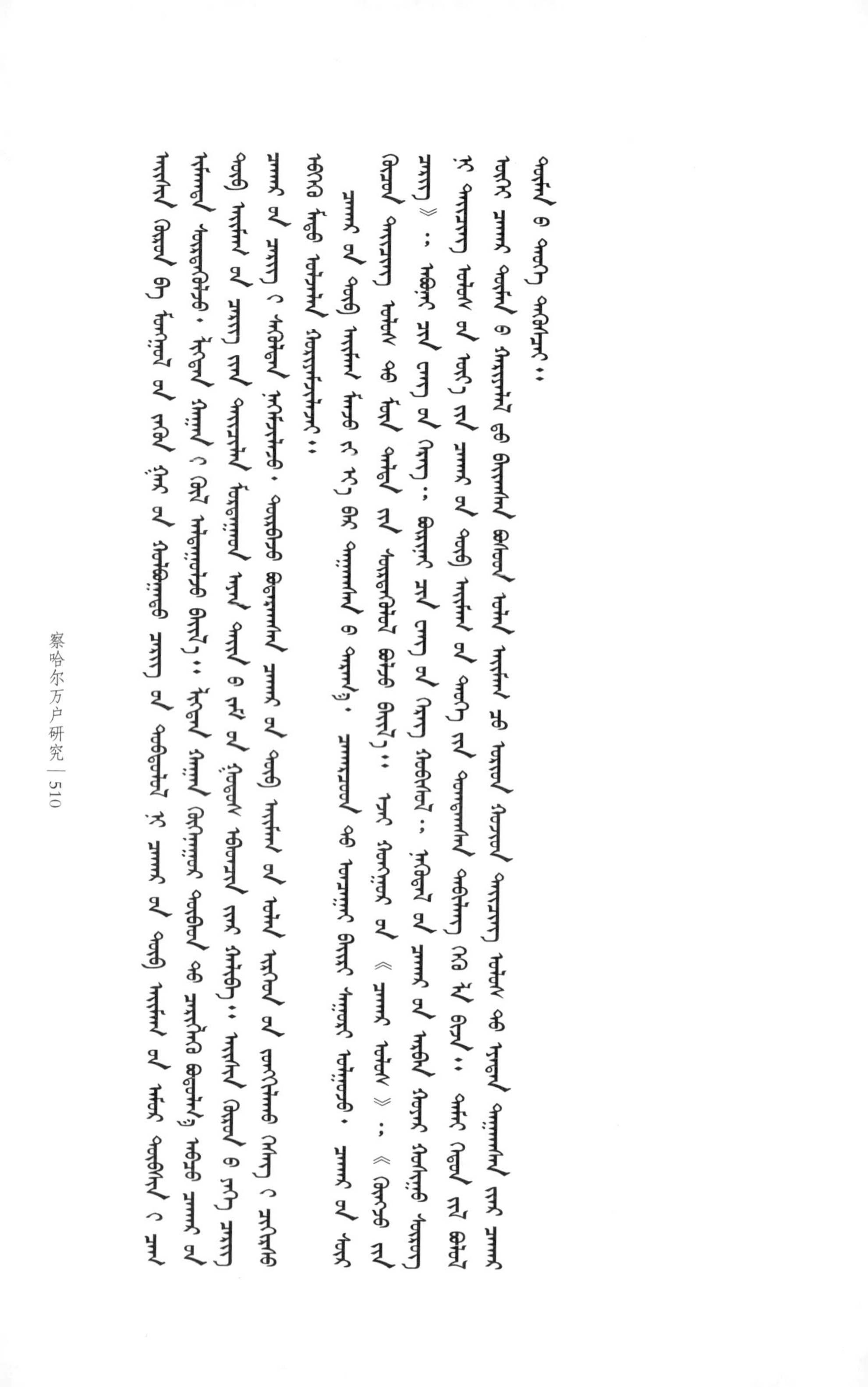

ᠭᠠᠷᠴᠠᠭ

后记

《察哈尔万户研究》一书是以笔者在内蒙古大学攻读博士学位研究生时，在导师齐木德道尔吉教授指导下完成的学位论文《察哈尔蒙古研究》为基础，以笔者主持的国家哲学社会科学基金项目——《明清时期察哈尔历史若干问题研究》为拓展研究领域，注入十多年心血而形成的最终成果。

在内蒙古大学学习期间，恩师言传身教，在学业上悉心指导。在毕业论文的准备阶段，从选题到搜集资料、思路的形成，再到撰写的过程中，恩师循循善诱，为我逐字修改论文，付出了许多心血和汗水。此外，也曾得到宝音德力根先生、乌云毕力格先生等各位老师的指导，再次感谢各位老师的关怀。

中央民族大学达力扎布教授是本人学位论文答辩委员会的主席。作为察哈尔历史研究领域的资深专家，先生对本书的修改和完善提出了很多宝贵意见，在此深表感谢。

《中国蒙古学文库》的常务总编辑格·孟和先生自始至终十分关心本书的写作和出版，多次打电话指导，并询问修改进度。感谢《中国蒙古学文库》编委会各位专家的认可，予以列入文库。

《察哈尔万户研究》虽然耗时十余年，但是本人才学疏浅，书中多有疏漏和不妥之处，敬请各位专家和读者批评指正。

宝音初古拉

2018年4月1日

《中国蒙古学文库》已经出版书目

（按出版日期顺序排列）

1.《成吉思汗哲学思想研究》（格·孟和著，蒙古文，1997年6月出版，定价33.00元）

2.《蒙古族逻辑思维研究》（图·乌力吉著，蒙古文，1997年6月出版，定价14.00元）

3.《蒙古族儿童文学概要》（哈斯巴拉等著，蒙古文，1997年6月出版，定价17.00元）

4.《阿尔寨石窟回鹘蒙古文榜题研究》（哈斯额尔敦、丹森等著，蒙古文，1997年6月出版，定价16.00元）

5.《蒙古族音乐史》（呼格吉乐图著，蒙古文，1997年6月出版，定价34.00元）

6.《中国人民解放战争时期内蒙古骑兵史》（乌嫩齐主编，汉文，1997年6月出版，定价16.00元）

7.《蒙古族正骨学》（旺钦扎布著，蒙古文，1997年6月出版，定价35.00元）

8.《蒙古学论著索引（1986—1995）》（额尔德尼编，汉文，1997年6月出版，定价21.00元）

9.《蒙古族美术研究》(阿木尔巴图著，汉文，1997年6月出版，定价48.00元)

10.《古代蒙古法制史》(奇格著，汉文，1999年9月出版，定价23.00元)

11.《蒙古文书法概论》(额尔很巴雅尔主编，蒙古文，1999年9月出版，定价20.00元)

12.《蒙古族民歌与交响乐研究》(永儒布著，汉文，1999年10月出版，定价48.00元)

13.《蒙古族文物与考古研究》(盖山林著，汉文，1999年12月出版，定价48.00元)

14.《〈蒙古源流〉研究》(乌兰著，汉文，2000年4月出版，定价55.00元)

15.《蒙古族全史》(第1卷)(留金锁著，蒙古文，2000年12月出版，定价25.00元)

16.《蒙古族美学史》(满都夫著，汉文，2000年12月出版，定价45.00元)

17.《中国民族语文工作的创举》(舍那木吉拉著，汉文，2000年12月出版，定价18.00元)

18.《蒙古族民歌与交响乐研究》(永儒布著，原为汉文，那顺乌尔塔译成蒙古文，2000年12月出版，定价48.00元)

19.《蒙古学论著索引(1986—1995)》(额尔德尼编，原为汉文，诺尔金等译成蒙古文，2000年12月出版，定价58.00元)

20.《中古蒙古语研究》(嘎日迪著，蒙古文，2001年10月出版，定价45.00元)

21.《蒙古族美术研究》(阿木尔巴图著，原为汉文，那顺乌尔塔译成蒙古文，2001年12月出版，定价68.00元)

22.《蒙古族传统疗法》(郭·道布清、图门巴雅尔编著，蒙古文，2001年12月出版，定价40.00元)

23.《蒙古族土地所有制特征研究》(额尔敦扎布、萨日娜著，蒙古文，2001年12月出版，定价30.00元)

24.《蒙古族曲艺研究》(贺喜歌芒来著，蒙古文，2001年12月出版，定价45.00元)

25.《忽必烈汗思想研究》(巴图巴干著，蒙古文，2002年4月出版，定价30.00元)

26.《蒙古族商业发展史》(额斯日格仓、包·赛吉拉夫著，蒙古文，2002年6月出版，定价38.00元)

27.《现代蒙医学》(琪格其图主编，汉文，2002年7月出版，定价30.00元)

28.《中国蒙古学研究概论》(吉木斯、特·额尔敦陶克套主编，蒙古文，2002年8月出版，定价60.00元)

29.《中国人民解放战争时期内蒙古骑兵史》(乌嫩齐著，原为汉文，牧仁译成蒙古文，2002年8月出版，定价55.00元)

30.《蒙古族哲学思想史》(苏和、陶克套著，汉文，2002年9月出版，定价36.00元)

31.《蒙古族儿童文学概论》（哈斯巴拉等著，原为蒙古文，蒋丽君等译成汉文，2002年10月出版，定价30.00元）

32.《佛教与蒙古文学》（德斯莱扎布著，蒙古文，2002年12月出版，定价30.00元）

33.《蒙古族古代典型战例》（阿木尔门德著，汉文，2002年12月出版，定价36.00元）

34.《蒙古文书法概论》（额力很巴雅尔著，原为蒙古文，额力很巴雅尔译为汉文，2003年12月出版，定价25.00元）

35.《蒙古族古代军事史》（胡泊主编，汉文，2004年3月出版，定价95.00元）

36.《蒙古族经济思想史研究》（陈献国主编，汉文，2004年4月出版，定价28.00元）

37.《蒙古族古代名将录》（叶喜著，汉文，2004年10月出版，定价22.00元）

38.《松巴堪布诗学研究》（额尔敦白音著，蒙古文，2004年10月出版，定价50.00元）

39.《古代蒙古法制史》（奇格著，原为汉文，奇格译成蒙古文，2004年12月出版，定价25.00元）

40.《中国民族语文工作的创举》（舍那木吉拉著，原为汉文，舍那木吉拉等译成蒙古文，2004年12月出版，定价35.00元）

41.《蒙古族哲学思想史》（苏和、陶克套著，原为汉文，齐秀华译成蒙古文，2004年12月出版，定价45.00元）

42.《蒙医学史与文献研究》（吉格木德著，蒙古文，2004年12月出版，定价32.00元）

43.《蒙古族近现代思想史论》（宝力格著，汉文，2005年3月出版，定价20.00元）

44.《元大都研究》（昔宝尼赤·却拉布吉著，蒙古文，2005年3月出版，定价75.00元）

45.《蒙古族宗教史》（苏鲁格著，汉文，2005年4月出版，定价32.00元）

46.《哈撒儿研究》（包·赛吉拉夫著，蒙古文，2005年6月出版，定价50.00元）

47.《蒙古语构词法研究》（特格希都楞著，蒙古文，2005年7月出版，定价20.00元）

48.《蒙古族正骨学》（旺钦扎布著，原为蒙古文，旺钦扎布译成汉文，2005年7月出版，定价45.00元）

49.《现代蒙医学》（琪格其图主编，原为汉文，琪格其图译成蒙古文，2005年7月出版，定价48.00元）

50.《成吉思汗哲学思想研究》（格·孟和著，原为蒙古文，何金山等译为汉文，2005年7月出版，定价45.00元）

51.《蒙古族近代战争史》（巴音图、张成业著，汉文，2005年11月出版，定价42.00元）

52.《〈蒙古源流〉研究》（乌兰著，原为汉文，阿拉坦巴根译为蒙古文，2005年12月出版，定价60.00元）

53.《蒙古族传统疗法》（郭·道布清、图门巴雅尔编，原为蒙古文，

郭·道布清、图门巴雅尔译成汉文，2005年12月出版，定价22.00元）

54.《蒙古族古代典型战例》（阿木尔门德著，原为汉文，策·诺尔金译为蒙古文，2005年12月出版，定价60.00元）

55.《元朝时期的山西地区》（瞿大风著，汉文，2005年12月出版，定价35.00元）

56.《蒙古族治疗骨伤的创新》（慕精阿、海志凡、海波著，汉文，2005年12月出版，定价42.00元）

57.《乌鲁别克传》（孛儿只斤·旺其格著，蒙古文，2006年6月出版，定价30.00元）

58.《蒙古语语法化过程研究》（套格敦白乙拉著，蒙古文，2006年8月出版，定价36.00元）

59.《蒙古族古代名将录》（叶喜著，原为汉文，那顺乌日塔译成蒙古文，2006年9月出版，定价35.00元）

60.《17世纪蒙古编年史与蒙古文文书档案研究》（希都日古著，汉文，2006年9月出版，定价26.00元）

61.《元朝时期的山西地区》（瞿大风著，汉文，2006年9月出版，定价40.00元）

62.《蒙古兽医研究》（巴音木仁著，汉文，2006年10月出版，定价40.00元）

63.《蒙古语构词法研究》（特格希都楞著，汉文，2006年11月出版，定价30.00元）

64.《蒙古族音乐史》(呼格吉勒图著，原为蒙古文，龙梅、乌云巴图译为汉文，2006年12月出版，定价40.00元)

65.《法式善“梧门诗话”研究》(宏伟著，汉文，2006年12月出版，定价42.00元)

66.《蒙古族科学技术简史》(李迪著，汉文，2006年12月出版，定价32.00元)

67.《蒙古族古代交通史》(德山、乌日娜、赵相璧著，汉文，2006年12月出版，定价28.00元)

68.《中古蒙古语研究》(嘎日迪著，原为蒙古文，嘎日迪译为汉文，2006年12月出版，定价40.00元)

69.《蒙古族商业发展史》(额斯日格仓、包·赛吉拉夫著，原为蒙古文，哈斯木仁、胡格吉勒图、杨晓华译为汉文，2007年5月出版，定价28.00元)

70.《藏传佛教与蒙古族文化》(唐吉思著，汉文，2007年6月出版，定价40.00元)

71.《蒙古族姓氏研究》(奥都高德·博·苏达那木道尔吉著，蒙古文，2007年6月出版，定价90.00元)

72.《忽必烈汗思想研究》(巴图巴干著，原为蒙古文，吉木斯、哈日赤译为汉文，2007年6月出版，定价25.00元)

73.《蒙古哲学宏旨研究》(格·孟和著，蒙古文，2007年7月出版，定价50.00元)

74.《成吉思汗兵法研究》(胡泊著，汉文，2007年7月出版，定价28.00元)

75.《成吉思汗与蒙古文化》(那仁敖其尔等著，蒙古文，2007年7月出版，定价35.00元)

76.《蒙古族曲艺新探索》(贺希歌芒来著，原为蒙古文，贺希歌芒来译为汉文，2007年7月出版，定价48.00元)

77.《清代八旗蒙古汉文著作家政治思想研究》(张力均著，汉文，2007年11月出版，定价25.00元)

78.《蒙古族近现代思想史论》(宝力格著，原为汉文，萨础拉、陈永庆译为蒙古文，2007年11月出版，定价25.00元)

79.《蒙古族治疗骨伤的创新》(慕精阿、海志凡、海波著，原为汉文，旺钦扎布译为蒙古文，2007年12月出版，定价52.00元)

80.《蒙古族书面文学的基本体系研究》(满全著，蒙古文，2007年12月出版，定价45.00元)

81.《蒙古族天文历法史》(孛儿只斤·旺其格著，汉文，2008年3月出版，定价67.00元)

82.《蒙古文“金光明经”词汇研究》(上、下册)(乌力吉陶格套著，蒙古文，2008年4月出版，定价95.00元)

83.《制度视域下的草原生态环境保护》(盖志毅著，汉文，2008年5月出版，定价42.00元)

84.《哈撒儿研究》(包·赛吉拉夫著，汉文，2008年5月出版，定价45.00元)

85.《蒙古族美学史》(满都夫著，原为汉文，桑杰、其木格译为蒙古文，2008年6月出版，定价75.00元)

86.《清代满蒙文词典研究》（春花著，汉文，2008年7月出版，定价50.00元）

87.《蒙古族传统文化的现代价值》（齐秀华、额尔敦陶格套著，蒙古文，2008年9月出版，定价32.00元）

88.《蒙古族生态经济研究》（暴庆伍著，汉文，2009年1月出版，定价38.00元）

89.《蒙古族姓氏大全》（明安特·沙·东希格著，蒙古文，2009年1月出版，定价95.00元）

90.《蒙古族生态智慧论》（乌峰、包庆德主编，汉文，2009年1月出版，定价35.00元）

91.《蒙古族数学史》（孛儿只斤·旺其格著，蒙古文，2009年1月出版，定价50.00元）

92.《蒙古语修辞学研究》（德力格尔著，蒙古文，2009年4月出版，定价40.00元）

93.《红山诸文化与游牧民族原始宗教比较研究》（王其格著，蒙古文，2009年5月出版，定价38.00元）

94.《蒙古语语法的认知功能研究》（套格敦白乙拉著，蒙古文，2009年5月出版，定价28.00元）

95.《八思巴文变形体研究》（乌力吉白乙拉著，蒙古文，2009年5月出版，定价30.00元）

96.《藏传佛教与蒙古文化》（唐吉思著，原为汉文，唐吉思译成蒙古文，2009年6月出版，定价55.00元）

97.《蒙古语词语的文化研究》（天峰著，蒙古文，2009年7月出版，定价30.00元）

98.《清代内蒙古地区寺院经济研究》（胡日查著，汉文，2009年7月出版，定价30.00元）

99.《蒙古语语音实验研究》(呼和著,汉文,2009年7月出版,定价30.00元)

100.《尹湛纳希人文思想研究》（席布仁门德著，蒙古文，2009年7月出版，定价38.00元）

续版已经出版书目

1.《近代内蒙古行政建制变迁研究》（孟和宝音著，汉文，2010年12月出版，定价40.00元）

2.《蒙汉历史接触与蒙古语言文化变迁》（曹道巴特尔著，汉文，2010年12月出版，定价45.00元）

3.《阿尔寨石窟回鹘蒙古文榜题研究》（哈斯额尔敦等著，原为蒙古文，纳·巴图吉日嘎拉、纳楚格、嘎日迪译成汉文，2010年12月出版，定价35.00元）

4.《清代官修民族文字文献编纂研究》（乌兰其木格著，汉文，2010年12月出版，定价38.00元）

5.《蒙古族佛教文化调查研究》（唐吉思著，汉文，2010年12月出版，定价98.00元）

6.《元国书官印汇释》(照那斯图、薛磊著，汉文，2011年4月出版，定价40.00元)

7.《蒙古文学史学研究》(乌日斯嘎拉著，蒙古文，2011年5月出版，定价36.00元)

8.《蒙古族全史》(第1卷)(留金锁著，原为蒙古文，浩斯巴特尔、包阿拉塔译成汉文，2011年7月出版，定价30.00元)

9.《蒙古哲学原理研究》(格·孟和著，蒙古文，2011年8月出版，定价85.00元)

10.《蒙古族古代军事史》(胡泊著，原为汉文，查干高娃编译，蒙古文，2011年8月出版，定价100.00元)

11.《新牧区建设与牧区政策调整——以内蒙古为例》(盖志毅著，汉文，2011年11月出版，定价75.00元)

12.《古代蒙古货币研究》(虹宝音著，汉文，2011年11月出版，定价30.00元)

13.《蒙古族古代汉文文化研究》(宏伟著，蒙古文，2011年12月出版，定价45.00元)

14.《元朝时期札剌亦儿部研究》(谢咏梅著，汉文，2012年3月出版，定价38.00元)

15.《蒙古文学文体转化研究》(包红梅著，蒙古文，2012年5月出版，定价40.00元)

16.《蒙古文字结构研究》(王桂荣著，蒙古文，2012年5月出版，定价50.00元)

17.《近现代内蒙古游牧变迁研究》(阿拉腾嘎日嘎著，汉文，2012年6月出版，定价35.00元)

18.《蒙古文文论理论建构》(孟和乌力吉著，蒙古文，2012年6月出版，定价70.00元)

19.《蒙古语形态研究》(包满亮著，蒙古文，2012年6月出版，定价60.00元)

20.《蒙古语言的语法化过程与机制》(套格敦白乙拉著，蒙古文，2012年7月出版，定价45.00元)

21.《蒙古历史文化的哲学解读》(格孟和著，蒙古文，2012年7月出版，定价56.00元)

22.《尹湛纳希与儒家文化》(胡格吉乐图著，汉文，2012年9月出版，定价30.00元)

23.《蒙古族现代诗歌研究》(黄金著，蒙古文，2012年11月出版，定价63.00元)

24.《现代蒙古语语义框架研究》(德·萨日娜著，蒙古文，2013年3月出版，定价30.00元)

25.《蒙古民歌的程式化研究》(哈斯其木格著，蒙古文，2013年3月出版，定价36.00元)

26.《蒙古帝国政治制度及政治思想研究》(扎拉嘎著，蒙古文，2013年3月出版，定价55.00元)

27.《近代内蒙古行政建制变迁研究》(孟和宝音著，原为汉文，孟和宝音、娜仁其其格译成蒙古文，2013年6月出版，定价65.00元)

28.《游牧社会形态论》(额灯套格套著，汉文，2013年8月出版，定价65.00元)

29.《乌珠穆沁部落研究》(高·阿晔著，蒙古文，2013年10月出版，定价50.00元)

30.《蒙古文化中的人与自然关系研究》(马桂英著，汉文，2013年1月出版，定价37.00元)

31.《清代蒙古文出版文化研究》(宝山，哈斯格日乐著，蒙古文，2013年11月，定价52.00元)

32.《清代蒙古寺庙管理体制研究》(胡日查著，汉文，2013年11月，定价42.00元)

33.《大蒙古国与金国战争史》(鲍格鲁特·鲍音著，蒙古文，2013年12月，定价40.00元)

34.《蒙古族太阳崇拜研究》(阿拉坦格日乐著，蒙古文，2013年12月，定价45.00元)

35.《蒙古族传统医学史纲》(热·王钦扎布，娜日娜著，蒙古文，2013年12月出版，定价40.00元)

36.《蒙古族生态智慧论》(乌峰、包庆德著，原为汉文，孟根宝力高、包玉兰译成蒙古文，2014年4月出版，定价50.00元)

37.《蒙古语短语结构知识库相关研究》(达胡白乙拉著，蒙古文，2014年4月出版，定价45.00元)

38.《蒙古族藏文文论体系研究》(树林著，蒙古文，2014年4月出版，定价65.00元)

39.《蒙古民族敖包祭祀文化认同研究》（那仁毕力格著，汉文，2014年4月出版，定价32.00元）

40.《嫩科尔沁史概略》（包额尔德木图著，蒙古文，2014年6月出版，定价58.00元）

41.《蒙古羊肉食文化研究》（群可加著，蒙古文，2014年6月出版，定价45.00元）

42.《〈蒙古秘史〉逻辑思想研究》（莫日根巴图著，汉文，2014年7月出版，定价40.00元）

43.《劳斯尔及其作品研究》（朝克图、赵玉华著，汉文，2014年10月出版，定价56.00元）

44.《蒙古地名研究》（天峰著，蒙古文，2014年10月出版，定价50.00元）

45.《玛拉沁夫小说民族文化源缘研究》（额尔敦仓著，汉文，2014年11月出版，定价42.00元）

46.《外部环境与内部环境：蒙古族当代文学前沿问题研究》（满全著，蒙古文，2014年12月出版，定价70.00元）

47.《制度视域下的草原生态环境保护》（盖志毅著，原为汉文，吴宝山、乌兰编译，蒙古文，2014年12月出版，定价80.00元）

48.《蒙古族生态文学研究》（巴·苏和著，蒙古文，2015年1月出版，定价56.00元）

49.《编辑学概论》（阿拉木斯、莫日根高娃著，蒙古文，2015年4月出版，定价68.00元）

50.《蒙古语地名文化遗产保护研究》(仁钦道尔吉著，汉文，2015年4月出版，定价56.00元)

51.《13—19世纪蒙古法制沿革史研究》(那仁朝格图著，汉文，2015年4月出版，定价50.00元)

52.《蒙古民间文学研究：以青海民间文学为例》(呼和编著，蒙古文，2015年7月出版，定价68.00元)

53.《蒙古语句法结构的认知研究》(阿拉坦苏和、套格敦白乙拉著，蒙古文，2015年12月出版，定价50.00元)

54.《蒙古族传统伦理要义》(斯仁著，蒙古文，2015年12月出版，定价65.00元)

55.《蒙古史诗的非物质文化价值研究》(关金花，蒙古文，2015年12月出版，定价72.00元)

56.《探秘〈江格尔〉》(张越著，汉文，2016年5月出版，定价55.00元)

57.《蒙古语地名保护研究》(仁钦道尔吉著，蒙古文，2016年5月出版，定价78.00元)

58.《日本侵占时期“兴安省”经济统制政策研究》(齐百顺著，汉文，2016年5月，定价60.00元)

59.《蒙古史诗美学研究》(额尔敦高娃著，蒙古文，2016年6月出版，定价80.00元)

60.《喀尔喀车臣汗部研究》(姑茹玛著，汉文，2016年7月出版，定价48.00元)

61.《蒙古文化概论》(格·孟和著，汉文，2016年9月出版，定价75.00元)

62.《蒙古族十二生肖文化研究》(今晓著，蒙古文，2016年12月出版，定价60.00元)

63.《果亲王允礼藏〈密印授记请问经〉研究》(根泉著，蒙古文，2017年2月出版，定价65.00元)

64.《乌拉特三贤探微》(乌力吉巴雅尔著，蒙古文，2017年3月出版，定价70.00元)

65.《清代至民国时期土默特地区社会变迁研究》(乌仁其其格著，汉文，2017年5月出版，定价65.00元)

66.《启蒙思潮中的蒙古文学》(敖特根白乙拉著，蒙古文，2017年6月出版，定价70.00元)

67.《成吉思汗祭奠仪式及其文化功能研究》(额灯套格套主编，蒙古文，2017年7月出版，定价75.00元)

68.《中国蒙古文学学术史》(巴·苏和，特日乐著，汉文，2017年7月出版，定价70.00元)

69.《成吉思汗传说研究》(宝音德力根著，蒙古文，2017年10月出版，定价75.00元)

70.《卡尔梅克语土尔扈特土语研究》(秀花著，蒙古文，2017年11月出版，定价80.00元)

71.《蒙古贞历史》(暴风雨，项福生主编，汉文，2018年3月出版，定价65.00元)

72.《蒙古人崇拜自然的意识研究》（席·哈斯巴特尔著，蒙古文，2018年4月出版，定价75.00元）

73.《蒙古族全史·第二卷》（留金锁著，蒙古文，2018年5月出版，定价70.00元）

74.《蒙古哲学概论》（格·孟和著，汉文，2018年5月出版，定价75.00元）

75.《内蒙古牧区合作经济组织研究》（敖仁其，艾金吉雅编著，汉文，2018年8月出版，定价68.00元）

76.《清代蒙古地方法规研究》（金山，包斯琴著，汉文，2018年8月出版，定价70.00元）